中国人民大学“十三五”规划教材

新编21世纪新闻传播学系列教材

· 广播电视系列 ·

视听新闻报道

Audiovisual Journalism

周勇 著

中国人民大学出版社

· 北京 ·

作者简介

周勇　中国人民大学新闻学院执行院长，教授、博士生导师，教育部青年长江学者，入选教育部“新世纪优秀人才”支持计划。现任中国高等教育学会新闻学与传播学专业委员会理事长。出版专著《理解电视：从理论到方法的路径》《影像背后：网络语境下的视觉传播》《路径与抉择：主流电视媒体网络视听信息发展战略》等，主持国家及省部级课题十余项。

内容简介

近年来，随着互联网的发展，传统广播电视的传播模式受到巨大冲击，然而，以短视频为代表的互联网视听传播却迎来爆发式增长，形成一种全民生产、参与、共享的文化现象。本书没有沿袭“广播电视新闻报道”的传统称谓，而是将论述范围扩大到“视听新闻报道”，以因应互联网语境下视听新闻传播内涵和外延的扩大。

全书分为上中下三编。上编理念篇，主要介绍与视听新闻相关的基础理论，如新闻的价值判断、视听元素运用的基本规则、视听新闻伦理等。中编技能篇，主要介绍视听新闻的组织策划和各种表达方式，既包括基于传统广播电视平台的主流节目形态，也有基于互联网新媒体技术的新兴节目形态，如短视频、网络直播等。下编技术篇，主要介绍与视听新闻生产和传播相关的基本技术，既包括与视听文本结构相关的技术，如画面的拍摄与剪辑、音响的采制与运用，也包括与视听产品表现相关的技术，如 H5、数据可视化、虚拟现实等。以上三部分，从宏观层面上理念的指导、微观层面上技术的支持导向中观层面上视听新闻生产和传播行动，形成一个有逻辑的整体。

总　序

中国人民大学出版社策划出版的“新编21世纪新闻传播学系列教材”，是一套在新闻传播学领域内，皋牢百代，卢牟六合，贯穴古今，笼罩中外，密切联系新闻传播工作的实际，广泛吸收新闻传播学的最新研究成果，高挹遐揽，取精用宏，供新世纪的高等院校新闻传播院系教学使用的系列教材。

20世纪初以来的100年，是世界新闻传播事业飞速发展的100年。这100年来，随着科学技术的不断发展，继报纸、期刊、通讯社之后，广播、电视、网络和多种新媒体相继问世，新闻传播的媒介日趋多元化，新闻传播的手段日趋现代化，“地球村”变得越来越小，新闻传播事业对世界政治、经济和文化的影响则变得越来越大。

这100年，也是中国新闻事业飞速发展的100年。尤其是中国改革开放以来，发展得尤为迅猛。

进入21世纪以后，中国新闻事业发展的势头更为迅猛。报纸、期刊、通讯社、广播电台、电视台的数量在宏观调控下，虽无大变化，但软硬件的实力都有了很大的提高。据2011年12月出版的《中国新闻年鉴》的最新统计数字，2010年全国共出版报纸1 939种，平均期印数2.14亿份。共出版期刊9 884种，平均期印数1.63亿册。全国共有广播电台227座，电视台247家，广播电视台2 120家，教育电视台44家。广播综合人口覆盖率为96.78%，电视综合人口覆盖率为97.62%。

另据2012年1月中国互联网络信息中心（CNNIC）发布的《第29次中国互联网络发展状况统计报告》，截至2011年12月底，中国网民规模已达到5.13亿，互联网普及率达到38.3%。其中，手机网民数量为3.56亿，博客和个人空间用户数量为3.19亿，微博用户数量为2.5亿，社交网站用户数量为2.44亿，网络视频用户数量为3.25亿。中国居民中具备上网条件和技能的人已经基本转化为网民，大专及以上学历人群中互联网使用率已达96.1%。中国网站总数为230万个，网页数量为866亿个。

这样大的发展规模，这样快的发展速度，在世界和中国新闻事业史上都是空前的。回顾既往，盱衡未来，新闻传播事业在21世纪还将保持旺盛的发展势头。新闻传播，作为上层建筑和意识形态的一个重要组成部分，在全面准确地宣传党的基本理论、基本路线和基本方针以及各项决策，反映人民群众的伟大业绩和精神风貌，以及推动改革开放和社会主义现代化建设等方面，必将继续发挥重要的作用。

与新闻传播事业的发展相配合，这100年来，为中国的新闻战线培养和输送人才的中国新闻教育，也有了相应的发展。中国的新闻教育起始于20世纪初，迄今有近90年的历史。新中国成立前的30年，虽然先后在个别院校中设立了新闻系或新闻专科，但规模都不大，设备也不够完善，在校学生人数最多的时候不超过400人，30年间累计培养出来的毕业生还不到3 000人。新中国成立后，为了给新中国的新闻事业培养人才，新闻教育有了新的发展，但到20世纪60年代中期为止，全国的新闻教育机构也还只有14家。当时全国只有343家报社、78座广播电台和13家电视台，革命老区来的新闻工作骨干正当盛年，足以支撑大局，新闻系和新闻专业的学生统招统分，基本上能够满足中央和省市以上新闻单位梯队建设方面的需要。“文化大革命”爆发后，新闻事业进入低谷，新闻人才的培养也被迫中辍。拨乱反正之后，新闻事业有了飞速的发展，但新闻工作的人才却出现了断层，明显供不应求，因而极大地推动了新闻教育的发展。中国的新闻教育得以重整旗鼓并得到空前迅猛的发展，主要是改革开放以来的这30多年的事情。30多年来，中国新闻教育和中国新闻事业同步发展。截至2011年，全国设有新闻传播学类院、系、专业的高校已由改革开放之初的两三所增加到800所以上，各种类型和层次的专业教学点已不下1 000个。新闻专业的教学已从单一的大学本科教育，发展到博士生、硕士生、本科生、大专生、成人教育、函授教育等多层次的格局，不少院系还设置了新闻传播学方向的博士后流动站。改革开放之初，全国在校新闻系科学生总共只有500来人，现在仅在校本科生就有16万人左右，硕士和博士研究生3万人左右，办学层次、办学规模、办学水平都有了很大的提高。进入新世纪以后，随着新闻传播事业的加速发展和新闻战线人才需求的不断增加，中国的新闻教育还将有更大幅度的发展。

一般说来，新闻教育质量的高低，起决定作用的主要是两个因素：一个是师资，一个是教材。两者之间，教材的作用更大。这是因为，师资的多少和良窳，往往受办学主客观条件的限制，而教材一旦完成，就可以直接嘉惠于学子，风行四海，无远弗届。进一步说，一部好的教材，不仅可以满足教学的需要，培养出一大批人才，而且还可以同时拥有一定的学术含量，推动新闻传播学研究的发展。1919年出版的徐宝璜的《新闻学》，1927年出版的戈公振的《中国报学史》，就是这方面的很好的例子。这两本书都是作者在高等学校从事新闻学理论和新闻史教学时作为教材编写出来的，出版之后，立即引起世人的关注和推崇，一再重版，历久不衰，至今仍然是公认的新闻学理论和新闻史方面的传世之作和经典之作。正因为这样，新闻教育的前辈们，历来十分重视教材的建设。新中国成立初期的十来年，坊间出版的新闻学方面的书籍，绝大部分是教材。改革开放以后，新闻传播学研究空前繁荣，新闻学方面的书籍大量问世，但教材仍然在其中占了很大的比重。这些教材，覆盖了新闻传播学的方方面面，经过出版家和众多作者们的长期努力，门类和品种基本配套齐全，曾经为同时期的新闻教学做出过重要的贡献。但是，随着时间的推移和新闻工作实际的飞速发展，这些教材的体例日显陈旧，观点和内容也亟待调整和更新。一些属于学科前沿和科技含量较高的新开课程的教材尚付阙如，使现有的教材出现了不少缺口。在新世纪已经到来之际，集聚力量，重新编写出一套体系完整、门类齐全、能够为新世纪的新闻教育和新闻人才培养服务的新闻传播学的系列教材，已经成为人们的共识和新闻业界与新闻教育界的迫切需求。

呈现在读者面前的，就是应这样的需求产生的一套系列教材，它将涵盖新闻学、传播学两个二级学科的方方面面内容，满足新闻、广播、电视、广告、媒体经济、新媒体等多个专业的教学需要。负责这些教材编写工作的，是中国人民大学、复旦大学、北京大学、清华大学、中国传媒大学、中国青年政治学院等多所著名院校长期从事新闻传播学方面教学与研究工作的专家学者，其中有相当大的一部分编写者是相关学科的国家级的学术带头人，堪称一时之选。收入本系列的教材中，既有国家级重点教材，也有部级重点教材，其他的也是经过严格筛选的精品，所以，本套系列教材的质量是有保证的，其权威性也将得到社会的认同。

21世纪是一个高度信息化的时代，是信息经济和知识经济占主导地位的时代。信息经济和知识经济有两大支柱，一是以高科技为代表的传播技术产业，二是从事新闻和信息产品生产的媒体产业。新闻传播学作为将这两大领域有机联结的桥梁，在今后的国家建设和社会发展中必将发挥越来越重要的作用。中国人民大学出版社经过精心策划，隆重推出这套系列教材，是具有高度的前瞻性和战略眼光的。在这里，我谨代表编委会和全体作者向中国人民大学出版社表示由衷的感谢。

这部系列教材开始策划于20世纪的最后一年，21世纪初起陆续问世，迄今已编写出版了50余种。在体例和内容的创新和开拓等方面，远远超过同时期出版的同类教材。其中的有些教材，还根据整个新闻传播理论与实践的发展和新闻传播学教学与研究的发展，陆续作了必要的补充和修订，重新出版，实现了内容的与时俱进。

这批教材的问世，将会为新闻传播事业和新闻教育事业的发展和繁荣、为新世纪新闻传播人才的培养做出它应有的贡献。这是出版者和全体作者共同的一点希望。是为序。

方汉奇

2012年3月15日

于中国人民大学宜园

目　录

绪　论

2018年3月12日，中央电视台全国“两会”直播节目《部长通道》正在进行中，一位女记者在身边同行提问时做出“翻白眼”的表情。这个瞬间的表情截图在社交媒体中迅速传开。一时间，两位记者的专业素养、身份背景等种种延伸讨论在网上成为热门话题，相关表情包、抖音短视频等大众娱乐形式也频频上演（见图0-1）。

图0-1　《部长通道》直播节目中一位女记者“翻白眼”的表情引发网友关注

上方图片中左边为蓝衣女子，右边手持话筒的为红衣女子。

在传统意义上属于严肃新闻的"两会"报道中出现如此花絮性的一幕，正是当下视听传播领域大变局的一个缩影。

1920 年，由美国匹兹堡西屋电气公司开办的商业广播电台开始播音，呼号为 KDKA，它被公认为世界上第一座真正的广播电台。1936 年，英国广播公司（BBC）正式播出电视节目，电视作为一种大众传播媒介开始登上历史舞台。由此，大众传播不再是文字的专利，视听的时代到来了。作为 20 世纪最伟大的大众传播媒介，"电视在急剧侵蚀现有政体的同时以其特有的本质和对事实真相的揭露为公众构筑了一个多元文化的民主。电视让我们可以真正以一个公民的姿态来见证伟大的历史时刻和运动，不光是现在，更是无尽的未来。……电视终将成为人类历史发展的一个重要组成部分，我们将会通过我们自己制造的影像来不断展现对人类历史的追忆"①。

中国的广播电视事业正是在这种大背景下发展起来的。1940 年 12 月 30 日，中央人民广播电台的前身延安新华广播电台开始播音，1949 年 12 月 5 日正式定名为中央人民广播电台。其间，以延安新华广播电台于 1941 年 12 月 3 日开办的日语广播为起点，中国国际广播电台诞生。1958 年 9 月 2 日，中国第一家电视台北京电视台正式播出，1978 年 5 月 1 日更名为中央电视台。中央电视台、中央人民广播电台、中国国际广播电台，这三家广播电视机构通常被称为"中央三台"，影响和带动了全国广播电视事业的发展。据统计，到 2017 年底，全国广播节目综合人口覆盖率为 98.71%，电视节目综合人口覆盖率为 99.07%。②

近年来，随着互联网的发展，传统广播电视的传播模式受到巨大冲击，影响力开始下滑。然而，以短视频为代表的互联网视听传播却迎来爆发式增长，成为一种全民生产、参与、共享的文化现象。社会文化向视觉转向的特征从未如今天这般清晰，如马丁·海德格尔在《世界图像的时代》中所说，"世界被把握为图像了"③。随着社交媒体的兴起，传播的节点进一步扩散，网民开始真正成为传播的一极主体，与之相应，更简易的拍摄工具和一键式编辑工具使视听生产的专业性堡垒敞开了一扇大门。据统计，截至 2019 年 6 月，我国网络视频用户的规模已达到 7.59 亿。④ 以国内著名的短视频平台抖音为例，其日活跃用户数已经突破 4 亿。⑤ 居伊·德波笔下的"景观社会"在中国数亿网民对日常生活的自我呈现中显示出极具大众文化意义和后现代色彩的图景。

在朝图像转向的社会文化背景下，视听日益成为社会生活中最具活力的信息表达手段和传播方式，视听产业亦延续自 20 世纪广播电视兴盛以来的繁荣轨迹，并在虚拟现实（VR）、人工智能（AI）、5G 等新兴媒介技术的助推下加速发展，呈现广阔的前景。

具体到视听新闻领域，与 20 世纪以专业广播电视机构为生产和传播主体的状况不同，当前出现了多元竞争的局面，视听新闻的表现形态和传播渠道亦更加多样。从大的格局来

---

① 莱斯特．视觉传播：形象载动信息［M］．北京：北京广播学院出版社，2003：387.

② 国家广播电视总局．2017 年统计公报（广播影视部分）［EB/OL］．（2018－03－18）［2020－03－18］．http：//www.nrta.gov.cn/art/2018/3/18/art_2178_38968.html.

③ 米歇尔．图像转向［M］．陈永国，胡文征，译．北京：北京大学出版社，2006：3.

④ 中国互联网络信息中心（CNNIC）．第 44 次中国互联网络发展状况统计报告［EB/OL］．（2019－10－25）［2020－03－06］．http：//www.cnnic.net.cn/hlwfzyj/hlwxzbg/hlwtjbg/201908/P020190830356787490958.pdf.

⑤ 抖音日活跃用户数已超 4 亿［EB/OL］．（2020－01－06）［2020－03－18］．https：//baijiahao.baidu.com/s?id＝1654957258385718810&wfr＝spider&for＝pc.

说，在专业机构之外，传统意义上作为接收者（受众）的普通民众越来越多地参与视听新闻生产传播环节，成为产业的重要一极。而在专业机构范畴内，广播电视机构依然是视听传播的主力军，尤其在视听新闻领域占有天然的优势，但是这块阵地的外来竞争对手很多：首先，其他专业媒体，报纸、通讯社这些原来不擅长做视听节目的机构纷纷进入这块有潜力的市场；其次，近十余年间迅速成长起来的商业网站，这些机构的一大优势是依托互联网技术的信息集成和传播（如今日头条基于数据挖掘的信息推荐），随着实力的增强，它们也开始逐渐切入视听信息的生产，特别在短视频以及一些软性题材领域（如具有新闻性的谈话类节目）。总体而言，无论是专业机构还是民间个体，无论是广播电视台还是其他媒体、商业网站，其从事视听新闻生产、传播的底层技术逻辑已全面转向互联网（特别是移动互联网）。广播电视领域向新媒体转型的一个标志性事件就是中央三台的合并重组。根据 2018 年 3 月中共中央印发的《深化党和国家机构改革方案》，中央电视台、中央人民广播电台、中国国际广播电台的建制撤销，组建中央广播电视总台。依据这一原则，各地方的广播电视机构也开始了新一轮整合。新组建的机构无一例外都展示出坚守视听专业生产优势、全面向新媒体业务转型的强烈愿景。

本教材编写的目的，正是要适应视听新闻传播业发展的这些新变化、新需求，为从事视听新闻生产、传播工作的专业人员及对视听新闻传播有兴趣的普通人士提供相关基础理论的介绍和实用技能、技术的训练。其中，既有对传统广播电视新闻报道理论与实务的继承，也有基于新媒体环境下视听新闻生产与传播在理念与实践方面的发展。就适用对象而言，既有广播电视机构、其他媒体机构、商业网站等从事视听新闻业务的专业人士，也包括一切有兴趣参与视听新闻信息生产与传播的民间个体。全书包含三部分内容，分为上中下三编：

> 上编：理念篇。这一部分主要介绍与视听新闻相关的基础理论，如新闻的价值判断、视听元素运用的基本规则、视听新闻伦理等。
>
> 中编：技能篇。这一部分主要介绍视听新闻的组织策划和各种表达方式，既包括基于传统广播电视平台的主流节目形态，也有基于互联网新媒体技术的新兴节目形态，如短视频、网络直播等。
>
> 下编：技术篇。这一部分主要介绍与视听新闻生产和传播相关的基本技术，既包括与视听文本结构相关的技术，如画面的拍摄与剪辑、音响的采制与运用，也包括与视听产品表现相关的技术，如 H5、数据可视化、虚拟现实等。

以上三部分，从宏观层面上理念的指导、微观层面上技术的支持导向中观层面上视听新闻生产和传播行动，形成一个有逻辑的整体（见图 0－2）。

综上所述，本书没有沿袭“广播电视新闻报道”的传统称谓，而是将论述范围扩大到“视听新闻报道”，以因应互联网语境下视听新闻传播内涵和外延的扩大。本书无意于囊括新闻图片摄制、版面设计等专门领域，但是鉴于当下新闻报道的全媒体化趋势，本书所论及的“视听新闻”的“视”除了传统意义上以电视为主的动态影像之外，也将不可避免地吸纳当下流行的融媒体视听报道中广泛运用的图片、版面（或页面）、可视化图表、电子动画等视觉表达元素和文本形态。

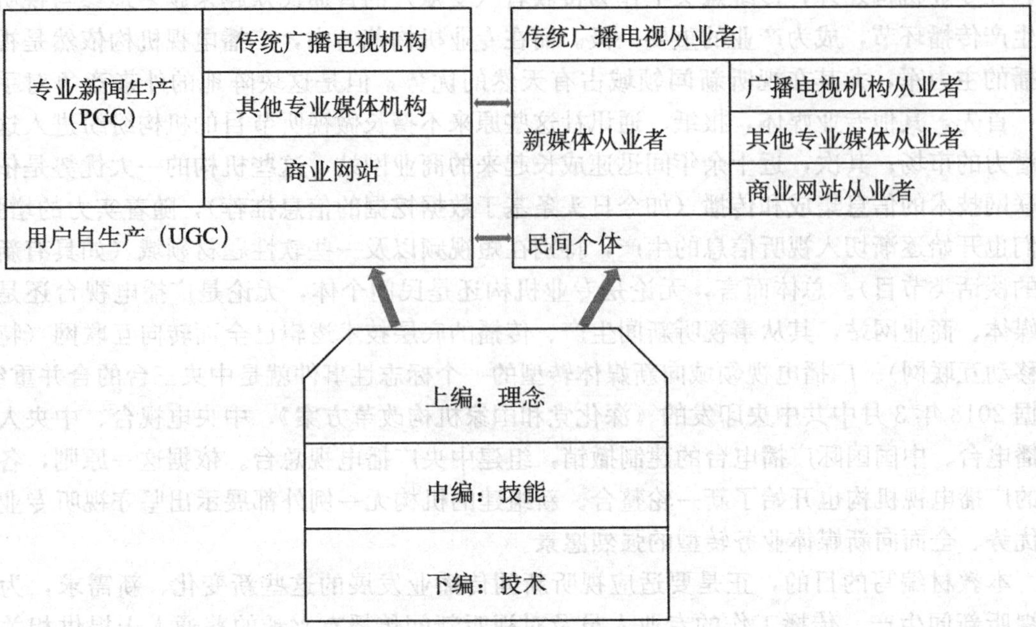

图 0－2　本教材的逻辑结构

上编

理念篇

第一章

视听思维：符号系统与表达逻辑

【本章学习要点】

“视听思维”的建立：

- 视听文本所独有的表达符号是什么？
- 这些符号如何被组织起来表达意义？
- 如何在视听信息传播中充分发挥视听符号的作用？

2019 年 10 月 1 日，庆祝中华人民共和国成立 70 周年大会在北京天安门广场隆重举行，中央广播电视总台全程直播。从索道摄像机、轨道摄像机、航拍陀螺仪、VR 全景直播到随处可见的无线微型摄像机……各种技术手段的运用带来全新视角的强烈冲击，使在电视机、个人电脑、平板电脑、手机等多屏终端前收看直播的观众享受了一场震撼人心的视听盛宴（见图 1-1）。

图 1-1　国庆 70 周年庆典现场直播

据统计，央视新闻新媒体部门以庆典为核心进行了长达 70 小时的直播，总计观看人次超过 12 亿。[①]

对于亿万观众而言，这场直播可以说典型地展现了视听文本的魅力。画面与声音是构成视听文本的两类基本元素，也是其有别于其他传播文本的特色和优势所在。在社会文化

① 12 亿人次流量咋实现的？刷一下小编的朋友圈就知道了［EB/OL］.（2019-10-03）［2020-03-23］. http://m.news.cctv.com/2019/10/03/ARTI9nA4cWyTMiUnnINWq16I191003.shtml.

向图像转向、“有图有真相”的心理惯性影响下，由画面和声音构成的视听文本是今天我们与外部世界沟通的重要渠道，甚至在某种程度上建构了我们对于这个世界的基本认知。

第一节　视听新闻文本的符号系统

作为视听双通道传播的媒体，以广播电视为代表的视听新闻拥有众多复杂而有效的表现元素，这些元素的组合构成了视听节目多姿多彩的形态。信息经视听符号编码播出后，以直观具体的图像、声音、文字等符号作用于受众的多种感知器官，这种融形象、动作、声音、色彩、运动变化等视听形象于一体的传播方式具有鲜明的大众性和独特的美感。

一则关于台风的现场报道可能是这样的：记者面对观众简要报道台风的情况和现场抢险的情况（他身后的背景就是抢险的场景，配合他声音的是现场嘈杂的环境声），然后是现场的展示，接着是记者采访参加抢险的当事人，然后是配合现场画面的记者解说，交代现场画面所不能表现的一些背景资料。同时，后期编辑还要在画面上加一些提示性信息，比如地名、人名、新闻要点的提示，甚至在画面的一角加一幅透明的简要地图，指示新闻发生地的地理方位。

在这则新闻报道中，既有影像，也有语言，还有现场音响、文字、美工示意图，这些传播符号综合在一起，对受众的多种感知器官形成刺激。我们所要做的，就是充分发挥这些元素的优势，并以最合适的方式将其组合起来完成新闻信息的传播。

总体而言，视听新闻文本的符号系统由两大类构成：视觉符号和听觉符号（见图 1－2）。在视觉符号中，现场画面是核心，是视听新闻文本最独特的优势，一个关键的画面很多时候胜过千言万语。作为视觉符号的屏幕文字有很多种，如字幕、提示性文字、滚动字幕新闻等。道具一般用来辅助记者、主持人表达，如与新闻事件和人物相关的照片、实物等。此外，为了增强视觉表达效果，各种可视化呈现手段也在今天被广泛使用，如图形、图表、动画等等。听觉符号主要包括同期声、背景声（或者叫环境效果声）和解说（有时又

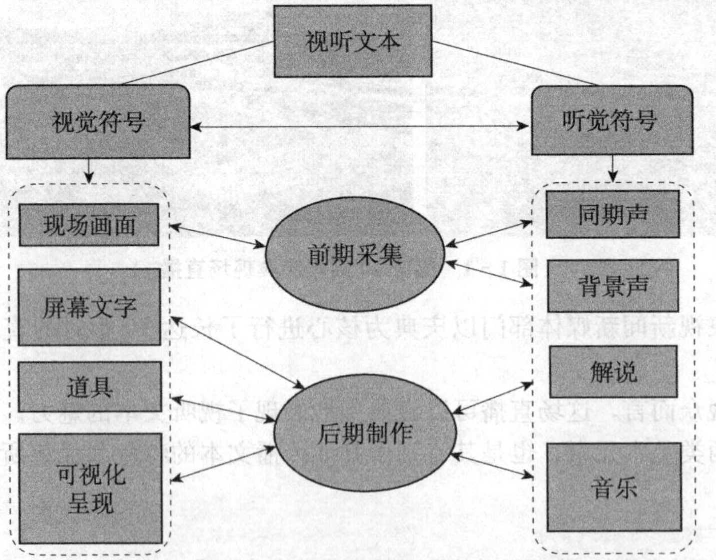

图 1－2　视听新闻的符号系统

称为“旁白”)，少数情况下也包括音乐。听觉符号在电视等视频新闻中与视觉符号配合使用，在广播等以听为主的音频文本中作为一套独立的表达系统而存在。随着全媒体化趋势的加剧，传统上电视和广播的这种边界日渐模糊，视听符号的融合使用成为当下视听新闻报道的主流。

一、视觉符号

就媒介形态而言，视觉影像是视听文本对受众最具冲击力的传播手段。在新闻报道中，视觉符号有着非常丰富的表现形态。

(一) 现场画面

现场画面是记录新闻事件发生、发展过程的动态影像，是视听新闻文本的核心。视听新闻立体化的信息传播使它能呈现给受众真实强烈而丰富的现场信号，能够对特定时间空间中特定的人、事、景、物等可视形象和现场氛围以及发自现场的各种声音进行过程化的如实记录和传播。这种具体的事物的状况展现在观众面前，使观众犹如直接在现场参与一般，获得了某种身临其境的实际体验，正是这种直观可感的视听形象信息帮助人们排除对于事物认识的不确定性。在视听新闻语言中，直观画面是基础。

如图 1-3 台风“山竹”登陆这类新闻，一方面与广大民众的生产、生活、生命财产等切身利益相关，另一方面其现场画面有很多视觉上的冲击点，因而具有极强的报道价值。传统媒体时代，由于技术的局限，现场报道基本由专业机构的记者垄断，也由此形成了广播电视新闻报道的竞争优势。新媒体环境下，由于影像制作和传播技术门槛的降低，大量民间个体以随时随地在场的姿态记录社会生活。这一方面为视听新闻提供了更为丰富的素材，另一方面也在一定程度上冲击了专业新闻媒体在视听新闻报道上的垄断地位。特别在重大突发事件的报道中，公民记者或者特定时刻在场的普通民众往往会成为事件影像第一时间的记录者。这种情况下，专业新闻工作的不可替代性何在？

图 1-3　记者在珠海情侣路报道台风“山竹”登陆 (2018 年 9 月 16 日)

1. 专业机构的价值判断和专业化的报道能力依然是有价值的新闻信息得以凸显的保障

今天，日常生活的方方面面都有可能事无巨细地被影像记录和传播，但也正是在这种情况下，那些对社会发展和民众福祉具有重要意义的信息反而可能被忽视和湮灭。一方面是信息的海量丰富；另一方面在很多重大事件、问题上，社会共识却越来越难以达成。此间一个最基本的问题，正如一位在传统媒体和新媒体机构从业多年的资深媒体人所感叹的：当每个自媒体都想从帽子里变出兔子时，已经没有记者在赶往新闻现场的路上了。[①]在整合和转发可以轻易赚取流量和利益的时候，新媒体的商业逻辑使基于现场的、事件最原始的信息在热点事件报道中往往成为容易忽视的角落，如另一位资深媒体人所言："很多事件发生后，急于评论的自媒体太多，而调查记者太少，舆论场里充斥着想通过评论表态的，可因为做调查的记者太少，或者调查的速度远远赶不上事件发酵的速度和自媒体评论的速度，导致事实不够用，形成太多的事实不清下的过度评论。"[②] 因此，在重大新闻事件的报道中，专业记者的在场就具有特殊的意义，它是与事件相关的基础性信息得以准确呈现的重要保障。

2. 记者的在场是新闻报道中视听表达魅力的重要保证

与民间生产的内容（UGC）相比，专业机构生产的内容（PGC）在现场信息的提取和判断、视听语言的组织等方面依然具有优势。现场报道中，记者的报道言行发掘、聚焦、呈现甚至激活现场中最具价值的信息，记者与新闻现场在镜头前形成了有机的整体，共同构成视听新闻文本，成为视听新闻有别于其他新闻文本的特色。如果没有了现场，视听新闻报道的生动性、感染力无疑会大大减弱。

3. 在新闻事件报道中，民间个体的视听文本生产和专业机构会形成互补关系

UGC 文本的一大优势是及时、多样，解决了现场报道素材的丰富性问题，不足之处则在于碎片化。专业机构在报道中恰恰可以利用民间提供的视听素材，在丰富视听内容的同时发挥自身的信息处理优势，使局部的、碎片化的视听素材最终成为整体的、有逻辑的视听故事。

总之，视听新闻报道应牢牢守住"现场"，以现场画面作为视听文本的核心。离开了现场，视听新闻的生命力就会大打折扣。

（二）屏幕文字

屏幕文字多附属于画面，能有效弥补画面在信息传达方面的不足。画面的视觉冲击力使其善于表达感性的、具象的信息，而文字则善于表达理性的、抽象的信息。屏幕文字正是发挥这方面的优势，把那些画面不擅长表达而又很关键的抽象信息用直观的方式提示出来，便于观众结合画面理解、记忆新闻事件。屏幕文字主要有两种：

1. 新闻标题

这是屏幕文字最常见的形式。视听文本是线性传播的，很多观众可能需要收看一段时间甚至完整收看以后才能明白。标题在新闻一开始时就出现，简要说明本条新闻的内容，目的就是吸引观众继续收看下去。

在以电视为代表的基于大屏、宽屏的视听文本中，比较常见的是适合屏幕宽度的单行题；而在基于手机的竖屏或笔记本电脑、iPad 等小横屏的视听文本中，标题多以更大的字号和更醒目的字体设计出现（见图 1－4）。但无论在哪种屏幕上播出，视听新闻的标题都

---

① 李方．当每个自媒体都想从帽子里变出兔子，已经没有记者在赶往新闻现场的路上了［EB/OL］．（2017－02－21）［2020－03－24］．https：//www.sohu.com/a/126877775_242827.

② 曹林．自媒体太多记者太少事实不够用［EB/OL］．（2016－04－27）［2020－03－24］．http：//sike.news.cn/statics/sike/posts/2016/04/219496304.html.

图 1-4　屏幕中的新闻标题

左图下方大字为典型的电视新闻标题，右图上方大字为手机竖屏所播新闻的标题。

应当简单明了、表意明确，便于观众抓住要点、迅速理解。其基本要求如下：（1）简洁，句式不一定完整，只提示新闻的关键要素；（2）明确，对报道的关键信息以准确的语言加以提炼；（3）清晰，既包括标题自身的清晰，也指不能影响主画面的呈现。

2. 提示性字幕

图 1-5 是中央电视台对上海居民楼起火事件的一次直播报道。在 5 分钟多的节目里，配合记者报道的内容变化，屏幕下方相应地打出字幕提示："起火点为 30 层左右居民楼""起火原因及伤亡情况暂时不明""火灾现场有燃烧残渣掉落""围观群众应尽快撤离事发现场"。这种提示有助于帮助观众记住新闻事件的关键信息，在持续时间较长的谈话节目中尤为必要，因为谈话主要以"听"作为传达信息的渠道，而听觉注意力很容易随时间延续出现分散，此时，要点提示性的标题字幕便从"视"觉上给观众以刺激，使其能较好地把握话题的主旨。

图 1-5　中央电视台直播报道上海居民楼起火事件时以字幕提示记者报道的要点

除了提炼新闻报道中已有的信息外，有些信息在新闻中限于篇幅或者表现的需要没有提到，但是舍弃又可能影响表达，也可以用字幕形式补充进来。比如，为了表现的需要，有时候只用画面而不用解说，这时候时间、地点等要素可能就需要字幕来补充。一些背景性的资料，也可以通过字幕补充进去，比如关键人物的名称、年龄、职业等简明信息。这样既醒目又准确，而且便于观众理解和记忆，提高了信息传播的有效性。

在当下流行的短视频新闻和地铁、楼宇等户外媒体播放的视频新闻中，出于强调视觉冲击的需要或者听觉接收的不便等原因，传统电视所常用的解说语言往往被舍弃或较不常用，此时字幕提示信息的作用就显得尤为重要（见图 1-6）。

图 1-6　补充提示性字幕

另外，在一些规范性要求比较高的专业视听文本中，同期声字幕和解说词字幕也比较常见（见图 1-7）。节目在使用同期声时，将其内容以文字方式在画面上标示出来，以帮助观众排除听觉上的干扰和误会，借助视觉更好地接收所传播的内容。而出于同样的目的，在比较规范的专题类节目制作中，所有以画外语言表达的内容（包括同期声、解说声）都要打上字幕。

图 1-7　同期声字幕

除了对画面进行补充以外，字幕有时候还起到更重要的作用：它在形式上附着于画面，但在内容上又相对独立于画面，与画面（包括声音）形成双线并行、互不干扰的两个信息传播通道。最常见的形式就是屏幕下方的滚动字幕新闻，它与正在报道的新闻在内容上相对独立，这就相当于在传统电视一个传播通道（尽管电视有声画两条传播线，但二者必须结合在一起，不能分别传播信息）的基础上增加了一个新的传播途径（见图 1 - 8）。

图 1 - 8　独立于主新闻的滚动字幕新闻

事实上，滚动字幕新闻的方式在很多电视频道中得到广泛应用。它所涉及的内容非常庞杂：既有全天重要新闻的简明报道，也有刚刚收到的最新消息（"breaking news"——插播新闻），还有天气、财经等各种资讯。对这种形式的采用既丰富了电视传播的信息含量，又可以最大限度地争夺时效。当有突发新闻时，传统的声画报道毕竟需要一定的准备时间（哪怕是直播），而字幕则非常便捷，能够及时报道相关信息。

（三）道具

传统上，视听新闻报道中的道具主要指照片或者与新闻人物、新闻事件有关的实物资料。今天，借助混合现实（MR）和增强现实（AR）等计算机辅助技术，记者或主持人可以方便地调用虚拟影像作为道具协助自己报道。道具在新闻报道中的作用主要体现在以下三个方面：

1. 弥补现场画面的缺失

有些新闻事件，当时没有条件或者机会拍摄下来，缺少现场画面，这对强调视觉呈现的视听报道来说显然是一个问题。此时，借助一些相关的照片或者实物资料可以在一定程度弥补这一不足。比如，北京电视台的一个节目在报道人艺（北京人民艺术剧院的简称）50 周年纪念时，就通过人艺一位老艺人手中保存的历次人艺表演的节目单，生动再现了人艺 50 年的光辉历程。

2. 协助记者或主持人形象生动地解释新闻中复杂和关键的信息

在主持人或记者进行口头报道时，使用道具可以帮助观众更直观地理解所谈及的复杂或关键信息，为口头播报语言配上形象生动的视觉符号。在图 1 - 9 中，主持人在谈到中

图 1-9　主持人用实物模型演示什么是大飞机

国要造大飞机这条新闻时，用一个实物模型向观众演示到底什么是大飞机，以解释国产大飞机的特性和发展前景。

3. *作为新闻由头，帮助主持人或记者生发话题*

道具也可以作为新闻由头使用，帮助主持人或记者以此为基点展开报道。这类道具多承载重要的信息或意义，与当下或历史上的重要事件有密切关联。在一个特定的时空场景下被激活后，其隐含的信息或意义被释放，由此形成有价值的新闻报道。这类道具一般也具有较强的视觉冲击力，能够迅速抓住观众的兴趣点。以获得第二十九届中国新闻奖二等奖的作品《“棉花姑娘”们收获新喜悦》为例：1979 年 12 月，济南 13 位“棉花姑娘”喜迎棉花丰收的照片在《人民日报》发表，题为《棉花姑娘们的喜悦》，这是党的十一届三中全会之后我国农村分配政策改革兑现最早的图片报道，被收入了伟大的变革——庆祝改革开放 40 周年大型展览，成为改革开放 40 年来的经典历史瞬间。报道以“棉花姑娘”赴北京参观展览，跨越 40 年与拍摄者的会面为新闻由头，以她们的生活变迁反映改革开放 40 年来我国农民群体、农业农村发生的变化。这幅照片在展览现场、在“棉花姑娘”与照片拍摄者跨越时空再见面的场景中起到了激活新闻话题的作用（见图 1-10）。

图 1-10　照片成为《“棉花姑娘”们收获新喜悦》这则新闻报道的由头

（四）可视化呈现

可视化呈现实际上做的是一个“翻译”的工作：把新闻中的抽象信息通过可视化技术手段转化为具象信息，起到化繁为简、生动易懂的作用。近年来，随着电脑绘图和特效技术的日益成熟，各种图表、图形和动画等可视化手段在新闻中的运用越来越方便，视听新闻报道应当有意识地对这一手段加以充分利用。当然，可视化呈现不能简单地成为形式主义的炫技，而是要立足于改进视听新闻报道中的短板，真正有助于传播效果的提升。一般而言，可视化呈现在视听新闻报道中多用于解决以下方面的问题：

1.“概念”的可视化转换

对于新闻事件中一些无法或缺少画面展现的抽象名词、概念，甚至新闻事件本身，电脑制图和动画手段可以一定程度地帮助实现可视化表达。

图 1－11 所示的是中央电视台对 2016 年 10 月 19 日神舟十一号载人飞船与天宫二号空间实验室进行交会对接的报道。尽管神舟飞船和天宫实验室都安装了摄像机拍摄交会对接过程，但由于缺乏两者之外的第三个视角，仍然无法获得两者对接过程的全景画面，电脑动画演示便可以让观众获得相关的直观概念。

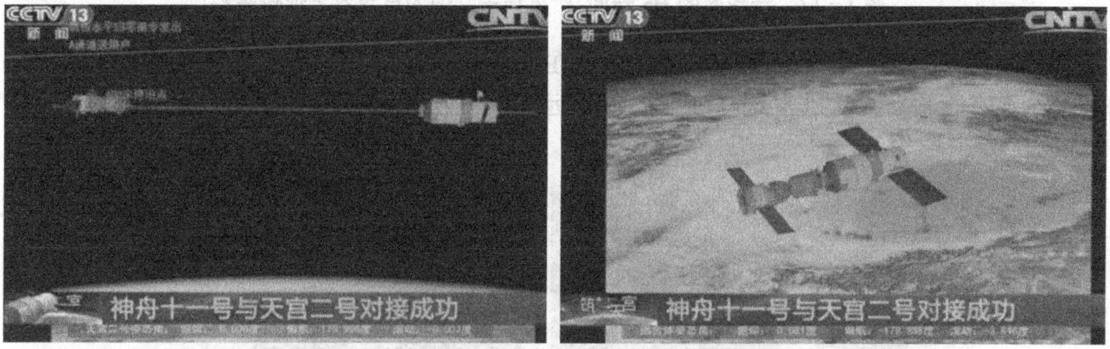

图 1－11　中央电视台报道神舟十一号与天宫二号对接成功时的动画演示

在当前媒介融合的大趋势下，视听传播的影响力吸引着大量非广播电视机构（报纸、通讯社、商业网站等）纷纷进入这一领域，它们由于原本不以视频制作见长，其在现场画面摄制方面存在的短板不可能在短期内得到根本改善，借由电脑技术进行数据可视化就是弥补这一不足的有效手段。图 1－12 是新华网制作的一则 H5 新闻《“夜猫子”们的自我鉴定评价表》，用动图的方式生动展现了深夜不睡觉的人们的生活状态。①

2.“关系”的可视化转换

对于新闻中一些抽象数字、地理方位或者人物、事件之间复杂的关系等等，光靠语言、画面和文字无法解释清楚，或者不便于观众理解，这时就需要绘制一些图表、图形甚至要制作动画来加以形象化处理。

中央电视台《新闻调查》1998 年 10 月 16 日播出的一期节目《透视运城渗灌工程》曾对山西运城地区在农业渗灌工程建设中的造假行为进行报道。为了帮助观众了解什么是“渗灌”，节目利用图 1－13 所示的电脑示意图，对渗灌工程的三个关键信息点（渗灌池、上水管、

① “夜猫子”们的自我鉴定评价表［EB/OL］.（2019－06－26）［2020－03－25］. http：//m. xinhuanet. com/js/2019-06/26/c_1124669472. htm.

图 1-12　新华网的 H5 新闻《“夜猫子”们的自我鉴定评价表》

下水管）之间的关系做了形象的说明。记者在现场调查时，正是利用渗灌池质量粗糙无法蓄水、上水管堵塞无法进水这些细节揭示了运城有关方面的造假行为。

图 1-13　《透视运城渗灌工程》对事件中关键信息点之间关系的图示

对“关系”进行可视化展现的另一个常见应用领域是数据新闻。数据新闻在叙事方式上抛开了传统的以文字讲故事为中心，变为以数据传播为中心，最大的特点在于用可视化数据传播新闻信息。它将大量数据组合构成数据图像，同时将数据的各个属性值以多维数据的形式表示，使人们能够以更直观的方式从不同的维度观察数据及其结构，发现其中隐含的信息。[①] 以《卫报》(*The Guardian*) 对 2011 年夏天英国骚乱事件的报道为例，当时政客们认为这场骚乱主要与贫困无关，而是暴徒利用脸书（Facebook）、推特（Twitter）等社交媒体发动煽动性言语和组织的结果，甚至一度要求关闭社交媒体。于是，《卫报》和伦敦政治经济学院合作，采用数据新闻报道手段，针对 Twitter 上的 260 万条关于骚乱的信息进行分析，与英国曼彻斯特大学合作分析社交媒体在暴乱中扮演的角色。《卫报》的数据小组通过一些简图，标出已发生骚乱的地点，然后把贫困人口的数据与发生骚乱的地点联系起来，证明了贫困与骚乱是相关的。在分析骚乱原因时，两个可视化作品起到重要作用：一是一段视频，表明已知骚乱地点与参与者家庭的联系；二是可视化作品《骚乱中的谣言》在 Twitter 等网站上传播。利用可视化手段，把一些难以描述的信息广泛传播，帮助受众更好地理解骚乱事件的起因和谣言传播方式。

3. “脉络”的可视化转换

与报纸、网页等基于空间的传播文本不同，视听新闻是随时间线性传播的文本，时间顺序对于准确表现事件有非常重要的意义。而视听素材摄取的往往是事件局部的、片断的信息，这一点在网络上大量传播的碎片化视频（多数由民间个体和非专业机构生产）上表现得尤为突出。因此，将无形的时间逻辑线用可视化的方式有形地展现出来，可以帮助人们更好地了解事件发生、变化的脉络，理解各个关键节点对于事件发展进程的意义。如图 1－14 所示，新华社用图表的方式对神舟十一号发射全过程按关键节点的时间顺序进行梳理，使人们对整个发射过程有一个比较清晰的了解。

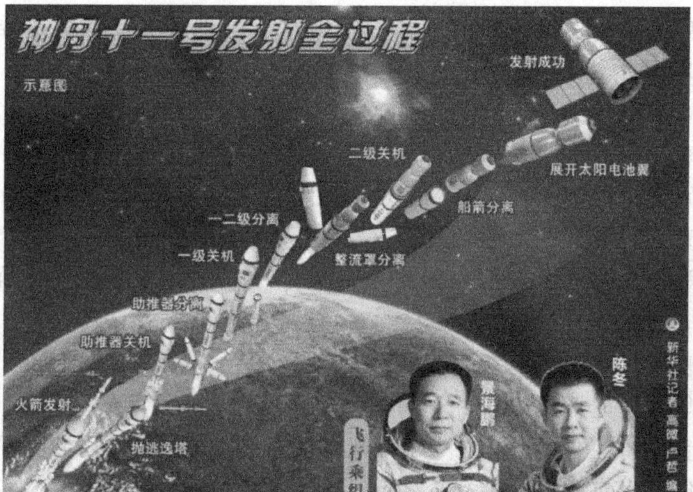

图 1－14　新华社对神舟十一号发射全过程的图示报道

二、听觉符号

视听新闻的听觉元素主要包括同期声、背景声（或者叫环境效果声）和解说（有时又称为“旁白”），少数情况下也包括音乐。

---

① 石磊，曾一．融合传播视角下的数据新闻 [J]．四川师范大学学报（社会科学版），2014 (6)：145.

(一) 同期声

同期声是指在拍摄新闻时同步采录的人物讲话。过去我国的广播电视新闻存在着重解说、轻同期的毛病，该由新闻人物讲话的地方偏偏要用解说代替人家说。这除了观念上的原因外，也跟过去频道资源不够丰富、新闻栏目时间有限有关，因为播音员解说比新闻人物同期声占用的时间要少。近年来，随着广播电视媒体频道资源的丰富，以往这些技术上的制约因素逐渐成为历史，人们对真实性、对自我表达的要求越来越高，由新闻人物本人发出的同期声因此越来越受到广播电视新闻报道的重视，也使新闻文本显得更加丰富多彩。而在新媒体平台上播出的新闻短视频中，同期声更是经常成为节目的主体。人物同期声的作用主要表现在以下几个方面：

1. 增加新闻的真实性和权威性

重要新闻事实通过新闻人物直接面向观众讲述，未经任何转述和加工，更加真实可信、具有说服力。一些不便于由记者直接表露的观点、倾向，通过人物同期声可以巧妙地表达出来。比如批评报道中经常采用这样的手法：先通过暗访掌握批评对象违法乱纪的证据，然后明访，批评对象往往说出一些冠冕堂皇的话，把这两者剪辑在一起，被批评者就自我暴露无遗了。中央电视台《新闻调查》栏目曾经于 1997 年 12 月 26 日播出一期节目《再访淮河》，调查沿淮地区污染治理情况。在采访某味精厂负责人之前，记者先到这家工厂的排污口悄悄取了水样，掌握证据。采访过程中，工厂负责人在记者不经意间出示的水样面前乱了阵脚，前后说法的矛盾让这家工厂违规排污的事实不言自明（见图 1 - 15）：

记者：我记得非常清楚，李总在一家媒体上向全国观众特别是淮河流域一亿五千万人民做出庄严承诺，七月一号之后莲花味精不再向淮河排入一滴废水，您做到了吗？

工厂负责人：应该说是不再排入一滴不达标的水。

记者：做到了吗？

工厂负责人：做到了，全部达到了。

记者：那么我们这里我们昨天到了一个排污口，有一瓶水李总给看一看，像这样的水您觉得它的 COD[①] 含量有多少？它这属于达标的还是……

工厂负责人：这个不达标，这个不达标。

记者：您估计它能有多少？

工厂负责人：我估计这个 COD 是超标了可能，这个 COD 超标了。

记者：你能肯定它是超标了？

工厂负责人：我可以肯定它是超标。

记者：这个是我们在你们那个味之素的出口取的一个样。

工厂负责人：哦，这个里边是有一点活性炭的颜色，可以检测一下。

…………

2. 展现新闻人物的个性色彩

个性化的同期声语言，能够展示人物的个性化色彩，并且通过人物讲话时的语音语

---

① Chemical Oxygen Demand，化学需氧量。

图 1－15 《再访淮河》中某工厂排污口取样及采访工厂负责人

调、体态动作，表现人物彼时彼地的思想、情感。如果由播音员、主持人或记者转述，内容可能完全一样，但是这些丰富多彩的信息就全部损失掉了。事实上，这些损失掉的部分是视听传播中非常重要的意义载体：非语言符号。在人们用语言传达信息的时候，语言符号传达的内容是显在的、容易被注意到的，但是与语言相关的语音、语调、面部神情、身体姿态、形体动作等非语言符号其实也在传达大量的信息，甚至有时比语言符号传达的信息更为准确。所谓“言不由衷”就反映了一个现象：单纯语言本身传达的信息不一定是可靠的。大量实验研究显示，非语言通道能在瞬间传达出很多微妙和含蓄的信息，而人们会很准确地解读这些简洁的信息。在所有非语言符号中，面部表情包含的信息最为重要。它们很容易透露人的心理状态，是直接信息和推断性信息的丰富来源。研究表明，特定的非语言行为往往伴随着特定情绪，非语言符号特别擅长传播情感和情绪信息，信息传达者的特别状态可以通过手势、表情传达出来，观察者可以据此判断传达者的个性或状态，如是否有能力或镇静。传播中的非语言成分至少与语言内容同等重要。比如，当语言和非语言信息相抵触时，信息接收者通常相信非语言信息。特别在电视上，表达往往支配文字。语言传播的说服力取决于是否陈述了确凿的说理论证，但非语言传播的说服力则更多地与印象的形成和情感的表达有关。比如，中央电视台在其新媒体端播出的时政微视频《V观》栏目，力图第一时间、第一现场报道重要时政活动、传递国家领导人声音，与传统广播电视时政报道中领导人讲话内容多以播音员、主持人配音代替相比，领导人在新闻活动现场同期声“原汁原味”的呈现更增添了报道的生动性（见图 1－16）。

图 1－16 中央电视台新媒体微视频栏目《V观》

3. 通过同期声的追述表现过去的人和事

对于过去发生的事件，电视画面如果当时没有记录下来的话是难于表现的。而通过当事人或目击者的讲述，可能的话再配上一些当时的照片、实物资料、影片资料，则可以在一定程度上再现当时的情景。这种手法在一些专题片、纪录片中被经常采用。比如凤凰卫视的《口述历史》栏目就大量采用当事人或者相关人的同期声再现历史事件。消息类新闻特别是突发事件报道中，当事人的追述也是还原事件发生时相关信息的重要手段。比如，2018 年 5 月 14 日，川航 3U8633 航班飞机因风挡玻璃爆裂脱落而紧急备降。在无法获得事发现场实时画面的情况下，四川电视台记者电话连线采访机上乘客，并结合乘客手机拍摄视频、航路动画图示等尽可能还原事发经过。此时，乘客的同期声就成了这则报道中最为生动的信息，对于人们了解事件发生时的状况有至关重要的作用（见图 1－17)。

图 1－17 《驾驶舱玻璃高空脱落 川航客机安全备降成都》中电话采访机上乘客

（二）背景声

背景声也称为环境效果声或实况音响，是伴随画面一起记录下来的，发自新闻现场的各种声音，它有效地保持了空间的真实感，并且丰富了画面的信息含量。大多数情况下，背景声用于描述主体所处的空间环境特征。晨练的舒缓、比赛的激烈、街道的喧闹、室内的宁静等等，都可以通过环境背景声真实地反映出来。环境音响的典型性对于塑造主体形象、报道新闻事件具有特殊的意义。特别是一些现场感强的事件，背景音响更是不可或缺的要素。试想，如果没有观众的呐喊声，足球场上的比赛还会显得那么紧张刺激吗？如果没有各种机械的嘈杂声，工地的场面还会那么热烈吗？如果没有巨大的轰鸣声，火箭的升空还会那么激动人心吗？如果没有人们的尖叫、痛哭和爆炸所混合的声音，“9·11”恐怖袭击事件还会那么震撼人心吗？可以说，任何事物都会有音响的特征，所以，背景声是画面立体、生动、信息含量丰富的重要元素。严格地说，没有环境音响的画面是残缺的。即使在环境本身很宁静的情况下，这种“静”也是一种音响特征。

有时候，现场实况音响可以代替解说，直接作为新闻报道的主体出现。典型音响和典型画面所构成典型场景，往往是新闻报道中最容易出彩的段落。它通过事实本身说话，具有无可置疑的真实性和解说难以达到的生动性。在一部名为《毒祸》的专题片中，有一处“瘾君子”们毒瘾发作的真实场面：他们呕吐、打战、撞墙、割脉、边翻滚边号哭“受不了！我想死！"，无须任何解说，这些画面和声音足以使观众充分感受到毒品的危害。

另外，在某些突发性事件中，音响甚至可能是事件的唯一记录，具有独一无二的新闻价值。1999年9月6日，埃及总统穆巴拉克遇刺受伤，由于事起突然，在场的电视记者当时没有能够拍到实况画面，观众从电视上看到的关于这一事件最直接的场面是：现场群众的画面和突然响起的几下清脆的枪声。在这里，声音成了最权威的信息。

（三）解说

解说主要通过记者、主持人或播音员的有声语言来表述新闻事件。

日本当代电视理论家吉田直哉认为电视：

1. 可以描写个体而不能描写全体；
2. 可以描写特殊而不能描写一般；
3. 可以描写具象而不能描写抽象；
4. 只有图像的传播会缺乏思考力，适当地加入语言，无论是和只有语言相比，还是和只有图像相比，都更能令人深思。①

视听新闻报道中解说的重要性就在于将画面背后的一切提示给观众。它既可以补充画面不足、增加新闻信息量，也可以深化主题、揭示画面内涵，还可以协调节目的结构，使段落与段落之间过渡自然、视觉与听觉之间衔接流畅。

当然，在处理画面与解说的关系上，应当坚持以画面为主，能通过画面和现场实况音响（包括人物同期声）表现的就不用解说，能少用的就少用，要善于"留白"。解说词太满或者越俎代庖是电视新闻解说的大忌。

而在以广播为代表的音频文本中，由于没有画面支持，解说语言就成为主要的报道手段，有时甚至是唯一的报道手段，比如中央人民广播电台的名牌栏目《新闻与报纸摘要》就主要靠播音员的解说。

（四）音乐

音乐是影视艺术中一个重要的元素，它不来自新闻现场，在节目制作时主要通过后期制作加入。它具有抽象性和概括性，与影视画面结合，通过意境、情绪、画面的交替和变化，揭示节目的内在情感、灵魂，渲染气氛，深化主题，在影视的艺术表达中具有独特的作用。

视听新闻特别是消息类新闻中很少用音乐，因为音乐毕竟不是客观真实的音响，在新闻中用音乐难免影响新闻的真实感。视听新闻中音乐的运用，长期以来多在专题片渲染情绪、烘托主题时起画龙点睛的作用。而在消息类新闻节目和栏目中则多用在一些属于节目包装性质的段落，比如片头、片花，还有一些简讯或者快速扫描式的段落。为了追求信息量，要回顾的新闻条数很多，在有限的时间内，各条新闻的表现形式难免单一，为了增强节目的动感、避免枯燥，这些板块往往会使用节奏音乐。当前，随着媒介融合的发展，原有的消息、深度报道、评论等经典广播电视新闻节目形态的边界在模糊，新闻与谈话类节目、专题片、纪录片等其他具有纪实性质的视听节目的边界在模糊，甚至新闻事件现场直播与一般类直播（如状态类的慢直播）的边界也在模糊，视听新闻节目中对音乐的使用范

① 张雅欣．电视概论［M］．北京：中国广播电视出版社，1997：196.

围和频率大大增加，有的甚至出现了滥用、刻意煽情的问题，这是需要警惕的。视听新闻节目中对音乐的使用应当特别慎重和节制，核心在于不能有损新闻的真实性。一个比较两全的办法是，在可能的情况下，借用新闻现场真实存在的音乐，当然前提是不能故意设计、摆拍。比如，在一部表现一位残疾人自强不息的专题片中，有一处点题的段落，画面用了太阳升起的镜头，背景音乐则是从主人公收音机里传出来的《我的太阳》的音乐。这种出自新闻现场的音乐，既满足了烘托主题的需要，又显得真实、自然。

1971 年，加拿大心理学家佩维奥（Paivio）提出通道编码理论，他认为：记忆由两个既相互分离又相互联系的信息编码系统组成，一个用于处理语言信息，另一个用于处理视觉信息。两个系统之间的相互联系使得二者之间能够相互提示，更加有利于人们识别环境。视听节目要善于综合运用各种视觉和听觉元素，尤其注意精选来自新闻事件现场的画面和声音（包括同期声和背景声），以增强现场感和信息的权威性，充分发挥视听传播的魅力。

第二节　视听符号的意义建构与表达

1960 年，美国总统大选。充满朝气的年轻参议员约翰·肯尼迪在全美上千万电视观众的注视下击败大病初愈的资深政治家尼克松。这是电视第一次对美国总统选举产生如此深刻的影响。8 500 多万美国人至少看了一次肯尼迪与尼克松的辩论。以至于当时有人这样评价：总统竞选辩论的胜负是靠个人魅力而不是政策决定。肯尼迪因此被称为第一个“电视总统”。在 1960 年总统竞选的整个过程中，肯尼迪对电视制作过程表现出比其竞争对手更强的敏锐性。一个最关键的例子就是第一次电视大辩论。在该节目播出的前一周，肯尼迪亲自与其广播战略家 J. 伦纳德·赖因施（J. Leonard Reinsch）拜见哥伦比亚广播公司（CBS）电视导演唐·休伊特（Don Hewitt）。休伊特回忆说：“肯尼迪非常好奇。他想知道：‘我站在哪里？我需要回答多长时间？当我谈得太远时能否得到提示？’他真的想知道我们将来工作的具体细节。”他们讨论的事情还包括场景设计和拍摄模式。电视也为尼克松提供了同等的机会，但他却拒绝了。一个有趣的细节是，精湛的化妆术本可改善尼克松带有病容的形象，但是他拒绝了。一个更合适的衬衫衣领和一件更清新的黑色西装本是一种很容易的着装搭配，但他当时并未将外表作为一个重要的细节来考虑。因此刚刚出院而且体重降了八磅的尼克松在现场直播时衣领有点下垂，他的浅灰色西服也与呈现暗灰色的背景融为一体。如果能认识到即使他不讲话也会出现在镜头中的话，尼克松的一些尴尬时刻也是可以避免的。[①] 在两个人谈论美国经济状况以及他们自己的资格时，肯尼迪看上去冷静沉着，而尼克松看上去疲惫而且有些阴郁。有时镜头显示，不安的尼克松在听肯尼迪说话；几分钟以后镜头显示，信心十足的肯尼迪在听尼克松的回敬。从这一刻起，人们不再认为肯尼迪太稚嫩了（见图 1－18）。[②]

---

① 埃杰顿．美国电视史［M］．李银波，译．北京：中国人民大学出版社，2012：143.

② 埃默里 M，埃默里 E，罗伯茨．美国新闻史：大众传播媒介解释史：第 9 版［M］．展江，译．北京：中国人民大学出版社，2009：396.

图 1-18 美国总统大选中肯尼迪与尼克松的电视辩论

肯尼迪的获胜使逐步走上媒介舞台中心的电视甫一出手就显示了不凡的力量，也使人们意识到，以电视为代表的视听媒体有其独特的意义表达方式。马丁·海德格尔在其《世界图像的时代》一文中指出：从本质上看来，世界图像并非意指一幅关于世界的图像，而是指世界被把握为图像了。[①] 当历史的时针转入 21 世纪，“图像世界”不再是一个是否存在的可讨论的话题，而成为一个无可辩驳的事实：从 24 小时滚动播出的电视新闻节目到街角胡同里捕捉一切的监视镜头，从商场影院里巨幅的宣传海报到医院放射科中的 X 光片和核磁共振影像，从视频聊天工具中远方亲人的笑容到社交网站上每一张吃喝玩乐的照片，这些图像呈现着我们的日常生活，不仅如此，它们还正在建构和改变着我们的日常生活。1992 年，W. J. T. 米歇尔首次提出了“图像转向”（pictorial turn）的概念，用以描述关于理解社会生活的方法的“文化的转向”。[②] 在这场“转向”中，视觉成为当代社会生活的文化构建的核心要素，越来越多的信息和意义通过视觉化的图像得以传播。在后现代的世界里，不是实在客体决定着人们的经验和意识，而是“符码”“类像”“仿真”形塑着社会经验，成为社会经验的主要决定因素。

研究者估计，进入大脑的信息中有 75%是来自视觉。除了同样具有文字的认知和思考功能，作为认知工具的图像也为人类提供一种新的思考方式和文化阐释范式。正如米歇尔所言：

> 观看行为（spectatorship）（观看、注视、浏览，以及观察、监视与视觉快感的实践）可能与阅读的诸种形式（解密、解码、阐释等）是同等深奥的问题，而基于文本性的模式恐怕难以充分阐释视觉经验或“视觉识读能力”。[③]

---

① 海德格尔．世界图像的时代//海德格尔．林中路［M］．孙周兴，译．上海：上海译文出版社，2007：91.

② ROSA G. Visual Methodologies：An Introduction to the Interpretation of Visual Materials［M］. London：SAGE Publications Inc.（US），2001：5.

③ 米歇尔．图像转向//陶东风，金元浦．文化研究：第 3 辑［M］．天津：天津社会科学院出版社，2002：17.

机械复制时代的图像传播是一种具有视觉符码特征的非语言传播形态，具有感性化、直观化、浅层化等特点，它是“感受的、反理性的、反逻辑的；是个体的、差异的；是丰富的；是偶然的、短暂的；是想象的；是原初的、体验的。能超越国界、排除语言障碍并进入各个领域与人们进行交流与沟通，是人类通用的沟通符号”①。按照德国作家库特·图霍尔斯基（Kurt Tucholsky）的说法，“一帧图像胜过一千个词语”②。

在视听新闻节目中，视听符号的意义建构和表达一般分为三个层次（见图 1-19）：

再现事实：对新闻事件的记录与呈现，属于表象层面。

揭示真相：对新闻事件所反映事实的价值判断，由此进入本质层面。

升华意义：对该新闻事件之于社会同类事件典型意义的开掘，至此，视听新闻报道超越了具体报道对象本身，而进入具有普遍意义和抽象价值的符号层面。

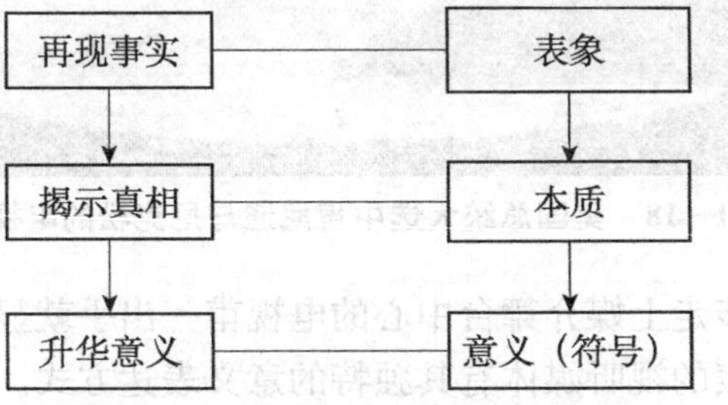

图 1-19　视听符号意义建构的过程

一、再现事实

影像是“现实的拷贝”，是对现实的再现。现场画面的首要作用就是忠实记录新闻事件的原貌，并通过剪辑加工将这种原貌还原给观众。因此，视听新闻在报道时应当尽量选择那些最能表现事件本身要素（如时间、地点、人物、事件进程等等）的画面并加以合理的呈现。那么，画面如何“再现”新闻事件呢？主要通过三个要素：环境、情节、细节。环境是新闻事件发生的时间、空间场域，犹如故事上演的舞台；情节则是故事的主体，犹如骨架；细节则是故事中的亮点，犹如血肉。三者共同支撑，构成一个完整的故事文本（见图 1-20）。

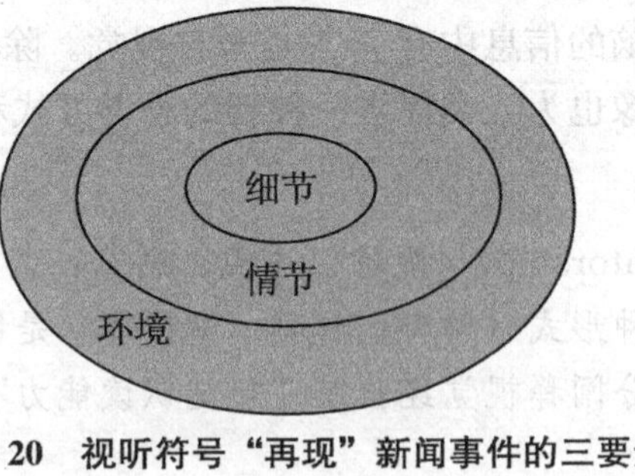

图 1-20　视听符号“再现”新闻事件的三要素

① 郭海沛．当代图像传播的特征［J］．青年文学家，2010（9）：143-144.

② 丁宁．图像缤纷：视觉艺术的文化维度［M］．北京：中国人民大学出版社，2005：229.

（一）环境

现场是新闻事件发生的场所，与新闻事件有关的人物及其所在的场景构成现场环境的全部信息。通过现场拍摄记录下的环境画面将有关新闻事件的全貌忠实地展现在观众面前，使这些不在场的人也能获得身临其境的直观体验。

图 1－21 是美国有线电视新闻网（CNN）报道“9・11”事件时的画面。透过它人们可以看到燃烧的世贸大楼及其周边的场景，画面所传达的这些信息向人们展示了恐怖袭击事件的规模、影响等整体情况。

图 1－21　CNN 报道“9・11”事件的直播画面（全景）

在一个视听新闻故事中，现场环境是由时间和空间共同组成、包容事件全部信息的整体性元素。它的存在，可以帮助观众建立对事件的总体认知。自电影诞生以来，包括后来出现的电视、手机视频等，动态影像的拍摄都遵循一个基本法则：分镜头拍摄。由于影像拍摄的这一特点，每一个镜头都是对整体空间中局部信息的撷取，将局部从整体中割裂出来，需要借助后期剪辑将这种割裂的时空关系重新加以还原。环境镜头的一个重要作用就是帮助还原整体场景，使观众能够准确界定分镜头拍摄出来的局部碎片信息在整体事件中的位置。因此，用于展现环境的画面多为全景镜头。图 1－22 是国内某省级电视台进行足球赛事转播时的机位图。机位 1 设于图下方球场外围一侧中央、机位 7 设于图左球场一端、机位 15 设于图右上球场一角、机位 18 设于图右下球场外围一角，这四个机位均为能够俯瞰全场的全景镜头，在全部 18 个机位中占到近四分之一。这样安排的考虑正在于面对球场数万名观众、场上 22 名调整奔跑的运动员、场边的多名候补队员和教练，为了准确展现比赛这样复杂的事件进程和人物关系，全景镜头可以让人一目了然，是保证直播报道中安全必不可少的镜头。

（二）情节

情节是新闻事件的主体，而那些能够反映事件核心进程和本质特征的关键情节更是新闻报道的主体，当然也是视听画面展现的重点。

“9・11”事件发生后，美国各大电视媒体纷纷展开报道。由于事发突然，第一架飞机撞击大楼的情形并没有电视台拍到（事后才发现有旅游者偶然抓拍到了这一珍贵镜头），

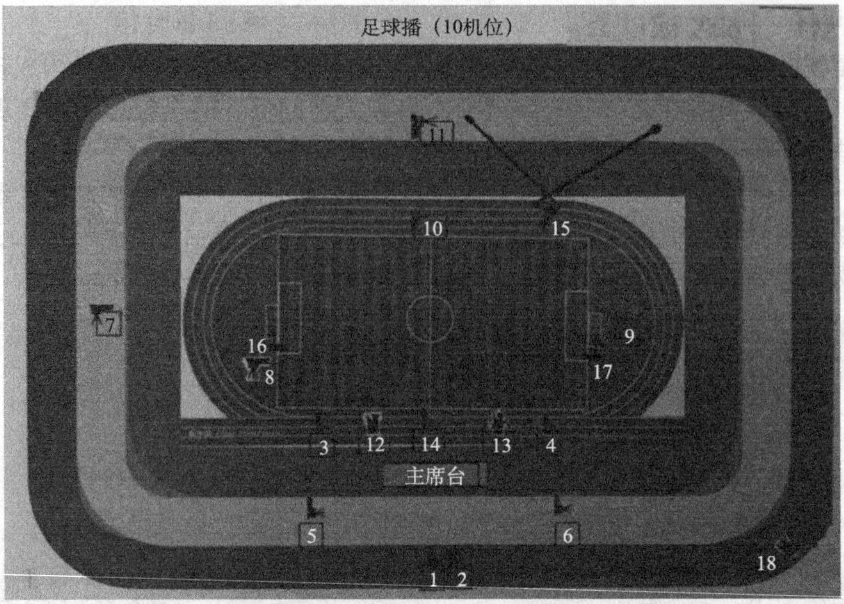

图 1－22　电视台进行足球赛事转播时的机位设置

对于电视报道来说，这一关键画面的缺失不能不说是遗憾。好在美国电视媒体的动作够快，CNN 等在事发不久迅速进行直播，并且抓拍到了第二架飞机撞击时的不幸场面，成为这一事件报道中最鲜活、最珍贵的情节（见图 1－23）。

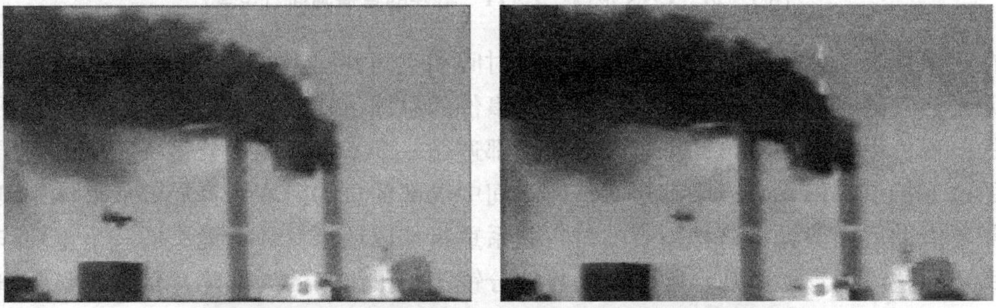

图 1－23　CNN 抓拍的“9・11”事件的珍贵画面

左上图为“9・11”事件中第二架飞机正在撞向世贸大楼。右上图为飞机撞进世贸大楼的瞬间。中下图为被撞的世贸大楼陷入一片火海。

图 1－23 的三幅画面记录下了“9・11”事件中第二架飞机撞向世贸大楼的过程。这些震撼性画面也成为 CNN 在此次报道中的亮点。

事实上，在新闻事件特别是突发性新闻事件的报道中，今天的媒体无一不像 CNN 那样渴望找到能够表现事件关键情节的现场画面，甚至不惜花费巨额成本。因为它们知道：对于事件的报道来说，一个关键性的画面胜过千言万语。

而实现这一目标的关键，就是报道者要“在现场”，即使做不到这一点，也要尽可能地靠近。越逼近现场，才越能够拍到有价值的画面。

当然，并不是所有时候我们都可以幸运地拍到现场的第一手画面，特别是一些突发事件，没有人有未卜先知的能力，正好守在现场拍摄事件的发生。这就需要借助外部资源。对于专业工作者来说，资源整合能力是新媒体环境下从事视听新闻报道的重要素养，要知道从哪些渠道可能获得这些珍贵的视听素材。随着技术的发展，普通的视频采制设备的机型日趋小型化，价格不断降低，操作也更加方便简易，不少普通民众都拿起了手中的家用 DV、数码相机甚至手机记录下身边发生的事件，这使得来自民众的新闻影像资源越来越丰富。在一些突发事件中，民众用随身携带的普通设备拍下的视频素材为电视新闻传播提供了更多来自现场的生动画面。在 2004 年的东南亚海啸、2005 年的伦敦地铁爆炸案、2008 年的汶川地震、2013 年的波士顿暴恐袭击、2020 年的抗击新型冠状病毒肺炎疫情等近年来几乎每一次重大事件中，很多震撼人心的画面都是普通民众拍摄下来的，这些画面成为了解事件现场情况的重要渠道。除了民间个体拍摄以外，媒体以外的一些机构出于各自的需要，也在工作中大量装备和使用视频设备，比如交管部门、银行、楼宇等安装的摄像监控系统。这些都成为我们报道新闻事件时可能利用的资源。

（三）细节

细节是新闻的血肉，往往是事件中的一些兴趣点。有趣的细节画面为电视新闻报道赋予鲜活的生命力。当然，不是所有的细节都是有意义的，只有那些与关键人物、关键情节、关键场景有密切联系并且本身能给观众以视觉刺激的细节画面才能进入视听新闻报道的视野。细节有时甚至能成为推动情节发展的关键。

中央电视台《焦点访谈》曾经针对山西省民政厅挪用资金违规建办公大楼的问题于 2005 年 3 月 27 日播出过一期节目《民政厅大楼里的秘密》。当记者在一份有关大楼建设经费资金来源的报告中看到有 260 万元福利金时，民政厅有关人员的解释是用这笔钱在大楼里面建了一个老年人活动中心，记者随即实地进行了查看。在有关人员漏洞百出的解释中，记者注意到了一个细节：在一间健身房里，除了准备了一些跑步机外，竟然还有练习拳击的沙袋等器具（见图 1－24）。所谓“老年人”活动中心的说辞，在这个细节镜头面前显得何等苍白。

二、揭示真相

现场声画因其直观性、连续性而具有很强的实证功能。特别是对于一些可能产生争议、怀疑的事件、观点，典型的现场声画往往具有无可辩驳的说服力，这是任何精彩的解说词都不可比拟的。

2012 年 5 月 26 日凌晨，深圳滨海大道一辆高速行驶的跑车与两辆出租车相撞，致使

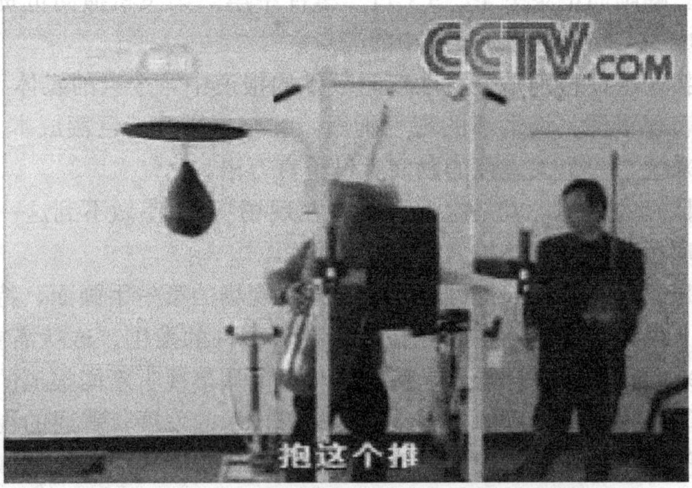

图 1-24 《民政厅大楼里的秘密》健身房中的沙袋

一辆出租车内 3 人当场死亡。事发之后不久，酒驾肇事司机侯某投案自首。这起看似平常的交通事故一开始没有引起舆论的较大关注，当地媒体《南方都市报》也只是做了简短的报道。但随后，人们从警方公布的信息注意到：肇事者侯某为深圳一家建筑公司的普通员工，出身广西农村。月薪 2 000 多元的打工仔与 100 多万元的豪华跑车，这一巨大反差顿时引起舆论的广泛质疑。事态缓和的转折点出现在 5 月 29 日。这一天，深圳交警召开第二场通报会，公布了肇事司机侯某离开酒吧在电梯内的录像以及沿途监控录像抓拍到的侯某开车画面，特别是车主许某辉当天裸露上身拍摄的照片，其身上并无伤痕（见图 1-25）。这些关键画面的出现很大程度上减轻了公众的疑虑，但质疑之声并未平息，特别是距车祸现场 50 米的高架桥有 20 余个摄像头却没有留下任何事发现场视频这一事实更让人感觉难以置信。

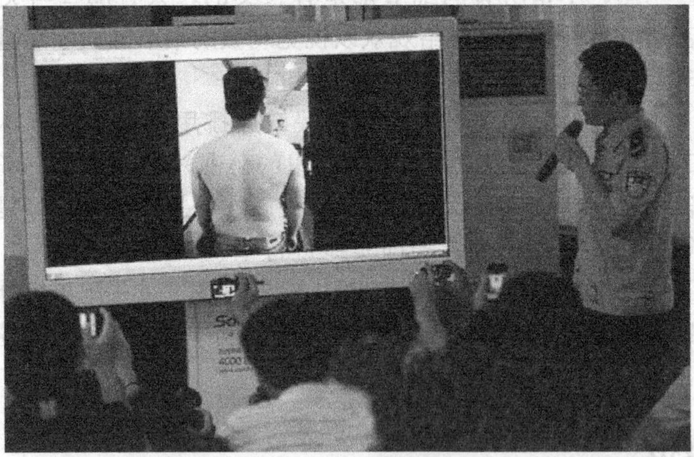

图 1-25 肇事车车主在镜头前裸露上身，显示没有伤痕

在人们执着追求“有图有真相”的背后，是信息交流机制中信任度的下降。在现有关于可信度的研究中，有三个领域受到广泛认同：信息可信度（message credibility）、信源可信度（source credibility）、媒介可信度（media credibility）。在当前社会转型的复杂环境下，构成传播可信度的两个重要因素——信源、媒介——可信度的下降成为当下中国社会的普遍现象。在信源和媒介可信度下降的背景下，信息自身可信度的重要性愈加凸显。而在所有信息中，图像是最有可能脱离信源、媒介而相对独立地证明其可信度的符号。语言、文字的可信度都与发出者（信源、媒介）的可信度密不可分，而“眼见为实”的心理定式使图像与其发出者的联系显得不那么紧密。图像的这种自组织和自证实功能使其成为当下最具说服力的信息表达形态。

今天的信息传播已经越来越依赖于形象表达方式内在的情感吸引力。

在《公共舆论》一书中，沃尔特·李普曼强调，要改变一个人的态度，需要形象的介入：“图像始终是最可靠的观念传达方式，其次则是能够唤起记忆图像的词语。但是，被传达的观念在没有使我们认同于图像的某个方面之前，它不会完全成为我们自己的观念。”① 与语言文字相比，图像立体化的信息传播使它能传递给受众真实强烈而丰富的现场信号，能够对特定时间空间中特定的人、事、景、物等可视形象和现场氛围以及发自现场的各种声音进行过程化的如实记录和传播。这种具体的事物的状况展现在受众面前，使其犹如直接在现场参与一般，获得了某种身临其境的实际体验。正是通过这种直观可感的形象，视听信息排除了人们对于事物认识的不确定性。

视听传播的这种揭示真相的实证力量在新闻报道中往往体现在以下三个方面：

（一）在揭露问题的报道中提供有力证据

中央电视台《焦点访谈》栏目有一句著名的宣传语：“用事实说话。”对于这个以讥评时弊见长的栏目来说，“事实”是让人（包括被批评者）信服的关键，而它作为电视栏目的独特力量在于一切“事实”的呈现都有一个取信于人的平台——画面。在《焦点访谈》的很多优秀节目中，我们都能看到画面的实证力量，比方说以下几个：

《难圆绿色梦》（1996 年第六届中国新闻奖一等奖）里乱砍滥伐后狼藉的树桩和遍地黄沙（见图 1－26）。

图 1－26 《焦点访谈》栏目之《难圆绿色梦》

《河道里建起商品楼》（2002 年第十二届中国新闻奖一等奖）里矗立在防汛河道

① 李普曼．公众舆论［M］．阎克文，江红，译．上海：上海人民出版社，2006：124．

中的栋栋高楼（见图 1－27）。

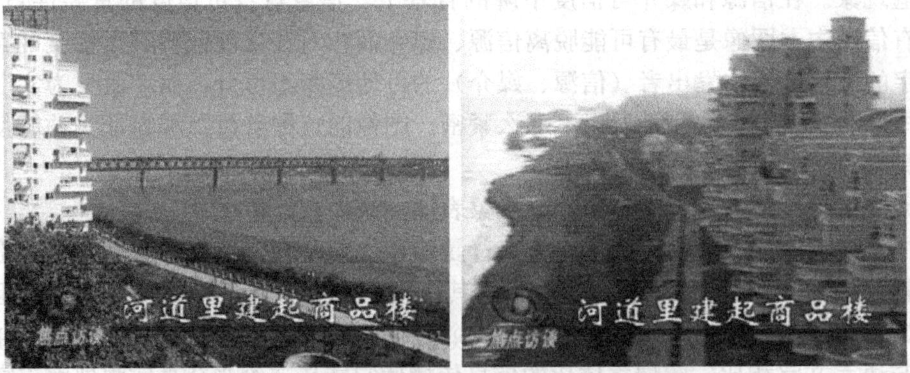

图 1－27 《焦点访谈》栏目之《河道里建起商品楼》

《雇人住院为哪般》（2019 年第二十九届中国新闻奖二等奖）里为了骗取国家医保资金被雇来住院却在病房里惬意喝酒的老人（见图 1－28）。

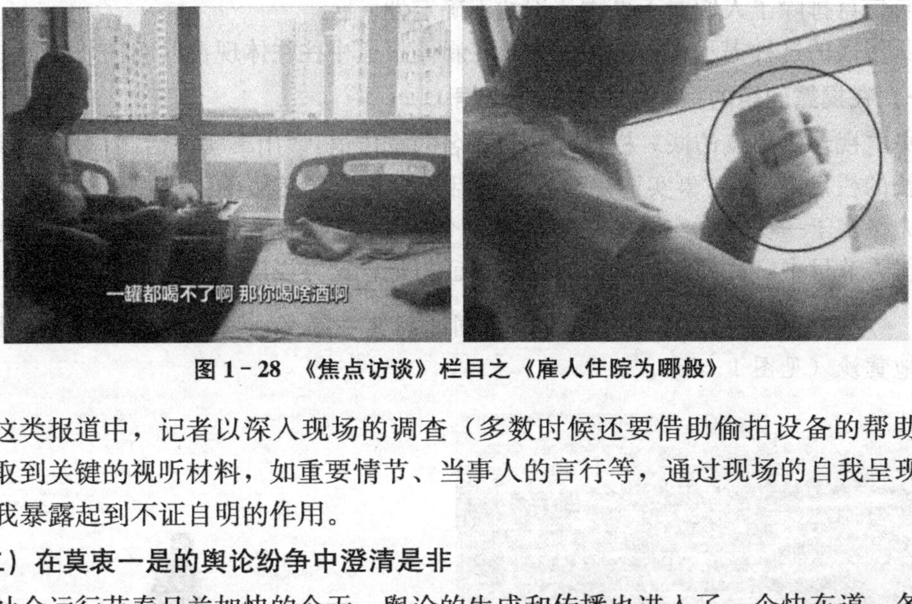

图 1－28 《焦点访谈》栏目之《雇人住院为哪般》

在这类报道中，记者以深入现场的调查（多数时候还要借助偷拍设备的帮助进行暗访）获取到关键的视听材料，如重要情节、当事人的言行等，通过现场的自我呈现和当事人的自我暴露起到不证自明的作用。

（二）在莫衷一是的舆论纷争中澄清是非

在社会运行节奏日益加快的今天，舆论的生成和传播也进入了一个快车道，各种热点层出不穷，民众参与公共话题讨论的热情空前高涨。但在浮躁的新媒体传播语境中，人们却常常基于情绪而不是事实做出判断，导致舆论场上莫衷一是，社会共识难以达成，各种新闻“反转”不断出现，“评论跑在了新闻的前面”①。这种情况下，清晰的事实恰恰成了一种宝贵的资源，是引导人们做出理性判断的基础，“眼见为实”的视听素材尤其如此。

2015 年 5 月 3 日下午，成都市三环路立交桥附近发生一起打人事件，一位女司机车辆被后车逼停并遭到后车男司机的殴打。事件视频在网络上发布后，人们先是对男司机下手之狠表示震惊。随后，女司机的行车记录仪视频被警方公布，显示其多次强行变道开斗气

① 曹林．评论永远不能跑在新闻前面［EB/OL］．（2013－06－06）［2020－03－28］．http：//zqb.cyol.com/html/2013-06/06/nw.D110000zgqnb_20130606_13-03.htm.

车给后车男司机造成危险，舆论又转而谴责女司机的行为（见图 1-29）。

图 1-29　成都女司机被打事件中两段视频的画面

左图显示的是女司机被后车男司机殴打，右图显示的是此前其强行变道的危险驾驶行为。

从上面这个案例可以看出两段反映关键事实的视频在引导舆论走向上的重要作用。在舆论热点快速形成和扩散的今天，专业新闻媒体更应当担负起提供“事实”的作用，以澄清是非、引导社会公众基于清晰的事实做出准确的判断。

（三）在正面宣传中提升报道的说服力

习近平总书记在党的新闻舆论工作座谈会上强调：团结稳定鼓劲、正面宣传为主，是党的新闻舆论工作必须遵循的基本方针。① 主流新闻媒体做好正面宣传、引导社会舆论向积极健康的方向发展，更是题中应有之义。但在当今社会价值观日益多元、公众媒介消费的兴趣口味日益多样的情况下，正面宣传如何入脑入心、达到好的效果，这是一个需要不断解决的问题。语言空洞、套话充斥是很多视听新闻苍白无力的重要表现。“很长时间以来，‘拽大词’、‘高八度’、‘排比句’串缀起来的新闻稿，成为事件‘重大’的一个典型标志，人们从不同的传播工具中听到看到读到的东西，会有惊人相似的语态。”② 对这一问题的解决需要回归新闻本体，具体到视听新闻报道就是要回到具体的事件、回到现场声画上来，在取信于人的基础上达到增强吸引力和感染力的效果。

以 2017 年获得第二十七届中国新闻奖一等奖的广播访谈节目《“新愚公”李保国》为例，作为被中共中央总书记习近平授予“人民楷模”的先进人物，李保国的事迹早已通过众多媒体的报道为人们所熟知。在主题宣传中，这样的题材是很难做的，以音频为主的广播尤其不占优势。但是，河北人民广播电台的报道却在与中央强势媒体的同题竞争中脱颖而出，一个很重要的原因就是真实感人。节目用行进式报道的手法，从保定李保国的家、越野车上再到帮扶基地，在李保国生前工作的现场环境中对其爱人郭素萍、内丘县岗底村党总支书记杨双牛、岗底村村委会副主任杨双奎进行访谈，全面展现了“新愚公”李保国究竟是一个什么样的人，到底是什么力量支撑着他三十五年如一日扎根太行。报道的一大亮点是使用了李保国生前访谈的音频。在李保国已经去世、绝大多数媒体只能靠回述展现李保国形象的情况下，这种记录了人物在事件现场中原始状态的一手信息显得弥足珍贵。

---

① 习近平：坚持正确方向创新方法手段 提高新闻舆论传播力引导力 [EB/OL].（2016-02-19）[2020-03-28]. http://www.xinhuanet.com//politics/2016-02/19/c_1118102868.htm.

② 孙玉胜．十年：从改变电视的语态开始 [M]. 北京：三联书店，2003：40-41.

三、升华意义

蒙太奇理论认为，画面的组接可以产生新的意义。电影大师爱森斯坦就认为，电影的每一个画面，“将它们组合起来就可成为表意工具”。所有视听新闻的画面其实都是如此。通过画面的累积、对比、关联等蒙太奇剪辑的手法，可以产生出种种不同的寓意。与解说的直白相比，这种含蓄的表现手法显然更具感染力。

在视听新闻报道中，我们常常将一些概念或主题用视觉符号表现出来，通过这种“视觉翻译”，抽象的概念或主题为具体的视觉形象所取代，使观众更易理解和接受。

在中央电视台《世界周刊》栏目2004年为伊拉克权力移交而制作的特别节目《谁动了我的主权》中，编导为了表现“名为权力移交，实际上伊拉克依然主权旁落”这一主题思想，在节目中运用了四个视觉符号——雕像、手枪、萨达姆、文物，分别代表伊拉克主权的四个方面（见图1-30）：

萨达姆雕像被毁——主权神圣性的丧失；
萨达姆钟爱的手枪被美国人当作战利品——捍卫主权能力的丧失；
萨达姆被捕并由美国人控制——司法权的缺失；
伊拉克珍贵文物流落海外——文化主权的缺失。

这四个视觉形象将伊拉克主权旁落这一主题生动地呈现在观众面前。正像节目中一位伊拉克文物专家所说的：“我一看到这个雕像头，心里就感到疼痛，因为他的身体在巴格达，而头却在美国了。”这是多么生动的写照！

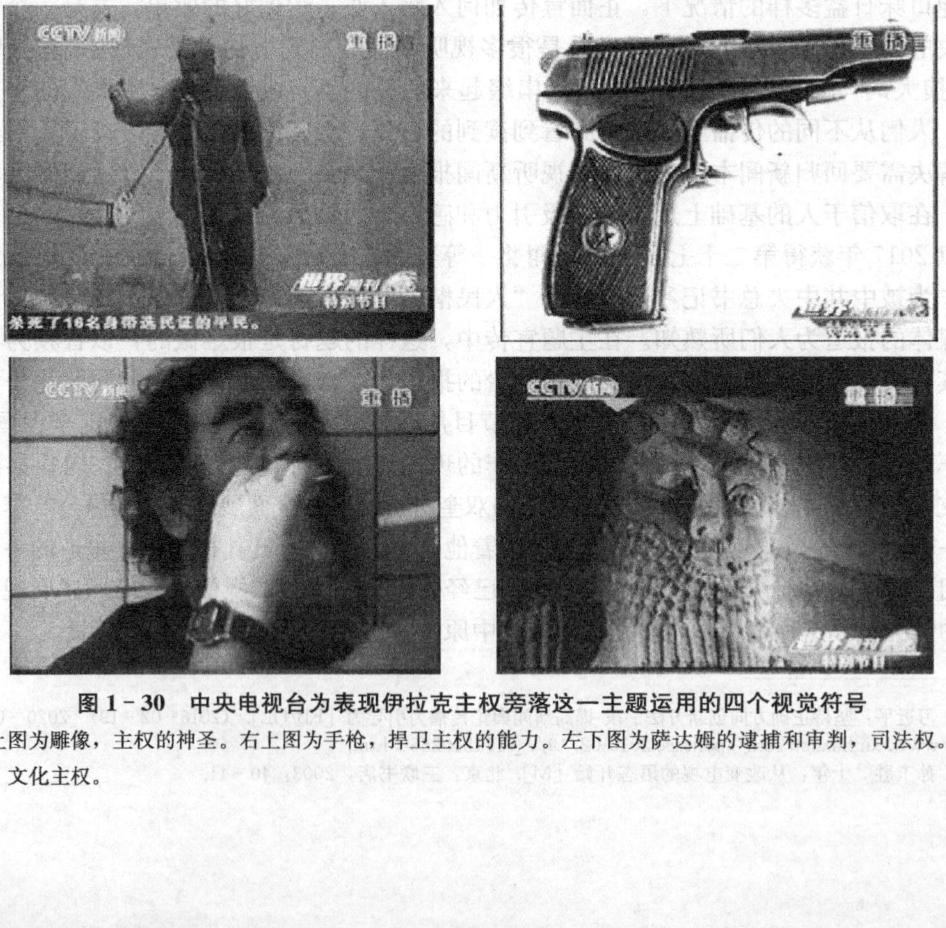

图1-30　中央电视台为表现伊拉克主权旁落这一主题运用的四个视觉符号

左上图为雕像，主权的神圣。右上图为手枪，捍卫主权的能力。左下图为萨达姆的逮捕和审判，司法权。右下图为文物，文化主权。

视觉形象是视听新闻说理的重要手段，有时也是最有效的手段。在新媒体的浅阅读、快速阅读环境下，视觉形象能够迅速从感性入手影响人们的判断，进而迅速扩散形成舆论的普遍认知。在这种情况下，典型的视觉形象往往超越事件本身，成为人们普遍关心的问题、情绪的一个引爆点，因而具有了更为广泛的社会意义和传播价值。比如，2020 年抗击新型冠状病毒疫情期间，一名外籍返京女子不遵守居家隔离要求外出跑步，在被社区人员劝阻的情况下仍然拒绝遵守要求，现场情况被手机拍摄并传到网上后迅速引起热议（见图 1 - 31），成为全国关注的舆论热点。这一个体事件之所以能够扩散全国，主要就在于现场画面在同类事件中的典型性和它与彼时人们心理关注点的高度契合，因而具有了在抗击疫情期间输入性病例压力陡增的情况下“入境人员拒绝遵守隔离要求”这一符号意义。

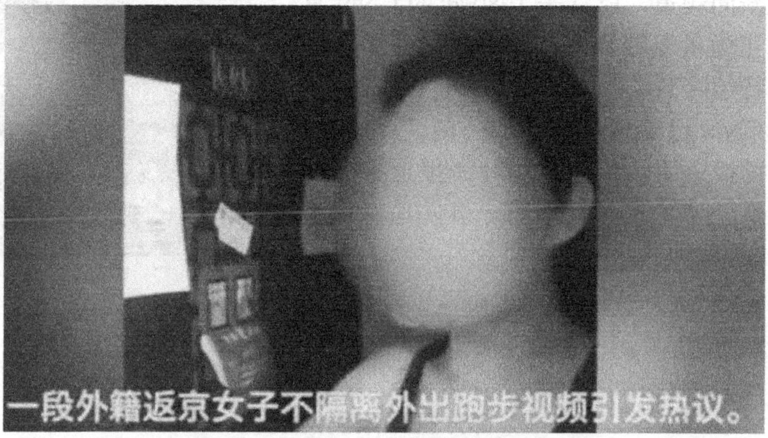

图 1 - 31　抗击新型冠状病毒疫情期间
一名外籍返京女子拒绝遵守隔离要求的视频被广泛传播

【本章小结】

本章主要探讨了视听新闻报道的两个基本问题：视听新闻文本的符号系统；视听符号的意义建构及表达。视听新闻文本由视觉和听觉两大符号系统组成，每一种符号系统又包含多样的表现形态，这些丰富多彩的符号元素是视听新闻文本的魅力和优势之所在。视听新闻报道应当善于利用以现场声画为核心的视听符号进行意义建构和表达。

【本章思考题】

1. 视听新闻包括哪两大符号系统？它们分别有哪些表现形态？
2. 视听新闻文本意义建构和表达的三个层次分别是什么？
3. 案例分析：以本周的一则视听新闻报道为例，分析画面是如何帮助锁定证据和呈现基本事实的。

【本章推荐】

影视剧中的新闻人、新闻事

本章推荐欣赏电影《逃离巴格达》(*Live From Baghdad*)。1991年1月17日，美国发动对伊拉克的“沙漠风暴”行动，空袭后3小时内，巴格达对外通信中断，CNN的驻巴格达记者几乎成为全世界唯一的消息源。从那天起，CNN连续昼夜报道巴格达遭到空袭的情况。作为世界上第一个24小时不间断播出的电视新闻频道，成立于1980年的CNN直到这一刻才真正为世界瞩目，世界由此记住了它的创办人特德·特纳（Ted Turner）的宣言：“即使到了世界末日，CNN也要现场转播那一刻。”电影再现了CNN电视报道团队留守战场舍命报道战况的故事。尽管存在艺术加工，但人物、事件均有现实基础。

【附录】

部分视频案例网址

1. 中央电视台——国庆70周年庆典现场直播（http://www.cctv1zhibo.com/video/27149.html）。

2. 2018年9月16日，记者在珠海情侣路报道台风“山竹”登陆（http://1253125013.vod2.myqcloud.com/db0ac9devodtransgzp1253125013/67a547565285890781853058492/v.f20.mp4）。

3. 新闻综合频道《济南新闻》——第二十九中国新闻奖二等奖的作品《“棉花姑娘”们收获新喜悦》（http://www.zgjx.cn/2019-06/23/c_138155798.htm）。

4. 中央电视台《新闻联播》——神舟十一号载人飞船与天宫二号空间实验室进行交会对接（http://tv.cctv.com/2016/10/19/VIDEEfNzPl3mNpiPLH6oYAp8161019.shtml）。

5. 中央电视台《新闻调查》——《透视运城渗灌工程》（https://v.qq.com/x/page/p0156yuoe6c.html）。

6. 四川卫视《四川新闻》——《驾驶舱玻璃高空脱落 川航客机安全备降成都》（http://www.zgjx.cn/2019-06/23/c_138156035.htm）。

7. CNN报道“9·11”事件（https://www.youtube.com/watch?v=VveRmJpFW6o; https://www.youtube.com/watch?v=Mh92V42UN2I）。

8. 中央电视台《焦点访谈》——《雇人住院为哪般》（http://tv.cctv.com/2018/11/15/VIDEAlqn78Ti3uDrD0IGUgMM181115.shtml）。

第二章

视听新闻的生产体系与流程

【本章学习要点】

我们日常接触到的视听新闻是如何被生产出来的？是一个怎样的机制在影响和决定着这些新闻的产生？

● 视听新闻的生产是一个系统工程，以采访系统和编播系统为核心形成一个从采集、编辑整合到分发的流程。

● 新媒体环境下，用户精准定位、面向多屏的融媒体视听新闻生产机制成为发展潮流。

● 大数据、人工智能等新传播技术对视听新闻生产的方式产生了重大变革，但基于人的内容原创和价值判断仍然是必须坚守的内在逻辑。

每天，当我们打开各种手机 App、电脑网页、电视机，都会有各种视听新闻节目铺天盖地而来，为我们描绘这个世界的各种图景。那么，这些海量信息背后那只“看不见的手”在哪儿呢？也就是说，是谁在以什么样的方式生产、传播着我们每天所见所听的形形色色的视听新闻节目？在开始这一章的讨论之前，我们先来看一段发生在中央电视台大楼内的真实场景：

公元 2008 年 5 月 12 日，北京时间 14 时 28 分，这个时间和往常的时间似乎并没有什么不同。

中央电视台二楼审看间里，坐了满满一屋子人，每天例行的午间报题会已经拉近尾声，新闻中心主任梁晓涛正要宣布会议结束，突然，电话铃声响了，一般打进这个电话来的都是台领导，梁晓涛抄起电话，果然，是中央电视台副台长罗明的声音：“晓涛，刚才地震了，赶紧了解情况。”

地震？二楼审看间的人都没有觉得任何异常，他马上安排新闻采编部和地方部的人去核实。

罗明打电话时，曾经犹豫了一下，当时他在台 1401 办公室，14 楼，中央电视台正在通报上级的宣传精神，新闻中心综合编辑部副主任徐立军清楚地记得当时正传达到中俄关系那一条，就在这时，每个人都感到了一阵剧烈的晃动。“大概 5 秒”，短暂的议论之后，会议继续，而罗明走了出去，打了一个电话给梁晓涛。

采编部和地方部的反馈迅速回来了，国家地震局一直占线，地方部拨打地方台的电话根本不通，这时，梁晓涛感到了强烈的不安。罗明发了一条短信过来："地震什么情况？请告知。"梁晓涛回道："成都、重庆等地方固话、无线电话都不通，估计震级不小，正安排报道事宜。"

地震发生时，在二楼的综合编辑部的冯旭宏同样毫无感觉，但马上，他接到了一系列报告地震的电话，首先是一个宁夏银川的女士，她说看到邻居家房顶上的瓦片碎了，自己有强烈的震感。紧跟着，西安、上海、重庆、湖北……十几个省市接连打来电话，始终没有断过，在此后近一个月的时间里，这部新闻中心对外公布的电话一直保持了这样的频率，以至于他们不得不专门安排了一名实习生负责 24 小时接听电话。

冯旭宏赶紧走出办公室，准备向梁晓涛汇报，他办公室的门大开着，人不在。在二楼楼道里，他迎面碰见了新闻中心副主任王晓真，王晓真显然比他掌握的信息更为准确，他知道地震的震中在四川汶川。可是汶川在哪？这是两个人共同的疑问，汶川离成都有多远？如果很近，那后果不堪设想。

就在这时，他们看见了梁晓涛。据冯旭宏事后回忆，他从来没看见梁主任动作这么迅速过，"他满脸通红，跑得像一阵风一样"。

梁晓涛这时根本顾不上这些了，他奔忙穿梭于各个部门，下达一道道指令："采编部，赶紧跟地震局联系，去地震局！""地方部，快跟地方台联系！""赶紧开窗口直播！"宋镜是白天时段的值班制片人，她回了一句："现在没什么消息！""不管有没有消息，赶快把窗口打开！"二楼迅速忙碌起来，到处都是奔跑穿梭的人。

之前的二楼播出线风平浪静，一切都在有条不紊地进行。宋镜坐在挂着无数电视监控窗口的办公室，看着手里的串联单，15 点新闻的大体雏形已经出来了：奥数教育反思、央行准备金率上调、印度聋哑女孩跳舞，等等。地震发生前一分钟，她还在想：要不要让记者再加几条关于存款准备金率上调的背景分析呢？毕竟是一个比较专业的问题。

可很快，她的思维就被一个电话迅速打断了。和冯旭宏一样，电话是打来报告地震消息的。随后，她发现几乎就在瞬间，办公室里挤满了她的领导和同事，梁晓涛"大嚷大叫"地冲了进来，让他们赶紧准备开窗口直播。

每个人都在从各个渠道核实地震消息，新闻采编部的记者熊传刚就是一个。地震发生时，他正和同事在办公室商讨选题。持续不到 5 秒的摇晃让所有人都为之一惊，大家的第一反应是"北京地震了！"。他立即抓起电话，直接将电话打到了国家地震局值班中心，第一次占线，再拨，依然占线，21 次重拨后，终于接通了电话。国家地震局值班员当时只说了一句话："四川发生地震，目前震级正在确定中，震中正在确定中！"从国家地震局电话占线的时间和话筒那边传来的值班专家的忙碌声，这个专门负责跑"地震局口儿"的记者敏锐地感觉到"出大事了！"。

就在这时，新闻中心主任梁晓涛把电话打到了采编部，随后，记者熊传刚被迅速派往国家地震局，而他的同事继续与国家地震局联系，核实最新消息。也许是中央电视台离国家地震局比较近，也许是熊传刚对司机师傅的一路催促，14 点 55 分，他成了第一个到达国家地震局的媒体记者。从那一刻起，他和台里的电话直播连线就一直保持在通话状态。

图 2-1　"5·12"汶川大地震发生一小时内中央电视台开始直播

梁晓涛"开窗口"的指令让所有人都一下涌到了播出线。先把消息飞出去！新闻采编部时段主编清楚地记得，14 点 50 分，四川汶川发生 7.6 级地震的消息飞过屏幕。

15 点，整点新闻片头，值班主播耿萨出场，口播"来自国家地震局的最新消息"，出字幕"突发事件：四川汶川发生 7.6 级地震"：

"来自国家地震局的最新消息：今天 14 时 28 分，四川汶川县发生 7.6 级地震，具体位置在成都附近温江西北 55 公里（北纬 31 度，东经 103.4 度）。而我们刚刚从各种渠道得到信息，重庆、湖南、湖北、山西、陕西、河北、北京等地都有震感。有关地震的最新消息，我们将随时为您进行报道。"

与此同时，直播线上乱成了一团，第一反应是连线震区，直播现场，可是因为通信中断，连电话都打不通，怎么做直播？宋镜觉得自己急得像"热锅上的蚂蚁"。聪明的办法，笨拙的主意，一一用尽。四川震区、地震局、减灾委、通信部门，八仙过海，各显神通，他们把电话打给一切可能联系到的人。

终于，地方部的人送来了一个异常宝贵的电话，重庆台记者苟海东。

15 点 04 分，配发四川汶川的简易图版。

15 点 08 分，出"突发新闻"片头，连线苟海东，他成了第一个进行电话连线报道的人，人们渴望从离四川最近的这个城市查获到一点有关震区的消息。在梁晓涛的指示下，耿萨重点询问了苟海东当地建筑物的损毁情况，希望以此判断地震的震情和损害程度。

就在这时，人们发现一个问题，因为事发仓促，没有人来得及通知三楼主控机房，《整点新闻》的窗口时间结束了，接下来，将顺理成章地播出频道包装片和《新闻调查》重播节目，虽然梁晓涛急得直跳脚，嚷嚷着"不能关窗口！直播窗口要一直开着！"，但窗口还是短暂关闭了，迅速调整！

15 点 20 分，新闻频道打破正常节目播出，推出直播特别节目。央视新闻频道抗震救灾的直播大幕徐徐拉开……①

以上这段故事引自中央电视台为纪念"5·12"汶川大地震而出版的著作《震撼：电视档案》。它真实记录了 2008 年 5 月 12 日四川汶川大地震发生时，中央电视台新闻频道迅速组织直播特别报道的过程，故事中那些一线报道人员的鲜活记忆为我们揭开了一层神秘的面纱，使我们能够有机会深入到隐藏在电视屏幕后面的那个世界（见图 2-1）。

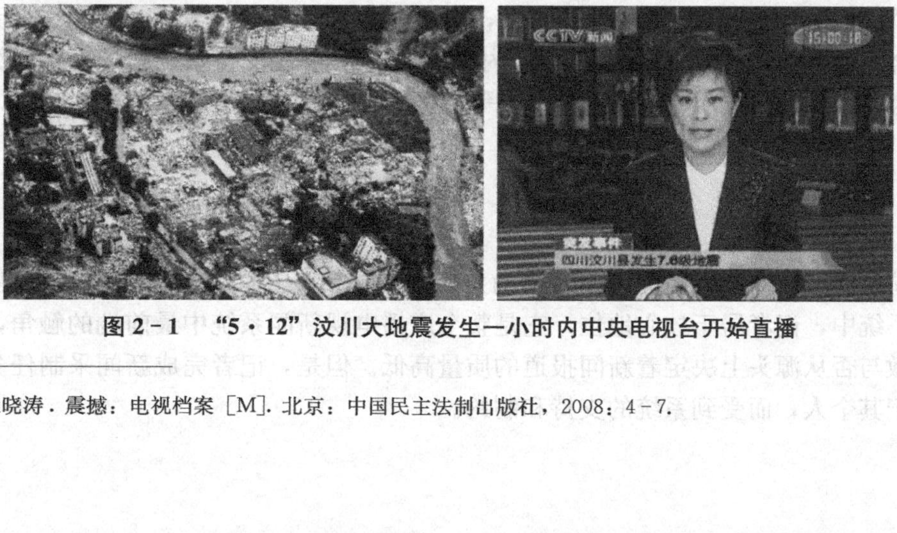

图 2-1　"5·12"汶川大地震发生一小时内中央电视台开始直播

① 梁晓涛．震撼：电视档案［M］．北京：中国民主法制出版社，2008：4-7.

在这一章里，首先我们将以视听新闻生产最具代表性的广播电视机构为例，帮助大家了解隐藏在视听新闻节目背后的生产机制，以及活跃在这一机制中的各个主体；其次，我们将探讨新媒体环境下视听新闻生产机制的新变化；最后，我们将对视听新闻生产背后的基本逻辑做一个总结。

第一节　广播电视新闻生产的主体与流程

视听新闻节目的生产是一个系统工程。尤其是在专业的广播电视机构中，一条新闻，哪怕是十几秒的简讯，它的产生都需要经过一系列环节和流程。

让我们回到本章开篇所描述的场景。当汶川地震发生时，对电视人而言最直接的信号就是一个重要的新闻选题出现了！于是，整个新闻系统迅速行动起来。从最上层的决策者到最基层的编辑、记者，从节目编播部门到节目采集部门，从本台新闻信息来源到台外新闻信息来源，各个环节都被激活了，直至直播特别窗口打开，虽然紧张，但却有序。由此可以窥见，在这一切背后存在着一个日常的新闻生产运行机制（见图 2-2)。

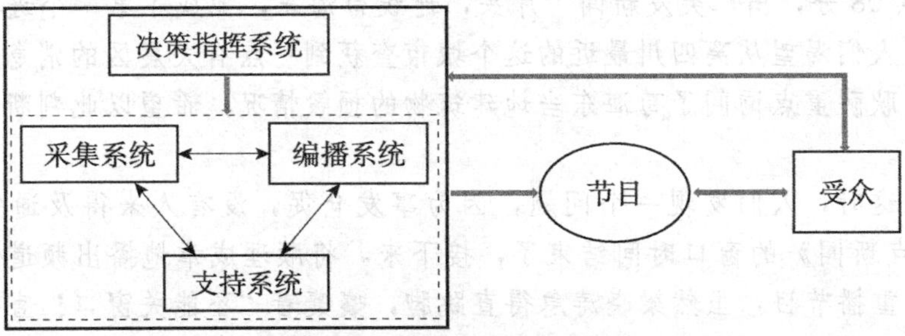

图 2-2　广播电视新闻节目的生产运行机制

如图 2-2 所示，广播电视新闻节目的生产运行机制的核心是“决策指挥系统”，它在宏观层面负责新闻报道规模、方向等重大策略的制定，同时在策略的具体实施过程中协调系统中的各个环节，使其形成合力。在本章开篇故事中，决定打开新闻频道直播特别报道窗口、给采访和编辑等部门下达指令的新闻中心主任就是属于这一系统的角色。在宏观决策系统之下的是微观的具体实施系统，包括新闻的采集系统、编播系统以及服务于这两个系统的支持系统。采集系统的主要角色是记者，负责新闻信息最初始的采集和制作，业内俗称为“前期”；编播系统的核心是编辑，负责将前期系统采集回来的信息进行精加工，使之聚合为适合播出的节目（栏目），业内俗称为“后期”。支持系统居于采集和编播系统幕后，为其提供包括技术、资料乃至后勤等方面的保障，主要有技术、资料统筹、制片等角色。

一、采集系统

如前所述，广播电视新闻采集系统的主要任务是负责新闻信息最初始的采集和制作。在这个系统中，记者居于核心地位，它是整个广播电视新闻系统中最前端的触角，这一触角的灵敏与否从源头上决定着新闻报道的质量高低。但是，记者完成新闻采制任务又不完全取决于其个人，而受到系统的支持和制约。

在现代广播电视机构内部，新闻节目的采制有一套严格的流程，记者按照这些流程来开展自己的工作（见图2-3）。因此，任何一个新闻节目既是记者个人的作品，也是新闻系统的集体产物。

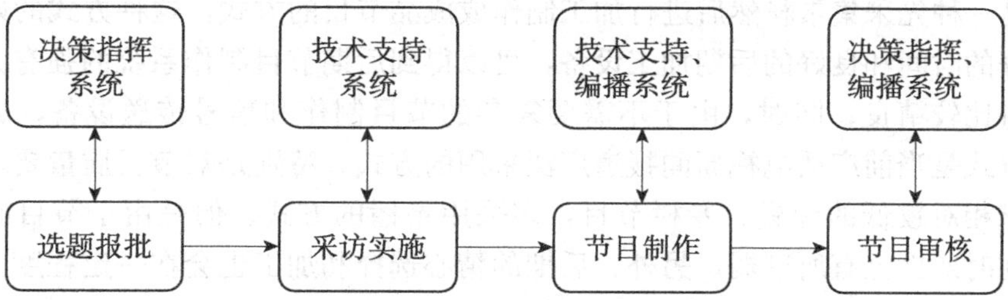

图2-3　广播电视新闻采制的流程

（一）选题报批

选题是新闻采访的基础，也是记者采访活动开始的第一环。记者在获得新闻线索之后，基于新闻价值的判断决定是否将其作为选题申报给决策指挥系统审批。记者申报选题一般通过编前会这样的常态机制集中申报、集中批复。比如，在中央电视台新闻中心，类似的编前会会在上午、下午和晚上定期三次召开，会上一个重要的内容就是讨论决定采访系统报送上来的新闻选题。紧急情况下，时效性强的选题也会越过编前会随时向具有最终决定权的决策指挥系统领导直接申报。比如，在前文所述汶川地震发生后，在北京感受到震感的记者熊传刚迅速拨打国家地震局值班电话核实消息，当他从地震局获知简单信息后，立即意识到"出大事了!"。很快，他被派往国家地震局实施采访。这就跳过了常规的选题报批程序。

除了记者自下而上的申报选题外，还有一部分选题则是由决策指挥系统策划并指挥实施的对重大新闻事件、主题的报道，决策指挥系统会自上而下指派给记者。比如，从前文的故事中可以看到，在汶川地震发生的第一时间，中央电视台新闻中心领导短时间内快速向各采访系统（采编部、地方部）下达了就此事展开报道的指令。此外，一些重大宣传任务（如每年的"两会"、《新闻联播》中的典型人物宣传、为配合某一时期国家政治经济形势而进行的配合报道）也往往作为指令性任务下派给记者。

（二）采访实施

选题获得审批后，记者才能实施采访报道。此时，以技术和后勤为代表的支持系统的协助就变得至为重要。广播电视特别是电视新闻采访工作的一个重要特征就是带机采访，记者的采访过程由录音录像设备记录下来成为节目的一部分，对声画质量有非常专业的技术要求。因此，广播电视记者的采访往往需要小组的支持，这个小组的基本成员除记者以外，一般还有负责摄像、录音、灯光等的技术人员，另外，涉及现场直播等需要进行远距离信号传输的话，信号传输的相关技术人员也是不可或缺的。多人和多设备的出动必然涉及交通、食宿等方面的问题，因此，作为后勤保障的制片人员也是采访小组的有机组成部分。因此，广播电视的记者在采访过程中，不仅要完成采访报道工作，还要作为所在采访小组的核心成员调度整个小组有效运转。也就是说，广播电视记者不仅要有新闻报道能力，还要有组织协调能力。

（三）节目制作

广播电视节目制作的方式可以从不同的角度划分。

1. 从制作流程的角度，可以分为录播和直播

录播是一种先采集素材然后进行加工制作成成品节目的方式，这种方式的好处是由于有比较充分的时间和良好的后期加工设备，可以得到后期节目制作系统的强有力支持，节目质量相对比较精良；同时，由于不需要复杂的节目制作和信号传送设备，成本比较低廉。录播方式是当前广播电视新闻报道广泛采用的方式，特别是对节目质量要求比较高而时效性要求相对较低的专题、专栏节目，多采用录播的方式。但是由于节目制作周期加长，录播在时效性上有所削弱。另外，后期的精心选择和加工也会在一定程度上削弱节目的现场感。

与录播相对，直播是一种与新闻事件同步报道、同步播出的方式，英语中称为“live”。这个英文单词本身就体现了直播最大的优势——与新闻事件共时播出所带来的生动性、现场感。今天，对新闻时效的争夺使现场直播成为广播电视媒体在新闻竞争中的重要利器。以 CNN、BBC 为代表的 24 小时新闻频道更使全球电视观众越来越多地在同一时间共同关注、参与同一事件，使世界变成一个“地球村”。但是，相对于录播的经济性，直播由于同步摄录、同步播出，因此需要更为复杂的制作和播出系统，节目成本相对较高。因此，是否采用直播需要综合考虑投入产出因素，在新闻价值、节目效果与节目成本之间找到最佳平衡点。

2. 从采制场所的角度，可以分为现场采制与演播室采制

现场采制适用对新闻事件的即时报道。对于新闻事件而言，现场是最具新闻价值、信息最丰富的场所。因而，在最快的时间内到达现场、报道现场就成为当前广播电视新闻报道的重要努力方向。以汶川地震报道为例，中央电视台从地震发生当天就派出记者到达灾区，并在当天深夜发回来自灾区现场的报道，在整个抗震救灾报道中，中央电视台先后派出 400 多名记者奔赴各重灾区一线展开深入报道，及时准确、全面生动地报道了抗震救灾的情况。之所以如此，原因非常简单：在地震这个题材上，来自现场的信息才是观众最关心因而也最具有新闻价值的。在现场报道时，由于新闻现场瞬息万变而采访报道往往需要一次完成，几乎没有太多预先准备和演练的可能性，因而对记者的采访能力、观察能力、应变能力、语言组织能力都有较高的要求。目前在广播电视台内部，现场报道记者的培养和选拔已越来越受到重视，特别是电视出镜记者，其职业水准的要求越来越高，相应的地位也越来越得到提升。当然，由于采访报道的一次完成性，现场采制的方式在强调现场感、时效性的同时，也存在制作不够精良的问题，而这恰恰是演播室采制方式存在的价值。

顾名思义，演播室采制的场所在演播室，也就是广播电视机构内部。相对于现场采制，演播室采制有完备的技术和人员支持，可以进行细致的灯光、音响、舞美设计，可以对节目进程进行策划、设计甚至事先演练，这样采制出来的节目自然在制作水准上相对要精良一些。当然，时效性和现场感也就比现场采制相对弱一些。因而，演播室采制的方式更适用于新闻访谈、评论等基于主体新闻事件的延伸报道形态或者其他专题、专栏、特别节目等时效性要求相对不高的节目（见图 2-4）。

图 2-4 《新闻 1+1》栏目之《离汉通道暂时关闭，第一日》

2020 年 1 月 23 日，离汉通道因抗击新冠疫情暂时关闭的第一天，中央电视台主持人白岩松在《新闻 1+1》栏目中连线采访国家卫健委专家高福。

（四）节目审核

对记者而言，采访报道的素材加工成成品节目之后还有很关键的一环：节目审核。这种审核主要来自两个方面：决策指挥系统和编播系统。包括制片人、主任乃至台领导在内的决策指挥系统的审核主要针对节目个体的绝对价值，也就是这个节目的内容、表达、制作水准等是否符合本系统内部通行的标准。而编播系统对一个节目的审核则同时要考虑频道、栏目的整体编排，即该节目的相对价值。换言之，一则好的报道不一定是适合某一栏目的报道。比如，一个人物专访节目可能就不适合在早间时段播出，因为它相对占用时间比较长、节奏比较舒缓，而这与节奏较快、信息比较短小密集的早间新闻节目来说显然不匹配。有鉴于此，记者不仅要做好“点”上的工作，也就是自己所进行的具体报道，还要有“面”的考虑，也就是频道、栏目的特点和当前的编排思路。这就要求记者有与后期编播系统合作的意识与沟通的能力。一个只知道在自己的一亩三分地上埋头苦干不知道抬头看路的广播电视记者是做不成好记者的。

二、编播系统

与新闻采集系统相对应的就是编播系统，这个系统的核心是编辑。另外，广播电视新闻节目的传播需要特定的人际传播载体，这就使编播系统中还少不了一个特殊的群体：主持人。

（一）编辑

作为一名广播电视新闻编辑，他的工作内容相当繁杂。

他是节目的生产者。作为节目的生产者，首先，他要熟悉节目制作的技术如画面的剪辑、音响的运用、节目的包装与美化等；其次，他要熟悉栏目的整体运作如栏目的设置、稿件的选择、内容的编排等；最后，在新闻生产与竞争日益市场化的今天，他可能还要懂得节目的经营。

他是节目的播出者。与记者不同，编辑不仅要负责节目的生产定型，而且要负责组织将其播出，只有完成了播出，节目通过屏幕与观众见了面，节目的生产才算真正完成。

他是节目的把关人。在广播电视新闻节目生产的诸环节中，编辑参与后期的各道程序直至播出，节目通过他的手最后完成并与观众见面，对于节目的播出安全与传播质量，编辑负有最后把关的责任。

根据这些工作具体要求的不同，我们可以将编辑工作分为宏观、中观和微观三个层面（见图 2－5）。

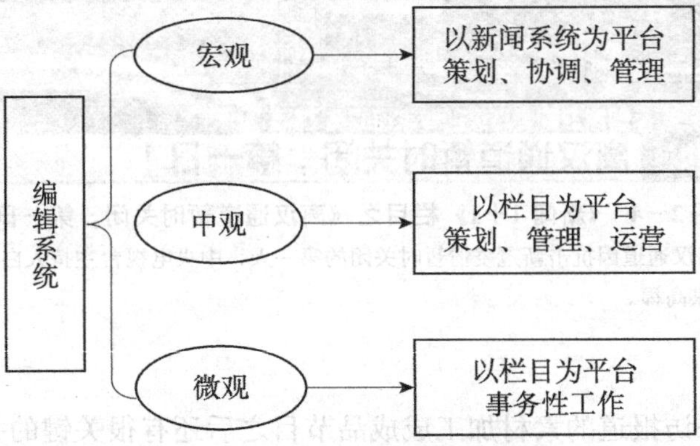

图 2－5　广播电视新闻编辑系统

1. 宏观层面的编辑工作：策划、协调与管理

这是最高层次的编辑工作。它一般不接触事务性编辑工作，而是以整个新闻生产系统为工作平台，进行整体策划、协调、管理。这种层次的编辑工作，与决策指挥系统有着密不可分的关系。如果说决策指挥系统是新闻系统运转的“大脑”和“指挥部”的话，那么宏观层面的编辑就是直接服务于“指挥部”、具体实现其战略构想的“参谋部”。

2. 中观层面的编辑工作：栏目策划、管理与运营

这个层次的编辑工作一般以栏目为工作平台，负责单个栏目的整体策划、管理和运营。这一层次的编辑人员具体为我们通常所说的栏目制片人、主编或核心策划人。

栏目化是近年来广播电视新闻发展的一个基本趋势。栏目是编辑工作的载体，也是编辑人员工作的主阵地。作为栏目编辑的核心成员，制片人、主编或策划人要做的事情就是把握栏目的方向，包括栏目的创办、对栏目定位和风格的确立并在日常编辑工作中加以维护、对栏目具体编辑业务的管理、栏目的改版及其他涉及栏目发展方向的重大战略的把握。

3. 微观层面的编辑工作：事务性工作

这个层次是编辑工作的基础，是一切编辑思想的具体执行和体现。它一般也以栏目为平台，但主要是完成栏目的日常事务性工作。而这些工作的核心就是对于稿件的处理（为了阐述方便，这里把单条电视新闻节目称作稿件）。

稿件的处理多是针对单篇稿件而言。作为一名广播电视新闻编辑，首先要善于组织稿源、发现和挑选稿件；其次，要掌握广播电视新闻稿件写作的规律；最后，不仅要会写稿，还要会改稿，要根据栏目的需要，对稿件进行修改、完善，使之达到播出的要求。

稿件的处理还指多篇稿件的整合，也就是通常所说的栏目编排，即把当天栏目要播出的所有稿件按照一定的编辑思想和传播规律进行串联。

一个栏目编辑，从他走进办公室开始一天的工作直至节目播出完成，日复一日，他所做的事情其实离不开四个基本环节（见图2-6）：

发现 → 修改 → 整合 → 播出

图2-6 广播电视新闻栏目编辑工作流程

（二）主持人

主持人是广播电视新闻编辑系统中非常特殊也是非常关键的一环。他在广播电视这样一个大众传播平台上，以人际传播的方式将广播电视节目传达给受众。“我们的主持人是一身三任，一方面他有个人风格；另一方面他要体现节目的特色；最后他要体现出一个台的总特征。”[①] 因此，在广播电视机构内部，主持人尽管往往归属于编播系统管理，但实际上却与整个新闻系统发生关系。

1. 主持人与媒体的关系

主持人与媒体的关系体现在：主持人是整个媒体中的一分子，其所有的传播活动都不仅是主持人的个人传播行为，而且是整个大众传播媒介传播活动的组成部分，这意味着主持人的所有传播活动首先都应服从和符合主持人所在媒体的总体规划和要求，主持人的所有努力（包括形象管理、传播技巧等）都必须首先服从和服务于促进媒体整体目标的实现。换句话说，只要主持人在媒体上主持节目，其所代表的就不仅仅是他个人，而且是他所处的媒体。

2. 主持人与栏目的关系

主持人是广播电视栏目化的产物，因而与栏目有着最为直接和密切的关系。主持人与栏目之间是一种相互依存的关系。

栏目的成功当然离不开主持人，没有一个好的主持人，一个栏目很难成功，或很难达到某种程度的成功。如中央电视台原名牌栏目《实话实说》的制片人时间就曾明确表示：“没有崔永元，就没有《实话实说》。”[②] 事实上，崔永元离开之后，这个曾经辉煌的栏目收视率就一路走低，直至最后被撤销。这个栏目收视率的下滑当然不完全是主持人更换的原因，但是，作为栏目灵魂人物崔永元的离开无疑有着重要影响。[③]

当然，一个主持人的成功与走红在很大程度上也离不开栏目，是栏目为其成功提供了有利的空间和保障。从中外广播电视栏目及主持人的发展情况来看，所有栏目目前的运行机制不外乎两种。一是主持人中心制，也有人称为主持人明星制，即栏目的传播内容和方式均由主持人说了算，例如CBS《晚间新闻》栏目前后两任主持人克朗凯特（Walter Cronkite）、拉瑟（Dan Rather）都是该栏目的中心和灵魂（见图2-7）。在实行主持人中心制的栏目中，主持人因为有较大的权力而在传播的各个环节上具有更多的主动性，也更能展现出自己的个性与魅力。二是制片人中心制。在实行制片人中心制的栏目中，主持人的地位则和其他任何一个工种的工作人员一样，必须服从栏目制片人的领导和安排，只能在制片人（其背后其实是媒体机构或组织）所允许的范围内展现自己的个性。从目前的实

① 高贵武．解析主持传播［M］．北京：北京广播学院出版社，2004：147．
② 时间，乔艳琳．实话实说的实话［M］．上海：上海文化出版社，1999：11．
③ 中央电视台《实话实说》于2009年9月停播，其主要原因就是收视率不理想。

图 2-7 CBS《晚间新闻》前主持人克朗凯特（左）、拉瑟（右）均对栏目有很大话语权

际情况看，我们在整个国情方面还不具备主持人中心制的气候和土壤，但主持人中心制在我国其实已经在发挥作用，白岩松、崔永元、水均益等早已成为各自栏目的核心和灵魂。事实上，主持人中心制也好，制片人中心制也好，其前提条件都是主持人实际上要能够成为栏目的中心，达到成为明星、成为主编的能力，否则，即使实行了主持人中心制，将主持人硬放在中心位置，主持人也未见得就能成为栏目的中心。反之，如果主持人本人已经具备了成为中心或领导的条件和能力，即使没有让他来当制片人，他实际上也会成为整个栏目的中心，如白岩松（见图 2-8）在接受访谈的时候就曾直言不讳地说："我不做制片人，我不做行政岗位，我一样是一个组的中心。当我素养达到的时候，我一样是一个组的灵魂。"①

图 2-8 中央电视台新闻主持人白岩松

三、支持系统

广播电视新闻节目的制作是一个多工种协同作战的过程。在日常的新闻生产中，由于时间性和准确性的双重压力，要使这些工种协调工作并非易事。所以，必须在职位专业分工的基础上建立严密的组织机构。职位的专业化是对各类从业人员量体裁衣、达到人力资源最优组合的需要。

作为广播电视新闻节目的内容生产者，采集系统和编播系统当然处于核心地位，但是

① 高贵武．解析主持传播［M］．北京：北京广播学院出版社，2004：157.

广播电视（特别是电视）又是一种高度依赖技术的媒介，广播电视技术的专业要求不是负责内容生产的记者、编辑能够满足的。因此，技术系统在整个广播电视新闻节目生产中起着重要的支持作用。按照新闻生产播出的流程，技术系统的支持主要体现在制作和播出两个阶段。由于电视新闻生产播出相对复杂，所需技术支持工种较多，下面就以电视新闻为例说明技术支持系统的主要构成和作用。

（一）制作阶段

1. 摄像师

摄像师是运用专业设备收集电视新闻视听素材的前期职位。

摄像师的基本职责是采集新闻图像和声音素材，使电视新闻视听觉效果达到最优化。

2. 录音师

录音师负责新闻采集、制作、播出中所有与音响相关的工作。

重要新闻的采访，必须有专门的录音师负责声音的录制。

3. 灯光师

灯光师负责新闻采集、制作、播出中所有布光的工作。

重要新闻的采访，必须有专门的灯光师负责现场的布光。

4. 字幕员

字幕员负责新闻节目中屏幕文字的叠加，如标题、字幕提示。

5. 美工

美工负责电视新闻节目中的视觉美化工作，如制作图板、图标、示意图表、道具模型等。

6. 多媒体制作

多媒体制作负责新闻节目制作中的特技处理、视觉美化。

（二）播出阶段

1. 导播

导播是节目播出阶段的核心职位，全面指挥、协调节目的播出。

导播的基本职责是节目播出时的现场调度和调控。其主要的工作方式是根据播出串联单或节目任务表，以通用口令现场指挥，调度各相关工种协同作业，保证节目的顺利播出。

导播必须熟悉新闻采制尤其是播出的各个环节，具有冷静的头脑、较强的沟通和指挥能力，善于应对突发紧急情况。

2. 视频切换

视频切换负责节目播出时所有视频信号的调控。其基本职责是根据导播口令及时切换视频图像，叠加各类字幕、图标、特技效果等，并在节目播出过程中监控视频信号的质量。

视频切换往往同时承担着导播的一部分职责，负责播出现场各技术指标的检查。

3. 放像员

放像员负责根据串联单收集播出带，并在播出时根据导播口令播放录制好的节目。

4. 摄像师

摄像师根据节目需要安排播出现场的机位，在节目播出过程中根据导播口令实施演播室内的拍摄工作。

5. 音频切换

音频切换是负责播出（或录制）时音频调控的技术工种。其基本职责是依据导播口令及时切换播出声音，同时在播出过程中负责调控声音效果。

6. 灯光师

灯光师根据电视播出的需要和节目的特殊要求调节好演播室的灯光，特别是主持人（播音员）及嘉宾的灯光。在节目播出过程中依据现场变化对灯光进行微调。

7. 特技制作

特技制作在节目播出时根据节目要求和导播口令现场提供特技效果。

8. 美工

美工根据节目要求和导播口令现场提供各类美工图标。

9. 字幕员

字幕员的基本职责是负责节目播出时对屏幕上字幕的处理，依据导播口令将新闻标题、同期字幕等调上和撤下屏幕。

第二节 从编辑部到“中央厨房”：视听新闻生产机制的变迁

视听新闻生产机制的发展历程与视听产业格局的变化密切相关。在广播电视垄断视听新闻生产的时代，编辑部模式是主导性的。随着互联网新媒体的崛起，视听产业已变成传统广电媒体、其他专业媒体、商业平台几分天下的局面。大数据分析、人工智能等新技术为视听新闻生产注入新的生机的同时，也在很大程度上改变了传统广电新闻生产的模式。其间的一个核心逻辑就是，资源聚合和分发的基本方式。这是在媒体内部一种生产机制要解决的根本问题。

一、传统广播电视新闻的生产机制：从编辑部到大编辑部

在广播电视媒体内，新闻生产机制演进的焦点就是编辑部地位的变化。如前所述，编辑系统既是广播电视新闻生产前后期环节的重要部分，也承担着对整个新闻生产资源的配置和产品整合、播出乃至效果评估的工作。因此，编辑系统地位的提升是新闻生产机制成熟的重要标志。

广播电视新闻业发展到今天，经历了从节目时代到栏目时代再到频道时代的过程。

早期的中国电视，每天仅有几个小时的播出时间，其余大段的时间是未被开发的空白时段。这与技术有限、理念落后、人力不足、设备稀缺等局限密切相关，整个行业资源匮乏，生产能力低下。“早期的电视就像一条干涸的河床，节目不能保证源源不断，大部分时间处于断流状态，那时的电视是不可能实现频道化和栏目化的。”① 对于电视台来说，所有的资源和生产力只足够服务特定几个节目，电视播出也只能围绕某个节目进行排列管理，节目的内容、时长并不稳定，而播出的时间也并不固定。在产能不足的情况下，编辑系统除了处理简单的事务性工作（主要负责将记者采访回来的内容简单改编后组织播出），是没有多少开展创造性工作的机会和余地的，因而在与前期采访系统的关系中处于弱势。

20 世纪末广播新闻媒体栏目化和频道化潮流的出现是新闻生产能力提升的必然结果。

---

① 孙玉胜．十年：从改变电视的语态开始［M］．修订版．北京：人民文学出版社，2012：303.

长期以来，“电视的发展史，其实是一个时段的开拓史”①。广播电视行业创造价值，遵循的就是“以时间为纽带的价值生成模式”②。广播电视作为依时间序列线性播出的媒介形态，节目时间固定，内容稍纵即逝，其中，“时段”作为嵌入频道逻辑的传播承载中介，以约会式观看凝聚了观众的注意力，而媒介所凝聚的注意力资源是广播电视进行二次售卖的关键“商品”。基于这一逻辑，对时段的开发成为广播电视行业内容价值转化为商业价值的必由之路。这一逻辑的直接体现就是栏目化和频道化运营。在资源丰富的情况下，与关注于微观节目、以个体化生产为主的采访系统相比，处在资源汇聚焦点、具有宏观视野的编辑系统的地位日益变得重要起来。

（一）编辑部模式

随着节目资源和播出时段资源的丰富，编辑部在新闻生产系统中获得与采访部门平等对话甚至一定程度上的主导地位。这一点在电视台内部尤为明显。

20 世纪 90 年代，以中央电视台《东方时空》（1993 年 5 月 1 日开播）的出现为标志，中国电视新闻业一轮声势浩大的改革启动了。与电视新闻社会影响力的强势提升相对应，每天电视台新闻节目的播出量成倍攀升，大批新闻栏目开始出现。电视新闻的生产由“节目”时代进入“栏目”时代。以栏目为依托，编辑在电视新闻生产中的影响力得到了很大的加强。一方面，编辑希望选择适合本栏目风格、定位的节目内容并按照自己的意图加以改造；另一方面，有了栏目作为阵地，编辑就有力地掌握了电视新闻生产的终端环节：播出——任何节目要想真正完成就必须出现在屏幕上，而这一时期随着电视新闻事业的发展，节目资源稀缺的状况有了很大的改善，对记者而言，节目不管怎么样都不愁播不出去的好时代已经一去不复返了。这就使编辑有了调动采访系统的资本——他可以根据栏目的需要向记者定制自己所希望的节目内容，因为他可以保证这些内容的播出，而记者也乐于这样的合作，因为这使他完成工作的压力大大减轻。这样，编辑和记者处于相对平行的位置上，他们的关系开始由“主从”变为“合作”（见图 2-9）。

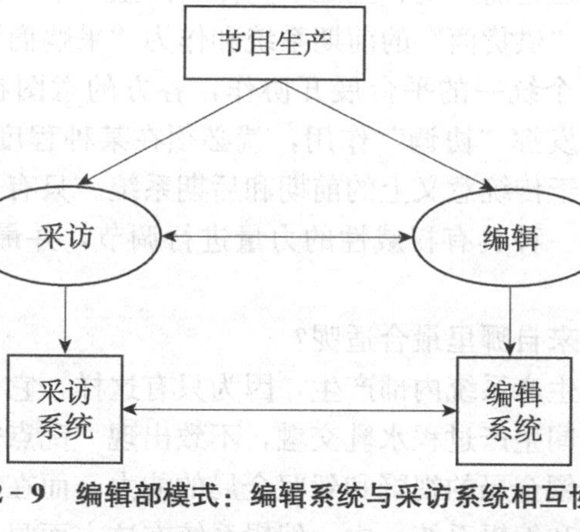

图 2-9 编辑部模式：编辑系统与采访系统相互协作

与地位的改变相适应，编辑工作的内容也发生了变化，主要表现在以下几点：

---

① 陈立强．电视频道的本体阐释与传播研究［M］．北京：新华出版社，2007：84.

② 周勇，何天平，刘柏煊．由“时间”向“空间”的转向：技术视野下中国电视传播逻辑的嬗变［J］．国际新闻界，2016（11）：145.

（1）简单改编——→深度改造。在对节目的处理上，编辑已不仅仅满足于对文字、声画进行简单的修正，而要根据栏目的需要进行针对性的改造。

（2）被动接受——→主动策划。在稿源的组织上，编辑改变了过去被动接受采访系统提供的状态，开始根据自己的编辑意图主动策划并调动采访系统制作节目。

（3）串联播出——→编排播出。在节目播出上，编辑不再是简单地串联，而要进行版面的编排，将散点的节目整合为内在紧密关联、重点突出、富于节奏的栏目。

在这些变化中，最突出的一点就是“编辑思想”得到了强化。无论是单个节目的改编、组织还是整体栏目的编排，都贯穿着编辑的传播意图。并且，与记者专注于单个节目生产不同，这种意图以多个节目整合的面貌出现，因而更具力量。这也是编辑部模式的精髓所在。

（二）大编辑部模式

编辑部模式使编辑系统获得了与采访系统平等对话和合作的可能，但是，这种平等协作并没有彻底解决传统电视新闻节目生产在组织结构上的一个弊端，那就是前后期的割裂。在传统模式下，电视新闻生产过程被划分为前期采访和后期编辑两个主要环节，即使这两个环节有某种程度的衔接和协作，这种双峰并峙的位置关系也使它们之间的沟通有着相当的局限性。而前后期的割裂很容易造成本应完整的新闻生产过程的阻滞。记者生产的内容编辑不想要，编辑需要的内容记者不生产；记者认为有价值的信息编辑不重视，编辑希望重点报道的内容记者又不屑采访……种种矛盾造成了新闻生产的无序化和资源的极大浪费。

当电视新闻进入频道时代后，解决这一问题的迫切性更加凸显。因为，频道体制的本意是为了在更高的层面整合调配资源，实现整个新闻系统生产的协同。但是，一个电视频道的组成单元是具体的，那就是栏目和节目。在没有一个更高层级的调度机制的情况下，除采访与编辑系统的问题之外，一个新的问题出现了：在编辑系统内部，栏目与栏目画地为牢、各自为战的情况也屡见不鲜。与采访系统平行的编辑部显然无力解决这两个问题。

在这种局面下，一个超越前后期、立足于整体新闻生产系统的协调机制就显得必要起来。在这种机制下，作为“供货商”的前期系统和作为“采购商”的后期系统、作为“分销商”的各栏目将基于一个统一的平台展开协作，各方的意图在这里得以充分表达。当然，这个机制要能够真正发挥“协调”作用，就必须在某种程度上具有“决策权”。也就是说，它必须在地位上高于传统意义上的前期和后期系统。只有这样，当这两个系统的意图产生“错位”时才能有一种具有权威性的力量进行调节，并最终使之“复位”，从而保证新闻生产过程的有序。

那么，这种协调机制来自哪里最合适呢？

首先，它必须由新闻生产系统内部产生，因为只有这样，它才能真正熟悉新闻生产规律，并使自己的决策与新闻生产过程水乳交融，不致出现“乱点鸳鸯谱”的情况。

其次，它必须具有统领全局的视野和驾驭全局的能力。而在新闻生产系统内部的两个主要组成部分（采访系统和编辑系统）中，编辑系统在这方面显然具有先天的优势。与记者的单兵作战不同，编辑长期处于集团作战、协同作战的状态下，他的一切工作都是以栏目为平台展开的，而栏目本身就是一个多方节目资源的集合体，编辑在完成栏目整合与播出的过程中，每天都要组织各系统、各工种才能完成任务，这种工作性质自然也就锻炼出编辑在大局观和协调能力方面的优势。

综合以上两方面的因素，从传统的编辑系统中衍生出的协调机制是一种现实可行的方案，也就是“大编辑部”体制。所谓“大编辑部”，就是在传统编辑系统基础上升格出的一种中控系统，以这个系统为中枢展开新闻节目生产的机制就是“大编辑部”体制。在这种体制下，编辑功能实际上已经出现分野：一部分是传统的节目改编、编排播出等，可以称为“事务性”编辑功能；另一部分则是对整个新闻生产进行规划、调度，可以称为“调度性”编辑功能。在实际运作中，从事“事务性”工作的编辑仍然以栏目为阵地，而从事“调度性”工作的编辑则以整个新闻系统为平台，处于采访系统和“事务性”编辑系统之上（见图 2-10）。

“调度性”编辑的作用主要体现在以下四个方面：

（1）规划。对新闻生产进行整体规划——既有对当天新闻的短期规划，也有对未来一段时间报道重点、发展策略的中长期规划。

（2）协调。协调新闻生产过程中可能出现的矛盾，这种矛盾可能产生于前后期系统之间，也可能来自一个系统内部，如选题撞车——一个新闻现场出现几个本台的台标，显然就是选题未经协调，本台的多路采访系统重叠出现，造成资源的浪费。

（3）调度。在面对一些重大新闻事件时，以整个新闻生产系统为平台，调动资源展开报道。

（4）监控。监控新闻生产的过程和传播效果，及时向各系统提出调整和改进的意见。比如，当类似汶川地震、国庆七十周年庆典、新冠疫情这样的重大题材出现时，媒体竞争无疑空前激烈，这就需要协调系统随时监控本媒体及竞争媒体的报道动态，及时向本媒体的相关系统提出改进报道的参考意见。

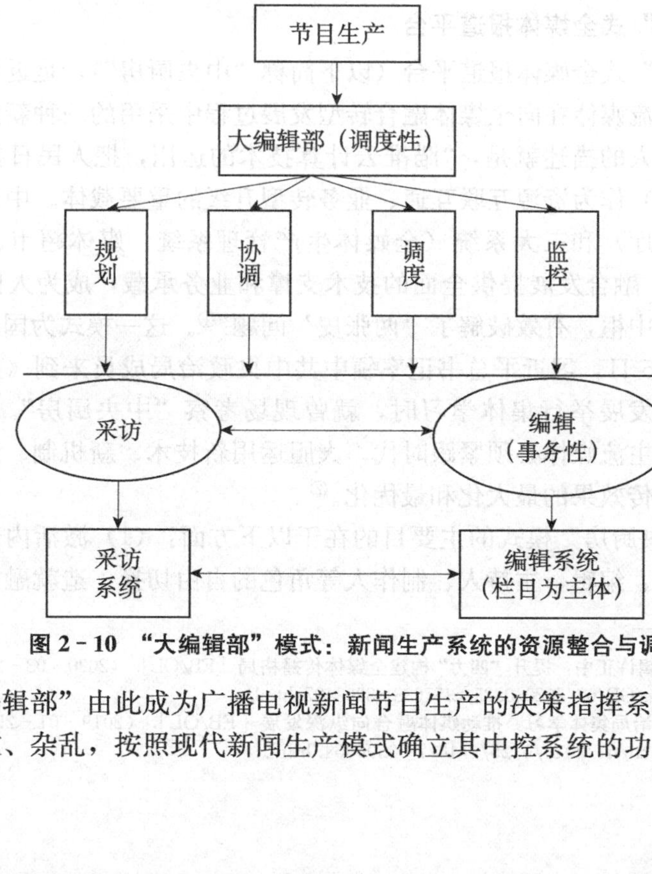

图 2-10 “大编辑部”模式：新闻生产系统的资源整合与调度

这种“大编辑部”由此成为广播电视新闻节目生产的决策指挥系统。它摆脱了传统作坊式生产的零散、杂乱，按照现代新闻生产模式确立其中控系统的功能定位，形成资源的有效分配和系统的有序衔接。它是“大脑”，要把握新闻系统的长远发展走向，并从战略层面上加以整体的规划，如重大报道战役、超越系统日常运作的特别报道。它也是“枢纽”，是保障新闻系统整体流畅运转的协调机构，在战略上定方向的基础上，战术上也负有统筹、调度的具体职能。

二、视听新闻生产机制的变革：基于新媒体技术的智能化编辑部

在传统的广播电视新闻系统内部，随着编辑系统地位的抬升和功能的丰富，采编之间日益融合，从编辑部到大编辑部的机制演进体现了一以贯之的逻辑：实现新闻系统内部资源的合理配置和最佳效果。在广电媒体垄断视听新闻传播、受众别无选择的情况下，这种机制无疑是有效的。但是，随着互联网新媒体的发展，媒体的生产机制已不再单纯是媒体内部的问题，还受到诸多外部因素的影响。面对视听新闻生产新技术、新模式、新竞争环境，这种主要立足于解决新闻系统内部问题的机制呈现出越来越多的局限。这些局限主要体现在以下方面：（1）内容供给不足。基本靠自生产的模式无法满足互联网传播需要的海量内容供给。（2）用户需求难以精确定位。传统的广谱式的生产模式无法因应互联网时代用户的个性化需求和对接收渠道的多元选择。（3）传播效果无法及时反馈。传统的收视率调查、用户座谈、来信来电来访、有限的互动等手段难以快速精准地测量传播效果，进而及时调整改进后续的新闻生产。以上问题，在以人力为主的传统新闻编辑部内部无法做到全面有效的解决。在视听新闻业竞争尚不激烈、用户选择有限的时代，这些问题并不突出。但在新媒体技术的冲击和新型业态竞争、用户主体意识空前强烈的情况下，传统视听新闻生产机制越来越暴露出力不从心的局限，一些基于互联网新媒体技术和逻辑的新型生产机制开始出现。

（一）“中央厨房”式全媒体报道平台

所谓“中央厨房”式全媒体报道平台（以下简称“中央厨房”），是近年来以《人民日报》为代表的国内主流媒体在向全媒体融合转型发展过程中采用的一种新型采编模式。按照《人民日报》负责人的描述就是，“瞄准云计算技术的运用，把人民日报社全媒体新闻平台项目（中央厨房）作为资源互联互通、业务转型升级的重要载体。中央厨房通过一个大厅（全媒体新闻大厅）和三大系统（全媒体生产管理系统、媒体超市、媒体融合云平台），为《人民日报》融合发展提供全面的技术支撑和业务承载，成为人民日报社新闻生产的‘大脑’和指挥中枢，有效破解了‘两张皮’问题”①。这一模式为国内诸多主流媒体采用。2019 年 1 月 25 日，习近平总书记率领中共中央政治局成员来到《人民日报》就全媒体时代和媒体融合发展举行集体学习时，就曾现场考察“中央厨房”。他指出，党报、党刊、党台、党网等主流媒体必须紧跟时代，大胆运用新技术、新机制、新模式，加快融合发展步伐，实现宣传效果的最大化和最优化。②

可以看出，“中央厨房”模式的主要目的在于以下方面：（1）激活内部产能，实现传统媒体与新媒体记者、编辑、主持人、制作人等角色的自由切换，造就融媒体时代的“全

---

① 人民日报社副总编辑许正中：提升“四力”构建全媒体传播格局［EB/OL］.（2020－03－25）［2020－04－07］. http://henan.people.com.cn/GB/n2/2020/0325/c351638-33903497.html.

② 习近平主持中央政治局集体学习：推动媒体融合向纵深发展［EB/OL］.（2019－01－25）［2020－04－08］. http://media.people.com.cn/n1/2019/0125/c14677-30590954.html.

能型记者”，让传统媒体和新兴媒体的从业者坐在一起工作，为他们之间的沟通交流、统筹协作创造空间上的便利。（2）采编流程智能化，以提高采编效率并智能分析受众行为和特定舆论场（社交媒体）。（3）在业务层面，使各部门的“分灶吃饭”打通为“中央厨房”，传统意义上的采编人员“被重新定义为指挥员、信息员、采集员、加工员等岗位”，以致力于使新闻产品生产实现“一体策划、一次采集、多种生成、多元传播、全天滚动、全球覆盖”的高效形态（见图 2－11 和图 2－12）。①

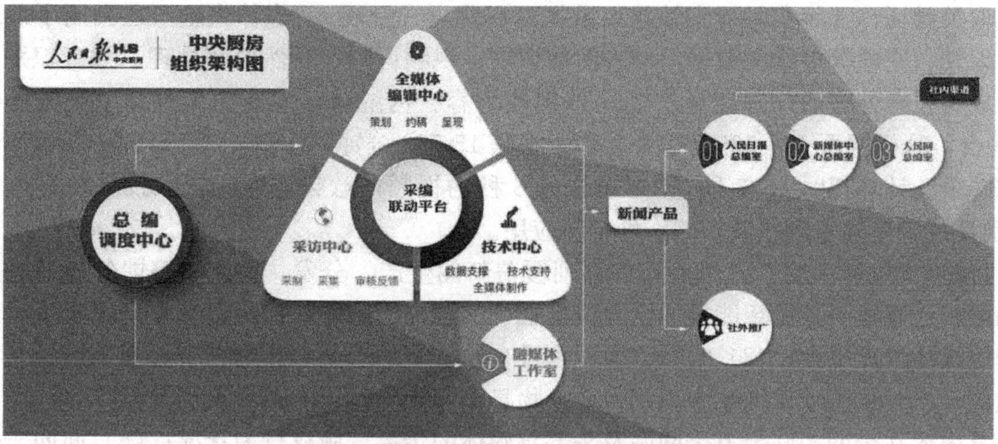

图 2－11　《人民日报》“中央厨房”组织架构

图 2－12　《人民日报》各类新媒体渠道

资料来源：人民日报社副总编辑许正中：提升“四力”构建全媒体传播格局［EB/OL］.（2020－03－25）［2020－04－07］. http：//henan. people. com. cn/GB/n2/2020/0325/c351638-33903497. html.

（二）“媒体大脑”：“大数据＋人工智能”的“新闻生产＋分发”平台

2017 年 12 月 26 日，在成都举行的中国新兴媒体产业融合发展大会上，新华社发布了

① 何瑛，胡翼青．从“编辑部生产”到“中央厨房”：当代新闻生产的再思考［J］. 新闻记者，2017（8）：28.

基于大数据和人工智能技术的“媒体大脑”，并通过“媒体大脑”生成了中国第一条 MGC（机器生产内容）视频新闻。与以往会议报道不同的是，会场内多了一些新面孔：21 路摄像头、4 类传感器，还有会场附近多类传感器随时待命，它们构成了“媒体大脑”的眼睛和耳朵，301 万个网站的公开数据则是“媒体大脑”的知识储备库，背后通过强大的计算能力实时将数据、AI 功能提炼串联。在会议过程中，登台嘉宾首先要通过人脸核查，数据挖掘技术将嘉宾丰富生动的简介同步呈现到大屏幕上；嘉宾们的发言经过实时语音识别后提取关键词，并将实时检索结果以数据可视化方式呈现；“媒体大脑”还调用了地理位置、天气、交通等多维度数据，经过图像识别、视频识别、自然语言处理、语音识别、语音合成等技术处理后，智能生产出一条视频内容。据统计，该新闻实时调用服务器数量 1 000台，分析网页 108 786 961 个，检索视频 15 793 分钟、音频 4 465 分钟，调用知识节点 437 个，计算耗时 10.3 秒。① 短短 2 分 8 秒的视频，意味着人工智能技术在媒体领域（特别是视听新闻生产领域）的一种全新应用。

目前，“媒体大脑”已经发布一系列覆盖新闻生产、分发、监测、反馈各环节的产品和功能，让媒体与人工智能技术全方位接触，实现人机协作，如：（1）自动采集生产新闻的智能媒体生产平台；（2）实时语音识别及自动转写的工具，帮助记者提高采访及新闻生产效能；（3）从图片、视频中识别特定人物身份、特殊标识的图片识别工具；（4）监测新闻信息内容在全网 300 余万个网站及头部自媒体的传播、版权行为状况；（5）面向未来的新闻信息传播场景的新闻分发，以及基于用户阅读偏好的新闻分发系统；（6）为媒体机构描绘自身用户群体特征、偏好的用户画像服务；等等。②

显然，这一模式的最突出特点是以人工智能技术为核心，“媒体大脑”扮演新闻生产基础设施的角色，融合大数据、人工智能、云计算、物联网等多项技术，连接媒体自身资源、互联网资源、社会资源（如基于物联网的车载影像、各类监控视频等），让包括视听新闻在内的新闻信息生产更为智能化（见图 2－13）。

图 2－13 新华社利用“媒体大脑”生产出来的关于 2018 年全国“两会”宪法宣誓的视频新闻

资料来源：“媒体大脑”带你看宪法宣誓［EB/OL］.（2018－03－19）［2020－04－08］. http：//www. yangtse. com/app/politics/2018-03-19/533673. html.

① 新华社发布“媒体大脑”生成国内首条 MGC 视频新闻［EB/OL］.（2017－12－26）［2020－04－08］. https：//baijiahao. baidu. com/s?id=1587840078733288310&wfr=spider&for=pc.

② 傅丕毅，徐常亮，陈毅华 . 新华社“媒体大脑”的主要功能和 AI 时代的新闻愿景［EB/OL］.（2018－06－20）［2020－04－07］. http：//www. xinhuanet. com/newmedia/2018-06/20/c_1123007785. htm.

（三）基于算法的信息采集和精准推送模式

个性化新闻推荐系统（personalized news recommender system）是近年来备受业界关注的新型新闻分发方式。这种推荐基于计算机技术、统计学知识，将数据、算法、人机交互有机结合，建立用户和资源的个性化关联机制，为用户的信息摄取提供决策支持。在国内，今日头条、天天快报、一点资讯等聚合类新闻 App 借助推荐算法对依赖人工编辑进行无差别内容分发的传统资讯巨头提出挑战，取得较高的市场占有率。实时流量实验表明，优良的个性化推荐算法提高了新闻推荐的质量并增加了网站流量。[①]

个性化推荐算法的技术主要有以下几类：

1. 基于内容的推荐算法

基于内容的推荐算法试图为用户推荐与其既有兴趣相似度高的新闻产品。该方法的关键在于准确地建构兴趣模型、提取新闻特征、计算用户兴趣和新闻特征的相似度。其优点是不依赖其他用户的数据，直接建立在用户兴趣与内容特征的相似度匹配上，推荐结果往往与用户过去喜欢的某条新闻具有相关性以及较强的可解释性。但相应的缺点是，如果既有的用户数据没有反映某种兴趣，则系统不会主动推送与该兴趣相关的新闻。因而该算法可以获得较高的匹配度，但“偶然发现”机制的缺失会导致新颖度、惊喜度不足，无法发掘用户潜在兴趣。

2. 基于协同过滤的推荐算法

基于协同过滤的推荐算法是一种利用群体智慧的推荐方式，可进一步细分为基于用户的协同过滤推荐算法和基于物品的协同过滤推荐算法。基于用户的协同过滤推荐算法的原理是“人以群分”，通过聚类分析若干用户的行为数据，将行为类似的用户编入一个隐形阅读小组，对目标用户推荐该小组中其他用户感兴趣但未被目标用户阅读过的新闻。基于物品的协同过滤推荐算法的原理是“物以类聚”，如果某两则新闻总是被同一个用户阅读，则默认二者之间有更大的相关性，因而会给阅读过其中一则的用户推荐另外一则。基于协同过滤的推荐算法能够反映群体偏好，将群体中其他人的行为进行传递，这种不完全依赖于目标用户既有兴趣的做法，可以发掘用户的潜在兴趣，一定程度上解决“信息茧房”的问题。

3. 基于时序流行度的推荐算法

基于时序流行度的推荐算法引入时间维度，将单位时间的瞬时点击率等动态特征作为考量因素，同时综合考虑新闻的信息熵[②]等指标，以便将特定时间窗口内流行度较高的新闻推荐给用户。时序流行度算法的初衷是通过计算当前的新闻热度，降低对既有数据的依赖，提升推荐系统对实时热点的响应能力。但由于该算法输入数据较为依赖流行度指标，其推荐结果不可避免地带有“热度导向”的倾向，追求感官刺激的耸动新闻比严肃新闻有更大的概率获得推荐。

---

① 陈昌凤，师文．个性化新闻推荐算法的技术解读与价值探讨价值判断［J］．中国编辑，2018（10）：9.

② 信息论之父香农（Claude E. Shannon）把信息（熵）定义为离散随机事件的出现概率。一般而言，当一种信息出现概率更高的时候，表明它被传播得更广泛，或者说被引用的程度更高。从传播的角度来看，信息熵可以作为一个衡量信息价值高低的标准。

第三节 变化中的坚守：内容生产、整合与把关

今天，视听新闻生产方式已经随着媒介技术和环境的变化而不断发展，大数据、人工智能、云计算等新技术工具为我们提供了扩展新闻生产能力和传播效果的各种可能，也对传统的新闻生产模式形成冲击。但新生产方式的出现不是对原有方式的颠覆，而是在原有基础上对视听新闻生产核心问题的改进与优化。在此过程中，如何既紧跟前沿又不迷失方向，此中关键在于要把握好发展的内在逻辑。明代哲学家王阳明有一句话“种树者必培其根”①，视听新闻产业这棵大树必须培植的“根”是什么呢？

一、原创内容的生产

传统模式下，视听媒体的内容生产主要依靠自身力量。这在信息需求海量化的今天固然有其局限性，也是“媒体大脑”、算法推荐等新生产模式受到关注的重要原因；但是，越是在信息海量丰富甚至过载的情况下，优质内容的价值恰如水落石出一般凸显。的确，基于既有内容的再整合和再分析能够产生新的信息价值。如有的算法推荐机构所称，自己不生产信息而只是信息的搬运工，但是搬运也是有价值的。可是，如果没有持续的原创内容的注入，互联网信息的汪洋大海终将陷入一潭死水。

在重大新闻事件中，来自现场的一手信息是后续分析和判断的基石，专业机构对现场新闻信息的获取和筛选依然具有难以替代的作用。2018 年 10 月 28 日，重庆市万州区长江二桥发生重大交通事故，一辆公交车撞上一辆红色小轿车后坠江，造成十余人死亡。事发之后，网上传出一张小轿车女司机的照片，“女司机”的刻板印象让很多网民想当然地认为公交车坠江是女司机逆行造成的，一时间网上全是对于这位女司机的批评甚至谩骂。不久，警方公布的大巴车内监控视频显示，事故系乘客与司机激烈争执互殴导致车辆失控所致（见图 2－14）。这起舆论热点事件引发的反思之一就是，专业媒体在这一事件关键事实的提供上缺位，很多媒体甚至和网民一样只根据网传的一张图片人云亦云地做出分析判断。尽管事发第一时间有 UGC 现场信息（民众拍摄的图片）的提供，但显然在这一重大事件面前，民众或者自媒体无力揭示表象之下的复杂真相，而这本应是专业媒体该做的事情。在新闻现场，记者对事件关键信息的识别、摄取、激活、呈现、评析是专业能力的体现，也是专业媒体机构在互联网海量信息环境下不可替代之所在。

专业媒体在原创内容生产方面的另一个表现就是视听表达能力，包括声画摄制能力和出镜报道能力。尽管随着摄制设备的日益便捷化和编辑软件的日益模式化，视听采录和剪辑的技术门槛已经大大降低，互联网上大量民间影像的涌现似乎证明了这一点；但是，与民间影像的“原生态”相伴生的制作和表达上的粗糙，对于以视听欣赏的美见长的视听节目来说无疑是一种遗憾。拍摄出轰动一时的纪录片《舌尖上的中国》的导演陈晓卿在其新作《风味人间》播出后接受采访时与记者有过这样一段对话：

记者：互联网的视频一般都是通过小屏进行传播的，但小屏幕对技术的要求和标

---

① 王守仁．传习录译注［M］．王晓昕，译注．北京：中华书局，2018：157．

图 2-14 重庆大巴车坠江事件

左图为导致网民误会女司机肇事的现场照片，右图为反映事故实情的示意图，显示女司机正常行驶、大巴车逆行。

准并不高，你们在制作过程中需要很精细吗？

陈晓卿：前两天我们在做《风味人间》的后期声音，新来团队的一个小朋友说："我现在才知道，做得这么细。"一个切馒头片，上面是软的，下面是脓的，这一刀下去那一瞬间的声音一定要让观众听出来（见图 2-15）。①

图 2-15 纪录片《风味人间》

右图为片中用超微观摄影、显微摄影等拍摄方式展现食物细微的变化和纹理。

事实上，互联网平台在度过早期因生产能力不足而强调聚合既有信息、强调民间影像生产的"草根"之美的阶段后，近年来已越来越重视高品质影像作品的生产，走上了与传统广播电视媒体殊途同归的道路。

视听表达能力专业性比较特殊的一方面是记者（主持人）的出镜报道能力。民间影像的创作者尽管在在场拍摄的可能性上远超专业媒体从业者，但是，专业媒体的记者（主持人）在新闻事件发生时一旦在场，其现场出镜报道能力则可以大概率保证挖掘、呈现出更多有价值的信息。新闻事件现场的信息是丰富的，也是纷繁复杂的，需要专业眼光的识别和专业表达的呈现，才能为观众提供易于快速、准确把握的内容，这也正是记者（主持人）的价值所在。此外，视听新闻文本与其他新闻报道文本的不同之处在于，采访者（记者或主持人）自身的采访行为会呈现在镜头前，成为文本的组成部分，镜头前的记者或主持人与观众会形成某种人际交流的氛围，这也是视听文本的魅力之一。贝尔洛(D. K. Berlo) 等人将信源可信度分为三个维度：安全（safety）、资质（qualification）、活

① 光明日报："舌尖 1、2" 导演陈晓卿再次掌勺，烹制美食纪录片《风味人间》[EB/OL]. (2018-10-29) [2020-04-08]. https://www.sohu.com/a/271934805_162758.

力（dynamism）。① 从这三个维度的指标中，后来的研究者精简出衡量个体信源（如新闻主播）可信度的指标工具。它由五项组成：（1）经验丰富的（experienced）—缺少经验的（inexperienced）；（2）不容置疑的（emphatic）—犹豫的（hesitant）；（3）训练有素的（trained）—缺乏训练的（untrained）；（4）熟练的（skilled）—不熟练的（unskilled）；（5）主动的（active）—被动的（passive）。作为视听传播特有的构件，出镜报道者（记者或主持人）在构建传播的可信度、实现有效说服方面具有重要作用，其情绪性表达与信源的可信赖性密切相关。②

二、信息的整合：搜集、筛选、逻辑化

在互联网视听信息极大丰富、多元主体参与的今天，视听传播场域也出现了鱼龙混杂的情况，这在重大新闻事件或重大议题出现时尤为明显。面对碎片化而海量的信息，专业机构在整合加工方面的能力为人们把握信息价值、厘清事实逻辑提供了保障。这种整合加工能力主要表现在以下三个方面：

（一）信息的搜集

在今天的视听新闻生产中，基于大数据、人工智能等技术的自动抓取和分析为新闻系统持续提供丰富的信息，提供了人力无法达到的一种新路径。但在一些高价值选题上，基于人工的信息搜集仍然不可或缺。

传统的采编系统有一些约定俗成的选题来源渠道，主要包括：（1）记者固定报道的领域。这里往往会产生一些独家或者有价值的新闻线索。（2）编辑、记者的观察。编辑、记者和普通人不一样的地方就在于，他们应当随时保持着对生活的兴趣、保持着对周围事物的新鲜度，这样才能从一般人忽视或者习以为常的地方发现新闻。（3）例行的信息发布渠道。现代社会是一个信息社会，各种机构、组织出于自身需要，往往有自己的信息发布机制。（4）已报道的信息。已报道的信息虽然不能成为独家报道的线索，但有些仍然具有再报道的价值。如果编辑、记者善于从中发现“第二落点”，仍然可以挖掘出有价值的信息。（5）受众反馈。基于对媒体专业能力和操守的信任，受众会选择向媒体“爆料”或寻求帮助。水门事件中，美国联邦调查局高层马克·费尔特（Mark Felt）向《华盛顿邮报》（*The Washington Post*）记者透露内幕信息，最终导致尼克松总统下台。“深喉”也因此成为新闻报道中线人的代名词（见图 2-16）。③

（二）信息的筛选

由于“眼见为实”的心理惯性，视听信息有很强的实证能力，“有图有真相”是人们的普遍认知。随着视频制作技术的普及和互联网传播技术的发展，视听新闻作为一种迅速传递信息的有效途径，已成为受众获知新闻的主要形式，这不仅影响了用户日常的使用习惯，也打破了长期以来各级广播电视台独家发布视听新闻的霸主地位，微信、微博、抖

① BERLO D K，LEMERT J B，MERZ R J. Dimensions for Evaluating the Acceptability of Message Sources [J]. Public Opinion Quarterly，1969 (4)：563-576.

② BOONE，R T，BUCK R. Emotional Expressivity and Trustworthiness：The Role of Nonverbal Behavior in the Evolution of Cooperation [J]. Journal of Nonverbal Behavior，2003 (3)：163-182.

③ 水门事件“深喉”去世 [EB/OL].（2008-12-20）[2020-04-09]. http：//news.sohu.com/20081220/n261327176.shtml.

图 2-16 水门事件中的"深喉"马克·费尔特

音、快手等新媒介平台和 App 已逐渐成为人们传播视频和交流信息的重要途径。但是,由于传播主体的多元化和传播渠道的多样化,各种不明身份的用户可以在虚拟的互联网空间自由发挥,也导致虚假视听信息层出不穷。出于不同的动机,虚假视频的制造者用张冠李戴、题文不符、任意剪辑拼接、刻意摆拍等各种手段使视听信息的不确定性大增,这需要专业的鉴别筛选能力。事实上,视听信息生产的专业理念和能力是本书重点讨论的内容,后续章节中将会详细阐述。

(三)信息的逻辑化

在今天由互联网主导的信息传播中,最令人困扰的问题之一就是信息的碎片化。人们一方面感受到信息的极大丰富,另一方面又苦恼于信息理解的困难即如何从海量的信息碎片中整理出逻辑线,建立准确认知事实的基本坐标系?这个问题在视听传播中尤其突出,它与影视工业的生产规律有关。

从本质上说,影视是对现实时空的再创造。长期以来,蒙太奇一直是影视创作的基本法则,这跟一个前提有关即分镜头拍摄。美国导演格里菲斯(D. W. Griffith)被认为是第一个使用蒙太奇的人,他将影片的结构单位由场景变成镜头。这固然使影视创作摆脱了现实时空的局限,但也埋下一个隐患:分镜头拍摄方式使连贯的、整体的现实时空被分割为断裂的局部,尽管可以通过蒙太奇剪辑(关于蒙太奇剪辑的问题将在第十章详细讨论)对被割裂的现实时空加以还原,但受各种因素影响,现实的时空关系能否被准确还原存在诸多变数,进而直接产生真实性的问题。这也是"新浪潮运动"的代表性人物安德烈·巴赞(André Bazin)等批判蒙太奇的地方。[①] 这一问题贯穿了整个影视业发展的历史,并在互联网碎片化传播的语境下愈加突出。图 2-14 重庆大巴车坠江事件中红色小轿车女司机遭误解就是典型的例子。车祸现场的这张照片仅仅反映了一个局部场景,与整体事实并不吻合,却让很多人望图生义产生了误解。这里的一个关键点就在于缺乏对事件主体(大巴

① 巴赞对蒙太奇的批评和长镜头理论的阐述可以参见其著作《电影是什么?》(崔君衍译,江苏教育出版社 2005 年出版,原著出版于 1951 年)。

车、红色小轿车）及其环境（马路）的整体了解，如图 2－14 右侧示意图所显示的那样。因此，专业媒体在重大事件报道中的一项重要工作就是对事实碎片的内在逻辑进行梳理与呈现，特别是相较文字更缺少逻辑的视听信息。2013 年普利策新闻特稿奖作品《雪崩：特纳尔溪事故》（Snow Fall：The Avalanche at Tunnel Creek）就是体现媒体整合能力的一个典型案例。① 由《纽约时报》（*The New York Times*）完成的该作品报道了 16 名滑雪爱好者遭遇雪崩的经过，将现场地理环境、天气演变过程与事发经过紧密结合，集成文字、音频、视频、动漫、数字化模型（DEM）、卫星模型等各种表达手段，以三维立体的方式展现了灾难的故事（见图 2－17）。普利策奖评审委员会在颁奖词中这样评价："《雪崩》对遇难者经历的记叙和对灾难的科学解释使事件呼之欲出，灵活的多媒体元素的运用更使报道如虎添翼。"应该说，这是一个将专业媒体在信息整合方面的传统优势与新媒体报道技术有机结合的典范。

图 2－17　普利策新闻奖 2013 年特稿奖作品《雪崩：特纳尔溪事故》

右下图为用动画显示的事发现场环境，白圈所示即事发地，是笔者为方便读者识别添加的。

三、信息的把关

把关（gate keep）是新闻传播学对大众传播媒体功能的经典定义之一，是一个经常和议程设置（agenda setting）相提并论的概念。关于这一点，纽约大学新闻系教授杰伊·罗森（Jay Rosen）曾经这样形容：从前作为受众的人是那些处在一个媒介体系接收端的人，这一媒介体系是单向的、广播式的，有很高的进入门槛，少数几家巨头争争吵吵，而大多数人在彼此隔绝的情况下被动倾听。在控制了信息源和传播渠道的情况下，大众媒体的把关人角色当然可以得心应手。但在互联网传播崛起的今天，受众对信息的主动选择使媒体的这一能力遭到前所未有的质疑。

把关人该退场了吗？答案当然是否定的。尽管面临诸多困难，把关形式也因技术和传媒环境的变化而更加隐性和柔性，然而大众传媒作为把关人角色的价值依然有着现实的必

① 作品详见 http：//www.nytimes.com/projects/2012/snow-fall/index.html#/?part=tunnel-creek。

要性。

必要性首先来自传媒生态的完善。在当前视听传播的格局中，互联网平台机构已经成为庞大的一支力量，其积极意义自不必说，但是问题也同时存在。由于其商业属性，这类信息传播机构在市场经济利益的驱使下，往往存在审核把关不严格的现象。为了博得用户关注，片面追求视听新闻的时效性和猎奇性，虚假、低俗等违反伦理道德甚至法律法规的情况时有发生，机构负责人因此被有关部门约谈的消息也屡见不鲜。2018 年 4 月，"快手""火山小视频"直播短视频平台就因传播涉未成年人低俗不良信息被国家网信办约谈，责令全面进行整改（见图 2－18）。[①] 紧随其后，抖音也因发布售假视频被工商部门约谈。2020 年 4 月 7 日，百度 App 多个频道因存在严重违规被责令暂停更新，公司负责人被网信部门约谈。[②] 事实上，这些仅仅是冰山一角。问题的症结在于当前视听内容生产方式的变化。传统媒体主要是记者或者专业人士生产内容，而自媒体主要是用户生产内容。一方面，这是各类互联网信息平台蓬勃发展的重要驱动力，在一定程度上促进了互联网新闻信息的繁荣；另一方面，用户生产的海量内容与算法不透明和算法治理跟不上相叠加，也会导致大量低俗或者违法内容的产生。

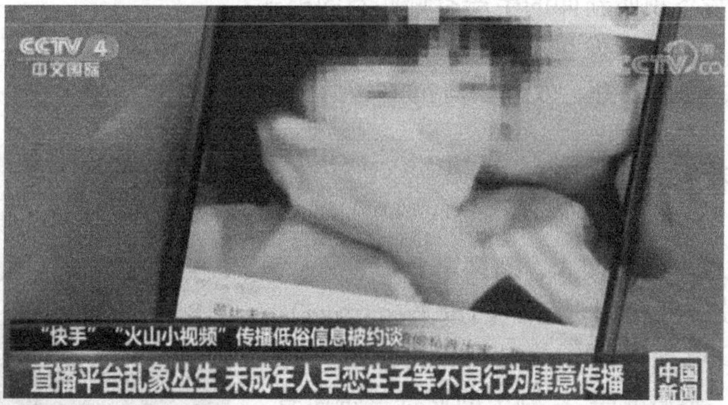

图 2－18　网络平台直播涉未成年人不良信息（中央电视台报道）

把关的必要性也来自对受众（用户）的责任。中央电视台新闻频道的《世界周刊》栏目曾有过这样一句标识语："全媒地带，信息就是选择。"意思是说要打破不同媒体区隔，开辟独具特色的全媒体地带，给观众丰富的信息"选择"可能。这句话其实也可以反过来说"选择就是信息"。媒体对于信息的任何取舍本身就传达出一种信息：价值判断。也就是说，媒体从专业角度的研判，认为对受众（用户）而言什么是当天最重要的信息，什么是可以忽略的。受众（用户）的自主选择性固然需要尊重，这也是算法推荐和自媒体平台的重要意义。但是，这种机制很容易使用户沉浸在个人议程中，无法为公共议程所影响，用户之间难以进行文化共享，长此以往，在构建认同和维系集体情感方面，新闻传播应有的社会整合功能会出现失灵。从这个意义上说，把关是媒体对受众（用户）应有的责任。

关于视听新闻的价值判断，我们将在接下来的第三章中详细阐述。

---

① "快手""火山小视频"被约谈［EB/OL］.（2018－04－08）［2020－04－09］. https://www.sohu.com/a/227524451_158052.

② 百度被约谈［EB/OL］.（2020－04－08）［2020－04－09］. https://www.thepaper.cn/newsDetail_forward_6873538.

【本章小结】

本章主要探讨了视听新闻的生产体系与流程。专业的视听新闻生产是一个多工种协同作战的系统工程，涉及从采集、编辑整合到分发的流程。大数据、人工智能、云计算等新技术工具为我们提供了扩展新闻生产能力和传播效果的各种可能，也对传统的新闻生产模式形成冲击，但内容生产、整合与把关仍是视听新闻生产不变的核心问题与内在逻辑。

【本章思考题】

1. 在广播电视机构内，编辑和记者的主要职责是什么？采编系统的运行流程是怎样的？

2. 从编辑部到大编辑部，广播电视机构内部新闻生产机制的变化要解决的主要问题是什么？

3. 新媒体环境下视听新闻的生产有哪些新的模式？

4. 案例分析：以最近发生的一个新闻事件为例，分析专业媒体在其中的舆论引导作用是否得到发挥、如何发挥、效果如何？

【本章推荐】

影视剧中的新闻人、新闻事

本章推荐欣赏《新闻编辑室》（*The Newsroom*），这部由美国 HBO 电视网制作的电视剧讲述了一档电视新闻节目的“幕后故事”。剧中的亚特兰蒂斯有线新闻网（Atlantis Cable News，ACN）和《晚间新闻》节目均属虚构，但是其间展现的新闻编辑室内的运行机制、理念以及主持人、制片人、编辑、记者等各岗位的工作状态均有现实的影子。

【附录】

部分视频案例网址

1. 中央电视台《新闻 1+1》——离汉通道暂时关闭，第一日！（http://tv.cctv.com/2020/01/24/VIDElhiy4EMmCOAlK3Ef7bFN200124.shtml?deviceId=）。

2. 新华社利用“媒体大脑”生产出来的关于 2018 年全国“两会”宪法宣誓的视频新闻（https://v.qq.com/x/page/w0607ee1qmr.html）。

3. 普利策新闻奖 2013 年特稿奖作品《雪崩：特纳尔溪事故》（http://www.nytimes.com/projects/2012/snow-fall/index.html#/?part=tunnel-creek）。

第三章
视听新闻的价值判断

【本章学习要点】

视听新闻的价值判断需要综合考量新闻普遍的价值和视听新闻独特的价值。

- 新闻普遍的价值受新闻内在要素和其所处环境的外在要素相互影响。内在要素构成新闻的绝对价值，受外在要素影响，绝对价值会呈现一定的相对性，受众感受到的是新闻的相对价值。
- 在新闻的普遍价值之外，视听新闻的生动、立体、丰富是其独特的价值。

大约二十年前，笔者还是中央电视台《晚间新闻》栏目的一名编辑，某次值班时收到地方电视台传来的一条新闻素材：当地发生一起交通事故，造成三人死亡。面对“事故”“三人死亡”这样的字眼，笔者脑海中顿时形成这样的判断：这是条重要的新闻！但是，当笔者急匆匆地把稿件拿到主编面前时，却没有得到意想中的热烈反应。主编的理由是：从单纯的信息上来看，三人死亡是一个比较有价值的信息点，但中央电视台是国家台，《晚间新闻》面对的是全国一千多万观众①。死亡三人的交通事故在当地也许是大事件，但是从全国层面上来看，同类的甚至更大的事件每天都会发生很多，没有多少报道价值。作为入行不久的新手，笔者一方面为自己的判断感到沮丧，另一方面也有“又学到了一招”的欣慰。然而，此后的某一天，《新闻联播》却播出了这样的一则交通事故新闻：北京一位老人横穿马路被撞身亡。三人死亡的新闻上不了《晚间新闻》，死亡一人的新闻却上了比《晚间新闻》更重要的王牌栏目《新闻联播》，这是为什么呢？仔细分析可以发现，《新闻联播》这条消息首先有一个突出的元素：现场画面。图 3－1 显示的是新闻中的场景：画面中用圆圈标示的这位北京市民骑自行车闯红灯穿越马路，结果被急驰的汽车撞飞身亡。交通监控设备拍下了这悲剧的一幕。车祸发生是瞬间的事情，能够用画面记录下当时的场景，这显然是让新闻增色的一个重要因素。但是，事情不止于此。作为国内最重要的电视新闻栏目，《新闻联播》当然不可能只为了“好看”而播出这样的新闻，应该还有更深层次的原因。这个原因就是，这起事件具有典型意义。随着中国的发展、汽车社会的到

① 中央电视台《晚间新闻》栏目当时的常态收视率在 1 左右，也是说理论上，全国十亿多电视观众有百分之一的人会收看这个栏目。

来，交通文明素养的问题日益突出，“中国式过马路”① 就是其中一个让全社会关心的热点话题，骑车老人横穿马路被撞身亡的悲剧正是这一现象的典型反映。《新闻联播》播出这样的新闻，主要就是看重其警示意义。

上述对两则新闻的不同选择说明，新闻价值的判断是一个受到多重因素影响的复杂过程，需要结合具体的语境综合考虑。

图 3-1　北京一市民骑自行车违章穿马路被撞身亡

第一节　新闻价值的影响因素

影响新闻价值的因素有哪些呢？这个问题可以从纵横两个维度考察。纵向维度主要包含构成新闻信息原生价值的两大要素：重要性、趣味性。横向维度则考察新闻价值的恒定性因素和相对性因素。各要素及其相互关系详见图 3-2。

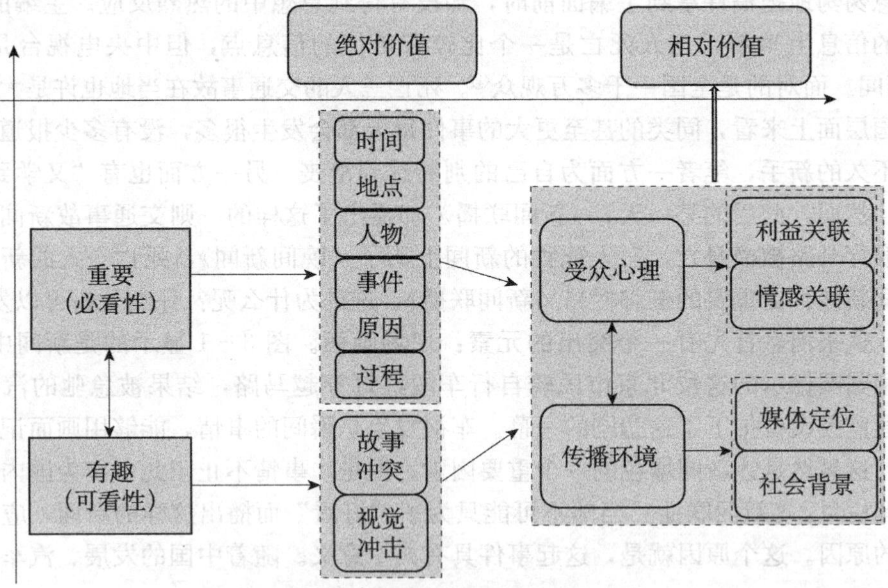

图 3-2　新闻价值的构成要素及相互关系

① 中国式过马路，是网友对部分中国人集体闯红灯现象的一种调侃，即“凑够一撮人就可以走了，和红绿灯无关”。“中国式过马路”一经网络传播，立刻引发人们对交通、国民素质和安全的讨论。

一、新闻价值考察的纵向维度

世界上每天都在发生难以计数的事件，其中少数事件被新闻机构认为是有价值的，并被筛选出来报告给公众。此外，互联网环境下，作为媒体变革和技术更新最直接的参与者和被影响者，受众不再是被动的、消极的信息接收者，转而成为事件的推动者和新闻信息的报道者、传播者，传统意义上的被动接收信息的“受众”变成了主动选择和使用信息的“用户”。对于越来越挑剔的用户而言，新闻信息当然应该是“重要”的、有必看的价值。构成重要性的主要是新闻信息的六个基本要素：时间（when）、地点（where）、人物（who）、事件（what）、原因（why）、过程（how）。

但仅有“重要”显然不够，新闻信息还必须“有趣”。20世纪以来，电影、电视、互联网等视听媒体的发展造成了人类文化从以文字为中心到以图像为中心的“图像转向”①，视听信息成为当代社会生活文化建构的核心要素。近些年来，无论在突发自然灾害中如2008年的汶川地震和2010年的日本地震，还是在重大事故中如2005年伦敦地铁爆炸案，或者在重要的社会运动和政治变革中如“阿拉伯之春”和利比亚卡扎菲政权的倒台，互联网视听信息和参与其中的每个网民都扮演着不可忽视的作用。② 因此，除了内容的重要，新闻特别是视听新闻在形式上必须有足够的吸引力，具备可看性。视听新闻的可看性主要由两个要素组成：故事冲突、视觉冲击。

二、新闻价值考察的横向维度

在具体的新闻实践活动中，“重要”（必看性）和“有趣”（可看性）一方面由新闻事件自身的各种信息要件决定，有一定的稳定性；另一方面，也会受到多种外部要素的影响，呈现出一定的相对性。

新闻的价值体系里有一些要素是相对恒定的。今天，当我们观看电视、浏览网页和各种新闻客户端、刷微信朋友圈的时候会发现：绝大多数内容，甚至对这些内容的处理方式、版面位置，各个信息渠道都有着相当程度的一致性。假如你是一名记者，也许经常会碰到这样的场面：当你兴冲冲地赶去采访一则自己认为重要的新闻时，现场总是挤满你的同行。为了抢到理想的拍摄位置、为了抢得一个提问的机会、为了采访到心目中的新闻人物，你需要使出浑身解数。作为一个栏目的编辑，当你为拿到一则好新闻而兴奋不已的时候，你也许很快就会觉得“沮丧”：竞争对手们都在连篇累牍地报道和你一样的消息——“独家”总是一个那么艰难的目标。激烈的新闻大战反映出这样一个事实：在很多时候，媒体对于新闻价值——什么是有趣的、什么是乏味的，什么是重要的、什么是次要的——有着相当一致的判断标准。这些标准会形成一种普遍认同的“议程”，正是这些“议程”决定了什么会成为媒体上的新闻。

另外，新闻价值也呈现出更多的相对性，总是和具体的语境相关。在信息渠道和公众兴趣、价值观多元化的今天，人们对信息的选择也渐趋分化，主流媒体受众流失、影响力

---

① 米歇尔．图像转向［M］．陈永国，胡文征，译．北京：北京大学出版社，2006：3.

② 周勇，黄雅兰．从“受众”到“使用者”：网络环境下视听信息接收者的变迁［J］．国际新闻界，2014（4）：30.

下降，去中心化的现象日益明显。即使面对同一事件，不同群体的价值判断也常常莫衷一是，传统意义上的议程设置变得越来越困难。

在新闻实践活动中，当人们对一则新闻的价值进行判定时，往往要进行两个维度的思考：

其一，透过新闻事实本身所传达出来的原生信息考察其作为“新闻”所具有的基本价值，这是一种绝对价值。

其二，将单一的新闻事件放到整体的传播环境中去考察，衡量其在整个传播环境中所具有的价值，这是一种相对价值。

新闻的这种绝对价值和相对价值是互为作用的两个方面，绝对价值是相对价值的基础，相对价值是绝对价值的最终体现，二者的互动构成新闻在实际传播中所体现的价值。绝对价值是新闻价值的内核，是基础，但新闻在传播过程中最终表现出来并为受众所接受的则是相对价值。也就是说，在不同的传播环境下，绝对价值相同的新闻事实其相对价值可能不同，因而在特定传播过程中所处的地位也有可能不同。本章开篇所述发生在编辑部里的一幕就是一个典型的例子：对于中央电视台而言，面向全国的定位使其更看重一位老人横穿马路被撞身亡的社会警示意义，交通监控设备抓拍的事发现场画面提升了新闻文本的可看性；而如果易地而处到三人身亡的交通事故发生当地的媒体，心理上的接近性又可能使这则新闻的价值大大上升。

第二节　新闻价值判断的一般性原则

新闻看起来每天都在变化，但是构成新闻信息的基本元素却是稳定的，它们构成了新闻信息自身作为个体的价值，是我们进行价值判断的基础和出发点。

但在新闻传播实践中，新闻事实并不是孤立存在的，它总是要处于一定的传播环境之中，传播环境与个体新闻事实的相互作用会释放出一些衍生信息，对新闻事实的原生价值起到修正的作用。这种衍生价值属于新闻事实的附加价值，它对原生价值起到增强或削弱的作用，使新闻事实的价值呈现出一种相对性。

本节将结合图 3-2 对影响新闻绝对价值和新闻相对价值的各要素进行分析，进而探讨其如何相互作用，最终形成新闻信息的传播价值。

一、新闻的绝对价值

如前所述，构成新闻绝对价值的有两大方面：重要性和趣味性。这两大方面又分别对应若干要素。

（一）重要性

判断一条新闻是否重要，首先要回到新闻信息本身，从其所具有的一些特殊要素来做出初步判断。经典的新闻学理论认为，新闻信息由六大要素构成，即五个 W（何时/何地/何人/何事/何故）和一个 H（如何）。这六大要素是我们判断绝对新闻价值的主要信号。在这些要素中，有些是显而易见的，比较容易确认的，比如“何时（when）”“何地（where）”“何人（who）”“何事（what）”，这是构成新闻必不可少的基本要素，我们将其称为新闻的显性信息，它们是我们判断新闻价值的最原始、最直接的依据。有些则需要对新闻事实做进一步的深入挖掘才能获得，比如“为何（why）”“如何（how）”，这些信息往往隐藏在事实的表象之下，对其新闻价值起到确定、深化的作用，我们称之为隐性信息。显性信息和隐性信息是新闻事实本身所固有的内容要素，它们的质量决定着新闻事实作为单一个体时所具有的原生价值，是一种绝对价值。

1. 时间

特定的时间构成新闻事件的独特价值。重要的纪念日、有特殊意义的时间点往往引起人们的关注。时间和地点两个要素共同构成新闻事实发生的时空场域，因而也常常承载着与事件有关的特殊信息。它们的出现就像一个引爆点，制造事件价值释放的契机，从而引起人们的关注。以第一章开篇所述的国庆阅兵为例：事实上，除了这次为庆祝国庆七十周年而进行的阅兵（见图 1－1），中华人民共和国成立以来历史上还有几次大阅兵，都是在特定时间点以其特殊意义引人瞩目的。如，1949 年 10 月 1 日开国大典，展现人民武装力量捍卫新生政权的决心和形象；1984 年 10 月 1 日国庆三十五周年庆典，中国在改革开放的背景下第一次公开展示自己的武装力量，邓小平作为改革开放领导者的形象展示。此外，还有两次不在国庆日的阅兵：2015 年 9 月 3 日，纪念抗日战争与世界反法西斯战争胜利七十周年，在日本挑起钓鱼岛问题争端、国际局势暗流涌动的背景下，展现中国捍卫二战以来世界反法西斯战争胜利成果的决心；2017 年 7 月 30 日，庆祝中国人民解放军建军九十周年，我军革命性整体性改革重塑后全新亮相（见图 3－3）。

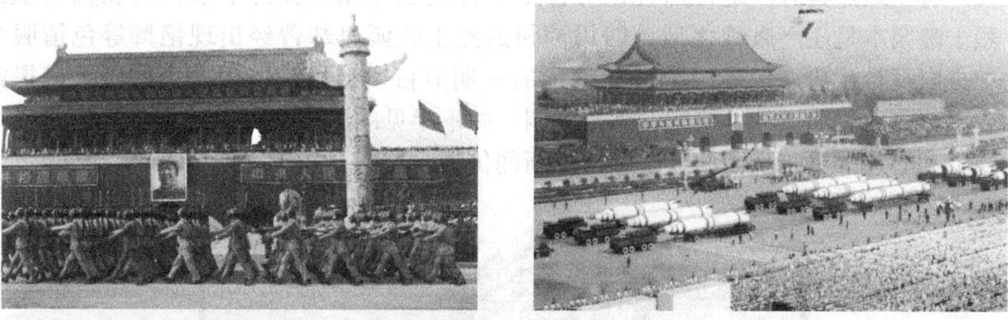

图 3－3　中华人民共和国成立以来的四次大阅兵

左上图为 1949 年 10 月 1 日开国大典阅兵。右上图为 1984 年 10 月 1 日国庆阅兵。左下图为 2015 年 9 月 3 日抗战胜利日阅兵。右下图为 2017 年 7 月 30 日建军九十周年朱日和阅兵。

2. 地点

新闻发生地与新闻事实本身可能有某种特殊的关联，从而构成新闻的特殊背景。

（1）有些地点本身具有较高的知名度，在其上发生的新闻事件因而具有了符号意义，较诸同类事件更具新闻价值。2001 年美国“9·11”恐怖袭击事件中，恐怖分子之所以选择世贸大楼作为目标，除了容易造成重大伤亡外，一个更重要的原因在于世贸双塔作为美国乃至资本主义世界地标性建筑的象征意义，对它的袭击造成的关注度和心理打击非一般地点可比。此后，美国国内围绕世贸遗址的重建问题曾经有过争论，有一种意见认为，类似的高楼存在重蹈覆辙的风险。但是，重建高楼的意见占了上风。2014 年，距袭击 13 年后，世贸新大楼在遗址上建成启用。这里面其实也有象征意义的存在（见图 3-4）。

图 3-4　美国新旧世贸大楼

左图为 2001 年世贸双塔被袭击。右图为 2014 年在遗址上重建的世贸新大楼。

（2）有些地点具有一定特殊性，与特定事件交互作用，提升了事件的新闻价值。比如，烈士陵园本是庄严肃穆之地，四川泸州的烈士陵园里却曾经出现艳舞等色情服务现象。中央电视台《焦点访谈》2005 年播出的一期节目《艳舞跳进了烈士陵园》就揭露了这一令人匪夷所思的事件。艳舞、烈士陵园，并不罕见的事件与极其特殊的地点形成了强烈的视觉和心理冲突，从而凸显了事件的新闻价值（见图 3-5）。

图 3-5　《焦点访谈》栏目之《艳舞跳进了烈士陵园》

（3）有些地点平时可能不为人注意，但由于特定事件的发生而具备了报道价值。太平洋上的岛国汤加平时是一个默默无闻的地方，但是在新千年来临的前后，“汤加”却成为全球新闻报道中曝光率最高的词语之一，因为它是人类迎来新千年第一缕阳光的地方。

(4) 有些地点曾经是重大新闻事件的发生地，但是随着时间的推移而渐渐淡出人们的视野。随着某个特定时间点（如周年、十周年等）的到来而重新为人们所关注。比如，1944 年，位于法国的奥马哈海滩曾经见证了二战的历史性转折。60 年后，这片宁静的海滩再次引起媒体的关注：各国首脑、二战老兵云集此地，举行诺曼底登陆 60 周年庆典。

总之，一个特殊地点的背后，或者有着一个观众感兴趣的故事，或者埋藏着某种对于观众有价值的元素，而正是这些使新闻的重要性得以提升。

3. 人物

(1) 新闻事件中关键人物的显著程度往往直接影响其新闻价值。

权威人士、名人的言行通常容易引人关注。看看世界各大媒体对这些与名人有关的新闻连篇累牍的报道，微信、微博等社交媒体上名人的热度，我们就不难理解这些特殊社会群体的特殊新闻价值。在今天这个视觉时代，一方面，电视等媒体通过影像不断塑造着明星（政治人物也不例外）；而另一方面，明星也为电视等媒体提供了丰富的吸引观众的素材。他们的行动、他们的言论往往通过媒体而为人们所津津乐道。对于普通观众来说，这些精英人物的身上有着更多的故事，他们的传奇经历寄托着普通人的梦想，他们对于社会有着更强的支配能力，因而更为人依赖——“精英人物的社会权力通过貌似亲密商谈的话语力量而被突出出来”①。当然，著名人物并不天然具有新闻价值，特别是对新闻品质有要求的主流媒体，简单意义上的追星并不可取。名人的言行只有和公众关心的新闻事件相结合才能产生化学反应，体现出其对提升新闻价值的作用。如图 3－6 所示获得第二十七届中国新闻奖一等奖的《新华社特约记者太空日记》中，执行天宫二号和神舟十一号载人飞行任务的航天员景海鹏、陈冬以新华社特约记者的名义独家报道太空的工作生活，总计九期报道在新媒体终端的阅读量累计超过 2 亿人次，成为 2016 年全国媒体融合报道的标志性作品之一。航天员作为知名人士的号召力和航天飞行的热点新闻价值在这组作品里得到了完美融合。

图 3－6　《新华社特约记者太空日记》

2016 年 10 月 26 日，神舟十一号进入组合体第八天，新华社太空特约记者、航天员景海鹏首次穿上特殊实验服寄语海内外小朋友。

(2) 另一类新闻人物可能并没有较高的知名度，但因其在特定事件中的特殊地位和作用具有了新闻价值。如果他是某一事件的当事人、目击者、知情人，而这一事件恰恰是人

---

① 麦克奎恩．理解电视：电视节目类型的概念与变迁［M］．苗棣，赵长军，李黎丹，译．北京：华夏出版社，2003：91.

们所关注的，那么他在事件中的经历、见闻、感受就会引起人们的兴趣，这种来自第一现场的信息对观众而言具有很强的感染力和说服力。2018 年 7 月 5 日，两艘载有中国游客的游船在泰国普吉岛附近海域突遇特大暴风雨发生倾覆，落水游客中 37 人来自浙江海宁，其中 18 人失踪。《浙江日报》立即组成报道小组赶赴现场发起移动直播，通过采访协助事故处理的志愿者、遇难者家属、幸存者，第一时间还原事故发生和处理的现场信息（见图 3－7）。

图 3－7　《浙江日报》记者在报道“7·5”泰国普吉游船倾覆事故时采访协助处理事故的志愿者

4. 事件

事件变动越有新意，它所影响的范围越广、程度越深，往往越重要。如何判断事件变动的程度？需要把这种变动放在广阔的时间和空间背景中进行比较才能辨别（见图 3－8）。

（1）比较事件所涉及的范围。

这个范围包括事件发生的空间范围、时间跨度以及影响面。

比如，同样是地震，一次引发了印度洋海啸，造成东南亚近 30 万人遇难，灾民数百万，影响波及十多个国家；一次发生在日本新潟县，造成 21 人死亡，2 000 人受伤。两者相比，从空间范围和影响面来看，区别相对明显。

有时候，事实变动持续的时间越长，其影响可能越大。比如，一阵大雨可能给人们的出行带来短暂的不便，持续数小时甚至数天的大雨就会造成严重的影响。

（2）纵向比较。

纵向的比较是按时间序列进行的，即看这样性质的变动过去是否发生过。如果发生过，看与过去同类变动相比这种变动程度如何，是否有特色。

一般首次发生或者发现的变动可能会有新意。比如中国男足第一次进入世界杯决赛圈、我国选手第一次获得冬奥会金牌、我国首次获得奥运会主办权、香港第一次举行国庆升旗仪式、我国第一条城市轻轨铁路在北京运行等等。

与“首先”相对应的是“最后”，最后一次的变动往往也有新闻价值，因为旧的变动的结束意味着新的变动的产生。比如，香港回归祖国前港督府最后一次升英国国旗，三峡最后一批移民成功搬迁，等等。

纵向比较还要看事实的变动与历史上的同类变动相比是否具有特色。重复出现的、没有特色的变动是没有新意的。举个例子，巴以冲突是国际新闻报道中的老题材了，冲突的形式往往也有雷同，如果巴以之间一有风吹草动就报道的话，难免使人觉得乏味、了无新意。但是，如果这种冲突有特色的话就不一样了。比如，以色列侵占巴勒斯坦领土算不上什么新鲜事，但是它为了刺杀巴方武装人员首次袭击平民区就是新闻了。又如，为了防范流行病毒加强保护措施不新鲜，2020 年抗击新型冠状病毒疫情对武汉实施封城就是前所未有的大事件了……

（3）横向比较。

横向的比较是按空间序列进行的，即把事实的变动与同一时期不同地方发生的同类变动相比较，看这种变动是否影响更大或者更具有特色。以全球金融市场为例，各国股市的表现都是一定范围内经济的晴雨表，受到人们的关注，但是美国道琼斯指数在 2020 年 3 月四次出现熔断引发全球金融市场动荡，全世界为之瞩目。这当然主要是因为美国经济对全球经济的影响之深广非一般可比。另外也因为事情变动得不同寻常：道指历史上一共只出现过五次熔断，上一次还是 1997 年，而 2020 年仅一个月就发生了四次。

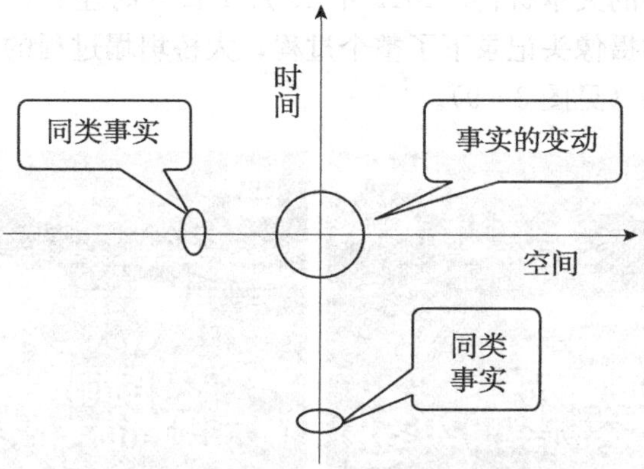

图 3－8　对新闻事实变动程度的考察

5. 原因

事件发生的原因与目标受众的利益关系越密切，其重要性就越强。

假如你是编辑，你觉得下面两则新闻中哪则更重要？

风湿药“万络”全球召回

本月一日，美国一家药厂宣布在全球召回其生产的治疗关节炎和急性止痛的药物——“万络”。

“万络”是美国一家公司在 1999 年推出的一种抗风湿性关节炎药物。因为能够避免传统风湿病药物对胃肠道的刺激，所以“万络”一度被认为是治疗风湿性关节炎的特效药物之一。自 2001 年在我国上市以来，“万络”已在临床上广泛应用，而在零售药店不需要处方就可以买到。但据最新的研究显示：“万络”可能对人体产生副作用。

阿斯利康召回用于治疗哮喘的“普米克气雾剂”

昨天，跨国企业阿斯利康制药有限公司宣布，因部分“普米克气雾剂”存在缺陷，将从即日起召回。该药品主要用于治疗哮喘。

据介绍，此次召回与药品质量无关，主要是因为少数产品“吸入喷口太紧”而不能正常喷射，从而使患者无法正常用药。

显然，两条新闻的类型极为相似，都是跨国制药企业因为质量问题召回药品，而且药品均已在中国上市销售。但仔细分析可以看出，“万络”的问题对公众利益的影响显然更大一些，因为“可能对人体产生副作用”；而“普米克气雾剂”的召回“与药品质量无关”，相对来说对公众的影响要小一些。就新闻价值而言，《风湿药“万络”全球召回》这条消息的新闻价值显然更高。

6. 过程

视听新闻文本一个重要的特征就是用视听语言展现故事的生动。因此，它的价值不仅在于结果，更在于达成结果的过程。过程中包含着由现场声画承载的情节、细节，这是视听文本感染力的重要源泉。由于过程的展示多由现场声画直接展现，尽量减少蒙太奇剪辑对时空的改变，也让视听文本由于连续的展开而产生一种纪实性和留白的节奏感。新媒体环境下，由于各种视听设备的无处不在，能够记录下随时随地发生的各种突发事件，为视听新闻报道提供了宝贵的文本材料。2019 年 10 月 1 日 9 时左右，台湾宜兰一座跨海大桥发生倒塌事故，附近的摄像头记录下了整个过程，大桥坍塌过程的展现显示了比倒塌结果更富震撼力的视听效果（见图 3－9）。

图 3－9　监控录像记录下的台湾宜兰大桥垮塌过程

在调查式报道中，对过程的展示更成为文本的基本结构。调查式报道的目的，就是要对未知信息（比如事件的内幕）做出解答，因而总是具有悬念，调查的过程就是悬念揭开的过程，这种过程往往是调查式报道最吸引观众的地方——过程的生动是调查式报道的魅力之一。正如中央电视台《新闻调查》在阐述其栏目理念时所说的：“《新闻调查》报道的不是一个事件，而是我们对这个事件进行调查的过程，这是调查文体的一个核心。”《新闻调查》记录和展示的，是我们如何通过各种各样的手段接近事实本身，一步步获取真相，而不是单纯报道一个事件发生、发展的过程。

在云直播等技术的支持下，过程的展示甚至成为一种独立的视听新闻表达样态：慢直播。2020 年 1 月 29 日凌晨 3 点，在中央广播电视总台新媒体平台央视频的“慢直播｜与疫情赛跑——全景直击武汉雷神山建设最前线”页面上，在线人数显示超过 1 000 万人在看“直播造医院”；另一边，火神山医院的直播页面在线人数已经突破 2 000 万。这是抗击新型冠状肺炎疫情报道中令人难忘的一幕。与传统上精心修饰的视听新闻文本相比，建筑工地的直播镜头堪称枯燥。机位是固定的俯瞰视角，没有解说词，没有背景音乐，唯一的音效是类似白噪声的“沙沙声”。然而，“云监工”的网友们却不这么看。工地上的叉车、塔吊、水泥机等设备都以颜色被命名为“小白”“小蓝”“小黄”等，网友为其注入拟人化色彩，夸赞它们工作勤劳得力，乃至仿照为偶像应援的方式成立了粉丝后援会——还有人说，直播要是能刷礼物就好了，希望能为建设者献上一份绵薄之力。直播间里出现的成语接龙、诗词接龙等评论区活动，让参与者迅速结成了既虚拟又现实的心理联盟。如果说此前慢直播的应用场景多集中于休闲娱乐、旅游场景，那么“直播造医院”提供了新闻事件的另一种视角。视频本身就具备自我阐释的能力（见图 3－10）。

图 3－10 抗击新冠肺炎疫情期间网友围观“直播造医院”

（二）趣味性

视听新闻文本的趣味性主要来自两个因素：故事的冲突性和视觉的冲击力。有关视觉冲击力的问题将在随后的第三节中专门阐述，这里重点谈谈故事的冲突性。

按照戏剧理论的观点，冲突是表现人与人之间矛盾关系和人的内心矛盾的特殊艺术形式，表现在故事文本上就是矛盾产生、发展、解决的过程。冲突是展现人物性格、反映生活本质、揭示作品主题的重要手段。结构主义在解释一系列明显不同的叙事有什么共同点时，运用了神话概念。“神话是一种减少焦虑的机制，被用来解决文化中不可解决的矛盾，……这些矛盾通常使用二元对立的术语来表达，……比如，善与恶、自然与文化、人与神等。神话的比喻功能是，通过一个过程把这些对立转换为具体的表现。”① 托多洛夫（Tzvetan Todorov）认为，叙事是以平衡状态或者社会和谐开始的。这种平衡与和谐通常为坏人的行动所打破。叙事规划了这个不平衡的进程，并在另一种比较理想的、提升了的或者更加稳定的平衡状态中得到最终的解决。托多洛夫的模式能用来解释新闻报道，将其看成是社会秩序和破坏力量之间冲突的社会叙事模式。② 在视听新闻文本中，冲突是故事产生吸引力的重要因素，来自新闻主体与新闻中各要素的相互关系。

1. 主体与事件的关系

主体在某些事件出现与平常状态不一致的表现，这种与人们日常经验感知不一致的反差往往形成冲突。俄罗斯总统普京历来以硬汉形象示人，然而在 2012 年当他再度当选总统时，却在万人集会的现场面对支持者流下眼泪。普京的当选没有多少意外，倒是“普京的眼泪”一时间成为媒体报道的热点（见图 3-11）。

图 3-11　普京的眼泪

一些情况下，过于特殊的“一致性”也会表现为“反常”，进而形成冲突。2019 年 3 月 30 日，四川省凉山州境内发生森林火灾，造成 30 名救火人员遇难。吊诡的是，整整一年后的 2020 年 3 月 30 日，当地再度发生森林火灾，19 名救火人员遇难。这种过于巧合的“一致”使人震惊，因而也强化了故事的冲突性。

---

① 菲斯克．电视文化［M］．祁阿红，张鲲，译．北京：商务印书馆，2010：189-190.

② 同①199-200.

2. 主体与其他人物的关系

冲突也来自主体与新闻场域中其他人物的关系。以获得 2019 年中国新闻奖一等奖的短视频报道《鼓岭！鼓岭！》为例，这部作品讲述了由时任福州市委书记习近平亲自促成的一段中外民间交往佳话。1901 年，加德纳随身为传教士的父亲来到中国福建，他在这里度过了一段欢乐难忘的童年时光。1911 年，加德纳全家因故回到美国加利福尼亚州。时光荏苒，他常常眷念着鼓岭，却因为种种原因没能再回到中国。临终前，加德纳反复说出“Kuliang，Kuliang”（鼓岭音译），而加德纳太太却不知道是哪儿。后来，加德纳太太在收拾丈夫遗物时发现了线索，她终于知道“Kuliang”是中国福州鼓岭。这个故事后来发表在中国的报章，引起了时任福州市委书记习近平的注意，他当即指示市外办邀请加德纳太太访问鼓岭。《鼓岭！鼓岭！》用沙画＋电视资料画面＋现场回访的方式来呈现叙事。用沙画还原历史，用采访和资料画面来深情讲述这一跨越百年的传奇。片中，至死怀念异乡的加德纳老人、执着替丈夫完成夙愿的加德纳夫人、充满人情味的时任福州市委书记习近平，三位人物跨越世纪、跨越时空的交集构成了强烈的故事冲突，产生了直抵人心的力量（见图 3－12）。

图 3－12　中央电视台短视频节目《鼓岭！鼓岭！》报道加德纳夫妇与异乡鼓岭的不解情缘

3. 主体与环境的关系

冲突有时候也来自主体与其所处环境的关系。2012 年普利策奖突发新闻摄影奖颁给法新社摄影记者马苏德·侯赛尼（Massoud Hossaini），以表彰他关于喀布尔自杀性爆炸袭击的摄影报道。图 3－13 的故事发生在 2011 年 12 月 6 日，当一个人体炸弹在人群中引爆后，12 岁的塔娜纳·阿克巴莉（Tarana Akbari）在巨大的恐惧中尖叫。“当我能够站立时，发现我周围所有的人都躺在地上，浑身是血。我真的真的非常害怕。”塔娜纳说道。共有 70 人在此次事件中丧生，仅塔娜纳的家族就有 7 人，也包括她那 7 岁的弟弟。图片中，惊恐哭泣的幸存女孩与尸横狼藉的惨烈背景形成了强烈的冲突。

4. 主体与背景的关系

与前面三对显性关系不同，主体与背景的关系更加隐蔽，需要结合背景信息来挖掘其冲突价值。图 3－14 中，一位中年男人眼含热泪面带悲伤。俗话说，男儿有泪不轻弹，这

图 3-13　马苏德·侯赛尼拍摄的阿富汗恐怖袭击事件

样的场景当然引起人们一定的关注。但是，仅仅“一个男人流眼泪”这样的表象不能反映这张图片的真正价值。2012 年 3 月，居住在阿富汗坎大哈省一座美军军事基地旁边的村民遭到一名美国士兵的袭击，16 名平民无辜丧生。而这些在阿富汗战争中流离失所的难民回到故乡是因为他们被告知，靠近军事基地很安全，没人会打扰他们。有媒体在报道中这样写道：“阿富汗村民回到故乡是为了安宁，但是死亡找上了他们。”（Afghan villagers moved back home to find peace，but death found them.）① 结合上述背景，图片中“男人哭泣”的意义就不止于表象，而有了更深刻的内涵。

图 3-14　驻阿富汗美军基地附近一村庄 16 名村民被美国士兵袭击身亡

二、新闻的相对价值

新闻事件的价值有其内在稳定的一些因素，但是一则新闻能否或如何被报道、报道后的效果如何却受到一些外部因素的影响，使新闻的传播价值呈现一定的相对性。

如图 3-2 所示，影响新闻价值的外部因素主要有两大方面：受众心理和传播环境。

① CNN. Afghan Villagers Moved Back Home to Find Peace，but Death Found Them [EB/OL].（2012-03-12）[2020-04-02]. https：//edition. cnn. com/2012/03/12/world/asia/afghan-shootings-village/.

英国文化研究的代表人物斯图亚特·霍尔（Stuart Hall）在他的《编码，解码》一文中提出，电视节目含有的不是单一意义，而是相对开放的文本，能够被不同的人以不同的方式解读。[①]“于是，解读或收看电视成为观众与文本之间协商的过程。”[②] 受众对文本的这种主动解读与其所处的环境有密切的关系。这就是说，解读不是从文本中读取意义，而是文本与处于社会中的读者的对话。如莫利（David Morley）所说：“这样，在考虑文本意义的时候，就必须根据它在特定环境中与各种话语的碰撞，根据这种碰撞将如何重新构建文本的意义以及如何重新构建它所遇到的各种话语。文本意义的建构，将取决于读者用于解读文本的话语（知识、偏见、抵触等），而在观众/主体与文本碰撞中的关键因素，就是观众能使用的话语的范围。”[③]

（一）受众心理

传播学的“使用与满足”（use and gratifications）理论认为：受众是利用电视和其他大众传媒来满足个体需求的。这些需求包括：从烦冗的日常生活和忧虑中解脱出来的需求，对即时的和遥远世界的信息的需求，“交际”的需求，得到有关处理个人问题和人际关系的“建议”的需求，以及一个个体通过与他人比较价值观和生活方式来为自己定位的需求。关于“使用与满足”的研究之后，又出现了一系列受众研究方法。这些方法试图重新描述受众的收视行为，以表明收看电视是怎样一个在文本和读者之间协调的过程。这些研究表明，观众对电视信息的反应是由多种因素决定的。这些因素有些或许相当细碎，如观众在某一特定时刻的情绪或注意程度。

观众收视行为的形成过程十分复杂。一方面，它在众多的人群中具有共性的特征；另一方面，它又具有明显的特殊性和差别化。这种特殊性与观众所处的社会环境的复杂性有关，像经济条件、生活水平、社会地位、地理环境、文化程度、风俗习惯等都会造成观众心理状况的不同，从而造成不同观众的收视行为间存在着很大的差异。

考察视听新闻信息受众的心理，“关联性”是一个有意义的角度。古语说“关心则乱”，新闻信息与受众需求能否在某个点上产生关联，是影响受众判断新闻价值的重要因素。当今新媒体领域风行一时的今日头条，在其创办之初也以“你关心的 才是头条”（见图3-15）作为主打理念，通过大数据分析用户信息选择行为并针对用户需求进行精准推送，因此迅速打开局面。基于大数据分析的用户画像、个性化推送信息是今天互联网新媒体广泛采取的模式。当然，这并不是说要一味迎合受众（用户）需求[④]，而是要在尊重受众（用户）需求的基础上实现有价值的信息的有效传播。

新闻价值判断的“关联性”因素主要包括两个方面：利益关联、情感关联。

1. 利益关联

对受众而言，事件与其自身利益的相关程度直接影响到他对这件事的关注度：事件中有没有他关心的人、事件对他本人及其关联人群的影响大不大……这些利益关系将使受众在收看新闻时产生不同的兴趣。新闻所传达的信息是否与自己有利益关系、这种利益关系

---

① 霍尔．编码，解码//罗钢，刘象愚．文化研究读本［M］．北京：中国社会科学出版社，2000：351-365.

② 艾伦．重组话语频道：电视与当代批评理论［M］．牟岭，译．北京：北京大学出版社，2008：270.

③ 菲斯克．电视文化［M］．祁阿红，张鲲，译．北京：商务印书馆，2010：93.

④ 今日头条目前的标识语已更换为“信息创造价值”（截至本书出版，标识语已更换为“看见更大的世界”），强调了价值引领对算法的纠偏，但基于用户个性化需求的精准推送的传播模式未变。

图 3-15　今日头条创办之初的标识语

是深还是浅，这是受众在判断新闻重要性时经常会考虑的，尽管这种考虑在很多时候只是一种下意识的行为。假设你在报道北京国际马拉松赛，当你针对的是北京地区的受众时，除了比赛本身，比赛路线和时间也是人们所关心的，因为这直接影响到他们的出现选择。而对北京以外的观众来说，这方面信息的价值就没那么大了。

从利益关联角度考虑新闻信息的价值需要注意一个核心问题：个体利益与公共利益最大交集的建立。

对于个体来说，每一个关系切身利益的事情都是重大的。正如 2020 年抗击新冠肺炎疫情期间武汉作家方方一句广为流传的话："时代的一粒灰，落在个人头上，就是一座山。"所以，关注大事件中个体的命运变迁、生存状态，是媒体应有的人文关怀精神。但是，由于公众注意力资源有限，就传播价值而言，媒体特别是大众传播媒体还需要考虑个体故事的典型性，即是否关乎最广大群体的共同利益，越是如《人民日报》、新华社、中央广播电视总台这样的中央主流媒体，越需要注意受众利益关切的最大交集问题。比如，中央电视台《焦点访谈》栏目就有一个关于选题的"三原则"，即政府重视、群众关心、普遍存在。这个栏目多年来关注社会转型期出现的各种难点、热点、疑点问题，揭露问题本质，探寻事实真相，关注国计民生。在这方面，最理想的状态是新闻信息中关乎个体利益的故事的具体生动与最广大群体的公共利益完美结合。新华社记者汤计对呼格吉勒图案的报道就是一个典型的例子。

1996 年，内蒙古自治区呼和浩特市卷烟厂年仅 18 岁的职工呼格吉勒图被认定为一起奸杀案的凶手。案发仅 62 天，法院就判他死刑并立即执行。9 年后，真凶因其他案件落网，但呼格吉勒图案却没有任何松动的迹象。呼格吉勒图父母上访多年没有结果，他们辗转找到了新华社内蒙古分社记者汤计。多年来，汤计执着追求呼格吉勒图案的真相，一共发了 6 篇内参和 3 篇其他报道。在他 30 年的新闻职业生涯中，有三分之一的时间都和呼格吉勒图案有交集。2014 年 12 月 15 日，在含冤 18 年后，呼格吉勒图终于被法院宣告无罪（见图 3-16）。随后该案的追责结果公布，公检法系统共有 27 人被处分。这个结果的出现，汤计作为最早的报道者是当之无愧的推动人。因为呼格吉勒图案，他成为新华社成立 84 年来首个荣立个人一等功的记者，所采写的《"呼格案再审"系列报道》还获得了第二十五届中国新闻奖一等奖。可以说，这起震惊全国的平反案，不仅是对呼格吉勒图及其一家迟到的正义，也对推动整个国家的司法进步起到了重要的作用。

在中国电视新闻业发展的历史上，民生新闻曾是盛极一时的重要类型，涌现了如江苏电视台《南京零距离》这样著名的品牌栏目（见图 3-17）。随着电视新闻领域掀起的"民生热潮"，以地面频道为主的各电视台纷纷触及这一新闻类型。但是近年来，观众对此的

图 3-16　呼格吉勒图含冤 18 年后被宣告无罪

审美疲劳渐显，民生新闻的热潮逐渐退却。此中原因，除了互联网新媒体的兴盛拓宽了公众利益表达的渠道和空间外，也与民生新闻自身暴露出的弊病有关，如将对公共事务的讨论个人化。虽然民生新闻在服务性和实用性方面有着显著提升，但本该具有公共性特征的事务，尤其是关乎社会运行与发展的宏观议题，如住房、医疗、教育等，也受到“帮扶性”新闻的裹挟被异化为“家长里短”式的解读，表现出一定的局限性。因此，学者呼吁民生新闻向公共话语型的公众新闻转型，“从社会影响来看，电视民生新闻对社会关系的调节不能只倚赖于中观视角下的市民新闻，微观视角之于个体观念和宏观视角之于制度建设，同样是调节社会关系的具体实践”①。

图 3-17　创办于 2002 年的《南京零距离》栏目以关注民生问题、反映百姓呼声著称

2. 情感关联

如果说利益关联是直接的、显性的，那么情感关联则更倾向于间接、隐性，但也最有可能产生深层持久的力量。受众与新闻信息的情感关联主要来自以下方面：

① 周勇，何天平．电视民生新闻的功能嬗变与发展契机 [J]．新闻与写作，2016 (8)：62.

(1) 基于地理接近而产生的心理关切。

地域是影响受众对一则新闻重要程度认识的重要因素。同样一则新闻，当它在不同的地域播出时，其重要性会发生变化。一般来说，受众对发生在本地（或者本国）的新闻会给予特别的重视，因为与受众地理距离近的新闻更能引起他们的兴趣。对于观众而言，“本地”或者与“本地”相关的新闻意味着更加熟悉的情境、共同的文化背景、与本人生活更密切的关系。在地方性电视新闻中，本地新闻或者与本地有关的新闻总是能得到优先报道。而在国家级电视媒体（比如 CCTV）的新闻节目中，国内新闻或者对本国有影响的新闻一般会获得相对重要的版面位置。很多“民生新闻”类新闻栏目之所以获得较好的收视效果，实际上就有“本地化”的因素起作用。以前述《南京零距离》为例，这个栏目面向江苏省会南京，以报道南京、服务南京、宣传南京为宗旨。该栏目一经推出，就在当地获得了极高的收视率，并被称为真正实现了与电视观众的“零距离”，是“南京人的电视晚报”，而时任主持人孟非也被当地人亲切地称为“市民的儿子”。

地域对新闻重要性的影响还表现在对哪些是新闻中有价值的信息的判断上。比如，同样发生在遥远的西班牙，“埃塔再次制造恐怖爆炸事件”与“一中国鞋商仓库被焚”这两则新闻对于中国观众的心理冲击就不一样，因为后者与中国人有关。在 2004 年底的东南亚海啸灾害中，有 15 名中国人死亡，而海啸造成的全部死难人数有近 30 万。尽管我们为所有的死难者哀痛、为所有的失踪者担心，但是我们显然更关心与自己的同胞有关的新闻。因为，观众更关心新闻中与自己地理（同时也是心理）接近的部分。

(2) 基于共同的志趣、经验、记忆、感受而产生的心理共鸣。

CBS《晚间新闻》前主持人丹·拉瑟曾就电视新闻的价值判断提出过一个著名的“后院篱笆原则”。在他刚刚接替克朗凯特担任《晚间新闻》主持人的 20 世纪 80 年代，电视新闻关注最多的是这样三件事：英阿马岛之战、中东战争和戴安娜王妃的新生王子。电视新闻应该对哪件事更关注、进行更多报道呢？拉瑟说，去报道王子的新闻。原因就是“后院篱笆原则”。按照拉瑟的解释就是，设想一天结束的时候，两位家庭主妇倚在后院的篱笆上聊天，一个问另一个：“今天的重要新闻是什么？”那么她们多半会谈论王妃的新生婴儿。① 拉瑟的这个原则其实涉及电视作为大众文化的特性，那就是电视的形式特征就是口头交流，而不是文字交流。它之所以受到大众的喜爱，部分原因就是它的节目能够插入大众的、工业化社会中留存下来的口头文化形式。在这里，口头文化是积极的、带参与性的，当它与电视这种大众文化发生关系的时候，必然会把它的积极性带进这一过程，而观看者在这个过程中就成了意义的生产者。“大众生产的文本有一项重要功能，那就是得到多种层次观众的喜爱，而这种能力则有助于使文本的常规套路与传播这个文本的语言社区的常规习俗产生有效的互动。”② 这种互动的力量甚至会反过来影响电视文本生产者对文本的价值判断以及据此确定今后的生产规则，就如拉瑟的“后院篱笆原则”一样。

今天，互联网圈层文化的兴起使受众产生心理共鸣的因素更加多样化，志趣、经验、记忆、感受等多种因素在某一个特定点上的交汇都可能引发受众的情绪共振。2012 年，

---

① 著名主持人丹·拉瑟谈“后院篱笆原则”［EB/OL］.（2000－12－24）［2020－04－02］，http：//ent. sina. com. cn/v/27555. html.

② 菲斯克．电视文化［M］．祁阿红，张鲲，译．北京：商务印书馆，2010：111.

中央电视台综合频道在 22 点 40 分播出了一部名为《舌尖上的中国》的纪录片，一共 7 集。这一并非黄金时段播出的节目却获得了意想不到的成功，随着微博热议、网络视频转发等，受众的口碑传播使得这部片子一时间在中国掀起了纪录片热、美食热等等，“舌尖体”风靡一时（见图 3－18）。《舌尖上的中国》的流行正在于，它找到了“美食与生活”这样一个在国人中具有最大公约数的话题。

随着互联网的兴起，网络文化的全球化扩散甚至可以超越地理空间的局限，为受众构建一个地球村式的共同话语空间。同样与美食主题有关，短视频博主李子柒 2019 年的走红见证了互联网语境下视觉传播跨文化交流的力量。在视频中，“90 后”的她制作家庭土窑，手工搭建秋千沙发床，利用树皮古法造纸，按季节时令制作传统美食，在小山村中过着一种世外桃源般的田园生活。微博上，李子柒粉丝超过 2 388 万（截至 2020 年 4 月 2 日）。有媒体报道，她在国外社交媒体同样“圈粉”700 多万，视频作品经常收获上百万乃至上千万次的浏览量，无数不通中文的外国网友在视频下表示赞叹。[①] 作为国家媒体的中央电视台为此专门评论指出：外国人看懂了李子柒的热爱，也解释了为何李子柒的很多作品没有翻译却依旧火遍全球（见图 3－19）。

图 3－18 中央电视台纪录片《舌尖上的中国》

图 3－19 中央电视台评论李子柒现象

（3）基于普遍人性而产生的人文关怀。

对于受众来说，“人”总是新闻报道中最富感染力的因素之一。事件由“人”而引起，并围绕“人”展开，最终对“人”产生影响。事实上，任何新闻报道中都离不开人的因素。基于普遍人性的、作为人的最基本的情感（同情、正义、爱心、亲情……）使新闻产生于无声处直抵人心的感染力。

曾在中央电视台工作过的记者柴静在她的《看见》一书中谈起当年求职的一段往事：

① 连央视都称赞的李子柒，到底是个什么样的姑娘［EB/OL］.（2019－12－13）［2020－04－02］. https: //new. qq. com/omn/20191213/20191213A0BPPF00. html.

“如果你来做新闻，你关心什么？”他（陈虻[1]）开了口。

“我关心新闻当中的人。”

他在烟雾里眯着眼看了我一会儿：“你来吧。”[2]

柴静书中提到的陈虻1993年出任中央电视台《东方时空》子栏目《生活空间》制片人，他为这个栏目提出了一个后来广为人知的标识语：“讲述老百姓自己的故事。”他认为：“（栏目）表达对每一个的尊重，是那种需要真切和平等才能体现的尊重。”[3] 从受众角度而言，节目对人性因素的重视、其间所体现的人文关怀也是使受众与新闻拉近距离的重要途径，很大程度上影响着受众与作为新闻报道者的媒体之间的互动关系，进而最终影响新闻的传播价值。

戴安娜的微笑和她的离世、伊拉克战争中哭泣的儿童、四肢瘫痪的哈马斯领导人亚辛被以色列暗杀后留在地上的轮椅残骸和斑斑血迹、辽宁阜新煤矿安全事故中遇难矿工新婚妻子的呆滞眼神、抗击新冠肺炎疫情中最先对外发出预警而又在抗疫一线染病去世的李文亮医生……新闻中所传达的这些信息触动着人类共有的情感，从而激发起观众的收视欲望（见图3-20）。

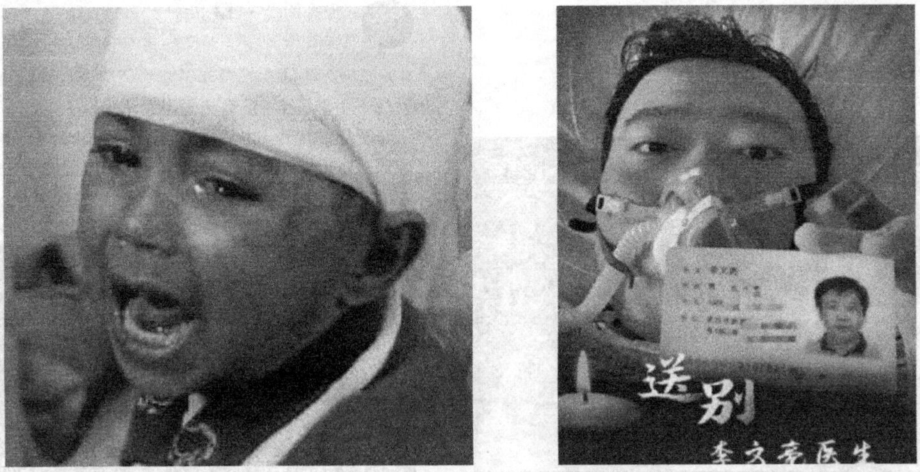

图3-20 视听新闻中的人文关怀

左图为2003年伊拉克战事中受伤的儿童。右图为抗击新冠疫情牺牲的李文亮医生。

（4）基于新奇感而产生的求知欲。

经典科幻影视作品《星际迷航》（*Star Trek*）结尾有一段著名的台词：

“宇宙，人类最后的边疆。这是星舰企业号的旅程，它所继续的任务，是寻找新的生命形式和新的文明，勇敢地驶向那前所未至的地方。”（Space: The final frontier. These are the voyages of the starship enterprise. Its continuing mission: To explore strange new worlds, to seek out new life and new civilizations, to boldly go where no one has gone

---

① 著名电视人，中央电视台《东方时空》栏目创办人之一，原新闻评论部副主任，其关于电视创作的理念可参见《不要因为走得太远而忘记为什么出发：陈虻，我们听你讲》（徐泓编著，中国人民大学出版社2013年出版）一书。

② 柴静．看见［M］．桂林：广西师范大学出版社，2013：2.

③ 徐泓．不要因为走得太远而忘记为什么出发：陈虻，我们听你讲［M］．北京：中国人民大学出版社，2013：56.

before.）

多年来，《星际迷航》系列作品受到连续几代人的喜爱。这里面一个很重要的原因就在于，它反映了人类对未知领域的好奇和探索欲望。新闻除了给人以有用的信息，还可以满足人们了解外部世界的好奇心。对于一个人来说，那些新鲜的、处于其认识范围和既有经验以外的信息通常会引起他的浓厚兴趣。

第一，名人的言行。

对很多普通人来说，名人的世界是他们想象中的“理想国”，是有别于自己现实生活的完美境界。既然自己无法实现这样的生活，窥探名人的生活就成了一种对现实缺陷的心理补偿。所以，名人特别是明星们的一言一行、一举一动都会引起很多人的兴趣，而电视等视听媒体通过视觉表象的构建，完成着一次又一次造梦与圆梦的过程。

第二，普通人超越常规的行为。

从常理来看，除了少数精英，芸芸众生似乎不应当有多大区别。于是，当普通人出现了超越常规的行为时，就很容易引起特别的关注。今天，互联网新媒体让普通人有了更多向外表达的渠道和空间，他们以普通人的身份通过在镜头前构建有别于日常生活的形象和故事而引起公众关注，从而催生了众多如李子柒一样的“草根明星”（见图 3－19）。

第三，罕见的或未知的现象。

好奇是人类的天性，那些在日常生活中罕见的、未知的现象总是容易引起人们的好奇心，满足人们增长见识、开阔视野的需要。比如印度洋大海啸造成近 30 万人死亡、曹操墓地被发现、中国航天员在太空为中小学生上课（见图 3－21）……

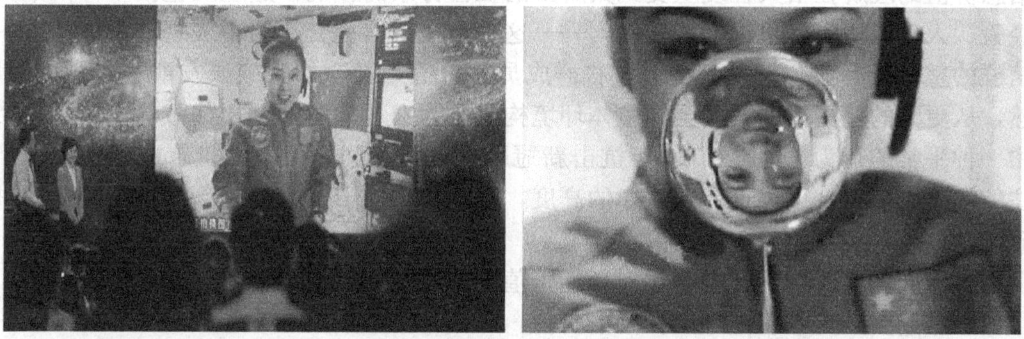

图 3－21　2013 年 6 月 20 日 10 点神舟十号航天员王亚平在太空给地面的学生讲课

（二）传播环境

在影响新闻价值的外部因素中，传播环境的作用主要体现在两个方面：媒体定位、社会背景。

1. 媒体定位

在市场竞争激烈的今天，特别是新媒体崛起导致传播主体和渠道日益多元化，大数据分析和智能传播等新技术使用户的精准把握和信息的精准推送日益成熟，市场细分的趋势已不可阻挡，传统大众媒体时代某一家或某一类媒体一统天下的局面再无可能出现。

从大的格局来看，在视听传播领域，长期以来由广播电视垄断的格局变成了三分天下：原有的广播电视台经过整合后（广播与电视的合并重组），总体上仍然居于领先地位，特别是在新闻领域占有一定优势；过去传统上不以视听见长的其他专业媒体纷纷进军这一领域，以《人民日报》、新华社的视听新媒体业务为代表，在主流新闻领域对广播电视媒体造成冲击；以爱奇艺、优酷土豆、腾讯为代表的互联网商业平台在视听传播领域逐步发力，继建立内容分发的渠道优势后，在内容生产方面开始由边缘逐渐挤入主流，抖音、快手等短视频平台更是在社会事件、突发新闻等领域建立了自己的特色和优势。

可以说，目前的视听新闻报道已经进入一个细分市场的时代。如何在这种多元主体竞争的情况下寻找自己的独特性，是各家机构和平台需要仔细思考的问题。回到本书绪论开篇所举的例子（图0-1），从中央电视台的角度来看，红衣女记者的提问和蓝衣女记者的白眼不过是一个微不足道的小插曲，全国“两会”《部长通道》的直播报道重点在部长们对国计民生问题的回答，这当然也是观众对作为中央主流媒体的央视的期待；但从事态的演化不难看出，微信等社交媒体和抖音等短视频平台恰恰从央视报道的“边角料”中挖掘出了新闻价值点，从记者的职业素养到红衣女记者的幕后故事，再到根据直播画面做成的各种表情包、动图，形成大众文化的狂欢，网络新媒体在对此事的延伸中获取了自己的传播收益，公众也从中获得了具有多元价值的信息。

随着大数据分析等技术的发展，微观层面上，对用户特征和需求的把握可以越来越精准，但是，这只能解决媒体定位技术层面的问题。如何立足于自身定位挖掘新闻信息的独特价值，还需要从社会系统运行的更大视角来进行思考，从媒体、受众、社会三位一体的角度综合考量。这就涉及传播环境的第二个要素：社会背景。

2. 社会背景

意义是社会决定的，也就是说，是由适应社会的读者与文本结合的产物。[①] 受众对新闻信息价值的理解在很大程度上受到其所处的社会背景的影响，这里既包括个体因素如既往经验、人生经历等，也包括群体因素——这一点在微信社交行为中表现非常典型，一个微信群的整体氛围会在很大程度上左右群成员的价值判断，如家族亲友群、大学同学群。当然，从更大的范围来说，社会的整体环境构成更为宏观的背景，比如戴口罩本是日常生活中一种平常的行为，但在2020年抗击新冠肺炎疫情期间，戴不戴口罩成了一个被严重关注的问题，上升到了道德乃至法律的高度，因不戴口罩引发冲突的新闻屡见不鲜，并且受到舆论的广泛关注。

在日常新闻实践中，社会背景对新闻价值的影响主要体现在以下三方面：

（1）帮助受众更准确地理解新闻的价值。

从某种角度来看，背景其实是事实的一个组成部分，它是事实间的关系，是事实存在的环境，是更多的事实。“迄今为止，‘背景材料’（background）一词，都用于表示那种为读者完全理解一篇报道所需的事实信息。”[②] 一个好的新闻工作者应该是一个好的翻译者，善于把那些新闻的表层信息，通过自己的加工，最后把其潜在的、内在的价值意义凸显出来，同时让那些表面上看不出甚至有的时候看起来比较枯燥、比较简单的信息显示出真正的价值。新闻报道需要从受众的视角出发，去跟他们解释清楚新闻背后的意义。这种解释往往需要一定的专业素养和能力，特别是一般受众多不具备专业新闻工作者在特定报道题材和领域的知识、阅历，存在一定的背景“赤字”，这恰恰是专业新闻工作的意义之

① 菲斯克. 电视文化［M］. 祁阿红，张鲲，译. 北京：商务印书馆，2010：114.
② 福克斯. 新闻写作：报刊记者指南［M］. 李彬，译. 北京：新华出版社，1999：151.

所在。以中央电视台《新闻联播》的这则新闻[①]为例：

前三季度全国原煤产量 13.94 亿吨

记者今天从煤炭生产企业获悉，今年前三季度煤炭经济运行呈现良好发展态势，全国煤炭产量、销售量持续增长，煤炭价格上升，煤炭库存有所回升。

1—9 月，全国完成原煤产量 13 亿 9 400 万吨，同比增长近两成。其中国有重点煤矿产量 6 亿 8 351 万吨，同比增长 13.2%，国有地方煤矿产量 2 亿 2 055 万吨，同比增长 7.3%，乡镇煤矿 4 亿 9 012 万吨，增长 38.1%。全国 30 个省区和单位中，90%的省区和单位增产，25 个国有重点煤矿的省区和单位中，有 22 个省区和单位增产，占总量的 88%……

从这则新闻中可知：前三季度全国原煤产量 13.94 亿吨，煤炭库存有所回升。但让人困惑的是，在国家电视台最重要的新闻节目中以仅次于时政新闻的位置[②]高调播出这样一则新闻到底要向受众传达什么信息呢？

符号学家罗兰·巴特（Roland Barthes）认为，符号有两个层次的含义：明示义（denotation）和隐含义（connotation）。前者是符号外在的意义，后者则是符号在其所依托的社会文化背景中引申出的意义。当把《新闻联播》的这则报道当作一个文本符号进行语义分析时，我们会有进一步的发现。如果留意一下时间我们知道：在这则新闻播出的时候（2004 年 10 月 16 日），中国北方即将进入冬季供暖期。如果留意同日另一家平面媒体《21 世纪经济报道》的一篇稿件《电荒刚过煤荒又到，第一场雪拉响冬储煤警报》，我们还知道：今冬的煤炭供应形势不容乐观。综合以上背景就可以了解深藏在《新闻联播》这篇报道后的"隐含义"：中央电视台作为权威官方媒体在告诉它的受众——不要为今冬供暖担忧。问题是，有多少受众会这样费劲心力地解读、探究一则报道背后的真义？即使受众愿意，电视新闻转瞬即逝的传播形态又如何让他们有可能去反复研究那一堆枯燥的数字？

利用背景将事实的真实含义向受众解释清楚，这本是专业新闻传播者该做的事情。"所谓解释性报道，就是在报道新闻事件中补充新的事实，即'历史性的、环境性的、简历性的、数据性的、反映性的'事实，这样就能使正在发生的新闻事件明白易懂。"[③]

（2）提升新闻的价值。

有些一般性的新闻，在特定的语境下就会变得重要起来。比如公祭黄帝陵，多年以来每逢清明都会举行，是一则例行的新闻，但在 2005 年就显得颇不寻常。因为此前全国人大通过《反分裂国家法》，台湾当局制作一系列分裂祖国的事件，在此语境下，公祭黄帝陵这一举动具有了更多的象征意义，其新闻价值由此得以提升。2020 年 4 月 4 日的清明节更是不同寻常。这一天的清晨 5 时 54 分，北京天安门广场的五星红旗照常与太阳同升，在短暂定格后缓缓下降至距离旗杆顶端 1/3 的位置，为抗击新冠肺炎疫情牺牲的烈士和逝世同胞深切哀悼。上午十点，全国默哀 3 分钟，汽车、火车、舰船鸣笛，防空警报鸣响。这一天，全国和驻外使领馆下半旗志哀，全国停止公共娱乐活动，用最庄严的方式表达对

---

① 2004 年 10 月 16 日中央电视台《新闻联播》播出。

② 该新闻排在当晚《新闻联播》第 3 条，前两条分别为报道中央领导人活动的时政新闻。

③ 刘明华．西方新闻采访与写作［M］．北京：中国人民大学出版社，1993：81.

生命的敬重（见图 3－22）。

图 3－22　举国哀悼抗击新冠肺炎疫情牺牲的烈士和逝世同胞

又如，噪声扰民、交通拥堵在城市生活中本不算新鲜事，但在每年高考期间，这两个问题就会被特别关注，“交通部门全力保障高考出行”“高考期间全市严查噪声污染”之类的新闻频频跻身媒体报道的重要版面。

（3）影响受众的态度，并对新闻价值的最终形成产生重要作用。

在《编码，解码》一文中，斯图亚特·霍尔提出了文本与受众之间编解码的三种可能：主导、协调、对抗。对抗式解读是最能体现受众能动性的一种情形，“电视观众有可能完全理解话语赋予的字面和内涵意义的曲折变化，但以一种全然相反的方式去解码信息”[①]。受众对新闻报道文本的这种对抗式解读往往是受其所处社会环境氛围影响的。2014 年 2 月 9 日，中央电视台新闻频道以二十多分钟的篇幅播出一则报道：《屡扫不绝的东莞“黄流”》。从编辑部的常规判断来看，这则报道显然极具新闻价值：符合主流意识形态和社会公众一般价值标准的扫黄题材，暗访偷拍所隐含的对真相的揭示、极具看点的视觉信息。但令人始料未及的是，报道播出不久，网络上就出现“东莞挺住”“东莞不哭”“今夜我们都是东莞人”等悲情口号，并迅速形成舆论旋涡。“由央视曝光东莞色情行业内幕异化出‘东莞挺住’的热门话题，引起了微博狂欢的场面。网络大 V 和各大官微账号迅速加入舆论场，这是继微博低迷状况被春晚打破之后的又一次公共话题议论浪潮。”[②] 尽管官方主流媒体纷纷发声支持央视、谴责“东莞挺住”现象，但由此引发的网络围观和讨论并没有很快平息。这样一个看似稳妥的题材为什么会有此遭遇？显然，包括央视在内的很多官方主流媒体与至少相当一部分网民在对央视这则报道的价值判断上发生了错位，因而出现了典型的对抗式解读。从具体的层面来说，这些网民是对央视在报道中不加遮挡地曝光失足女性的形貌等做法不满（见图 3－23）；但网民的调侃背后还有更深层的原因，那就是对一些媒体长期以来高高在上的话语霸权（在批评者看来，这则报道的逻辑和语气再次证明了这一点）的一种反抗。对民众心态这层社会背景的忽视是这则本来极具价值的新闻报道

① 霍尔．编码，解码//罗钢，刘象愚．文化研究读本［M］．北京：中国社会科学出版社，2000：364.

② “东莞挺住”是因偏见而引起的一场虚火［EB/OL］．（2014－02－12）［2020－04－04］．http：//www.china.com.cn/opinion/node_7198922.htm.

最终适得其反的重要原因，表层的报道技术问题背后其实是媒体深层的心态和认知问题。如何真切地尊重常识、尊重报道对象、尊重传播对象，这是目前很多媒体及其从业者需要正视的问题。

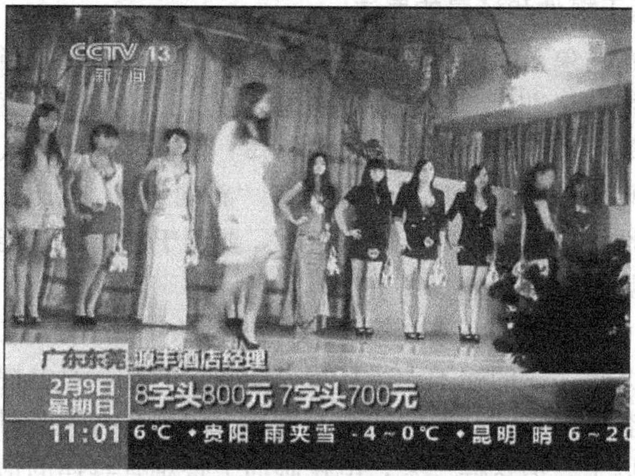

图 3-23　中央电视台新闻频道播出报道《屡扫不绝的东莞"黄流"》

第三节　视听新闻的独特价值

随着 20 世纪以来社会文化由文字朝图像转向越来越明显，视听信息在人们的日常表达和交流中占据越来越重要的位置，21 世纪以来互联网的崛起加剧了这一进程。数据显示，我国网络视频用户和手机网络视频用户的规模一直在稳步增长。截至 2019 年 6 月，我国网络视频用户的规模已达到 7.59 亿。① 市场的需求也带动了整个视听产业的发展，近年来，视频成为国内传媒行业集中发力的内容焦点：传统广播电视机构在保持原有视听内容生产优势的同时，开始在生产机制上向以互联网为底层技术架构的新媒体全面转型；在传统大众传媒阵营内，以《人民日报》和新华社为代表，原本不擅长视听新闻的专业媒体纷纷向这一领域进军；商业网站运营的信息传播业务更是把视听产品作为焦点，除了视听内容的聚合和分发外，抖音、快手等短视频原创内容生产和播出平台异军突起，仅抖音一家的日活跃用户就超过 4 亿（截至 2020 年 1 月 5 日数据）②。所有这些，都显示出视听文本独特的传播价值。

在日常新闻报道中，视听新闻的独特价值主要体现在哪里呢？

一、生动

生动是视听新闻首先具备的感染力。"任何语言的描绘，甚或任何呆滞的写照，在形成图像存入脑海之前，都需要经过记忆。但在银幕上，整个观察、描绘、报道以及想象过

① 中国互联网络信息中心（CNNIC）. 第 44 次中国互联网络发展状况统计报告［EB/OL］.（2019-10-25）［2020-03-06］. http://www.cnnic.net.cn/hlwfzyj/hlwxzbg/hlwtjbg/201908/P020190830356787490958.pdf.

② 抖音日活跃用户数已超 4 亿［EB/OL］.（2020-01-06）［2020-04-04］. https://baijiahao.baidu.com/s?id=1654957258385718810&wfr=spider&for=pc.

程都已为你完成了。你需要做的只是不断感受银幕上涌现的、你的想象力始终追求的效果，此外并无别的麻烦。它使模糊的意识变得鲜明生动……”① 视听语言的这种生动性在新闻报道中主要通过以下途径表现：

（一）具象化：基于事件和场景的表达

视觉信息善于表达具象，因而，视听新闻最合适的报道对象应当是有具体情节、进程和场景的事件，这些情节、进程、场景中往往蕴含着动态的发展、蕴含着振奋人心的闪光点，构成受众第一时间对“新闻价值”的直观感知。比如，鲜活的人物言行、事物变化发展的新鲜之处、现场环境中抢眼的地方……这些“新闻点”，构成了视听新闻报道的新鲜感和对于观众的刺激性。在进行视听新闻报道时，要善于筛选那些能够典型地承载新闻抽象意义的具体事件和场景。

2006 年，长江三峡水电站的大坝施工进入尾声。从 1997 年大江截流以来，这项举世瞩目的工程已持续了九年，它的竣工无疑是重大新闻。但是，对电视媒体而言，如何报道好这则新闻却不是件容易的事情。按照通常的做法，竣工会有一个时间节点，在这个时间节点上进行报道就可以了。但这样一来，电视画面上很难有具体的信息呈现，最后一批混凝土的浇筑、负责人的现场宣布、施工现场的庆祝……这些显然没有多少能在视觉观感上留下深刻印象的东西。最后，中央电视台新闻报道团队经过反复了解和比较，选择了一个不同寻常的节点进行现场直播：大坝围堰的爆破。作为三峡水电站建设的一项程序，围堰是临时筑起拦住江水方便大坝施工的，大坝建成后，围堰需要炸掉，大坝开闸放水，才能通航、发电。这次爆破将使用一百九十二吨环保炸药、掀掉二十万立方米混凝土堰体，相当于四百栋十层楼建筑，而且，这一过程要在十二秒内完成。不管是爆破规模还是爆破难度，在世界上都罕见的，时人称为“天下第一爆”。显然，“围堰爆破”不仅能反映三峡大坝施工竣工这一重要新闻信息，而且从视听表达来看也是更适合视听新闻的题材（见图 3 - 24）。

图 3 - 24　三峡工程大坝围堰爆破（2006 年 6 月 6 日）

（二）兴奋点：视觉欣赏上的冲击和心理感知上的兴趣

视听新闻报道要善于抓住兴奋点，对受众形成视觉欣赏上的冲击，激发其心理感知上的兴趣，这往往需要通过细节来实现。细节是增强视听节目可视性、生动性的重要手段。一个精彩感人的细节，胜过一大堆没有灵魂的事实和一长串空洞的形容词。那些乍看起来不引人注意的细微信息往往和新闻主旨有着密不可分的联系，它通过象征、隐喻、暗示，

① 李普曼．公众舆论［M］．阎克文，江红，译．上海：上海人民出版社，2006：69.

从一个微观的角度对新闻进行解读。鲜活、生动的细节往往让人过目不忘，而那些泛泛的、全景扫描式的东西则难以给人留下深刻印象。

2006年，我国南方多个省市出现酷暑和大旱。我们来对比一下两则相关报道中镜头语言的运用（见图3－25和图3－26）：

图3－25　2006年中国南方旱情严重

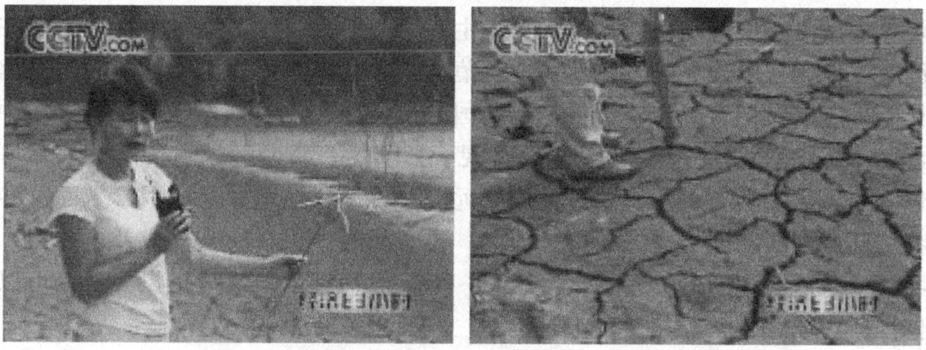

图3－26　中央电视台记者报道2006年重庆大旱

图3－25是一则有关南方各地暑热难耐的报道，画面主要是街头人们避暑的形象，但流于空泛，与普通的天气新闻没什么区别，看不出暑热“难耐”的特征。

图3－26用了一个细节：2006年重庆等地大旱，中央电视台记者在现场报道中捡起一根树枝插入龟裂的旱地中，用树枝量出裂缝的深度。这处细节生动形象地反映出当地干旱的严重程度，让观众有了直观感受。

（三）期待感：不可预知的悬念

新闻类题材还具备一个特点，就是它的不可预知性（悬念）。从概念上讲，所谓悬念就是“对故事发展和人物命运的关切心情”。视听新闻报道特别是直播之所以能够吸引人，很大原因就在于它是对新闻事件动态进程的同步记录，能引起观众对报道对象（事件或人物）未知的发展（或命运）产生关切的心情，这种“不可知”所造成的悬念正是其魅力所在。

1986年1月28日（美国东部时间），美国发射挑战者号航天飞机。在飞机成功升空后，当时在现场的各大电视机构纷纷停止了直播，只有CNN是例外，结果挑战者号升空后不久突然爆炸，很多CNN的观众和现场的人一起目瞪口呆地看到了这一意外的发生（见图3－27）。这一重大事件甚至改变了中央电视台多年的一个惯例：当年1月29日，

《新闻联播》头条播发了这一消息，打破了该栏目“先国内，后国际”的固定模式。无独有偶，时隔17年，全世界再次通过电视直播镜头看到了美国航天飞机失事的悲剧：2003年2月1日，美国哥伦比亚号航天飞机即将返回地面时在空中解体（见图3-28）。

图3-27　挑战者号爆炸瞬间

图3-28　哥伦比亚号航天飞机在空中解体

不可预知性是指事件发展过程中自身产生的异变形态，除了突发事件，即使在一些程序相对固定、事先可以预见的事件中，也都蕴含着永远无法预知的不确定因素。比如本书绪论中提到的蓝衣女记者翻白眼事件，在全国“两会”这样一个程序严格的情境中，也会出现如此的小意外（见图0-1）。新闻是客观、真实的，新闻记录着的是永远不可能再重复的事件。不再重复的事件的发展过程中永远潜存着多变甚至异常的因素，而这种不确定的因素将伴随着视听新闻报道的始终。因此，视听新闻报道者应当养成及早开机、不间断摄录的习惯，从进入现场的一刻到报道结束，不关机状态下的连续拍摄、录音可以在很大程度上保证对现场意外情况的及时记录。

二、立体

视听新闻报道能多机位、多角度同步展现同地或异地的时空，同时又对其进行全面合理的集中、放大或组合，使新闻事件中所蕴含的更为本质的东西得到更快捷、直观、生动、充分的凸显。视听新闻中的“现场”其实是一个虚拟的时空，它只是逼近客观现实的现场，而不是完全复原其原生态。在视听新闻报道中，记者、摄像师、现场编辑、导播等都在用自己的思维进行着选择，这种选择涉及对形象价值的判断，涉及识别、记忆、比较，并将某些形象从生活中提取出来，然后再加以联系和组合，形成新的“现场”时空。如果选择得好，这个虚拟时空带给人的感受就能超越“身临其境”，达到即使在现场都不能感受到的效果。

基于现场的立体化多视点构建是视听新闻的魅力之一。在像国庆七十周年庆典这样的现场直播中，电视台设置的多机位使观众能在远、全、中、近、特各景别，高空、地面各角度的组合中领略庆典的壮观。这些各自独立并具有丰富信息含量的镜头衔接构成一个有机的整体，从而使镜头语言自然、流畅，产生奇特的蒙太奇效果。这次报道动用了中国电视史上最大的直播系统，包括1个总系统、6个分系统，共91个机位，采用了多种特种设备（包括直升机航拍、伸缩臂、摇臂摄像机、轨道摄像机、索道摄像机等），另有34个微型摄像机安装在受阅装备和群众游行队伍中（见图 3－29）。

图 3－29　中央电视台在国庆七十周年阅兵直播中设立的各种机位及拍摄设备

为了完成报道事件的任务，同时实现现场表现的多角度、全方位，针对新闻事件的特点、主要任务和表现的需要，现场报道时机位的设置要达到以下三个层次的基本要求：

1. 对现场空间关系的整体关照

对现场空间关系的整体关照是帮助观众建立对事件总体逻辑的需要，同时还可以展现现场环境和气势。这往往由高点机位完成，它们的作用是俯瞰现场全貌。这就使得观众可以超越身处现场时淹没其中的视野局限（见图 3－30）。

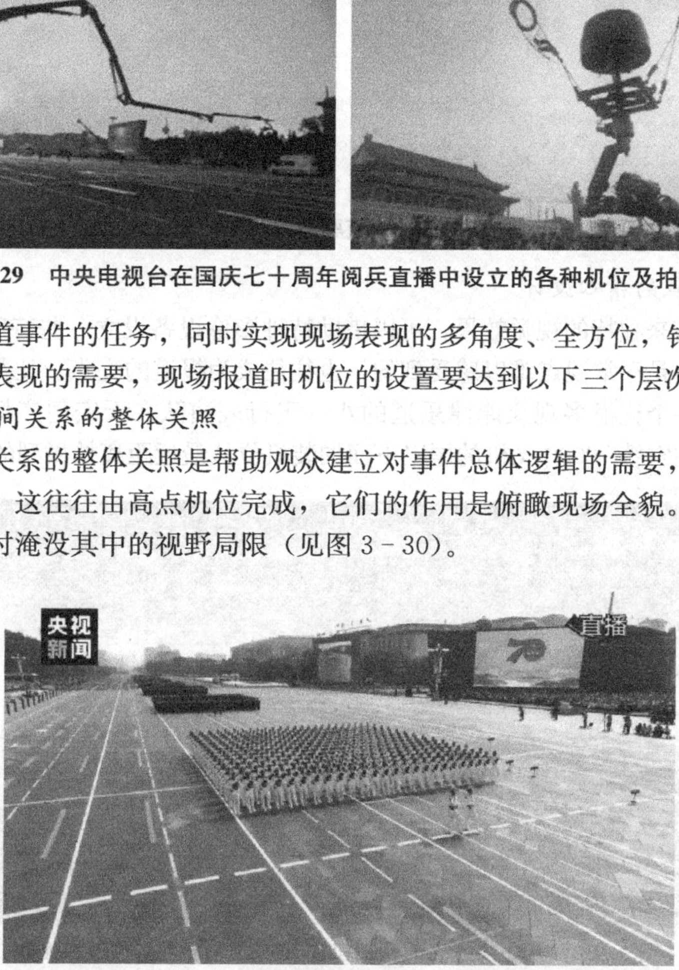

图 3－30　中央电视台国庆七十周年阅兵直播时从高点机位拍摄的队列行进全景

2. 对核心任务的重点关照

现场机位的设置要重点保障对核心事件的展现。每一个机位都有各自的功能，承担着各自独立的任务，同时又构成与其他机位互补的多重关系。因此，它肩负着多重的职能。机位设置应当注意：（1）在表现每一程序的事件主体中，要考虑多个系统、多个角度镜头的烘托，以表现事件的完整性；（2）设置的每一个机位都必须考虑对事件表现的安全性，不能因为机位设置的不科学而影响事件的表现；（3）设置的机位要能够表现事件的精华、闪光点。图 3－31 中，中央电视台记者白岩松在 1997 年香港回归直播中报道驻港部队先头部队进入香港，这是香港主权回归的标志性事件。报道过程中，在驻港部队第一辆军车车轮压过深圳和香港分界线的关键时刻，现场摄像机镜头离开记者牢牢盯住车轮压线的瞬间：这一刻，没有比这更重要的内容了，也没有比这更能生动诠释回归的场景了。

图 3－31　白岩松现场报道驻港部队先头部队进入香港

3. 对特殊视点的精心设计

为了给观众带来独特的视觉效果，可以借助特种影像设备设立一些特殊的机位，这些机位所拍摄的画面，是正常视点难以感受到的，也往往成为报道的亮点。比如中央电视台国庆阅兵直播中，有一个让很多观众津津乐道的八一飞行表演队在天安门广场上空拉彩烟的镜头，该镜头就是在空警－2000 飞机的尾巴下面加装机位从最近距离拍摄到的（见图 3－32）。[①]

图 3－32　八一飞行表演队飞机在天安门广场上空拉出彩烟的特殊视点镜头由加装在受阅装备空警－2000 飞机后方的摄像机拍摄

本书第一章图 1－22 曾经介绍了国内某电视台现场直播足球比赛时的机位设置图，这里再把各个机位的具体设计意图用表 3－1 介绍，以对现场机位设置的基本原理做一个完整展示。结合图 1－22 可以看到，18 个机位中，用于对现场空间关系进行整体关照的主要

① 央视揭秘国庆阅兵直播背后的特殊机位：受阅战机上加装小型摄像机［EB/OL］.（2019－10－16）［2020－04－04］. https：//baijiahao. baidu. com/s?id=1647451315744985367&wfr=spider&for=pc.

是1、7、15、18号机，用于对核心任务重点关照的主要是5、6、8、10、11、12、13号机，用于特殊视点展现的主要是2、3、4、9、14、16、17号机。

表3-1 对图1-22所示足球比赛直播机位图中各机位功能的说明

机位	镜头配置	功能说明
CAM1	标准镜头	全景
CAM2	60X① 或以上	特写
CAM3	40X或以上	特写（可用于超高速）
CAM4	40X或以上	特写（可用于超高速）
CAM5	标准镜头	越位机（左）
CAM6	标准镜头	越位机（右）
CAM7	广角	摇臂
CAM8	标准镜头	开球门球和射门慢动作（低机位）
CAM9	60X或以上	主要用于慢动作
CAM10	40X或以上	教练、换人、补时
CAM11	60X或以上	反轴跟比赛
CAM12	广角	无线游机
CAM13	广角	无线游机
CAM14	60X或以上	超高速慢动作回放
CAM15		飞猫（三维索道）
CAM16	广角	网口摄像机
CAM17	广角	网口摄像机
CAM18	广角	球场全景机

三、丰富

视听文本的丰富主要体现在其多义性上。

文本和主体性都是话语结构，都具有类似的相互冲突或者相互矛盾的话语。正是由于这些矛盾，才产生了文本的多义性以及解读的多种可能性。② 正如鲁迅对《红楼梦》的评价：经学家看见《易》，道学家看见淫，才子看见缠绵，革命家看见排满，流言家看见宫闱秘事。与文字相比，视听文本的一大特点是其多义性。

在霍尔、菲斯克（John Fiske）等电视文化研究学者眼中，高度的开放性是电视文本的重要特征。“视觉符号内涵的层次，以及在意义和联想的不同话语领域中语境指涉和定位，就在已然符码化的各种符号与文化的深层语义符码相互交叉的地方，并呈现出附加的、更为活跃的意识形态之维。”③ 菲斯克认为：“在一个由具有不同利益——往往是利益

① 指摄像机镜头变焦时所能放大的倍数。
② 菲斯克．电视文化［M］．祁阿红，张鲲，译．北京：商务印书馆，2010：95．
③ 霍尔．编码，解码//罗钢，刘象愚．文化研究读本［M］．北京：中国社会科学出版社，2000：358．

相互冲突——的各种群体所组成的社会中，电视要想流行，其文本就要像埃科（1979）所说的‘开放式的’。……文本不要试图去关闭其他可能的意义，也不要把自身的重点集中在一个唾手可得的意义上，而是要有开放性，允许进行各种不同的、复杂的解读，因为解读永远不可能是单一的。开放式的文本反对的是封闭，不管这种封闭是主流意识形态通过其话语结构来进行的，还是作者通过其自身的权威性施加给读者的。……这样我们就可以把电视文本描述为主流意识形态与各种各样的观众之间的斗争场所。前者力图封闭它所提供的抵制性解读的可能性，从而产生一个封闭式的文本，而如果后者想让文本流行开来，就要不断努力使文本具有开放性，以适应对它们的各种不同的解读。”①

以本章前面提到《舌尖上的中国》为例（见图 3－18），这部以美食为主体的作品播出后，通过以网络为主体的口口相传，其在民间产生的意义解读早已超过了创作者当初的设定：爱吃的人看见美食，久居城市的人看到自然，游子看见故乡，感慨世态的人看到人情……而正是这种多义性，构成了这部片子流行的基础。

《舌尖上的中国》的成功凸显了网络这种基于大众传播平台的人际传播方式对视听文本传播效果的影响。网络环境下，人际传播、群体传播、大众传播的相互交织，视听信息传播的多层级，一方面使得视听信息在多次传播中实现了增值，另一方面也使得传播的效果更难把握，控制难度加大。电视媒体的一个影像文本，起初可能只是一个网友转发给自己的朋友，但通过网友一次次的转发、推荐，再加上多次传播过程中对内容的加工、评论等行为，这个文本的附加信息含量就会大大增加，甚至远远超出其原来的意义。

“电视的公开性、其文本的矛盾与不稳定性，使它可以通过许多不同方式随时与许多不同群体的口头文化相结合”②。如本章前面提到的“东莞挺住”事件，电视节目也许会有一个播出文本，但是特定的亚文化对它的理解所产生的文本却只能作为那个亚文化观众的文化过程的一部分而存在。它在各类观众中的流行与否，取决于它能否比较容易地与不同亚文化产生不同的结合。从后院篱笆到微博微信，从口口相传到网络人际社交，电视等视听文本获得了更多与各种亚文化相结合的机会，从而也更有可能衍生出多元意义。而在很多情况下，这些意义都超出了文本原始生产者的控制范围，甚至“种瓜得瓜”变成了“种瓜得豆”，这种丰富性也正是视听文本独特的魅力所在。

【本章小结】

本章主要探讨了视听新闻的价值判断的依据和思路。视听新闻的价值由新闻的普遍价值和视听文本的独特价值两部分构成。新闻的普遍价值又受到两方面因素的影响：由新闻信息内在要素影响而产生的绝对价值，由新闻信息所处环境的外在要素影响而产生的相对价值。对视听新闻的价值判断要综合以上因素考量。

【本章思考题】

1. 新闻的绝对价值与相对价值具体受哪些因素影响？

---

① 菲斯克．电视文化［M］．祁阿红，张鲲，译．北京：商务印书馆，2005：133－134．

② 同①154．

2. 视听新闻的独特价值有哪些？

3. 案例分析：以本周的一个选题为例，从绝对价值、相对价值和视听新闻独特价值三者的综合考虑出发分析其新闻价值。

4. 案例分析：以一场电视新闻现场直播（体育赛事直播亦可）为例，分析其机位设置的逻辑。

【本章推荐】

影视剧中的新闻人、新闻事

本章推荐欣赏电影《聚焦》(*Spotlight*)。该片根据《波士顿环球报》(*The Boston Globe*)中的一则新闻改编，以美国神职人员奸污和猥亵儿童的丑闻为背景，讲述了几位记者为了揭露事实真相历经艰难的过程。该片于2016年2月在第88届奥斯卡金像奖评选中获得最佳影片奖和最佳原创剧本奖。

【附录】

部分视频案例网址

1. 新华社——《新华社特约记者太空日记》(http://www.xinhuanet.com/politics/tg2h/index.htm)。

2.《浙江日报》——《直击普吉沉船事件现场 事故救援仍在进行》(https://vcdn.zjol.com.cn/liveH5/index1161.html?from=singlemessage#/LivePc?liveId=1161&ref_aid=980577)。

3. 中央广播电视总台央视频——《慢直播丨与疫情赛跑——全景直击武汉雷神山建设最前线》(https://m.yangshipin.cn/video?type=2&pid=600016637)。

4. 中央电视台——《鼓岭！鼓岭！》(http://news.cctv.com/2018/04/02/ARTIu6BicvMr74Qc08exTh8r180402.shtml)。

5. 中央电视台《新闻1+1》——《“呼格案”再审系列报道》(http://tv.cntv.cn/video/C10586/d45717b9e9dd47cfa545beeb10c39cbc)。

6. 中央电视台《新闻直播间》——《屡扫不绝的东莞“黄流”》(http://news.cntv.cn/2014/02/09/VIDE1391917321280145.shtml)。

7. 中央电视台——国庆七十周年庆典现场直播(http://www.cctv1zhibo.com/video/27149.html)。

8. 中央电视台——《舌尖上的中国》官网(http://jishi.cctv.com/special/shejian3PC/shouye/)。

第四章

视听新闻报道的伦理与法规

【本章学习要点】

视听新闻报道不仅要考虑其直接的收听收看效果，还要注意其可能产生的社会影响，即伦理与法规层面的问题。在日常的视听新闻报道实践中，这些问题主要包括：

- 新闻报道应秉持人道主义精神，减少因报道对相关主体可能造成的伤害。
- 坚守真实性原则，防范虚假新闻。
- 新闻报道应秉持客观公正立场。
- 在视听素材的使用上，应注意可能涉及的隐私权、著作权等新闻侵权问题。

2013 年 3 月 1 日，中国的民众从电视上看到罕见的一幕：制造 2011 年湄公河惨案、杀害 13 名中国船员的缅甸籍大毒枭糯康等四名毒枭被执行死刑，中央电视台对他们刑前的最后时刻进行了电视直播（见图 4－1）。虽然直播在这四人被注射执行死刑前终止，但这一史无前例的做法还是在社会上引发了激烈争议。[①] 在微博等社交媒体上，许多人对这四名毒枭被执行死刑拍手称快，但对于央视直播的做法却提出质疑，认为残忍的画面不应该在公开直播的电视上出现。新华社的微博“@新华视点”在评论时指出：“糯康等湄公河案四名罪犯被依法执行死刑，受害者亡灵得以告慰。但当全社会都聚焦凶手的死亡时，希望不要把死刑当成一场狂欢。在这个时刻，他们还原为普通人，有对生的留恋，更有对家人的惦念。直播死刑，是否合适，值得探讨。”[②] 另有评论则把央视的这次直播与萨达姆被绞死视频曝光做比较：“成功跨国抓捕并依法处置糯康犯罪集团，这原本是彰显中国有效执法的典型案例，但央视高调的‘直播’却起到了适得其反的效果。与萨达姆被绞死视频外泄不同，央视以国家电视台的名义‘直播’，表面上看是慰藉死在异国他乡 13 位同胞的道德剧，实质则是炫耀暴力与展示权力的国家宣传片。”[③] 就在公众为了央视该不该做这

① 糯康被执行死刑引多方关注 电视直播被称前所未有 [EB/OL]．(2013－03－02) [2020－04－10]．http://news.cntv.cn/2013/03/02/ARTI1362171653286646.shtml.

② 新华社评糯康被执行死刑：不要把死刑当成一场狂欢 [EB/OL]．(2013－03－01) [2020－04－10]．http://news.ifeng.com/mainland/special/zgchuanyuanbeisha/content-2/detail_2013_03/01/22646237_0.shtml.

③ “直播死刑，以慰藉之名展示暴力” [EB/OL]．(2013－03－04) [2020－04－10]．http://news.163.com/13/0304/02/8P3BRQOB00014JHT.html.

场直播争论不休之际，仅过了一天，一则来自新华社的报道很快为这个话题抹上一缕娱乐色彩：“央视1日‘直播’糯康死刑引发观众热议，随后央视回应称：‘公示糯康死刑，不是看杀人，没有行刑画面，只看到毒枭凶犯虚弱，很怕死。’然而由古天乐、孙红雷、钟汉良、王宝强等主演的即将公映的警匪片《毒战》，则真正全程展现了‘注射死刑’的全过程。”[①] 将影片的宣传与刚发生的新闻迅速挂钩，从一个涉及伦理道德的严肃话题中发掘出娱乐的种子，不得不让人叹服记者的“敏锐”嗅觉。事实上，此前围绕糯康案的报道就已经隐隐出现了这样的苗头，在执行死刑前一天，糯康在监舍的生活就被电视台实时直播出来（见图4－2）。

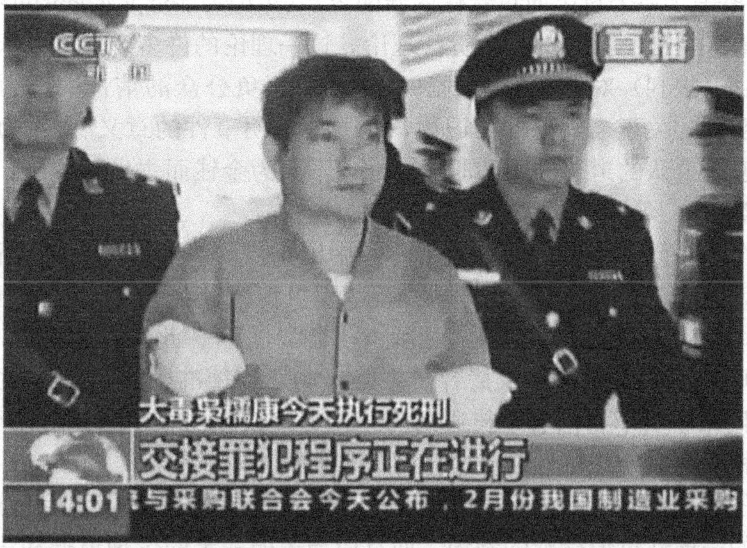

图4－1　中央电视台直播糯康等四名毒枭被执行死刑前的最后时刻

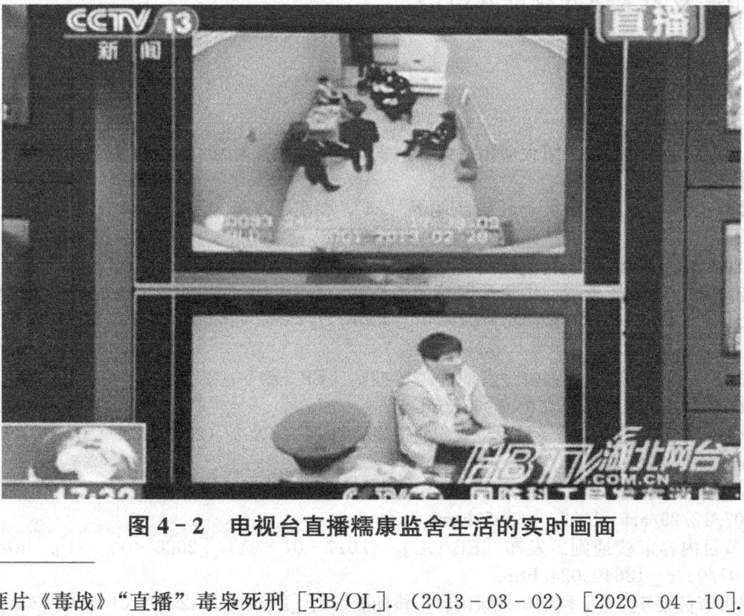

图4－2　电视台直播糯康监舍生活的实时画面

① 杜琪峰警匪片《毒战》“直播”毒枭死刑［EB/OL］．（2013－03－02）［2020－04－10］．http://news.ifeng.com/gundong/detail_2013_03/02/22665972_0.shtml.

在伸张正义的崇高名义下，围绕糯康的报道在某种程度上已经变成了一场“真人秀”，而围观的人们则获得了一种夹杂着复仇与窥视的快感。严肃与娱乐交织、主流意识形态与各种亚文化群体对抗，围绕着这场死刑直播的种种事件和声音再次向我们展现了当下中国社会文化的复杂性和舆论生态的多样性。围绕报道的种种讨论、争议也提醒我们，新闻传播的社会责任不是抽象的概念，而是体现在日复一日的具体报道行为中。新闻工作者在进行采访报道活动时应当时刻警惕一个问题：怎样避免对社会公众利益的影响、侵害？

1956 年，威尔伯·施拉姆（Wilbur Schramm）与弗雷德·西伯特（Fred S. Siebert）、西奥多·彼得森（Theodore Peterson）三人合著的《报刊的四种理论》一书出版。[①] 在 1947 年哈钦斯报告《一个自由而负责任的新闻界》（*A Free and Responsible Press*）[②] 的基础上，施拉姆等人提出了报刊的社会责任理论。这一理论的许多观点到今天仍具有现实意义，比如：传媒（报刊）对社会有着种种义务，要不负公众的信任；报刊要“供给真实的、概括的、明智的关于当天事件的记述，它要能说明事件的意义”。作为真正的职业传播者，还应当遵循公认的道德准则和职业标准，不会为金钱而去做某些事，切实关心公众利益和国家利益。[③]

在由中华全国新闻工作者协会（通常称“中国记协”）颁布的《中国新闻工作者职业道德准则》中，也有对社会责任的明确要求：“积极传播社会主义核心价值观，自觉遵守国家法律法规，恪守新闻职业道德，自觉承担社会责任”[④]。此外，《中国广播电视编辑记者职业道德准则》[⑤]《中国广播电视播音员主持人职业道德准则》[⑥]《互联网视听节目服务管理规定》[⑦]《网络视听节目内容审核通则》[⑧]《网络短视频内容审核标准细则》[⑨] 等与视听新闻报道直接相关的主要规范性文件中也都有类似的要求。

从社会责任的视角来看，大众媒介作为社会运行机制中重要的组成部分，其传播活动不仅受到新闻的一般性价值标准的制约，而且应当遵循一定的伦理道德和法律标准。在新闻传播学学科体系中，新闻伦理和法规是规模可观的一个分支。本书仅结合实践，就视听新闻报道中可能涉及的主要问题展开讨论。

---

① 该书所用“报刊”一词应指一切大众传播媒介。2008 年，中国人民大学出版社以《传媒的四种理论》为译名重新翻译出版了该书。

② 新闻自由委员会．一个自由而负责任的新闻界［M］．展江，王征，王涛，译．北京：中国人民大学出版社，2004．

③ 西伯特，彼得森，施拉姆．报刊的四种理论［M］．北京：新华出版社，1980．

④ 中国新闻工作者职业道德准则（中华全国新闻工作者协会第九届全国理事会第五次常务理事会 2019 年 11 月 7 日修订）［EB/OL］．（2019-12-15）［2020-04-10］．http：//www. xinhuanet. com/politics/2019-12/15/c_1125348618. htm.

⑤ 国家广电总局．中国广播电视编辑记者职业道德准则［EB/OL］．（2004-12-09）［2020-04-10］．http：//media. people. com. cn/GB/40759/41275/3043996. html.

⑥ 国家广电总局．中国广播电视播音员主持人职业道德准则［EB/OL］．（2004-12-09）［2020-04-10］．http：//media. people. com. cn/GB/40759/41275/3044000. html.

⑦ 国家广电总局．互联网视听节目服务管理规定［EB/OL］．（2007-12-29）［2020-04-10］．http：//www. nrta. gov. cn/art/2007/12/29/art_1583_26307. html.

⑧《网络视听节目内容审核通则》发布［EB/OL］．（2017-07-01）［2020-04-11］．http：//www. xinhuanet. com/zgjx/2017-07/01/c_136409024. htm.

⑨ 中国网络视听节目服务协会．网络短视频内容审核标准细则［EB/OL］．（2019-01-09）［2020-04-10］．http：//www. cnsa. cn/index. php/infomation/dynamic_details/id/69/type/2. html.

第一节 减少伤害的人道主义精神

2004年9月，俄罗斯北奥塞梯共和国别斯兰市发生人质劫持事件，最终造成333名人质死亡。在报道该事件时，某电视台屏幕下方滚动播出了这样的信息："有奖竞猜——俄罗斯人质危机中一共有多少人丧生？答案：A ** 人，B ** 人，C ** 人……参加的方式是发送答案到 ** 号码。"当时别斯兰人质事件死亡人数仍在上升，并且受害者都是学校的孩子，在人们焦急地关注他们命运的时候，电视台的这一行为受到了广泛的谴责。"它让我战栗，让我感到羞耻：异邦的灾难之上，同类的哀嚎之中，竟有人如此冷漠，如此野蛮。"①

事实上，新闻业对报道中涉及的人道主义问题都有约定俗成的惯例和相关的规定。但在实践操作中失范行为仍时有发生，充分说明了这一问题的复杂性。本节将首先梳理我国在视听新闻报道领域的相关规定，然后用一个报道案例分析实际工作中处理相关问题的基本模式。

一、对视听新闻报道领域涉及人道主义问题的相关规定

关于新闻工作，我国新闻业有诸多规范性要求。前面已经列出几个主要的制度文本，分别出自全国性行业协会（中国记协）、行业主管部门（国家广电总局）、行业内专门协会（中国网络视听节目服务协会）。接下来我们仅对其中与视听新闻报道有关、直接涉及人道主义问题的主要规定做一个梳理，详见表4-1。

表4-1 涉及视听新闻报道中人道主义问题的相关规定

类别	规定	来源
基本原则	增强社会责任感，严守道德伦理底线，坚决抵制低俗、庸俗、媚俗的内容。	《中国新闻工作者职业道德准则》第二条
	坚持把社会效益放在首位，严肃认真地考虑新闻传播的社会效果。不片面追求经济利益，不报道危害国家安全、影响社会稳定、违背社会公德、损害公共利益的内容。坚持报道的高品质、高品位，不迎合庸俗、低级趣味。	《中国广播电视编辑记者职业道德准则》第二十六条
	坚持播出内容与播出形式的高品质、高品位，不迎合低级趣味，拒绝有害于民族文化、社会公德的庸俗报道。	《中国广播电视播音员主持人职业道德准则》第八条
	保障妇女、儿童、老年人和残疾人的合法权益，注意保护其身心健康。	《中国新闻工作者职业道德准则》第六条

① 曹林．竞猜俄人质死亡数让人战栗［EB/OL］．（2004-09-08）［2020-04-10］．http：//www.people.com.cn/GB/guandian/35533/2769979.html.

续前表

类别	规定	来源
操作细节	维护采访报道对象的合法权益，尊重采访报道对象的正当要求，不揭个人隐私，不诽谤他人。	《中国新闻工作者职业道德准则》第六条
	批评性或揭露性报道要有利于问题的解决。不追求所谓"轰动效应"、哗众取宠；不以个人情绪代替政策法律、发泄私愤、中伤他人。尊重被批评者申辩的权利。	《中国广播电视编辑记者职业道德准则》第十八条
	报道意外事件，应顾及受害人及家属的感受，在提问和录音、录像时应避免对其心理造成伤害。	《中国广播电视编辑记者职业道德准则》第三十一条
	报道中避免对种族、性别、年龄、职业、宗教信仰、教育程度、居住地等的任何歧视。	《中国广播电视编辑记者职业道德准则》第二十条
	不传播含有恐怖、暴力、色情、封建迷信和伪科学的内容。	《中国广播电视编辑记者职业道德准则》第三十条
	尊重和保护未成年人、妇女、老人和残疾人的合法权益。报道违法犯罪的未成年人和性侵犯的受害者时，录音、图像应经过特殊处理，使之不可辨认；不公布其真实姓名，不描述犯罪过程。	《中国广播电视编辑记者职业道德准则》第三十二条
	努力营造有利于未成年人健康成长的文化环境。不动员未成年人参与可能损害他们性格和感情的节目；对有可能被未成年人模仿而导致不良后果的播出内容和播出形式要加以防范。	《中国广播电视播音员主持人职业道德准则》第九条
	网络视听节目中含有下列内容或情节的，应予以剪截、删除后播出；问题严重的，整个节目不得播出：……（九）危害社会公德，对未成年人造成不良影响的： 1. 以恶搞方式描绘重大自然灾害、意外事故、恐怖事件、战争等灾难场面； 2. 以肯定、赞许的基调或引人模仿的方式表现打架斗殴、羞辱他人、污言秽语等； 3. 表现未成年人早恋、抽烟酗酒、打架斗殴、滥用毒品等不良行为； 4. 违反国务院广播影视行政部门有关规定的吸烟镜头和吸烟场景； 5. 人物造型过分夸张怪异，对未成年人有不良影响； 6. 展示未成年人或者未成年人形象的动画、动漫人物的性行为等； 7. 含有其他有违社会公德的不文明行为。	《网络视听节目内容审核通则》第八条

表4－1中的这些规定，从基本原则到操作细节，对视听新闻报道中可能涉及人道主义的问题做出了明确的要求，内容涉及对社会道德的尊重、对公序良俗的遵守、对采访对象特别是灾难事故中当事人的关怀、对未成人和弱势群体的保护等，应该说涵盖面是比较广的，要求也相当细致，但是问题依然频频出现。此中关键在于，新闻报道是一个牵涉面非常复杂的过程，关联的利益主体甚多，在实际操作中，需要报道者综合考虑、审慎平衡。

二、在各方利益的平衡中实现新闻报道的人文关怀

2008 年，汶川地震后的某一天，某电视频道照例播出每天的抗震救灾特别报道。正在进行一段与前方记者的直播连线。与主持人简单对话后，记者以临时搭建的野战医院为背景开始报道医护人员在灾区现场救治伤员的情况。一切似乎都很顺利，然而接下来发生的一幕却让很多人始料未及。记者走进了手术帐篷，当然，他没有忘记在护士的帮助下穿上防菌服。帐篷内正在准备开始一台手术，面对紧张忙碌的医生和护士，记者伸出话筒开始采访。在被记者拉住后，一位医生终于忍不住说了一句："你把我的衣服弄脏了!"（见图 4－3）

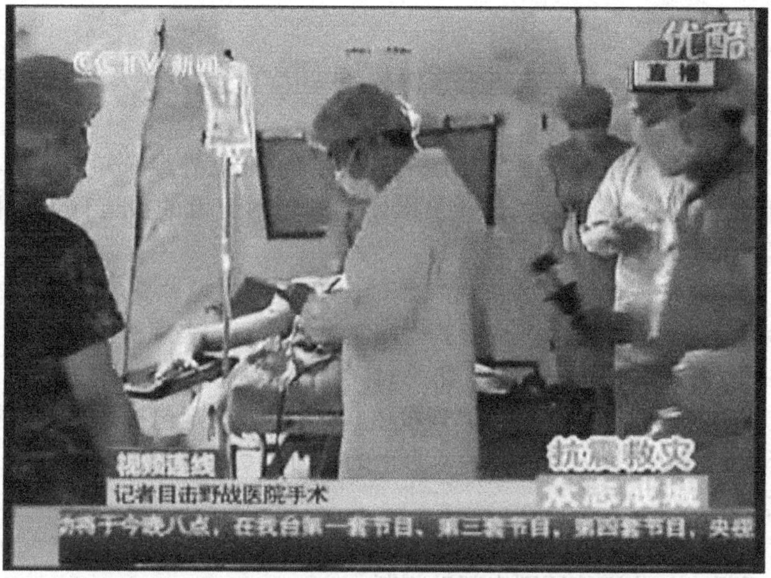

图 4－3　汶川地震电视直播：记者进入手术室采访

直播在一种略显尴尬的气氛中终于结束了，接下来的批评浪潮却远没有平息：电视镜头应不应该对准手术现场？记者应不应该采访正在救治伤员的医护人员？……短短几分钟的电视直播，却引发了各方激辩。与本章开篇提到糯康事件的报道一样，多元利益主体交织使问题的处理呈现相当复杂的局面。

如何解决新闻报道中这种传播效果与伦理道德的两难困境？《媒介伦理：案例与道德推理》一书的作者克利福德·G. 克里斯琴斯（Clifford G. Christians）提到一个被称为"波特方块"（Potter Box）的道德推理模式。[①]"波特方块"由哈佛大学的拉尔夫·波特（Ralph Potter）博士提出，它通过对"定义""价值""原则""忠诚"四个问题的分析，来寻找道德答案。从图 4－4 中我们可以看出，要对某个问题做出道德判断时，可以针对某一个问题从定义情况、确认价值、确定判断原则到最后选择忠诚，从而推导出结论。

借助波特方块，我们来具体分析上述案例。

① 克里斯琴斯，法克勒，理查森，等．媒介伦理：案例与道德推理：第 9 版［M］．孙有中，郭石磊，范雪竹，译．北京：中国人民大学出版社，2014.

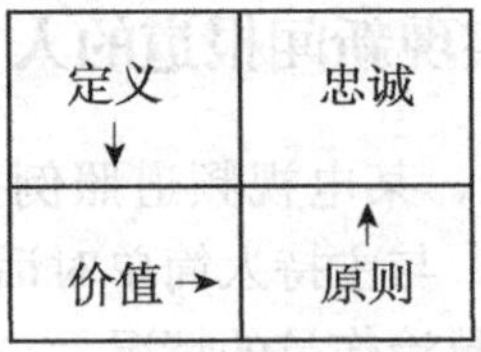

图 4-4 波特方块

（1）定义情况。

这是汶川地震这一重大灾难事故的后续报道，在经历了初期对被埋人员的抢救后，这一阶段的核心事件已转向对伤员的救治。记者所报道的正是地震中心区域一次对重伤员的抢救手术。

（2）确认价值。

报道主要涉及三方——新闻当事人（伤员、医生）及其关联人（如伤员家属）、媒体及其记者、观众。

对新闻当事人及其关联人来说，报道的积极意义在于使外界获知地震核心区的实际情况，吸引人们对这一重大事件的关注；负面影响则包括记者的报道行为对伤员救治的干扰、伤员身体在镜头的呈现。

对媒体及其记者来说，报道的价值在于使公众获知地震这一重大新闻事件的核心进展，独家直播报道展现媒体实力，记者获得职业生涯重要的表现机会。

对观众来说，报道的积极意义在于第一时间获知重大新闻事件的进展、现场直播的生动、关注的人物将有好的结果（伤员得到救治）；负面影响则包括伤员救治被电视台记者的报道行为干扰，伤员赤裸上身趴在手术台上的画面对某些人群（未成年人、心理敏感人群）可能造成不适。

（3）确定判断的原则。

波特在这里提出一些道德原则来帮助判断。

其一是康德的“绝对义务”原则。在康德看来，作为被造物的人与动物是不同的，因此，过一种道德的生活是有理性的存在者首先必需的生存方式，而且也只有理性的存在者才能过这样的生活。但是对于有限的理性存在者而言，这一要求具有命令性。因为人虽然并非动物那样只有感性欲望，但也没有神那样的圣洁意愿，能够始终按道德的要求行事而不受任何非理性的干扰。① 如果按照这一原则，电视台应当严格执行行业的相关规定（见表 4-1），不播出这一报道。

其二是穆勒的“功利”原则。穆勒认为，幸福是人们值得欲求的终极目的，我们必须以追求幸福作为我们生活的目标。功利主义主张最大幸福原则。当个人幸福与社会及他人幸福发生冲突时，行为者个人要站在客观的立场上把两种幸福进行对比，以追求最大幸福。那么何种幸福才是最大幸福？穆勒认为，就两种快乐来说，如果所有或几乎所有对这两种快乐都有过体验的人，都不顾自己在道德情感上的偏好，而断然偏好其中的一种快乐，那么这种快乐就是值得欲求的快乐。② 如果按照穆勒的这一原则，电视台应当报道这

① 康德．实践理性批判［M］．关文运，译．桂林：广西师范大学出版社，2001.
② 穆勒．功利主义［M］．徐大建，译．北京：商务印书馆，2016：10.

一新闻，因为公众有权了解自己关心而且好看的事实：这是最好的，因为这是最大多数的。

但是，围绕电视台这一直播报道在社会上引发的争议表明，穆勒的原则在这里并不完全适用。那么遵循康德的原则不予报道呢？显然在实践上又行不通：在激烈的新闻大战中，媒体放弃这一非常有价值的独家素材是不现实的。有没有中间方案？第三种理论被提出来：亚里士多德的正义（平等）原则。正义是某些事物的平等观念，亚里士多德认为："所谓平等有两类，一类为其数相等，另一类为比值相等。'数量相等'的意义是你所得的相同事物在数目和容量上与他人所得者相等；'比值相等'的意义是根据各人的真价值，按比例分配与之相衡称的事物。"亚里士多德的两种平等不能偏执其一，而应该区别对待，具体分析，"正当的途径应该是分别在某些方面以数量平等，而另些方面则以比值平等为原则"①。亚里士多德的这一理念可以帮助我们在具体报道中兼顾各方的利益诉求，在康德的"绝对义务"原则与穆勒的"功利"原则中找到一个平衡点。这就进入做出判断的最后环节。

（4）选择忠诚。

如前所述，在我们所讨论的这个案例中，如果如图 4-3 那样闯入正在进行手术的帐篷进行直播报道，则选择了对媒体及记者自己、大部分观众的忠诚，遵从的是穆勒的"功利"原则。但这样的做法在实践中产生了问题，康德的"绝对义务"原则显然也发挥了作用，说明还需要对新闻当事人及其关联人、部分观众（对直播画面心理不适的人）的忠诚。如何平衡这种忠诚呢，亚里士多德的正义（平等）原则此时就发挥作用了。具体到实践操作中，电视台依然可以对这一难得的题材做报道（对自己和大部分观众的忠诚），但应对报道方式做一些修正（对当事人及其关联人、部分观众的忠诚），比如以帐篷为背景进行现场直播报道，镜头中出现手术场景但不过多暴露伤者，在手术准备开始时简要采访医护人员，待手术完成后再详细采访。

图 4-5 总结了上述判断过程的逻辑结构。

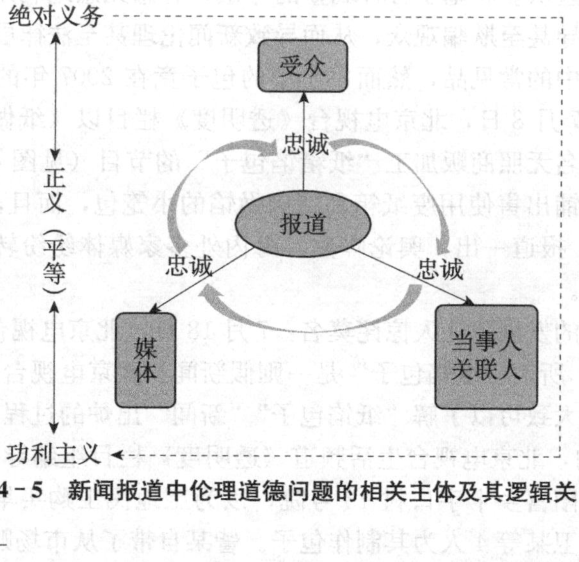

图 4-5　新闻报道中伦理道德问题的相关主体及其逻辑关系

① 亚里士多德．政治学［M］．吴寿彭，译．北京：商务印书馆，1965：238-239.

关于新闻报道中的人道主义，很多媒体都有自己的理解和操作方式。在具体的新闻报道实践中，下面的问题单可以帮助我们展开思考：

● 一些人会因为这篇新闻报道受到严重影响，记者对他们要抱以同情心。在工作中碰到儿童或是没有经验的消息来源及当事人的话，要记得对他们特别关照。

● 如果你要使用以下的新闻材料，那你需要谨慎小心。这些材料可能是那些受到悲剧事件或悲痛情绪影响的人的照片，或是他们发表的言论。

● 要意识到，采集新闻素材和报道新闻的活动会对当事人和受众带来伤害，追求新闻的权利并不是记者傲慢的理由。

● 个人有权利保护他们的隐私，为此他们可以不向媒体透露任何信息，这种权利大于任何官方的权力或他人的知情权。只有当某种条件下，公众利益高于个人隐私权时，记者才能触及当事人的隐私领域。

● 保持记者的高品位，不迎合某些受众的低俗需求。

● 当犯罪嫌疑人或性侵犯受害者是未成年人时，要谨慎抉择是否暴露他们的身份。

● 在司法机构正式判决之前不要曝光犯罪嫌疑人的姓名。

● 犯罪嫌疑人受审期间，在他们享有的权利和公众的知情权之间一定要谨慎地做出选择。

第二节　有图有真相吗

在前面的章节中，我们曾经探讨过图像的证明力。在文化朝视觉转向的背景下，“有图有真相”成为人们下意识的心理定式。这一方面促进了视听文化的进一步繁荣，另一方面这种实证功能如果运用不当也会成为一把双刃剑，使“证实”成为“证伪”的帮凶。在新闻报道实践中，一些从业者基于各种利益的考量，有意无意地利用画面这种强大的说服力传播虚假信息、误导甚至欺骗观众，从而导致新闻伦理甚至法律层面的问题。

包子是国人生活中的常见品，然而，小小的包子竟在 2007 年的中国电视界引发了一场不大不小的地震：7 月 8 日，北京电视台《透明度》栏目以《纸做的包子》为题，播出了记者暗访朝阳区一名无照商贩加工“纸箱馅包子”的节目（见图 4－6）。报道称，朝阳区东四环附近的早点铺出售使用废纸箱和猪肉做馅的小笼包，而且，“用纸箱做肉馅已成为行内公开的秘密”。报道一出，舆论哗然，海内外多家媒体纷纷转载，食品安全这根敏感的神经再次被触动。

然而，事态随后的发展更让人惊诧莫名：7 月 18 日，北京电视台在其晚间黄金时段的《北京新闻》中宣布：所谓“纸馅包子”是一则假新闻！北京电视台为此向社会公开致歉。通过致歉声明，人们大致可以了解“纸馅包子”“新闻”出炉的过程。

2007 年 6 月中旬，北京电视台生活频道《透明度》栏目组编导訾某化名“胡月”，先后两次找到朝阳区太阳宫乡十字口村 13 号院，以为工地民工购买早点为名，要求做早点生意的外地来京人员卫某等 4 人为其制作包子。訾某自带了从市场购买的肉馅、面粉和纸箱，并授意卫某等人将纸箱经水浸泡后掺入肉馅，制成包子。訾某用其自带的家用 DV 机拍摄了制作的过程，随后将其编辑并获得播出。

与一般的新闻失实不同，这是一起明显故意的新闻造假事件，性质相当恶劣。由于其所报道的内容事涉公共安全，又恰逢北京即将举办奥运会这一大背景，所造成的负面影响也是显而易见的。报道一出，除了国内媒体广为转载外，也引起了包括美联社（AP）、路透社（Reuters）、BBC、CNN、半岛电视台在内的多家海外媒体关注。

事态的严重也惊动了新闻管理层。7 月 19 日，中国记协透过中央电视台《新闻联播》发出通报，以罕见的强烈措辞指出："北京电视台《透明度》栏目 7 月 8 日播出的《纸做的包子》报道被证实为虚假新闻，令人震惊，令人愤怒。这起虚假新闻严重败坏了国家声誉，严重损害了广大人民群众的切身利益，严重违背了新闻职业精神职业道德，严重损害了新闻媒体的形象和社会公信力。"① 通报要求新闻界采取切实可行的有力措施杜绝虚假新闻。

"纸馅包子"事件再次引发了人们对新闻真实性的关注。特别对擅长利用画面的实证性"用事实说话"的电视而言，曾经引以为自豪的传播手段竟成为"证伪"的利器，这实在是一个值得深思的问题。

图 4-6 《透明度》栏目之《纸做的包子》

视听新闻真实性的问题表现不一、成因多样，有可能出现在新闻生产的不同环节。图 4-7 概括了视听新闻出现真实性问题的主要表现形式及成因。

从表现形式上来说，视听新闻出现与事实的背离主要有这样几种情况：（1）虚构。通过导演摆布（摆拍）来制造一个并不存在的所谓"事实"，属于文本生产中事实获取环节的问题。（2）剪辑错位。或者移花接木，把彼事的素材用于此事；或者拼凑"事实"，强行建立一个论点与结论之间的关系以揭示所谓"真相"；或者选择性呈现，选用与事件整体面貌、主流和本质不符合的局部信息。这是属于文本生产中事实选择和表现环节的问题。（3）张冠李戴。文本自身没有问题，但在传播过程中被错误利用，由于脱离了具体存在的语境，本来报道的是彼事，却被用来说明此事。这是文本在传播环节出现的问题。

① 中国记协就《纸做的包子》虚假报道发通报（全文）[EB/OL].（2007-07-19）[2020-04-12]. http://www.china.com.cn/news/txt/2007-07/19/content_8551177.htm.

如前所述，视听文本遵循有电影以来影像创作的一般规律：分镜头拍摄和蒙太奇剪辑。这种时空割裂与再现的方式正是安德烈·巴赞等批评蒙太奇的焦点。巴赞强调影像的纪实性，认为“叙事的真实性是与感性的真实性针锋相对的，而感性的真实性首先来自空间的真实”。蒙太奇的处理手法是在“讲述事件”，这必然要对空间和时间进行大量的分割处理，从而破坏了感性的真实性。相反，景深镜头（也称为长镜头）永远是“记录事件”，它“尊重感性的真实空间和时间”，要求“在一视同仁的空间同一性之中保存物体”①。在真实性上，蒙太奇创作对现实时空的割裂是视听新闻文本出现问题的一个特殊原因。从时空关系的角度来看：虚构是在视听新闻文本所反映的“事实”与其应依托的时空之间人为建立了一个不存在的关系；剪辑错位是文本内在时空关系的错乱；张冠李戴则是文本在传播过程中脱离了自身存在的语境，与另一个语境建立了错误的关系。

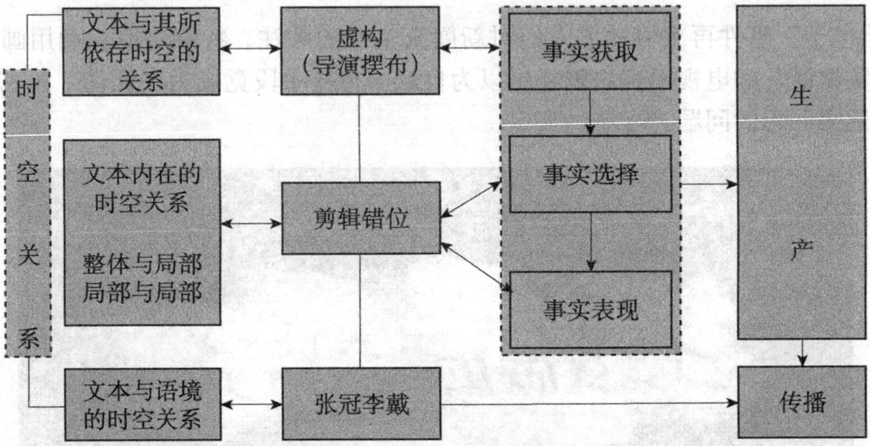

图 4-7　视听新闻出现真实性问题的主要表现形式及成因

一、虚构

视听新闻报道中的虚构行为可能是记者造假，也可能是其他机构或力量造假、记者沆瀣一气或被蒙骗。

（一）在所有的虚构中，记者的造假作为一种借专业面貌实施的主观故意行为，性质最为严重，危害性也最大

“纸馅包子”事件中，记者编造诸多情节，以增加视觉、听觉效果，视听语言的证明力使这则假新闻骗过了很多专业新闻机构的审核，被国内诸多媒体广泛转载、播发。“纸馅包子”事件入选 2007 年十大假新闻，轰动一时，造成了很恶劣的社会影响。

这则假新闻的出笼，既有记者本人违反新闻伦理道德的因素，也有媒体监管不力的原因。据造假新闻的主要当事人訾姓编导供述：2007 年 6 月初，他在《透明度》栏目组选题会上提出，曾接到过群众电话反映“包子有掺碎纸”的问题，引起栏目制片人的兴趣，遂被确定为报道专题。此后訾某先后在北京四环路一带进行调查。十几天里，他每天早晨都买包子吃，从西四环到东四环，走访了许多卖包子的场所，每到一处，就购买一元钱的包

① 巴赞．电影是什么？[M]．崔君衍，译．南京：江苏教育出版社，2005．原著出版于 1951 年。

子，但**始终没有发现包子的质量问题**。由于**选题已上报**，**压力很大**，加之刚到北京电视台，既想出名，又想挣钱，而他本人调查的结果令其十分失望。其间，**栏目主编以时限为由，催促其抓紧拍摄专题节目**。于是，他化名“胡月”，找到朝阳区太阳宫乡十字口村13号院，并以为民工购买早点的名义，要求来自陕西省华阴市的卫某某等人为其制作包子。①

请注意上文中黑体字的部分，可以看出，在选题申报和节目制作的初期，訾姓编导的行为并无逾矩之处：“每天早晨都买包子吃”“走访了许多卖包子的场所”。客观地说，訾某在最初制作这期节目时态度是认真的。按常理，始终没有发现包子的质量问题，这个选题成立的基础就不存在了，或者至少在发现证据之前是不能成立的。此时，放弃或者暂时搁置报道是明智的选择，但訾某并没有这么做。其中固然有他想出名、想挣钱的因素，但“选题已上报，压力很大”“栏目主编以时限为由，催促其抓紧拍摄”恐怕也是一个重要原因。訾某放弃一个已上报的选题为什么有那么大的压力？栏目主编为什么要一再催促？盲目追求收视率显然是内在动因。

这起事件中另一个值得注意的现象是：这个后来被证明漏洞百出的节目居然层层闯关成功得以播出，而如果不是行政力量特别是强力部门的介入，真相可能将永远成为一个谜。在这里，媒体自律机制出现了“悬空化”。据报道，“纸馅包子”节目播出后，北京市政府高度重视，时任市长王岐山批示：“如属实要严办，如属虚假，要公开澄清事实！”工商部门随即展开密集的专项检查行动。调查初期，北京工商部门与北京电视台《透明度》栏目制片人和记者进行了核实，并调看了记者拍摄的原始录像带，发现节目存在六大疑点：一是虚构了举报人；二是对包子和肉馅未进行法定检测；三是使用“用纸箱做肉馅已成为业内公开的秘密”等未经查证的主持词；四是虚拟跟踪情节和送纸箱出入非法加工场所的画面；五是制假画面是制售者应记者要求进行演示的画面；六是执法人员在执法现场未发现有制作包子的工具和原料，询问中相关当事人也未承认其加工制作过包子。由于调查人员对节目的真实性和可信度表示怀疑，北京市食品安全办公室据此决定将初步调查情况提交公安机关，请公安机关协助迅速查找相关当事人，最终确定案件性质，侦破此案。②

为什么非新闻专业的工商人员在调阅记者拍摄的原始录像带后能发现“六大疑点”，而经验丰富的制片人、制片主任等专业人士在审片时竟毫无觉察为其一路开绿灯？表面上看是“审核把关不严，管理制度执行不力”（电视台致歉声明），但究其深层原因，恐怕还在于心态。出于制造舆论热点的功利目的，对于这类有可能“抓”观众的节目，相关负责人明显有些急于求成。对这一关系到食品安全的重要事件，仅靠记者单方面的暗访就能浮出水面，显然是有欠慎重的。事实上，如果稍微多做一点工作，谎言并不难戳穿。据新华社报道，2007年7月15日，北京市食品安全办公室委托中国农业大学食品学院教授组织了模拟实验，结果就发现：在制作包子肉馅中使用大比例纸箱的可能性不大。原因如下：蒸熟后肉馅呈散状，根本不具备猪肉包子馅呈团状的基本特征；肉馅有嚼不烂的感觉，外观明显可见纤维状物质存在，无论在外观上还是口感上都很容易被消费者发现，不太可能被消费者接受并食用。即使猪肉中仅掺入5%的纸箱，肉眼依然能分辨出其中的纤维状物

---

① 京城“纸馅包子”假新闻出笼前后［EB/OL］.（2007-07-19）［2020-04-12］. http：//www.gov.cn/jrzg/2007-07/19/content_690640.htm.

② 同①.

质，经品尝也有嚼不烂的感觉。在急于追求轰动效应的心态下，这些本应由媒体做的工作被轻轻放过，对节目收视前景的乐观预期使把关人在一种“假定为真”的前提下放弃了质疑、核实的态度，从而使审片成为走过场。在这起事件中，盲目追求轰动效果是导致新闻失实的重要原因。

(二) 社会上的多元利益主体为了自身目的可能借助虚构的视听信息欺骗公众，媒体及其从业者必须对此抱有警惕

互联网环境下，信息传递速度空前加快、来源多样且辨识难度增大，这给视听信息的造假提供了更大的空间，对真实性的敏感和专业审核的必要性进一步凸显。特别需要警惕的是，复杂社会环境下，各种利益主体为了争夺话语权竞相传播有利于己的信息，而视听信息是最有说服力的。这种夹杂着利益动机的视听信息在真实性上往往存在问题，甚至完全是人为制造的。叙利亚战争期间一度非常活跃的“白头盔”组织的行为就是一个典型的例子。这家以中立、人道救援形象示人的民间组织曾被一些西方媒体捧上神坛，与此同时，该组织发布照片和视频的意图也遭到质疑，因为其发布的内容无一例外地将矛头指向了叙利亚政府和俄罗斯的军事行动。2016 年 11 月，“白头盔”的一段摆拍视频更是引起公愤。视频开始时，所有人都不动，在“开拍”命令下达后，“白头盔”开始把埋在废墟中的伤者抬出。拍摄过后，“伤者”笑嘻嘻地同救援人员合影。①

(三) 在视听文本创作时需要注意技术性规范，防止因操作不当而导致新闻失实

除了前述人为主观故意的造假，视听新闻制作上的一些技术性处理不当也有可能带来新闻失实的隐患。在这方面比较常见的是两种情况：事后补拍和真实再现。

视听新闻制作的理想状况是到现场采访、摄制，把现场的情景、气氛、音响及当事人的谈话直接传递给受众。但是，有时候记者还做不到在新闻事件发生的时候同步拍摄，有相当一部分新闻需要事后去拍摄。特别是一些突发事件，事先毫无征兆，而且往往转瞬即逝，记者只有采取补拍的方法，填补图像内容的空白。这当然是可以理解的，因为即使是新闻事件已经发生过的现场，也还是会留下很多关于这个新闻事件的信息，它虽然不如第一手信息那么鲜活，但仍然是有价值的。需要注意的是，编辑在处理这类画面的时候，应当有适当的交代、解释。比如大火发生，记者拍到的却不是熊熊烈火，而是冒着烟的残骸，这个时候解说词里却在描述大火如何猛烈的场景，如果不加以说明，就会使观众产生混乱。另外，新闻画面的补拍绝不是重演，那种让当事人按照事件的原貌重新表演一次补拍出来的镜头，虽然貌似真实，但特定的气氛和情景却已无法还原，也就无法激起观众的共鸣，必须坚决摈弃。

与补拍相比，“真实再现”则更有导演摆拍的痕迹。这种请人表演来“再现”新闻事件的方式由于容易引发新闻伦理方面的问题，现在已越来越少在广播电视这样的大众传播媒体中使用，但在一些专题、专栏类节目中仍不时出现。如果出于表现的需要不得不使用此类“真实再现”，那么为降低风险，需要自始至终在画面上注明，或者借助电脑动画演示而不是真人表演来进行“再现”。

---

① 迷雾重重！起底活跃在叙利亚的神秘组织“白头盔”[EB/OL]. (2017-04-17) [2020-04-13]. https: //world. huanqiu. com/article/9CaKrnK210y.

二、剪辑错位

剪辑错位属于视听文本生产中选择和表现的问题。其主要特点是，所使用的素材全部为真，但是却造成了假的结果。主要有以下方面的表现：

（一）移花接木

移花接木即将此事件的情节片段用于彼事件的报道中，特别是对新闻人物的言行进行任意裁剪、拼接，造成其参与事件的假象。利用技术手段，一些视听新闻生产者从自身传播的需要出发任意剪辑、嫁接画面。从报道局部看，信息都是真的，但合成的报道却根本与原事实不符，成为“真实的谎言”，而这种谎言对公众极具迷惑性。

这种制造“真实的谎言”的手法之一就是将不属于同一事件的“事实”材料强行拼凑到一起。1999年科索沃战争中，CNN曾以“特别报道”的形式播出其战地记者克里斯蒂安妮·阿曼普尔（Christiane Amanpour）做的一个有关塞尔维亚族对阿尔巴尼亚族“种族屠杀”的专题报道。节目十几分钟，将一些声称拍摄于屠杀现场的影像拼凑在一起，采访了包括塞方在内的众多人士，最后得出米洛舍维奇是战争罪犯的结论。但报道中只报道塞族“屠杀”阿族而没有报道阿族“屠杀”塞族，声称拍摄于“屠杀现场的影像”则没说清影像拍摄日期是在3月24日北约发动侵略南联盟之后。①

其二，这类视频还经常利用蒙太奇剪辑手法，将发生在同一时间、不同地点的线索剪接在一起，引导观众自然地产生因果联想。图2－14提到的重庆大巴车坠江事件发生后，当地一家报纸的微博迅速发布视频消息。画面先是拍摄了红色小轿车被撞到路沿上，女司机坐在路边。而后，镜头直接切换到江面，公交车几乎全部淹没在江中。这种画面处理明显地暗示出其间的因果关系，给观众的直接感受就是女司机的驾驶失误造成了公交车的坠江，视频一经发布就在网络上引起了对女司机的一片谩骂声。

（二）以偏概全

以局部代整体、以个别代一般也是利用画面造假的惯用手法。与“移花接木”不同，画面上所展示的情节片段确实属于正在报道的这一事件，但只是该事件的一个局部或个例。由于画面的“细节真实”所产生的感染力，观众会误以为这就是事件的全貌或本质特征。

2003年4月9日，占领巴格达的美军士兵将广场中心的萨达姆铜像推翻。电视镜头前，情绪激动的伊拉克人欢呼雀跃，这一极富象征意义的画面似乎成了美国对伊战争正义性的最好注脚。不过，细心的媒体注意到：人群中高举欢庆手势、最活跃的一位竟然是伊拉克反对派领导人沙拉比的保镖（见图4－8）。而看起来声势浩大的人群，也不过是广场中心美军坦克监视下的100多人而已（见图4－9和图4－10）。以至于连一些美国媒体也不得不承认：“这不过是一个象征，不是事实，是美国导演的一场戏。”②

透过现象看本质，从局部中看到整体，这是新闻真实性的重要保障，也是新闻工作者的一种能力素养。“真实性是新闻的生命。要根据事实来描述事实，既准确报道个别事实，

① 沈绿．美国舆论战在现代局部战争中的特点及策略［EB/OL］．（2005－05－28）［2020－04－13］．http：//xwj. scol. com. cn/tgch/20050528/2005052810433. htm.

② 伊权力移交特别节目：谁动了我的主权？［EB/OL］．（2004－06－29）［2020－04－13］．http：//news. sina. com. cn/w/2004－06－29/20552942216s. shtml.

图 4-8　在欢呼推倒萨达姆雕像的人群中
伊拉克反对派领导人沙拉比的保镖（图中用圈标示者）格外激动

图 4-9　美军推翻萨达姆雕像时画面显示伊拉克人群情激动

图 4-10　镜头拉开后的画面效果是广场上只有美军坦克监视下的寥寥百人

又从宏观上把握和反映事件或事物的全貌。”① “思想混浊的人往往是一头扎进复杂的现实

① 习近平：坚持正确方向创新方法手段 提高新闻舆论传播力引导力［EB/OL］.（2016-02-19）［2020-04-13］. http：//www.xinhuanet.com//politics/2016-02/19/c_1118102868.htm.

背景，该背景深入到事实的每一个原子中去，以至于看不到任何清晰的部分。”①

（三）武断联系

事实的真实性并不必然产生真实的效果。表现的“真实”是传播真实性的最后环节，也就是说，你对事实的描述使受众认为是可信的。这需要对全部事实材料关系的准确建构。在视听新闻报道中，必须警惕由于蒙太奇手法而可能造成的时空关系混乱，要在逻辑上为全部事实材料建立一个统一的时空关系。

2004年10月23日，《焦点访谈》播出一期节目《不该发生的遗憾》（见图4-11）。节目开宗明义指出：“我国广东等东南沿海省份是遗传病地中海贫血病的高发区，自从强制婚检取消后，由于自愿婚检率偏低，地中海贫血病患病率呈上升势头。”为了说明这一结论，报道中列举了若干事实：

“自从强制婚检取消后，由于自愿婚检率偏低，地中海贫血病患病率呈上升势头。”

“广州市儿童医院提供的数字表明，这家医院从2002年至今，一共确诊了555名地中海贫血病患儿，而且发病率和确诊率正以每年8%到10%的速度缓慢上升。广东省有关方面呼吁，为了下一代的健康，请务必进行婚前检查。”

“一个3岁的广东小女孩由于患上了地中海贫血病，因此需要不断地输血来维持生命，而医生们却说，孩子一来到人世间，就患了遗传病。这其实是一个不该发生的遗憾。”

…………

节目的结尾当然是得出结论：“在广东花28块钱就能初步筛查出地中海贫血病基因的携带者，这说明及早地干预和防止这种遗传病的发生既不存在经济问题，也不存在医学问题……一方面，政府应当加强遗传病防治知识的宣传普及工作，另一方面，谈婚论嫁的人们也应当加强婚检的自觉性。”②

节目立意很好，从问题的提出到结论的获得，一切也似乎有理有据、无懈可击。但仔细考察，却发现其中包含着一个重要的时间逻辑错误：节目所引用的事实材料中，广州市儿童医院提供的数据是“2002年至今”，而作为典型个案重点表现的“3岁”小女孩一来到人世间就患了遗传病地中海贫血病显然是三四年前发生的事情。而强制婚检的取消是从何时开始的呢？2003年10月1日。这一天，由时任国务院总理温家宝签署的新《婚姻登记条例》开始施行，实行多年的强制婚检改为自愿。③

发生在强制婚检取消以前的事实，何以说明强制婚检取消的后果？

显然，创作者从结论出发对事实的主观剪辑，有意无意地混淆了事实的时空关系。即使结论正确，但它如果是从错误的逻辑关系中推导而来的，最终也必然是难以取信于人的。

（四）过度剪辑

今天，视频编辑技术已经可以非常方便地对画面进行各种加工处理。这种处理如果超过了一定的限度，就会改变新闻事件的本来面貌。吉林的一家媒体曾经报道过这样一则新闻：2013年4月5日，长春市一位老人突发脑梗死摔倒在地。据市场监控录像显示，在救

---

① 富勒．新闻的价值：信息时代的新思考［M］．北京：新华出版社，1998：195.

② 不该发生的遗憾［EB/OL］．（2004-11-08）［2020-04-13］．http：//www.100md.com/html/Dir/2004/11/08/48/93/59.htm.

③ 民政部解读：从强制到自愿 婚检不作硬性规定［EB/OL］．（2003-08-18）［2020-04-13］．http：//www.chinanews.com.cn/n/2003-08-18/26/336648.html.

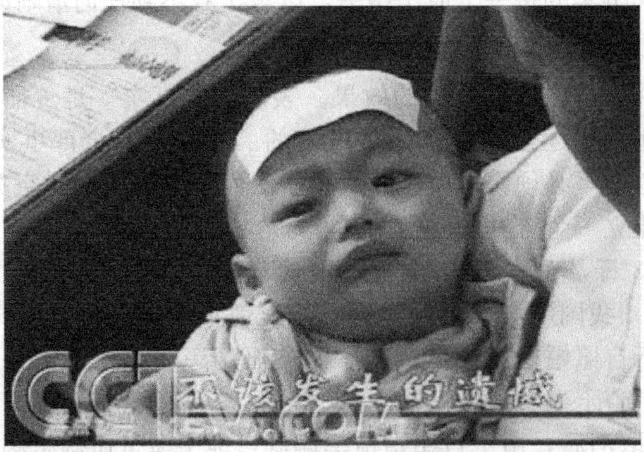

图 4-11 《焦点访谈》栏目之《不该发生的遗憾》

护车接走老人前，有 178 人陆续从老人身上跨过，而只有一名路过的"白衣女子"守护并安慰老人，直到医护人员赶到才离开（见图 4-12）。[①] 该视频一经播发，立刻引发了大量网民的不满，纷纷指责当地市民冷漠。而新华网等媒体调查后发现，这段视频实际上是事发现场的监控画面经过加速、剪辑处理之后被放到网络上的，并不是真实情况的反映。[②] 在这里，现实的时空被以加速的方式不当压缩，从而造成与事实不符的情况。

图 4-12 媒体报道《长春老人发病倒地 178 人跨过 仅一女子停下守护》被证明与事实不符

三、张冠李戴

文际性理论认为，任何文本的解读都要与其他文本联系起来看。霍奇（R. Hodge）与特

① 长春老人发病倒地 178 人跨过 仅一女子停下守护［EB/OL］.（2013-04-09）［2020-04-13］. http://qd.ifeng.com/xinwenzaobanche/detail_2013_04/09/695884_0.shtml.

② 长春老人突发脑梗塞摔倒 记者调查路人并不冷漠［EB/OL］.（2013-04-09）［2020-04-13］. http://www.xinhuanet.com/photo/2013-04/09/c_124558083.htm.

里普（D. Tripp）指出，“有关电视的话语，本身就是一种社会力量。它是电视意义的主要协调场所，在这里，电视意义与其他意义融合，产生一个新的文本……”[①] 约翰·哈特利（J. Hartley）也提出，电视是一个“渗漏的”媒介，它的意义不断地溢出，进入生活的其他领域。[②] 当电视等媒体生产的视听文本进入网络空间后，受众会根据自身基于阶层、经济、性别、教育等因素所形成的社会经验，调动所掌握的其他文本资源对其进行积极的解读。

在这个过程的第一阶段，受众会将影像文本从传统媒体的语境中剥离出来，使之成为独立的、碎片化的文本。就像詹金斯（H. Jenkins）所说的，通俗解读是一系列“进攻、撤退、战术和与文本相关的游戏”、一种“文化修补”。读者借此将文本打碎，然后根据他们的蓝图将那些碎片重新组合起来，在认识其社会经历的意义的过程中利用所发现的材料碎片。[③] 常见的碎片化的手法是，将需要的影像文本片段从其原始语境中截取出来，使之成为可以独立展开意义解读的新文本。原始文本与其语境的结合越紧密，被截取后产生意义转向的可能性就越大，这一点在电视文本身上表现得尤为明显。雷蒙德·威廉斯（Raymond Williams）指出，电视并不是一串分散的节目或者文本，而是一种“波流”，在该波流中，电视节目、广告、重要新闻、推销节目都同时汇入一个连绵的文化体验中。[④] 就电视节目本身而言，它的意义也与所处的频道、时段、在栏目中的编排位置、上下节目的互文关系等多种语境因素密切相关。所以，一旦电视文本被抽离了这些语境，它就很可能出现原始生产者难以预料的意义变化。

在影像文本被碎片化地抽离出原始语境后，网络传播改变其意义的第二步就是加入新的解释性文本，为剥离出的文本构建新的语境，新的意义就在这种文际之间产生。后结构主义强调能指与所指之间的非固定性（一个符号与另外一个符号之间、一个语境与另一个语境之间的滑移），同时还强调意义是具体的，永远存在于某个语境中。后结构主义强调了意义的偶然性，认为意义来自电视这样的文化文本，强调了所指与符号链接的不稳定性，强调了主体形成的过程中“结构如同语言”的无意识所起到的重要作用。[⑤] 这意味着视频文本内容与受众理解的情况不一定完全相同，这类视频尽管是真实的、未经处理的，但由于传播渠道和受众理解等因素的影响，观众理解的意思有可能与事实不符。文本与其原始语境的背离产生了张冠李戴的效果。

在前文提到的 2018 年 9 月台风“山竹”的报道中，网络上就出现了一系列虚假报道。例如，视频内容“深圳一箱还未来得及抬上押运车的人民币被山竹台风吹跑”，当天被网警辟谣，视频中并非 ATM 钱箱，也非运钞车押送钱箱，且该视频是台风“天鸽”到来时发生的，并非台风“山竹”。此外，还有一则美团外卖员模样的人送外卖的时候被台风“山竹”吹倒在地的视频在网络上广为流传。该视频较为模糊，视频中的男子身穿黄色上衣，经媒体核实后得知此人实际上并非外卖员，而是某高校大学生在取餐

① HODGE R，TRIPP D. Children and Television［M］. Cambrigde：Polity Press，1986：143.

② HARTLEY J. Television and the Power of Dirt［J］. Australian Journal of Cultural Studies，1983，1（2）：62－82.

③ JENKINS H. Textual Poachers：Television Fans and Participatory Culture［M］. New York：Routlegde，Chapman and Hall，1992：26－27.

④ WILLIAMS R. Television：Technology and Cultural Form［M］. London：Fontana，1974.

⑤ 艾伦. 重组话语结构［M］. 牟岭，译. 北京：北京大学出版社，2008：52.

时不慎摔倒。中国气象局也亲自上阵，对当时网络上盛传的几张被称为“山竹”的图片做了辟谣（见图4-13）。

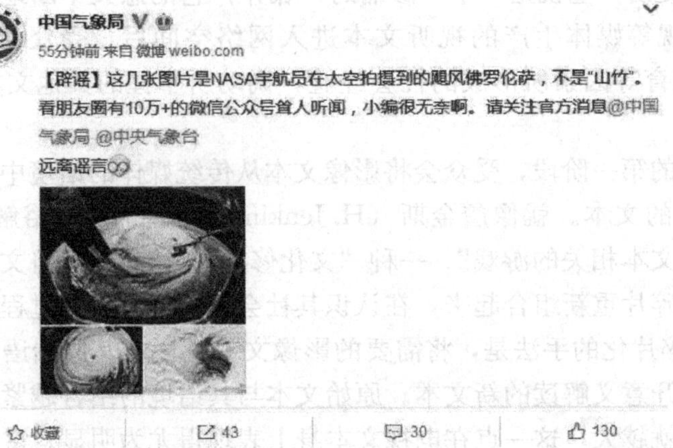

图4-13　中国气象局辟谣网传被称为台风“山竹”的图片

如何维护视听新闻的真实性，《中国广播电视编辑记者职业道德准则》提出了一些非常有针对性的指南：

第七条　广播电视编辑记者应该对报道内容的真实和准确负责，报道必须以事实为依据，不编造新闻，不歪曲、夸大事实。

第八条　消息来源必须真实可靠。应深入新闻现场采集第一手信息，保证新闻要素准确无误；未经证实的消息，应加以说明；除需要对提供信息者保密外，报道中应指明消息来源。

第九条　认真核实报道内容，包括基本事实、背景资料、引述转述语言等。对稿件中采用的声音、图像、数据、文件摘录及其他材料，做到真实、准确、科学、统一。

第十条　报道中的细节必须真实，不加以拔高、想象和夸张。报道所采用的声音、图像均应来自新闻现场或与报道主题相关的采编活动，而非个人编造或拼接。

第十一条　在报道、说明、解释和评论事实时，要全面把握和正确反映社会生活的本质和主流，避免因为报道肤浅、片面而导致公众对事物的判断产生偏差或错误。

第十二条　报道一经发布，如果发现错误，应立即公开更正。[①]

第三节　客观公正、隐私保护及其他

除了追求新闻的真实性，杜绝假新闻，客观和公正原则同样是媒体的道德指向。此外，隐私权的保护、著作权等兼及伦理和法律的问题也都是新闻报道中需要注意的问题。

---

① 国家广电总局．中国广播电视编辑记者职业道德准则［EB/OL］．(2004-12-09)［2020-04-10］．http://media.people.com.cn/GB/40759/41275/3044000.html.

一、客观公正

在从事新闻报道时，维护根本的社会公正是记者的主要职责和义务。[①]

（一）谨慎地平衡好职业要求与个人立场的关系

记者首先是一个职业角色，但同时也是生活在具体社会环境中的个体。面对新闻事件时，作为个体的记者不可避免地带有自己的情感、态度，这与职业所要求的客观公正会不时产生冲突，需要谨慎平衡。“今天的记者必须在如实报道事件与发表个人见解之间蹚出一条自己的路。”[②]

2006年6月26日，北京时间凌晨三点，第18届世界杯足球赛16进8的一场淘汰赛在意大利国家足球队与澳大利亚国家足球队之间展开，意大利队最终获胜。比赛尘埃落定后，中央电视台负责解说的体育评论员一段充满激情的解说引起了广泛的质疑和批评。他在直播中高喊：“点球进了，澳大利亚队可以回家了，意大利没有再输给澳大利亚队。伟大的意大利的左后卫！马尔蒂尼今天生日快乐！意大利万岁！伟大的意大利，意大利人的期望，这个点球是一个绝对理论上的绝杀。绝对的死角，意大利队进入了八强！这个胜利属于意大利，属于卡纳瓦罗，属于布冯，属于马尔蒂尼，属于所有热爱意大利足球的人!”这一事件之后，这位主持人被停止了世界杯解说，不久后离开中央电视台。[③]

客观和公正是每一位新闻工作者在处理新闻时需要遵守的道德准则。但是，这位主持人在比赛时的解说中充斥着强烈的个人好恶，偏离了电视台解说员本应该有的中立立场，他的解说也没有客观地反映整场比赛，尤其是反映澳大利亚队的努力和成果。比赛固有输赢，但是澳大利亚队面对传统强队意大利队能够坚持90分钟，仅仅在最后时刻送给对手一个具有争议性的点球，其表现有目共睹，但是这位解说员完全没有提及，而是以“可以回家了”这样的语句揶揄。

长期以来，客观公正是世界范围内新闻业遵循的一个基本职业理念。媒体“不能根据某种观点或偏见报道事实”[④]，这是整个新闻行业的行为标准。在视听新闻领域，《中国广播电视编辑记者职业道德准则》对报道的客观公正有相当具体的操作规范，涵盖了日常报道中可能面临的主要情形：

> 第十四条　坚持准确、公正、全面、客观的报道原则。不从个人或小团体利益出发进行影响公共利益的报道。
>
> 第十五条　区分报道事实和评价事实，不将评论或猜测作为认定的事实发表。
>
> 第十六条　不参与任何可能有损于自身公正和信誉的组织及活动；不在自己服务的媒体上发表本人及亲属涉诉事件的报道和评论；不阻挠正当的舆论监督。
>
> 第十七条　正确行使舆论监督职能，勇于批评和揭露违法违纪行为、消极腐败现象和违背社会公德的不良风气，弘扬社会正气，捍卫社会公正，维护社会稳定。

---

① 陈绚．新闻传播伦理与法规教程［M］．北京：中国传媒大学出版社，2007：49.
② 施瓦茨．美联社新闻报道手册［M］．北京：中央编译出版社，2014：35.
③ 张宸．当代西方新闻报道规范：采编标准及案例精解［M］．上海：复旦大学出版社，2008：100.
④ 同②.

第十八条　批评性或揭露性报道要有利于问题的解决。不追求所谓“轰动效应”、哗众取宠；不以个人情绪代替政策法律、发泄私愤、中伤他人。尊重被批评者申辩的权利。

第十九条　案件报道不应影响司法公正和法律判决。不偏袒诉讼任何一方；案件判决前，不作定罪、定性报道；不针对法庭审判活动进行暗访；报道公开审理的案件，应遵守相关法律规定。

第二十条　报道中避免对种族、性别、年龄、职业、宗教信仰、教育程度、居住地等的任何歧视。①

除了国家、行业管理层面上的规范外，一些大的广播电视机构内部也对客观公正原则有自己的规定，作为其编辑、记者从事相关报道时的指南。比如，BBC在其新闻报道规范中对客观公正就有如下规定：

● 我们寻求提供完整平衡的服务，它由广泛的主题和观点构成，并在我们所有的产品中占一个适当比例。当涉及政治、产业论证或与当前公共政策相关的主要问题时，我们要特别谨慎。

● 我们力图反映范围广泛的意见，探究一个范围及其相冲突的观点，以便不使某些重要的思想被有意地忽略或低估。

● 涉及有争议的主题时，我们必须如实地叙述对立的观点。

● BBC报道的方法、语气必须始终反映我们的编辑价值观。节目主持人、记者和通讯员是BBC公开的脸面和声音，他们会对我们的公正性产生重要影响。

● 我们的新闻记者和节目主持人，包括那些新闻和时事节目的主持人，可提供专业的判断，但不能就公共政策问题、政治或产业争议发表个人意见。

（二）处理好利益关系

秉持客观公正除了需要严格遵守如上述要求的新闻报道规范，还需要处理好一个隐性的重要问题：利益关系。

菲利普·帕特森（Philip Patterson）和李·威尔金斯（Lee Wilkins）在其《媒介伦理学：问题与案例》中提到这样一个例子：

国际著名传媒出版公司迪士尼在庆祝十五岁生日时邀请了1 000多位客人来参加为期三天的庆祝活动。他们中的一半是来自媒介的代表，而另一半是这些代表的家属和朋友。迪士尼公司和当地政府等机构共为这项活动报销了大约800万美元。参加庆祝会的媒介代表有许多人是一分钱都没有花的。迪士尼公司预计，在这次活动中，电台、电视台至少向美国的各个角落播出了1 000多个小时的新闻报道。迪士尼的广告主管约翰·麦克林托克直言不讳地说：“那是一个交易，没人想看到客观性的报道。我们之间是宣传与被宣传的关系。”②

---

① 国家广电总局．中国广播电视编辑记者职业道德准则［EB/OL］.（2004-12-09）［2020-04-10］. http://media.people.com.cn/GB/40759/41275/3043996.html.

② 帕特森，威尔金斯．媒介伦理学：问题与案例：第4版［M］．李青藜，译．北京：中国人民大学出版社，2006：49-50.

对于媒体工作者而言，接受迪士尼公司的邀请，免费旅行、住宿和餐饮显然有利益冲突的问题。在这样的情况下，记者报道新闻时往往不能从客观事实出发，而是容易为利益集团提供的好处所影响。因此，一旦利益冲突问题解决不好，便会直接威胁到新闻报道的公正、客观和准确，而传媒自身的声誉和利益也会受到损害。

根据主体的不同，传媒活动中的利益冲突主要有两种。一种是传媒与广告商等经济利益主体的冲突，另外一种是传媒与政府的利益冲突。特别是在第二种冲突中，因为国家利益或法律规定的特殊情况，传媒的利益必须服从国家的利益。

美伊战争时期，美国军方就对报道战争的各媒体记者采取“嵌入式”报道的方法来加以管理。按照前来采访战况的各国记者的总人数比例，有计划地安排小部分经过严格筛选的各类传媒记者加入一、二线的作战部队里，进行直接的采访报道。参与“嵌入式”采访的一名美国广播公司（ABC）记者说，在“嵌入式”采访中，由于太接近美军士兵，不少记者内心都出现了微妙的变化，报道也朝有利于美军的方向转化。政府和军队等作为利益主体对于传媒的影响是显而易见的。①

与这种利益冲突相比，媒体和广告商等经济利益主体的关系是我们更常见的问题。比如，接受消息来源的好处，即消息来源或采访对象“无偿”提供给传媒职员各种礼物、服务甚至是贿赂。“无偿”并不代表提供者没有从中获利的企图。在以上迪士尼公司向新闻记者提供好处的案例里，公司的广告主管就清楚地表明希望新闻记者能够对其活动和公司本身进行正面报道。

在处理利益冲突方面，《中国新闻工作者职业道德准则》明确规定：

- 坚决反对和抵制各种有偿新闻和有偿不闻行为，不利用职业之便谋取不正当利益，不利用新闻报道发泄私愤，不以任何名义索取、接受采访报道对象或利害关系人的财物或其他利益，不向采访报道对象提出工作以外的要求。
- 严格执行新闻报道与经营活动“两分开”的规定，不以新闻报道形式做任何广告性质的宣传，编辑记者不得从事创收等经营性活动。②

中央电视台也针对抵制“有偿新闻”出台了十项具体规定：

一、不准利用采访、拍片、制作、审片、播出等工作，向采访报道对象索要财物或接受采访报道对象以任何名义给予的钱物、有价证券、信用卡。严禁以片谋私，以播谋私，以设备谋私。

二、不准以试看、试听、试用或借用等名义，向采访报道对象索要或接受住房、交通工具、通讯工具等物品。

三、新闻报道不准收费，不准以新闻报道形式为企业或产品做广告，广告和产品信息类广告应按规定播发广告标识。

四、我台新闻中心只接收地方电视台的新闻片；需发新闻的单位直接同新闻中心联系，我台不准接收个人或中间人送来的新闻。

---

① 王宪生．对“嵌入式”报道的分析：以伊拉克战争报道为例［J］．中国广播电视学刊，2004（5）：74.

② 中华全国新闻工作者协会．中国新闻工作者职业道德准则（中华全国新闻工作者协会第九届全国理事会第五次常务理事会2019年11月7日修订）［EB/OL］．（2019-12-15）［2020-04-10］．http://www.xinhuanet.com/politics/2019-12/15/c_1125348618.htm.

五、记者、编辑、播音员、主持人等非广告业务人员不准从事拉广告等经营活动。

六、播音员、主持人、记者不准为企业做广告片。

七、不准从事第二职业，私自在外单位兼职，领取报酬或在采访报道对象单位参加评模选优领奖。

八、赞助活动和合办节目必须按台的规定报批，所有赞助经费必须汇入中央电视台财务，不准把赞助费放在中央电视台以外的帐户上。

九、不准利用职务便利，以批评报道相威胁或以表扬报道相引诱，为个人或小集体谋利。

十、外出采访的记者、主持人应主动出示本台介绍信和采访证，严防假冒。不准参加个人擅自组织的采访报道活动。①

值得一提的是，“有偿新闻”并非仅限于新闻职业道德的范畴。“有偿新闻”的非法所得如果达到一定数额，或者有其他严重危害社会的情节，行为人就可能触犯刑律构成受贿罪。

二、隐私保护

2003年的伊拉克战争中，美军第七骑兵团上尉克莱·雷里的妻子斯蒂芬妮居然在家中的电视上看到丈夫所在的兵团长驱直入伊拉克境内，她从大批向巴格达挺进的装甲车和坦克之间，认出了自己丈夫的身影。没过多久，这位美国大兵的妻子就差点被电视中直播的战场画面惊出一身冷汗。3月21日晚上，斯蒂芬妮和她的几名朋友正坐在家中看电视上模糊的绿色战场画面。突然，电视画面剧烈地晃动起来，接着是一声惊天动地的炸弹落地的响声，她们听到电视中充满了惊慌的喊叫声、奔跑声，“全到装甲车里去！戴上防毒面具！所有人！全到装甲车里去！”一个士兵在黑暗中大声嘶喊。斯蒂芬妮认出了那正是她丈夫的声音，他们遭到了伊拉克军队的反击，在炮火攻击下她丈夫大声对他的部队下着命令。那声炸弹的巨响使斯蒂芬妮的心差点提到了嗓子眼，由于过分紧张和担心，她离开了电视机。“我不知道我是否还有勇气从电视上看他们与伊拉克士兵面对面战斗的场面，也许对我们来说，那种场面太过分了。”一些美国士兵的妻子或女朋友纷纷在当地电视台接受采访，反对CNN直播战争场面的尝试，她们认为不仅那些战争场面会让士兵的家人感到更加担心和忧虑，而且，随军记者的直播还会干扰和影响战场上的士兵，给他们的生命造成额外的危险。②

今天，我们正陷入一个被镜头包围的时代。不管愿意不愿意，我们都有越来越多的可能被拍摄；不管愿意不愿意，那些被拍摄下来的影像——我们所关心的和根本不关心的——正如此频繁而深入地侵入我们的生活。

几乎每一个人，当他初次面对镜头的时候总会有莫名的紧张感。人们对镜头的这种紧

① 中央电视台关于禁止有偿新闻十项规定［EB/OL］.（2007-03-05）［2020-04-10］. http://www.cctv.com/profile/special/C17724/20070305/104387.shtml.

② 伊拉克战争打响 电视直播让亲人更担忧［EB/OL］.（2003-03-23）［2020-04-10］. http://www.2008.sina.com.cn/w/2003-03-23/0448961022.shtml.

张感，有对镜头背后所代表的话语强势的排斥，也有对个人隐私的本能保护。总之，当镜头对准我们时，一切都变了。一位网友在自己的博客中这样描述对着镜头的感受：

> 镜头，一种窥探世界的工具……除了演员，普通人都或多或少地有镜头恐惧症。包括我，虽然很自恋，但是不喜欢成为别人镜头中的一分子。那种被别人掌控的感觉……不是那么好。“镜头暴力”，这样的尝试，和同学玩过一次，今天又玩了一次。效果都一样，很有意思。我们并没有什么其他的意思，只是试验一下。当每个人看到硕大的摄像机冲着他们时，惊慌的每一个细节都被那个小小的孔捕捉到。有的人，会错乱地跑掉。有的人，会假装镇定，做着自己的事情，但是，偶尔回眸也被记录下来，他们在在意着这个小小的东西是否还在关注他们，他们在不自在，在装，装出一副“我不怕你”的状态。不过，还是有些人，会很大方，估计他们是很有表现欲望的人……那天，我们却遇到一个“棒棒”很真，在镜头面前很镇定，讲述着自己的故事，直到落泪，心酸，离开……开始的惊愕状很快变成了倾诉状，应该是对镜头的依赖让他会如此从容吧。想借助这个机器，传递出自己的苦楚……如果不是这样，相信他也会和大多数人一样，有害羞的表情，仓惶而逃，甚至推开镜头……在“镜头暴力”面前人们变得很不诚实，问什么都是好的，都是积极的，很少有人会说“不”“不好”，即使心里有想法。如果你放下镜头，口头交流，他们可能就会畅所欲言了。也许是对镜头的一种不信赖。[①]

这段文字里所描述的情形反映了现实生活中人们面对镜头时的种种心态。“‘镜头意识’是人类普遍存在的一种反应，这种反应就像是一个人意识到被别人盯着看时的反应。‘镜头意识’主要表现为三种情形：一种情形是不知照相机和镜头为何物的人，在镜头前流露出困惑和好奇；另一种情形是知道照相机和摄影的人，在镜头前流露出的紧张、羞涩和逃避；第三种情形则是熟悉照相机和摄影的人在镜头前的媚笑、装腔作势和搔首弄姿等形形色色的‘配合’和‘表演’。”[②] 面对这种“镜头暴力”，个体总是处在弱者的地位。有节制地使用镜头，警惕拍摄行为和相关画面的使用可能对个体造成的隐私侵犯，这需要媒体的自律，也需要社会伦理、法律等诸多力量的制约。

1. 什么是侵犯隐私权

隐私权是指个人有依照法律规定保护自己的隐私不受侵害的权利。隐私权的主体只能是自然人。与隐私权经常相提并论的一个概念是名誉权。与名誉权不同，隐私是属于主体真实的、客观存在的事实，而不是捏造出来的。至于是否予以公布，应该看是否违背当事人的主观意愿。侵害名誉权的言论一般都含有贬义，而披露隐私无论褒贬都有可能造成侵权。

2. 在什么情况下媒体有不构成对隐私权侵犯的理由

如果媒体报道的是和社会公共利益有关、必须公开的事项，则是不受隐私权保护的。而如果经过有行为能力的当事人同意，媒体的相关报道行为也不构成侵犯隐私权。除此之外，媒体在报道中也可以做一些技术处理，使公众不能从新闻报道中辨认或推断有关当事

① 镜头恐惧症［EB/OL］.（2006-12-07）［2020-04-14］. http：//blog. sina. com. cn/s/blog_48e6fabc010006wo. html.

② 盛希贵 . 影像传播论［M］. 北京：中国人民大学出版社，2005：211.

人，如使用化名、变声处理、面部打马赛克等。

在保护报道对象的隐私权方面，视听新闻日常操作中的隐性采访是一把需要小心使用的双刃剑。

隐性采访是相对于显性采访而言的。《新闻学大辞典》对于“隐性采访”的定义是，“记者隐瞒记者身份或采访目的而进行的采访。隐性采访一般用于一些特殊情况……常见诸报端的‘暗访’即‘隐性采访’”。隐性采访又可以分为介入式采访和非介入式采访两大类。介入式采访，即记者假冒各种身份，与事件的当事人交往，以获得新闻信息；非介入式采访，是指记者不显露自己的身份，以旁观者的眼光观察，没有介入或者干预事件的发生、发展过程而获得的新闻信息。[①]

从某种程度来讲，隐性采访能够最大限度地逼近新闻事实真相，突破显性采访环境的封闭性和事实的隐蔽性，这样的新闻具有很高的新闻价值。但是不可否认，隐性采访的采访效果是双重的。在满足了受众的知情权和履行了舆论监督义务的同时，从采访对象的角度而言，由于当事人在被采访过程中不明记者身份，记者以这种欺骗方式获得的新闻是不符合新闻伦理道德的。此外，隐性采访有可能会透露一些涉及个人或相关组织隐私的信息，侵犯采访对象的隐私权。

因此，在舆论监督和法律规制中间，隐性采访的合法与否至今尚未有定论。不能否认的是，在追求公共利益的前提下，隐性采访作为新闻报道的一种方式，能够增强舆论监督，保障人民的知情权，是新闻报道尤其是广播电视新闻报道常见的一种手段。像中央电视台《焦点访谈》的很多节目就是因为成功的隐性采访使得一些不为人们所知的黑幕走入公众视野，起到了舆论监督的作用。但是，隐性采访也面临着众多的法律禁区。当隐性采访涉及国家机密、商业秘密、个人名誉和隐私、肖像权和人格尊严等问题时，除非有符合公共利益的抗辩原因，否则隐性采访是不受法律保护的。

三、其他

国际上对于规范新闻传播活动的法律法规通常称为媒介法（media law）、传播法（communication law）、大众传播法（mass communication law）、新闻法（press law）。新闻传播法的渊源和法的渊源一样，具有多样性。大陆法系国家一般实行成文法和制定法，同样，在新闻传播法方面也相应地制定一些法律法案等法规性文件；在英美等海洋法系国家，新闻传播法中的判例和习惯占有重要地位。我国作为成文法国家，虽然没有关于新闻传播活动的单一法律文件，但是宪法、法律以及近年来国家颁布的若干规范新闻传播活动和新闻媒介的专门性行政法规、规章组成了我国新闻传播法的主体。对于广播电视和互联网视听新闻传播活动的法律规制主要有以下几类：

法律：除宪法和刑法外，《中华人民共和国著作权法》《中华人民共和国广告法》《全国人民代表大会常务委员会关于维护互联网安全的决定》等法律和关于法律的决定都对某些新闻传播活动做出了规定。

---

① 陈力丹．介入式暗访不能作为采访的常规［J］．今传媒，2006（12）：6-7.

行政法规：《广播电视管理条例》《音像制品管理条例》《互联网视听节目服务管理规定》《互联网信息服务管理办法》《广播电台电视台播放录音制品支付报酬暂行办法》《中华人民共和国著作权法实施条例》《出版管理条例》《信息网络传播权保护条例》《广播电视设施保护条例》《卫星地面接收设施接收外国卫星传送电视节目管理办法》《卫星电视广播地面接收设施管理规定》等。

规章：主要是国家广电总局等部门根据宪法和有关法律制定公布的有关广播电视、网络视听的专门规章。如《广播电视节目制作经营管理规定》《未成年人节目管理规定》《广播电视编辑记者、播音员主持人资格管理暂行规定》《专网及定向传播视听节目服务管理规定》《广播电视视频点播业务管理办法》等。

这些法律法规规定了参加视听新闻传播活动各主体享有的权利和应承担的义务。新闻传播活动涉及的社会关系非常复杂，它包括新闻机构与国家之间、新闻机构与社会公众之间、新闻机构相互之间等多方面关系。对于媒体从业者而言，这些法律法规对视听新闻传播活动的主体——新闻媒体——的报道活动进行了规制。这种规制除了对国家安全、社会稳定等方面的要求，对新闻侵权的界定和处罚是重点。新闻侵权，一般是指通过新闻手段，对公民、法人和其他社会组织的名誉权、荣誉权、姓名权、名称权及其他合法权益造成的不法侵害。① 在我国，新闻媒体面对的很多个体或社会机构长期处于相对强势的地位，因而很多人或组织在遭到新闻侵权后往往不诉诸法律。相应的，新闻媒体和新闻工作者也常常忽视这个问题。但近年来，新闻侵权官司屡屡出现，多家媒体被判承担侵权责任，说明随着社会民主进程的加快、公民个人意识和法制意识的觉醒，新闻侵权问题已经越来越受到社会关注。遵守新闻传播活动相关的法律规定，避免新闻侵权行为，应当成为新闻工作者的基本素养。

【本章小结】

本章主要探讨了视听新闻报道中的伦理与法律问题。新闻工作者应当警惕报道可能带来的人道主义伤害，维护新闻真实性，秉持客观公正立场，遵守法律法规，避免各类新闻侵权行为。

【本章思考题】

1. 视听新闻报道中应如何平衡各方利益以实现人道主义关怀？
2. 视听新闻生产环节出现的造假行为主要有哪些？
3. 视听新闻的客观公正如何在具体的报道行为中体现？
4. 案例分析：请找一个涉及隐私权争议的视听新闻报道，分析其是否存在隐私侵权，说明你的理由。

---

① 孙旭培. 新闻侵权与诉讼［M］. 北京：人民日报出版社，1994：1.

【本章推荐】

影视剧中的新闻人、新闻事

本章推荐欣赏电影《搜索》。电影讲述了都市白领叶蓝秋因为公交车上不让座的小事被拍视频发到网上后引发的故事，其中展现的网络暴力现象充满现实生活的影子，引发了新闻传播伦理层面的思考。

【附录】

部分视频案例网址

1. 中央电视台——记者直击汶川野战医院手术（https://v. youku. com/v_ show/id_XMjc4OTM3Njg=. html?）。

2. 北京电视台《透明度》——《纸做的包子》（https://tv. sohu. com/v/dXMvNjMzMTM1MTIvNTg4MzU3MDYuc2h0bWw=. html）。

3. 中央电视台《世界周刊》——《谁动了我的主权?》（无视频）（http://news. sina. com. cn/w/2004-06-29/20552942216s. shtml）。

中编

技能篇

第五章

视听新闻节目形态

【本章学习要点】

本章所提及的视听新闻节目形态分为传统视听新闻与新兴视听新闻两个大类，两者在形态上有一定的差异，但在基本特征和表达理念上是共通的。在视听新闻节目的发展过程中，广播电视作为先行者做出了广泛而深入的探索，形成了视听新闻节目沿袭至今的基本形态。在此基础上，互联网和新媒体技术为视听新闻节目的表达注入了新的元素，使视听新闻节目形态进一步丰富多样。

● 传统视听新闻节目主要指经典的广播电视新闻节目，包括消息、专题、评论、现场直播等基本类型。

● 新兴视听新闻节目将围绕当下互联网视听新闻创作实践中的几种代表性形态进行探讨，包括短视频新闻、网络直播新闻、互动新闻、沉浸新闻等新兴视听新闻节目形态。

今天，让中国人感到最振奋人心的消息，恐怕就是人民海军喜提首艘国产航母。当然了，山东人一定会更嗨，因为首艘国产航母的名字就是“山东舰”。在电视里看到它威武的样子真的是让人特别感慨。国产航母可以说是一路上劈波斩浪，这“航速”是相当快。我们的装备很硬核，而且以后还会越来越硬核。但它们守护的是另一个“和”，“和平”的“和”。双航母，让我们心里更有谱，也让和平更靠谱。中国海军，走你！

以上这段话来自一则《新闻联播》主持人海霞所主讲的短视频，时长为44秒，2019年12月17日发表在《新闻联播》的抖音官方账号，标注为《主播说联播》短视频栏目。

我国第一艘国产航空母舰“山东舰”，17号下午在海南三亚某军港交付海军，中共中央总书记、国家主席、中央军委主席习近平出席交接入列仪式。

这是12月17日当天《新闻联播》头条新闻中关于“山东舰交付”的导语，随后是一则时长为8分钟的长新闻。这则新闻在内容规范与新闻表述上都体现了《新闻联播》作为国家权威信息发布平台一贯的严谨性与严肃性。

这两则视听新闻的发布主体都是《新闻联播》，新闻内容也都与“山东舰交付”有关。但是发布的平台、内容的形式、讲述的语态都大不相同。一则极具亲和性与感染力，一则有着一句千钧的权威力量。这两则新闻的区别，可以被视为当下视听新闻节目发展变化的缩影，其中蕴含着不同节目形态的不同表达逻辑。

罗杰·菲德勒（Roger Fidler）在《媒介形态变化：认识新媒介》一书中视形态为具有不同传播方式和依托不同载体的图书、杂志、报纸、广播、电视媒介形式；划分不同媒介形态的标准是语言、结构、内容、形象定位元素。这是宏观层面上对于传播媒介形态进行的区分。

本章会更为关注微观层面的"节目形态"。节目形态的最小单位就是节目元素，诚如本书第一章所述，所有的视听表达归于基本要素就是画面、声音、文字、特效等基础符号，这些要素组合方式的不同会造成最终节目形态的不同。视听新闻要完成信息传达，仅仅依靠基础符号要素是无法实现的，需要通过不同的方法组合衔接，让这些符号能够构成样态不一、各具特色的视听新闻节目，其后才能完成每一种节目样态所承担的传播任务。

本章将重点放置于视听新闻节目形态，带领大家了解不同节目形态的表现形式与基本的处理方法。

第一节　广播电视新闻节目的基本形态与特点

广播电视改变了纸质阅读以文字为主的表达方式，以视听综合的独特方式为受众进一步打开了了解外部世界的大门，夜以继日、高效快捷地为受众提供无远弗届的新闻信息。在长期的发展过程中，广播电视媒体形成了相对固定的新闻报道理念与方式，由此产生了一系列基本的节目形态，形成了广播电视新闻生产的基本制作框架，包括节目名称、主题、内容、时长、视觉表现形式等，与新闻传播的速度、广度与深度紧密契合。

一般来说，不同的新闻事件需要不同的传播走向，受众对同一个新闻事件也可能产生不同层面的信息需求，而广播电视的不同节目形态正是围绕着不同事件的传播需求与不同受众的信息需求而产生的。

这些需求主要有哪些呢？概括起来就是三个关键词：

(1) 时效。

时效是指最及时地获知新闻事件的有关信息，特别在重大突发事件发生时。

(2) 深度。

深度是指全方位、多层次地了解新闻事件，以便做出正确的认知。

(3) 判断。

这里的判断是指在全面掌握信息的基础上做出价值判断，力求使这种判断符合主流价值观。

对应以上三方面的需求，广播电视新闻节目大致可以分为三大类，即消息、深度报道和评论（见图 5-1）。

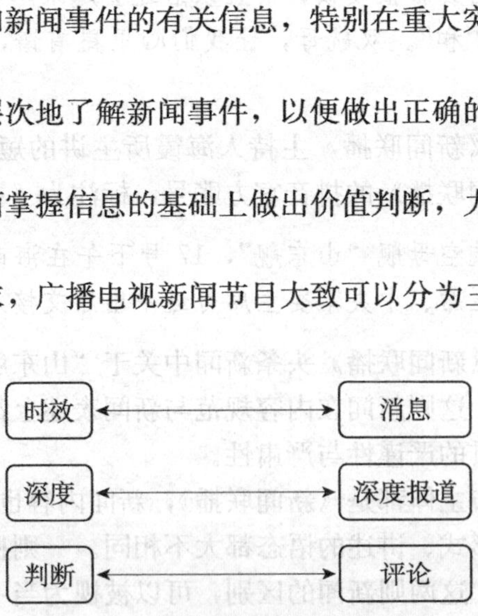

图 5-1　广播电视新闻的基本分类

一、广播电视消息

广播电视消息是指迅速及时、简明扼要地报道新闻事实的广播电视新闻体裁。它力求以最快的速度、最简洁的语言报道新闻事实，一般报道事实的概况、关键情节而不讲述详细的经过、细节，以简要的语言文字和突出的现场视听信息迅速传播新鲜的事实，是最广泛、最常被采用的广播电视新闻节目体裁。广播电视消息简洁灵活、迅捷便利，可以适应现代化快节奏生活中人们对于大量信息获取的需求。因此，消息在每天的广播电视新闻报道中占据着最大的比重，以消息为主体构成的新闻栏目是广播电视机构显示要闻总汇的主渠道，是观众了解国内外大事的主要窗口。消息类广播电视新闻在报道上呈现着突出的视听特点，主要概括为三个字：快、短、活。

（一）快

时效性是新闻的核心要素之一，而广播电视消息是最能够将新闻的这一特征发挥得淋漓尽致的节目形态。消息类新闻所报道的对象多为动态事件，时效性是其重要的衡量指标。作为广播电视新闻报道的尖兵，及时反映新闻事件进程是对广播电视新闻最基本的要求。

新闻是易碎品，今天的新闻就是明天的历史，这在信息爆炸的当代更是如此。先入为主是人们的普遍心理，一旦形成心理定式，要想改变就不容易了。对于面临着巨大竞争压力的电视新闻媒体而言，赶时效、抢首发是其发挥传播优势、抢占新闻制高点的有效武器，这已经成为一种共识。

尤其是在突发事件发生以后，广播电视消息是能够第一时间将信息进行传递的广播电视节目体裁，而制作处理的关键是，如何来实现时效？如何在时效性达成的基础上仍保证新闻信息量的完整？我们来看一个案例（见图 5-2）。

2019 年 6 月 17 日 22 时 55 分，四川宜宾市长宁县发生 6.0 级地震，当晚四川电视台新闻频道《晚报十点半》栏目对该突发事件进行了时效性颇高的新闻报道，具体操作如表 5-1 所示。

表 5-1　四川电视台新闻频道《晚报十点半》栏目对宜宾地震的报道

时间	报道方式	新闻内容
23：06	大屏画面 演播室口播	今天晚上 6 月 17 号的 22：55，在四川宜宾市长宁县附近，北纬 28.39 度，东经 104.94 度，发生 5.8 级左右地震，最终结果以正式速报为准。刚才在我们四川广播电视台 7 楼的直播间也有明显的震感。关于这次地震，我们将给大家带来持续的报道，请大家密切关注我们的节目。
23：17	演播室口播	刚才我们报道了在四川宜宾的长宁县发生 5.8 级地震的消息，那现在我们得到了一个数据的最新更新，一起来看一看。6 月 17 号的 22：55 在四川宜宾市长宁县，北纬 28.34 度，东经 104.90 度，发生 6.0 级地震，震级从刚才的 5.8 级更正为 6.0 级，震源深度 16 千米。在地震发生之后，我们的记者已经火速赶往了四川省地震局了解最新的情况；另外，我们的 SNG 卫星直播小组也紧急集合，准备立即前往宜宾的长宁县，随时为大家发回最新的报道，请大家密切关注本频道的节目。

续前表

时间	报道方式	新闻内容
23：32	演播室与前方记者电话连线	主持人：今天的 22：55，四川宜宾的长宁县发生 6.0 级地震，在成都有明显的震感。地震发生之后，我们的记者在第一时间赶往了四川省地震局，现在马上通过电话连线前方记者李嘉瀚，了解一下他在地震局了解到的情况。 记者：主持人好，观众朋友大家好，那么我现在所在的位置是四川省地震局，刚刚我们到这里的时候，这里的办公楼还没有开灯，现在是基本上所有的工作人员都已经到岗了，整个地震局的办公楼已经是灯火通明，包括监测预报、震害防御以及应急救援等相关的工作人员都已经到岗。然后我们了解到地震局的相关领导和工作人员现在正在会议室来讨论这一次的灾情，目前我们还没有得到这边的一些详细的数据，大概是在 10 分钟以后我们可以有一些消息发回到台里给观众。 主持人：好，谢谢，我们期待在 10 分钟之后再次和您取得联系，了解更多的情况。
23：45	演播室口播＋现场画面	演播室：来看一条我们刚刚收到的消息，6 月 17 号 23：36，在四川宜宾市珙县，北纬 28.43 度，东经 104.77 度，发生 5.1 级地震，震源深度 16 千米。在今天晚上的 22：55，在宜宾长宁县发生了 6.0 级地震，震源深度是 18 千米。之后，也陆续发生了几次余震，那现在我们陆续收到了一些观众从当地给发来的视频，我们来看一下。  **图 5－2　四川电视台《晚报十点半》新闻画面截图** （注：现场发来的视频并没有解说，主持人根据画面情况进行了相关介绍，包括街头人群的密集程度、慌乱程度，对被困人员的救助情况，此段时长约为 3 分钟） 主持人：关于更多的这个地震的消息，我们也将在第一时间为大家发回最及时的报道。

续前表

时间	报道方式	新闻内容
23：58	演播室与前方记者电话连线	主持人：今天的 22：55，宜宾长宁发生了 6.0 级地震之后发生了多起余震。在地震发生的时候呢，我们公共乡村频道的记者吕婷正在宜宾长宁采访，在地震发生之后，她火速赶往了震中。目前正在赶往震中的路上，马上我们电话连线前方记者了解一下她目前了解到的情况。 记者：我们现在正在宜宾的兴文县，正在往长宁县走的路上。据当地的群众介绍，这一次的震中是在长宁县的一个叫作梅硐镇的地方。在网上有流传，说梅硐镇那边有一个红梅宾馆发生了倒塌，有人员的伤亡。地震发生的时候，我和我的搭档也在兴文县，当时感觉到震感是非常强烈的。我们来到路上，兴文当地县城里面的房屋没有损坏，但是有很多的老百姓走到了路上。 主持人：我想再问一下这个兴文县距离长宁县大概有多远的一个距离呢？ 记者：兴文县城距离长宁县城大概有 60 公里，但是距离震中梅硐镇只有不到 30 公里。 主持人：目前你们有了解到什么新的情况吗？ 记者：目前我们了解到的就是长宁县目前的情况不是很严重，但是一直都有余震，老百姓一直都在路上也都是很担心的。现在这边也是下起了大雨，可能会加重一些灾情。我们现在了解的情况就是这样，正在往现场赶。 主持人：地震发生后，我们新闻频道的 SNG 直播团队也是第一时间立刻出发，赶往宜宾的长宁县，我们也将随时为大家发回最及时、最新的报道，请大家密切关注。

以上就是宜宾地震发生 1 小时以内四川卫视新闻频道做出的相关反应，通过各种报道手段的综合运用，为关心灾情的群众带来了最为迅捷的一手新闻信息。在当前信息传播高度发达的环境下，我们在处理新闻，尤其是需要重点把握新闻时效的突发新闻时，需要对“快”有着更深刻的理解。

1. 第一时间的快速反应

一般而言，需要抢时效的新闻都是那些比较重要的突发事件，对其新闻价值做出判断并不难，关键在于要能够及时做出第一反应。广播电视消息要善于在第一时间抓住观众对于新闻事件的兴趣点，选择最合适的报道手段获取有关这些兴趣点的关键信息，确定最方便的播出方案并以最快的速度传播出去。

在突发事件发生的第一时间里，观众可能感兴趣的信息如下：

这个事件是什么？

它何时发生、发生在哪里？

它是如何发生的？

它造成了什么样的后果？

事件中的关键人物是谁？

它对“我”（观众本人）或者我身边的人有影响吗？

事件发生后人们的反应是什么样的？

它将如何进一步发展？

…………

一般来说，消息类新闻要提供与新闻事件有关的时间、地点、人物、事件这些基本要素，但出于时效的考虑，如果这些要素来不及一一核实则可以有所取舍。因为信息越多，需要核实的东西就越多，准确报道的时间成本就越高，所以，在对突发事件进行第一轮报道时，内容往往比较精简。

在所有这些信息中，“何事”是最核心的。因此，记者的首要任务就是要把这个核心信息报道出去。

2003 年 3 月 20 日，美英联军发动对伊拉克的战争。新华社伊拉克籍特约记者贾迈勒·哈希姆·艾哈迈德于当地时间凌晨 5 时 33 分（北京时间 10 时 33 分）发出快讯《巴格达响起空袭警报》，从而使新华社以领先 10 秒的优势成为全球第一家报道伊拉克战争开始的媒体。这条快讯只有时间（当地时间 5 时 33 分）、地点（巴格达上空）、事件（响起空袭警报）。因为这些是观众最感兴趣的，也是新闻事件的核心所在，所以要在第一时间抢发出去，而其他信息则可以后续报道。

2. 编排策略与技术手段

对于那些突发性事件，要敢于突破常规，尽快播发。如果在栏目中，要安排在靠前的位置甚至是头条。而一些特别重大的新闻，则要中断正常节目的播出在第一时间插播。有时候，时效的竞争往往在分秒之间，稍一犹豫就可能被别人占得先机。

2003 年 2 月 1 日 22 点（北京时间），载有七名宇航员的美国哥伦比亚号航天飞机在返回地球时解体坠毁。当时还没有开播新闻频道的中央电视台果断决定，中断一套正在播出的连续剧插播这条新闻。主持人罗京报道：“美国哥伦比亚号航天飞机失事，机上有七名宇航员，生还可能性不大。美方分析应该与恐怖活动无关。”画面采用的是 CNN 的信号——航天飞机拉着白色长线由一点分离成多点，并做了反复回放。

在宜宾地震新闻案例中也可以注意到，面对重大突发新闻，《晚报十点半》栏目打破原有编排，在 23：06、23：17、23：32、23：45、23：58 五次插播地震相关消息，完成了对地震信息的及时反映。

同时，为实现新闻传播中时效性与信息量的统一，也可以采取诸多技术手段，例如：

（1）直播。

直播的方式是多样的，可以是记者的出镜报道，也可以是记者的电话报道，还可以直接引入现场信号。

事件发生后，最理想的当然是有记者在现场出镜进行直播报道，但是这取决于现场的条件和技术支持的程度。如果无法进入现场而技术上又能够达到，则应要求记者尽量选择靠近新闻现场的地方进行出镜报道。如果不具备出镜报道的条件，那么可以退而求其次，由记者做电话直播报道。如果记者不能及时到达新闻现场，则可以通过电话采访新闻事件的当事人、目击者或者知情人。此外，还可以直接引入其他媒体关于此事的直播报道信号，同步解说（既可以是利用别人的画面，用自己掌握的信息解说；也可以完全利用对方的信号，进行同步翻译）。当然，这要在政策许可、对方同意的情况下才能进行。

（2）口播报道。

如果由于技术条件限制，无法获得图像信号，或者出于时效的考虑来不及取得图像信号，则可以由主持人或播音员进行口播报道。

(3) 飞字幕。

为了抢时效，有些最新消息或者消息的最新进展可以采取飞字幕的形式，先把消息的核心内容抢先报道出去。

3. 报道手段

时效性的争夺不仅体现在新闻开始发生时报道的先后，而且贯穿于整个事件的进程中。对于新闻事件的报道要善于变结论式报道为进程式报道，尤其是突发事件，一般都是“正在发生的事件”，其结果瞬息万变。因此，如果只是在新闻事件全部或部分有了结果或者定性以后再进行报道，毫无疑问，这种结论式报道不仅在时效性上会大打折扣，使“突发”事件变得不那么“突然”了，对受众心理的刺激程度就大大降低，而且其信息量也是极度缺乏的，在事件发展过程中的各种情况就无法展现在受众面前。因此，广播电视新闻报道要敢于并且善于主动深入事件的过程，进行及时的追踪报道，在事件还没有最终结果的情况下随时报道最新进展，可以使观众始终保持对于事件的猜测和对新闻报道的期待，从而将他们牢牢吸引住。

(二) 短

作为电视新闻报道的“轻骑兵”，短小精悍是广播电视消息的一个重要特点。按照中国广播电视新闻奖的评选标准，“短消息”时间在 1 分 30 秒以内；“长消息”时间在 1 分 30 秒至 4 分钟之间。中国新闻奖评选办法也规定，“广播、电视消息类作品不超过 4 分钟”[①]。而根据一项统计显示，美国三大电视网（CBS、NBC、ABC）的平均新闻时长大约为 1 分 30 秒。[②]“短”是对新闻消息写作的一般要求，更是生活节奏加快、受众接触媒介时间减少而信息需求量加大的必然要求。对于广播更是如此，听觉的临时记忆只有 6～10 秒的时间，如果消息过长，则可能造成听众对之前听到的信息的遗忘。

在如此短的时长内，广播电视消息要准确有效地报道新闻事件，除了集中主题外，还需精选题材、巧选报道角度。短消息短而实、短而活的关键是在精选典型材料、巧用典型材料、善于用典型事实说话等方面下功夫。

1. 集中主题

由于篇幅的局限，一条消息不可能容纳太多的内容，必须集中有限的时间报道观众最感兴趣的内容。一条广播电视消息原则上只涉及一个主题（即新闻事件中最有价值的信息点），如果新闻事件比较复杂，涉及面广，则可以采取组合报道的方法，把若干消息组合为一个“信息包”。如果在一条消息中试图面面俱到，结果只能是蜻蜓点水，哪一面也报道不好。

2015 年 6 月 1 日 21 时 30 分，隶属于重庆东方轮船公司的“东方之星”客轮在长江中游湖北监利水域发生翻沉事故。围绕着事故发生发展情况、伤亡情况、救援进展、事故原因等角度，各电视台和网络媒体开展了实时系列报道，在诸多报道中，有一则新闻《“东方之星”客船长江翻沉——潜水员官东：生的希望留给别人》获得了 2015—2016 年度中国广播影视大奖。这条消息最大的特点就是主题集中，紧紧抓住“潜水员下水救人过程”这一观众最关注的信息点展开报道（见图 5-3）。

---

① 中华全国新闻工作者协会．中国新闻奖评选办法（2019 年度）[EB/OL].（2019-02-19）[2020-06-29]. http://www.xinhuanet.com/zgjx/2019-02/12/c_137794865_3.htm.

② 周勇．电视新闻编辑教程 [M]. 2 版．北京：中国人民大学出版社，2007：50.

图 5-3　中央电视台消息《"东方之星"客船长江翻沉——潜水员官东：生的希望留给别人》

整则新闻的主体就是对潜水员官东和被救船员陈书涵两个人的采访，通过两个人的采访内容交叉剪辑，还原出当时充满危机的搜救过程。新闻并没有对于整个新闻事件泛泛而谈，而是集中于动人的一人一事，以折射出人民官兵在搜救过程中的无畏精神。

2. 巧选重点

巧妙的角度是广播电视消息在最短时间内吸引观众的关键。以电视为例，整个电视行业平均每天的播出时间大概为 5.15 万小时，也就是 309 万分钟，而观众人均收视仅有 139 分钟，也就是说，在播放的 309 万分钟内容中，只有 0.0045%是可能被收看到的。[①] 面对如此紧张的收视竞争，广播电视消息除了要传递信息，更要在信息传递的过程中注重其可看（听）性，注重对于受众注意力的吸引。对于一则广播电视消息来说，如何选择报道的重点，如何选取好的切入角度，是激发观众收视兴趣的关键。那么，哪些信息是受众最感兴趣的呢？

（1）核心进程/关键结果。

新闻事件的核心进程是人们关注的焦点，报道时要优先考虑传达这类信息，以满足受众的收视期待。正如文字新闻写作中的"倒金字塔"体一样，要把最为关键的新闻信息优先呈现。在广播电视新闻处理上，这类内容要开门见山、简洁明了，新闻开头部分一般不按照时间顺序叙事，而是采用倒叙的方式，先报道关键结果或是核心信息，再回述事件的前因、过程、背景等。

请看中央电视台《新闻联播》的一则消息《"神舟"五号载人飞船安全成功着陆》（2003 年 10 月 16 日播出）。

> 今天早晨 6 点 23 分，神舟五号载人飞船成功降落在内蒙古四子王旗主着陆场。我国首次载人航天飞行圆满成功。
>
> 【现场画面：航天员杨利伟在地面搜索人员的簇拥之下走下飞船返回舱】

---

① 周勇，倪乐融．拐点与抉择：中国电视业发展的历史逻辑与现实进路［J］．现代传播（中国传媒大学学报），2019 (9)：82-88.

今天早晨6点36分，地面搜索人员发现完好无损的神舟五号返回舱，实际降落地点距理论降落地点仅4.8公里。

神舟五号飞船是今天早晨5点35分开始返回的。当时，北京航天指挥控制中心成功向正在太空运行的神舟五号载人飞船发送返回指令。远在南大西洋上的远望三号测量船及时跟踪捕获飞船。指挥控制中心的大屏幕三维动画模拟显示，飞船甚为轻巧地转了个身。

5点36分，神舟五号飞船轨道舱与返回舱成功分离。返回舱与推进舱轨道高度不断降低，向预定落点返回。

5点38分，神舟五号载人飞船制动火箭点火，飞船返回舱飞行速度减缓，轨道高度进一步降低。

5点56分，在北京航天指挥控制中心的组织指挥下，神舟五号载人飞船返回舱与推进舱成功分离，成功进入返回轨道。返回舱向预定着陆场方向降落。

随着飞船返回指令的发出，搜救工作也随即展开。

按计划，再过一小时左右，神舟五号载人飞船的返回舱就要返回地面，担负空中搜救工作的五架直升机马上起飞，它们将和地面搜救分队一起，执行飞船返回舱和航天员的搜索救援任务。

6点刚过，穿越黑障的飞船返回舱与大气层摩擦烧灼产生的火花映入人们的眼帘。6点07分搜救直升机收到了飞船返回舱发出的无线电信号，机上的搜索人员目视到神舟五号返回舱。由5架直升机组成的空中搜救分队和14台专用车辆组成的地面搜救分队立即出发，从不同的方向迅速向落点接近。6点12分，伴随着几声剧烈的声响，返回舱在降落时按预定计划顺利打开引导伞，巨型降落伞拖带着返回舱从太空缓缓降落，杨利伟向北京航天指挥控制中心报告，身体状况良好。6点23分，返回舱在反推火箭的托举下，稳稳降落地面。

十几分钟后，两架直升机停到了飞船返回舱的旁边，在人们的欢呼声中，中国第一位航天员杨利伟自主走出了返回舱，向人们挥手致意。

经过短暂的休息，完成了“地球重力再适应”和全面体检后，更换了航天员工作服的杨利伟再次出现在人们面前。

随后，杨利伟乘专机由内蒙古着陆场返回北京，神舟五号飞船返回舱也将于近日由专列运抵北京。

这则消息获得2003年度中国广播电视新闻奖长消息类一等奖。在内容的排布上，它并没有采用时间顺序，而是紧紧抓住了观众最关心的信息——飞船安全着陆，导语和正文的开头部分都是围绕着这一信息展开的。消息采用倒叙的方式，首先展开了神舟五号安全成功着陆的场面，抓拍到的降落伞飘向地面、反推火箭点火、航天英雄在人群簇拥下凯旋的情景，从一开始就牢牢吸引住了观众。随后才进行了搜索救援过程、飞船返回舱降落过程的讲解，用以给观众补充背景信息。

(2) 富于故事性的信息。

讲故事是传达信息的有效方式。消息报道中要善于抓住那些能够反映事件本质的故事性信息，通过增加新闻的可看性来吸引受众对新闻的关键信息进行了解。

2019年11月28日，中央电视台新闻频道播发了一则新闻《央视独家记录医保药品目录谈判过程：分分计较，一粒抗糖药的谈判过程》。这则新闻记录了国家医保目录准入谈判会中Ⅱ型糖尿病新药“达格列净”片的价格谈判过程（该药品的国际价格为7～8元每片）：

企业第一轮报价：5.62元。

专家组回复：不在医保价格谈判范围内。

企业第二轮报价：4.72元。

专家组回复：进入了15%的考虑范围，可以继续谈判，下一轮价格还需要再考虑。

企业第三轮报价4.62元，“如比这个价格再低，需要打电话请示”。

专家组回复：我认为价格还有降价的空间，给你们5分钟，去请示一下吧。

企业第四轮报价4.5元，“这个价格比韩国还要低”。

专家组回复：中国人口比韩国多许多，现在是整个国家在和你们进行谈判，如果谈判成功，你们的药品可以进入中国各个省市的招采平台。“请你们拿出最大的诚意，再把价格下调一些。”

企业第五轮报价：4.4元。

专家组回复：4.4元数字对于中国不太吉利，再降4分钱吧，4.36可以吗？

企业接受，谈判成功。

医保药品目录准入机制、医保药品价格谈判过程……以往这些对于普通民众而言是难以接近难以获取的“内部信息”，但是却与广大群众的利益密切相关。这则新闻从一个药品的一轮谈判出发，展示了于其间的角力过程，药品价格是如何一轮一轮、一角一分被争取下来，在极具可看性的新闻故事背后隐含着有关部门为民众争取利益所付出的巨大努力。

(3) 视听冲击。

广播电视是视听的艺术，那些富有视听冲击力的信息能够有效地激发观众的收视兴趣，消息制作中应当注意突出这些信息。而“现场”就是最具视听冲击性和新闻感染力的素材，现场性是广播电视新闻的独特魅力，可以说，没有现场的广播电视新闻是缺少生命力的新闻。因此，在报道形态上注重视听冲击性，就需要考虑对于“现场”素材的使用。在广播电视消息报道中，要注意优先使用那些现场感强、富于视觉冲击力的画面，以及利用来自新闻现场的画面和声音来传达信息，这样既能满足广播电视视听的本质功能，又是最大限度满足观众收视期待和需求的必然选择。

(三) 活

广播电视消息是体现电视台信息总汇功能的重要形式，其由于短小精悍、机动灵活，因此也应当是最具活力的一种节目形态。

1. *形式灵活*

广播电视消息的“活”首先表现在形式上，在新闻报道中，可以灵活采用多种报道形式来完成信息传递。除了最为常见的画面+解说词的新闻形式以外，广播电视消息还可以根据时效、素材、播出情况等需要，采用更为灵活的形式，例如：

(1) 导语+图像新闻。

导语+图像新闻即由播音员或主持人口播导语，消息的主体部分则是配上解说的图像新闻。这是消息最常见的形式，在稿件写作上导语与正文紧密结合，形成一个完整的报道。

（2）图像新闻。

图像新闻没有口播导语，完全以“解说＋图像”的方式构成一个完整的报道。这种形式多出现在成组的简讯集纳中，去掉导语可以在单位时间内报道更多条信息。这种简讯式的消息每条都不长，多在20～30秒。

（3）口播新闻。

口播新闻是由主持人或播音员现场口头播报的形式。这种形式比较快捷，但是不适合较长篇幅的报道。在没有画面的情况下，口播新闻是报道消息的常用方式，特别是一些来自文字媒体的消息，往往只能以口播的方式报道，如电视报道中经常采用的：“新华社消息：……”而在有些时候，画面来不及配音，就可以由主持人或播音员口播内容，在播出过程中即时插入画面，“口播＋画面”的形式是争取时效的一种常用手段。当然，“口播＋画面”有时也不完全是为了赶时效，而是为了突破“导语＋图像新闻”的单调模式，使报道形式更加活泼，同时，增加主持人或播音员现场播报的篇幅也有利于报道节奏的明快。

（4）主持人＋现场记者（或新闻人物）。

随着直播手段的普及，演播室主持人与现场记者可以通过视频或电话连线进行对接交谈，即时报道最新消息。这种方式不仅时效快，而且因为有了主持人和记者的现场交流，在报道中加入了很多个性化和人性化的因素，所以更容易感染观众。利用这种手段，主持人也可以远程采访演播室外的新闻人物。

2. 视听元素活跃

除了形式的灵活多样，消息的“活”还体现在视听元素的活跃上。这是广播电视消息吸引受众的重要因素。

首先，“新闻现场”是视听元素中最不可缺少的要素。如上文所述，现场性是广播电视新闻的独特魅力，广播电视消息应当注意精选图像（画面语言）和声音（包括现场环境声和人物同期声），以增强现场感和信息的权威性。

其次，其他视听元素也需要被充分利用，例如图片、动画特效、提示字幕等。图片和动画特效对于无法进行现场拍摄的画面具有非常好的补充功能，提示字幕等可以对一些复杂的文字信息进行清晰的展示，综合地调动各类视听元素增加广播电视消息的可看性与信息量。

3. 题材鲜活

题材鲜活与新闻创作中的选题价值不谋而合，尤其是对于消息类新闻节目来说，静态的、滞后的、故旧的选题是几乎没有创作价值的。广播电视新闻消息必须把握新近发生的事件或者是事件的新近动态，致力于呈现更多的信息量。因此，鲜活的事件、鲜活的题材才是广播电视消息需要注重的创作要点。

当然，静态或是一直存在的话题，并非不可触碰，而是需要有新鲜的事件、新鲜的素材内容来支撑。例如上文中“医保价格谈判”的案例，医保价格谈判是一直以来存在的话题和事件，这则新闻报道通过价格谈判中精彩的现场画面为这个一直以来比较静态和死板的话题增加了鲜活的动态信息，产生了良好的传播效果。

二、广播电视新闻专题

广播电视新闻专题是就某一新闻题材所做的充分报道，这种报道比较详尽而且有深度。它或对新闻事实做比较详细、系统的解释和分析，或对新闻事件的发生和发展过程进行追踪报道。在时效上，它和消息最为接近，是报道刚刚发生或正在发生的事；在内容上，它是消息类新闻简要报道的延伸、扩充，是较为全面、深入的报道。与消息的短小精悍不同，它更注重新闻背景材料的运用，并在此基础上对事实进行分析和解释，以深入挖掘题材的内容。

一个专题节目是否有深度，要看它是否进行了多侧面、多角度、多层次、立体化的报道。换句话说，“新闻专题不能简单地报道事件结果、简单地介绍事件过程、简单地进行某种是非判断、简单地传达某种结论，它要着重于过程和原因的分析，要再现生活的复杂性和矛盾性，要展现生活的丰富性和种种出人意料又在情理之中的一些特性”①。

事实上，“新闻专题”是我国电视新闻题材划分出的一个独特称谓，类似于西方新闻中的“深度报道”(in-depth reports)。

深度报道，顾名思义，是一种全面、深入的新闻报道形式。它不仅交代事实，更侧重于揭示、说明事实产生的原因、发展过程及其后果。它对事实进行解释、分析，使受众对新闻事实的本质与意义有全面、纵深的理解。

这种报道形式在20世纪20年代末30年代初震撼资本主义世界的经济危机中蓬勃发展起来，到40年代趋于成熟。有人对1900年到1970年的《纽约时报》进行了抽样调查，在这70年报纸的头版新闻中深度报道的比例从13%增加到了43%。这一数字在一定程度上反映出报纸新闻从单纯注重动态新闻向动态新闻与深度报道并重的变化。

深度报道本来是西方报刊为对抗电子新闻媒介竞争而发展起来的一种新闻报道模式，但不久就被引入电视新闻。

20世纪50年代，美国电视上就出现了与动态新闻配合的深度报道，如CBS的《现在请看》节目。60年代和70年代是电视新闻深度报道蓬勃发展的时期，这一时期的佼佼者是CBS创办于1968年的《60分钟》新闻时事杂志节目。节目在内容与形式上都吸收了新闻杂志的长处，扩大报道面，及时反映社会热点，使此前美国电视新闻中存在的报道面窄、内容肤浅的问题得到一定的改善。美国一些社会学家甚至这样说，要想了解美国现今社会和人民，就看《60分钟》。节目推出后在很短时间内就创收视率最高纪录。随后美国其他广播公司也相继推出了各自的深度报道节目。

美国哥伦比亚大学新闻学院在教程中谈到新闻报道的层次时，提出了三层报道的概念：第一层报道是事实性的直截了当的报道，第二层报道是发掘表象背后实质的调查性报道，第三层报道是在事实性和调查性报道的基础上所做的解释性和分析性报道。所谓深度报道正是在上面提到的第二和第三层报道的基础上发展形成的，它时或具有新闻性、解释性、调查性和分析性的特点。② 它强调更深入地挖掘题材内在和外在的诸多联系，在报道内容上充分拓展，多角度大范围展示事物的全貌和动态过程。

① 杨伟光．中国电视论纲［M］．北京：北京出版社，1998：164．
② 杜骏飞，胡翼青．深度报道的文体说与旨趣说［J］．新闻知识，2001（12）：10-11．

这一由浅到深的变化说明：媒介的社会消费量达到一定规模，有了相当的社会接触率之后，受众对它的传播内容的质量要求就会凸显出来。受众对新闻的要求不仅有更迅速、准确、接近的方面，更重要的还是对新闻事实进行深入加工而使之更利于理解、利用的新要求。也就是说，当动态新闻大量增加以后，人们就会渴望得到更深入的报道，对事实有进一步的了解。

从以上分析可以看出，无论是内涵还是外延，深度报道和专题都有着相当程度的重合。为了讨论的方便，这里仍然沿用传统的“专题”这一称谓。

根据报道对象和手法的不同，广播电视新闻专题大致可以分为以下三大类：

（一）综述式

综述式报道即对某一新闻事件、问题作比较全面、系统的反映，它往往是在了解全局的基础上，对某一典型事件在全局中的位置、作用及其可能的影响、走势进行分析、预测。综述式报道的主要功能有以下三点：

1. 梳理

理清新闻事件或问题的脉络，使观众了解其何以发生、如何发生。梳理的方式灵活多样，但其依托的线索大致可分为两种：

（1）时间。

以时间为线索是专题片常用的串联方式，它最符合人们对于事件认知的逻辑，重点在于理清事件或者问题发生、发展的经过。当然，“以时间为线索”并不等同于“按时间顺序”。事实上，为了讲述上的可看性或是观众理解的便利性，这种梳理有时会打破时间顺序，采取倒叙、插叙等方式来进行。但不管采取何种方式，“时间”都是此类梳理的重要依据。

（2）主题。

以主题为线索，理清事件或者问题各要素的内在逻辑关系，通过对这些要素的归纳、整理，凸显事件或问题的本质特性。

下面以 2020 年 2 月 22 日中央电视台《新闻周刊》栏目播发的一则新闻专题《疫情下的“保障”》为例，来看一下庞杂的事实材料指向共同主题的梳理方式应该如何操作。

> **主题 1：医院有序开诊**
>
> 初期疫情汹涌时，为腾出更多床位，定点医院除发热门诊以外的科室，几乎全部被关停，甚至一些需要化疗和透析的患者也被迫中断了治疗。……
>
> 本月 16 号，武汉市卫健委公布了部分接诊非新冠肺炎患者的医疗机构名单，它们将为肾功能衰竭、肿瘤以及其他需要维持定期治疗的患者提供服务。……目前虽然透析室与发热患者共用一座大楼，但因为单独的通道和严密的防护成功预防了感染的发生。
>
> 为经常来医院开药的慢性病患者修改了门诊规则，一次的拿药量，从过去的最多一个月延长到了最多三个月。医院还通过微信公众号开通了医生在线咨询服务，定时安排各科室专家值班，鼓励患者利用互联网就医咨询。……类似控制人群在医院聚集的办法，全国多地也在实施，各地都在一手努力防控疫情，一手逐步将诊疗恢复正常。

主题2：交通开启司机就位

本周开始有序复工，所有道路的设卡点都取消了，道路重新恢复畅通。在前一阶段防疫当中，想要做到交通顺畅，那可是非常不容易的，也正是在这种情况下更需要来自全国各地的物品支持和保障。

自1月24日起，道路交通运输总量达到3 000吨，累计协调100多个司机参与物资的运输……所有的防护设备只能由司机师傅们自行准备，大家不断互通信息提醒注意消毒，减少接触，尽快出场，一趟车跑下来补贴只够油钱，其余几乎一分不挣。之后还要隔离14天，这14天也没有任何收入。

2月12号交通部再次发文，强调对短期向湖北省等疫情重点区域运送物资的司机、装卸工等提供保障的人员，经过体温检测符合规定的，在采取戴口罩等必要防护措施的前提下，不得采取隔离措施。2月17号本周一全国收费公路免收车辆通行费，直至疫情防控工作结束。

主题3：各级学校云上复课

2月17号武汉大学网上开课，第1天就有2万多名学生同时开始上课，全国各地的中小学也同样如此。本周四，省新型冠状病毒感染肺炎疫情防控指挥部通告称省内各类学校开学时间再次推迟，这也意味着师生在上完第1课之后，还要继续一段时间的在线学习。

腾讯课堂工作人员接受采访称："这个空中课堂需要孩子们和老师利用一些工具软件能够把整个的这个教学场景线上化，所以在这个里头最主要的就是稳定性和流畅性，这一块的话是必须要在短时间内，完成这么一个任务，而且呢是要高质量的，不能出任何问题地来完成。"优酷学堂、清北网校等互联网公司也加入其中，提供云服务能力和直播工具支撑，搭建平台集合，分流直播端压力。

主题4：部分地区企业单位积极复工

热闹开市随之而来的就是订单，而要生产第一要素就是人。这两辆深夜抵达义乌的大巴车来自2 000多公里之外的云南鲁甸，车上52名新老员工能让义乌的这家用工企业全面恢复生产。但是复工复产仍有疫情防控的压力，如果每个员工返回工作城市都需要隔离14天，那么企业的成本压力极大；如果不进行提前隔离，一旦有一名员工确诊，那么其他员工都需要隔离。

浙江本周开始在全省推广使用健康码，通过个人诚信填报和政府后台系统信息比对，大数据会从空间、时间、人际三个维度进行分析，最后审核生成专属个人的健康码，从原来的严格的封闭式管理逐步转向精密智控。"我们可以用健康码，来管住重点人，放开健康人，让更多的员工及时返工。"

主题5：春耕畜牧等农业开始复工

本周二，农业农村部相关负责人表示，家禽行业在疫情中损失非常严重，需加快家禽行业复工复产，而一项重要工作就是畅通活禽的销售渠道。"我们将按照依法依规、分类指导、加强管理的原则，协调有关部门，实行活禽交易市场分类管理，组织屠宰企业与家禽养殖商户进行对接，实行集中屠宰上市，确保活禽不压栏。"

重新为生产和销售之间搭建桥梁，在蔬菜生鲜等领域也同样紧迫。在疫情来临之时，云南红河建水县的紫皮洋葱恰逢上市，当地采取阻断疫情的防控措施后，外地收购商运输车辆进不来，洋葱卖不出去，有烂在地里的风险。当地政府一方面在做好防疫措施的前提下，允许外地商户进入；另一方面与电商平台的爱心助农行动合作，加大了线上销售洋葱的力度。

主持人结语：

在复工的背景下，依然不虚报、不谎报、不瞒报是重中之重，没有特效药信息公开就是最好的疫苗没有实现最后的胜利，真实地面对情况就是最好的推动力，让生活和社会复苏，绝不让疫情大规模地复发，这是我们对过去这一周的记忆，也是对未来一周的期待。

在新闻呈现中，五个主题看似没有关联，使用的事实材料也很庞杂，但在主持人的穿针引线中，呈现的是它们都指向一个共同的主题：疫情过后的生活在复苏，医疗秩序、交通运输、学校复课、企业单位、农业活动等都陆续有序开展，而且这些复苏的背后有着政府政策支持、企业群体支撑和普通民众的努力作为重要保障。由于有了这条逻辑线索，整个节目显得思路清晰，主旨鲜明。

2. 分析

解释新闻事件或问题造成的影响，使观众了解其社会意义。这种分析要依托以下两方面的因素：

（1）社会背景。

将新闻事件或问题的“点”置于当前的社会环境“面”，立足于“点”与“面”的广泛联系，借助于“面”的广度对“点”进行准确定位。

（2）历史背景。

将新闻事件或问题置于历史的坐标中，比较此事件或问题与历史上同类事件或问题的异同，或同一事件或问题在不同历史阶段的状态，从历史的纵深中对事件或问题进行准确定位。

以前述引发公众热议的医保砍价新闻为例，在 2019 年 11 月 28 日刊发消息《央视独家记录医保药品目录谈判过程：分分计较，一粒抗糖药的谈判过程》后，12 月 2 日《焦点访谈》刊播《医保药品“砍价”记》，12 月 6 日《经济半小时》刊播《药品价格谈判：“灵魂砍价”的背后》。两则新闻都是以药价谈判作为话题的一个引子，但是在内容展开后，分析和呈现的是更具深度的信息（见图 5-4）。

图 5-4 《焦点访谈》和《新闻半小时》关于“医药价格谈判”的专题报道

这些信息包括：

谈判专家如何选择？

谈判时如何确定药物的底价？

谈判时双方的详细流程、报价的内心动态是怎样的？

药品企业的研发成本和销售价格如何平衡？

谈判成功后可以为国家和个人带来怎样的优惠？

药品进入医保后如何加快政策执行，让患者早日获利？

这些内容既有“砍价”背后的故事揭秘，也向观众阐释了整个医保资金使用、医保药品目录确定的深层社会背景，让观众了解一次分厘必争的价格谈判背后，是整个国家力量对于民众利益的珍视。

3. 预测

判断新闻事件或问题可能的发展方向，对受众关心的有可能出现的情况、问题进行科学预测，使受众认清形势，减少困惑。预测性新闻报道是随着社会的发展，媒体竞争日益激烈而出现的，满足了广大受众对事物的未来发展趋势做出必要分析的需要。

科学的预测建立在对历史和现状准确把握的基础上，建立在对各方信息、各方观点综合分析的基础上。总之，信息（包括事实性信息和意见性信息）掌握越全面，预测的可靠性就越大。

（二）调查式

调查式报道是就某一新闻事件或群众关注的社会问题、社会现象进行的专题调查研究，是有分析解释、思辨的电视深度报道。这类报道往往具有一定的情节，同时有较深刻的思想内涵。中央电视台1996年开办的《新闻调查》栏目就是这类节目的代表。

调查式报道要注意把握好以下三个因素：

1. 选好调查的对象

调查式报道的魅力首先来自调查的对象——事件或问题——对受众的吸引力。调查类节目的核心特征是对问题的探究和内幕的揭露，这是调查类节目的内在品质。在西方电视新闻中，调查式报道主要是一种“揭丑报道”，多用来揭露社会阴暗面、政府的黑幕、大企业的罪恶勾当以及社会的内幕等等。因为西方受众对负面新闻（或者丑闻）往往有着特殊的兴趣。在我国，调查式报道当然不可能全以“揭丑”为目的，但是那些关乎民众切身利益的事件或问题应当成为调查式报道优先考虑的对象。中央电视台《新闻调查》就提出了“探寻事实真相”这个口号。探寻事实真相，不但包括所谓的内幕调查，同时也包括对复杂问题的深度探究。什么是真相呢？“所谓真相就是正在抑制或被遮蔽的事实。有的真相被权力遮蔽，有的被利益遮蔽，有的被道德观念和偏见遮蔽，有的被集体意识遮蔽，有的被狭窄的生活圈子和知识技术遮蔽。”①

2016年12月10日，中央电视台《今日说法》栏目播发《“聂树斌案”十年调查》。这时正是在我国第三个国家宪法日即将到来之际，最高人民法院对聂树斌案正式做出再审判决：聂树斌无罪。从1994年到2016年，22年间，聂树斌从强奸杀人犯变为无罪之身，聂

① 《新闻调查》栏目简介［EB/OL］.［2020-06-30］. http://www.cctv.com/zhuanti/newsprobe/genduo/jianjie.html.

树斌家人终于等来了他们期待已久的判决。这个案件自发生以来牵动了许多人的心，案件多年间的起承转合是观众渴望了解的内容。

2. 注意调查的严谨

调查式报道的一个重要特点是要揭示事件或问题被掩盖的真相，能否通过记者的调查在事件或问题的“表”和“里”之间建立一种合乎逻辑的关联，调查的严谨至为重要，特别是那些负面的、批评性的调查，更要注意证据的确凿和论证的严密。

如上述《“聂树斌案”十年调查》，记者在2005年就开始对该案情进行追踪和拍摄。2005年，记者采访了被害人同事、聂树斌父母、聂树斌代理律师、办理聂树斌案的法院与公安工作人员、进行过相关报道的记者，基本描绘了聂树斌案疑点重重的大致背景。随着调查的深入，案情出现了转机，记者拿到了聂树斌案真凶王书金的审讯资料，发现在其供述中出现了只有去过案发现场的人才能了解的信息——王书金把钥匙扔在案发现场附近，就是这个信息帮助民警确定真凶并非聂树斌而是另有其人。但是，在2013年河北省高级人民法院的判决中，仍然无法认定王书金才是该案件的真凶。

2014年10月，党的十八届四中全会审议通过《中共中央关于全面推进依法治国若干重大问题的决定》。从这一年起，每年的12月4日被定为国家宪法日。最高人民法院决定将聂树斌案指令山东省高级人民法院异地复查。山东省高级人民法院经过一年半的复查，最终认定原审判决缺少能够锁定聂树斌作案的客观证据，作案时间、作案工具、死亡时间存在重大疑问，不能排除他人作案的可能性，原审认定聂树斌犯故意杀人罪强奸妇女罪的证据不确实、不充分，建议最高人民法院启动审判监督程序重新审判，这次异地复查最终成为聂树斌案的关键转折。转折出现后，记者又采访了案件当年的代理律师、聂树斌的父母以及现在处理案件的相关工作人员、再审法官等，还原了关键卷宗缺失、关键证据缺少等情况。2016年12月2日，最高人民法院第二巡回法庭对聂树斌故意杀人强奸妇女案公开宣判：原审被告人聂树斌无罪，本判决为终身判决。

记者在长达11年的拍摄过程中，对于案件跟踪紧密，对于相关人员采访到位，形成了严密的调查逻辑链条，做出了一则高质量的调查类新闻。

3. 展示调查过程的生动

调查式报道的目的，就是要对未知信息（比如事件的内幕）做出解答，因而总是具有悬念，调查的过程就是悬念揭开的过程，这种过程往往是调查式报道最吸引观众的地方——过程的生动是调查式报道的魅力之一。

（三）专访式

专访式报道是由广播电视记者（或主持人）对新闻人物（亲历者、目击者）或有关部门权威人士进行专题访问的专题报道，具有较强的针对性和说服力。根据专访的对象和内容的不同，又可以分为人物专访、事态性专访和观念性专访。人物专访是对新闻人物所做的专访，其新闻点在于人物本身的社会关注度和与之相关的新闻事件的社会关注度；事态性专访是就具体的某个新闻事件进行的访问，目的是使观众了解新闻事件的真相；观念性专访则是就某个社会问题、社会现象进行的访问，其目的在于获得权威的或者有新意的见解和观点。

访谈节目是一场具有既定目标的对话，“专”是其主要特点。访谈节目成功的关键在于记者（或主持人）要设计好提问方案并根据专访的目的有效地引导谈话的进程。中央电视台《面对面》就是专访式报道的代表性节目（见图 5-5）。

图 5-5　专访式专题节目《面对面》

三、广播电视评论

广播电视评论作为一种重要的节目形态，担负着为观众释疑解惑与解读政策等重要的社会职能。

评论节目是广播电视台对重大的或有典型意义的新闻事件或问题所发表的言论，以表明广播电视台对新闻事件、问题的立场、观点。它对于社会舆论有强烈的引导性，是新闻类节目的旗帜和灵魂，代表着广播电视机构新闻报道的水准。在形态上，“电视评论源于报刊文体，有相当一部分样式类似于报刊评论。同时，在传播实践中也逐渐形成了诸多适应自己传播特点的节目形态和评论样式”①。树立重视评论的理念、培养撰写评论的人才是当前广播电视台必须重视的一个问题。

（一）源于报刊的评论形式

1. 本台评论和本台评论员文章

相当于报纸的社论和评论员文章，是广播电视评论中规格最高、最具权威性的两种形式。其直接代表媒介编辑部就当前重大事件、重大典型或重大问题发言，具有鲜明的针对性、政策性和指导性。由于历史和现实的原因，目前我国广播电视新闻节目中的本台评论和本台评论员文章非常少见，以中央电视台为例，遇有重大问题必须发言时多以转发《人民日报》、新华社的社论或评论员文章为主。

2. 编前话与编后话

脱胎于报纸评论中的文前按语和编后，是依附于新闻报道的一种画龙点睛式的简短的编者评论，是广播电视新闻编辑们经常使用的一种评价、议论、建议或说明性的文字。在广播电视新闻节目中，编前话的使用频率要远远低于编后话，有的编前话经常和串联词融为一体，既可以作为一组报道的先导，又可作为节目间承上启下的纽带。编前话多以说明为主，编后话则重在对新闻事件的点评和升华。

例如，2019 年 11 月 28 日，中央电视台的《晚间新闻》就在播放完“医保砍价”这则新闻之后，由主持人口播播出《央视短评：一分一毛总关情》，以编后话的形式对播出的

① 涂光晋．广播电视评论学［M］．北京：新华出版社，1998：265.

新闻进行充满温度的评论。

> 一分钱一毛钱地往下砍，看似不顾风度，却充满温度。这一幕让人看到了谈判专家的专业技巧，更感受到相关部门的惠民情怀。因为一粒药多降一分钱，就能结结实实地减轻患者负担，还能更好地守护公众共享互助的医保资金池子。把高价药砍到平民价，正是药品谈判的初衷。接下来，让这些救命药进入公共采购平台，组织医院采购，并统筹各地的报销比例，以及健全医保信息系统等等，患者不仅买得起，还能买得到、用得上，就能更真切感受到善政的民生落点，享有生命的尊严。

对于编前话与编后话的处理，首先要注意文字内容的简洁，不能对原有新闻喧宾夺主。其次，要言之有物。一般来说，广播电视短评的处理有两种方式。第一种是对新闻事实进行归纳、总结与提升。播放的新闻内容是具体的、形象的，而发表的评论需要是相对抽象的、提升的，因而要注意以小见大、以点概面，将新闻事件的意义进行放大化阐释。第二种是采用犀利的角度与精准的论点。这非常考验编辑或是主持人的功力，需要对事件的发生及其本身的社会背景有着更为深刻的理解，才能够做出精准的点评。

（二）广播电视评论的特殊形式

1. 谈话类评论

谈话类评论是以广播电视谈话的方式播出的评论类节目。一般以主持人（或记者）主持，嘉宾或现场观众参与，在演播室或其他固定的场景，围绕某一新闻事件或公众关心的话题，通过访谈、讨论等面对面直接交流的方式进行；有时，也可以采用意见交锋式的辩论式谈话，来完成对新闻事件的评论。

它是一种人际传播与大众传播相结合的节目形态，即通过谈话者之间面对面的交流，使对某一事件或问题的意见性信息得以直接沟通与传播。以自然人格状态出现的谈话者，在此类节目中容易畅所欲言、各抒己见；而不同观点的争鸣与碰撞，可以激活观众的思维，激发观众的收视兴趣和参与感。在此类节目中，为了内容的需要，有时还插播某些预先录制好的电视画面，以使谈话更有针对性。

事实上，由于直播技术的发展，参与讨论的各方已经不必集中到一个演播室，双视窗或多视窗的视频连线讨论今天越来越多地出现在电视屏幕上，这种方式极大地拓展了谈话类评论的空间。

2. 主持人评论

主持人评论是由主持人直接参与策划、写作、播出的全过程，并以与观众直接交谈的方式出现，融叙事性与哲理性、个体性与人格化于一体的评论形式。

主持人评论具有鲜明的个性化和人格化特征。与一般代表媒介发言的口播评论不同的是，主持人评论的发出者不是播音员，不是抽象的媒介，而是主持人，是将个人的所见所闻、所感所悟融入节目之中，体现出某种人文色彩，表现出某种人文关怀的具体的个体。他们有名有姓，有感情、有性格、有特点，媒介的意向借他们之口发出，在传播过程中又掺入他们个人的理解与发挥。以个人名义发表的议论不仅更具亲近感和易受性，在某种程度上也为媒体留下一点回旋的余地，为主持人留下更多张扬个性的空间。在这类评论中，主持人经常以第一人称的口吻，用自己的所见所闻或亲身经历，自然而然地引出自己的感受和思考。

以中央电视台新闻主持人白岩松为例，他同时也是新闻评论员，往往能在新闻播报之后发表具有深度的、犀利的新闻评论，其主持的《新闻1+1》栏目就是一档将时事新闻与电视评论相综合的电视节目，立足“从时事政策、公共话题、突发事件等大型选题中选取当天最新、最热、最快的新闻话题，还原新闻全貌、解读事件真相，力求以精度、纯度和锐度为新闻导向，呈现最质朴的新闻”①。

2010年“7·23”动车事故发生后，白岩松在《新闻1+1》中关于动车事故曾经发表了这样的评论内容：

> 我们不能把技术是先进的，就等于合格，就等于我们拥有信心。话为什么要这么说呢？仅仅是技术先进，但是你的管理是否先进？运营整个给予的实验答案是否是先进，监督是否是先进，对人的尊重是否先进，所有的细节是否先进？归根到底，综合下来你的运行能力是否先进？如果综合下来的运营能力是先进的，我们才可以说，它是先进的，是合格的，我们才会有信心。举一个例子，比如我们形容一个人身体非常健康，怎么去说呢？说他心脏功能40岁像20岁一样，肝、肺都是40岁像20岁一样，你觉得他身体好极了是吗？但是他弱智。你能说他是健康的吗？只有当他各种身体器官，包括智慧、大脑全部是健康的，我们才可以得出健康的结论。因此，只有技术是先进的这一点不能说是合格的，也不能等同于信心，需要一个综合运营下来，给予我们一种先进的感受。
>
> 很多人在这次事故出完之后，开始质疑速度，说速度是不是可以降下来？其实跟京沪高铁的300公里每小时比起来，动车速度没那么快，尤其这次出事的是第一代的动车，它的公里数可能也就是一小时200多公里。……所以我个人的感觉，不是我们的高铁太快了，速度不是问题，而是另一种速度有问题。什么呢？就是只求效益，只求政绩，一路向前走，但是忽略了以人为本，忽略了规律，忽略了科学，忽略了我们生活中很多乘客的感受，尤其忽略了科学的管理和监督。这样的一种快速度才是真正可怕的，所以还是要给我们的铁路部门的速度正一下名，速度不可怕，大家另一方面的冒劲可就太可怕了。

辛辣犀利的评论直指当时动车事故的深度根源问题——动车的运行不仅仅是技术的完善，更是相关配套制度、管理机制、保障机制的完善；动车速度并不是事故发生的原因，“一味追求速度，不顾管理和监督”才是最刺痛的归因。

3. 综合性述评

广播电视述评是述评这种新闻报道与新闻评论的杂交品种在广播电视上的具体运用。除了拥有各类媒介述评所共有的由述而评、夹述夹议、述为手段、评为目的等基本特征外，它综合运用画面、音响、屏幕文字和解说、论述性语言以表情达意、叙事分析，是表现手段最为丰富的述评，也是最能体现广播电视传播特点、发挥广播电视传播优势的电视评论形式。

目前，我国广播电视述评在表现形式上已形成较为成熟的基本形态，即以新闻事件或

---

① 《新闻1+1》栏目介绍.［2020-06-30］. http://tv.cctv.com/lm/xinwen1j1/.

社会现象等为报道、评析的对象，以画面、音响为主要的表现手段，以字幕为辅助手法，以记者（或主持人）的解说、评析为主线，按照事物发展的逻辑顺序和人们分析、认识事物的逻辑规律，将权威人士、专家学者及各界群众的分析议论加以恰当的剪辑组合，在节目结尾处予以画龙点睛式的点评或提炼，使节目视听结合、事理融合，使受众获得事实性信息与意见性信息的双重满足。前面提到的《新闻 1+1》就是一档具有鲜明综述特点的栏目。

随着互联网元素引入广播电视新闻制作，广播电视评论节目也在不断创新，内容和视听呈现也更加丰富可观。以中央电视台的《中国舆论场》为例，这档评论节目致力于在传统电视形态中引入新媒体元素，通过大数据分析全媒体平台的舆论热点，并将这些热点带入节目中，由主持人串联节目，深入探讨人们关注的新事、大事、身边事，并通过融媒体模式带动全民参与话题讨论，节目的演播室现场也会邀请与当日讨论话题相关的专家学者，来对新闻事件进行点评或者回答网络互动的提问（见图 5-6）。

图 5-6 《中国舆论场》节目

四、广播电视现场直播

随着人们对新闻时效追求的不断提高以及现代通信工具的发展，现场直播报道在广播电视新闻中所占的比重越来越大，已经成为广播电视参与媒体竞争“最具杀伤力的武器”。

作为广播电视报道的一种形式，现场直播自广播电视诞生便已经出现。不过对于电视来说，直播在当时更多的是一种不得已而为之的行为，因为电视节目缺乏廉价的存储介质——今天广泛采用的磁带当时尚未出现，一次性使用的电影胶片又太昂贵。由于缺乏远距离传输信号的技术，当时这种所谓的“直播”其实更多是一种摄影棚内的“直播”，无法广泛地介入新闻事件。在当时，对新闻的报道更多地采用电影纪录片的方式，时效性非常差。这种状况一直延续到 20 世纪 70 年代，以日本索尼公司为代表的磁带摄录设备的出现使电视新闻报道出现了前所未有的飞跃。摄录一体化的电子新闻采集（electronic news gathering，ENG）制作方式使电视新闻报道的机动性和灵活性有了大幅提高，而 ENG 方式和卫星转播技术的结合更使其如虎添翼。

到 20 世纪 90 年代，随着技术的进步，现场直播成为国际电视新闻业的潮流之一。中国的电视直播具有跨时代标志性的一年是 1997 年。以 1997 年中央电视台的一系列大型和超大型直播为标志，电视新闻直播开始趋于活跃。这一年，中央电视台共进行了几次大规模的直播活动，开始尝试在直播的题材和报道手段上进行拓展。它们是：

3月9日，“日全食——彗星天象奇观”直播。

3月18日，南昆铁路全线铺通直播。

4月24日，“中、俄、哈、吉、塔五国边境裁军协定签字仪式”直播。

6月30日至7月3日，“香港回归”直播，长达72小时，创了迄今为止中国电视直播时长上的一个记录。

10月28日，“黄河小浪底水利枢纽工程截流合龙”直播。

11月8日，“三峡工程大江截流”直播。

这六次直播活动，以其气势的宏大、题材的广泛、手段的多样，为当年的电视新闻报道添上了浓重的一笔，这一年也因此被有些业内人士称为中国电视的“直播年”。

2003年，中央电视台推出全天候的新闻频道，更为电视新闻现场直播搭建了一个全新的平台，并由此引来直播形态和运作方式上的变化。

（一）广播电视现场直播的形态特点

1. 共时同步

现场直播最大的特征是新闻报道与新闻事件同步进行，所谓“天涯共此时”。直播将散落于世界各地的观众聚拢于电视屏幕、广播频率之前，共同目睹、共同经历正在发生的新闻事件，近乎零时差、零损耗的播出方式可以使得观众感受到最及时、最前沿的真实信息，这种极具吸引力的“在场感”让广播电视直播具有与录播新闻与众不同的魅力。

2. 直观现场

事实都具有一定的时空环境，即现场——现场是新闻事实的映像。在广播电视现场直播中，现场是报道的精华部分。如果没有现场，直播也就失去了意义。记者作为观众的代表在新闻现场代替观众观看、感受新闻事件的发生及周边环现场的气氛并实时转述，给观众带来极强的现场感与参与感，极大地满足人们亲眼所见、亲身经历的需求，以及共感共振的求知欲与好奇心。

3. 元素综合

在广播电视特别是电视新闻直播中，由于事件发展的实时过程中总会有信息重复、冗长、乏味的时空，如果一味将镜头对准缓慢进展中的现场，就难以有秩序化的信息阵和激动人心的兴奋点，往往会陷入信息的低运作状态。所以，直播中会及时地插入与新闻事件有关的背景资料、历史典故、知识介绍、图表展示等，或是插入前期拍摄的新闻专题、人物采访，或是在演播室现场安排专家或有关人士进行现场评论或采访，将这些综合的补充信息与现场直播有机结合，使现场信息增值，使信息结构更加立体。

（二）广播电视现场直播的题材选择

1. 重要性

首先，与一般的录播报道相比，直播消耗了巨大的制作成本，所以在选题的选择上，需要与耗费的成本相匹配。其次，采用直播的形式本身就体现了媒介对这一事件的重视。如果一律直播，件件“重要”也就无所谓重要了。当然，“重要”是一个相对的概念，需要根据传播的对象、传播的具体环境等因素综合考虑。所谓“重要”的事件不一定要很“重大”。

重大事件，尤其是仪式性的重大事件是非常值得直播的题材，这类直播可被视为一个

“媒介事件”，传播文化研究学者戴扬（D. Dayan）与卡茨（E. Katz）在专著《媒介事件：历史的现场直播》中提出，媒介事件是一种电视节目类型，与电视日常播出的节目不同，它包含了几个基本要素：它所传播的事件非同寻常地重大，值得电视节目打破播出常规，也值得观众打破日常生活节奏；事件是事先策划并要向公众预告的；事件是被电视现场直播的，从而将不同地域的人们在同一时刻集聚到一个“神圣中心”；事件是由公共部门组织的，反映社会普遍接受的价值观并邀请媒介（尤其是电视）参与；媒介在直播的时候通常会表达对事件的敬畏之心，观众采取节日仪式性方式收看等。例如，神舟十号载人航天飞船升空作为重大新闻，它的升空过程是值得直播的，这是重要的新闻事件；还有一场直播是 2013 年 6 月 20 日上午 10 点，航天员王亚平在天宫一号给地面的学生进行太空知识的授课，这就是一次“媒介事件”的策划，让“太空授课”变为一次“重大仪式”，既凝聚了人们对于中国航空航天事业的信心，也展示着中国对于科学和教育事业的关注（见图 5-7）。

图 5-7　航天员王亚平在天宫一号给地面的学生进行太空授课

2. 事件性

所谓事件性有两个层面的含义。首先，它应当是一个新闻事件，有情节、有进程。新闻中的“事件”，往往蕴含着动态的发展、蕴含着振奋人心的闪光点。这些鲜明的特征无疑构成了现场直播的主体要素。适于直播的事件，应当有生动的情节过程，过程中所蕴含的“新闻点”往往就是直播的兴趣点。这些“新闻点”，构成了现场直播的新鲜感和对于观众的刺激性。

其次，事件的进程应当是紧凑的，适于在一个集中的时段里展现。直播的一个重要特点就是，在其播出时段内对于事件的表现是连续的。但是，如果事件本身情节分散的话，“连续”直播的后果往往会造成节目的拖沓冗长。因此，影响直播成败的一个重要因素就是事件的进程是否紧凑。这里所说的“进程”不只就事件的整体而言，也指事件的某个局部。对于那些局部紧凑而整体延续时间较长的事件，可以用分段的形式直播，或者只择取事件进程中情节最集中、最高潮的段落直播。事实上，那些纯事件性、情节集中的直播是比较好处理的。比如“钱江潮”，只有一个事件核心，就是“潮水的到来”，直播只要表现好这个核心就可以了。

而有的事件则有多个“内核”，并且往往比较分散：有的是空间上的分散——同一时间有多个事件或情节发生，多个“内核”并存；有的是时间上的分散——互相有联系的事件或情节分散在不同时间段，多个“内核”连续存在。对于这类事件的直播，要抓住特定时间段最重要、最精彩的“内核”集中展示好，而不一定要追求形态上的连续不间断。对于这类题材而言，渐进的“片断式”直播可能是更好的选择。

3. 动态性

动态性是现场直播题材要素之一，是指事件主体发生、发展应当有一个过程，在这个过程中有明显的状态变化。直播不但要反映出事件的结果，更应该展示出事件动态变化的过程。现场直播中对那些具有时代意义、历史意义的事件动态过程的渲染，往往能够提升事件本身和事件结果的价值，同时，也更深刻地体现了现场直播节目的真正意义。

4. 冲突性

由于直播不像录播那样能精心编辑、集中展示，所以要求直播的过程中必须有若干起伏、高潮，套用戏剧的话说就是有“冲突”，这样才能不断形成兴奋点，使观众不至于疲劳。例如，香港政权交接仪式中中英双方旗帜的升降、国庆七十周年庆典中新型武器的展示……围绕着这些高潮前后所形成的种种期待、激动，会不断地刺激观众的神经，使他们长时间地被吸引在屏幕前。

5. 悬念性

新闻类现场直播题材还具备一个特殊的要素，就是它的不可预知性。这也是新闻类题材固有的特征决定的。从概念上讲，所谓悬念就是“对故事发展和人物命运的关切心情”。直播节目之所以能够吸引人，就在于它与事件的发生同步，能引起观众对直播的对象（事件或人物）未知的发展（或命运）产生关切的心情，这种“不可知”所造成的悬念正是直播的魅力所在。

新闻是客观、真实的。新闻记录着的是永远不可能再重复的事件。不再重复的事件的发展过程中永远潜存着多变甚至异常的因素，而这种不确定的因素将自始至终伴随着现场直播。事件的不可预知性带来了事件的变化，事件的变化又带动着直播的多变，同时也带来了直播的复杂性。因此，它导致现场直播从始至终充满着悬念、惊险、压力和考验。

（三）广播电视现场直播的实施

广播电视的现场直播是对现场记者、节目主持人以及整个团队在技术、资金和新闻素养等方面的全方位考验，在具体实施过程中要重点关注以下方面：

1. 要有充分的准备和积累

对于直播报道来说，事前的准备工作非常重要，因为现场直播要求记者在新闻事件发生的同时给予及时的报道，而不能在后期进行弥补和修改。“工欲善其事，必先利其器”，进行充分的事前准备是直播报道成功的最基本的条件。

对于记者个人来说，直播报道的准备工作包括：第一，与报道有关的资料，记者必须了解新闻事件的前因后果，尤其是可作为背景材料的资料；第二，相关的专业知识、现场人物的背景，要尽可能熟悉将要报道的现场环境；第三，采访前要制订采访计划，包括构想采访对象，设计采访提纲，并且根据可能出现的意外情况，多设计几种方案，以保证在现场有条不紊、游刃有余。

节目的其他部门也应当为直播进行充分的准备：首先，要确保直播设备的正常运行，在许多广播直播中都可以看到由于设备出现问题导致直播中断，因此技术支持在直播中尤为重要；其次，节目应当做好各种突发情况的预案，一旦现场出现状况而使直播中断，位于演播室中的主持人或播音员应当准备充分的内容，以填补直播中断造成的空缺。

2. 要有全局意识以及自我调整和随机应变的能力

一个完整的直播报道包括记者口述、采访对象的讲话和实况画面、音响等诸多环节。对于报道者来说，最理想的状况莫过于各个环节准确无误、一气呵成。但是，新闻现场纷繁复杂，随时可能发生各种突发状况，比如，采访对象临时发生变故无法接受采访，现场新闻事件的发展超出记者的预期，机器和技术出现故障等。这就需要记者在现场具有全局意识，来到事件现场后，对现场做全面而细致的观察，对事件发展的状况和当事人做出周密的分析，对现场最重要的场景、人物和事件发展趋势进行归类和排序，为直播报道的进行做准备。另外，记者还应当具有随机应变的能力，不因个别环节患得患失，以免贻误战机，在突发状况发生时保持沉着冷静，想清楚先干什么、后干什么，对现场做出清楚而有条理的表达。

以第二十二届中国新闻奖获奖广播作品《7·23动车事故大救援》为例：

> 逸舟（主持人）：这里是海峡之声新闻广播正在为您播出的《海峡广角镜》，现在是北京时间21：00整。听众朋友，现在插播一条突发新闻。今晚20：40左右，由北京发往福州的D301次动车发生了严重车祸，本台记者洪涛就在这趟列车上，他刚刚爬出车厢。接下来我们来连线洪涛，了解现场的情况。
>
> 洪涛（记者）：这趟列车是从北京开往福州的D301次。我是今天下午2：11左右从南京上车的，现在车行驶到达的是浙江温州的双屿境内。刚刚这趟列车突然发生翻车事故，前几节车厢冲破了高架桥的轨道，掉到了地面上。前三节车厢，基本上已经粉碎，我所在的第四节车厢正好架在天桥和地面之间，我往下看，原来是平行的通道已经（变成）向下的很深的通道了。我当时已经进入梦乡，突然间，车发生很大的摇晃，然后所有的电都停了，我也不知道发生了什么事情，然后用手机打开亮光，找到我的鞋，找到我的旅行包，然后把（包厢）门推开、（用旅行包）架住，看到下面有一些旅客自行把车玻璃敲碎，然后从底下两节车厢连接的折断处爬出来。我也顺着平时（过道）边上的观光扶手爬下来，然后从底下钻出来，看到地面上已经有一些躺着的人，可能会有一些伤亡数字，因为现在场面特别地混乱，还不太好确定这些。120急救车马上就赶到，现在消防车已经到达了，现场聚集了很多围观的周围的群众。目前我掌握的情况就是这些，因为现在我的情绪可能还有点波动，我的腿还有点发软。

在这篇报道中，记者刘洪涛本人就是“7·23”动车事故的亲历者。在事故发生后，他能够立刻转换自己的角色，克服惊慌和恐惧，不顾内脏的剧痛和身上的擦伤，边与电台联系，边立即展开现场采访。在自救成功2分钟之后，便在21：00播出的《海峡广角镜》节目中发出了全球传统媒体中第一则来自“7·23”动车事故现场的详细报道。尽管他坦承自己的情绪还有点波动，但记者本人还是保持着必要的冷静和理性，对现场的描述清晰、全面而有条理。

3. 对现场人物的采访要有针对性

首先，选择的采访对象要有针对性。被采访者要与正在发生的新闻事件有直接的关系，最好是新闻事件的直接参与者，这样他们讲的话才具有权威性，才能深化新闻主题并起到画龙点睛的作用。除了新闻事件中的关键人物，对待其他人物要有选择性。由于现场直播报道受到时间、空间的限制，增加一个环节就多一分失败的风险，因此为了使报道顺利进行，要善于取舍，放弃那些对新闻事件边缘人物的采访，突出主体，保障采访的顺利进行。

其次，提问要有针对性，尽量采用闭合式的提问方法。记者在现场提出的问题要具体，要符合主题需要，要结合新闻事件进程中的细节进行设计，而不是笼统的、开放式的。例如，在体育比赛中经常听到记者对夺冠运动员提问，“拿了世界冠军你有什么感想”，“现在有什么话想对听众说的”，这样老套的问题缺乏针对性，过于空泛，采访对象也不好回答，很可能答非所问，讲出与比赛无关的话。相反，如果换成较具体的问题，如“你身边的运动员抢跑是否对你构成了影响”或“在一球落后的情况下，你是如何调整战术、取得反超的”。这样明确的提问就比较适合运动员回答，而且由于问题和现场比赛直接相关，也更符合听众的求知心理和收听情绪。

4. 要对现场信息有所取舍

前文提到，在进行现场报道时要对采访对象有所取舍，除此之外还要对现场信息取舍得当。有些记者认为，现场直播报道要突出现场感，因此对现场的描述越多越好，但这样一来就会造成大量无用信息的堆砌，反而冲淡了新闻事件的主题。

首先，现场直播报道的开头要及早交代新闻事件的时间、地点等要素和主要的新闻事实，而且要做到先声夺人，尽快将听众引入新闻现场，使之产生身临其境之感。切忌在开篇之处长篇大论，迟迟不入主题，让观众等得不耐烦。

其次，事件过程的叙述不能面面俱到，只能介绍最重要的地方，舍弃一般性材料。结尾部分要见好就收，干净利索。特别要注意的是，中间穿插的背景材料要简洁，要选择最重要的，如果介绍过长就会使报道脱离现场，失去节奏感。例如在获得第十一届中国新闻奖的作品《陶璐娜夺得第一枚金牌》中，背景介绍就简单明了、恰到好处。

> 各位听众，我是中央台记者张文星。
>
> 今天是本届奥运会开赛的第二天，在射击赛场上中国奥运代表团终于夺得了人们盼望着的第二块金牌。这就是中国射击选手陶璐娜在女子10米气手枪比赛中以488.2环的成绩夺得金牌。
>
> …………
>
> 颁奖仪式上，陶璐娜站在高高的领奖台上，她面带微笑，胸前的金牌闪闪发光，她挥舞着手中的鲜花频频向观众致意。
>
> 陶璐娜今年26岁，这位来自上海一个普通工人家庭的孩子，今天终于登上了奥运金牌领奖台。

最后一段背景介绍，虽然只有短短的一句话，但其信息量却很大，包括陶璐娜的年龄、籍贯、家庭情况，而且通过“普通工人家庭”和“奥运金牌领奖台”这个对比，突出表现了陶璐娜获得成功之不易。

第二节　新媒体视听新闻节目的基本形态与特点

21世纪以来，新媒体迅速发展，并渗透进传统的广播电视媒介。互联网的诞生、新媒体的勃兴发展让强势的传统媒体遭遇到了前所未有的挑战。随着数字技术的发展，它的高速迅捷、交互共通等特点改变了人们的信息获取方式，新媒体提供了多种获取信息的渠道和选择的范围，满足了人们越来越趋向于多样化、专业化和个性化的需求，它们以日新月异的方式片刻不停歇地更新和创新软硬件技术产品设计与内容，从而产生一个新的视听传播风向。据统计，截至2020年3月，中国网络视频（含短视频）用户规模达8.5亿，占网民整体数量的94.1%，网络已经成为当下最具前景的视听传播空间。

一、新媒体视听传播特征

与传统媒体相比，新媒体有着全新的技术特征：其一是数字化，新媒体借助计算机技术把语言、文字、声音、图像等转换为数字形式进行信息交流，进而促进了传播的效率，使得信息传递更加迅捷高效；其二是开放化，新媒体空间是具备协作式开发与源代码开放特征的；其三是两级化，对于信息接收终端来说，体积是不断变小的，但是其所承载的信息储量和产品功能却是越来越复合、越来越强大；其四是平台化，终端程序向着功能越来越多的入口级平台转型，其背后所在的企业也通过各种方式营造综合化、平台化的媒介生态。

这些全新的技术特质给视听传播带来的变化也是革命性的。它不仅改变着从信息生产、传播到价值交换的整个生态链条，并在一种全新的价值链条上创造新的商业模式、技术、产品和服务。① 传统电视封闭的生产系统和固定的内容形态也经历着前所未有的改变。

1. 内容的离散化

新兴媒体尤其是以智能手机为代表的移动终端的出现瓦解了传统电视以时序为核心的内容组结方式，使得内容的呈现由固化走向离散。为了方便观众日益多元的收视选择，“约会式”的广播电视收看（听）将让位于“离散场景”的碎片化接收，视听内容不再是传统广播电视节目那样完整的作品，而是越来越多地以单条信息的形式呈现，内容形态的碎片化也带来了内容意义的解构化。

2. 传播的多级化

传统广播电视的线性传播有着一元单向、转瞬即逝的特征，但是在新媒体平台上，视听信息的多次传播成为可能。更重要的是，这种多级传播的主体也不再是各种媒体本身，而是视听信息的消费者。换言之，在网络视听传播的过程中，观众也可以成为传播的主体，数量庞大的网络视听用户与错综交互的社交网络使得网络视听信息的传与受不再是固定的、单向的，而是多元的、多级的，用户对于内容本身有高参与度，可以参与内容的创造与再创造，传播过程也有高度的社交参与，这极大地提高了网络视听信息传播的速度、广度与深度。

---

① 周勇．电视会终结吗?：新媒体时代电视传播模式的颠覆与重构［J］．国际新闻界，2011（2）：55－59.

3. 接收的个性化

作为一种共享的媒体，传统广播电视从内容到接收环境都有着明显的集体主义特征，传统的广播电视新闻生产也是一种服从于新闻生产者经验的规模化生产并进行大众化的传播。互联网的海量空间、多种渠道和个体终端使得视听信息传播的多样化和个性化成为可能，互联网用户对于视听信息的个性化需求的广度和深度在不断扩张，越是个性化的信息越能满足用户的需求。由传统的被动式观看到门户网站时代的“搜索式观看”，直至现在基于用户特征和兴趣画像的“个性化推送”，视听新闻越来越从“传者中心”向“用户中心”转变，而基于兴趣的信息在到达用户环节后更有可能被转发或进行再次创作，进而触发下一轮的传播。这一过程也促成了用户社交需求和价值认同的相互对接。

4. 生产的智能化

数据分析技术、人工智能技术、物联网技术等种种新技术正在把媒体带到一个智能化时代，智能化将驱动一场新的内容革命。从世界范围内来看，人工智能将持续改变信息传播，具体到传媒行业，从传播者、传播内容、传播渠道、传播对象到传播效果等各个环节都在经历“AI+”带来的变化，从素材收集、筛选、分析、成文，直至最后的内容分发，从新闻线索搜集到写作再到事实核查，每个环节都有人工智能深度参与，推动新闻生产流程的智能化变革。①

二、新媒体视听新闻节目的基本形态

新媒体视听新闻节目有着非常丰富多元的类型与形态：从技术线索来看，有数据可视化、AR/VR、交互技术、人工智能等新闻实现的技术路径；从文本线索来看，有短视频、网络直播、页面新闻、新闻游戏等呈现类型；从创作主体线索来看，也可分为用户自制内容（UGC）、专业自制内容（PGC）、职业自制内容（OGC）等。本章将重点介绍目前最为主流的几种新媒体视听新闻节目类型。

（一）短视频新闻

短视频以轻量化、生活化、易传播等特点，迅速成为网民媒体使用的主流形态之一，带来了网民注意力结构的变化，深刻影响着视频生态格局。

2012年底，美国就出现了专业化短视频新闻生产的平台——NowThisNews，这是《赫芬顿邮报》（*The Huffington Post*）旗下的短视频新闻应用。2013年美国驻土耳其大使馆爆炸案中，记者利用短视频应用Vine拍摄短视频记录现场，并且运用到后来的新闻报道中，还原第一现场；2014年，BBC在Instagram推出短视频新闻服务“intafax”，专门制作15秒视频新闻；到了2016年，NowThisNews视频点击总量已经超过10亿。

在我国，短视频发展迅速，截至2020年3月，用户规模为7.73亿，占网民整体的85.6%。抖音的15秒、微博的5分钟（见表5-2），都在极力地向一种新的生活方式贴近，或者说也牵引着现在的网络用户追求“更小、更短、更快”的视听信息。短视频新闻突出的形态特征有以下几点：

1. 轻量化传播

轻量化传播的最明显表现就是时长短。在移动互联网时代，短视频新闻以其时长短、

① 李鹏．人工智能与新闻生产［J］．传媒，2018（2）：6-7．

传播快、效果显著的特性极大地满足了受众碎片化的消费习惯。调查显示，2016 年 1 月，Facebook 平台分享量排名前 10 的视频新闻平均时长为 120 秒，2017 年 1 月这一数字降为 62 秒。BBC 也对自己在网络平台上上传的视频有着时长的制作建议，通常完整的视频应当在 60～90 秒，除非镜头或故事极其吸引人。在我国，网络短视频创作的时间长度也受制于短视频平台的技术要求，这样的技术条件限定了网络视频向更短、更快、更轻量化的形式发展。

表 5 - 2　　抖音、微博、微信朋友圈等平台对网络短视频的时长要求

平台	时长要求
抖音短视频	最初抖音时长对于普通用户来说都是限制在 15 秒，2019 年 4 月才面对所有用户开通 1 分钟时长，5 分钟与 15 分钟的时长是粉丝数量达到一定要求的账号才能开通的
微博视频	PC 端支持上传的视频为时长 15 分钟以内、大小 1G 以内 移动端支持上传的视频为时长 5 分钟以内、大小 1G 以内
微信朋友圈小视频	微信朋友圈直接拍摄小视频时长限制为 15 秒 从手机本地相册上传时长限制为 10 秒 通过腾讯微视小程序分享时长可增加至 30 秒

以央视新闻在抖音上开通的官方账号为例，它所发布的视频内容均不超过 1 分钟，基本上时长都在 30～40 秒，内容基本都是新闻现场的关键画面、新闻采访的关键语句等碎片化内容。

轻量化传播的第二个特征就是叙事上的碎片化。传统电视新闻节目的叙事惯常使用一种时间链式结构，观众需要了解事件发生的经过、结果，或是与故事主人公一同经历、一同认知，情绪也需要逐步铺垫、累积。而短视频是一种板块状内容结构，在以秒计数的时间里，并不需要铺垫前因后果，而是要准确抓住与主题有关的核心信息，用更紧凑、更简洁、更精练的方式呈现新闻内容。

2020 年 2 月 22 日，一条由央视新闻发布的抖音短视频达到了 1 800 余万的点赞量，其内容是“历经了四五个小时高强度工作，火神山医院的护士摘下护目镜和口罩”。整条视频时长只有 19 秒，内容是护士们摘下口罩后的感慨如“太爽了”“太丑了”“好像拥有了全世界”，以及她们脸上深深的压痕和勒痕。虽然新闻没有发生的时间、护士的名字、护士的具体经历，但是她们面部的特写镜头足以展示新闻的核心内容，那就是医护人员对于抗击新冠肺炎疫情所付出的辛劳（见图 5 - 8）。

2. 高潮前置

在快节奏、高强度、碎片化的生活常态下，用户较以往更关注信息获取的效率，希望用最短的时间获取最多的信息，对过于冗长且节奏缓慢的内容缺乏耐心。因此，短视频新闻一般不做前期冗长的铺垫和渲染，而是开门见山、指向鲜明地直奔主题——要么是直接展示具有冲击力的新闻现场，要么是突出剪辑具有戏剧性的人物话语。总之，追求以最快的节奏形成视觉高潮，第一时间将新闻最具吸引力的内容呈现出来。

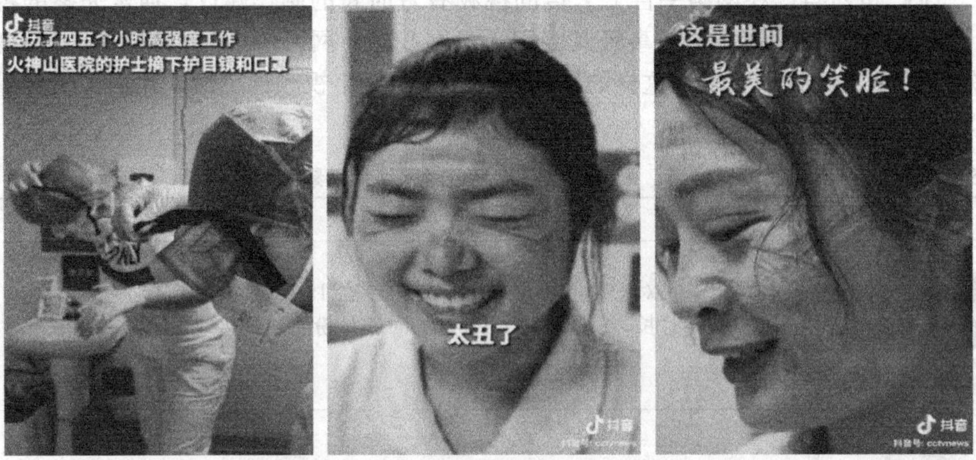

图 5-8 “央视新闻”抖音视频截图

2020 年 4 月 8 日零时，受新型冠状肺炎影响封城的武汉正式解封，在这个关键时间点，各大媒体都选择了极具感染力的新闻现场制作为短视频上传发布（见图 5-9）。

图 5-9 “武汉解封”抖音新闻截图

《人民日报》发布的视频为武汉市政府宣布“解封离汉高速通道，有序恢复对外交通”这一关键现场；《中国青年报》发布的是公安执勤人员宣布“所有执勤人员，撤岗！”的现场；《湖北日报》发布的是各个媒体的新闻记者为抓拍第一辆离开武汉的汽车而追赶的现场画面；央视新闻发布的是零点钟声敲响之时，一个女孩高喊“我的武汉回来啦！”的现场。

这四则视频均没有超过 20 秒，内容角度虽然各有侧重，但是都有一个突出的共同点，就是选择的现场画面都极具感染力和视听冲击力。这就是短视频新闻所承载的传播使命：在最短的时间内传递最具冲击力、最具信息量的信息。

3. 随时在场

伴随着摄录终端的便携化与易操作，网络视听创作的门槛降低，网络视听新闻的创作者已经不仅仅是专业的记者，而可以是没有经过新闻专业训练的普通公民。这些非专业人士摄录的视听作品大量流入网络，成为全新的新闻资讯资源。

与专业的新闻创作者相比，普通民众对于新闻事件有着天然的贴近性。与记者要“捕捉现场”不同，网民可以是“在场”的当事人、目击者、拍摄者。在这些由用户自制的新闻素材中，叙事主体由专业的新闻报道者直接让位于事件当事人或是目击人，所拍摄的画面可以下沉到城市的角落、遥远的乡村，也可以是事件发生时的监控录像、行车记录仪内的画面。这塑造了与专业新闻生产迥然不同的视听特质，其信息量更多样、全面，甚至可以反向流动到电视屏幕进行传播。越来越多元的社会事件在视听媒介中出现，越来越贴近现场的视听画面来自普通民众，“随时在场”的创作者和新闻内容成为当下网络视听更为主流的现象。

4. 竖屏播出

根据 CNNIC 第 45 次《中国互联网络发展状况统计报告》，截至 2020 年 3 月，我国网民规模为 9.04 亿，其中手机网民规模达 8.97 亿，占网民比例为 99.3%（见图 5－10）。

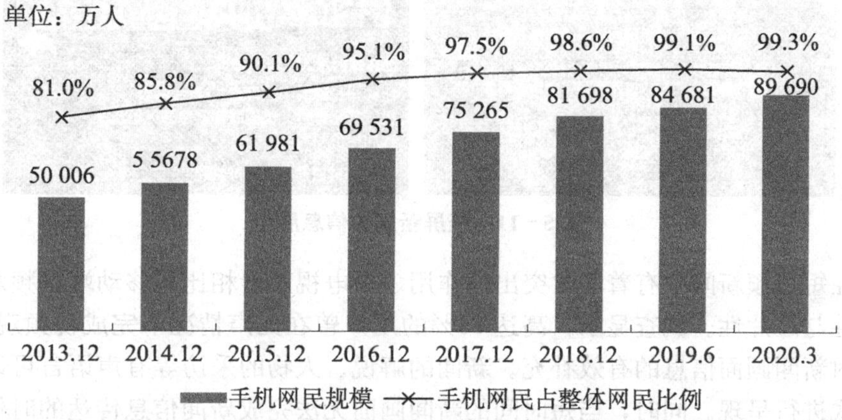

图 5－10 2013—2020 年我国手机网民规模及占网民比例

资料来源：CNNIC 中国互联网络发展状况统计调查。

这也反映了用户接触网络视听信息的主要渠道是手机。因而，适合手机特点的竖屏（vertical video）呈现成为当下网络新闻制作中一个非常显著的形态特征，因为其符合手机收看的便捷需求，用户不需要将手机进行横屏转换操作。那么，什么样的视听内容在竖屏的展示环境下信息传播率更高呢？

首先，竖屏的视觉重点更加突出，视角更加聚焦，更容易展示近景、特写等内容，例如人物脸部、细节动作等。所以，主持人面对镜头的评论、新闻人物采访等内容，比较适合用竖屏形式展示；而环境信息、关系信息等需要广角、全景等展示的信息则不太适用竖屏。

其次，竖屏可以利用上下双屏展示，让视频信息量更加丰富。第一屏是主要视频内容，第二屏可以是文字、动画或是主持人讲解等辅助信息屏，帮助主屏完成信息传达；此外，竖屏对于文字的呈现也会更加清晰，便于用户认知和记忆（见图 5－11）。

5. 要素多元

短视频新闻会充分调动图片、文字、音乐、特效等多种表现形式，更突出、更生动地反映新闻事件。

图 5-11　竖屏新闻的信息展示

字幕在短视频新闻中有着非常突出的作用。与电视观看相比，移动端视频观看具有很强的伴随性与碎片性。调查显示，高达85%的用户曾在无声情况下完成视频观看，因此，字幕就是对新闻画面信息的有效补充。新闻的解说、人物的采访等有声语言可以用同期声字幕的形式进行呈现。同时，当短时间的新闻画面无法完成新闻信息传达的时候，一些新闻要素也可以通过补充性字幕进行完整展示，如重要提示信息、新闻标题、发生背景、相关数据等。

背景音乐的采用是短视频新闻与传统电视新闻在创作方式上的明显不同。在电视新闻尤其是消息类新闻中，音乐是极少采用的元素。这一方面是因为，电视新闻的专业性重视以理性表现新闻的真实和客观，而音乐的感性表达则会影响媒体的客观平衡；另一方面，在专业创作中一般认为电视的声画是电视新闻更重要的表现途径，而音乐会影响与现场画面伴随的声音的表现。

在网络传播环境中，社交媒体的出现极大程度地方便了信息的传导与渗透，而情绪会比信息更容易在社交网络中扩散与到达，形成“同频共振”的局面。因而，有新媒体视听新闻创作者也提出了“新闻有情绪，情绪可传染”这样的观点。在所有视听要素中，音乐具有渲染画面情感、突出新闻主题、传递情绪态度等功能，极大地提高了视听新闻报道的感染力。在新的媒介环境下，视听新闻中是否能使用音乐这个在实践界和理论界曾经达成共识的问题目前出现了一些歧见。但有一点是明确的：如果使用背景音乐，要讲究适当与适配。适当是指不能频繁、过量地使用背景音乐，不能让背景音乐喧宾夺主，影响了正常的新闻信息传达；适配是指背景音乐要与新闻信息的内容保持主题的一致，使音乐与新闻画面相呼应，这样才能产生画龙点睛的传播效果。

6. 易于展示周边信息

短视频围绕着一个新闻事件，可以有更加多元化的创作空间。在新闻事件发生的第一时间，短视频可以发布把握第一速度的新闻现场新闻；随后，可以制作与新闻事件相关的背景信息补充、相关人员采访、媒体短评等短视频；再其后，与新闻相关性的周边信息、相关链接、拍摄花絮等内容也可以通过短视频进行呈现。这些周边信息在传统电视有限时间、有线频道的限制下是很难充分播出的，短视频平台则可以延伸出无限广阔的数字空间，供兴趣不同的用户进行周边信息的观看（见图 5－12）。

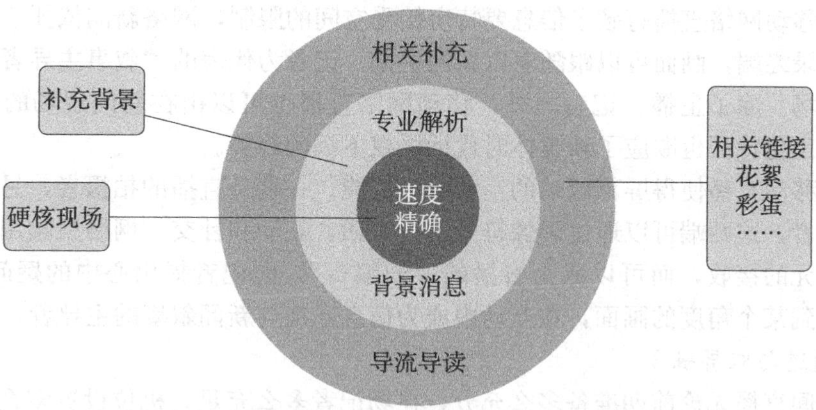

图 5－12 短视频新闻“关键信息”与“周边信息”关系图

例如，记者手记在传统的视听新闻创作中是非常边缘化的信息，即使有观众感兴趣也很难在电视上播出。但在短视频新闻创作中，vlog（video blog，意为视频博客、视频日记）成为新闻记者向观众展示自己新闻采编过程的一个兼具个性化与趣味性的窗口（见图 5－13）。

图 5－13 《中国日报》全国“两会”报道 vlog《小姐姐两会初体验》

（二）网络新闻直播

在移动化、智能化、交互传播信息的当下，网络新闻直播成为实时传递现场信息、营造共时空语境、搭建社交场景的重要形式，在承继广播电视直播新闻性、实时性、现场感特点的基础上呈现出全新的传播语态。

1. 移动性与互动性

在互联网技术普及的今天，网络直播具有成本低廉、移动便携的技术优势。传统纸质媒体具有无法及时反馈的短板，传统广播电视媒体具有无法深度交互的缺陷，网络直播则体现了互动性强、现场感强的体验优势。

首先，移动网络直播打破了信息要特定接受空间的限制，网络新闻依托于以手机为代表的移动摄录终端，画面可以跟随着以新闻主播、记者为代表的“叙事主导者”进入更贴近的新闻现场。除了主播、记者之外，移动网络直播也可以由在新闻现场的普通民众开启，这种平民化特征也顺应了新媒体时代话语权下沉的趋势。

其次，移动直播使得屏幕两端的互动成为可能。一端是直播的拍摄者，另一端是直播信息的接收者，这两端可以通过影像符号进行对话、互动和社交。网络视频用户的信息获取不再是一元的接收，而可以成为直播的“云编辑”，向记者提出心中的疑问要求解答，或是希望看到某个角度的画面，在互动中成为信息采集与新闻叙事的主导者。

2. 多通道与双屏融合

电视新闻直播无论前期准备多么充分，在场记者多么充足，机位设置多么多元，其节目只有在电视屏幕上由传播者主导，依靠单一频道作为载体，依照时序线性播出。

而网络新闻直播可以改变电视频道这种单一的信息传播方式，利用网络视频收看的多通道，将信息接收的主导权让位于用户。例如，在庆祝中国人民解放军建军 90 周年的“朱日和阅兵”直播中，央视新闻就在自己的应用程序开辟了多角度呈现阅兵现场的收视通路，每个机位都在手机终端上予以呈现，用户自己给自己做导播来进行画面选择（见图 5－14）。

图 5－14　央视新闻 App“朱日和阅兵”直播页面

网络新闻直播不仅仅提供实时动态视频，还可以与电视新闻直播相互配合、相互呼应。例如“朱日和阅兵”，当电视大屏直播出现某一队列时，在小屏直播通道根据这一进程即时制作相关方阵介绍，设置融屏互动、有奖问答等环节，形成“大屏看直播、小屏玩互动，抬头看新闻、低头看解读”双屏共通的直播观看体验（见图 5－15）。

图 5－15　央视新闻 App“朱日和阅兵”直播互动页面

3. 慢直播成为潮流

“慢直播”是相对于传统广播电视直播而言的，传统意义上的新闻直播通常以“快”为前提，仪式性直播需要将实时的现场信息带给受众，突发性新闻更需要第一时间告诉受众何时何地发生何事，有记者的画外音引导，有镜头语言的指向性。而慢直播几乎不存在外界的干预，没有旁白，没有字幕，没有引导和话题设置，只是展现现场真实情况，让用户自己去探索和发现感兴趣的内容，给予用户充分的想象空间。虽然单位时间信息量不如“快直播”大，但慢直播的时间更长，对事件的展示更完整。

2020 年 1 月 27 日，国内抗击新冠肺炎疫情的关键时刻，“央视频”采用 5G 技术制作了网络直播节目《与疫情赛跑——全景直击武汉火神山、雷神山医院建设最前沿》，利用架设在现场的高清监控摄像头，全面呈现了两家医院争分夺秒的建设情况，将清晰、稳定、直观、持续的视频画面传递到了每一位在线观看的网友面前。在直播过程中，上亿网友在线充当“云监工”，还纷纷为画面中出现的推土机、叉车等工程用具起名，直播峰值时超过 2 亿人次观看。在对于疫情各种信息仍不确定的时候，公众急需获取可靠的新闻信息，这种 24 小时在线的“慢直播”为用户提供了实时在场的新闻体验，前方建设信息的一点一滴都在用户的注视之下，公众的了解、参与、互动、监督等不同需求都可以被满足。一定程度上，这种对信息的掌控为用户带来了安全感。此外，在慢直播中，实时的弹幕、评论这种互动信息可以为用户带来强烈的陪伴感和归属感，直播画面成为社交广场与话题广场，用户可以在慢直播的空间里再次收获“想象的共同体”。

（三）交互式视听新闻

传统的大众传播影像，诸如电视、电影，使用的是封闭的叙事结构，是线性逻辑思维的发展，通过景别、剪辑、配乐等视听要素完成形象塑造、情节铺陈与故事发展，其核心在于创作者主导。

互联网极大地提升了反馈的时效，拓宽了反馈的渠道，“交互性”成为新媒体的一个关键概念和重要特性。交互式视听是一种新型的融合方式，通过结合视频与互动，使得原本线性的视频叙述过程呈现非线性的特点，即用户不再需要完全按照制作者的叙述顺序，而是在一定程度上可以自己决定阅读速度和方向。这种视听作品的叙事呈现出明显的开放性特征，从跟帖留言到实时弹幕，从点击翻页到新闻游戏，激发用户参与的介质从文字到融合影像，用户的介入行动也历经了一个由浅入深的过程。在这个过程中，有三个要素最为突出。

1. 身份：用户主导内容叙事

在交互式新闻中，信息的接收者身份经历了从“受众”到“用户”的变迁。“受众”强调了观看者的被动属性，“接收”是唯一的选择。而在交互式视听中，每个阅听人既可以是叙事者也可以是阐释者，既可以扮演内容中的角色也可以成为新闻叙事的导演者与新闻事件的评价者。交互展开的逻辑，都基于用户的行动。这种选择权与存在感的提升，会极大地激发用户的操作欲望，提升用户的视听体验。

一般来说，这种用户主导的交互新闻叙事分为两类。一类是封闭性叙事，用户在观看时调整一些视频的变量元素，例如翻页、视角转动、配乐、速度等；或是利用点击、会话等交互改变新闻内容呈现顺序与结果链接，因不同的选择呈现多条路径、多个段落与多种结局，但所有的内容框架和展示都是在制作者设计的框架之内的，因而虽然这种交互叙事逻辑由用户自主主导，但结果仍是封闭的。

另一类是开放性叙事，用户可以在视听作品中留下属于自己的创作性信息，这些信息可以使得视听文本产生新的意义或新的解读方式，实现对视听文本的“再创造”。以《人民日报》的新媒体作品“军装照”为例：2017 年是建军 90 周年，《人民日报》新媒体推出基于 H5 技术的新媒体交互新闻《快看呐！这是我的军装照》。从结构上分为三个部分：第一部分，1927—2017 年建军相册，自动翻页展现解放军军容军貌；第二部分，以相册缺失“你”的照片，引导用户参与上传个人头像照片并选择军装年份（南昌起义、红军时期、抗日战争、解放战争、1950—1955 年、1955—1965 年、1965—1985 年、1985—1987 年、1987—1999 年、1999—2007 年、2007—2017 年）；第三部分，通过后台的人脸识别技术，生成属于用户的不同年代的军装照片。这种开放的叙事空间带给了用户深度参与的视听体验（见图 5-16）。

图 5-16 《人民日报》“军装照”新媒体作品互动页面

2. 场景：基于新媒体技术构建的接收情境

在交互式视听产品中，场景是极其必要的传播要素。在人为构建的交互界面中，必须架构一个场景或是情境，为用户带来一个可以沉浸其中的影像空间。观看者要完成交互类视听内容的阅听，就必须进入这个视听场景，这种真实或虚拟的场景可以使散落于不同时间、不同空间的观看者联结于同一个视听时空中，在一个共同的场景或情境内进行信息获取与价值判断。

2016 年的“两会”报道中，《人民日报》“中央厨房”推出《傅莹邀请您加入群聊》交互作品，这个作品的巧妙之处在于采用“微信群聊”形式展示新闻发布会。交互式的对答场景，让人犹如亲临会场，现场语音、问答互动就是微信对话，用户点击收听语音就是傅莹的答问内容。这次创作将全国人大新闻发布会这种政治化发言场景构建成为微信群聊这种人人都可参与的“聊天”场景，贴近性与亲民性驱动用户获知新闻信息（见图 5－17）。

图 5－17 《傅莹邀请您加入群聊》新闻互动页面

3. 体验：游戏化参与带动情感卷入

乌拉圭游戏设计师弗拉斯卡（Gonzalo Frasca）于 2003 年创办 Newsgaming. com 新闻游戏网站时提出，新闻游戏作为交互新闻的一种类型，其区别于其他类别的新闻产品主要是依靠游戏的特征。佐治亚理工学院数字媒体系教授伊恩·博格斯特（Ian Bogost）及其合作者在 2010 年出版了关于新闻游戏的第一本研究专著《新闻游戏：游戏中的新闻》，其中提到“电子游戏的互动和仿真功能可以为新闻业所利用”。

在新闻游戏中，新闻事实是最为重要的信息内核和内容支撑，传播价值是新闻游戏生产的原动力，技术的发展为新闻和游戏的结合提供了载体支撑。基于游戏化的交互界面，多种媒介体验可以融合至同一个维度的场景之中，用户通过对游戏的参与和互动来获知新闻内容或体验。因为场景的拟真和角色的扮演，一个层次丰富、体验完整的叙事系统呈现了出来，用户的自主性探索或自发性社交将加强沉浸感和卷入感，在深度参与和扮演之中可以获得更为深刻的情感体验，从而更好地体会新闻事件的本质。新闻平台把新闻发展成为游戏，本质上是一种“代入式新闻”的体验过程，玩家通过新闻游戏能够对新闻事件产生更多的理解，并有助于与新闻事件的深入互动。新闻游戏通过程序修辞或者游戏化的方式来呈现新闻故事，打破了以往传统新闻作为严肃文本在社会舆论场中扮演的角色。早期的新闻游戏往往是以新近具有社会影响力的新闻事件为蓝本，但呈现形态和功能指向还是偏向于游戏，所以新闻事件更多是作为游戏的故事背景或场景元素。但近年来，专业媒体也开始拓展生产方向，制作自己的新闻游戏。英国的《金融时报》（*Financial Times*）于2017年10月上线了新闻游戏《优步游戏》（The Uber Game），该作品让玩家扮演优步司机，以选择题的形式推进游戏进程，看玩家是否能在一周内赚足佣金还上按揭。《优步游戏》的首页写着："Can you make it in the gig economy?""gig economy"指的是零工经济，该作品通过游戏的方式反映了零工经济时代优步司机作为劳动者的生存现状。游戏中的每一道选择题均呈现了主创团队通过大量采访获得的优步司机遇到的真实情境，并依此建立了游戏模型。也就是说，用户在其中做的每一个选择，比如是否同意乘客在禁停区下车、是否购买无限量手机流量套餐等等，都影响着故事的走向，也同时在游戏模型中收到实际反馈——每小时的收支、获得的评价星级均会影响这名"司机"的负债生活是否能有所缓解（见图5-18）。

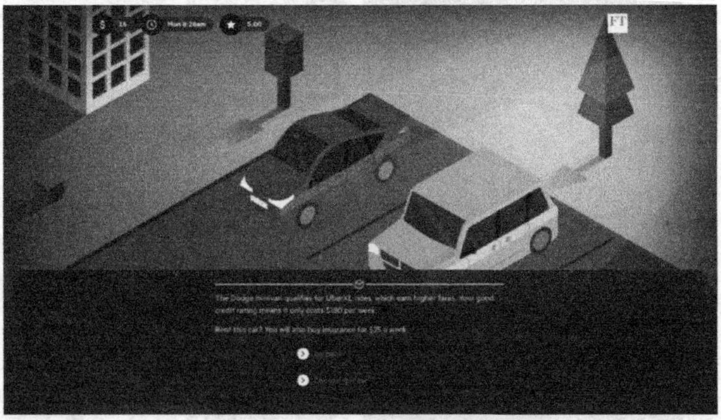

图5-18 《优步游戏》游戏截图

《优步游戏》获得了2018年美国网络新闻奖"杰出创新视觉与数字辅助报道奖（大型编辑室）"，并获得全球数据新闻奖"年度最佳数据新闻应用"提名。相较于传统新闻报道吸引了更多观众对于"零工经济劳工"这一主题的关注与探讨，作品的成功也从侧面反映了新闻游戏在传播上的特点和优势。

在新闻游戏化的策划和创作中，需要把握以下两个原则：

第一，新闻游戏需要以"新闻事实"为内核进行设计，选题需要取材于真实的新闻事件。当然，并不是所有的新闻事件都适合制作为新闻游戏，在新闻事实的选择上应当注重选择值得展示事件过程的、具有深层意义挖掘和延伸空间的、适合参与和角色体验的新闻事件。例如，2016年国际数字媒体创新大赛中，斯洛伐克提交的作品《你会拿什么?》（What Would You Take?）就是对叙利亚被轰炸地区的场景模拟——新闻用户扮演身处轰炸地区的居民，需要在规定时间内找到指定物品——每件物品的背后都关联着一个真实的难民故事。战争背景下的难民故事就是一个具有重大意义、延伸空间巨大且适合游戏化设计的选题。技术固然是重要的视觉呈现辅助，但不能喧宾夺主，不能为了游戏化的设计而造成新闻真实性的损失。

第二，新闻游戏应符合游戏设计的基本规则，注重受众的可玩性体验。用游戏讲故事，需要颠覆的不仅仅是事件的逻辑顺序，还有传统上由传播者主导的叙事思维，在叙事的设计中应引进游戏设计理念，例如角色设定中的主角视角或调查视角，进程设定中的剧情走向、任务难度、奖励机制等。也需要利用新兴技术融合多种媒介形式和内容，在传播过程中共同对玩家的多重感官系统产生刺激，让用户与产品进行深度交互并获得信息反馈、情绪反馈。

（四）沉浸式新闻

媒介技术的发展史从某种意义上说是媒介沉浸程度的深化史：从报纸到广播电视再到虚拟现实技术，技术的每一次进步都让沉浸更进一步。[①] 诺妮·德拉佩纳（Nonny de la Pena）等学者发布的《沉浸式新闻：为第一人称新闻体验设计的沉浸式虚拟现实》（Immersive Journalism：Immersive Virtual Reality for the First-Person Experience of News）一文中提出了“沉浸式新闻”的概念，它指的是一种让观众获得新闻故事中描述的事件或情形的第一人称体验（first-person experience）的新闻生产形式。依据其采纳技术的不同，当前沉浸式新闻最为典型的两种表现形式为360度全景影像新闻和虚拟现实新闻。

1.360度全景影像新闻

360度全景影像新闻的主要呈现载体为PC端和手机端，可通过电脑鼠标、触控板或手机触屏进行操作，主要调度人的视觉和听觉系统。在这种影像呈现中，创作者不再需要借助蒙太奇的镜头语言来进行信息的传递和意义的生成，而是通过长镜头＋固定机位采集完成新闻画面的呈现。也就是说，360度视角的自由敞开无法利用镜头变化引导受众的视线，实则是在某种程度上让渡了信息传播的权力，放大了用户对自己视线的控制范围，这种形式一般适合于“场景”主导的新闻传播。例如，2016年“两会”期间，政协首场新闻发布会时，中央人民广播电台拍摄制作了全景视频《中国之声全景直播间——360度无死角看人民大会堂》在微信公众号上发布。产品在视频中添加了交互按钮，可链接到不同的场景，用户也可以在场景空间内探索，产生沉浸于“两会”实景时空的感受（见图5-19）。

图5-19　《中国之声全景直播间——360度无死角看人民大会堂》新闻互动页面

① 张超，丁园园．新闻业的沉浸偏向：VR新闻生产的变革、问题与思路［J］．中国出版，2016（17）：38-41.

2. 虚拟现实新闻

基于 VR 技术的虚拟现实新闻是“沉浸式体验”更好的代表。虚拟现实新闻主要的呈现载体为屏幕端配合可穿戴设备，新闻的叙事依赖于受众的动作参与，主要调度人的视觉、听觉和行为系统。它比 360 度全景影像新闻在“视觉拟真”和“身体卷入”两个层面上更加深入。接收新闻信息的人完全沉浸在新闻的内容中，整个身体和大脑完全投入到数字化的场景中，仿佛置身新闻事件发生的现场，其核心特征可以归纳为“3I”，即沉浸（immersion）、交互（interaction）和想象（imagination）。[①] 与交互类新闻相同的一点是，在虚拟现实新闻中，叙事的主导权由用户自己掌握。沉浸式新闻里“记者”消失，相比在传统新闻中借助“记者”身份解说报道事件，用户不再需要第三者的画外音表述或是报道新闻事件，而是借助营造的沉浸感和直接参与到场景中来获得关于新闻事件的信息。例如，纽约时报的《流离失所》（The Displaced）报道了由于叙利亚战争而流离失所的小孩的生活状态。在虚拟技术的还原下，用户也成为这些孩童的一员，跟随他们一起体验一次短暂的漂泊生活（见图 5－20）。

图 5－20 《纽约时报》VR 新闻《流离失所》截图

虽然 VR 体验类报道和 VR 新闻游戏都是利用可穿戴设备让用户深度沉浸于新闻产品之中，但是，在 VR 新闻游戏的叙事进程中，用户必须按照游戏的程序设定完成相应的任务，获取相关激励（如更多的资金，或者进入下一环节的许可等），而 VR 体验类报道的叙事进程则不需要这些关卡、环节，用户可以自主地探索新闻场景，完成对新闻事实的了解和体验。

目前的虚拟现实新闻仍处于初始发展的阶段，国内外的诸多媒体进行了一定的尝试，但仍没有定期、定量的产出，用户的阅听规模有限，而且就体验的层次来说，也只是在视听层面有沉浸体验，比较缺乏的是具身性的卷入。对虚拟现实新闻的发展来说，技术的成熟、设备的成本、采集技术及后期的开发技术等都是重要挑战，同时，接收终端是否普

① 喻国明，谌椿，王佳宁．虚拟现实（VR）作为新媒介的新闻样态考察［J］．新疆师范大学学报（哲学社会科学版），2017（3）：15－21.

及、用户是否掌握及其使用技术水平的高低也需要格外关注。这一领域的发展值得更多实践尝试和学术跟进关注。

【本章小结】

本章主要探讨了视听传播节目在传统媒体和新兴媒体中的主要类型及其形态特征。随着技术的发展进步，从广播电视媒体到新媒体，视听新闻的形式和外延不断拓展，节目的类型日趋多样化，用户的视听体验也日益丰富。了解和掌握这些不同的节目形态，可以为大家日后进行视听新闻创作提供基础性框架。当然，虽然视听新闻的视觉呈现更为突出，新闻处理的技术方式更加先进，但其本质仍是恒定的，不论技术外沿如何变化，对于新闻真实性的追求、对于新闻现场的把握仍然是需要尊重的创作内核。

【本章思考题】

1. 广播电视消息和网络短视频新闻都以“快”和“短”为特质，它们在形态上有何异同？

2. 实践练习：假设你是中央广播电视总台新闻部门的主编，请针对近期发生的一起重大新闻事件做一个报道方案，要求涵盖消息、深度报道和评论这三种节目形态，同时考虑面向传统广播电视和新媒体平台的播出需求。

3. 案例分析：请关注一则调查类电视新闻专题节目，分析记者的调查逻辑与视听文本的叙事逻辑。

4. 比对分析：请关注近期一个重要的新闻事件，并观察与这个新闻事件相关的广播电视消息、广播电视专题和新媒体作品，分析其传播任务和创作理念。

【本章推荐】

影视剧中的新闻人、新闻事

本章推荐欣赏电影《惊曝内幕》(*The Insider*)。影片取材于 CBS 著名新闻栏目《60 分钟》试图披露烟草行业黑幕的一个真实故事。

【附录】

部分视频案例网址

1. 中央电视台《新闻联播》——主播说联播丨海军喜提国产航母迈入双航母时代 海霞：硬核，靠谱！(https://mp.weixin.qq.com/s/zhWaD3G6IX_AU_itqaR-0A)。

2.《我国第一艘国产航空母舰交付海军 习近平出席交接入列仪式》(http://news.cctv.com/2019/12/17/ARTIQwxfxdh6Wi4o7Tt8aNzV191217.shtml)。

3. 四川电视台新闻频道插播四川宜宾地震消息（https：//www. bilibili. com/video/BV1Q4411G7P7/）。

4. 中央电视台《朝闻天下》——《“东方之星”客船长江翻沉 潜水员官东：生的希望留给别人》（http：//tv. cctv. com/2015/06/04/VIDE1433370775704735. shtml）。

5. 中央电视台《新闻联播》——《“神舟”五号载人飞船安全成功着陆》（https：//v. youku. com/v _ show/id _ XMTc2OTE0ODg=. htm）。

6. 中央电视台《新闻频道》——《央视独家记录医保药品目录谈判过程 分分计较 一粒抗糖药的谈判过程》（http：//tv. cctv. com/2019/11/28/VIDEcn7vvoz8qnB9jySshL7T191128. shtml? spm=C45404. PKiwdSr9Flaj. S79298. 325）。

7. 中央电视台《新闻频道》——《疫情下的“保障”》（http：//tv. cctv. com/2020/02/22/VIDEaTZE37vS6hnF0sagwWsU200222. shtml）。

8. 中央电视台《焦点访谈》——《医保药品“砍价”记》（http：//tv. cctv. com/2019/12/02/VIDElI6lW1xTbTu2XjZRR00N191202. shtml）。

9. 中央电视台《经济半小时》——《药品价格谈判：“灵魂砍价”的背后》（http：//tv. cctv. com/2019/12/06/VIDEepEPyUHglxgKt6mZ5lov191206. shtml）。

10. 中央电视台《今日说法》——《“聂树斌案”十年调查》（http：//tv. cctv. com/2016/12/10/VIDE4MICv9f5kVNxvs2lKbSa161210. shtml）。

11. 中央电视台《晚间新闻》——《央视短评：一分一毛总关情》（http：//tv. cctv. com/2019/11/28/VIDEGAAVCwZ0t6cMwhAxLvhT191128. shtml）。

12. 海峡之声《海峡广角镜》——《7·23 动车事故大救援》（广播）。

13. 中央人民广播电台——《陶璐娜夺得第一枚金牌》（广播）。

14. 央视新闻抖音平台——《历经了四五个小时高强度工作，火神山医院的护士摘下护目镜和口罩》（https：//v. qq. com/x/page/j3077xx8w7l. html）。

第六章

视听新闻报道的编辑、编排与策划

【本章学习要点】

视听新闻的编辑工作通常隐身幕后，但在新闻生产的各个层面、各个环节都起到至关重要的作用。

- 稿件的选择与修改是视听新闻编辑的基础性工作，是编辑把关功能的重要体现。
- 视听新闻的编排尽管在面向传统广播电视和新媒体平台时有所不同，但其基本逻辑是共通的：突出重点（凸显新闻的价值）、使信息条理化（方便受众接收）。
- 新闻策划的主要目的，是实现新闻价值的最优化，从而最大限度地满足受众的需求，以此来提升媒体的品牌形象。

在视听新闻生产系统中，编辑是一个重要但又特殊的群体。言其重要，是指他出现在新闻生产的各个环节，从微观层面的单个稿件处理到中观层面的栏目运营、重大报道组织策划直至宏观层面的整体协调、决策，编辑都起着至关重要的作用。言其特殊，是指工作性质决定了他往往隐身幕后，不像记者、主持人（播音员）一样经常在视听新闻报道中亮相出声，为公众所熟知。唐人有诗“苦恨年年压金线，为他人作嫁衣裳”[①]，某种程度上是对编辑工作这一特性的注脚。事实上正如本书第二章所述，在新闻生产中起决策指挥作用的往往是编辑系统。

编辑是做什么的呢？

处理稿件（为了阐述的方便，这里把单个视听新闻节目称作稿件）是编辑工作的基础，是一切编辑思想的具体执行和体现。稿件的处理首先是针对单篇稿件而言的。作为一名编辑，首先要善于组织稿源、发现和挑选稿件；其次，要掌握视听新闻稿件写作的规律；最后，不仅要会写稿，还要会改稿，要根据栏目的需要，对稿件进行修改、完善，使之达到播出的要求。稿件的处理还指多篇稿件的整合，也就是通常所说的栏目编排，即把当天栏目要播出的所有稿件按照一定的编辑思想和传播规律进行串联。

一个栏目编辑，从他走进办公室开始一天的工作直至节目播出完成，日复一日，他所

① 蓬门未识绮罗香，拟托良媒益自伤。谁爱风流高格调，共怜时世俭梳妆。敢将十指夸针巧，不把双眉斗画长。苦恨年年压金线，为他人作嫁衣裳。——〔唐〕秦韬玉《贫女》。

做的事情其实离不开以下四个基本环节（见图 6－1）：

发现 → 修改 → 整合 → 分发

图 6－1　栏目编辑工作流程

1. 发现

发现有价值的新闻稿件是栏目编辑每天工作的基础。

要发现就必须有寻找，栏目编辑对稿件的寻找不是漫天撒网，而是有目的、有意识的过程。寻找稿件最可信赖的对象就是栏目既有的稿源系统。栏目编辑要熟悉这些系统的供稿情况并善于调动它们为自己提供所需的稿件。

要发现还必须有价值判断力。面对每天摆在面前的成百上千条新闻信息，如何选择那些最适合本栏目播出的内容？这是一个价值判断的问题。

2. 修改

与记者一样，编辑也必须具备写作视听新闻稿件的能力。但是，与记者的原创性写作不同，编辑对这种能力的运用更多体现在二度创作也就是修改稿件上。多数情况下，编辑改稿件的时候比写稿件的时候更多。稿件的修改包括三大方面：一是事实的订正，二是辞章的修改，三是稿件的改编。通过修改，使单篇稿件达到栏目播出的要求。

3. 整合

在单篇稿件修改到位的基础上，下一步就是对当天栏目要播出的全部稿件进行整合：整体编排。众所周知，广播电视是线性播出的媒体，从表面上看，编排就是把所有要播出的稿件按照时间顺序串联起来以便依次播出。但是，栏目编排实际上还有着更深层次的含义：它体现着编辑对当天新闻节目的价值判断，也反映出栏目的传播理念。基于新媒体平台的视听传播虽然很大程度上摆脱了传统广播电视线性传播的局限，但是能够有效吸引观众注意力的版面空间仍然是稀缺资源。编排的首要目的，就是要使当天最有价值的新闻信息得以凸显。

整合还体现在特别报道的组织上。对于重要的新闻题材，编辑需要组织各方力量、整合资源进行特别编排。有时候，这种特别报道会超出具体某个栏目的管理范畴，需要整个新闻系统的介入。

4. 分发

传统广播电视的分发主要体现为组织节目播出。在播出环节，编辑的介入有两种情况：一种情况是，当天值班编辑中的一位（一般是责任编辑）或特别报道的导演亲自担任导播，指挥相关技术工种完成栏目的播出任务。另外一种情况则有所不同，编辑不直接参与播出工作，而是向技术工种下达详细的工作单，由他们实施栏目的播出。总的来看，编辑（导演）直接参与播出的方式比较适合那些内容相对复杂、播出过程中存在一定变数的栏目或特别节目（如国庆七十周年庆典直播），而由技术人员完成播出的方式则适合内容简单、播出形态固定的栏目。

新媒体环境下，视听新闻节目的分发面临的是多屏、多平台，其分发逻辑也由基于时间的线性传播转向基于空间的非线性传播，需要针对多屏、多平台及其用户特点进行更灵活的信息组织和推送。

综上所述，视听新闻编辑工作的范畴是相当广泛的，所涉及的环节也非常多，这对于编辑的能力是一种考验，这种考验主要体现在以下几个方面：

（1）选择能力。

与记者主要经营单篇稿件不同，编辑每天都要面对千头万绪的信息。要从这些信息中发现最适合当天播出的内容，编辑必须善于选择。编辑对于信息的任何取舍本身就传达出一种信息：价值判断。新闻的选择能力从某种意义上说就是新闻价值判断能力。

（2）视听手段的综合运用能力。

随着视听传播技术的发展，视听两种基本手段已经演变出极为丰富的具体样态。能否熟练掌握这些手段，并在实际工作中加以恰当运用，这对编辑而言并不是一件轻松的事情。对于编辑来说，来自稿源系统的任何节目都只是素材，编辑必须根据栏目的需要对它们进行"精加工"，以达到最佳播出效果。信息来源的多样以及播出环境的不断变化迫使编辑必须随时能拿出解决问题的最佳方案，这种应变能力很大程度上取决于编辑对视听手段的熟悉程度，取决于他对这些手段的综合运用水平。

（3）协调能力。

以广播电视为代表的视听媒体技术性极强，所要求的工种非常繁杂，多工种协同作战是视听传播工作的基本特征。而编辑身处视听节目生产的终端环节，所接触的工种尤为集中。如何能够组织好这些力量完成节目制作和播出的任务，需要编辑有很强的协调能力。

第一节　稿件的选择与修改

选择和修改稿件是编辑的一项基本工作。关于稿件的选择，本书第三章关于视听新闻的价值判断已有详细阐述，本节重点探讨稿件修改的问题。视听新闻稿件的修改包括三大方面：一是事实的订正，二是辞章的修改，三是稿件的改编。

一、事实的订正

订正事实的前提是事实的审核。对于新闻事实的审核贯穿于编辑处理稿件的全过程。事实的审核包括两个层面：首先要真实，其次要准确。真实和准确是新闻的生命，编辑要善于发现和纠正稿件事实中一切不真实、不准确的因素。审核后对于错误的订正有三种方式：（1）改正——根据获得的准确内容改正错误；（2）删除——某些次要信息，在无法核实的情况下宁可删除不用；（3）撤稿——如果对稿件存有重大疑问而又无法查实，则应将稿件撤下，搁置不发。

事实审核可以从以下几个方面着手：

（一）对事实真实性的分析判断

事实方面存在毛病的稿件，大多不能自圆其说，通过分析对比，往往能发现其中的矛盾和疑点。分析判断的参照物主要有以下几个：

1. 稿件本身的不同部分

如果在一篇稿子内出现前后说法不一、自相矛盾的地方，则必有错误。或者有对有错，或者全部出错。

2. 生活情理

凡是与生活情理不合的地方，一定要进行分析，并与记者或其他权威渠道进行核对。不合情理固然要打个问号，太“合”情理的也不能轻易相信。有些稿件中包含着导演摆布或者“合理”想象的成分，显得过于典型和巧合，编辑对此要保持警惕。

3. 不同消息来源

利用从不同消息来源获得的关于同一事件的报道，对比印证、参考互现，看其中有没有矛盾。这与历史研究中的考据有类似之处，“孤证”的真实性往往是要受到怀疑的。特别是一些新闻，既不是由本媒体的记者采访得来的第一手消息，也不是其他专业媒体提供的，编辑与事实之间隔了一层甚至几层，这就更要慎重，要从几个渠道了解情况。

(二) 事实的核对

有些事实的真实性，光靠从稿件上分析判断是不够的，必须借助外力来核实。核实的渠道有以下几个：

1. 权威部门、权威人士、权威资料

这里的关键在于对“权威”的把握。“权威”是一个相对的概念。同一部门、人士、资料，在不同的范围、领域其权威程度是不一样的。一般而言，事件相关领域最高主管部门是权威的；涉及政策时，主管部门及其人员比民间的专家要权威；全国性的统计数字，要以国家统计局公布的为准；政策、法令及重要数据不能直接从新闻报道中援引（授权公布的除外），而要与相关部门的原始资料核对，并且这个资料必须是最新版本的；权威人士必须是在所从事的领域被公认的，对其身份要进行核实。

2. 事件当事人

当发现疑问时，要与事件当事人进行核对。涉及批评、表扬的，要从尽可能多的渠道了解情况，相互印证，不能听信一面之词；涉及争议的，要同时听取争议的双方或多方的意见，不能偏听偏信。

3. 关键信息、细节的核对

有些稿件，事实主体是真实的，但是一些关键信息、细节不准确，编辑要善于发现。这方面容易出问题的主要有以下几点：

(1) 名称。

这里所说的名称包括人名、地名、国名，单位、团体、组织的名称，行政区划的名称，职务名称……关于名称，有以下几个方面要注意：

● 全称与简称要准确使用，简称必须是约定俗成、公认的，不能自造。

● 正确使用习惯称谓和标准称谓。有些习惯叫法是大家公认的，不会造成理解上的麻烦，可以根据表达的需要选择用习惯称谓还是标准称谓；有些称谓则是有严格规定的，必须标准，比如度量单位，用“斤”“亩”“尺”等就不合适。

● 要注意名称的变化。有些地名、行政区划、人员的职务经常会发生改变，要注意核对，不能凭经验办事。

● 名称与声音、图像、照片是否一致。如果两者错位，就有可能酿成大错。中央电视台晚间的新闻中曾经报道过一条消息，披露广西某领导因贪污受贿受到处分，但图像却是当地另外一位领导，而且以定格方式很醒目地出现，结果造成了不必要的麻烦。

● 名称字幕是否准确。在图像新闻报道中，人名、地名经常要打出字幕，要注意核对字是否有误，特别是有多个同音字的，一定要反复查实。

（2）时间。

在时间方面要特别注意一些不具体的提法，如今天、明天、昨天等，一定要核对清楚具体的日期。因为稿子上写的是“今天”，但成稿时间却可能是前一天。如果不注意就很容易出错。

（3）数字。

数字是视听新闻稿件中最容易出错的信息之一。特别是一些重大的、关键的数字（如国民经济指标），一定要反复确认。不仅在写稿时要核对，配音或者制作成字幕、图版、图表时也要核对。

（4）词意。

有些词带有褒贬、敬鄙等感情色彩，或者表述不准确，使用不当会影响意思的表达。2015 年，新华社总编室组织国内部、国际部、对外部、新闻研究所搜集整理了近年来各编辑部规定的禁用词，编成第一批禁用词、规范用语对外公布。在此基础上，《新华社新闻信息报道中的禁用词和慎用词（最新修订）》于 2019 年公布，涉及“时政和社会生活”“法律法规”“民族宗教”“港澳台和领土、主权”“国际关系”五大类 102 条内容，可以作为日常编辑工作的参考。①

（5）时态。

有些稿件，由于种种原因被压了下来，过了一段时间后再发时一定要重新核实，看事情是否发生了变化。比如，一篇批评某地旅游市场混乱的报道，出于某种考虑当时没有播发，过后如果准备播发时就必须认真核查。因为当地政府可能在这一段时间进行了整顿，情况有了好转，倘若没有查证原封不动地播发了以前的报道，就会造成被动。

4. 调查了解

如果发现稿件中有重大疑点，在条件允许的情况下，应深入现场调查了解，甚至重新采访；如果条件不允许、播发无把握，则应暂时搁置。

（三）新媒体环境下视听信息的审核

新媒体环境下，视听信息的生产主体、来源和传播渠道更加多样化，这给信息的审核增加了变数和难度。近年来，互联网视听行业不断摸索，在视听信息的审核方面做出了一些有益的尝试。

1. 细化内容审核标准

2019 年 1 月，中国网络视听节目服务协会发布《网络短视频内容审核标准细则》，对网络视听信息中常见的问题做了非常具体的禁止性规定，共 100 条细则，涉及 21 个方面。②

（1）攻击我国政治制度、法律制度的内容；

（2）分裂国家的内容；

（3）损害国家形象的内容；

---

① 新华社又公布一批媒体禁用词！［EB/OL］.（2019－03－15）［2020－05－05］. http：//www.gazg.gov.cn/Article/Detail?id=0bc89c2f-d98b-47a7-9fd5-f984900a1d6b.

② 中国网络视听节目服务协会．短视频内容审核标准细则［EB/OL］.（2019－01－09）［2020－04－10］. http：//www.cnsa.cn/index.php/infomation/dynamic_details/id/69/type/2.html.

（4）损害革命领袖、英雄烈士形象的内容；
（5）泄露国家秘密的内容；
（6）破坏社会稳定的内容；
（7）损害民族与地域团结的内容；
（8）违背国家宗教政策的内容；
（9）传播恐怖主义的内容；
（10）歪曲贬低民族优秀文化传统的内容；
（11）恶意中伤或损害人民军队、国安、警察、行政、司法等国家公务人员形象和共产党党员形象的内容；
（12）美化反面和负面人物形象的内容；
（13）宣扬封建迷信，违背科学精神的内容；
（14）宣扬不良、消极颓废的人生观、世界观和价值观的内容；
（15）渲染暴力血腥、展示丑恶行为和惊悚情景的内容；
（16）展示淫秽色情，渲染庸俗低级趣味，宣扬不健康和非主流的婚恋观的内容；
（17）侮辱、诽谤、贬损、恶搞他人的内容；
（18）有悖于社会公德的内容；
（19）不利于未成年人健康成长的内容；
（20）宣扬、美化历史上侵略战争和殖民史的内容；
（21）其他违反国家有关规定、社会道德规范的内容。

应该说，这是在总结互联网视听信息特点的基础上做出的针对性规定，虽然难免挂一漏万，但为互联网视听信息的审核把关提供了一套相当细致的标准。

2. 探索互联网视听信息审核模式

在各种因素的促动下，互联网视听平台近年来在信息审核方面持续投入力量，初步形成了一套适应互联网传播规律的审核模式。这套模式的主要特点是：以提高内容准入门槛为核心，通过建设专业化内容生产机制、扩大内容审核队伍、人机协同识别等综合举措应对互联网海量视听信息的审核。

（1）建设专业化内容生产机制。

这方面的典型代表是梨视频。与当下多数根据数据推荐算法的短视频平台不同，梨视频主打内容原创，其工作模式是以遍布全国乃至全球的拍客为基础的专业化生产，对每位视频拍摄者有相对严格的准入标准。拍客上传的每个视频都需要经过专业审核团队的层层审核，无法进行审核的视频将全部放弃，其内部还设有“黑名单”，对于一些已经证实拍摄假视频的拍客一票否决，此后将不再允许其进入拍客网络。

和其他短视频平台相比，梨视频的认证系统相对烦琐，后台需要进行拍客的职业认证、地址认证、身份信息认证以及绑定支付宝。其拍客管理系统要求拍客有效管理每条素材，能够保证素材源头的追溯，目的就是希望能够从源头开始确保拍客质量、强化其对素材的自我审核，从而保证视频质量。

（2）扩大内容审核队伍。

由于视听信息的识别目前仍需以人工为主，面对海量信息，互联网视听平台被迫不断扩大内容审核队伍。以今日头条为例，其目前拥有的 23 000 名员工中有 10 000 人是负责新闻内容审核的。这一庞大的审核团队，实现了全天候不间断地监测和审核，具体到每一帧画面，具体到评论中的内容。同时，今日头条组建了专家顾问团，对于专家向今日头条举报的问题，审核团队必须在30分钟内做出处理。但人数并不意味着有效，这种缺乏行业标准的“人海战术”自我审查机制也难以有效规避掉所有的风险，尤其是一些短期培训出的视频内容审核人员难以确保审核质量。

（3）人机协同识别。

人工与机器的协同识别、技术核查与人工核查双管齐下是目前互联网视听信息审核普遍采用的方式。这种协同表现在以下两个方面：

一方面，人工和机器各有分工。对于违法信息、色情信息等，主要还是依靠人工审核。而对于广告信息，机器会自动识别并标注；对于标题党，机器会自动识别并通知作者，如果作者拒绝修改，机器则会降低其推荐权重或者直接拦截。

另一方面，人机协同更广泛的应用还体现在对同一个工作的协作上。比如，随着技术和数据库的发展，媒体机构在发布某则新闻前能够了解到当前所有媒体对该事实的报道，还能够根据相关数据库获取背景资料，根据背景资料对新闻中使用的资料、史实、引语和数字等进行查证落实。通过这样反复对比和甄别，能够更好地进行事实判断。又如，人机合作对信源的识别：第一步，登录该视频发布平台获取信源始发用户，对该用户的历史消息发布进行查看，看其是否发布过与之相关的信息或不实消息；第二步，审查视频中的画面是否存在剪辑痕迹，与此同时确定事件发生地点，可以借助地图App的帮助确定视频中地点的真实性，还可结合实时天气App确定视频中的天气与实际发生地点天气状况是否一致来验证视频可靠性；第三步，联系视频发布者，结合对视频发布者的沟通和交流，获取更多与视频相关的细节内容。

二、辞章的修改

辞章的修改要达到以下四个方面的要求：

（一）规范化

新闻稿件在辞章上首先要符合现代汉语标准语的规范。

1. 用词的规范

（1）慎用方言。

方言具有很强的地域色彩，对本地区以外的人具有某种程度的排他性。视听新闻稿件的写作一般不使用方言，但是也有特殊情况：出于某种需要使用原话、原文时可能会出现方言，这时要用标准语言加以解释；使用同期声时出现了方言，可以配字幕（字幕语言应当标准）解决这个问题，如果是直播中来不及加字幕的话则要由记者或主持人现场解释。

（2）慎用简称。

在视听新闻稿件写作中，出于节省篇幅、加快节奏的需要，有时候会使用简称，但在使用时要把握一个原则：简略后不能够影响受众的理解，简称要么是在社会上能够通用的，要么是长期以来约定俗成的。

（3）音译词的规范。

使用音译词时，要以通用的标准译法为准，不要自造词汇。

2. 语法的规范

视听新闻稿件的写作要遵守现代汉语的语法规则，要搭配得当、语序合理、层次清楚、关系明确。但要注意的是，视听新闻稿件有其自身的特点，它不仅包括文字语言，还包括同期声、现场画面等诸多表现元素，因此，不能简单地从文字语言上看其是否合乎语法，而要综合全部因素。有时候，视听稿件中文字语言是残缺的，但是如果和其他元素结合起来看意思又是完整的。比如，在一部反映美国消防员的纪录片中，年轻的实习生刚到消防队报到，一名老队员带着他熟悉环境，这时解说词说"新手要干……"，然后马上接老队员的同期声说明一个新手要做些什么，之后又接解说词"几乎什么都要干"。在这里，作为文字语言的解说词在语法上显然是不规范的，但是和同期声合起来又是完整的、规范的。

（二）口语化

视听新闻语言中要注重表达上的口语化，同时要方便观众收听。

1. 多用双音词，少用单音词

现代汉语词汇与古代汉语词汇一个显著区别是，古代汉语以字为表意单位，现代汉语则以词为表意单位。书面语言较多地受古代汉语的影响，常用单音词；而口头语言则惯用双音词。比如：可—可以、曾—曾经、应—应该、因—因为、虽—虽然……

2. 注意同音字、词

同音异字是汉语中一个突出的现象，视听新闻稿件写作中要注意这个问题，避免给观众收听造成困难。碰到同音字、词，能回避的尽量回避，换一个没有歧义的字、词来表达；或者利用上下文的语境来消除这种歧义。比如，"全不"和"全部"听起来很容易混淆，就可以改成"全都不"和"全都"。

3. 慎用文言词汇

视听新闻语言中要慎用文言，但不排斥那些已经融入现代生活、为人们所熟悉、仍然富有生命力的文言词汇，比如"信誓旦旦""辗转反侧"等。

（三）形象化

视听新闻语言要善于把抽象的东西形象化。

视听新闻写作中一个不容回避的问题就是数字的处理。数字往往具有很强的说服力，但它往往又是抽象的、乏味的。在使用数字上，一方面要少而精，另一方面也要善于通过将抽象的数字转化为具体可感的形象，化枯燥为生动。常用的方法有以下几种：

1. 由小及大

一些微观数据，要通过推演放大，才能让观众明白其中的意义。

比如谈节约用水，引用数据：据测试，一个自来水龙头，假如没有拧紧，漏一分钟浪费水大约 22 千克。22 千克这个数字可能还不够让人震撼，那么可以推演一下：漏一天合 31 吨。还可以再进一步：如果全市有 1 000 个这样的水龙头，那么一天就要浪费掉 31 000 吨自来水。这么一放大，浪费的严重性就凸显出来了。

2. 由大化小

一些比较大的数据，给人的感觉可能比较宏观，难有一个具体的概念，这时候可以通过换算化小，使观众感到触手可及。

比如，中央电视台的电视系列节目《弹指一挥间》中说，中华人民共和国成立初期我国化肥年产量仅有 5 976 吨。这是个什么概念呢？解说词告诉观众："这个可怜的数字，按我国耕地面积平分，每亩只有一两多一点儿。"说中华人民共和国成立初期我国公路只有 8 万千米，"按当时 4.5 亿人口计算，人均公路才 17 厘米"，"相当于一巴掌长"。

3. 换算

有些数据比较抽象，可以换算成人们熟悉的、可以感知的形象。比如，《弹指一挥间》中说河南、山东两省沿黄河地区的群众为了加固黄河河堤，造起了"地上悬河"，搬动土石方约 7 亿立方米。这是个什么概念呢？解说词说："相当于建起 13 座万里长城或开挖两条苏伊士运河"，这就具体了。

（四）个性化

如果说上面所说的是视听新闻稿件修改的一般要求，那么个性化则是特殊要求。个性化分为以下三个层面：

1. 新闻本身的个性化

每一则新闻，因其内容和表现手法的不同，所传递的情绪、节奏、风格是不同的，写作稿件时要照应到这一点。

2. 栏目的个性化

不同的栏目，因其定位的不同，风格也不一样，稿件的语言特色是形成和体现栏目风格的重要手段。

3. 主持人的个性化

主持人的个性服从于栏目的个性，但主持人同时又具有个体的人格化特征，这可以使其在主持播报时形成独特的个人风格，而新闻稿件则是其体现个人风格的主要途径，编辑在写作稿件时要有意识照顾到主持人的播报风格。

三、稿件的改编

稿件的改编分三种情况：压缩、补充、改写。

（一）压缩

稿件压缩的过程就是去芜存菁的过程。压缩的方法有以下两个：

1. 突出主题

对于视听新闻稿件特别是篇幅短小的消息类新闻稿件而言，主题宜小不宜大，宜集中不宜分散，宜具体不宜笼统。

(1) 突出主线。

要使稿件的主线清晰，删去一切与主线无关或关系不大的部分。

(2) 集中主题。

对于主题分散的，要进行集中。集中的方法可以是归纳——将几个主题组合为一个主题；也可以是删节——只保留最有意义的一个主题。

2. 摘取精华

编辑要善于摘取稿件中的精华部分，去掉那些多余的部分。这里的"多余"有两类：一是的确属于对表现主题意义不大的，要毫不犹豫地去掉；第二类则是相对的"多余"，即内容本身并无问题，但是根据节目播出的需求要做出压缩。具体手法有以下三个：

（1）取局部。

挑选最重要、最精彩、最具有新闻价值或最适合本台、本栏目特点的局部，使其独立成篇。比如会议新闻的报道就常用此法，舍会议的全过程而选择其中最有新闻价值的信息加以报道。

（2）留要点。

有些稿件由若干重要部分组成，如果不能详细报道的话，则保留每部分的要点，取筋骨而去血肉。

（3）做概括。

由于篇幅的局限，有些部分无法展开报道，只能用简要的文字概括其主要内容、提炼其主要意义。

（二）补充

对一些原始材料有缺陷的稿件，编辑要做补充的工作。主要包括以下方面：

1. 补充背景

对新闻中涉及的关键人物、事物、地点、时间、术语等补充相应的背景材料，起到解释说明和深化主题的作用。

2. 补充形象材料

为了使观众对新闻的内容更加清楚，编辑可适当给新闻增补一些形象材料，包括照片、图表、动画、字幕等。

3. 回叙

回叙即对过去已播过的相关内容做简要复述，以引起观众的回忆，帮助观众理解本则新闻。一般出现在对新闻事件的连续追踪报道中。

4. 说明

说明相当于报刊的文前按语。在栏目推出重点报道、新的板块时做一个说明，说明编者的设想、节目的特点等。

（三）改写

一些稿件素材不错，但是总体上不符合要求，光靠修修补补已无法解决问题，需要动大手术，这就要改写。改写分为以下几种情况：

1. 改变角度

角度的改变可以分为以下三种情况：

（1）改变选题角度。

同一事实或同一人物，可以提炼出不同的主题。

（2）改变选材角度。

同一新闻主题，选取不同的材料予以展现。

（3）改变表现角度。

同一主题、同类材料，用不同的手法、不同的视角、不同的切入点来表现。

2. 改写导语

导语是视听新闻打开观众心理防线的“敲门砖”，它必须把新闻中那些可能为观众感兴趣的信息以最简约的方式提炼出来。导语的改写可以从以下方面着手：

(1) 突出新闻的意义。

通过改写，凸显新闻的意义，使观众明白为什么要报道这样一则新闻。

比如，原导语："记者从教育部获悉，我国第一个教育从业标准今天起正式实施。"改写成："教育改革又有新进展，今天，我国教育工作者的第一个从业标准正式实施。今后不管是在幼儿园还是在大学，只有通过资格考试，取得教师资格证书的人才能成为教师。"

(2) 突出新闻的兴趣点。

通过改写，突出新闻中观众最有可能感兴趣的部分，引起他们的期待感。

比如，原导语："日本最近发明了一种无声乐器，儿童在练习时不会再发出不和谐的噪声，让你大为光火。"改写成："在繁华、嘈杂的都市里，最让人头疼的莫过于自己的邻居突然有一天兴致大发，迷恋上某种乐器。他在练习时发出的噪声简直就能让人发疯。不过，日本最近出现的一种小发明可以解除你的这一烦恼。"

(3) 突出新闻的贴近性。

通过改写，突出新闻与观众的联系，使他们乐于看下去。

比如，原导语："研究基因意义重大，人类基因组计划与'曼哈顿'原子弹计划、'阿波罗'登月计划并称为自然科学史上的三大计划。"改写后变为："现在到儿童医院看病的孩子还要通过X光等诊断，人类基因图谱绘制完成后就不用那么麻烦了。他们一出生就得到一套自己的基因图谱，拿这套图谱与标准图谱一比较，就可以预测将来可能得什么病，从而提前预防或治疗。"把一些抽象的概念换成我们身边可以感知甚至触手可及的事，一下子就显得贴近了。

(4) 突出关键信息。

通过改写，使新闻的关键信息能够在导语中明确体现，使观众迅速把握新闻的要点。比如，原导语："为了适应社会经济的迅猛发展，中国工商银行最近开通了国内金融业第一个电子汇兑系统。这一系统的开通，使社会资金周转速度大大加快。"改写成："银行间汇兑一般需要一个星期左右。最近，中国工商银行开通了电子汇兑系统。通过这个系统，资金汇兑由7天缩短为1天。"原导语中含糊其词的关键信息经过改写后被明确体现出来。

(5) 突出相关新闻间的关联性。

通过归纳总结，提炼出前后新闻之间的内在关联性，并在后一则新闻的导语中表现出来，使新闻与新闻之间形成一种有机的联系，成为一个整体，同时通过这种关联、比照也能更好地烘托每则新闻的价值、意义。

3. 分篇

有时一篇稿件内容很重要，但涉及的方面比较多、篇幅较大，若单篇播发的话占用时间太长，观众容易疲劳，而且重要信息堆在一起，反而削弱了每条的重要性。所以需要将其分成几篇处理，一篇一个主题，编成一组播发，既加快了节奏，也使每个重点都得到了突出。比如，全国人大开会审议通过了好几部法律，每部法律单独看都很重要，这时候就可以先发一个简单的会议消息交代一下全貌，然后将各部法律的消息分别以单篇形式播发，这样每个主题都能说清说透。

4. 综合

与分篇相反，综合是把几篇稿件编合成为一篇统一的稿件。这些需要综合的稿件在内容或者主题上是相关的，但是要么彼此间有很多交叉重复的地方，要么每篇稿件的信息含量较小、不足以支撑单篇的形式，这时候就可以把各篇稿件中相同的内容抽出来，然后抽取它们各自最有特色的内容，将这两部分组合成一篇稿件。

第二节　节目的编排

如果说稿件的选择与修改是提升单个新闻节目的品质，编排则是对拟发布的所有新闻资源的整合优化，使之实现总体的价值最大化。今天，视听传播已经面临传统广播电视和新媒体平台双渠道并存的局面，前者是依赖时间逻辑的线性播出，后者则是依赖空间逻辑的非线性传播，体现在节目编排上必然会有不同的方式，但其基本逻辑是相通的：突出重点（凸显新闻的价值）、使信息条理化（方便受众接收）。所谓编排其实是一种无声的编辑语言，是编辑（媒体）与受众的一种对话。

一、节目编排的基本逻辑

编排工作实质上是通过对新闻资源的整合实现其价值最大化。如何把众多的视听新闻节目编排在一起播出，达到良好的收视效果，这需要编辑寻找各则新闻之间的内在关联，将其有机地组合在一起，在方便观众理解、接收的同时凸显新闻的价值。

（一）重点的突出

节目编排要注意突出重点。重点报道是栏目（频道）的灵魂，它决定了栏目（频道）最根本的价值取向，也是栏目（频道）总体水平的集中体现。重点报道也是栏目（频道）的亮点，它在版面上形成传播的强势，从而给受众留下深刻印象。

对于传统广播电视来说，线性传播的方式决定了其播出容量的有限性，一个新闻栏目多则一两个小时、少则二三十分钟，一个全天候播出的新闻频道也不过二十四小时（如果去掉深夜等几乎没有多少价值的垃圾时段的话则更短）。在时段资源有限的情况下，平均用力显然无法实现时段价值的最大化，必须确保最有价值的新闻信息得到尽可能充分的展示。

对于新媒体平台而言，由于页面空间和超文本链接的无限性，理论上不存在播出资源的局限，但用户的注意力资源是有限的。中国互联网络信息中心（NNIC）发布的报告显示，近年来，我国网民平均每周上网时长持续增长，但除了2020年3月的统计数字受新冠疫情影响变化明显外，增长速度一直比较平缓。以截至2020年3月的人均每周30.8小时计（见图6-2），我国网民人均每天上网时间4.4小时，其中近四分之一用于观看网络视频（含短视频）。换句话说，我国目前8.5亿网络视频用户人均每天上网观看视频的时间也不过1.1小时，互联网视频信息的海量与送达用户的有效信息量依然是一个巨大的反差。

因此，无论是传统广播电视还是基于新媒体的视听传播，突出重点都是提高信息送达效率的关键。重点的形成主要从以下方面着手：

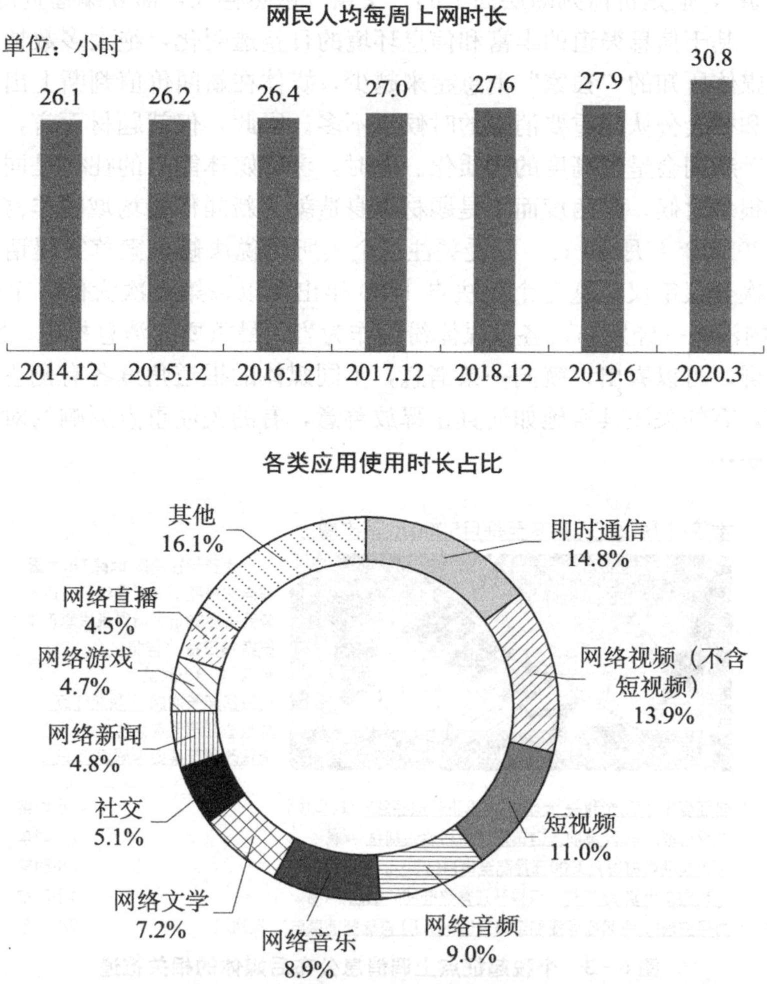

图 6-2　我国网民人均每周上网时长和各类应用使用时长占比

资料来源：中国互联网络信息中心（CNNIC）. 第 45 次中国互联网络发展状况统计报告［EB/OL］.（2020-04-28）［2020-05-07］. http：//www.cnnic.net.cn/hlwfzyj/hlwxzbg/hlwtjbg/202004/P020200428596599037028.pdf.

1. 精心选择和安排有分量的头条

头条新闻是节目编辑思想的集中体现，突出显示了媒体对新闻的价值判断，而这种判断往往对受众的判断产生很大的影响。此外，作为当天节目播发的龙头，头条在版面位置上的突出地位也容易产生“先声夺人”的效果，引起受众最大限度的关注。因此，头条新闻是否具有冲击力、吸引力，直接影响到受众收看新闻节目时的注意力集中程度、兴趣。一个经典的例子是，1986 年 1 月 29 日凌晨（北京时间），美国挑战者号载人航天飞机发射升空时发生爆炸，举世震惊。中央电视台《新闻联播》毅然打破当时“先国内，后国际”的编排惯例，把这条消息放在头条，并播放了足足 6 分钟，播出后反响强烈，其做法至今为人们所津津乐道。① 当然，对于非线性播出的新媒体平台来说，已不存在形式层面上按

① 石扉客.《新闻联播》的前世今生［EB/OL］.（2020-01-01）［2020-05-07］. https：//baijiahao.baidu.com/s?id=1568300451381669&wfr=spider&for=pc.

时序排出“头条”，但是价值判断层面上的“头条”依然存在，需要编播资源的重点保障。

一般而言，基于信息渠道的丰富和信息环境的日益透明化，绝大多数情况下，真正意义上不为其他媒体所知的“独家”消息越来越少，媒体在新闻价值判断上出现严重偏差而导致错失同行和社会公认的重要消息的时候也不多。因此，仅就题材而言，某一天或某一时段的“头条”新闻会呈现高度的同质化。此时，考验媒体能力的往往是同题竞争下的独家报道角度，很多时候，是角度而不是题材本身造就了新闻传播场域的丰富程度。来看这样一个例子：2018 年 6 月 19 日，备受关注的个人所得税法修正案草案提请十三届全国人大常委会第三次会议审议，这是个税法自 1980 年出台以来第七次大修。个税起征点拟上调至 5 000 元的消息一经发布，各家媒体纷纷作为当天最重要的消息报道。图 6－3 是当时百度搜索的截屏，可以看出，就同一条消息，不同媒体的报道角度各有侧重：有的关注措施的具体内容，有的关注其实施如何真正释放善意，有的关注重点影响的对象（如高收入自由职业者）……

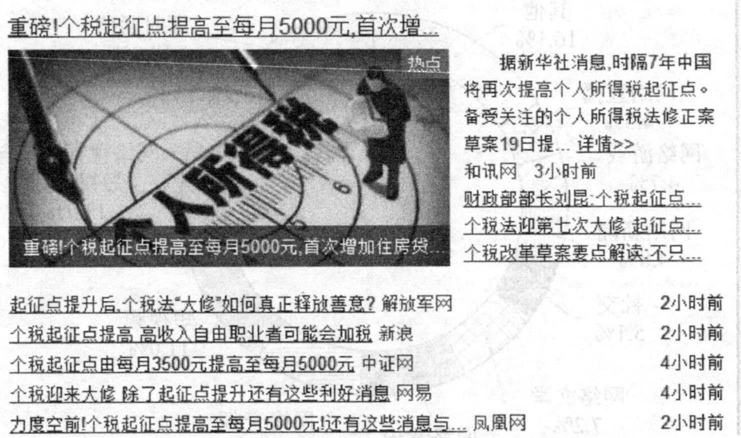

图 6－3　个税起征点上调消息公布后媒体的相关报道

注：2018 年 6 月 19 日百度搜索截屏。

2. *组织好重点报道*

重点报道往往不是等来的，而是通过主动的组织才能获得的。编辑要有意识地加强重点报道的前期策划。一些栏目之所以缺乏重点报道，就是因为主动策划少，使得自己的重点报道要么比别人慢半拍，要么凌乱缺乏章法。造成这种现象的原因有编辑个人主动性的缺乏，但主要还是缺乏机制的保障。在新闻系统内部，信息的获取和判断、采编资源的协调、新闻生产的组织和分发需要一套畅通的机制，要加强选题特别是重点选题的策划和实施：既有当前的选题，也有前瞻性的中长期选题，对于一些特别重要的选题还要组织连续报道或者系列报道以形成声势。这样才能使重点报道的形成有序化、规范化，而不是东一榔头、西一棒子，“有了一顿充，没有了敲米桶”。等米下锅是搞不好重点报道的。本书第七章图 7－4 所举中央电视台 1998 年的抗洪救灾报道，就是一个前期进行了精心筹划、充分准备的典型案例。关于报道的组织策划将在本章第三节详细讨论。

3. *以集合的方式组织有分量的稿群*

有时候单则新闻不足以构成重点，这就需要通过集合的方式，以有分量的稿群来形成传播上的强势。集合稿群的方式主要有以下几个：

（1）同题集中。

同题集中是指将同一事件的相关报道组合在一起，使人们形成对事件的整体印象。同题集中主要有以下几种情况：

● 连续编排。

连续编排是指把报道同一事件连续发展过程的几篇稿件集中在一起播发，使观众对其来龙去脉有一个清晰的了解。连续编排总体上可以按照时间的先后顺序进行，但是要注意处理好最新信息。一般来说，有关事件最新变动的信息应当放在最前面，即使最新变动的价值不是太大、不足以在片子中单独体现，也应当在导语中有简单的交代。以 2019 年广州地铁施工现场地陷事故报道为例，2019 年 12 月 1 日上午 9 时 28 分，广州市广州大道北与禺东西路交界处地面出现塌陷，途经该区域的 1 辆清污车和 1 部电动单车掉落其中，共有 3 人被困。事发路段为在建的广州地铁 11 号线沙河站施工区域。下面为事发次日中央电视台《东方时空》栏目的编排单，头条即是一组关于此事的报道：独家专访救援组专家（最新消息）、救援现场进展、新闻发布会、对后续救援工作及同类事件共性问题的探讨（见图 6-4）。

【中央电视台《东方时空》对广州地铁施工现场地陷的报道：2019 年 12 月 2 日】

地铁施工致地陷 问题在哪？如何防范？央视记者独家专访广州地陷救援组专家

地铁施工致地陷 问题在哪？如何防范？广州地铁施工区域路面塌陷 持续救援中

地铁施工致地陷 问题在哪？如何防范？救援仍在进行 广州举行第二场发布会

地铁施工致地陷 问题在哪？如何防范？救援专家组：避免二次事故 采取回填措施

地铁施工致地陷 问题在哪？如何防范？地铁施工导致地陷 原因有哪些？

重庆 轨道交通五号线延长线江津段 在建桥体发生垂直错位 无人员伤亡

地铁施工致地陷 问题在哪？如何防范？

湖南长沙 在建项目混凝土质量问题追踪 又一在建项目混凝土强度不达标

图 6-4　中央电视台对广州地铁施工现场地陷事故的报道

● 关联编排。

关联编排即把对同一事件不同侧面的报道集中在一起，使观众对事件的面貌有一个全方位、立体的了解。这种编排一般把中心事件放在最前面，然后依据与中心事件的关联程度依次安排其他稿件。2020 年 4 月 8 日，因新冠疫情被临时封闭的武汉时隔 76 天后正式解封。中央电视台《东方时空》栏目对此做了多方位的报道：首先是一组反映解封的核心信息，从公路、铁路、航空多处发回恢复正常的动态消息；然后是一组反映解封后武汉城市生活状态的相关消息（见图 6-5）。

【中央电视台《东方时空》对武汉“解封”的报道：2020 年 4 月 8 日】

你好，武汉！武汉今天开始正式解除离汉离鄂通道管控

湖北 武汉今天解除离汉离鄂通道管控 武汉“解封”交通有序开放

湖北 武汉今天解除离汉离鄂通道管控 天河机场：国内商业客运航班恢复

湖北 武汉今天解除离汉离鄂通道管控 国际商业货运航班恢复 首架天河机场起飞

湖北 武汉今天解除离汉离鄂通道管控 出发 开往希望的列车

湖北 市井武汉 好久不见 通道开放 生鲜产品加速到达武汉

湖北 市井武汉 好久不见 农贸市场恢复营业 辣椒一条街辣味依旧

湖北 市井武汉 好久不见·疫情观察 湖北昨日无新增确诊病例

湖北 市井武汉 好久不见 离汉人员凭健康码“绿码”安全有序流动

湖北 市井武汉 好久不见·记者探访武汉社区 生活虽已逐步恢复 防疫不能有半点松劲

湖北 市井武汉 好久不见 2 万多名环卫人员昨日开展全市大扫除

媒体观察 76 天后重启 武汉“解封”非“解防”

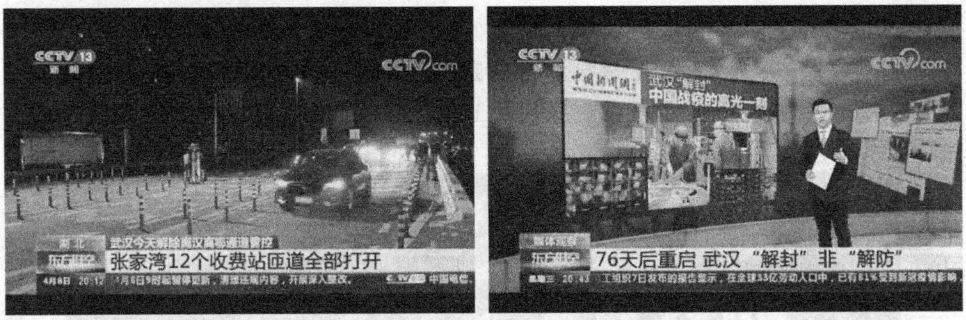

图 6-5 中央电视台报道武汉“解封”

● 参照编排。

参照编排是指把有关同一事件的不同来源、不同说法的报道集中在一起，相互参照，可以使观众全面地了解事件，做出自己的分析和判断，这也是媒体公正客观的表现，同时也为后续报道留下余地。特别是有些争议很大的事件，各方说法可能严重对立，更要采取这样的方法，使各方有公平表达意见的机会。当然，编辑在处理时并不是简单地呈现，而是根据自己的判断，把自己认为最可靠的消息放在前面或其他醒目的位置。

（2）同类集中。

同类集中就是把内容上有关联或者相似的稿件集中起来，突出报道，以引起受众的注

意。它可以通过对稿件的巧妙组合，使几篇分散的稿件“亲合”在一起发挥整体优势，使它们的表现力得到升华。同类集中的方式主要有以下几个：

● 集合编排。

集合编排是最常见的同类集中方式。有时候，几篇稿件存在相同的一面，可以将其集合在一起，突出它们的同一性。比如，主题相同、报道对象相同、报道领域相同、报道形式相同等等。这种集合编排可以使栏目层次清晰，便于观众收看。

比如，《端午假期最后一天 各地迎返程高峰 全国铁路公路今天迎来返程高峰》《过端午 品民俗·河南商丘 行古礼 放荷灯 传承端午文化》《贵州 多民族同舟共渡过端午》《2018 中华龙舟大赛福州站落下帷幕 五个组别冠军全部产生》《浙江衢州 常山江上赛龙舟 百桨翻飞迎端午》《英国 端午节 海外咋过 全英龙舟赛 英国警察组队》《美国 波士顿龙舟节“龙之射线”龙舟队员都是抗癌斗士》《泰国 粽香飘海外 泰国吃肉粽》，这些都是各地纪念端午节的报道，所以集中编排播出。

在采用这种方式时，往往可以通过导语或者统一的标题凸显各稿件的同一性，比如“下面是一组来自春耕一线的报道”“请看一组简讯”。

● 相关编排。

相关编排是指把具有内在关联的不同报道组合在一起，使报道内容的意义得到有效的揭示。与集合编排不同的是，集合编排中不同事件的同一性是显性的，可以一目了然，而相关编排中不同事件的关联性则是隐性的，需要深入事件内部进行挖掘、比对和归纳，往往表现为因果、响应等内在关系。

比如，《我国食品卫生监测合格率已达 88.6% 较完善的食品卫生安全体系初步形成》《各地月饼大战提前打响》《广东佛山：查获一批过期月饼》，这三条就表现为一种内在的呼应，其隐含意味在于月饼大战来临，食品卫生安全监管不容松懈。

● 对比编排。

对比编排即把几篇内容有矛盾性质的稿件组织在一起，通过对比使事物的矛盾性质突出。由于对比鲜明，对比编排往往比单篇稿件分散编发更具有说服力和感染力。

比如中央电视台《晚间新闻》一期曾获中国新闻奖的节目，就成功地运用了对比编排的手段：

将《广东省有关方面表示对雷州海难事件中见死不救行为要严肃处理》《一呼吸和心跳停止 45 分钟的妇女起死回生》两篇稿件编排在一起。一面是见死不救致使十二名渔民丧生，一面是在本来可以放弃的情况下全力抢救使病人奇迹生还，美与丑、善与恶，对比何其鲜明！其产生的震撼显然大大强于单独编发的效果。

（二）新闻价值的再挖掘

编辑某种程度上是在做一个“翻译”的工作，把隐含于既有稿件中的新闻价值提取、深化、凸显出来，以受众理解的方式表达清楚。编排就是这种“翻译”功能的体现，其作用不止于对稿件中已有新闻价值的清晰化呈现，还在于通过信息的组合对既有新闻价值的再挖掘，这一般通过稿件的配合来实现。

稿件的配合是指根据已有的主要稿件的需要，配发新材料，作为解释、补充，以增加主要稿件的可听性、可视性、说明力和感染力。稿件的配合有两大类：配资料和配评论。前者是提供相关事实信息，后者则是提供关于事件的意见性信息。

1. 配资料

新闻往往只报道事件变动的本身，而很少涉及其他方面，配资料的目的就是通过对新闻报道的延伸、扩展，在纵向的历史发展和横向的相关联系方面提供更丰富的信息，以帮助人们更好地理解新闻事件本身。配资料包括新闻背景，相关人物、地理介绍，相关知识、名词概念的解释等。以下面这则报道为例：

2018 年 12 月 1 日（阿根廷当地时间），国家主席习近平应邀同美国总统特朗普在布宜诺斯艾利斯共进晚餐并举行会晤。由于当时正值中美贸易战持续的关键时刻，外界对这次会晤的结果高度关注。这次会晤的高规格和重要性不需多言。有意思的是，中美两国媒体对会晤共识的报道中有一个中国人很少听说的名词——“芬太尼”（Fentanyl）。① 中美两国元首会晤后，王毅外长在布宜诺斯艾利斯举行中外记者会，介绍中美元首会晤情况。王毅外长说：“双方还同意采取积极行动加强执法、禁毒合作，包括对芬太尼类物质的管控。中方迄今采取的措施得到了包括美国在内国际社会的充分肯定。中方决定对芬太尼类物质进行整类列管，并启动有关法规的调整程序。”随后白宫也发布了会晤声明，白宫说：“中国以一种高尚的人道主义姿态，同意将芬太尼指定为一种受控物质，这意味着向美国出售芬太尼的人将受到中国法律规定的最高刑罚。”中美两国领导人会面，排在声明第一位的居然不是大众所熟知的贸易问题、高通并购和半岛局势等热点问题，而是对中国大众相当陌生的芬太尼（见图 6-6）。

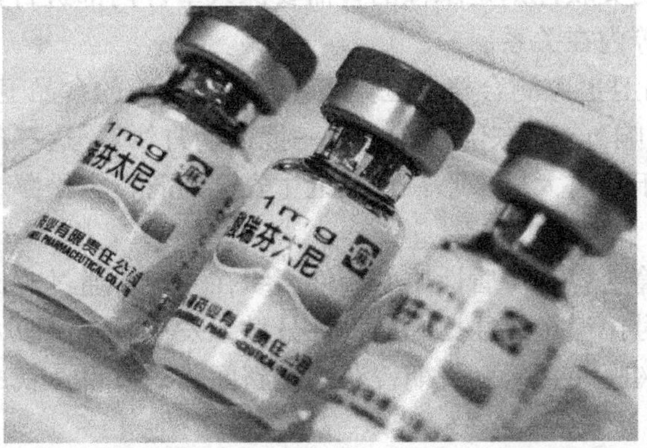

图 6-6 中美首脑会晤达成共识：加强对芬太尼类物质的管控

芬太尼问题何以如此重要？这当然需要补充背景资料来做出解释。事实上，芬太尼本是一种强效的合成阿片类镇痛药，与吗啡类似，但效力比吗啡高 50～100 倍。它通常用于治疗患有严重疼痛或手术后疼痛的患者，有时也用于治疗对其他阿片类药物具有身体耐受性的慢性疼痛患者。在一切正常的情况下，芬太尼应该是作为一种严格遵医嘱的镇痛药来使用的，但是不同于中国对芬太尼的严格管理，美国社会对芬太尼已经达到了滥用的地步。根据美国国立卫生研究院（NIH）的数据，在 2016 年，全美有超过 4.2 万人因为药物滥用而死亡，其中由合成阿片类（基本就是芬太尼）导致的过量死亡有将近 2 万人。②

---

① 习近平同美国总统特朗普举行会晤［EB/OL］.（2018-12-03）［2020-05-08］. http://money.163.com/18/1203/08/E23CL7JV00258105.html.

② 中美元首 G20 峰会为何专门提到“芬太尼”？因为滥用已引发危机！［EB/OL］.（2018-12-03）［2020-05-08］. https://www.sohu.com/a/279309586_351287.

这样一来，我们就不难理解美国方面对芬太尼问题的关切了。

2. 配评论

为了深化和突出报道的主题，编辑往往采用依托报道配发评论的手段。电视新闻栏目中配评论的方式一般有两种：编前话和编后话。前者类似于文前按语，是对稿件的说明、评价；后者则主要是对前面报道的总结、评议。

我们来看一个例子，前面提到的中央电视台《晚间新闻》的获奖节目，其最精彩的部分就是配发的一段编后话：

> 南方医院医务人员创造出的医学奇迹是值得赞美的。我们除了要赞美他们高超的医术，更要赞美他们对人的生命高度负责的人道主义精神，这种精神早已超出了一般意义上的医德，因为即使放弃抢救，医生的行为也无可厚非。一边是一位已经没有多大抢救希望的农村大嫂，一边是12位随时可能获救的渔民兄弟，南方医院的医护人员和雷州市水产局某些领导的做法竟是如此大相径庭！正因为如此，13个普通人的生命归宿才是这样迥然不同！假如，南方医院在接诊这位呼吸和心跳已经停止了45分钟的农妇时，也像雷州那艘渔政海监船那样要先请示领导；假如医院的领导也像雷州市水产局副局长钟进那样，坚持先交钱再救人，这位农村大嫂还有救吗？新近发生在广东的这两件事让我们清楚地看到了同时在我们的社会中存在的真、善、美和假、恶、丑。我们期待着广东省对雷州海难事件的查处是对这种丑恶现象的致命打击。

整段编后话紧扣前面新闻报道的内容展开议论，并且跳出具体事件，升华到对人性中善良与丑恶现象的对比，得出带有普遍性和规律性的结论，给观众留下了更多的思考和回味。

配评论要注意以下几点：

(1) 紧扣报道内容、抓住新闻由头借题议论，评论的分析说理要以报道中的事实作为根据。

(2) 不能仅仅停留在就事论事上，要站得高一些、看得远一些，不仅要善于借题，更要善于发挥，就事论理、以实带虚。

(3) 论点集中，简洁明了。配发评论篇幅短小，不能有太多的铺陈和展开，所以要集中火力，攻其一点、不及其余。

(4) 与人为善，分寸适度。配发的言论既要旗帜鲜明、态度明朗，又要把握分寸。

(三) 信息呈现的条理化

除了凸显、挖掘新闻价值，使新闻信息以条理化的方式呈现、减少受众接收信息的时间和精力成本也是编排工作的一项重要内容。一个友好的信息界面可以使真正有价值的信息以最便捷的方式实现与受众的连接，最终使受众产生媒介系统依赖①。在编排工作中，使信息条理化的方式主要是聚类，具体表现为以下几个方面：

1. 划分段落（板块）

在栏目或重大报道中，面对数量众多、纷繁复杂的信息，划分段落（板块）进行归类

---

① 媒介系统依赖（media system dependency）理论最早由美国南加利福尼亚大学安南伯格传播学院教授桑德拉·鲍尔-洛克奇（Sandra Ball-Rokeach）和波士顿大学传播学院教授梅尔文·德弗鲁（Melvin DeFleur）提出，它把媒介视作一个控制稀缺和宝贵信息资源的系统，由此产生了媒介与社会系统的相互依赖及个人对媒介的依赖。该理论认为，个人对媒介的使用取决于受众、媒介和社会三方的相互关系。

是最简单直接的办法。

（1）广播电视栏目的段落划分。

在广播电视新闻栏目中，段落是一个个小的节目单元，是使一档栏目层次清晰、结构明了的重要构件。段落的形态主要有以下两类：

第一种类型是结构性段落，即构成一个栏目的固定板块。划分固定板块是目前很多新闻栏目形态上的重要特征之一，它适用于时间较长的栏目。各板块在栏目设立或改版之时就已确定，相对稳固。一般来说，各个板块在报道内容上有明确的划分，报道形式上相对统一，时间分配上也相对固定。综合性新闻栏目的板块划分有以下四种基本模式：

● 按国内国际来划分，形成明显的国内新闻板块和国际新闻板块，这是最常见的划分方式。比如中央电视台《新闻联播》，就是典型的国内（国内部分又细分为时政要闻和其他新闻）、国际两段式。

● 按重要程度划分，形成要闻段和一般新闻段。这种方式往往和第一种方式结合在一起，组合出国内要闻、国际要闻、国内一般新闻、国际一般新闻四种变例。

● 按节目样式划分，强调板块报道样式的特色。以中央电视台《世界周刊》栏目为例，常态下共设有三个板块（视线、人物、故事）。按照这种板块划分，2019 年 11 月 24 日的《世界周刊》安排了这样一些内容（见图 6－7）：美韩军费之争（本期视线）、法国总统马克龙（本期人物）、水漫威尼斯（本期故事）。从热点新闻事件的深度报道到人物特写、新闻故事，体现了节目样态上的多样性。

图 6－7　中央电视台《世界周刊》的板块划分

除了有明确标识的板块分割，一些时长较短的广播电视栏目也可能采取另一种方式实现内容的归类：自然段落。所谓自然段落，就是不做明显的板块分割，但是利用编排手段形成暗含的层次，各层次间没有明显的间隔提示。它的优点是转换自然，栏目整体感强。但是编排不当的话也有可能结构模糊，不便观众收视。这种形式一般适用于时长较短的栏目，这类栏目时长多在 15 分钟以内。采用这种自然段落结构的栏目，编排手段是成败的关键。其编排上的要点有三：其一，重点鲜明。重点部分一定要突出，在内容上、报道形式上和报道的量上形成强势，才能让观众准确地把握住栏目的“魂”。其二，层次清晰。由于没有段落分割的元素，所以栏目的内在层次很重要，要通过报道内容的选择、报道体裁的运用给观众形成一个比较清晰的层次感，使节目不显零散。其三，转接巧妙。要善于运用节目元素来实现栏目内在层次的转换和承接。一些短小精悍的节目（如口播、短消息）、主持人的串联语等往往是可资利用的转换和承接手段。

（2）新媒体平台的板块划分。

新媒体平台的板块划分在逻辑和方式上基本一致，但与线性播出的传统广播电视不同。新媒体平台对信息的聚类主要体现在版面的空间布局上，即在页面上划分出若干视觉重点，分类安排相关信息。

2018 年 6 月 12 日，美国总统特朗普与朝鲜领导人金正恩在新加坡举行历史性会晤。对这一重大国际事件，国内外媒体纷纷做了重点关注。图 6－8 是新浪网组织的专题报道页面，按照“最新动态”“正式会晤”“细节观察”“会谈准备”“会谈选址”“安保措施”“分析解读”七个板块对全部相关信息做了分类，使页面简洁、要点分明，便于用户查看。[①] 当然，这种分类也需要注意合理性：一是分类不宜过细，过细则流于琐碎，反而达不到聚类的目的；二是类别之间要有区隔，避免交叉重复。

图 6－8　新浪网对 2018 年美朝首脑会晤的专题报道页面

① 狮城相会 特朗普历史性会晤金正恩［EB/OL］.［2020－05－08］. http：//news. sina. cn/zt _ d/chht2018.

2. 依时间线的信息整合

一些重要事件，延续时间长、牵连因素多，就具体某个时间点上的单篇报道而言，永远只能是对事件局部和片段的反映，受众由此所获知的也只能是事件的碎片化信息。

传统广播电视由于播出资源和线性传播方式的局限，对于这个问题的解决比较困难，一种比较常见的处理方式是制作专门的新闻综述节目进行回顾梳理，以时间为线索，立足现在，理清事件或问题发生、发展的经过。前面提到的中央电视台《新闻周刊》就是一个典型的综述式深度报道栏目，时间线是其梳理一周新闻信息的常用逻辑，正如其栏目定位所说的："眼下的中国，变化剧烈，选择什么样的新闻，以什么样的眼光，能将过去七天的中国浓缩在一本 45 分钟的电视新闻杂志里，是我们每天都在不停思索的问题。我们经历过痛苦、困惑，我们也拥有过快乐和自信，我们追求的是希望做一本有理想、有责任感、有尊严、能够记录历史的新闻杂志，而我们更期待的是，能在与您的沟通交流中获得启迪，因为这是我们一起经历的时代。"①

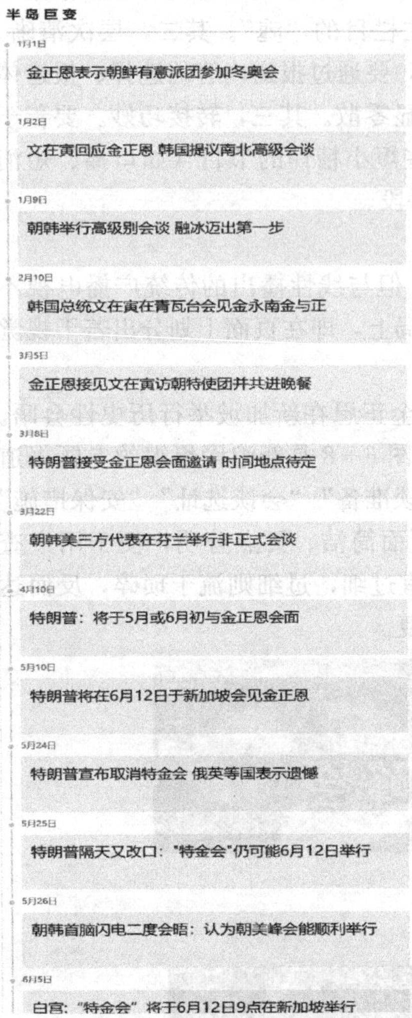

图 6-9 依时间线对美朝韩关系变化的梳理

但是，这种综述的方式也有其局限性：一是受制于播出资源，不可能充分展开；二是受制于人的瞬间记忆的有限性，广播电视这种线性播出、转瞬即逝的方式并不能很好地帮助受众理解事件的时间逻辑。新媒体以空间为平台的非线性播出方式一定程度上解决了这个问题。人们可以反复观看、从容理解时间线所反映的事件脉络，形成对它的整体理解。以前述美朝领导人会晤的报道为例，主体事件是"会晤"，这当然很重要，但如果把目光拉开一点来看的话，它只不过是美朝关系的一个节点，是美朝关系这个大事件中的片段，其为何发生、如何发生有更广阔的背景，如果不说清楚这一点，对"会晤"的理解就不可能深入。图 6-9 中，编辑制作了一个简单的图示，以时间线的方式简要展现了"会晤"前半年时间里美朝韩三方关系的发展变化进程，应该说对于人们更好地理解"美朝领导人会晤"这个当下的事件有很大的帮助。

3. 依逻辑线的信息整合

依逻辑线的信息整合方式是以主题为线索、理清事件或问题各要素的内在逻辑关系，通过对这些要素的归纳、整理，理清新闻事件或问题的脉络，凸显事件或问题的本质特征，使观众了解其何以发生、如何发生。

① 中央电视台《新闻周刊》栏目简介.［2020-05-08］. http：//cctv. cntv. cn/lm/xinwenzhoukan/index. shtml.

这里的主题有可能是在节目创作一开始时主动设置的，如纪录片《舌尖上的中国》对中国美食的表现，均以一个主题词串联每一集琳琅满目的美食及其故事。以第一季为例，一共七集，题目分别为《自然的馈赠》《主食的故事》《转化的灵感》《时间的味道》《厨房的秘密》《五味的调和》《我们的田野》。这七个题目分别对应食材、主食、转化、储藏、烹饪、调和、生态七个方面，以此统领全片及各集的故事讲述，最终通过七个切面，讲述食物与人的故事。第二季“美食与人”的大主题不变，但换成了时节、脚步、心传、家常、秘境、相逢、三餐七个新的角度（见图 6-10）。

图 6-10　纪录片《舌尖上的中国》第二季第三集《心传》

主题也有可能是在对信息素材的分析中提取出来的。在重大新闻事件报道中，面对纷至沓来的新闻信息，编辑要避免被淹没其中，而是适当抽离来观察和分析。以本书第一章图 1-30 为例，中央电视台编辑在为伊拉克权力移交而制作特别节目时面临这样一个局面：从 2003 年 3 月 20 日以英美军队为主的联合部队对伊拉克发动的军事行动到 2004 年 6 月 28 日驻伊联军当局将权力移交给伊临时政府，一年多时间，相关新闻信息浩如烟海。如何在不长的节目时间内讲清楚伊拉克战争爆发以来到底发生了什么、改变了什么、影响了什么？节目最终确立了“名为权力移交，实际上伊拉克依然主权旁落”这一主题，并以雕像、手枪、萨达姆、文物四个关键词展开讲述，可谓切中肯綮、纲举目张（见图 1-30）。

新媒体环境下，借助大数据分析、超文本写作、可视化呈现等手段，我们对信息逻辑的梳理有了更多的表现方法和展现空间。图 6-11 就是一个典型的运用大数据分析和可视化呈现的例子。这部片子用四分多钟时间，在对 10 020 000 个数据进行分析的基础上，展现了 200 个国家和地区 200 年（1810—2009）历史的发展趋势。图中，纵轴为人类平均寿命，横轴为财富（人均收入），不同大小和颜色的气泡代表不同国家和地区，再加上年份这条逻辑线，几条线索综合作用的结果借助 3D 技术做了形象的展示。

本书第二章提及的 2013 年普利策新闻特稿奖作品《雪崩：特纳尔溪事故》则是超文本写作和可视化呈现相结合实现信息整合的一个典型案例。报道集成文字、音频、视频、动漫、数字化模型、卫星模型等各种表达手段，以三维立体的方式展现了灾难的故事（见图 2-17）。

图 6-11 基于大数据分析以 3D 技术形象展现 200 年间 200 个国家和地区的发展趋势

不管使用何种手段表现，编辑对信息的分析、内在逻辑的抽取都是信息整合的关键，这种分析解释能力也是媒体报道水平高下的体现。

第三节 新闻策划与特别报道的组织

“策划”为中文固有词语，较早见于《后汉书·隗嚣传》：“是以功名终申策画复得”。“策画”，即是策划，也就是“计划、打算”的意思（《辞海》“策划”条）。“策划”一词的本意是指在做事情之前的谋划，又称为“策略方案”和“战术计划”，是指人们为了达成某种特定的目标，借助一定的科学方法和艺术，为决策、计划而构思、设计、制作执行方案的过程。将策划与新闻联系到一起，就是对一些可以预见的能成为新闻的题材和内容提前谋划，运用新闻的特点和规律，选取新的视角、新的立意，全方位地进行开拓发展。新闻策划的主要目的，是实现新闻价值的最优化，从而最大限度地满足受众的需求，以此来提升媒体的品牌形象，这一点特别体现在新产品（广播电视栏目、新媒体应用等）的创设及针对重大题材的特别报道中。

一、新闻策划中的创新思维

策划对新闻价值的转化具有重要的作用。在策划过程中，报道者从事实选择、素材取舍、主题确立、切入角度及体裁结构等进行统筹安排，具有不可替代的独特作用：其一，它从总体上认识事物的属性，能够纵观全局；其二，它注重从不同侧面分析事件，能够抓住事物的特点；其三，它强调从事件的内部联系中反映事物，揭示事物的本质。在实现新闻价值的过程中，创新是一个关键的要素，是新闻策划的灵魂。新闻报道往往存在多个角度，策划的任务就在于通过统筹规划，抛弃传统的报道思维方式，挖掘事实内在的价值。一个成功的策划者应该能够突破旧有的思维方式，用全新的眼光去看待问题。而这种眼光主要来自思维。在重大事件、主题的报道中，各家媒体往往面临同题竞争的局面，创新思维就显得尤其重要。这种思维往往表现在两个看似矛盾的点上：求“同”与求“异”。

（一）求同思维

这里所谓的“同”，是指受众需求的最大公约数，由此找到与最广大群体的利益交汇点和心理共振点。这里的关键在于对受众需求的把握。

使用与满足理论认为，人们选择和使用媒介来满足他们的需求和愿望。使用与满足研究的核心是人们使用大众传播媒介的动机（motivation）。研究者感兴趣的是，是什么影响人们使用大众传播媒介，不同的动机如何导致人们选择不同的内容。

格林伯格（B. S. Greenberg）在评估英国儿童电视收视动机的时候建立了一套指标，被后来的研究者广泛运用于各种语境以测量媒介动机。[①] 鲁宾（A. M. Rubin）在此基础上提出了电视使用的九个动机：放松、伴随、娱乐、社会互动、信息、习惯、打发时间、唤起、逃离。[②] 另外一些动机也在以后的研究中被逐步加入，如新闻观看的类社会性互动（para-social interaction）、监测、对特定节目类型的窥视欲。

使用与满足研究显示，媒介不仅被用来满足人与媒介接触的需求，也满足人际接触的需求。因此，对媒介消费的研究关注人际传播和媒介传播动机的综合。舒茨（W. C. Schutz）指出，有三种人际需求影响传播的所有方面：接纳、影响和控制。[③] 鲁宾等人总结了人际传播的六大主要动机，即愉悦、影响、接纳、逃离、放松、控制，并将其结构为人际传播动机指标（interpersonal communication motives scale，ICM）[④]。影响、接纳、控制是更趋于人际取向的需求，而愉悦、放松、逃离在使用与满足理论中也被用于媒介使用研究。大多数当代的使用与满足研究会将人际和媒介动机结合起来。

受众（用户）需求是视听新闻策划的基本立足点和出发点。今天，大数据技术已经可以对用户的心理和行为特征做出非常精确的分析，这为新闻策划提供了坚实的基础。但从根本上来说，用户需求的把握还需要放到更广阔的社会背景之下，将个体心理、媒体目标、社会环境三者联系起来综合考量。《人民日报》客户端为纪念建军 90 周年推出的互动 H5《快看呐！这是我的军装照》就是这方面的典型案例。该产品借助人脸识别、融合成像等技术，帮助网友生成自己的虚拟“军装照”，自 2017 年 7 月 29 日晚发布后立即呈现“裂变式”传播，不同年龄、区域、行业的网友都踊跃生成、分享自己的“军装照”。建军节前后，通过该产品晒自己的“军装照”在网络上形成刷屏效应，营造了浓烈的爱国爱军

---

① GREENBERG B S. Gratifications of Television Viewing and Their Correlates for British Children//BLUMLER J G，KATZ E. The Uses of Mass Communications：Current Perspectives on Gratifications Research. Beverly Hills，CA：Sage，1974：71－92.

② RUBIN A M. Television Uses and Gratifications：The Interactions of Viewing Patterns and Motivations. Journal of Broadcasting，1983（1）：37－51.

③ SCHUTZ W C. The Interpersonal Underworld. Palo Alto，CA：Science and Behavior Books，1966.

④ RUBIN A，PERSE E，BARBATO C. Conceptualization and Measurement of Interpersonal Communication Motives. Human Communication Research，1988（4）：602－628.

氛围。截至 2017 年 8 月 7 日，该产品的浏览次数超过 10 亿，其中仅 8 月 1 日建军节当天的浏览次数就达到 3.94 亿。① 这一作品在策划上的成功之处就在于，把爱国主义这一拥有广大认同度的主题植入用户日常生活中喜爱的网络参与式互动行为中，实现了聚合效应（见图 6－12）。

图 6－12　《人民日报》客户端推出的互动型 H5 产品《快看呐！这是我的军装照》

（二）求异思维

在新闻策划中，求异思维其实与求同思维并不矛盾，它表面上看是在错位竞争、寻找市场空白点，实际上是利用个性化的新闻产品创造新的用户需求，目标依然是激活用户需求的最大公约数。因此，独出心裁是求异思维的手段，但不是目的，“求异”的真正目的还是在有广大用户需求但是同质化的竞争中脱颖而出。这需要结合选题资源、同类报道状况和用户心理等多方因素来进行设计。策划者首先要充分了解自己掌握的与选题相关的资源，与主要竞争对手进行比对；然后，对同类报道的历史和现状进行分析，梳理与此相关的常规手段，寻找可能的突破口；最后，要分析用户对本选题或此类选题的心理期待，找到用户关切的重点乃至此前未解决的痛点。以本书第三章提到的《新华社特约记者太空日记》为例，航天近年来一直是国内新闻报道的热点领域，尤其是代表中国航天最高成就的“神舟”系列载人飞船发射、“天宫”太空站建设、探月工程，历来是公众关注的焦点，媒体在报道上自然极尽巧思，推陈出新变得越来越难。即使新华社此次报道中所使用的核心资源——航天员与地面的天地对话——也早已不新鲜，但这组特别报道恰恰是在这个不新鲜的素材上做出了新意：将两位航天员赋以“新华社太空特约记者”的全新称谓，首开世界新闻史上记者从地球之外发回报道的先河，从而占据了同题报道的制高点（见图 3－6）。

二、新闻策划的重点

在具体的实践中，新闻策划其实是一个围绕核心事件不断发散思考的过程，围绕事件、人物、背景、反应、影响等这些要素，根据与事件的关系形成一个不断扩散的同心圆，由此形成新闻策划的思考重点（见图 6－13）。

① 人民日报：扭转新旧媒体战局的 10 亿“军装照”[EB/OL].（2017－09－30）[2020－05－10]. https://www.sohu.com/a/195640935_405942.

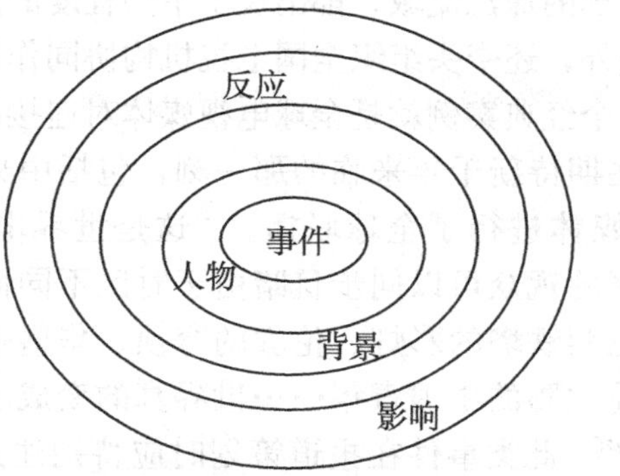

图 6-13　新闻策划的重点：围绕核心事实的发散和关联

（一）事件

事件是新闻报道的本体，用视听语言展现好事件是新闻策划的基本任务，也是策划最重要的着力点，策划时应当根据事件的特征做好相应的报道设计。

1. 展现好事件的时间进程

有的新闻事件在空间上比较集中，呈现随时间线性发展的特征，特别是那些适合现场直播的事件往往蕴含着动态的发展、蕴含着振奋人心的闪光点：过程中那些鲜活人物的所作所为、言谈情感，事物变化发展的新鲜之处，现场环境中抢眼的地方……这些“新闻点”构成了报道的新鲜感和对于观众的刺激性，策划时应牢牢抓住这些特质并表现好。以国庆七十周年庆典为例（见图 1-1），阅兵式和群众游行一共 99 个方阵，全部行进时间约两个半小时，每一个方阵能在电视上呈现的时间有限、相互衔接紧凑，对直播提出了非常高的要求。中央电视台的电视解说文稿历经一百多次的反复修改，直播团队通过多次走访踏勘，最终形成了共计 1 500 多个直播分镜头的脚本，以保证在准确的时间拍到准确的人、准确的情绪，并且做到每一个镜头之间的精密衔接。① 有些新闻事件，持续时间长，发展态势复杂，对整个新闻系统的判断能力和持续报道能力更是一种考验。1996 年的秘鲁人质事件②就是这方面的典型例子。事件自 1996 年 12 月 17 日爆发到 1997 年 4 月 22 日解决，历时一百余天，全球媒体中仅 CNN 等少数几家机构做了长时间坚守现场报道，在事态陷入胶着的关键时刻，CNN 的编辑综合各方信息，决定不仅不减少现场报道人员，还从别处抽调人员设备增援现场，最终第一时间报道了秘鲁救援部队突击成功解救人质的消息。

2. 展现好事件的空间范围

有些新闻事件，在时间上比较集中，但是涉及的空间范围比较广，策划时需要根据这一特点做好多点协同报道的设计。有些多点报道可以由本媒体独力承担，有些则需要与其他媒体机构合作，具体采取哪种方式，应根据报道效果、操作上的可行性、成本等综合考虑。比如，本书第七章提到的 1998 年全国大范围洪涝灾害，从北部的松花江、嫩江到黄

---

① 中央广播电视总台：以“世界一流 历史最好”为标准 呈现 70 周年大庆视听盛宴［EB/OL］.（2019-10-03）［2020-05-11］. http://m.news.cctv.com/2019/10/03/ARTIRs7Ic7aMzn7q8tBXRoQA191003.shtml.

② 1996 年 12 月 17 日晚，秘鲁游击队组织“图帕克-阿马鲁革命运动”对日本驻秘鲁大使官邸实施突袭，400 多人被扣作人质；1997 年 4 月 22 日下午，秘鲁军警成功解救了被“图帕克-阿马鲁革命运动”扣押在那里的 72 名人质。

河、淮河、长江，直至南部的珠江流域，都出现了不同程度的险情，中央电视台除自身派出多路报道队伍深入一线外，还牵头组织全国电视机构协同作战，对抗洪救灾做出全方位的报道。媒体协作的另一个经典案例就是全球电视媒体对迎接新千年的报道。在新旧世纪交替的时候，全世界都在期待新千年来临的那一刻，包括中央电视台在内，全世界共有47个国家和地区的电视媒体进行了全球联播。“这是世界电视媒体一次史无前例的合作，它让不同国家和地区的观众可以同步目睹由于时区不同而先后进入新千年的那一个个经典瞬间。人们看到巴黎铁塔的彩灯、伦敦的穹顶、华盛顿时代广场的狂欢、悉尼大桥的焰火和北京世纪坛前欢腾的中国青年……世界真的变成了一个村落，这些瞬间就像发生在自家客厅的窗外。”① 此类事件在报道策划时应特别注意各点之间的协调统一，既要保证每个点上的充分展现，又要把握好报道的整体效果，各个点上的特色、相互之间的衔接尤为重要。同样是迎接新年到来，中央电视台一次联合各地方电视台所做的直播报道就不甚理想。

3. 展现好事件的关键节点

一些新闻事件，进程持续时间长，且结构比较松散，存在大量节奏平缓的环节，从效果出发可以不考虑全程完整报道，而是重点展现好其中的关键节点。这就需要在策划阶段对事件进行分析，对事件的环节进程做甄别和取舍，把报道资源集中投放在最有价值的部分。比如，同是航天发射题材，长征五号B的发射与“神舟”系列飞船的发射就有不同。前者主要承担我国空间站舱段等重大航天发射任务，火箭发射成功就意味着事件的圆满结束。而后者主要是为了载人航天任务，火箭发射成功只是第一步，还有中间阶段飞船的在轨运行、任务完成后飞船的返回都是关键环节。在轨运行的兴趣点在于飞行和科研任务、航天员的太空生活等（前面提到的《新华社特约记者太空日记》就是针对这一阶段策划的报道）；返回环节的重点则在于返回舱及航天员的安全，找到降落的返回舱及航天员出舱是最大的兴奋点（见图6-14）。

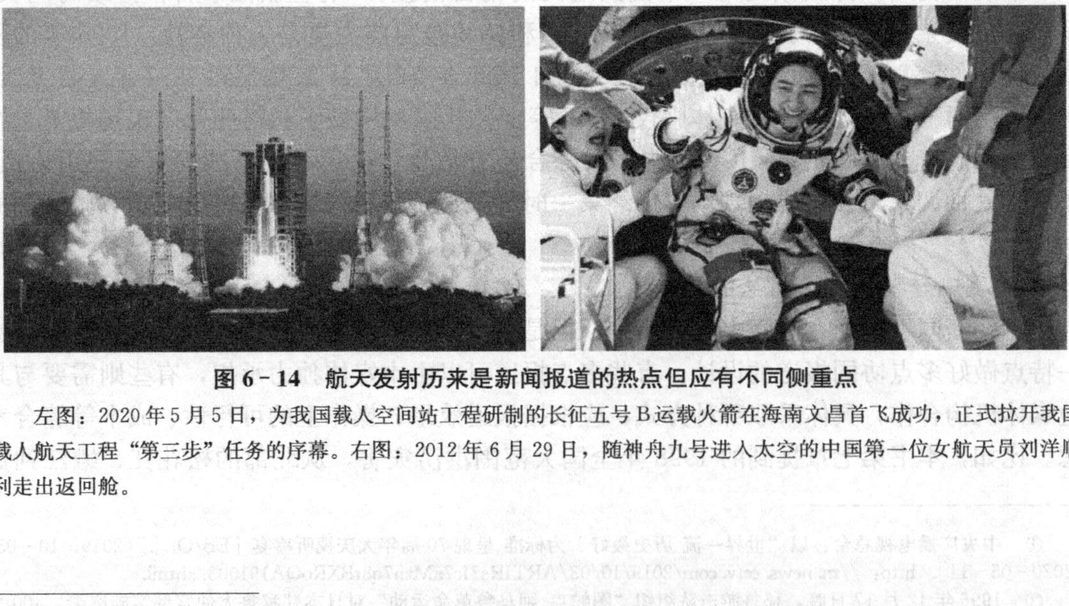

图6-14 航天发射历来是新闻报道的热点但应有不同侧重点

左图：2020年5月5日，为我国载人空间站工程研制的长征五号B运载火箭在海南文昌首飞成功，正式拉开我国载人航天工程“第三步”任务的序幕。右图：2012年6月29日，随神舟九号进入太空的中国第一位女航天员刘洋顺利走出返回舱。

① 孙玉胜．十年：从改变电视的语态开始［M］．修订版．北京：人民文学出版社，2012：302.

（二）人物

任何时候，新闻事件中的人总是备受关注，也是最能打动人的。对新闻人物的采访和拍摄，应是新闻策划的一个重点。

新闻人物是新闻事件的构成元素，对其的反映是新闻事件报道的重要部分。比如，前述《新华社特约记者太空日记》的成功之处就在于用好了航天员景海鹏、陈冬两个新闻热点人物这一独家资源。下面是陈冬 2016 年 10 月 21 日晚 9 时许口述的一段太空日记，在这一特定事件中新闻核心人物在场描述切身体验显然为事件报道平添了许多权威性和感情色彩（见图 6－15）。

> 听说杭州聋人学校的学生徐思丹在新华社客户端上留言问我，有没有看到外星人。这个小朋友很有想象力。外星人我还没看见，我也希望能够看见“非常外星”、特别奇特的外星人。另一个小朋友问我，在飞船上会不会晕船。飞船虽然带一个“船”字，但是好像跟晕船没有太大的关系。只是失重会给身体带来一些感觉，应该不会晕船，感觉很奇妙，很好。

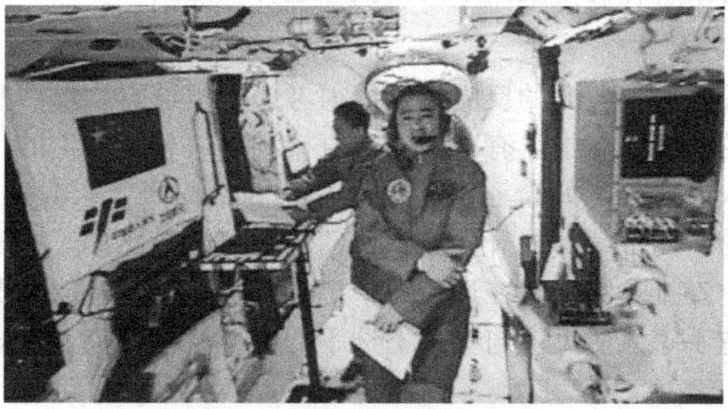

图 6－15　航天员陈冬在天宫二号内口述太空日记

一些情况下，对新闻人物的采访拍摄本身也会成为独立的报道，特别是具有重大新闻价值的人物。2018 年 5 月 31 日，在对中国进行国事访问并出席上海合作组织青岛峰会前夕，俄罗斯总统普京在莫斯科克里姆林宫接受了中央广播电视总台台长慎海雄的独家专访。这次专访不仅为即将召开的上合组织峰会起到了铺垫烘托作用，而且本身成为一个极具新闻价值的媒介事件：仅在新媒体端，就取得了“单条微视频播放量破 2 300 万，转赞评论超 5 万，24 小时话题阅读量超 7 000 万”的成绩①，台长亲自做记者采访也是一个别具创意的设计，对刚刚组建的中央广播电视总台是一次极好的形象传播（见图 6－20）。

（三）背景

和人物一样，背景既是新闻事件的组成部分，其自身也可能成为独立的新闻事件。对背景的利用一方面可以开掘、深化主体事件的报道，另一方面也可能形成新的报道题材。图 6－16 显示的是 2020 年 3 月 30 日发生在四川凉山州森林的火灾，19 人遇难，包括 18 名扑火队员和 1 名当地人。事件本身已足够震撼，但是如果结合背景来看，其新闻价值则

---

① 总台台长慎海雄专访普京侧记：彻夜奋战只为最后的精彩［EB/OL］.（2018－06－08）［2020－05－13］. http://news.southcn.com/china/content/2018-06/08/content_182173384.htm.

图 6-16　四川凉山州森林发生火灾（2020 年 3 月 30 日）

会更加提升：就在整整一年前的 2019 年 3 月 30 日，当地曾经发生过一起森林火灾，30 名救火人员遇难。显然，这已经不是用巧合能解释的了。如果结合这个背景做更进一步的分析探讨，这则新闻报道的意义无疑会深刻得多。

而在前述中美关于加强芬太尼管控的案例中，美国社会药品滥用的问题则是一个可以借由对主体新闻的背景解释而生发出来的新报道题材（见图 6-6）。

（四）反应

一个新闻事件发生后，各方的反应也是值得考虑的报道点，那些重大、波及面广的新闻尤其如此。这里的“反应”中，有些是基于直接利害关系而产生的一种关注，还有一些关注则主要是基于人道主义、好奇心、同情等情感因素而产生。对这些“反应”的反映，可以烘托主体事件的新闻价值，提升主体事件的传播热度。比如，在直播奥运会中国选手争夺冠军的比赛时，安排一路记者在选手家中记录（在征得同意的情况下直播）其家人观看比赛时的场景，选手家人的反应与赛场上选手的比赛遥相呼应，形成一种戏剧冲突。

（五）影响

在对新闻事件及其相关要素作比较全面、系统反映的基础上，新闻策划另一个挖掘新闻价值的着力点是对事件的分析、预测，解释新闻事件造成的影响，使观众了解其社会意义。这种分析一般要依托两方面的背景：一是社会背景，将新闻事件或问题的“点”置于当前社会环境的“面”，立足于“点”与“面”的广泛联系，借助“面”的广度对“点”进行准确定位。二是历史背景，将新闻事件或问题置于历史的坐标中，比较此事或问题与历史上同类事件或问题的异同，或同一事件或问题在不同阶段的状态，从历史的纵深中对事件或问题进行准确定位。比分析要求更高的是预测，即判断新闻事件可能发展的走向，对受众关心的有可能出现的情况、问题进行判断，使受众认清形势，减少困惑。科学的预测建立在对历史和现状准确把握的基础上，建立在对各方信息、各方观点综合分析的基础上，这也是媒体专业能力的体现，是媒体在海量信息的同质化竞争中脱颖而出的重要路径。《人民日报》旗下的新媒体公众号“侠客岛”就是这方面的典型例子。“侠客岛”以对重大时政、社会热点、国际新闻等的解读为特色，在国内外舆论场尤其是互联网舆论场上产生了广泛的影响力（见图 6-17）。

三、特别报道的组织实施

新闻策划的所有创意设计最终都需要具体的报道来落地，媒体面对重大新闻事件往往

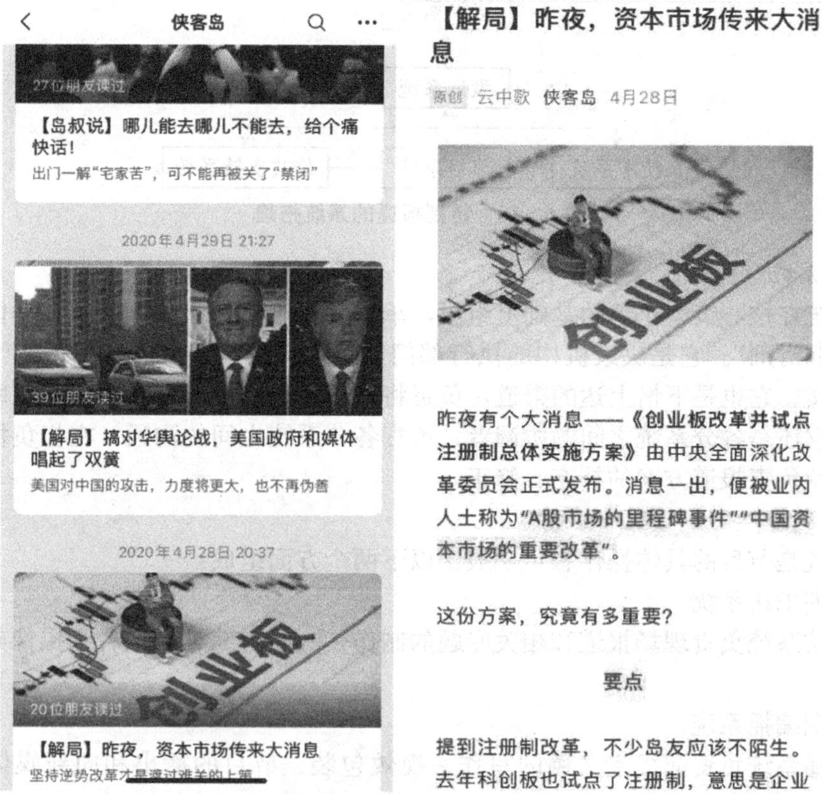

图 6-17　《人民日报》新媒体品牌栏目“侠客岛”（获第二十八届中国新闻奖一等奖）

会以特别报道的方式来处理。特别报道在组织上打破了正常状态下新闻系统的结构，从系统的建立到运作实施都有别于常规。特别报道所针对的事件有的是可预测的，如香港回归、澳门回归、北京奥运会、上海进博会、中美贸易争端、国庆七十周年庆典等，在报道的策划、系统的组织和运作上相对比较从容。也有一些重大事件是突如其来、不可预测的，如重大灾难、事故，这就需要平时有良好的策划机制，能够迅速行动。2008 年 5 月 12 日 14：28，四川汶川突发里氏 8.0 级大地震，中央电视台新闻频道 15：00 播发了字幕式滚动新闻，15：10 播出电话连线，15：20 中断正常节目，率先推出现场直播《关注汶川地震》（后与综合频道并机直播，更名为《抗震救灾 众志成城》），其速度之快、直播时间之长、传播效果之佳，堪称中国电视发展史上的一个里程碑。特别报道的组织实施一般包括以下几个方面的工作：

（一）系统的搭建

一个有效运转的系统是特别报道成功的关键。以国庆七十周年庆典的报道为例，中央广播电视总台搭建了由 1 个总系统、6 个分系统组成的直播系统，共 5 000 多人的报道团队，其中前方直接参与人员达 2 800 人，是有史以来重大直播活动中投入力量最大的一次。

一般情况下，整个系统由以下部分构成（见图 6-18）：

1. *决策系统*

决策系统由主管领导组成，对整个报道中涉及的问题拥有最终决定权。

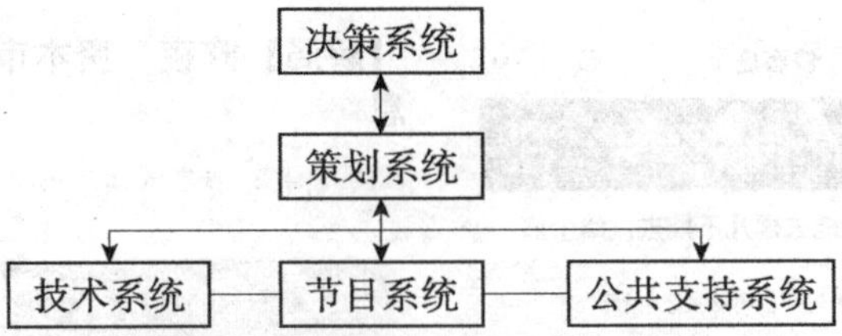

图 6-18　特别报道的系统搭建

2. 策划系统

策划系统在核心策划小组的基础上组成，承担着节目策划和协调的双重功能，是整个系统中的“润滑剂”。它是决策机构的执行部门，负责将决策系统的意见传达给各分系统并监督其落实。它也是下情上达的渠道，负责将各分系统的情况向决策机构反映，为决策提供依据。它还是各分系统之间的协调者，负责各分系统之间的沟通。在担负协调任务的同时，它继续负责报道方案的补充、修正。

3. 节目系统

节目系统是节目的具体操作者，一般由以下两个方面组成：

(1) 前期采访系统。

前期采访系统负责现场报道和相关专题的制作，一般由编导、记者和摄像师组成若干报道小组。

(2) 后期编播系统。

后期编播系统负责演播室文稿的写作、视效包装、节目的播出和向新媒体平台的分发，主要工种有导播、撰稿、节目包装、编务等。

4. 技术系统

技术系统负责技术保障。尤其是现场直播，几乎要同时运用摄、录、编、播等所有视听技术手段和设备，还要灯光、音响、通信、传输等技术的配合，因此技术系统包括以下三个方面：

(1) 视频系统。

视频系统保证报道中画面的清晰。

(2) 音频系统。

音频系统保证报道中现场音响、播音员（现场记者）的报道及其他声音的清晰。

(3) 通信系统。

通信系统保证报道进行过程中总导播与分系统导播、导播与现场记者、导播与摄影师、导播与演播室主持人、导播与播音员之间联络的顺畅。

5. 公共支持系统

公共支持系统负责对所有系统提供公共支持，主要包括以下两个方面：

(1) 资料系统。

资料系统负责节目制作中所需资料的提供。

(2) 制片系统。

制片系统负责后勤保障。

(二) 版面资源的安排

特别报道意味着新闻报道资源的超常规投入，最终体现为版面资源。在依时间线性传播的传统广播电视平台上，特别报道往往要挤占常规时段已安排好的节目，而且多数是比较好的甚至黄金时段，需要提前做好计划和协调，在保证效果的同时确保播出安全。在以空间为资源的新媒体平台上，尽管版面在理论上是无限的，但能最快、最大限度地吸引受众注意力的优质版面仍然是稀缺资源，是否首页、首图、专题，推送的时机和频次等都需要事先做权衡和安排。图 6-19 概括了新闻策划的基本流程：根据受众需求和媒体目标决定是否就一个选题做重点策划；根据策划的要点选择报道时机、报道内容和主题、报道形式；根据策划确定的目标任务确定相应的报道风格，最终落实到版面的安排上。

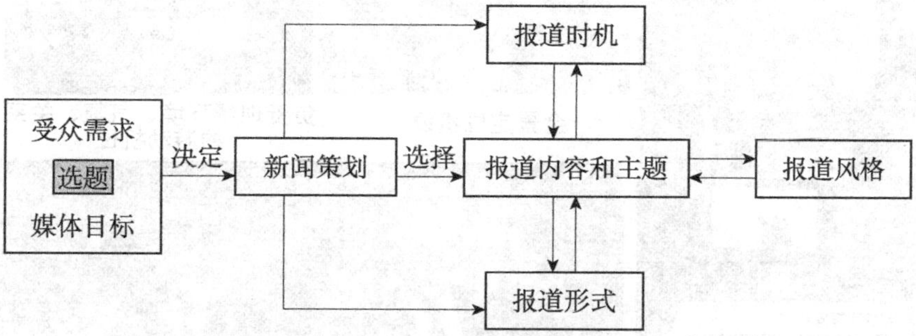

图 6-19　新闻策划的基本流程

以前面提到的中央广播电视总台专访普京为例，采访前，主创人员分别召开 5 场前期策划会和 1 场后期宣传协调会，涉及央广（中央人民广播电台）、国广（中国国际广播电台）、中国国际电视台（CGTN）等主要平台。策划之初，团队就确定了"横、竖屏"版式全程同时拍摄的方案，即传统摄像机拍摄电视端 16∶9 画面，新媒体专供 5D 机位以 9∶16 的比例拍摄手机端画面，并从拍摄、剪辑、播出进行全流程竖版视频处理，最终借力平台优势以海报、H5 等多种方式直抵终端受众。对于专访，大屏受限于版面或其他原因没能呈现的，新媒体会给予呈现，所有专访的精华内容也都会在新媒体端呈现。央视新闻客户端主推的 3 条微视频《竖版微视频：有一种"网红"叫普京》《克宫采访相册》《这是一份来自普京总统的签名礼物》播放量在 5 小时即破百万。正如主创人员所言："可能电视上一条新闻就四五分钟，同期声只有几句，但在新媒体平台，我们用一图多解、H5 页面、独家微视频解读、原创特稿，能清晰准确地告诉大家普京接受采访的背景，谈到的具体案例信息，能给到大家电视画面以外的信息。"① 在普京专访报道播出后，央视新闻客户端专门开辟了动态直播窗口，图文并茂持续跟进；对境外主流媒体特别是俄罗斯本地媒体报道此次专访活动的反馈消息累计更新、编译 20 条次，延伸主体报道的传播效果。

（三）技术保障

视听是高度技术化的媒介形态，任何时候，视听新闻报道的策划要落地都离不开技术保障。在直播等特别报道中，技术保障应重点关注以下几个方面：

1. 现场报道点及摄像机位

报道点是特别节目中现场实时采访的地点，也是前期策划需要重点关注、设计的地方。策划环节确定的报道点及相关报道设想是否能够有效实现，还需要到现场勘察确定，

① 总台台长慎海雄专访普京侧记：彻夜奋战只为最后的精彩［EB/OL］.（2018-06-08）［2020-05-13］. http://news.southcn.com/china/content/2018-06/08/content_182173384.htm.

尤其是现场主持人（记者）出镜的位置以及摄像机机位的安排。要根据节目的需要和新闻事件场景的范围，确定摄像设备的数量、安置地点和人员配备，并针对不同机位的作用，确定该机位的设备类型、镜头倍数和附属设施等等。仍以中央广播电视总台专访普京为例，央视方面在现场一共安排了6个机位：一个全景定位机位、一个加装稳定器的游动机位、两个正反打拍摄机位，另有两个机位专门负责为新媒体平台提供竖屏画面（见图6-20）。

图6-20　中央广播电视总台台长专访普京的机位设置

2. 设备工作能力及状态

包括设备工作状态的正常、信号的安全传输、动力和通信的稳定通畅等，这些都是现场信号摄取和传送的基本保障，需要在现场勘察时确定并制定针对突发情况的应急措施。以电视为代表的专业化视听报道是一个系统工程，每个环节甚至细节都可能影响整个系统的运行。在2008年汶川地震报道中，中央电视台尽管当天就把报道队伍派到了灾区一线，但由于当地道路损毁大型转播车开不进去，整个通信系统也陷于瘫痪，前方团队拍摄的珍贵画面无法及时传送回总部，以至于直播特别报道开始很长一段时间都没有现场画面的展现。1991年海湾战争空袭开始时，虽然ABC驻巴格达记者比CNN记者早两分钟打通电话，但线路突然中断了，NBC和CBS的记者也同样遭遇了线路不通的状况，只有CNN预判到美国会使用大功率的干扰机，同时伊拉克也会切断一切可以切断的通信线路，因而就预先准备了当时最先进的卫星电话，可以不受各种电磁干扰而进行通话。CNN成为战争爆发当晚全球唯一一家对战争进行报道的机构，美国三大广播公司和世界很多国家的主要电视台都彻夜转播它的报道。前述普京的专访中也有这样一个细节：央视的录音师给台长别话筒时很细心地把话筒线别到了他的西装背后，拿一个透明胶条固定好。但是俄方录音师给普京处理话筒线时没有理得很顺，普京开始回答问题后，话筒线松动了，搭到了普京的右肩膀上。但是那个时候已经开始采访，不好再上前去做处理了（见图6-21）。

新闻策划方案是为了指导实践的，因此必须有可行性。在策划的最初阶段，可以大胆想象；在策划成型阶段，需要认真论证，对人力资源、物力资源、环境条件等各种因素都反复核实，对能否有效实施进行详尽分析。策划者既要清楚媒介的人力资源状况，即可能投入新闻采编的人员情况，包括人数、素质、经验及社会关系等，还要考虑经费、工具等其他支持性因素的保障情况。如采访大型活动，不仅要派出大量记者，而且要动用很多技

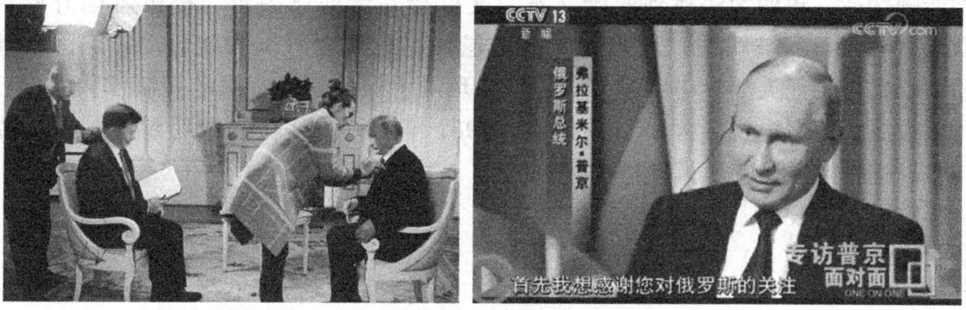

图 6－21　任何细节都有可能影响采访拍摄效果

术设备，采访的工具是否适应，采访的时机是否合适，这些都需要策划者在选题策划阶段就事先考虑周全，细节决定成败，稍有不慎，就可能造成无法弥补的憾事。

【本章小结】

本章主要探讨了视听新闻报道的编辑、编排和策划，这是视听新闻生产系统中编辑岗位的主要工作内容。编辑是对单篇稿件的选择和修改，编排是对多篇稿件的组合，策划则是对重点报道在内容和形式上的创新设计，三者各有侧重，但都有一个共同的目的，即凸显报道的新闻价值并使受众接收信息更加便捷高效，进而使本媒体在激烈的新闻竞争中赢得优势。

【本章思考题】

1. 从编辑角度对新闻事实进行审核的方法主要有哪些？新媒体环境对新闻事实的审核带来了哪些挑战，有哪些应对策略？

2. 新闻编排的主要方式有哪些？

3. 案例分析：选择本周你最感兴趣的一个新闻题材，策划一个涵盖传统广播电视和新媒体平台的融媒体视听新闻报道方案。

【本章推荐】

影视剧中的新闻人、新闻事

本章推荐欣赏电影《真相》（*Truth*）。该片根据真实事件改编。① 2004 年美国总统大选期间，小布什对阵克里正处在胶着之际，CBS 新闻制片人玛丽·梅普斯（Mary Mapes）从一个叫“比尔”的退伍老兵手里得到一份备忘录文件复印件，显示小布什当年为逃避越战有造假行为。玛丽拿到这份档案材料后，迅速制作成节目在《60 分钟》播出，引爆舆论，但随即遭质疑部

① 炒作布什逃兵役 CBS 高层集体“下课”［EB/OL］.（2005－01－12）［2020－05－14］. http：//news. sohu. com/20050112/n223894288. shtml.

分文件涉嫌伪造。玛丽无法找到原始文本，文件撰写者业已去世，提供者则开始含糊其词。众矢之下，玛丽被解雇，丹·拉瑟被迫退休。此事之所以如此轰动，除因牵涉总统外，还在于事件责任人如日中天的行业地位。玛丽·梅普斯，资深电视制作人，两获艾美奖；丹·拉瑟，著名电视新闻节目主持人，1981 年接替另一位超级明星沃尔特·克朗凯特主持 CBS 王牌节目《晚间新闻》二十余年。

【附录】

部分视频案例网址

1. 中央电视台《东方时空》——《地铁施工致地陷 问题在哪？如何防范？广州地铁施工区域路面塌陷 持续救援中》（http：//tv. cctv. com/2019/12/02/VIDEy0HYXtkXVsGaarLZ9tfz191202. shtml）。

2. 中央电视台纪录片《舌尖上的中国》（第二季）第三集《心传》（http：//tv. cctv. com/2014/04/26/VIDE1398441967487902. shtml？ spm＝C71139. PT8hUEEDkoTi. 0. 0）。

3. 新华社——《特约记者太空日记：“我还没遇见外星人，也没‘晕船’”》（http：//www. xinhuanet. com/politics/2016－10/21/c _ 1119766290. htm）。

第七章
视听新闻的采访与写作

【本章学习要点】

视听新闻的采访与写作既遵循新闻报道的一般规律，又有其作为视听文本的特殊要求。

● 新闻采访的主要环节包括确定选题、确定采访拍摄对象、现场采访的实施（访问与现场报道），成功的采访来自事先充分的准备，特别是背景资料的研究。

● 视听新闻采访中，记者既通过采访获取与新闻事件有关的信息，其采访行为本身又是视听新闻文本的一部分，这要求记者具备良好的镜头前表达能力。

● 视听新闻的写作要充分发挥各种视听元素的作用，针对不同类型灵活运用写作技巧。

● 与传统广播电视新闻不同，今天的多媒体平台在用户特点、传播方式上有了新的变化，视听新闻文本的写作也需要不断创新。

2012 年 11 月 9 日下午，中央电视台新闻节目进行十八大直播报道，当连线央视驻中东记者冯韵娴时，这名记者在报道当地对十八大的关注时突然忘词，断断续续说不成句，甚至出现几秒钟的停顿，场面一度有些尴尬（见图 7-1）。

图 7-1　央视记者在直播报道中尴尬忘词

资料来源：央视女记者在十八大直播报道中尴尬忘词 [EB/OL]．(2014-02-13) [2020-04-27]．http://news.youth.cn/jsxw/201402/t20140213_4651803.htm.

事实上，这位记者并不是初出茅庐的新手。在 2011 年的利比亚战争中，她代表中央电视台活跃在新闻报道的第一线，并曾和来自世界各地的几十名同行一起被卡扎菲政府军围困在酒店五天四夜，经历过生死考验。[①] 这样一个有着比较丰富的报道经验的记者，却在一场并不复杂的直播中出现卡壳，充分说明视听新闻报道对记者镜头前表达和临场应变能力的高要求。

与其他类型的新闻文本相比，视听新闻报道的独特之处就在于记者的采访报道行为本身会成为新闻文本的一部分。因此，视听新闻的采访不仅有一般意义上的专业要求，还有镜头前采访拍摄的特殊性。主要表现在以下方面：(1) 带机采访，记者与新闻现场、新闻人物共存于镜头中，密不可分。(2) 记者的采访行为不仅是获取新闻信息的手段，也是新闻节目内容的组成部分。(3) 一次完成，任何补拍、重拍都有可能影响报道的效果，有的甚至不可再现。(4) 在大众传播中融入人际传播的因素。

视听新闻的采访一般要经历三个主要的阶段，即采访的准备、采访的实施、节目的制作。本章第一节将主要讨论采访的准备（选题、采访对象的确定以及其他技术性准备），第二节讨论采访的实施（现场报道与拍摄），第三节讨论节目的制作（由于声画剪辑等技术制作将在后面的章节中专门涉及，此处主要探讨稿件的写作）（见图 7-2）。

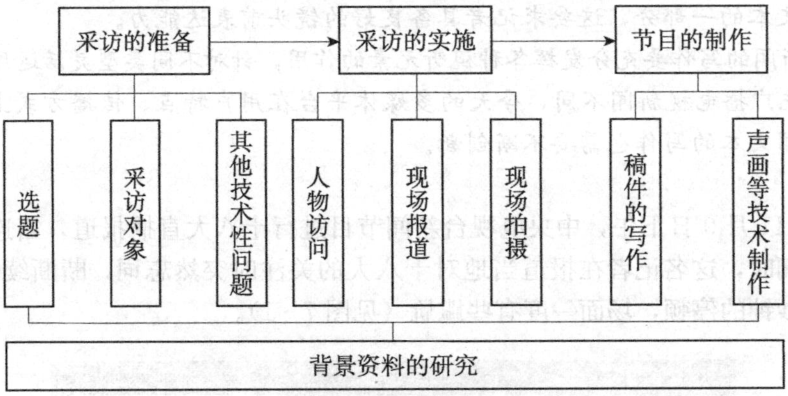

图 7-2　视听新闻采访报道的基本流程

第一节　视听新闻采访的准备

如前所述，由于视听新闻采访具有一次性完成的特点（尤其是直播），采访前的充分准备就显得尤为重要。尽管今天的新闻报道在时效争夺上越发激烈，留给记者事先准备的时间可能越来越少，但是记者在进入新闻现场或开始人物访问之前，一些前期工作还是必不可少的。

一、选题的准备

与民间新闻生产的松散性、随机性不同，专业媒体的新闻生产必须保持常态化的稳

① 刘洋．冯韵娴：我不是“战地玫瑰”，我只是经历生死的记者．(2018-12-01) [2020-04-27]. https://www.henandaily.cn/content/2019/1201/200152.html.

定。在激烈的新闻竞争中，经常错失有价值的新闻题材的媒体机构和记者是很难立足的。好的选题是成功的一半，但是选题的获得不能靠天吃饭，必须从源头上解决信息来源的问题。

(一) 选题从哪里来

新闻选题的来源主要包括以下几大方面：

1. 突发事件

任何时候，重大突发事件永远是新闻报道争夺的焦点，也是考验各媒体快速反应能力和持续报道能力的试金石。1991 年的海湾战争中，CNN 第一时间向全球报道战事爆发的情况，成为令这家开播刚满十年[①]的电视台声名鹊起的经典之作。当如雨的火箭和导弹开始向巴格达投送时，CNN 的三名记者正在这座围城中发出极为详尽的战况报道。尽管这时 CNN 播出的电视图像主要是伊拉克的地图和 CNN 三位记者的照片，世人的目光却始终被电视吸引着。有人在后来指出，这简直是开天辟地的一遭——一场战争的实况报道正在源源不断地由袭击国的媒体从被袭击国的腹地广播出来。CNN 的创始人特德·特纳后来对记者说，确切地讲，海湾战事是头一年（1990 年）8 月 2 日开始的，那天是伊拉克侵占科威特的日子，虽然最初美国人并没有卷入，但是，他站在 CNN 的角度敏锐地感到此事必定大有文章可做。正是基于这种观点，CNN 悄悄地开始了"自我完善"的工作。CNN 以最快的速度向海湾地区派出了摄制组，运送了电视广播设备，其中包括卫星电话。此外还有其他一些先进的轻型传送设备，并为记者开设了两路地面通信系统。上述一切工作都在短时间内紧张地准备着，并于 1991 年 1 月 28 日之前准备完毕。CNN 的决策者们决定在战争发起之前列出一套完整的新闻制作和播出时间表来。[②] 对此，特纳后来解释道，由于 CNN 从一开始就意识到，这场战争是关系到全球的，所以 CNN 的摄制小组不仅被派往海湾地区，同时也被派到了其他国家和地区，目的是把战争对世界各地人们的影响摄入 CNN 的镜头。[③] 不仅是 CNN，这种对重大事件的敏感、预判和提前准备实际上是全球各大媒体惯常的运作方式。1997 年 2 月 19 日，邓小平同志逝世。据当时负责这一重大事件报道的中央电视台负责人回忆："小平逝世是突然的，但早在半年多以前新闻中心就根据台领导指示责成新闻采访部常备两个时政摄像组值班，以应对突发事件。此外，已安排有关编辑整理小平生平的有关资料，以备急时之需。当然这些都是在秘密状态下进行的……其实，据美国 CNN 的一位负责人讲，他们做准备的时间比我们更早……"[④] 从这些例子可以看出，突发事件的"突然性"对所有媒体都是公平的，报道表现的差异与敏锐的新闻嗅觉和基于此的事先准备有密切关系。即使面对那些事先无迹可循的纯粹偶发事件，有一套完整的应急反应机制和具备快速反应力量的媒体也不会慌乱，在新闻竞争中占据先机。和机构一样，记者个体也需要训练自己在这方面的能力，保持日常信息雷达的灵敏和随时待命的工作状态。

---

① CNN 是全球第一家全天候播报新闻的电视台，1980 年 6 月 1 日开办于美国亚特兰大。

② 这些故事在本书第一章最后推荐的电影《逃离巴格达》(*Live from Baghdad*) 中有详细描述，尽管电影存在艺术加工，但人物和情节均有原型。

③ 贾鸣之．海湾战争中的 CNN [J]．国际新闻界，1995 (1)：18-21.

④ 孙玉胜．十年：从改变电视的语态开始 [M]．修订版．北京：人民文学出版社，2012：248.

2. 记者固定的报道领域

在电台、电视台内部，除了少量的机动记者外，记者一般会有专门的对口领域，如时政、经济、文教、卫生、体育等等，一个领域又有对应的政府部门、机构或社会组织。以国内某电视台记者所跑的交通口为例，就包括民航、铁路、公路等等，相应的，交通部、铁路总公司、民航局及其下属机构都是“跑口”记者常年联系的对象，这是新闻线索的重要来源。记者需要不断增强对相应领域的熟悉程度，并努力积累在该领域内的人脉关系，从每一次采访开始慢慢建立自己的“线人”网，一些有价值的甚至独家的新闻线索往往就是由这些“线人”（专业人士或知情人士）提供的。当然，这需要人与人之间的熟悉和信任，尤其是对记者及其所在媒体专业声望和能力的信任。没有“线人”指路的采访，就像是在陌生的森林里摸黑夜行，重重黑幕难以看见底层的事实，就算看见了、碰到了，也可能熟视无睹，因为不了解而忽视，自己都不知道这就是踏破铁鞋寻找的至关重要的证据与事实。而“线人”往往都是局内人，他们能够引领调查的方向，绕过重重障碍，带领记者径直走到最核心的事实面前。

3. 记者的观察

记者如同媒体的一个个信息雷达，他们必须有敏锐的新闻嗅觉，在日常生活的耳闻目睹中发现新闻。记者和普通人不一样的地方就在于，他应当随时保持着对生活的兴趣、保持着对周围事物的新鲜度，这样才能从一般人忽视或者习以为常的地方发现新闻。孙玉胜在《十年：从改变电视的语态开始》一书中回忆过这样一件往事：2001 年岁末，北京下起入冬以来的第一场大雪。这场雪并不大，但却造成北京整个城区的交通瘫痪，办公室里的人回不了家，幼儿园的孩子没有办法接，成百上千的乘客误了飞机误了火车，成千上万的人在雪地上走三四个小时的路程步行回家……城市在管理及应急能力方面的隐患暴露无遗。当报纸、网络热热闹闹地议论着“北京世纪大堵车”这个新闻事件的时候，中央电视台的屏幕上却长时间“大雪无痕”。不仅第二天早晨《东方时空》没有反应，而且晚上的《焦点访谈》也无动于衷，“仿佛那一场大雪就只在别人的视野里下过一样”①。“什么是新闻？什么正在成为新闻？什么将会成为新闻？在实践中，这三个问题时常为电视新闻从业者所忽略。由于运作体制的原因，或者由于个人无意识，或者是一种集体无意识，有些新闻时常被漏过，而所有环节却不自知；有时对正在发生的新闻我们也熟视无睹；有时对本已预知的突发事件我们却并未给以应有的、充分的重视和关注……现代新闻的竞争日益要求媒体和记者不仅要敏感地发现，快速地跟踪反应，将新闻敏感强化为一种意识，更关键的是要能将之转化为一种下意识。而只有具备这种下意识和潜意识，才可称得上职业化的记者和编辑。”②

4. 例行的信息发布渠道

现代社会是一个信息社会，各种机构、组织出于自身需要，往往有自己的信息发布机制。比如：

党和政府的文件、决议、指示、领导人的讲话——记者可以据此了解当前的政治形势，经济生活总的情况，政策动向和新形势，以及最近一个时期将要进行的事情。

---

① 孙玉胜．十年：从改变电视的语态开始［M］．修订版．北京：人民文学出版社，2012：416-417.

② 同①248.

机构或社会组织例行发布的信息，如公司的年度报告、本领域的研究报告等等。有些报告具有相当的权威性，如国家统计局的月度、季度、年度经济形势分析。

政府、企业和其他社会组织的新闻发言人。

各种新闻发布会和记者招待会……

这些例行的信息发布渠道披露的不一定是独家信息，大多是人们预先已有所了解或猜测的，但由于有了这些渠道的权威确认，媒体才能进行公开报道。另外，由于是多家媒体集体在场的公开发布，这样的渠道出来的信息对媒体来说意味着同题竞争，因而非常考验一家媒体及其记者的信息选择、解读能力。

5. 其他媒体已报道的信息

已报道的信息虽然不能为记者提供独家报道的线索，但有些仍然具有再报道的价值。记者如果善于从中发现“第二落点”，仍然可以挖掘出有价值的信息。特别是一些专题或者专栏节目，由于其对时效的要求相对消息类报道较弱，往往可以在消息报道之后再进行深度追踪和分析。中央电视台《东方时空》栏目曾经设立过一个主持人评论的小板块，在其中一期节目中，主持人白岩松用了二十几个“不行”来评说中国足球：“没钱的时候不行，有钱的时候也不行；业余的时候不行，职业化以后还不行；穿红衣服不行，穿白衣服也不行；苏永舜不行，戚务生也不行；中国教练不行，外国教练也不行……”① 白岩松提到的每一个不行背后都有尽人皆知的新闻事件，但是主持人通过自己的发现把这些问题组合在一起，就形成了新的信息。很多时候，我们缺少的不是新闻，而是发现。所以，即使是已报道的信息，也可能存在值得再开掘的空间。

6. 受众反馈

受众既是新闻的接收者，有时也是新闻的提供者。随着现代通信技术的发展，媒介与受众的互动越来越方便，电话、传真、手机短信、信件、电子邮件、博客、微博等成为受众提供新闻线索的便利渠道。特别是随着社会民主进程的加快，受众参与社会事务的热情越来越高，向媒体提供新闻线索就是受众参与社会事务的重要方式。媒体也意识到受众反馈的重要性，纷纷设立热线电话、公布手机号码或电子邮箱等，一些栏目、记者和主持人也在网上开设博客、微博、微信公众号。此外，基于熟人关系、共同兴趣等人际社交因素而建立的讨论版、贴吧、微信群等也都可能成为记者获取新闻线索的渠道。2003 年的孙志刚案件因被认为直接导致了《城市流浪乞讨人员收容遣送办法》废止而在新闻史上留下浓重的一笔。② 据报道此事的《南方都市报》记者陈峰披露，线索就来自讨论版：“2003 年的时候，《南方都市报》刚刚成立了深度报道组，我也是刚刚加入。3 月份在寻找线索时，在西祠胡同里面的讨论版和一些媒体人聊天，正好有一个孙志刚同学的同学在里面，把这个事情的线索发在了讨论版里。当时大家都觉得这个事情不太好做。我刚到深度报道组，也没有什么特别好的线索，就把线索报上去。结果当时南都记者部的主任说没有问

① 孙玉胜．十年：从改变电视的语态开始［M］．修订版．北京：人民文学出版社，2012：312.

② 2003 年 3 月 17 日晚，在广州打工的湖北青年孙志刚因未携带任何证件外出，被广州市公安局天河区分局黄村街派出所民警错误收容。3 月 18 日晚，孙志刚称有心脏病被送至广州市收容人员救治站诊治。3 月 19 日晚，因孙志刚大声呼叫，引起救治站护工乔燕琴不满，遂授意李海婴等 8 名被收治人员殴打孙志刚致死。此事经媒体报道后引起社会广泛关注。6 月 20 日，国务院公布《城市生活无着的流浪乞讨人员救助管理办法》。8 月 1 日起，新办法正式施行，1982 年国务院发布的《城市流浪乞讨人员收容遣送办法》同时废止。

题，可以去采访。”[①]

（二）从选题到报道：如何选择

一个选题是否能成为视听新闻报道，既取决于其自身具有的新闻价值，也受制于报道实现的可能性。视听新闻的价值遵循普遍的新闻价值标准和视听文本独特的价值标准，这一点在本书第三章中有详细讨论，此不赘述，这里重点探讨视听新闻报道实现的可能性。

记者貌似经常孤军奋战，但其实永远不是一个人在战斗。记者的每一篇报道的形成最终都取决于新闻系统的整体需求及相应的生产能力。对于新闻选题所隐含的新闻价值的推断，并不一定会在节目的采制中完全实现，因为选题毕竟不等同于新闻事实，主观的价值判断也不必然符合客观事实所蕴含的价值，新闻事实的价值的揭示产生于对新闻事实采访之中和之后的准确把握。然而，如果在采访之前对采访报道的主要内容和形式毫无思考，则在采访中很难准确及时地把握现场新闻要素，将其摄入画面，并组织到采访和报道当中来。因此，在确定选题并开始采访前，要对报道的预期内容做出思考，特别是考虑这些内容对所在媒体、频道、栏目的意义，并据此预先设定可能的表现形式。采取哪种形式主要基于以下三个方面因素的综合考虑：

1. 选题的价值

任何一种报道形式都需要付出相应的成本，特别对电视而言，由于涉及设备的调用，有些采访方式（如现场直播）的人力物力财力成本是比较高的。相对而言，现场采访（特别是现场直播）、隐性采访、专访等的成本较高，电话采访、书面采访等的成本较低。基于投入产出比的考虑，要在充分挖掘选题价值的同时，从控制成本的角度选择合适的采访方式。

2. 报道内容和形式的要求

采取哪种采访方式还要考虑到由选题特性所带来的报道内容和形式的要求。比如，那些事件性、时效性较强的新闻选题，现场无疑是最有价值的场所，因此最需要用现场采访的方式。以汶川地震报道为例，中央电视台从地震发生当天就派出记者到达灾区，并在当天深夜发回来自灾区现场的报道。在整个抗震救灾报道中，中央电视台先后派出 400 多名记者奔赴各重灾区一线展开深入报道。之所以如此，原因非常简单：在地震这个题材上，来自现场的信息才是观众最关心的，因而也最具有新闻价值。再比如，有些题材，如一些批评报道、负面报道，由于涉及相关人的利益，公开的采访方式很难获得有说服力的内容，这就需要借助隐性采访的方式。

3. 报道的可操作性

选题及相应的内容要素、表现形式的确定与真正的视听新闻报道之间还有很大的距离，能否实现还受到诸多因素的制约。这些制约因素主要包括以下几点：

（1）技术因素。

技术条件是否支持所要实现的报道内容和形式。视听媒介是一种有较高技术依赖的媒介形态。特别是电视（也包括网络视频），只有在声画俱备的情况下才能充分发挥其传播优势。但是，声画（特别是画面）的传输需要一定的技术保障，并不是所有条件下都能完

① 专访记者陈峰：孙志刚案是如何被报道出来的［EB/OL］.（2013-06-20）［2020-04-30］. http://legal.people.com.cn/n/2013/0620/c42510-21905916.html.

全实现。如果出现这种情况，在报道方案的设计上就只能退而求其次，利用其他手段进行弥补。比如，在汶川地震发生的初期，由于震区通信、交通全面中断，不仅卫星电视转播车难以进入，甚至连当地的电话都很难打通，这给广播电视报道造成了极大的困难。中央电视台新闻频道有关此次地震报道的第一个现场连线不是严格意义上的灾区现场报道，而是受地震波及、靠汶川较近的重庆电视台的记者的报道，尽管报道小组随后很快抵达灾区，但是当天也没有来自现场的画面，只有一些图片和相应的电话报道。

(2) 政策因素。

有些选题涉及保密或者对相关机构和人的隐私保护等，不能直接呈现，现场报道显然就不适合了。比如，对重要的会议、一些法庭的庭审等虽然现场采访报道可能非常吸引观众，但却因为某些要求难以实现。

(3) 人为因素。

有些采访方式不能实现则是由人为因素造成的。比如采访对象的不配合，记者没有及时赶到现场等。

(4) 版面因素。

广播电视是线性播出的媒介，其播出容量是有限的，因此对任何报道都有时长的限制，而且这种限制因当天具体的版面情况而动态变化。这也会影响对采访报道方式的选择。当然，在网络平台上，这种播出容量的限制几乎已经不存在了，但是优质的版面（比如首页、首屏、版面的显著位置）依然有限，编辑部投入重点报道的编辑分发力量及其他资源保障也有一定限度，这些因素仍然会影响报道实现的程度。

总之，记者在开始采访前要充分考虑到这些制约因素，选择合理的采访方式，并根据可能的变化做好相应的调整预案。抓住新闻线索，跟踪新闻事件发展进程，尽早做出突发事件的应对预案，选择好介入的角度和时机……这应该是新闻媒体和新闻记者必备的职业素养。

二、采访对象的确定

采访是一种有目的的新闻信息采集行为，除了现场的观察和拍摄外，对人的访问也是获取信息的重要途径，记者必须根据采访的需求选择合适的采访对象。根据人物与新闻事件关系的紧密程度和报道的需要，一般而言，采访对象的选择可以由以下几个方面着手：

（一）新闻事件的当事人

这是新闻采访的首选对象。当事人是事件的亲历者，他的视角、他的切身体验、他的真实性是任何人无法替代的。特别在涉及争议的新闻中，当事各方都应当得到发言的机会，从而保证报道的公正与平衡。

（二）新闻事件的关联人

新闻事件不只影响当事人，而且会影响与之有关联的人。对这些人的采访可以了解新闻事件的意义。新闻事件与人的关联主要有以下三大方面：

其一，利益关联。新闻事件对人的切身利益产生了影响。这种影响可能是对较大范围人群的，比如一项政策、法令、规定的出台（如北京从 2011 年开始实行小汽车摇号购买政策），一起影响广泛的社会事件；也有可能是对特定人群的，比如一起事故中遇难者的亲属。

其二，情感关联。新闻事件虽然没有对人的切身利益产生影响，但是在人的情感上引起了某种共鸣，或者激发了人们的兴趣，对他们的采访可以反映所报道问题的广泛社会影响。比如，本书第一章中提到，2010年11月15日，上海一幢高层居民楼发生大火，多人伤亡。在报道中，事故的当事人自然是采访重点，但同时也可以对其他与此事没有直接联系的民众进行采访，以体现社会舆论对这一事件的关注。

其三，经历关联。那些与新闻事件经历相似的人的观点和感受可以延展新闻报道的广度和深度，加深受众的认同感。

（三）新闻事件的知情者

在无法采访到当事人的情况下，现场目击者或者知情者能够提供最接近事实的信息，因而也是被采访者的当然人选。

当然，在对知情人的采访中，要注意知情人与事件可能的利益关联对其所提供信息真实性的影响，也就是说，在衡量采访对象提供的信息的时候，记者应该考虑动机这一因素。“动机是产生偏见的基础，是撒谎或有选择性地讲些真话的理由，也许最大的麻烦在于提供消息的人总是带有动机的，即使当他们在传递真实信息的时候，大多数泄露秘密的人不会漏出自己的秘密。”[①]

为了减少知情者由于某种动机提供不准确或者不全面的信息的可能性，可以通过其他信息源进一步证实这些消息。在水门事件的采访中，《华盛顿邮报》所获得的原始信息的来源几乎都是匿名的，消息提供者“深喉”是谁长期以来一直是一个不解之谜。[②]《华盛顿邮报》的处理方式是让记者通过不止一个来源去核实这些消息。今天，网络已成为记者发现新闻线索的重要来源，一些知情人通过网络的匿名爆料往往具有很高的新闻价值。但包括广播电视媒体记者在内的传统媒体记者在处理此类线索时要特别慎重，必须经过多渠道（特别是真实世界而非网络虚拟世界的渠道）核实。

（四）权威人士

专家、学者、政府官员等权威人士由于掌握着与记者所报道新闻相关的丰富知识、信息或者相关的权力，有独立的见解，因而对相关问题的判断一般而言会更准确、更深刻，其表达也更清晰。此外，信赖权威的社会心理也会使报道收到更好的效果。因此，一些重大社会问题、现象、事件出现时，权威人士往往是记者乐于采访的对象。

但是，记者在采访中也要避免陷入“权威依赖”，不能迷信权威。有的记者在采访活动中盲目相信权威人士的每一句话，甚至当有人提出质疑时，不是想办法查证，而是以“专家说的”来敷衍了事。这其实是一种不自信和推卸责任的表现。事实上，专家也是人，犯错误是难免的，有的是出于疏忽，有的则是对所采访的问题不熟悉。而当专家出于某种动机有意误导时，问题就更加复杂了。所以，作为记者应当时刻记住：你才是对所采访的信息最终负责的人。即使专家说的话，也只是你所采访的信息的一种，虽然从概率上讲是

① 富勒．新闻的价值：信息时代的新思考［M］．陈莉萍，译．北京：新华出版社，1998：41.

② 《华盛顿邮报》2005年5月31日通过该报网站证实，当年在水门事件中为该报提供重要线索的神秘线人“深喉”是前联邦调查局副局长马克·费尔特（Mark Felt）。这一举动揭开了困扰美国政界、史学界和普通民众多年的谜团。此时距水门事件已30多年。

比较可信的一种，但是否可信还要由你来检验。另外，专家只是某一领域的专家，特别在现代社会分工越来越精细的情况下，专家所对应的专业领域是有限的，这一方面的专家面对另一方面的问题时可能就是业余的。记者必须破除“专家万能”的思想。

三、其他技术性问题

视听新闻的采访报道是一个包括内容和表现形式、需要多工种合作完成的系统工程。在确定了选题和采访对象后，为了确保采访拍摄的顺利，以下两方面技术性问题也需要事先有所准备。

（一）采访提纲与拍摄计划

在时间允许和采访对象提出要求的情况下，记者应当事先拟好采访提纲，列出希望采访的主要问题。一些重要和复杂的报道还应以书面形式列出拍摄计划，供整个工作团队了解自己的报道意图和关键要点，以便团队协同作战。当然，在突发事件报道中，由于时机稍纵即逝，记者不可能有充裕的时间从容做以上的事情。但不管怎么样，进入新闻现场和面对采访对象之前，记者都应当尽可能地做好背景资料的准备。

中央电视台新闻主持人董倩曾经谈到自己在一次采访中因为准备不充分而遭遇尴尬的经历。当时为了做一个关于中国电信双向收费的节目，她去采访国务院发展研究中心的专家，一开始问了一个“中国电信为什么会双向收费”之类很大而化之的问题，正在套领带准备接受采访的专家当时停下来说了一句：“我建议你回去好好准备一下再来问我，好吧。”虽然专家最后还是配合做完了采访，但这次采访经历给了作为记者的她一个记忆深刻的教训：如果你不做充分的案头工作，不对这个问题有充分的了解的话，请不要去采访专家。①

著名记者艾丰曾经指出，搞报道要常常首先从研究背景资料入手，背景研究是“为采访而进行的采访”。西方新闻界将采访前记者对背景的研究称为“家庭作业”，认为这是记者必须完成的任务。关于如何研究背景资料，一般可以从以下两个方面入手：

1. 了解你所要采访的事件

在可能的情况下，记者在采访前要通过研究资料对自己所报道的事件有一个基本了解，包括其产生的背景。然后看看完成一个报道需要了解哪些情况，用这个总量减去现在掌握的情况，就可以知道采访中需要获得哪些方面的信息（见图 7-3）。

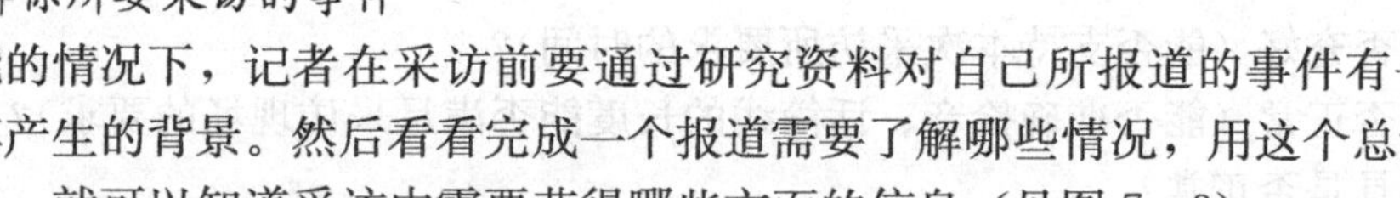

图 7-3　背景资料研究

2. 了解你所要采访的人

如果说对事件的研究是帮助记者确定采访的目标，那么对所要采访的人的研究则是为了保证这一目标的顺利实现。

① 内容来自中央电视台《新闻调查》特别节目《十年·记忆》。

了解采访对象的第一步是掌握他的基本情况，如姓名、年龄、性别、工作单位、职务（职称）、研究方向、在所属领域的地位等等。这些情况是记者与采访对象初步沟通所必需的——对于一个连自己的基本情况都缺乏了解的记者，采访对象不可能有多少与之谈话的兴趣。

了解采访对象的第二步是掌握他的个性化特征，比如性格、特殊的经历、突出的成果或贡献，特别是一些能体现其个性的故事、言行、细节。这是记者与采访对象深入沟通所必需的。在采访对象看来，记者对自己了解得越多，说明他越重视自己、越重视他所要报道的事件，这反过来会强化采访对象对记者及其所报道事件的尊重，从而认真对待采访。

意大利著名记者法拉奇（Oriana Fallaci）1980年获得了独家采访邓小平的机会。采访伊始是为了融洽气氛的寒暄，接下来第一个正式的提问就开启了紧张的交锋。法拉奇问："天安门上的毛主席像，是否要永远保留下去？"邓小平立即看出了这位女记者的意图，斩钉截铁地说："永远要保留下去。"① 他指出，尽管毛主席过去有段时间也犯了错误，但他终究是中国共产党、中华人民共和国的主要缔造者。他为中国人民做的事情是不能抹杀的。"从我们中国人民的感情来说，我们永远把他作为我们党和国家的缔造者来纪念。"② 一问一答之间，采访者显然做了大量的背景研究，对问题有精心的准备，被采访者也做了非常精彩的回答。

（二）人员、设备与后勤保障

视听新闻采访由于涉及声画录制和传输（现场直播），往往以小组团队协作的方式完成。常见的成员包括制片人或导演（采访活动的负责人，有时由记者兼任）、记者、摄像师、录音师、灯光师、制片（负责后勤保障）等。这些人员的配置和分工以及相应的设备、后勤保障都要预先有所安排。特别是电视采访，技术性非常强，事务相对复杂，采访前都要一一准备妥当。这些准备包括以下几个方面：

1. 采访设备

对设备的检查主要包括：

录音录像设备工作是否正常？

存储容量是否足够？

电池是否充好（能否支持本次采访所要求的时间）？

话筒是否正常（能否准确拾音、话筒线的长度能否满足采访现场的要求）？

照明器具是否正常？

纸、笔是否准备好？（虽然广播电视采访有录音录像，但记者在采访时还是需要准备好纸、笔，记录下谈话的要点、现场的感想和其他提示性信息，以方便采访后的素材整理。）

2. 传送设备

广播电视采访所获得的素材或者制作好的节目如何传回本部，这是记者必须考虑的问题。是通过交通工具还是光纤、微波、互联网传送，事先必须做好计划，协调好传送的时间、线路或交通工具、接收人等相关事宜。

3. 后勤保障

广播电视采访涉及的工种较多，特别是电视采访，往往以小组（记者、摄像师、灯光

① 邓小平．邓小平文选：第2卷［M］．2版．北京：人民出版社，1994：344.

② 同①.

师、录音师等）的方式出现，而且设备较笨重，因此必须安排好交通工具。如果是去外地采访，则要做好衣、食、住、行等各方面的准备。

1998 年，中国大地由北至南出现了全国性的洪涝灾害。8 月 7 日，江西九江长江城防堤西段发生决口，人民解放军、武警官兵和民兵预备役人员先后出动 101 万人次投入抗洪抢险之中。在这场罕见的自然灾害面前，全国电视新闻界以中央电视台为首进行了卓有成效的报道，究其原因，就在于对这起渐进的突发事件，中央电视台新闻系统一直在跟踪并始终把握着准备工作的提前量。早在这年的 6 月中旬，长江沿线一进入警戒水位，中央电视台新闻中心的记者就立即开赴一线并陆续发回报道。7 月初，当时的水利部部长钮茂生的一句话引起媒体的警觉，他说："我们过去总说'狼来了'，'狼来了'，今年'狼'真的要来了。"正是根据他这句话的提醒，中央电视台开始筹备成立"抗洪报道指挥部"，并安排技术部门着手办理直升机航拍事宜。当时，动用直升机从申请到获准大约需要一个月时间。恰好就在申请直升机一个月后，长江防洪形势急转直下，中央于当年 8 月 7 日召开会议，做出了"抗洪是全党全军全国人民的头等大事"的决定，也正是从这一天开始，各新闻媒体均将自己的优势兵力派往长江沿线，展开了一场新闻大战。也正是在这一天，中央电视台办理完了动用直升机航拍的全部手续。正因如此，在此后的新闻报道中，观众才能从空中看到长江大堤上红旗招展和"千军万马战犹酣"的抗洪现场全貌，看到在汪洋般的洪水中钢铁战士赤膊上阵封堵九江决口的壮烈场面。这些深深印入人心的画面，成为人们对 98 抗洪的经典记忆（见图 7－4）。①

图 7－4　1998 年抗洪现场

第二节　视听新闻采访的实施

视听新闻采访的实施包括两大部分：一是以记者为主体的工作，主要是对新闻内容的获取，通过记者的现场采访来实现，如现场报道、人物访问等；二是在记者引导之下的拍摄工作，主要是声画素材的获取。

一、记者的现场采访

记者在新闻现场的采访受到新闻现场的空间局限和新闻事件发生的时间局限（很多情节转瞬即逝），所以要求记者有较强的应变能力和快速沟通能力。记者的现场采访包括以

① 孙玉胜．十年：从改变电视的语态开始［M］．修订版．北京：人民文学出版社，2012：248－249.

下几个方面的工作：

（一）现场观察

记者到达现场的第一步并不是提问，而是观察。观察是记者现场采访的重要手段，记者通过眼睛观察新闻事件的发展进程、事件所处的特定环境以及引起的结果，从而获得第一手材料，这不仅可以成为现场报道的内容，也使自己的提问更加有的放矢。记者在现场该观察什么？

1. 关键情节

现场是事件发生、发展的逻辑原点，记者在现场观察的重要任务就是找到这个发生的原点以及事件发展的关键节点、高潮点，从而还原（重建）事件的原貌。这是非常考验记者逻辑思维能力的一个环节，记者必须在纷繁复杂或者迷雾重重的现场表象中理清头绪，找到事件的脉络方向，确定采访拍摄的重点（见图 7-5）。

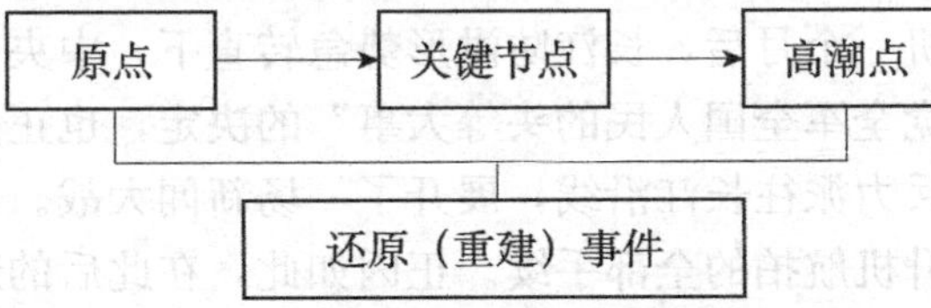

图 7-5 现场采访时记者观察的重点

中央电视台《新闻调查》曾经播出一期节目《派出所里的坠楼事件》。节目一开始，记者面对的是这样一个挑战：2002 年 6 月 16 日，在湖南省益阳市发生了这样一件事情，一个名叫“刘骏”的人被当地的一家派出所传唤，结果却死在了派出所楼下。检察机关调查认为刘骏是自己跳楼身亡，而刘骏的家属们却始终认为刘骏死得蹊跷。刘骏到底是怎么死的？这需要记者去调查。但是事情已经过去一年多时间，时过境迁，当时的很多现场信息都没有保留，而且办案民警在采访中也不甚配合，这对记者来说是一个很大的挑战。但是记者杨春通过采访办案民警和派出所所长，结合自己对派出所环境的观察和当地检察院的调查笔录，还是做了这样一段报道，尽可能地还原刘骏出事时的情景：

> 为了清楚地了解刘骏坠楼的经过，在赫山区人民检察院我们首先从案卷中找到了钟浩在案发后不久所做的调查笔录。根据他的描述，在离开会议室时，刘骏、钟浩、卢晓剑三人相隔 1 米多，刘骏在走到那间办公室门口转弯时，朝窗户跑去。左手扶着窗框，双脚站在窗台上，侧身跳出窗外。按照这段描述，当时钟浩曾试图拖住刘骏，但没有抓住。从这段描述中可以看出，卢晓剑当时与钟浩也仅 1 米多的距离，应该看到了刘骏，而钟浩还曾在刘骏跳楼时，试图抓住刘骏。可是我们采访这二人时，卢晓剑却说没有看到刘骏。而钟浩说在刘骏坠楼时，他还在门口，等他们赶到时，刘骏已经跳下去了。①

随后，记者在刘骏跳楼身亡的现场结合现场环境做了这样一段报道，对工作人员讲述的刘骏死因提出质疑：

> 在派出所，我们对刘骏的死亡经过和原因做了一个基本的了解，但是从工作人员

① 派出所里的坠楼事件［EB/OL］.（2017-01-06）［2020-05-02］. https://v.qq.com/x/page/s03634lkkn9.html.

的讲述中，我们始终有几个问题难以理解。首先，为什么情绪一直都很正常的刘骏会突然做出跳楼这样的极端举动？他的动机是什么？其次，我们在现场可以看到，这个沟沿与墙的距离不过一米多，按照常理，刘骏既然是纵身越出窗外，理应有一个抛物线的动作，但是，刘骏却跌落在了沟内。在那段时间里，究竟发生了什么？刘骏又是怎么死的呢？（见图 7－6）

图 7－6 《派出所里的坠楼事件》中记者试图还原事发时的情景

在这起事件的调查中，记者始终牢牢抓住“刘骏死亡瞬间发生了什么”这个关键点，结合当事人的证言、现场环境和自己的分析判断，努力还原当时的场景，进而提出自己的疑问，逻辑非常清晰。

2. 关键人物

记者要善于发现现场的关键人物并与之进行有效的沟通。什么是新闻事件中的关键人物，这一点在本章第一节、第九章第二节中分别有详细讨论，这里不再赘述。此处重点从实践层面探讨一下关键人物的抓取与有效沟通的问题。

2015 年全国“两会”期间，新华社通过新媒体平台发布的两篇记者采访手记引发公众及媒体同行的争议。3 月 4 日的《傅莹偶遇记》一文里，记者回忆他们如何在会场门口碰见正要上车的“女神”——十二届全国人大三次会议新闻发布会发言人傅莹。文中写道：正当她和工作人员准备上车时，看到了站在门口的我们。她笑吟吟地问：“你们是哪个媒体的？”“我们是新华社记者。”“女神”的突然发问，让我顿时紧张了起来。傅莹好像看透了我们的小心思微笑着问："是要合影吗?"我俩对望了一眼，看出了彼此内心的"澎湃"。"此刻，我们激动的心情已经无法用语言表达（此处省略一万字）。""今天是个好日子、幸福来敲门、我心澎湃、超越梦想、让我们飞得更高……无数昂扬的歌曲从脑海中飞过。"3月7日，该社另一位记者在《记者手记：陈道明席地而坐，为我亲手改稿》中，追述"男神"陈道明愿与她席地而坐，亲手给她改稿子。文中详细讲述了陈道明改稿件过程后写道：看着被陈道明改成"大花脸"的稿子，回想刚才发生的事情，忽然想为这次难得的采访经历留下些什么。趁休会间隙，我又找到陈道明，请他在他亲手修改的稿件上签下了大名。①

毋庸置疑，傅莹和陈道明都是极具新闻价值的采访对象，能够有机会与他们面对面进行交流对记者来说是非常难得的机会（从文中描述看，两位采访对象也都愿意接受采访），但是两文的记者显然都混淆了"粉丝"与"记者"的身份定位，将个人的名人崇拜置于记者的职业追求之上了。正如有评论指出的："拿着珍贵的两会采访证，写这种娱乐八卦垃圾，是对新闻资源的极大浪费。两会记者围着明星转，让基层代表委员成为沉默的大多数，也是媒体话语权的极大滥用。上了两会，明星就不是明星了，而是代表委员。"② 就记者而言，对采访对象真正的尊重是了解对方并结合报道目的提出有质量（有时甚至是挑战性）的问题，既不俯视，也不仰视，这也是赢得采访对象尊重和信任的关键——很多采访机会就是因这份尊重和信任而来。在前面提到法拉奇对邓小平的采访中，法拉奇的问题都是一针见血、尖锐犀利的，邓小平的回答也是直截了当、坦诚睿智。

3. 关键细节

记者要有发现能力，能够发现新闻事件现场的兴奋点，有时也是关键性的问题点。2006年，西南重庆等地大旱，中央电视台记者赴现场报道。在当地一个村子，记者站在干枯见底的水塘中间，目测塘底龟裂的宽度有四五厘米，但她的报道并未止于此。随后，她捡起一根树枝插入裂开的缝隙中，用树枝量出裂缝的深度有大约三十厘米（见图7-7）。记者用这样一个细节将当地旱情的严重生动形象地展现出来。尤为可贵的是，记者在这里不仅观察到了肉眼可见的信息，还通过自己与现场环境的互动将隐藏的重要信息激活了。

图7-7 中央电视台记者报道2006年重庆大旱

① 李广．新华社两篇手记为啥引来嘘声一片［EB/OL］．（2015-03-08）［2020-05-02］．http：//news. sina. com. cn/m/2015-03-08/090931581885. shtml.

② 曹林．娱乐化的两会报道越来越被鄙视［EB/OL］．（2015-03-08）［2020-05-02］．http：//star. news. sohu. com/20150308/n409474502. shtml.

（二）人物访问

采访人物的目的是获得报道所需的信息，提问则是采访的基本手段，事先对要提的问题进行设计是保证采访成功的重要一环。特别在新闻事件现场，关键人物大多处于紧张忙乱的氛围中，提问一定要简洁明了。问题的设计千差万别，但有些基本原则是通用的。

1. 提问要有针对性

记者必须清楚，需要从采访对象口中得到哪些信息用以完成报道。在前文提到法拉奇对邓小平的访问中，她的第一个问题就是有关毛主席像的问题，而且直截了当："以后你们还会保留毛主席像吗？"邓小平回答说："永远要保留下去。过去毛主席像挂得太多，到处都挂，并不是一件很严肃的事情，也并不能表明对毛主席的尊重。尽管毛主席过去有段时间也犯了错误，但他终究是中国共产党、中华人民共和国的主要缔造者。拿他的功和过来说，错误毕竟是第二位的。他为中国人民做的事情是不能抹杀的。从我们中国人民的感情来说，我们永远把他作为我们党和国家的缔造者来纪念。"①

2. 提问要具体

记者必须有把握使提出的问题准确地传达给被采访者，防止对方对问题迷惑不解，只能泛泛而谈。而且，越具体的问题，对方越难以回避而必须做出实质性的回应。在本书第一章图 1－15 中提到的中央电视台记者调查淮河水污染情况的案例中，记者对味精厂负责人的提问就做了精心设计，对采样瓶中的水是否污染超标的问题渐次抛出、层层递进，使对方左支右绌，难以招架。

3. 提问要简洁

记者提出的问题应该让人一听就懂，要避免使用深奥晦涩的词句，也要避免长篇大论式的提问，以免受众厌烦，也使采访对象能迅速把握住问题的指向。本书绪论图 0－1 提到的红衣女记者提问风波中，引发身边同行不满的一个重要原因就是问题的质量。在长达四十秒的提问中，记者抛出了一系列话题：

> 以管资本为主转变国资监管职能是当下大家都普遍关注的一个话题。那么作为国资委主任，2018 年在这一领域您将会推出哪些新的举措？今年正值改革开放四十周年，我们国家要进一步扩大对外开放，习总书记倡导一带一路的倡议，国企对一带一路沿线国家的投资力度加大，那么，国有企业的海外资产将如何得到有效的监管以防止国有企业资本的流失？我们推出了哪些监管的机制？监管的效果又如何？请您为大家做一下介绍。

在全国"两会"这样一个重要的场合，面对国资委主任这样难得的采访对象，又是在《部长通道》这样适合短平快节奏的即席采访中，记者这样宏大的、常识性的提问显然过于空泛和冗长。

（三）现场报道

现场报道是记者在新闻现场边采访、边解说、边摄录制作的，以现场感和时效性见长。现场报道要求记者在现场反应迅速、判断准确，并且有出色的语言组织和表达能力。

① 邓小平．邓小平文选：第 2 卷［M］．2 版．北京：人民出版社，1994：344.

虽然现场解说的难度较大，但这种即兴的语言具有很强的吸引力，再加上现场画面和音响的运用，能充分体现视听语言的优势。记者的现场报道必须紧紧依托新闻现场，把经过观察和思考获得的对于新闻事件信息的了解进行提炼和准确表达。

好的现场报道首先要带来现场的独特信息，这是不到现场难以获得和体验的。在中央电视台《新闻调查》十周年特别纪念节目《十年·记忆》中，主持人白岩松问记者柴静："新闻调查当初吸引你的是什么?"柴静回答："新闻调查就是火柴的那个磷皮，擦燃它的那一瞬间，是现场，是未知，是欲望，是真，真新闻。就那个新闻像一盆水一样兜头浇下。"[①] 但有时候，记者虽然获得了在现场的机会，却没有做出属于现场独有的报道，这是非常可惜的。2005 年 4 月 26 日，时任中国国民党主席连战率团从台北飞抵南京，开始对祖国大陆进行访问，这是 60 年来国共两党领导人的首次会谈，具有重大的历史和现实意义，显然也是媒体竞逐的重大新闻事件。在连战一行访问的首站南京，中央电视台记者获得了在南京禄口机场直播报道的难得机会。在飞机即将降落的历史性时刻，记者是这样报道的：

> 现在距离飞机到达的时间越来越近了，我们看到现场的情况也越来越有条不紊，基本上加油车、舷梯、工作人员都已经到位了。据我们了解，连战一行所乘坐的飞机是东方航空公司的飞机，它将陪同连战一行在大陆的所有行程。而且在飞机上，据说一个非常有意思的事情，空务员为了让他们体会家乡的感觉呢，专门给他们做了西安的饭菜，让他们还没有到大陆就已经感受到了家乡的那种热情。好，现在我们已经可以看到飞机了！

可以看到，在这样的关键时刻、这样宝贵的现场机会面前，记者却置现场于不顾，讲了大量尽人皆知的背景信息，殊为可惜。

一个好的记者在现场报道时除了展现现场的信息，还可能借现场信息表达观点、向观众传达自己对新闻事件意义的理解。2007 年，白岩松带领中央电视台的一个报道小组赴日本制作了系列节目《岩松看日本》。在其中一期《多元交织的二战史观》中，节目选择了靖国神社、立命馆大学、神风特攻队和平会馆三处典型地点探讨日本社会二战史观的三种代表性观点。在每一处地点采访结束的部分，主持人白岩松都有一段结合现场环境的总结（见图 7-8）：

> 【靖国神社】：在我结束了今天这个采访即将走出靖国神社大门的时候，我突然发现，就在靖国神社大门的正对面，就是"东京理科大学"这样的六个大字，其中一个"理"字深深地触动了我，任何的一种历史观应该讲理、有道理，要有理性，因为我们所有人应该信奉一句话："有理走遍天下，无理寸步难行。"
>
> 【立命馆大学】：在我们即将离开这个纪念馆的时候，突然看到在身后的这个墙壁上有个大型的壁画，这个形象也许不是我们熟悉的，但是这个作者却是我们非常熟悉的，就是创作了《铁臂阿童木》的作者手冢治虫，这个壁画的名字叫作《火的鸟》，但是我突然奇怪地发现，它不是一幅，在对面还有一幅，一共是两幅《火的鸟》这样的壁画。为什么是这样的设计呢？哦，看了刚才的介绍我才突然知道，这一幅代表的

---

① 中央电视台《新闻调查》特别节目《十年·记忆》。

是过去，也就是战争所留给人们的苦难，而在前方呢是每个人希望的那种将来，就是拥有和平的。那么设计者设计两幅壁画，就是希望参观者能够坐在过去与未来的中间来思考，我们究竟向哪个方向走。

【神风特攻队和平会馆】：走出这个会馆会是一种什么样的感受呢？这里头有情感，但是没有忏悔，有自己的生命。却没有别人的生命。如果走出来的时候会感慨年轻的生命却被战争驱使，然后使普通的家庭面临灾难，因此为和平祈祷希望永远不再有战争那是好的。但是如果如同讲解员声情并茂地解说放大了浓浓的情感，让人们停止了思考，甚至模糊了历史的对错的话，它恐怕就是一个罪过了。当走出这个会馆的时候看到，就在门口有一个为和平祈祷的钟，不知道有多少人走出这个会馆的时候会愿意敲响这个钟，尤其重要的是在心里敲响，如果没人的话，今天我们来了，之后奔向下一站。①

图 7-8　《岩松看日本》节目之《多元交织的二战史观》

这种依托现场夹叙夹议、自然生发的方式巧妙而生动，往往能产生润物细无声的效果。

总之，记者在现场报道时要做积极的旁观者。最先要做到的是冷静观察，平衡好作为个体人的情感与作为职业人的立场的关系。但是记者也不能满足于对现场的被动呈现，而是应当通过自己的积极思考和有限介入使事件清晰呈现（不是干扰、改变），甚至要通过自己的发掘和呈现激活事件的深层信息。

二、现场的拍摄

视听媒体的现场报道除了对新闻信息内容的获取之外，声画的呈现也是极其重要、与内容相辅相成的环节。视听新闻报道的现场拍摄重点在以下几个方面：

（一）记者的访问

记者对新闻人物的访问是现场拍摄要着力抓取的地方，其拍摄重点在采访对象。在记者进行访问时，摄像机应当始终对准采访对象，在不停机状态下连续拍摄，以记录下采访对象完整的言行状态。在可能的情况下，尤其进入一些情况未知的新闻现场进行采访时，摄像机应当提前开启，以便记录可能出现的意外信息。1995 年，有人向中央电视台反映山东莒南县人民法院在解决一起经济纠纷时非法拘留人质的违法行为，而且当地法院院长

① 岩松看日本：多元交织的二战史观（EB/OL）.（2007-04-04）［2020-05-02］. http://news.cctv.com/world/20070404/105745.shtml.

非常傲慢，口出狂言说："我上管天，下管地，中间管空气。"①《焦点访谈》派出了记者到莒南采访这一事件。在采访那位法院院长的时候，对方先是拒绝，后来勉强同意了，但条件是不许拍摄。摄像师把摄像机抱在了自己的腿上，坐在了一旁，镜头却对着那位满嘴酒气、口气狂妄的院长，于是记录下这样一幕：

院长说："你们是记者？记者又能把我怎么样？"边说边晃着捏在手里的中央电视台介绍信和《东方时空》的记者证。随后，他把记者证举到半空中摇晃着说："这个东西是金子的吗？"②

报道播出后，山东省组织联合调查组，确认莒南县人民法院的相关行为非法，这位院长也被撤职。

在拍摄记者的访问时，由于涉及谈话双方的画面，为了同步记录下谈话（或者问话）与倾听者的反应，在可能的情况下，双机拍摄是比较理想的方式。如果条件不允许，则应优先拍摄采访对象。实践中，为了给后期剪辑提供方便（采访对象的谈话往往不可能完整使用，这就会在画面上因剪辑断点而产生抖动的现象，需要另外的画面过渡）。同时也是为了展现"谈话—倾听"的人物交流关系，需要拍摄记者的画面。在只有单机的情况下，经常采取事后补拍的办法。但是，这种方法拍摄出来的记者提问或反应镜头往往由于缺少交流语境而显得生硬，应当尽量避免使用，带记者画面的过肩镜头或中景（全景）镜头是比较自然的一种方法（见图 7－9）。

图 7－9　单机状态下记者采访的拍摄方式

左图为过肩镜头，右图为中景镜头。

（二）记者的现场报道

现场报道中的拍摄是在记者引导之下的拍摄，这种引导不见得以明确的语言指令体现，记者在现场的行为本身就是对拍摄活动无声的带动和影响。这种拍摄最重要的是要展现好记者与现场人物、环境的共融与互动。图 7－10 展现的是中央广播电视总台记者在抗击新冠疫情期间深入武汉市金银潭医院重症监护室采访的场景，记者"进入"现场及其观察、交流行为就成为现场拍摄的指引，生动展现了疫情救治核心区域的独家信息。

---

① 杨伟光.《焦点访谈》：电视评论的标志性栏目［EB/OL］.（2004－07－26）［2020－05－03］. http://www.people.com.cn/GB/14677/21966/2664886.html.

② "上管天，下管地，中间管空气！"（EB/OL）.（2001－11－30）［2020－05－03］. http://www.cctv.com/oriental/sj/szsb/20011130/38.html.

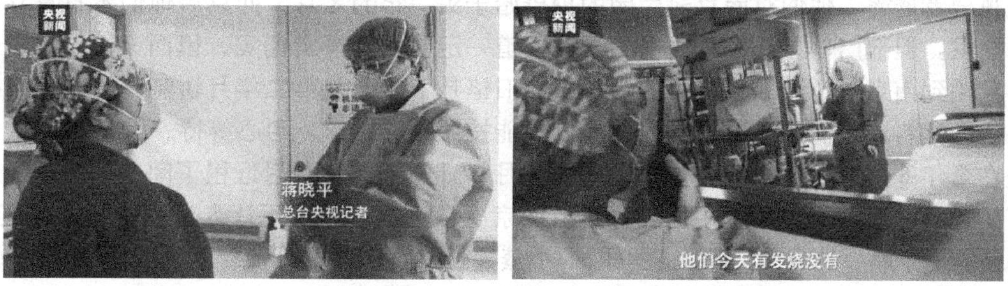

图 7-10 中央广播电视总台记者深入武汉金银潭医院重症病房采访

在这种情境下，记者作为媒体在现场的符号（重大事件中媒体的在场更具有象征意义）当然是表现的重点，但有一点必须时刻注意：现场报道中的记者是因为在现场才有意义，如果不能表现好“记者—现场”这对关系，记者报道的画面拍得再好也是没用的。在2008年汶川地震中，位于震中的北川县城因为面临附近一个堰塞湖垮坝风险而组织居民紧急搬迁，中央电视台对此进行了直播报道。这本是一次难得的独家报道机会，但是现场记者在直播中以大段篇幅讲述抗震救灾中的感人事迹和相关背景，置鲜活生动的搬迁现场于不顾，摄像镜头也因此牢牢锁定记者，画面所及波澜不惊，根本感受不到现场的气氛和属于这一事件的独特信息（见图 7-11）。

图 7-11 中央电视台记者直播报道北川县城居民搬迁情况

在现场报道中，记者应当结合现场事件和场景进行动态的、行进式的报道，而尽量少用静止不动的站桩式报道方式。即使因为现场条件所限不能大范围移动，也应通过语言、手势等办法引导摄像机多拍摄现场画面。

（三）展现事件关键情节进程的画面

现场拍摄的一个重要任务就是记录新闻事件发生、发展的过程，但又不可能有闻必录，记者和摄像人员必须保持清醒头脑，抓住事件关键情节进程重点。2001 年 9 月 3 日，中央电视台《新闻 30 分》节目播出一则调查式报道：“南京冠生园大量使用霉变及退回馅料生产月饼”，披露了中外合资南京冠生园食品有限公司利用陈年老馅制作新月饼的内幕，引起全社会对月饼行业食品安全的一场大讨论。这则报道可谓电视新闻调查的典范之作。

据央视记者透露，他们对南京冠生园的拍摄始于头一年的 8 月。回京后他们本打算立即剪辑、播发，但部门领导认为，这样的批评报道一定要做到事实翔实，慎而又慎。鉴于他们当时只拍到南京冠生园回收月饼的镜头，而旧馅是不是会在第二年月饼制作季被用来作为新月饼的馅料，他们并无证据，因此他们只能按照领导指示，耐心等待。[①]“最近一次去南京是在今年 6 月底，当时我们得知冠生园 7 月 2 日开工，就在附近租了间房，两部摄像机还有望远镜等设备全都用上了。当时正值南京高温不退，为了不让人发现，我们在租的房子里还挂上了厚厚的窗帘，整个屋子像一个蒸笼，蚊叮虫咬，汗流浃背。在这样的条件下，我们每天从冠生园上班开始盯，一直盯到他们收工，我们拍了 10 多盘素材，回来后，光是整理、剪辑、做特技就用了一个月。”“另外我们还通过一些渠道进入过冠生园厂区偷拍，这里面的风险就更大了。”[②] 正是因为有了从月饼馅回收到陈馅被用于第二年月饼生产各个关键环节的画面，整个报道的逻辑和证据链条非常完整，才使批评对象无从辩驳（见图 7－12）。

图 7－12　中央电视台《新闻 30 分》披露南京冠生园用“旧馅”做月饼

左图为把旧月饼馅挖出来回收，中图为一年后取出冷库中的陈馅，右图为陈馅被做成新月饼。

（四）展现事件本质特征的细节画面

关于细节的重要性，本书第一章第二节和第九章第二节均有详细讨论，此处主要强调现场拍摄中记者与摄像师的配合问题。在现场报道中，记者忙于对人的访问和现场情况的观察、报道，很难对具体的拍摄活动进行频繁的指导，大多数情况下依靠摄像师的自主行动，特别是对一些转瞬即逝甚至不为人注意的精彩细节的抓取，需要摄像人员敏锐的观察力和迅速的行动力。记者与摄像人员之间的默契配合既依靠各自的专业水平，也有赖于事先的充分沟通。尤其是记者，在进入新闻现场前要将采访拍摄意图、要点甚至可能的预案与摄像人员做细致的通报和共同研究，使后者在自主开展拍摄活动时心中有数，甚至有一些创造性的发挥。以中央电视台《焦点访谈》的一期节目《收购季节访棉区》为例，当记者和摄像师赶往正在违反国家法规私自收购棉花的加工厂时，听到风声的加工厂老板仓促避去，但记者敏锐地发现老板办公室桌上的茶杯余温犹存，显然人走不久。摄像师从全景画面推成记者手试茶杯温度的特写画面，非常好地传递出了这种现场信息。此后，当记者追问留在加工厂未及躲避的收棉女工在干什么时，女工支支吾吾谎称在玩。摄像师发现女工发辫间有不少收棉时沾上的棉絮，于是从该女工的近景画面推摄成头发与棉絮的大特写

① 方进玉．央视记者接受采访：与南京冠生园绝无私仇！[EB/OL]．(2001－09－24) [2020－05－03]．http://www.people.com.cn/GB/jinji/36/20010924/568125.html.

② 今年月饼竟用去年馅 央视暗访掰开“黑心”饼 [EB/OL]．(2001－09－04) [2020－05－03]．http://news.sohu.com/92/46/news146464692.shtml.

画面，清楚地告诉观众她在说谎。摄像师在现场通过敏锐的目光和有力的造型表现形式，为这次报道提供了重要的能够说明问题的细节形象和情节要素，也显示了他和记者之间相得益彰的配合。

（五）展现事件全貌、空间特点的环境画面

现场报道中，由于记者和摄像师要深入新闻事件现场进行采访拍摄，很容易陷入局部场景中而失去对全局的把握。为了避免这种局限性，记者和摄像师要在一开始就对现场全貌、空间环境进行观察和记录，过程中一旦有可能也都要随时记录此类信息，小到简单的采访，大到复杂的重大新闻事件，莫不如此。在重大事件报道中，还应事先安排相应的机位，专门拍摄现场全景，以使现场中各元素能够在报道中得到准确定位。此外，全景画面也是对现场氛围、气势的有效表达手段，是现场信息的重要组成部分，其作用非其他局部镜头可比。今天，随着摄像技术的发展，各种特种器材被开发出来用于大场面效果的拍摄，实现从空间到地面的立体化视角（见图 7 - 13）。

图 7 - 13　奥运会开幕式上空中航拍展示"历史足迹"的效果

2008 年奥运会开幕式上，由焰火组成的 29 个大脚印沿北京的中轴线依次绽放，寓意奥运会 29 届的历史。

第三节　视听新闻写作

新闻传播的任务是向受众提供有用的信息。为了达到这个目的，传播者不仅需要知道哪些信息有价值，而且必须知道怎样把信息传递给别人。视听新闻稿件的写作必须达到两个层面的基本要求：（1）在内容上，它涵盖了新闻最有价值的信息；（2）在形式上，它使受众愿意而且能够接收提供的信息。

一、视听新闻稿件的基本结构

视听新闻的稿件一般由三部分组成：标题、导语和正文。

标题是对新闻的提示性文字，方便受众第一时间抓住新闻的要点（兴趣点）。在广播报道中，标题通常由主持人（播音员）播报；电视报道中，标题通常以字幕的形式配合新闻出现；而在新媒体平台上，无论是单纯声音的报道还是视听结合的报道均可以在页面上呈现出来供用户选择，标题因此发挥了在传统广播电视新闻报道中更为重要的作用，它第一时间进入用户的视野，在很大程度上决定着用户是否愿意进一步点击收听（看）。

导语是新闻的开头，是新闻的第一句话或第一段。在广播电视新闻节目中，导语往往以主持人（播音员）口头播报的形式出现。而在新媒体平台上，导语往往不再播报出来，而是化身为一则视听新闻报道的摘要性文字，方便用户迅速形成对新闻的概要性了解，有时候会和标题合二为一。

正文是新闻报道的主体部分，是对导语所揭示的有价值信息的展开。为了充分发挥视听符号的独特作用，视听新闻稿件的正文除了必要的文字（需要配音解说）之外，还应尽可能使用现场画面、音响、人物同期声。在新媒体平台上，解说文字的使用更是进一步被压缩到最少（少量使用也多以字幕的方式叠加到画面上），以最大可能地发挥现场声画的魅力。

尽管基于新媒体平台的视听新闻与传统的广播电视新闻在形态上有不少新的变化，但其表达的内在逻辑仍然是相通的。这里我们先以传统广播电视新闻稿件为蓝本展开讨论，总结其基本结构原理，随后将探讨新媒体环境下视听新闻报道写作的特点和变化。

一篇典型的广播电视新闻稿件通常是这样的：

【标题】问政现场：书记递上小纸条

【导语】来关注仙桃市今天上午举行的全媒体电视问政。现场，交通、水产、农业和文广新局等六家单位主要负责人接受考试。中途，场下观看的市委书记给主持人递上的一张小纸条，让现场气氛变得紧张起来。

【正文】

（解说）问政一开始，就曝光了汉江电捕鱼的乱象。明明有水产部门监管，非法捕鱼却依然存在。究竟是什么原因呢？

（现场 村民）“国家的政策不允许用电打鱼，他说你交了钱就让搞鱼，有的五千，有的三千。”

（解说）以罚代管，频繁的电鱼行为自然停不下来。面对质疑，水产局局长并不正面回答。

（同期声 仙桃市水产局党组书记、局长罗正华）“可能是我们的作风不实。”

（解说）通村公路指标质量不过关，补贴却依旧按额发放。交通部门不谈问题不谈整改，大大方方地做起了工作讲话。

（同期声 仙桃市交通运输局党组书记、局长黄文兵）“让全市人民走好路，路好走。”

（解说）问政才进行了半个小时，主持人就收到了一张小纸条。

（同期声 主持人江莉）“刚刚胡书记给我们的工作人员递了张小纸条，要求我现场读出来，回答的局长不要搞大话、空话、套话、离题万里，令人生气。”

（解说）问政现场气氛顿时变得紧张起来。监管缺位的农药经营店、乱堆乱放化学品、民办幼儿园乱收费、农村图书馆形同虚设，犀利的暗访短片和尖锐的嘉宾点评，让各部门负责人如坐针毡，他们逐一认领问题，并现场表态：

（同期声 仙桃市文化广播电视新闻出版局党组书记、局长杨世海）“认真地梳理问题清单。”

（同期声 仙桃市物价局党组书记、局长闵银华）“这个账我们要认，也要向全市人民表示道歉。”

（解说）仙桃市纪检部门表示，将会对六家单位的后期整改进行跟踪，并将处理结果向社会公开。

（同期声 仙桃市委书记胡玖明）“作风建设永远在路上，要一刻不停，一寸不让，一以贯之，一抓到底。”

这是一则获得第二十九届中国新闻奖一等奖的电视消息，由湖北广播电视台 2018 年 12 月 20 日播出。标题用了场景描写的方式：“问政现场：书记递上小纸条”，很有画面感。导语则开宗明义地带出新闻事件：今天上午刚刚举行的湖北仙桃市电视问政（最新消息），“中途，场下观看的市委书记给主持人递上的一张小纸条，让现场气氛变得紧张起来”一句则引出悬念，激发观众收看兴趣。稿件正文的解说语言与新闻现场、新闻人物同期声有机配合，全片仅 1 分 52 秒，但信息密集生动、节奏明快，充分发挥了视听语言的优势。该报道先后被《人民日报》、新华社、央视网、凤凰网、环球网、今日头条、《环球时报》、《北京日报》、东方卫视等媒体在电视、广播、网络中推送，且登上新浪微博热搜榜，阅读量达 3 656 万次。①

接下来我们详细讨论导语和正文写作的基本规律。如前所述，标题和导语在功能和写作特点上有诸多类似，这里就不再对标题做单独阐述了。

（一）导语

什么是优秀的导语？这是摆在每一个新闻写作者面前的问题。

关于这个问题的答案可能各不相同，但有一条原则却可以适用于所有的导语写作。美国学者沃尔特·福克斯（Walter Fox）在他的《新闻写作：报刊记者指南》一书中指出：“一条奏效的导语应实实在在地吸引读者的注意力，并将其导向记者认为是新闻的基本点或报道角度的地方。”沃尔特·福克斯的这句话实际上指出了导语的两个基本功能：吸引受众，揭示主旨。作为视听新闻的导语，除了要满足上述两个基本要求外，还应当符合视听传播的特点：文字简明，“立片言以居要”；适合口语表达，上口动听。

1. 兴趣点的选择

确定导语的内容是导语写作的第一步。导语内容的确定实际上就是对一则新闻价值的总体判断：新闻的价值在哪里？最有价值的元素是什么？

显然，一则新闻是因为编辑相信对大多数受众很重要或有趣而专门挑选出来、传播出去的。一则新闻为什么重要？为什么会令受众产生兴趣？这正是导语要回答的问题。而这个问题的答案存在于构成新闻事实的要素中，也就是“何时（when）”“何地（where）”“何人（who）”“何事（what）”“何故（why）”“如何（how）”这五个“W”和一个“H”。在形成新闻价值的过程中，这些要素由于事件类型的不同而发挥着不同的作用，新

① 问政现场：书记递上小纸条［EB/OL］.（2019-06-24）［2020-05-04］. http://www.zgjx.cn/2019-06/24/c_138168798.htm.

闻导语要突出表现那些对新闻价值最有作用的要素，这往往也是观众的兴趣所在。“开门见山”是视听新闻导语写作的基本要求。而这个“山”就是观众的兴趣点。导语的写作要注意从“兴趣点”切入。新闻中可能让观众产生兴趣的因素主要有以下几个：

(1) 重要。

新闻的重要性或者说价值可能由多方面的因素构成，导语要善于提炼其中最有价值的因素。

● 有些新闻，事实本身具有很强的冲击力，能够说明自身的重要性和价值所在。

这类新闻，事实本身就是最具吸引力的看点，导语中要抓住核心事实，开门见山，切忌胡乱绕圈子。语言要平实准确，简洁有力。比如“中国申奥成功了！”“北方航空公司一架客机今天在大连附近海域坠毁，机上乘客全部遇难”“长江今年最大洪峰今天正式通过武汉关”“一艘油轮今天上午在广东南澳海面触礁爆炸”等等，在第一句话中迅速、准确地提供事件的核心内容是这类导语的基本要求。当然，有时候还可以在后面补充一两句其他的关键信息，比如“中国申奥成功了！”这条导语就可以再加一句：“在北京时间今天晚上进行的国际奥委会投票表决中，中国在第二轮以绝对优势获得 2008 年奥运会主办权。”但这种补充绝不能多，要点到为止，迅速转入正文（片子），因为这类新闻的画面往往具有很强的视觉冲击力，所以口播的导语部分要尽量简短。

● 有些新闻则因为人物而显得重要。

这里的“人物”包括两类：一是新闻人物，二是新闻来源。

有些事件主要因当事人的身份而有价值。比如，“桑普拉斯又赢了！这位一度被认为已经黯淡的巨星今天再次站到了美国网球公开赛的最高领奖台上”。这里新闻人物是最有价值的兴趣点。如果改成“美国网球公开赛男单决赛今天结束，桑普拉斯获得冠军”，虽然新闻事实也交代清楚了，但是却显得很平淡，成了例行的赛况报道。

有些事件则因为其来源的权威性而有价值。比如，“美国总统布什 9 月 5 号宣布：推翻萨达姆的行动开始了。布什是在与国会领导人会晤后做出这一表示的”。如果这条消息不是布什宣布的，相信其重要性一定会大打折扣。

● 有些新闻，其时间具有特殊意义，也是新闻价值的最大体现。

比如中央电视台《世界报道》栏目 2002 年 9 月 11 日新闻中的一条导语：“今天是 9 月 11 日。一年前的今天，我们曾经和全世界的人们一起目睹了纽约世界贸易中心两座塔楼在恐怖分子劫持的飞机撞击后轰然倒塌那惊心动魄的一幕。这一幕改变了美国、改变了世界，也使 9 月 11 日这个本来非常普通的日子成为一个将被历史永远铭记的日子。今天是历史上的第一个‘9·11’纪念日，让我们将目光再次投向纽约。”导语突出表现了 9 月 11 日这个时间的特殊意义，这也是这条新闻播出的最重要理由。

● 和时间一样，地点往往也具有独特的新闻价值。

比如，“克什米尔地区今天再次发生激烈武装冲突，印巴双方互相开火，造成数人伤亡”，“太平洋上的岛国汤加今天成为全世界瞩目的焦点，再过一小时，这里的人们将迎来新世纪的第一缕阳光”。

(2) 反常。

反常即与日常经验不符。如这条导语：“踏青、赏花当然是春天的美景了。就在这两天，重庆走马镇乐园村漫山遍野开满了梨花。村民们可是无心观景，倒是急得够呛。”春天漫山梨花开的美景却让人急得够呛，这个反常点的提出很好地抓住了受众的注意力，使他们希望继续看下去一解心中的疑惑。

(3) 刺激。

视觉和心理的冲击也是吸引观众的因素。比如这条导语："这刚刚煮好的稀饭那得多烫啊，前两天，重庆一个两岁的小女孩就不慎掉进了刚刚煮好的稀饭锅里。""两岁的小女孩""刚刚煮好的稀饭锅"，这些形象的组合给人们带来的不仅是视觉的冲击，更是心理的震撼。

(4) 悬念。

导语中的悬念营造是一种较含蓄的表达手段。如果运用得当，就可以有效地激发受众的收视期待。比如，"马德里的拉斯班塔斯竞技场是西班牙最大的斗牛竞技场，不过，昨天这里上演的较量却与斗牛无关，在红牛极限摩托挑战赛上，极限摩托高手们表演了空中飞车的好戏"。悬念的营造往往需要对过程进行简要的描述，如这条导语："9月12号是浙江温州大学新生报到的日子。今年有八千多名新生踏进了温大的校园。我们要关注的另外一番景象：八千名新生入学，有亲友开车去送，这个呢我们也可以理解。但是这亲友团的车达到了一万辆，也就是说有的学生是有车队去送的，当然啦，去学校的路也就因此塞了个水泄不通。"一万辆车云集到学校门口，这是怎样的一幕场景，相信观众一定会有兴趣看一看。

导语中对新闻事件过程的描述有时候是一种渲染，它比简单地报告结果更能够凸显新闻的价值。比如，"在经历了一场马拉松式的拉锯战后，美国选手阿加西获得了他的第一个法国网球公开赛冠军。在关键的第四局，他三次面临再丢一球就要失败的绝境，但是却顽强地挺过来，并在决赛局中战胜了对手"。在这里，精彩过程的描述使新闻事件一下子就抓住了观众。

当然，是否在导语中营造悬念取决于这个悬念是否有价值，悬念给观众带来的期待最终要能够在正文中得到满足，否则就变成故弄玄虚了。

(5) 实用。

对观众而言，新闻不仅仅开阔眼界，有时候还是有用的。在为此类新闻撰写导语时，可以把新闻中对观众有价值的实用资讯提炼出来，通过利益的关联吸引观众。比如，"针对不法分子利用手机短信诈骗银行卡用户的情况，近日，北京市公安局发出警告，要求手机用户在接到'银行卡被盗用，要求转账'的信息后，不要在ATM机上进行转账操作，可直接到银行进行核实，并拨打'110'报警"。导语中不仅提醒要警惕短信诈骗，而且告诉受众遇到此类问题时的处理方法，有很强的实用性。

2. 导语写作的文法

导语要有冲击力，能够鲜明地表达所要表现的主题，就要在写作上使用一些强调性的技巧。这些技巧表现在语序、语态、动词的选择、句子的结构等方面。

(1) 语序。

在一个句子中，关键信息要及早出现，以尽快吸引读者。需要强调的部分往往要放在句首，句尾次之，而句中的位置通常是为非强调性的事实而保留的。比如这样一条导语："到医院看病医院给病人报销医药费？这听起来很奇怪，但却是最近广医二院和中保人寿为开辟医疗保险市场而合作实施的一项特别服务。"在这条导语中，句首部分信息是最吸引人的，如果放到别的位置，效果肯定会打折扣。一个句子是这样，句子间的关系也是这样。又比如这条导语："在躲躲闪闪几个月之后，新德里终于承认在靠近阿富汗边境的塔吉克斯坦法尔霍尔建立了一个空军基地。这个基地实际上5月份在巴基斯坦宣布禁止印度飞机飞越其领空之后就开始使用了。这是印度第一个海外空军基地，这对印度来说是军事上向前迈出的真正一步。"在这条导语中，第一个句子的信息是最关键的，最后一个句子的重要性次之，中间句子的重要性最低，是为了说明第一个句子的，即使去掉了也不影响关键信息的表达。

一种例外的情况是，句尾有时候也能承载最关键的信息。这种情况往往是因为考虑到要把关键要素放在一个更宽泛的语境之下，通过一定的铺垫凸显其重要性。比如这条导语："分析家说，尽管公开批评美国的武力'倒萨'计划，但俄罗斯正在'作两手准备'，并且悄悄地就其在战后伊拉克的角色讨价还价。"在这个句子中，前半部分是一个铺垫，关键信息在后半部分："俄罗斯正在'作两手准备'，并且悄悄地就其在战后伊拉克的角色讨价还价"。

一般来说，导语的中间位置不放需要强调的信息。

（2）语态。

通常来说，主动语态比被动语态更为有力，因而也更具有强调性。一般情况下，导语中要多使用主动语态。比如这个句子："一枚不知道从什么地方冒出来的美国导弹以10倍于音速的速度插入一座地下掩体，并以地动山摇的力量爆炸开来。"如果换成被动语态的话就变成："一座地下掩体被一枚不知道从什么地方冒出来的美国导弹以10倍于音速的速度插入，导弹以地动山摇的力量爆炸开来。"这样一改，那种强有力的气势、连贯的语气就不存在了。

但需要注意的是，如果行为的接受者比施行者更重要，就要使用被动语态，把行为接受者这一要素放到句首才能起到强调作用。比如这条导语："阿拉法特今天被以色列士兵围困在他位于巴勒斯坦西岸城市拉马拉的官邸。"阿拉法特是最关键的新闻元素，所以要放在句首强调。

（3）动词的选择。

有力的动词是使句子生动的一个重要因素。

生动的、有表现力的动词可以让句子的其余部分流动起来，为所表达的主题营造出最强劲的冲击力。比如这段导语："'梦之队'的神话竟是在美国本土上破灭的。9月5号男篮世锦赛F组的最后一场比赛，号称'梦之队'的美国队第一次输球了，比分是80：87，胜利者是阿根廷队。由NBA球员组成的美国队在世界大赛上连胜58场的历史被终结了，但美国人良好的自我感觉并没有被击垮，他们很有风度地和阿根廷人*握了握手*，然后又向媒体*辩称*失败只是轻敌，偶尔的老*虎打盹儿*罢了，冠军仍然是美国队的。"导语中斜体字部分的几个动词生动地表现了美国队球员们的自负。

好的动词不仅告诉受众发生了何事，而且能告诉他们是"如何"发生的。如空气"窒息"、狂风"席卷"、交通"梗阻"等，都能引起受众的某种感官反应。

需要注意的是，要选择那些有动感的动词才能带来生动的效果，像"是""能""有"这些动词其实是静态的，在导语中要尽量少用。另外，也不能为了获得动感的效果而背离新闻事实，要保证新闻事实的准确。

（4）句子的结构。

视听新闻的导语要简洁有力，就要多使用短句。短句一般都是简单句，那些包含较多附加成分的复合句不仅播起来吃力，听起来也费劲。处理复合句的方法是：先把句子中的附加成分抽出来，使主体部分成为一个简洁的句子，然后把这些附加成分分别写成单句，按逻辑关系连缀起来。比如这样的句子："美国和其他联合国安理会成员国在最近几天陆续摊牌的举动提供了一个最新、最有力的证据，表明在'9·11'恐怖袭击事件发生后国际社会的团结可能只是表面和暂时现象。"这样的句式对于广播电视来说显然有点复杂了。可以这样改一下："最近几天，美国和其他联合国安理会成员国陆续摊牌，这些举动提供了一个最新、最有力的证据，那就是，在'9·11'恐怖袭击事件发生后国际社会的团结可能只是表面和暂时现象。"

另外，视听新闻导语中一般不使用倒装句。因为视听语言是线性传播的，使用倒装句会打乱人们习惯的思维方向，容易造成混乱。但是，如果出于强调的需要，对倒装句也不是一概排斥的。

（二）正文

正文是对导语的深化和补充。它要对导语中涉及的新闻要素作进一步的注释和充实，对导语中没有涉及的新闻要素作交代和说明。为此，正文要对新闻事实作更详尽的报道，要提供更具体的细节，同时也要交代必要的背景。如前所述，视听新闻正文写作的手段不仅仅是文字，还包括现场画面、同期声等声画手段的。

1. 正文的结构

正文是对导语的展开，因此正文的材料要按照直接源自导语的轻重缓急次序逐次展开。不管采用什么结构（关于视听新闻报道的结构问题，本书第九章有详细阐述），正文都必须首先处理导语提供给观众的兴趣点，满足因导语而引起的观众的心理期待。这是正文写作的一个基本原则。在我们日常的广播电视新闻写作中经常出现这样的毛病：明明导语对新闻价值、兴趣点的提炼很到位，但正文却不能紧扣导语所设定的角度展开，导语有导语的逻辑顺序，正文有正文的逻辑顺序，造成导语是导语、正文是正文，油水分离。请看下面这则新闻：

> 【导语】北京海淀区交警近日查获一辆超载黑校车，核载19人的面包车内竟然挤进了77个孩子！
>
> 【正文】9月12号下午4点多，海淀黄庄队的交警拦下来一辆行驶中的超载面包车。只见车内密密麻麻地挤满了小脑袋，孩子们如叠罗汉一般挤成一团。而打开车门的过程也格外费劲，因为人太多，门都被卡住了。一清点，这辆核载19人的校车竟然挤进了77个孩子，超载4倍都不止。经调查，黑校车来自张北希望小学，是一所打工子弟学校。
>
> ……

应该说，这篇报道的导语写得相当不错。核载19人的车里挤进77人是什么样子，相信观众一定想看看。但可惜的是，正文一开始没能紧扣导语的思路，提供观众最期待的信息，而是慢条斯理地叙述起这一幕是如何发现的，不禁让人有急惊风撞着慢郎中之感！事实上，正文一开始可以这样进入："这就是当时的情景：只见车内密密麻麻地挤满了小脑袋，孩子们如叠罗汉一般挤成一团。而打开车门的过程也格外费劲，因为人太多，门都被卡住了。9月12号下午4点多，北京海淀区交警拦下了这辆行驶中的超载面包车。经过清点后发现，这辆核载19人的黑校车竟然挤进了77个孩子，超载4倍都不止。”

按照新闻价值的重要程度、观众欣赏兴趣的大小组织材料是视听新闻正文写作的基本形式。这与报刊的倒金塔结构是一脉相承的，“兴趣优先”是其基本原则。需要注意的是，由于这种方式打乱了事件发展的正常时空序列，以片段代替了时空的连贯，因此逻辑线索一定要清晰，要以连贯的逻辑链条将这些片段串接为一个整体。

2. 现场声画、同期声的使用

视听新闻报道的一大优势就是，在相对抽象的文字之外还有视听语言的帮助。因而，一篇好的视听新闻稿件往往在文字上是不完整的，只有结合现场声画、新闻人物同期声之后才能感受到其真正的韵味，这种发挥了视听语言优势的文字有一种独特的“残缺美”。在一篇视听新闻稿件中，现场声画、同期声往往表现为关键情节、证据、细节的展现，以一种不证自明和生动可感的力量传达新闻事件的核心信息。

现场画面和现场音响具有很强的实证功能，为观众对新闻事实的分析、判断提供了最直接的依据。比如《焦点访谈》的一期获得1997年第八届中国新闻奖一等奖的节目《“罚”要依法》中有一处细节是记者与一位在公路上乱罚款的民警的对话（见图7-14）：

记者：多少？

刘代江（山西黎城县交警大队民警）：20。

记者：给10块算了。这是什么钱？

刘：来来来，下来我告诉你。下来我告诉你。

记者：照顾一下吧。

刘：再来20。

记者：你照顾一下算了。

刘：快点！

记者：谢谢。

刘：40！……

图7-14 《焦点访谈》栏目之《“罚”要依法》

在视听新闻报道中，现场声画和同期声应当优先于文字解说，即能够不用文字的地方尽量不用文字。有时候，经典的现场画面比较短，稍纵即逝，观众可能来不及体味，在编辑时可以进行放慢、定格等处理，使那些淹没的细节瞬间凸显出来。举个例子，1972年中国重返联合国，时任外交部长的乔冠华率团出现在联合国大会的会场上，当时乔冠华仰天大笑的镜头被西方媒体捕捉到，美国的一家报纸以《乔的笑》为题刊登了大幅照片，一时为人传诵。如果是电视来表现的话，可以对画面进行特写、定格等处理，让观众对“乔的笑”留下更深刻的印象。

3. 背景的交代

许多新闻事实只有放在广阔的时间和空间背景下才能凸显出意义，此时，背景材料的提供就显得很有必要了。很多时候，由于缺乏必要的背景解释，观众对视听新闻意义的理解会相当困难，一些本来颇有价值的新闻让观众望而却步。失去了背景的铺垫，新闻的价值有时会变得模糊起来。

新闻背景的运用要从两个角度着手：一是以时间为背景，从纵断面交代事件发生的历史；二是以空间为背景，从横剖面交代新闻事实与其他事物的相互影响、相互联系以及在周围环境中所处的地位等。背景材料对事实起着陪衬、渲染和烘托的作用，它主要包括说明性材料、注释性材料和对比性材料。视听新闻中背景材料的运用要注意以下几个方面：

（1）服从主题的需要。

背景是依附于主题而存在的，所以背景的运用要根据主题的需要，要简明扼要而不可喧宾夺主。如果面面俱到，反而会冲淡主题，给人以主次不分之感。用于表现主题的背景有以下几个：

● 历史背景。

历史背景是凸显主题的重要手段。把事物置于深广的时空联系中，其意义才不会孤立，其价值才能最充分地显现。比如，中央电视台《走入 1999——元旦升旗大型直播报道》中，一共选择了八个地点直播升旗仪式。如果只是把这八个地方的活动简单拼接在一起，无疑会使人感到厌倦。为此，节目中结合这八个地方的特点运用了很多背景资料，把背景与现场事件结合，以烘托主题。比如在深圳点的直播中，穿插了一段采访，采访的是一个 20 年前就来到深圳创业的人。他讲到当年刚踏上深圳这片土地时，直播现场所在的位置还是一片荒滩，当年他就住在这附近临时搭建的工棚里。妻子从外地来看他，因为没有地方住，只好连夜赶回去。这段背景很生动地说明了深圳 20 年的变化，并以此表现了改革开放这个总的主题。

● 人物背景。

背景材料是观众了解新闻人物的重要途径之一。

背景可以有效地说明人物之所以引起重视的理由及其对于事件的意义。比如，2002 年国际数学家大会在中国召开期间，诺贝尔奖获得者约翰·纳什（John Nash）的到来引起了媒体的广泛关注。在有关纳什的报道中，有两段背景材料是人们最感兴趣的：一是纳什在数学上的天赋，他二十来岁就写出了博弈论的奠基性论文，这使他在几十年后获得了诺贝尔奖；其二是他命运的多舛——在走向辉煌的时候得了精神分裂症，几十年后又在妻子的精心照顾下恢复过来，而且这段经历被好莱坞搬上银幕，成了轰动一时的大片。如果不交代清楚这些背景，就不足以说明为什么在众星闪耀的大会中选择纳什来突出报道。

背景还可以突出人物的个性。比如中央电视台《走马上任新部长》系列报道中采访吴仪的一集，第一段问话就抛出了一个暗含矛盾的问题：一个石油化工专业毕业又长期在基层从事技术工作的人是怎么跨过知识领域和社会地位的巨大鸿沟，成为外经贸部部长的。在这段问话里其实就有背景的交代，而正是这种背景的交代体现了吴仪的个性特色。

● 地理背景。

有关新闻事件发生地点的背景介绍往往能从一个独特的角度凸显新闻的价值和意义。比如中央电视台《相逢 2000 年》节目在直播西安迎接 2000 年活动“丝路花雨长安夜”

时，就穿插了一段背景材料：西安是丝绸之路的起点，从汉朝以来，特别是隋唐时期就有兼容并包、开放繁荣的特点，中西方文化在长安城碰撞交融，使西安成为当时世界上规模最大、经济最繁荣的国际化都市。这段地理背景的介绍对表现“迎接新世纪”这样一个主题有很好的烘托作用。

（2）立足于释疑解惑。

除了表现主题外，背景还有释疑解惑的作用。对于新闻中的一些关键信息、专业名词、术语等，报道时要做一定的解释说明，否则难免造成观众理解上的困难，甚至不知所云。另外，这种解释性的背景还能增强知识性，为报道增色。

（3）与报道主体有机结合。

新闻背景的选材要精，同时要注意与报道主体的有机融合，不能油水分离。要从以下方面着手：

● 背景材料要紧扣主体，服从并服务于主体表现的需要。在运用背景时要始终记住，背景是为主体服务的，不能为背景而背景。

● 背景材料的选择要精当，不能不加选择地一股脑儿往上搬。背景的力量不在于多，而在于精，一句有说服力的背景交代比十句泛泛的介绍都管用。

● 背景材料的运用要灵活，要有机地分散到报道的不同部分，大段的背景材料会打断报道主体发展的逻辑线索。没有什么比一系列这样的“信息梗阻”更让观众扫兴的了。

二、面向新媒体平台的视听新闻写作

面对变化中的媒介传播环境，视听新闻写作逐渐表现出了相较于传统电视新闻写作的不同要求和特征。异军突起的数字新媒体创造了诸种视听文本形态，也催生了海量的属性各异的传播渠道。面对不同的视听文本形态及传播渠道，视听新闻写作也被赋予了相应的新规范和新特点。基于对视听新闻写作基本要素的把握，本小节中将着重对面向新媒体平台的两类视听新闻写作进行解析，结合相关案例展开理念和技巧层面的阐释。

（一）面向新媒体互动页面的写作

新媒体的崛起，带来数据的海量丰富，这是传统视听传播所未曾面对的状况。如今，数据可视化业已成为视听新闻写作中一个至关重要的要素，并对新闻写作本身提出了从理念到技术层面的新要求。数据可视化设计在新闻写作中的运用，常见于诸种新媒体互动页面之中，例如网页、H5 页面、移动端页面等。

1. 基本理念

视觉性的力量，作用于更明晰、高效地解释展示对象的过程之中。大数据时代的视听新闻，数据之于其的建构性作用十分显著：处理数据的能力，不仅是支撑新闻叙事的手段，更成为新闻叙事的重要组成，令数据视觉化的过程，本身就是实践视听新闻写作的一种基本能力。

数据可视化的理念，目前已广泛运用于视听新闻表达之中，但对于数据可视化的理解，却不仅仅关涉“重新组合排列数据的结构”那么简单，它包含了信息可视化和结构可视化两个层面，最终的目标在于“通过可视化的表达增强人们完成某些任务的效率”[①]。信

① 陈为．数据可视化［M］．北京：电子工业出版社，2013：3.

息可视化是最基本的数据处理能力，也即提供一种更科学、美观、易于理解的视觉框架来进行数据信息的高效展示；结构可视化则更强调数据的运用能力，也即借助数据的处理能力提升视听新闻写作的传播效率。这两种理念在当前面向新媒体互动页面的视听新闻写作中皆得到了较为广泛的应用。

2. 案例解析

2020 年 4 月 8 日 0 时起，曾处于新冠肺炎疫情中心的武汉解除离汉离鄂管控，结束“封城”76 天后，武汉有序恢复对外交通，并重新开启与外界的通道。对于这一具有标志性意义的事件，《人民日报》微信公众号在 4 月 7 日推送了一个名为《今天，发条微信一起点亮武汉》① 的互动页面，并在微信朋友圈内引发“刷屏”式的关注。这篇文章借助视觉交互的特征，将武汉当地的若干著名景点制作成 SVG 动态效果②，用户可以通过点击图片的操作，达成在浏览页面时“点亮”武汉的仪式性效果（见图 7 - 15）。

图 7 - 15 《人民日报》微信公众号《今天，发条微信一起点亮武汉》中的效果展示

左图为点击前，右图为点击后。

---

① 今天，发条微信一起点亮武汉 [EB/OL]. (2020 - 04 - 07) [2020 - 05 - 10]. https://mp.weixin.qq.com/s?__biz=MjM5MjAxNDM4MA==&mid=2666307969&idx=1&sn=02bef8ea69ec1be56333c7bdde1689ec&chksm=bdb4c8c28ac341d4bdd52908c08e16a18628c81eab151d3ab49ace28e5f47e7a3230cab960c9&scene=21#wechat_redirect.

② SVG 动态效果是一种图像处理手法，全称为 scalable vector graphics，指通过改变部分代码来使得可缩放的矢量图像获得交互性，并能嵌入包括网页在内的新媒体端进行观看使用。

一个简单的交互操作，为用户创造了观看这一文本的新体验。这种视听新闻写作的要求跳出了传统电视新闻写作以文字和图像为主导的框架，基于视觉数据的技术可供性创造了一种全新的文本形态。这里主要运用的即是结构可视化的基本理念，而对于这一效果的“写作”而言，只需要一段嵌入 html 的代码即可实现（见图 7 - 16）。

```
<!DOCTYPE html>
<html>
    <head>
        <meta charset='utf-8'>
        <title></title>
        <style type='text/css'>
            img{
                width: 800px;
                height: auto;
                display: block;
                margin: 0 auto;
                -webkit-filter: grayscale(1);
                transition: all 2s;
            }
</style>
    </head>
    <body>
        <img src="img/wuhan_1.jpg" id="btn1" onclick="threeFn(id)">
        <img src="img/wuhan_2.jpg" id="btn2" onclick="threeFn(id)">
        <img src="img/wuhan_3.jpg" id="btn3" onclick="threeFn(id)">
        <img src="img/wuhan_4.jpg" id="btn4" onclick="threeFn(id)">
        <img src="img/wuhan_5.jpg" id="btn5" onclick="threeFn(id)">
        <img src="img/wuhan_6.jpg" id="btn6" onclick="threeFn(id)">
        <img src="img/wuhan_7.jpg" id="btn7" onclick="threeFn(id)">
        <img src="img/wuhan_8.jpg" id="btn8" onclick="threeFn(id)">
    </body>
    <script type="text/javascript">
        function threeFn(x){
            var btn = document.getElementById(x);
            btn.style.WebkitFilter = "none"
        }
</script>
</html>
```

图 7 - 16　图像的 SVG 动态效果代码案例

资料来源：人民日报的“点亮”武汉景点，是怎么实现的？［EB/OL］.（2020 - 04 - 08）［2020 - 05 - 10］. https：//mp. weixin. qq. com/s/TBRH357K25BIYuRnwLLJ-Q.

另一个具有代表性的案例是《纽约时报》在 2012 年推出的数字化专题报道《雪崩：特纳尔溪事故》（见图 7 - 17）。

这个案例创造性地使用了包括文字、图片、影像、动画等多媒体交互手段，形成视听新闻文本写作的新样态，并获得次年的普利策新闻奖。这一案例通过六个部分不同类型和手法的新闻叙事，关切滑雪场上高死亡率的现象，对报道题材的把握是一个方面，更重要的写作创新在于综合性地调度了诸种新媒体技术手段用以报道。“除了高水平的写作、原汁原味的内容、连贯统一的行文，融合了多媒体的‘三维特稿’才是记者约翰·布兰奇和他的团队带给读者们的最大惊喜。”①

① 陈力丹，向笑楚，穆雨薇．普利策奖获奖作品《雪崩》为什么引起新闻界震动［J］. 新闻爱好者，2014（6）：43 - 46.

图 7-17　数字化专题报道《雪崩：特纳尔溪事故》

资料来源：BRANCH J. The New York Times，Snow Fall：The Avalanche at Tunnel Creek [EB/OL].（2012-12-10）[2020-05-10]. http：//www. nytimes. com/projects/2012/snow-fall/index. html#/?part=tunnel-creek.

（二）面向新媒体交互产品的写作

媒介技术的演进反映出媒介使用的长期变化，由此也影响着媒介内容的再组织：从纸质媒介到电子媒介，再到以现实体验技术为代表的新型媒介，如同麦克卢汉所言“媒介即人的延伸”①，可以说，技术的每一次变革都令媒介与人的互动更进一步。以虚拟现实（VR）、增强现实（AR）等为代表的现实体验技术的崛起，对过去以“观看”为诉求的新闻写作的颠覆是革命性的。在新媒体语境下，交互技术重构新闻表达可以算是大势所趋。

1. 基本理念

近些年，VR、AR 等现实体验技术理念相继成为新闻业广泛涉入并加以应用的对象。对于视听新闻写作而言，此类交互技术影响下的写作创新也成为一大实践热点。对于这种写作的规范和特点的把握，首先需要回到对技术本身的可供性框架的理解上。

VR 和 AR 这两种典型的现实体验技术，都利用了三维建模与感官模拟等相关计算机技术完成场景搭建，并令用户与场景产生相应的交互。但 VR 和 AR 技术在表达形式和表现效果上却天差地别：前者是“浸入式”的，通过高保真的场景再造使用户瞬间抵达某种“真实”并沉浸其中。光场视觉、环绕声场及其他感官刺激，借助传感器在实时深度的交互中得到充分反馈。当然，这种真实是具有假想性的，令人深信不疑的并非是“现实”，而是一种“超现实”——依靠人为的想象和建构为用户营造出身临其境的真实的错觉。后者则是“溢出式”的，通过特定介质（如摄像头、透视镜片）观察现实世界，其仍是基于现场做出的额外“补充”，借助图符、声音、影像及其他信息的叠加来实现增强体验之效果。因而，它的真实具有相关性，技术需对现实场景加以识别与认知，添加的信息与之关联，如属性相关、位置相关、时间相关等——处在何种现场便随即显示这种现场。甚至，在操作设备上，VR 和 AR 也呈现出两种不同的取向：前者的使用要求“沉浸式”的终端支持，如头戴式显示器（HMD）或其他专用交互设备对用户头部进行“包裹”；后者则强

① MCLUHAN M. Understanding Media：The Extensions of Man [M]. Massachusetts：The MIT Press，1994：8.

调“伴随式”，如智能眼镜、手机等的辅助性操作。基于对这样的技术特征的理解，相应的写作要求也就有了可循的线索。

2. 案例解析

文本呈现上的写作创新，可借助现实体验技术实现个性视角和全景叙事的转换，以更好地令受众对新闻文本进行感知。一个代表性的案例为《纽约时报》推出的一则关于叙利亚儿童难民的新闻故事《流离失所》（The Displaced）（见图 7-18）。

图 7-18 VR 新闻故事《流离失所》

《纽约时报》在 2015 年推出新闻 VR 应用 NYT VR，用户在 Google Cardboard 的支持下可观看这则新闻故事。这个写作案例创造性地开拓了视听新闻“讲什么”的视野：一方面，个性视角突破全知状态下的疏离感。通常情况下，传统电视新闻写作为体现对新闻事件的整体性把握与判断，多采纳全知视角进行叙事，这意味着受众与现场构成“无数旁观者中的一员”之关系，较难获得身临其境的直观冲击与个性化的观看体验。《流离失所》提供了一种变化，当用户抵达饱受战争摧残的叙利亚“现场”后，可站在“难民”的第一人称视角对灾难进行场景再现：你将与身处水深火热之中的难民一同抬头仰望天空，等待“空投食物”的降临，然后应声前去哄抢。受众对新闻内容的参与式介入，突破了原有的“镜头”的限定，并使人们能动地从群体性的旁观视角中抽离出来，因而有着更强的自主性和移情性。另一方面，全景叙事使“深入现场”得以可能。丰富的细节是令受众对新闻内容产生黏性的要义，也是传统电视新闻写作的“短板”之一，现实体验技术则对此加以改善——通过充分观照细节的方式“深入现场”。在这一点上，《流离失所》也提供了一种有效的解决方案。

句法组织的创新，可借助现实体验技术实现体验式观看和情感化互动的突破，为视听文本的写作注入活力。一个代表性的案例为哥伦比亚大学制作的 AR 情境化纪录片，用户可借助 AR 设备在校园内的不同区域“触摸”到这里曾发生的历史。GPS 定位系统能对受众进行实时定位追踪，通过上传实际场景的位置信息并添加与之相关的虚拟信息，受众接触到的信息量得到扩容，接触信息的方式也得到了革新。能够看到，强调体验式观看的效果，正在构成文本写作组织的一个创新线索。

【本章小结】

本章主要探讨了视听新闻采访与写作的基本理念、规律和手法，也对在媒介环境变革下的新闻实践创新展开了相应的解析。对于视听新闻的采访，需在理解和把握主要环节的基础上实现创造性的应用，根据不同的采访对象及要求对采访进行设计和执行；对于视听新闻的写作，需充分调度诸种视听元素的运用，面向不同类型的视听新闻文本灵活运用写作技巧，也应当重视当下面向新媒体平台的不同类型的视听新闻写作。

【本章思考题】

1. 视听新闻采访有哪些主要环节，需注意哪些相关事项？
2. 视听新闻写作的基本结构是什么？
3. 案例分析：请以最近的一个视听新闻为例，解析其采访和写作的优缺点。
4. 小作业：请以你最近关切的一个社会热点事件为例，完成采访提纲和拍摄计划的设计，并加以实施、完成视听新闻报道的写作。

【本章推荐】

影视剧中的新闻人、新闻事

本章推荐欣赏人物传记纪录片《战地摄影师》(*War Photographer*)。该片由克里斯蒂安·弗雷（Christian Frei）执导，忠实地记录了国际著名战地摄影师詹姆斯·纳赫特韦（James Nachtwey）冒着生命危险，深入世界各地炮火前沿，用珍贵影像讲述一次次战火纷飞中触目惊心的痛苦与伤痛。该片曾获第 74 届奥斯卡金像奖最佳纪录长片提名，也是以摄影师为题材的影片首次进入奥斯卡奖。

【附录】

部分视频案例网址

1. 中央电视台纪录片《新闻调查》——《派出所里的坠楼事件》（视频）[https://v.qq.com/x/page/s03634lkkn9.html。http://www.cctv.com/program/xwdc/20031106/100147_1.shtml（文本）]。

2. 湖北广播电视台——《问政现场：书记递上小纸条》(http://www.zgjx.cn/2019-06/24/c_138168798.htm)。

3. 中央电视台《焦点访谈》——《"罚"要依法》(http://www.cctv.com/program/jdft/20040402/100324.shtml)。

4. 《人民日报》——《今天，发条微信一起点亮武汉》(https://mp.weixin.qq.com/s?__

biz=MjM5MjAxNDM4MA==&mid=2666307969&idx=1&sn=02bef8ea69ec1be56333c7bdde1689ec&chksm=bdb4c8c28ac341d4bdd52908c08e16a18628c81eab151d3ab49ace28e5f47e7a3230cab960c9&scene=21#wechat_redirect)。

5.《纽约时报》——《流离失所》(The Displaced)(https://www.youtube.com/watch?v=ecavbpCuvkI)。

第八章

出镜报道与新闻节目主持

【本章学习要点】

基于大众传播平台的人际传播是广播电视之于其他媒介的特色与优势。在互联网环境下，视听文化空前繁荣，人际传播的魅力得以进一步发挥，镜头前表达的能力和素养成为新时期视听传播工作者极为重要的专业要求。视听新闻报道中，培养镜头前表达的能力和素养应重点关注以下方面：

- 镜头前表达有哪几种形式？
- 这几种形式对应怎样的语言样态？
- 怎样使用非语言要素辅助镜前表达？

2019 年 5 月 14 日，美国当地黄金时间播出的一篇措辞强硬的评论中，福克斯商业频道主持人翠西·里根（Trish Regan）称中国的繁荣是“以美国利益为代价”的，贸易战是美国必须用在中国身上的“武器”。为了回应翠西的歪曲言论，5 月 22 日，CGTN 发布了一期题为《中国不会接受不平等协议》的短视频评论，主持人刘欣在视频中有力驳斥了翠西·里根宣扬对华“经济战”的言论。短视频发布后，翠西在 Twitter 上提议与中国官方电视台来一场贸易辩论，主持人刘欣以个人身份接受约辩。5 月 30 日，刘欣应约与翠西就中美贸易等相关话题进行了一场对话。在长达 16 分钟的对话中，双方谈及公平贸易、知识产权、关税、中国发展中国家地位以及美方所谓的“国家资本主义”等问题。这场辩论被媒体称为“史上首次中美女主播跨洋辩论”（见图 8-1）。虽然对于此次约辩刘欣一再强调仅代表个人立场，但仍然引起了中外官方及网民的极大关注。

在视听节目日益多样化的需求下，出镜记者、主持人应运而生，他们以人格化的传播形式，在镜头前发挥人际传播、控场调度等功能。出镜报道往往是视听传播的最终呈现环节，出镜记者和主持人承接了视听节目的选题、策划、制作、编辑等一系列流程的最后一棒，往往代表着整个栏目乃至媒体机构露面发声。在社会文化朝图像转向的大背景下，影像充斥在私人空间与公共空间之中，台前与幕后、演播室与新闻现场、栏目与嘉宾、栏目与观众之间都需要一个主体出面衔接，主持人与出镜记者便承担了搭建这一框架的角色。当下，视听节目的出镜报道形态已经逐渐从传统的单个现场的采制向多点连线直播转变，多点连线直播包含了多元素的视听要素（见图 8-2）。

在融合形态的视听节目当中，各种元素的呈现和表达方式越发复杂，主持人和现场记

图 8-1 中央电视台主持人刘欣与美国福克斯商业频道主持人翠西的“跨洋辩论”

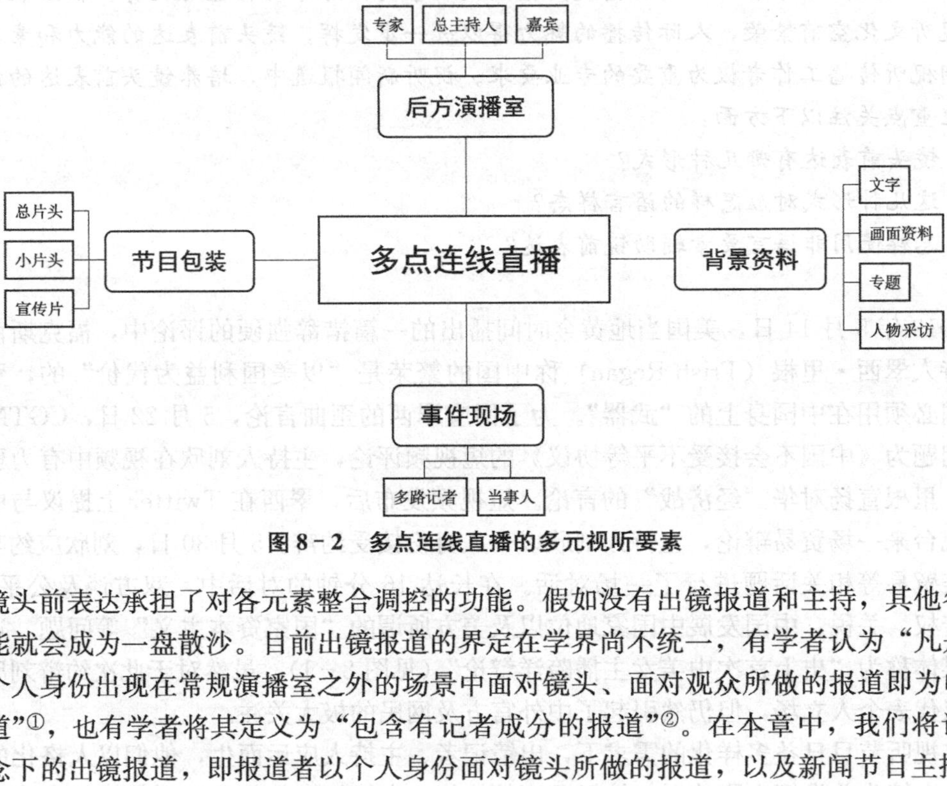

图 8-2 多点连线直播的多元视听要素

者的镜头前表达承担了对各元素整合调控的功能。假如没有出镜报道和主持，其他各个元素可能就会成为一盘散沙。目前出镜报道的界定在学界尚不统一，有学者认为“凡是报道者以个人身份出现在常规演播室之外的场景中面对镜头、面对观众所做的报道即为电视出镜报道”①，也有学者将其定义为“包含有记者成分的报道”②。在本章中，我们将讨论广义概念下的出镜报道，即报道者以个人身份面对镜头所做的报道，以及新闻节目主持。

第一节 出镜报道的类型

从广播新闻节目开始，“现场”以音响的方式成为新闻报道的重要元素。电视声画同

---

① 高贵武，张紫赟，张瑾．中国电视新闻出镜报道的样态及其演变［J］．新闻记者，2012（2）：79-82.

② 谈华伟．我国出镜报道学术研究热点、发展趋势与前沿分析：基于 CiteSpace 可视化科学知识图谱（1992—2019）［J］．当代电视，2020（1）：90-93.

步的传播特性，让信息以现场再现的形式快速及时地传达到观众眼前，使得视听报道呈现出真实可信、信息量大以及参与感强的传播魅力。随着技术的发展，视听节目直播的常态化及网络平台视频发布的个人化趋势为新闻报道的现场性、即时性提供了更大的发展空间。

在追求新闻现场的过程中，“到现场去”只能够完成对于信息的发现和收集，而对于信息的筛选整合还需要出镜报道来完成。活跃在网络平台的短视频新媒体普遍通过雇用各地的视频拍客或有偿募集视频素材的方式，能迅速获得新闻现场的第一手素材。但这类短视频多以视频、字幕、现场声和配乐的组合形式出现，几乎没有出镜报道部分，一是因为缺乏专业的出镜记者，二是碎片化传播的时长所限。因此，专业记者、主持人的出镜报道成为传统视听节目的优势所在。在关于新闻时效性的竞争已触及天花板的今天，报道的视角、信息的选择和叙事的方式将成为媒体竞争的“主战场”，而出镜报道以人格化传播的方式，呈现出个人化的视角、专业的信息筛选和多样化的叙事手段。尤其在报道重大或突发新闻时，具有相当强的不可替代性。

目前，视听节目出镜报道的场景主要是演播室和新闻现场。随着消息类新闻节目、深度报道、大型直播节目等不同类型的视听节目而具体应用不同的出镜报道类型。根据不同标准划分的出镜报道类型之间相互关联，比如直播型出镜报道大多为预见性、突发性报道，录播型出镜报道大多为日常性报道，而现场报道、采访、述评和主持作为出镜报道的不同表现形式经常组合应用于视听节目当中。

一、按传播方式划分

（一）录播型出镜报道

摄录一体的ENG技术，可以将电视记者在新闻事件现场的采访报道活动直接推向屏幕，从而使电视制作摆脱新闻电影无声画面的限制，由采摄合一转向采摄分离，更新了电视新闻报道的方式，现场报道、新闻采访等具有电视特色的人格化传播手段开始进入电视新闻报道的常规。

录播型出镜报道以ENG技术为载体，分为前期拍摄和后期编辑两个制作环节，大多出现在常态新闻节目当中。根据节目的播出形式不同，录播型出镜报道普遍呈现于录播型节目和直播型节目当中，是目前新闻报道的主流样式。

录播型出镜报道具有以下三个主要特点：

(1) 时效性较弱。

与直播型出镜报道相比，录播型出镜报道的时效性较弱。录播型出镜报道在拍摄完成后还需进入后期制作阶段，并非实时播出，因而滞后于新闻事件的发展，所以录播型出镜报道多为定论性、结果性报道。但在新闻节目直播常态化的今天，依靠远程传输系统，在直播节目当中播出的录播型出镜报道时效性也在增强。

(2) 表现形式丰富。

由于不拘于实时报道，录播型出镜报道的表现形式更加多样。后期制作环节使出镜报道与画面、配音、字幕等元素得以相互配合，并依据报道目的实现多个新闻现场、多重时间空间的拼接。

（3）选题范围宽泛。

由于没有实时播出的限制，以及相对低廉的人力、设备成本，录播型出镜报道的选题更加灵活、宽泛。从选题内容上看，往往新闻事实背后蕴含的意义价值大于新闻的时效。

（二）直播型出镜报道

20世纪80年代，新闻事业的发展使电视人意识到需要充分发挥电视独特的传播优势：时效性和声画兼备。直播开始作为一种同步传播新闻事件的形式应用于电视新闻报道领域。到今天，电视直播已经由初期重大时政、文体“现场+解说”的现场转播模式转变为由媒体主导的报道式直播，由单一事件直播转变为综合主题直播。直播的基本功能是同步展现现场，包括演播室现场和新闻发生的现场。

直播型出镜报道具有以下三个特点：

（1）动态性跟进。

直播常态化、频道化之后，出现了一些重大新闻事件的全天候直播报道。这类直播报道不仅代表了视听新闻的时效性，而且侧重于展现新闻事件动态变化的过程。而在这期间事件的走向不可预见，在这种情况下，出镜报道者需要在报道间隙对不断更新的信息进行把关，快速进行收集整理，并在报道时一次性成功，这对出镜报道者的能力要求更高。

（2）现场感。

在直播过程中，出镜报道传递的是第一手、最直接的新闻材料。镜头中的画面就代表着出镜报道者的视像，现场的人声、环境声也会被真实呈现。由于直播画面呈现的是“现在进行时”，因此出镜报道不仅需要传达记者当下的视角，而且需要展现相关背景资料作为补充。

（3）参与互动趋势。

以往的直播大都是电视台在自身的采编播系统内封闭完成的，屏幕前的观众只是“旁观者”“局外人”。而在目前的直播当中，多种媒介同步展开，可以多屏进行信息的同步处理。直播让即时互动成为可能，观众通过参与意义的表达成为直播内容的一部分。这需要传播者同时兼顾现场与观众的双向信息，并不断召唤受众参与到互动当中。

二、按新闻事件类型划分

（一）预见性出镜报道

此类报道方式多运用于仪式、大型活动、文体赛事等的直播中，这类事件具有两个特征：一是重要性，二是可预知性。例如香港回归、奥运会开幕式、“两会”特别报道、国庆阅兵庆典等，均属于社会瞩目的重要事件，且有确定的发展走向、流程。在报道预见性新闻事件时，要做到这三点：

（1）准备时间充裕。

新闻事件的可预知性，使得出镜报道者有充足时间进行前期准备，甚至预先踩点、彩排。

（2）报道内容明确。

新闻事件的可预见性，使得新闻媒体可以在策划阶段进行充分的设计安排，按流程展开多点报道。

（3）新闻背景与新闻现场互为依托。

除进行目击式报道外，出镜报道者还需要融合提前收集到的背景信息，以表达此类新闻内容的深层内涵和意义。

央视新闻频道 2017 年播出的春节特别节目《一年又一年》中，主持人现场连线了在广州花市的记者吴思雅：

> 主持人：思雅过年好！现场人是不是逐渐多了起来？来跟我们说说，今年的花市跟往年比有什么特点吧！
>
> 记者：大家过年好！我现在所在的位置是广州越秀区的西湖路花市，它素有百年花市的美誉，是广州最古老的花市之一。昨天从腊月二十八开始，它开门迎客，两天的时间就迎来了超过 90 万人次的客流量，从这个数字大家也能够感受到人真的是非常多。尽管现在只是 10 点左右，但现场的人逐渐多了起来。那我刚刚也提到了，广州的越秀区西湖路花市是一个百年花市，那它的现在跟以前有什么不一样，我们一起来看一下一组照片。我总结了一下有三个不一样，是外形的不一样，花的不一样，人的不一样。以前的花市都是用木头竹子搭起来的棚子，而现在都是用不锈钢再加上一个棚子，越来越舒适了。另外从 80 年代开始广州的花市都加入了这个主牌楼的元素，成为广州的一道靓丽的风景线。那说完外形的不一样就是花的不一样，广州的花市以前只有塑形花和茉莉花两种花，到后来呢，就是有广州的年花三宝：年菊、桃花和水仙花。那到现在呢，在西湖路花市，今年就有过百种的鲜花。不少的花农还告诉我们，随着近年来对外开放的程度越来越高，特别是“一带一路”倡议打造以后，通过不同的航线运线，他们跟“一带一路”的花农花商也有了不同的沟通，引进了不少了新的品种，最主要的是他们的外销也做得越来越好，每年的外销量都有超过成倍的增长，所以在他们的脸上看到了生意的红红火火。那说完前面两个不同，另外一个不同是人的不同，以前逛花市大家听到的都是粤语，后来逐渐有了普通话，再到后来是五湖四海的各种方言。近几年来还有英语，因为广州这两年来都会在全球招募 20 个国外的家庭来到广州感受中国年，逛逛广州的花市。说完这些不同，其实还有一个不同，就是大家来到花市，不仅仅买花，还买这种带有吉祥意义的小挂坠挂在花上，希望来年幸福美满。刚刚你也提到今天将会迎来广州花市的最高峰，是因为广州人过年都有一个习俗，就是在除夕夜必须要逛花市。吃完团圆饭，一家人换了新衣服，穿上新鞋，来到花市这里转上一圈，希望来年能够好运连连，所以花市预计在今天晚上的 7：00—9：30 将会迎来今年的最高峰，在场的人次有可能超过 13 万人次，所以今天晚上这里将会更加热闹。那我在广州花市这里也沾着花香、沾着喜庆给大家拜个早年，希望大家来年好运连连、幸福美满、花开富贵。

这是一个典型的预见性出镜报道，作为传统民俗，这一新闻事件并没有多少不可知的信息，在春节特别节目的直播中，这个连线报道经过了提前的设计写入节目脚本当中。从报道内容可以看到，记者显然经过了充足的准备，将大量背景信息融入现场报道中来。从百年花市的历史变化作为切口，介绍了当地的物质条件、对外贸易、对外交流和年俗传统，这些有的是在现场画面中体现的，有的是基于记者前期的资料收集。通过相关背景信息的大量介绍，最终达到新闻事件背后意义的展现。

（二）突发性出镜报道

突发性事件可分为社会性突发事件和自然性突发事件。突发性事件的突出特点是不可预见性，对于报道者而言，留给他们的准备时间几乎为零。对比预见性新闻事件，突发性事件的背景信息往往不够充分，且事件发展处在动态变化阶段。因此出镜报道者在陈述当下事实外，还要根据目前的信息进行合理推断，对事件发展进行预测。

以下是中央电视台记者蒋林在天津港“8·12”特别重大火灾爆炸事故现场所做的出镜报道：

> 我是今天早上5：30的时候，再一次返回距离中心点位较近的这个直播地点。再来到现场之后呢，我先来描述一下天气，现在从我们空中看到的景象，首先会发现和昨天相比，今天天空中的云量略有增加，而且因为滨海新区临近渤海湾，所以早晨的时候有一点薄雾。因此当我们靠近昨天的拍摄地点的时候，似乎没有看到那么浓密的烟柱。伴随着我们这个航拍器的升空，我们才能够把中心现场的画面看得更真切一些，现在也请导播帮我们叠出我们在今天早上6点钟飞行的架次带回的中心火场现在的实时情况。通过空中的航拍画面，我们可以非常清晰地看出，在这个中心火场，首先是通过目测能够发现起火点和火势都明显减小，甚至我们在整个飞行的过程当中已经看不到非常明显的火势。伴随着我们的空中无人机接近于中心的火场，我们也能够感觉到一个非常大的变化，就是现场风向的变化。我们也要跟大家做出一个说明，现在大家在画面当中所看到的火场当中的这些烟所飘散的方向，是直接向着天津港也就是渤海湾的方向飘去。相比昨天来说，风向的略微改变对于整个污染物的扩散会更加地有利。这也是我们今天早上来到现场，特别是我看到这一段航拍画面的时候，我觉得这应该来说整体来说是一个好消息……（见图8-3）

图8-3 蒋林在天津港“8·12”特别重大火灾爆炸事故中的出镜报道

从这个例子可以看出，对比预见性出镜报道可以发现，突发性出镜报道的主要内容是基于动态发展的现场事实，并且点出一些表明事态发展走向的重要细节。因为图像画面在空间的表达上仍然受取景的限制，需要出镜记者通过引导画面为观众提供观察视角，并结合自身的感官体验和一手信息为观众提供合理的判断和预测。

（三）日常性出镜报道

日常性出镜报道是目前新闻报道的主要形式，出镜记者负责简短的新闻导语，紧随其后的新闻视频以“录像+后期配音”的方式呈现，也可以将这种形式称为“导语型”出镜报道。这一方式的最大优点是简洁明晰地报道新闻事实，适用于多种题材的新闻报道，同时对制作技术的要求不高，只需稍加剪辑和配音就可以完整地呈现在新闻节目当中。因此，这类出镜报道在我国电视台尤其地方电视台应用十分普遍。但是，此类出镜报道实质上是运用人格化的表达丰富视听表达的形式，看似有出镜的“外壳”，实则形式大于内容，将出镜报道部分变为录像配音对于新闻内容的表达也无影响。这类出镜报道只需报道者将提前准备的文本以有声语言表达的形式陈述出来，较为简单，但容易忽略新闻现场的细节性信息，或出现出镜报道与现场画面“两张皮”的情况，难以彰显出镜报道的魅力和价值。

三、按表现形式划分

（一）现场报道

电视记者在新闻事件现场直接以口头形式报道正在发生的新闻事实的报道样式，称为现场报道。① 由出镜记者完成的现场报道是现代电视新闻节目的重要表现形式。现场报道所反映的是正在发生或发展的新闻事件，而出镜记者作为现场报道的主体亲临事件现场，充分调动自身感官和采访手段进行走访、观察、叙述、点评。在节目中，出镜记者与演播室内的播音员、主持人、专家等共同承担了人格化传播的任务。

（二）镜头前的访问

电视采访的概念有广义和狭义之分。广义的电视采访是指记者运用电视手段采集信息，狭义的电视采访特指记者对新闻事件的亲历者、知情者或具有新闻价值的人物进行面对面采访。这里的视听节目现场采访属于狭义范畴，是指电视记者（主持人）在新闻采访现场面对采访对象或摄像镜头以问答的形式进行的采访活动，为避免出现歧义，在本章中用“访问”一词表示。

现场访问的过程是人际交往的过程，采访者与被访者的互动也是人际传播的过程。在访问过程中，记者在向被访者了解信息时处于受传者的位置，而与此同时，作为媒体从业者，记者又必须始终对于话题的走向保持主导，是传播过程的把控者。视听节目镜头前访问具有以下三个特点：

（1）人际传播。

记者与被访者面对面交流的方式，突出了“人”在信息传播中的作用。人物的语言和举止能够表露人物的感情和个性，个人化的表达更容易使观众产生思想和情感上的共鸣。

（2）展现过程。

纸媒等以文字为最终呈现形式的报道往往侧重于展现结果，广播录音采访只能闻其声却无法见其形。相比之下，声画兼备的电视现场采访能将包括采访环境、采访者、被访者等在内的交流情况完全呈现在观众面前，既传达了信息，又表现了信息传达的过程。过程的展现增强了节目的客观性和可信度。

---

① 宋晓阳．出镜记者现场报道指南［M］．北京：中国广播电视出版社，2008：51.

（3）具象的被访者。

电视采访是直接采集形象素材，用被访者的个体行为传播信息的。与文字描写叙述不同，视听节目通过声音和画面直接呈现被访者，被访者通过耳听目传的方式，将自己的身份、表达的信息具体清晰地呈现在屏幕上。

（三）镜头前述评

一般意义上的电视新闻评论主要分为两大类：一类是电视专题评论，也称电视评论片，用图像、背景资料和解说词组合构成“形象化的政论”；另一类是主要以口播形式出现的电视新闻的编前、编后按语以及节目主持人、记者的即兴点评。作为出镜报道类型之一的镜头前述评属于后者，更强调在镜头前进行个人化视角、个人化观点的论述。

我国电视评论的起步较晚。以央视为例，在20世纪80年代初期与中期，只在《新闻联播》节目中设简短的编前、编后语，配发少量短评（小言论）；1980年，中国第一个电视新闻评论性栏目《观察与思考》开播。随着新闻改革的深入，电视新闻评论进入了快速发展期。1993年底，中央电视台成立新闻评论部。次年，继《东方时空·焦点时刻》后，又一档评论性的新闻专栏节目《焦点访谈》诞生，并引发“焦点”类节目遍地开花的现象，电视新闻评论呈现出视野更广、节奏更快、内容更丰富、形式更多样的发展轨迹。这些评论性节目为镜头前述评提供了平台和空间，由此涌现出的一大批新闻评论员型的主持人，如白岩松、敬一丹、王志、张泉灵等，运用评论性话语在节目中进行有机串联和适时评点，在呈现独家视角的同时，也以人格化的方式为舆论引导做出努力。

（四）节目主持

在传媒一线和学术研究领域中，往往习惯于将播音与主持并列而谈。在学术研究中，经常使用播音主持、播音员主持人等宽泛的概念；在传媒一线，同一名从业者的身份往往会根据节目在播音员与主持人之间转换。在将节目主持作为出镜报道的类型之一前，我们首先需要明晰主持人与播音员之间的差别：

（1）职能不同。

播音员对稿件负责，以将稿件内容准确清晰、客观如实地传达给观众为工作任务；而主持人需要驾驭节目，发挥控制调度功能，把握节目进程。

（2）节目参与度。

播音员的工作基本上是从拿到稿件开始的，一般不参与节目的采编制作；而主持人在节目中处于核心地位，深度参与节目的选题策划、采访编辑等制作流程当中，与节目的关联度更高。

（3）语言样式。

新闻播音需要运用标准的普通话，时政新闻的播音一般采用语速稍慢、节奏稳健、语句公正、讲究顿挫、语气庄重的“宣读式”，一般新闻的播音多采用语句舒缓、节奏平缓的“讲解式”；而主持为讲解式与谈话式的结合，灵活多变、自然真实，有真切实际的情感流露，交流感和互动性强。

节目主持人是在广播电视中以个体行为出现，代表着群体观念，用有声语言、形态来操作和把握节目进程，直接、平等地进行大众传播活动的人。[①] 我国自1958年第一家电视

---

① 俞虹．节目主持人通论［M］. 杭州：杭州大学出版社，1996.

台诞生起，一直采用电视播音员的播报形式。一直到 1980 年中央电视台创办《观察与思考》栏目，正式打出“主持人”字幕，标志着国内真正意义上的新闻节目主持人的出现。首播节目《北京居民为什么吃菜难》，主持人庞啸承担了采编播多重任务，以主持的形式将新闻的“述”和观点的“评”融合在一起。有学者认为：“从播音员到主持人，是电视传播史上的一场巨大变革，其意义绝不仅仅是形式的转换，更重要的是突出了人的作用”①。

第二节　出镜报道的主要任务

在出镜报道的诸多任务中，现场报道、镜头前的访问、镜头前述评是最为主要的三项。作为媒体和公众在新闻事件现场的代表，记者或主持人通过自己的观察、思考并结合对新闻事件关键人物的现场访问，对新闻事件的真实状况做出描述、分析和价值判断。

一、现场报道

（一）“现场感”的建构

1. 选取出镜位置

作为出镜报道的一类，现场报道以“现场”为典型特征。但需要注意的是，不是只要在现场就可以进行报道，选取恰切的位置是正式开始报道前的必要一步。演播室之外的现场背景是出镜记者的重要依托：首先，现场背景是记者位置的标识。除出镜记者自报位置之外，出镜背景可以对位置信息进行强化和补充，一方面可以与演播室报道做区分，另一方面增强了代入感。其次，出镜背景是信息的载体，也是信息的一部分，含有丰富信息的出镜背景可以与现场报道的内容相互印证，增强新闻报道的可信度。

以图 8-4 为例，这是 2020 年 2 月 1 日央视新闻直播间播出的《战疫情·火神山医院：

图 8-4　火神山医院病房区进入室内设施安装阶段

① 赵淑萍．电视新闻节目主持艺术［M］．北京：北京广播学院出版社，1998：150.

病房区进入室内设施安装阶段》新闻，出镜记者的第一句话就是交代位置——火神山医院的病房区，而画面中记者所在的位置不仅呼应了报道中交代的位置，更展现了工人施工忙而有序的场景，直接表现了报道主题。

在选取出镜位置时需要注意：首先，选择距离新闻事件核心区域最近的位置。距离越近，相关信息点越多，观众离新闻事件的心理距离也越近。其次，选择最有代表性的位置。这里的代表性指的是出镜画面中的某些事物是代表地理位置的符号（如外滩之于上海，三潭印月之于杭州等），或是出镜画面中的某些事物代表着新闻报道的主题（如图 8－4，戴安全帽的工人代表着施工建设）。最后，选择干扰信息较少的位置。在现场报道中，镜头所拍摄到的任何细节、收取的现场声音，都有可能吸引观众的注意。只有将无效信息最小化，才能最大化地达到既定的传播目的。因而，在位置选取时注意规避可能会干扰报道的背景画面和背景声是非常必要的。

2. 充分调动感官

出镜报道的信息是人的各种感官共同运作的结果。在现场报道的过程中，出镜记者不仅要做代替观众看现场的“眼”，还应当充当观众的耳、鼻、口、手，代替观众去听、去闻、去品尝、去触摸，并将这一切感受叙述出来。以 2015 年 8 月 13 日《新闻 1＋1》栏目中记者蒋林就天津港爆炸事故所做的直播连线报道为例：

> 在到达核心现场，也就是说最近大概隔一公里这个位置上，因为当时的风向是和我们身边擦肩而过的，所以其实浓烟是从我身旁大概 50 米的地方过去，那么在这个时候是闻不到现场有任何的爆炸或者燃烧之后的味道，但是当我爬到海关大楼上的时候，风向发生了变化，非常清晰地能够闻到，而且直到现在其实会觉得自己的鼻腔或者说自己说话的时候，自己的嗓子会有一点小小的刺激性，因为这毕竟是一个堆放化学品的仓库。

在以上这段现场报道中，倘若出镜记者只报道自己的“所见”，那关于爆炸现场是否存在有害气体、有害气体是否会扩散到城市居民区等关键信息就无法得知。而记者的报道综合调动感官，将风向、浓烟、气味以及自身的生理反应都描述出来，增强了报道的生动性和观众的共情程度，同时也为观众对新闻事件的重大程度、发展程度等判断提供了参考。

3. 与演播室交流

现场报道经常会以连线的形式出现在直播节目当中，出镜记者与演播室的交流互动也是营造“现场感”的重要方面。现场连线报道与普通的现场报道相比，因为采用了“连线”的形式，使新闻现场与演播室之间产生了关联。这就要求记者不能仅仅陈述准备好的内容，更要依据演播室的反应即时进行调整，避免出现自说自话、答非所问的状况，与“现场感”背道而驰。

有学者在对央视新闻频道《香港十年》50 小时直播节目的研究中，指出现场报道记者与演播室的交流问题：“职业素质的欠缺制约着记者现场报道的水准。其一为准备不充分，自我发挥欠缺……其二为回答缺乏针对性，报道内容不精……”[①] 现场连线报道并不

① 郑宇钧．从媒介事件角度看央视香港回归十周年直播：新闻频道 50 小时《香港十年》直播节目解析［EB/OL］．（2007－09－25）［2020－05－17］．http：//media. people. com. cn/GB/22114/44110/75857/6260020. html.

仅仅是双视窗信号的交接，现场记者与演播室的交流互动也可能影响整个连线报道的成败。以下是连线报道中常见的几种突发状况及应对策略：

（1）连线信号对接不畅。

现场直播是一种高度依赖技术的报道形态，信号连接的顺畅是连线成功的基础保障。现场环境复杂多变，信号对接不畅在直播中并不鲜见，主持人和现场记者对此应有从容的心态和应对的准备。2018 年世界杯足球赛期间，上海五星体育主持人连线前方记者，双方问好之后，由于声音信号问题，双方出现了冷场，保持了长达 20 秒的沉默。主持人随后表示，“可能我们这个连线受技术的（影响），因为当地要通过网络来传播的，在那个区域如果使用网络的人一多就……”但是前方记者却突然发话了：“你不问问题我怎么回答呢?”① 场面一度尴尬。其实，连线信号对接出现问题在直播连线当中属于常见状况。在这个案例中，小问题被放大的根本原因在于现场记者和主持人缺少主动性。主持人在呼叫现场记者未得到回应后，应当抛出需要了解的问题或主题。而出镜记者在未听到主持人提问时，应当及时开始报道，避免直播中出现大段空白。

（2）连线偏离主题。

虽然在现场连线之前，连线双方会确定一个大致的主题和方向，但根据事件进展和现场实际，演播室提问可能会有所偏重或改动。因此出镜记者绝不能自顾自背词，而是要认真倾听演播室的发问，遇到预料之外的问题时，可以使用过渡句给自己留出思考的时间，或引导内容转向自己了解的方面。

（3）话语量失控。

在直播连线过程中，出镜记者作为话语表达的主体，应当依据连线预计时长准备相应话语量的内容。同时也要注意观察主持人的提示，连线时长有时会根据节目实际情况做出调整，主持人提示结束时记者应及时收尾，主持人继续发问时应展开叙述。

（二）现场报道的技巧运用

1. 固定姿态报道与运动姿态报道的活用

出镜记者在现场报道中，可以选择以固定姿态面对镜头或以运动姿态面对镜头两种形式，有学者也将这定义为出镜报道者体态语言的两种不同形式的运用。与出镜报道者的语言一样，体态语言也会影响信息的传播效果，选择动与静哪种形式，首先要明确这两种不同形式所具有的不同特点：

固定姿态报道通常与视频资料组合完成，记者在报道的开头和结尾做出镜报道，中间部分由不含出镜者的视频画面填充。采用固定姿态进行现场报道的记者属于新闻事件的“目击者”，先于观众了解新闻事实，进而将事实转述给观众。这种报道方式的优势如下：第一，对于背景画面的要求较低。报道者位置的固定意味着摄像取景的相对固定，操作难度低。第二，适用于动态背景。在体育赛事、阅兵等动态场景中，采用固定姿态报道可以较好地平衡动静，在展现丰富的现场信息的同时，也不至于令人目不暇接。第三，庄重可信的报道效果。在全国“两会”等重大事件、时政类新闻的出镜报道中，选取最具代表性和象征意义的背景进行中景站姿的固定报道形式，给观众以庄重、可信的观看感受。

---

① 五星体育世界杯直播“拆台”！主持沉默 20 秒 记者：你不问我怎么回答［EB/OL］.（2018-06-17）［2020-07-02］. https://new.qq.com/omn/20180617/20180617A13Z4V.html.

在运动姿态报道中，出镜记者以“体验者”身份，带领观众一同了解新闻现场。这种报道方式的优势如下：第一，制造悬念感。运动镜头展现的是动态的信息和不断变化的场景，与固定姿态报道相比，出镜记者并非直接告知观众结果，而是引领观众参与过程。第二，增加信息丰富程度。动态报道充分展示了新闻现场的空间环境，不断变化的背景画面拓展了观众的视野，让观众“看到”更多现场。

这两种报道方式均可在直播、录播新闻节目中使用，但这两种方式如若运用不当也会暴露相应的问题。比如，过长时间的固定姿态出镜报道可能会略显呆板，致使观众的观看兴趣降低；而在小信息量新闻事件中使用运动姿态报道可能会造成叙事拖沓。此外，动态报道还需事前踩点，对出镜记者的“边走边说”能力也提出了较高的要求。

2. 现场报道的结构搭建

要做出一个吸引人的现场报道，报道结构不容忽视。现场报道的叙事结构要以信息的传达为核心，适当制造悬念、突出特色。

首先，在优先级的选择上，要将最吸引人的内容放在最开始。从内容方面考量，应当将观众最关心的信息放在最前面，比如灾难性新闻，观众最关心的可能就是人员伤亡的相关信息。从视觉效果看，最有冲击力的画面应当放在报道的开头；而在一些非事件类的报道中，开头部分则可以引用一个具体的事例，由小故事、小人物、小细节引入，然后再进入新闻的主体部分。

其次，在叙述的主体部分，应当遵循“快节奏、大信息量、搭出逻辑”①。现场报道不是散文，也不是列流水账，而是要在有结构、分层次的基础上注意详略得当，避免用力不当。较为常见的层次分配方式有两种：并列式和递进式。其中，并列式是将内容分为并列的几类，通过提炼概括在开头列举后，在主体部分逐一展开。比如，2018 年 2 月 26 日央视新闻频道的一次直播节目中，出镜记者在报道海口市历时 8 天的堵车时是这样开头的：“今天已经是海南大疏堵的第九个早上了，站在这样一个时间点，我们有‘一个好消息’和‘一个不容易’要告诉全国所有的观众朋友们……”② 记者提炼了“好消息”和“不容易”两个关键词，为这次报道搭建了并列结构。而递进式结构，则更适用于行进感强的新闻现场，遵循事件发展或记者视向的顺序结构。

3. 出镜记者的现场调度

现场报道是一个多方支持的工作，虽然出镜报道形式上是出镜记者人格化的个体传播，但没有摄像记者、导播等的幕后工作，现场报道也无法呈现在屏幕上。随着现场报道由初期画面加画外音解说的形式逐步转化为现场记者和现场画面同时出现，出镜记者与其他工种的配合和场面调度也成为现场报道的关键因素。出镜记者要按照既定的思路和逻辑，积极调动多方资源，实现画面佐证和支撑现场记者的语言表述。仍以央视记者在天津港“8·12”特别重大火灾爆炸事故的一次出镜报道为例（见图 8－5）：

---

① 陈永庆．现场报道：电视新闻的重器［M］．北京：人民出版社，2019：96.

② 同①.

图8－5 央视记者在天津港“8·12”特别重大火灾爆炸事故中借助航拍做现场报道

蒋林（记者）：在看了这一段航拍画面之后呢，我们还想请导播给我们叠出另外的一个航拍画面，这个航拍画面是我们在昨天傍晚的19：20所拍摄到的一个情况。我们起飞的地点包括飞行的线路，和今天早上的航拍都非常相似，我们把两次航拍相邻地给大家播放出来，便于大家去做视觉上的比较。那么大家现在看到的就是我们昨天傍晚时候记录到的一次航拍。在昨天19：20左右所拍摄到的这一次航拍当中，其实能够非常清楚地看到明显的起火点，而且当时的烟量也比较大，在空中的视角当中，我们可以看到黑色、灰色和灰白色烟柱。在今天早上的航拍当中，烟量明显减小，这也就给我们传递出来的消息是现场的火情在逐渐地得以控制……

从这段报道可以看出，记者为使画面配合他的语言进行了适时切换，用语言提示导播呈现给观众前后两天的航拍画面，使观众通过对比对于爆炸事故的进展有了更为直观的感受。

视听传播是声与画的共同作用，记者的报道是“声”的部分，还需要画面的配合。除与其他工种的前期沟通外，报道过程中的现场调度也必不可少。这不仅是一个专业记者控场能力的体现，更保证了画面与报道语言的契合。

（三）新媒体环境下的现场报道

新媒体发展之下带来的是信息量的井喷和“全民记者”时代的到来。随着网络媒介平台的赋能，受众亦可通过对信息的记录和发布成为意见领袖，冲击着传统媒体往日一家独大的局面。但也应看到，新媒体在时效性、互动性方面向传统媒体的现场报道提出挑战的同时，也提供了技术便利、平台便利和内容便利。技术驱动之下，传统媒体开始与新媒体传播方式相结合，利用移动智能终端和大数据技术等实现转型升级。现场报道记者处在媒介融合的浪潮之中，需要了解新媒体环境下现场报道的发展趋势和应对策略，加以“用户思维”做好出镜报道。

1. 适应传播方式的转变

随着4G、5G网络的发展，视听传播业逐渐步入移动时代，用户的收视习惯已然受到手机端接收方式的影响呈现竖屏化趋势。与横屏相比，竖屏视频视野相对狭窄，空间层次相对缺乏，更适用于展现简单、直观的画面，更凸显特定事物的细节，尤其竖直形态的事物。画面长宽比的改变对视频的制作提出了新的要求，需要对画面构图与叙事逻辑展开重新思考。

除构图外，新媒体碎片化、快节奏的特点同样影响着现场报道的表达方式。现场报道记者要善于挖掘能迅速打动受众的有效细节，选取最简洁明晰的表达方式，搭建更加紧凑的叙事结构，才能够迎合当下受众的观看习惯，在新媒体平台传播中占领一席之地。

图 8-6　记者使用云台设备报道“两会”

2. 出镜记者自主性增强

目前，央视新闻在新媒体端推出的“主播说联播”“康辉的 vlog”等创新的现场报道形式在微博、抖音等网络平台引起了不小的关注。在传统媒体时代，记者的“自拍式报道”画面并不常见，而这种叙事方式目前在新媒体视听表达中广泛应用。这种第一人称的视角在解放生产力的同时，进一步增强了表达的人格化，增进了交流感。

2015 年，记者携自拍杆进入人民大会堂，让传统的“长枪短炮”式的专业摄录设备纷纷侧目，甚至由于自拍杆使用的暴增致使采访秩序被扰乱，自拍杆此后被禁止带入“两会”现场。但高科技设备并没有就此止步，此后的 GoPro、VR 眼镜、手持云台相机等一系列具有综合功能的便携设备出现在“两会”报道的前线，改变了现场报道的生态（见图 8-6）。伴随着新型报道手段的衍生发展，在新闻事件发生的第一时间，出镜记者得以单枪匹马到达新闻现场，信息的采集、报道、编辑、播出都由一人完成。这意味着出镜记者不仅需要具备灵敏的观察能力和语言的迅速组织能力，而且需要进一步发挥现场调度能力，掌握融媒体技术，以个人之力快速将现场信息转化为新闻报道。

3. 结合新媒体内容，提升专业价值

新媒体为现场报道记者提供了信源和报道思路。在新媒体时代，现场报道记者必须能够熟练使用新媒体平台，利用新媒体平台的海量信息和数据对新闻事件的相关信息进行快速收集和整理，并依据新媒体平台用户的互动内容进行舆情预判，充分发挥新媒体的工具性。

在传统媒体和新媒体共存的时代，新媒体虽然以“新”“快”占有现场报道的一席之地，但在真实、客观和深刻程度上仍然无法全面超越传统的专业媒体。目前的媒介生态下，内容泛化和对话题度的追求是新媒体难以克服的短板。在信息纷繁的当下，新闻事件的传播往往在求新求快中“失真”，甚至出现各种“反转”。这就需要传统媒体发挥自身的专业性，持续关注事件的动态发展和各渠道的最新信息，对新媒体平台上传播的新闻事件进行核查和深度报道，将权威和深度作为专业现场报道记者无法取代的专业价值。

二、镜头前的访问

(一) 镜头前访问

访问的过程是还原新闻事实的过程，被访者的表达能够让新闻事实更加生动、完整；

访问的过程是深挖新闻的过程，在记者与被访者的交流中，会发现新问题、找出新线索；访问的过程还是建立新闻客观性的过程，通过不同群体、不同立场的代表在被访中发声，呈现出新闻的全貌。无论是依据背景资料提问还是根据被访者的回答追问，无论是质疑还是倾听，都展现了视听节目的精彩和魅力。

对于视听节目报道而言，镜头前的访问不同于编辑后的文字，它能让观众看到、听到完整的问答过程，并使之成为新闻报道的一部分。但对于视听节目的访问者而言，与受访者的问答相当于在新闻事件之上增加了与人沟通的变量，难度和不确定性随之增加。访问的成功与否关系到整个新闻报道的质量，掌握访问的方法和规则能够让新闻报道锦上添花，而不恰当的访问却会造成被访者及观众的不适感，使传播效果大打折扣。

（二）镜头前访问的类型

就场景而言，镜头前访问主要有两种类型：一种是演播室内的访问，一种是演播室外的访问。

演播室内的访问通常由节目主持人负责提问，是主持人工作职能的一部分。在特别节目、专题节目的报道当中，访谈对象以相关领域专家、新闻内容的相关人为主，访问通常作为特定环节，或作为节目内容的补充穿插其中，起到丰富节目形式、扩充节目内容的作用。在新闻事件的访谈类节目中，镜头前的访问是节目内容的主体，访谈对象主要是代表性人物或新闻事件当事人。主持人通过对访谈对象提问，在还原新闻事实的同时展现新闻人物的个性特点。相比现场采访，演播室内的访问更侧重于新闻的“第二落点”，即通过讲述新闻背后的新闻，对新闻事实进行更深层的分析或表达。

演播室外的访问由出镜记者完成，更贴近于狭义的“采访”概念。其中，新闻现场的访问对象多为新闻当事人、事件相关者。很多时候，记者的访问还会发生在非新闻现场，这类访问对象大多为专家学者、公职人员等与新闻事件无直接关联却有能力进行解读的专业人士。演播室外的访问更注重报道明确的新闻内容，因此记者的角色通常会被弱化：记者出镜多采取背对或侧对镜头的方式。在时长较短的新闻中，记者只有拿着话筒的手部出镜，提问在后期编辑中通常被剪辑删除，利用播音员的配音解说衔接被访者的同期声。

在不同类型的新闻节目、不同内容的新闻报道中，镜头前访问的目的、所承担的功能和最终呈现的形态都存在着差异。因此，出镜记者需要首先明确访问的类型，由此确定自身的定位。

（三）出镜访问的准备

1. 新闻观察

新闻观察包含现场观察和人物观察，在出镜访问中，观察是记者提问的基础。新闻观察在业内又称为眼睛采访，但这不仅仅是记者的视觉活动，更是眼脑并用的过程。在新闻观察中，记者需要透过眼睛看到的信息，进行由表及里、由此及彼的分析。从心理学角度来看，新闻观察是一种有目的、有计划的知觉活动，与积极的思维紧密相连；从信息论来看，新闻观察既包括信息的输入，也包括信息的初步加工过程。①

在访问前，记者需要通过观察了解新闻现场的基本情况，捕捉现场的发展动态和典型

① 陈林侠．广播电视概论［M］．广州：暨南大学出版社，2013：138.

细节。在现场观察的过程中确立访问的基调和细节性的问题。在采访中，记者需要进行人物观察，在访问对象的非语言表现中察觉其未言之意。

2. 设计问题

因为出镜访问的对象是人，并且有可能是随机的、不确定的人，因此具有很强的机动性，但这并不意味着无法预先设计问题。采访问题的准备有两种：一种是平时准备，也就是记者出于经验上的积累和信息储备使用同一类新闻的一般性提问模式，比如针对突发事件的提问，事件的起因、伤亡情况的统计、现场交通条件、救援开展情况等都属于一般性问题嵌套在类型之中。第二种是临时准备，即根据具体的新闻事件进行有针对性的准备，比如依据采访对象的资料准备提问方案、依据事件动态发展的过程随时调整问题等。

好问题能够激发受访者的讲述欲，问得巧妙更有可能让受访者做出自己都意想不到的回答。在设计问题过程中，记者必须按照采访思路准备比预计时长更多数量的问题。根据不同情况，一般以闭合式提问为主，有明确指向，层层深入、环环相扣；同时需要准备一些开放式提问，让受访者有自由发挥的空间。

3. 拟定提纲

采访提纲是记者思维逻辑和采访思路的体现，一个好的采访提纲能使记者掌握采访主动权，使整个访问过程按照预期顺利进行。

采访提纲应当根据报道主题，将问题有序归纳。在准备过程中，应当善于将复杂问题简单化为通俗明确的问题，将问什么、怎么问事先落到纸上，使采访提纲尽可能详细、具体、简明、实在。这有助于在访问过程中主线清晰，不会被被访者的回答"牵着走"，以至于偏离了报道主题。同时，一份准备充分的采访提纲能帮助记者面对随时发生的变化，避免出现不知问什么好的尴尬局面。

（四）提问的技巧

1. 提问方式的选择

在访问中，提问不需要遵循固定模板，访问者采取哪种提问方式需要根据具体情况而定。常见的提问方式有以下几种：

(1) 简明扼要，开门见山式。

提问简明扼要是指记者提出问题要简单明了、清晰准确。访问者应当明确的一点是，被访者的回答蕴含着新闻信息，应当让被访者"唱主角"。指向不明、含糊不清的问题，或过于复杂冗长、信息量过大的问题，容易让被访者不知所云，偏离主题，从而影响访问效果。提问应当采用通俗短句，不仅便于同被访者沟通，而且指向明确易于切中要害。这种方式一般适用于两类被访者：一种是记者或观众非常熟悉的人，过多的客套和寒暄反而显得见外、多余；第二种是文化层次较高、社会经验丰富的专业人士，这类人能够迅速领悟记者意图、进入访问状态。

(2) 引导启发式。

在某些情况下，记者需要循循善诱、旁敲侧击地引导被访者回答问题。不同于简明直接的提问方式，引导启发式需要访问者侧面引导，主要适用于性格内向、不习惯接受采访或不愿详谈的被访者。

(3) 反问式。

指访问者有意从相反方向提出问题或误解被访者的意思，刺激被访者的情绪。这种提问方式适用于对于特定问题不愿详谈的被访者。但需要注意的是，为避免使被访者对访问者产生不快，一般可以使用“据传言……”“听说……”等句式。

2. 专业性知识储备

2018 年瑞典世乒赛第一天比赛结束后，有记者对运动员马龙进行了采访，但记者的问题不仅让马龙无法回答，更让观众直呼尴尬。在当天比赛的第三局，乒乓球曾钻进球台导致两位选手找了两三分钟，针对这个情况记者问道：“这是你第一次在比赛期间找不到球吗?”马龙听到这个问题显然愣住了，回答：“没有，找得着，只是在里面不好够。”记者追问：“找球期间有跟对方用英语交流吗?”马龙反问道：“你是哪来的记者?”

这位记者的提问明显专业不足而娱乐有余。虽然问答以笑声化解，但足以见得在某些专业性较强的领域，例如体育、财经、法律、医疗、科技等，记者应当具备相当的专业储备。不同于一般的社会民生类新闻，这些领域存在着较高的专业壁垒，记者如果没有一定的背景知识积累就很容易造成“外行看热闹”的“尬聊式”访问。

3. “情商”很重要

在 2017 年 4 月举办的全运会马拉松比赛中，河北选手王佳丽赢得了女子组金牌，也是本届全运会的首金。央视记者对王佳丽进行采访：

记者：你是参赛的 36 名运动员里年龄最大的，赛前也并不被外界看好，这次比赛你取胜的秘诀是什么?

王佳丽：没有啊，我不是年龄最大的吧。也没有什么秘诀，就是按照自己的节奏跑。

记者：今天比赛温度达到 31 度，你半程就取得领先，你今天取胜的战术是什么?

王佳丽：没有什么战术，就是前程跟紧，后程寻找机会加速。

记者：相对于丁常琴、华绍青等队员来说，你以一个老将的身份参赛，但是完全是以一个黑马的姿态，你对今天取得这个首金是个什么感受，我看你好像一点都不激动?

王佳丽：没有吧，我没有觉得自己是个黑马，我觉得，这（冠军）就应该是我的。

记者：为什么这么说?这是你的第二届全运会了，你对自己的这个证明自己的机会是不是等了很多年?

王佳丽：(想了几秒) 嗯，算是吧……

由这一轮采访可以看出，记者第一个问题就强调被访者的年龄大，要知道年龄对于运动员、对于女性，都是较为敏感的话题，更何况记者没有做好功课，被访者并不是参赛者中年龄最大的，却被记者扣上了“帽子”，导致采访一开始被访者就产生了抗拒心理。后面的问题在强调被访者是“老将”的同时，还定论为“黑马”，虽是褒义词，但也意指赛前王佳丽缺少夺冠的呼声。所以被访者的回答基本上是对提问的否定，自然也不会谈论更多了。

提问将采访的场景、被访者的情绪和心理纳入考量，是访问者采访情商的表现。在多数场景中，咄咄逼人的尖锐问题不仅不能达到理想的效果，反而会让被访者和观众感到不适。对被访者的尊重和关怀，不仅仅是记者同理心的表现，更有助于打开被访者的“话匣子”，呈现信息量更丰富的报道。

三、镜头前述评

视听节目新闻评论是一种传播意见性信息的话语方式。不同于文字传播，视听节目新闻评论的话语内容与话语主体紧密联系，或由主持人、记者等以个体形式进行传播，或由主持人、记者、嘉宾、评论员一同通过人际传播的方式构筑“谈话场”，将谈话透过屏幕传递给观众。

述评结合是视听节目评论的特点。述指的是新闻事件的报道，是经过调查、挖掘的新闻事实，作为观点的形成基础；评指的是新闻评论，是对于新闻事实的提炼、思考和进一步分析，展现了传播者的主体意识。镜头前述评通过记者出镜评论、主持人评说等形式，结合图像、音响、字幕、图表等视听符号，是视听节目传播者语言和思辨的综合体现。

（一）镜头前述评的功能

在进行镜头前述评之前，传播者首先要明确述评的功能和目的，从而在叙事方式和镜头前表达状态中做出区别。

1. 监督批评

就新闻的社会职能而言，新闻媒体承担着进行舆论监督的任务。以央视《新闻调查》1998 年 10 月 16 日播出的《透视运城渗灌工程》为例，在结尾部分，记者王利芬在演播室内以编后语的形式进行了一段镜头前述评：

> 由于难以统计三年来究竟拆除了多少不能用的渗灌池，我们也无法知道在推广 100 万亩的渗灌工程中造成了多大损失。然而这项损失如果能换来运城地区各级干部对此项工程的得与失有一个全面而客观的评价，能够意识到新建一项工程前科学决策的重要性，能够意识到一呼而上的做法给国家和人民带来的损害，能够自觉地在市场经济的今天按照经济建设中固有的规律办事而不是搞花架子的话，那么这笔学费就算没有白交。如果是这样，那将是我们希望看到的结局，同时也是我们本次调查的初衷。

《新闻调查》作为一档述评结合型新闻节目，主体是通过记者型主持人在现场对于新闻事实的核查过程，进行监督性、揭露性的新闻报道。而节目的结尾部分，记者回归演播室进行镜头前述评，不但是对节目主要内容的总结、回扣主题，同时在新闻事实基础上进行分析评论，从而达到舆论监督的作用。在以监督警示为目的的镜头前述评中，传播者的态度应当庄重严肃，切记不可过分激动。传播者代表的是整个传媒机构乃至党和政府的声音，因此应当保持冷静、客观的陈述态度。

2. 倡导弘扬

以“正确舆论引导人”是新闻媒体长期坚持的方向和重要任务。媒体除了揭露和批评社会黑暗面外，对于时代风范和社会先进思想、优秀作风和模范人物的展示和宣传更加重要。以 2019 年 12 月 14 日央视《新闻周刊》栏目中白岩松对李子柒的述评为例：

> 本周谈论网红李子柒的文章是铺天盖地地多了起来，一个女子在带有诗意的田园当中制作着各种美食，并且以让人很羡慕的方式生活着，她不仅吸引了中国网友的关

注，甚至走向了世界。当然，人红是非多，各种质疑也扑面而来，但是稍微冷静一点，其实表扬是应该的。李子柒动用民间的一些资源，不仅没赔钱，还能挣钱，多好啊！接下来在面向世界的传播当中，她没什么口号，却有让人印象深刻的口味，更赢得了一个又一个的具体网民回馈过来的口碑，值得借鉴。接下来有人说摆拍、假、净挑好的。可是除了纪录片，电影大多也是假的，却不妨碍人们真的被触动并且真的喜欢，难道你要求李子柒的小视频都完美到无瑕的地步？因此过高的评价或者说过低的质疑，都不一定对，微笑着鼓掌是最好的。现在我们的问题不是李子柒有多少问题，而是李子柒太少了。如果我们来自民间并真的走向世界的网红，由一个变成几十个、几百个、上千个，那中国故事就真的有的讲了。

镜头前以倡导弘扬为主的述评虽然正面导向为主，但依然不能失却思考。一味夸赞不仅可能导致观众的抗拒心理，更使评论失去了其应有的意义。就内容而言，镜头前述评应当将个例与社会现实相联系，就如白岩松提到的向世界讲“中国故事”，彰显其社会价值；就镜头前状态而言，传播者应当保持有克制的赞扬，如上例中“表扬是应该的”“微笑着鼓掌是最好的”这类的评价，显得客观中肯。

3. 警示提醒

在报道具有负面影响的社会新闻时，镜头前述评代表着专业媒体的态度，承担了提醒警示的作用。以央视《新闻周刊》2020 年 2 月 15 日播出的一期以“疫情下的复工”为主题的节目为例：

白岩松：我们都知道疫情一定会过去，但是我们现在不知道的是它什么时候会过去呢？很多人都在期待拐点，但是拐点可能就在我们从个体到城市，从患者到医生，从社区到国家的不放松之中。行百里半九十，谁现在放松就是对病毒的放纵。离胜利最近的时候也可能最难，更何况现在是一边防疫一边复工，挑战就更大。本周四 2 月 13 号一定是这次防疫进程当中极为关键的一天：一方面这一天的湖北新增确诊病例一下子跳涨到了 14 840，那是因为把 13 000 多临床确诊的病例一并都纳入其中了。这意味着在应收尽收这方面迈出了巨大的一步，患者有了床位，能够得到治疗，生命的安全性增长了，而社会也减少了传染的危险。另一方面，这一天湖北的省委书记和武汉市委书记都换了人，这也是发起总攻的一个关键信号。希望下一周的《新闻周刊》，我们能一起分享更多的好消息，也更能看清靠近胜利的样子。一起坚守吧！好，下周的事，咱们下周再聊，《新闻周刊》祝您健康平安。

提醒警示性的镜头前述评是视听媒体思辨性、前瞻性、导向性的体现。在内容上，应当注意“合理预测”，预测性判断建立在既有事实和专业知识的基础之上；也要注意“正反结合”，在正面新闻中反思问题，在负面新闻后提出希望。在语言表达方面，需要着重突出要点，从而确保提醒警示能真正触动受众的神经。

（二）镜头前述评的方式

1. 观点型

观点型述评是论点性质的述评方式，以表达观点为主。其特点在于以新闻事实为“由头”和依托，但并不以其作为核心内容，而是将“观点”置于表述的重心，“用观点说话”。观点型述评观点直接、倾向明显、态度鲜明。在一个观点型述评中，通常会集合多个观点，因此需注意结构清晰、观点清楚，最好使用“第一、第二”“首先、其次”等表顺序的词语对观点分层。由于观点型述评直接鲜明的特点，需要注意若表达不当会使受众产生抵触心理，因此要采用相对温和的语言表达的方式方法，不能过于直接或极端。而在内容的把握上，则需要注意观点的正确性、客观性和对于大多数受众而言的可接受性。

2. 事实型

事实型述评是指围绕具体问题或事实进行的述评。这一方式以“述”代“评”，虽然表达观点，但将观点寓于叙事之中，“寓论断于叙事”，通过叙述新闻事实让受众潜移默化地接受暗含的观点，从而“用事实说话”。

相比于观点型述评，事实型述评的观点表达更为含蓄。这虽然更加温和，但也会因为较为含糊的立场和庞大复杂的受众群，致使观点无法有效传达甚至造成曲解和歧义。这更需要传播者在镜头前表达的过程中，运用重音、停连、语气、节奏等做出更为鲜明的语流变化，让述评更加鲜明、更有态度。

（三）新媒体时代镜头前述评的基本原则

新媒体环境下出现了一批新型的镜头前述评方式。2019 年 7 月，央视新闻推出《主播说联播》短视频节目，新闻联播主播身着正装，以演播室为背景竖屏录制。在态度上，主播一改字正腔圆的严肃播音腔，针砭时弊、一针见血，调侃中态度十足。比如郭志坚对乱港分子和干涉香港事务的美国发问：“今天立秋，到了秋天后该办啥事？想想看吧。”在表达方式上，化用网络流行语，更接地气。比如刚强使用“饭圈”的应援语言赞扬中国留学生对待乱港分子的行为：“有他们在，‘阿中哥’一定会成为这世界上最靓的仔！”除此之外，央视主播朱广权也因镜头前述评被网友笑称为“段子手”。新冠肺炎疫情在国内逐渐平息之后，各省市陆续开学，朱广权在播报新闻的间隙分析了学生的现状：“语文不会数学崩溃，生物鸡肋，物理心碎，历史没背，英语颓废，化学很醉，就是体育还好，武功全废，这种痛直穿心肺，欲哭无泪。”这些穿插在传统新闻播报中间的“段子”，被网友不断推上热搜，也被媒体人争相效仿，成就了新闻短评的新气象。

这些创新形式的镜头前述评在微信、微博、抖音、快手等网络平台上得到病毒式传播，让新闻述评开始由“高大上”变得贴近青年人、贴近普通百姓的生活，也使传统视听媒体的影响力在新媒体平台得以充分延展。镜头前述评的以下三个基本原则应得到强化。

1. 贴近舆论热点

镜头前述评源于新闻事件，时效性是新闻的生命力。刚刚发生或正在发生的新闻事件影响力处于上升期，事件发展期的悬念感以及受众的求知欲引发受众的收视期望。在新媒体时代，新闻传播速度空前。镜头前述评若“姗姗来迟”，则很容易错过受众最关心的时刻。只有追求时效性、贴近舆论热点，才能满足受众的需求，述评中阐释的社会问题和社会思考才有意义。然而，对于正在发生的新闻事件的述评，需要注意在对新闻事实的判断和措辞方面慎重对待，避免新闻反转造成的被动。

2. 贴近大众

作为面向大众传播的媒介，视听媒体的报道一定要贴近广大受众。社会话语通常表现为主流意识形态话语、精英话语和大众话语。大众话语贴近百姓，传播范围广，尤其适用于网络媒体的传播，但如果缺乏规范引导，则可能出现低俗化、过度娱乐化等不良倾向。镜头前述评需要平衡三种话语，扬长避短，努力通过大众接受的话语达到镜头前述评的传播效果，在贴近群众、贴近生活、贴近实际的同时实现主流价值观和专业性内容的传达。

镜头前述评一般依附于新闻报道，与主持人播讲、记者采访、新闻图像等相结合，因此篇幅不会过长。在新媒体平台传播时，更需要考虑是否能切割成短视频以契合碎片化的传播特点。因此在短评当中需注意：选题的立论要小，说理要具体，力求以小见大，以此生动形象地反映大局中的某个具体问题。

3. 交流感

镜头前述评不同于书面评论，也不同于新闻片配音。镜头前的表达更需要交流感。在传统媒体的视听节目中，镜头前述评多数还是出自已有稿件而非即兴表达，但无论是有稿还是无稿，都需要在语气、眼神、姿态等方面体现交流感。

新媒体，尤其移动端媒体面对的受众已经不是同质化的群体，而是富有个性的个体。因此镜头前表达更需要表现人际传播的个体间的交流感。交流感首先体现在传播者的对象感：传播者虽然面对镜头进行表达，但应该心中有受众，述评不是播报稿件，需要用口语化的表达方式“说”起来。其次，交流感还表现在传受双方的平等关系上，述评是说理，不是说教，也不是逢迎。传播者要与受众保持平等的对话状态，才能最大限度激发观众的参与感、互动欲。

第三节 新闻节目主持

2020年1月20日，针对新型冠状病毒疫情的防控情况，央视《新闻1+1》节目中，主持人白岩松与国家卫健委专家组组长钟南山院士连线。此前官方公布的信息从“未发现明显人传人现象”到“不排除有限人传人的可能”，而这期节目中，通过白岩松的追问，钟南山院士明确提出了新型冠状病毒肺炎“肯定存在人传人现象”。这期节目的播出在很大程度上为衡量疫情发展、全民防疫，乃至整个社会的应急机制确定了基调（见图8-7）。

从这期节目开始，整个疫情期间，《新闻1+1》连续做了几十期以疫情为主题的报道。白岩松对话常年奔波在传染病防治一线的李兰娟院士，分析新版治疗方案；采访武汉市市长，了解武汉保卫战的进展；连线中国驻外大使馆的负责人，介绍海外抗疫情况……央视新闻官方微博专门开辟#岩松帮你问#话题，在新媒体平台收获巨大影响力。主持人白岩松与节目一起，共同镌刻在了全民抗疫的记忆当中。

图8-7 白岩松连线钟南山

一、新闻节目主持人的角色与功能

（一）新闻节目主持的类型

了解新闻节目主持的类型，有助于确定节目主持人的角色和功能定位。新闻节目主持的分类有不同的标准和维度。

1. 以主持人的传播方式划分

以视听传播方式为标准划分，可以分为广播节目主持和电视节目主持两类。广播节目主持人以有声语言表达塑造形象、传播新闻内容；而电视节目主持人通过有声语言表达、副语言表达等综合表达形式完成信息的声画传播。

2. 按节目内容划分

视听媒体的新闻节目按节目内容划分，新闻节目主持可分为消息类新闻节目主持、专题类新闻节目主持、言论类新闻节目主持以及新闻杂志类节目主持。

消息类新闻节目主持的内容是简短、清晰、快捷的新闻资讯，主持人在其中负责镜头前口播和新闻配音，更主要的任务是串联节目内容，将摄制完成的新闻片顺畅组合、穿针引线，在不同节目之间形成自然过渡。

专题类新闻节目主持的内容是详尽而有深度的新闻报道，以社会热点、焦点问题为选题，时间长、内容深刻、信息量大是节目内容的特点。早期的电视专题类新闻节目主持人只需负责头尾播报和串联，随着节目形态的发展，主持人开始与节目深度结合。当下的新闻专题节目主持人相对固定，主持人不再游离于节目制作过程之外，而是开始了解自己主持的节目，并拥有一定程度的创作表达自由。在主持人对节目的深度嵌入下，主持人也成为节目的品牌和标志。

言论类新闻节目主持的内容是对新闻事实的分析、议论。言论类新闻节目主持需要主持人在串联节目的基础上，对新闻人物或新闻事实做出议论，在节目中发挥沟通、疏导、平衡、匡正的作用，积极灵活地引导社会舆论。

新闻杂志类节目主持的内容是借鉴杂志的综合编排方式所作的电视新闻深度报道，主持人在其中需要承担串联、整合节目板块的功能。在新闻杂志类节目主持中，主持人往往会进行串联、播报、分析、评论等不同语言样态的转换，从而体现新闻杂志类节目内不同板块之间的区隔与衔接。同时，新闻杂志类节目多实行“主持人中心制”，节目的包装、策划、统筹过程都有主持人参与其中，主持人的风格成为节目风格的鲜明标志。

3. 按主持人工作的职责范围划分

根据主持人工作的职责范围划分，视听传播领域有“四分法”的分类方式，将新闻节目主持分为独立型、单一型、参与型、主导型。所谓独立型节目主持的特点是主持人独立承担节目的采编播各个环节的工作，是节目的制作人；单一型节目主持指的是主持人主要从事或仅仅从事话筒前的再创作工作，也就是根据他人编辑好的文字稿件进行播报；参与型节目主持是指主持人配合多工种，参与节目的采编播制作过程；主导型节目主持指主持人承担节目的策划、组织、采编工作，体现整个节目的风格和特点。

（二）新闻节目主持人的专业价值

播音员主持人的专业价值涵盖了其角色定位和核心功能，按照专业价值，职业播音员主持人的发展迭代大致分为三个阶段：从广播电视发轫时期以串场报幕为主到主持人角色创建时期开始以控制调度为主，再到电视新闻改革探索时期开始作为节目运转核心。这三个阶段按照出现次序前后衔接，却又相互交叠，构成了当代职业播音员主持人的功能价值。这种变化是一个动态发展的过程，反映了社会历史、媒介技术、节目形态、受众期望等多方因素的更新演变。

1. 串场报幕

无论新闻播音还是节目主持，初期的中国播音员主持人都是以串场报幕为主要职能的。基于媒介技术表现出的媒介形态，广播电视媒体需要一个代理人角色，将群体协作而成的信息通过人际传播的形式传达受众，这一初衷确立了播音员主持人作为媒介角色在初始发展阶段最基本的功能——串场报幕。

回溯广播电台发轫时期，从1940年延安新华广播电台创办，广播就开始成为政治宣传、舆论斗争的阵地。以此为基础形成的广播式播音，在广播电视发展初期成为播音员主持人有声语言的主要形式，确立了播音员主持人代表集体、面向集体进行政治宣传和舆论引导的基调。这种串场报幕式的有声语言表达形式，在社会信息发展进程中的初级信息化阶段较为常见。这种表达形式的播音员主持人也被学者称为“司仪型”主持人，或“语言工作者”。这种形式的特点是将文字稿件直接转化为有声语言，借助口语传播的外壳，传者的主观能动性表现得并不突出。

串场报幕式的播音主持在信息传递时，具有直接性、准确性和被动性的特点。直接性是指稿件文本往往具有清晰的指向性，较少留有暇余的想象，基本不会造成歧义；准确性是指播音员主持人基本按照媒介组织提供的稿件进行有声转化，能够准确传达媒介的传播意图；被动性是指播音员主持人进行自主创作的空间被挤占，按照节目编导的规定完成程式化的工作。直到今天，在“报纸摘要”“新闻联播”等新闻节目和“联欢晚会”等综艺节目中，以串场报幕为主要职能的播音员主持人依然占据一席之地。

2. 控制调度

在广播电视发展的初期阶段，其节目内容基本依赖甚至照搬报纸、通讯社刊发的消息。1980年，第十次全国广播工作会议提出，广播电视要首先着重解决在宣传上“自己走路”的问题。广播电视节目开始独立于报纸刊物的文字内容，转而关注视听媒介特点。随之出现的主持人角色也由喉舌工具转向人际传播，进一步发挥视听传播的优势特点。1981年1月，徐曼主持的《空中之友》成为我国首个拥有固定主持人的广播节目。同年4月，广东人民广播电台《大众信箱》节目开播，由李一萍、李东担任主持人，形成广播主持人“北徐南李”的格局。1983年1月，中央电视台《为您服务》节目改版，沈力成为具有开创性意义的第一代电视节目主持人。同年，第十一次全国广播工作会议后，电台电视台进一步发挥媒介自身特点，推行主持人节目形式，使得主持人角色在广播电视节目当中开始得到广泛应用。作为伴随中国电视诞生的传统节目形态，电视专题片也开始引入主持人角色。1983年，陈铎与虹云两位主持人走进《话说长江》演播室，使得电视专题片在广播式的画外解说之外，增添了新的形式。相比串场报幕的播音而言，主持更强调控制调度能力。控制调度作为播音主持发展第二阶段的核心功能，有以下特征：

（1）开始参与节目的采编播制作流程。

自20世纪90年代开始，业界学界就开始有“采编播合一”的讨论。有别于在指定位置进行指定稿件播读的串场报幕式，在节目形态不断衍生发展之下，摆在主持人面前的是表现形式、节目选题、互动模式更为丰富的演播室系统，只有融入节目的制作流程当中才能应对复杂多变的现场，否则就会出现主持人与节目“两张皮”，动摇主持人的主体地位。

（2）开始运用即兴口语表达。

1993年开始，中央电视台第一频道新闻节目实现直播。1996年，《新闻联播》节目改版后开始以直播形式与观众见面，新闻栏目进入直播化阶段。到1997年，历经香港回归、三峡水利工程大江截流等一系列重大事件新闻直播，中国电视的直播日趋常态化。2000年《直播中国》开播，2003年央视新闻频道开播，标志着中国电视直播进入栏目化、频道化阶段。① 直播技术带动节目形态的革新，演播室连线、嘉宾座谈成为新闻节目的常规操作。新闻播音员作为将文字转变为声音的语言工作者，也面临脱稿表达、口脑合一的挑战。

（3）开始进行多元素调度与控制。

串场报幕意味着“定点、定稿”。播音员主持人在编导事先安排之下，在指定地点播送指定内容，此时的播音员主持人仅作为“拟人化”角色出现，并非真实有血有肉的个体，而更像任人摆布的人偶。而在以控制调度功能作为专业价值的阶段，播音员主持人开始发挥多元素调度的主观能动性。视听节目发展初期，广播节目主持人负责把握稿件、话筒、音响、嘉宾等元素，电视节目主持人又增加了形象、灯光、机位、屏幕等。以谈话类节目的代表《实话实说》为例，演播室观众在节目中参与话题讨论，主持人的调度职能中进一步增加了人的元素。如今融媒体直播引入全网互动，对多屏幕、多机位以及多种互动方式的调度成为主持人越来越重要的职能。而在《军情时间到》这类融入AR技术的节目中，主持人与虚拟现实元素之间的互动演绎正成为一种新常态。

（4）开始以人格化传播深入影响节目质量。

主持人的人格化传播，体现在日常口语的表达方式以及体态语言的使用上，使其成为媒介表达贴近性、亲切感的载体，弥补了大众传媒机构化和非接触性传播的弱点。主持人自主控制调度节目元素，为节目增添了编导策划之外的灵活性、随机性。节目受主持人个性气质、行事风格影响，主持人的意愿、品质、审美等都在潜移默化地影响节目。冠以主持人之名的节目如《杨澜工作室》《鲁豫有约》《可凡倾听》等，大多以访谈类为主，体现了主持人人格化传播的不可复制性与不可替代性，主持人成为栏目的品牌标识，同时也是栏目风格的塑造者。

3. 运转核心

1993年5月10日，中央电视台推出《一丹话题》栏目，作为首档以主持人名字命名的节目，敬一丹的主持人角色在节目中被反复强化。在节目持续五十余周的播出中，敬一丹不仅完成镜头前的工作，还在选题、策划、剪辑等环节亲力亲为。虽然节目仅仅持续了一年时间，但其出现却是我国电视节目尝试以主持人为运转核心的一个标志性事件。同期推出的早间新闻杂志节目《东方时空》，由崔永元、白岩松、水均益、敬一丹等组成的第一代主持团队开启了由编辑记者到节目主持人的通道。白岩松回忆当年经历，他进入《东方之子》后一直以采访者自居，直至栏目开播百天后获最佳主持奖，才得知自身定位。②

① 李盛之．直播常态化：历程、意义与趋势［J］．现代传播，2003（5）：67-69.
② 白岩松．痛并快乐着［M］．北京：长江文艺出版社，2010：54.

《东方时空》与此后中央电视台新闻评论部推出的《焦点访谈》《新闻调查》一起奠定了我国主持人的媒体地位和社会影响力。尤其《新闻调查》栏目，其深度报道的节目样态将记者型主持人推向公众视野。主持人在此间的重心不在演播室内，而在新闻现场、采访一线。记者型主持人作为观众的延伸连接新闻现场。这一传媒角色已不再是单纯的播讲人，而是节目的设计人、制作人、把关人，是节目的设计者、指挥者、组织者。[①] 在社会转型之下，电视新闻的改革赋予个体更多权利，主持人的深度嵌入使节目的视觉传播与口语传播达到进一步统一。这种“思想型”主持人以记者身份登台，携对社会个性化的观察走上岗位，是对传声筒型、具有表演性质主持人的反叛，将以个体看法影响社会。同时，主持人的运转核心地位凸显主持人的品牌价值。主持人与节目内容不可分割的关系，使得受众难以区分节目的魅力究竟是来自主持人还是节目本身，主持人的迷群转化为节目迷群，有效提高了节目收视效果。

二、新闻节目主持的有声语言表达

(一) 吐字技巧

作为一名播音员主持人，首先应当做到发音标准规范。汉语普通话，是以北京语音为标准音，以北方话为基础方言，以典范的现代白话文著作为语法规范的现代汉民族共同语。推广使用普通话，是国家宪法规定的内容；广播电台、电视台推广使用规范的语言文字和全国通用的普通话。普通话的水平是广电媒体主持人能否上岗的硬性要求之一。因此除一些以方言为特色的节目之外，标准规范的普通话发音是主持人有声语言表达的基本要求。特别是新闻节目主持人，将新闻内容准确、清晰地传达给受众，需要对吐字技巧的特别训练。准确、清晰、动听、自然是新闻主持的吐字要求。其中，吐字准确指发音规范，不带有方音；吐字清晰指发音让人能够听清楚，这不是加大音量、提高音调就能实现的，需要掌握恰当的吐字方法，尤其是声母的发音；吐字动听指的是发音圆润，在汉语中发好元音能够使声音变得和谐、动听；吐字自然指发音接近日常口语，无须刻意追求所谓“播音腔”的使用。

字音结构是掌握吐字技巧的基础。从声音角度分析一个字音，可以分为声母、韵母和声调三部分。声母按照发音部位分类可分为双唇阻、唇齿阻、舌尖前阻、舌尖中阻、舌尖后阻、舌面阻、舌根阻；按照发音方法可分为塞音、擦音、塞擦音、鼻音、边音；按照送气与否可分为不送气音和送气音；按照清浊区分，发音时声带颤动为浊音，声带不颤动为清音。韵母按照语音结构可分为单韵母、复韵母和鼻韵母；按韵母开头元音的唇形特点可分为开口呼、齐齿呼、合口呼、撮口呼。声调和音长、音强都相关，但最主要决定于音高。普通话声调分为四类，即阴平、阳平、上声、去声。

从发音过程分析，字音可以分为字头、字腹、字尾三个发音阶段，这三个阶段分别对应发音过程的出字、立字和归音。为达到吐字的清晰、圆润，需要对发音过程的各个阶段进行精心控制：

(1) 出字有力。

出字有力指在字头发音时发音部位准确，气流保持一定强度使字头的声母或半元音有

① 白岩松．我们能走多远：关于主持人话题的胡思乱想 [J]. 现代传播（北京广播学院学报），1996 (1)：39-45.

力度，从而增加字音的清晰度。

（2）立字拉开。

立字拉开指字音进入字腹阶段时，准确到位，尤其开口度较大的元音韵母（如带有 ɑ 的韵母），将字音拉开可以使韵母舌位动程加大，从而使字音圆润。

（3）归音到位。

归音到位指的是在字尾阶段发声器官的收束动作使字音减弱、完成收尾。

播音主持是一门与语音学相关的艺术，系统学习还需要掌握元音、辅音、舌位、调值等一系列基本理论和方法。只有将字音结构中的发音要领掌握清楚，才能达到主持人的职业标准。

（二）呼吸技巧

声音的高低、强弱、长短和共鸣与呼吸的流量、速度、频率等都有直接的关系。只有在呼吸得到控制的基础上，才谈得上对声音的控制。

人的呼吸器官是由呼吸道、肺、胸廓和有关肌肉、横膈膜和腹部肌肉组成的。呼吸方法可分为胸式呼吸、腹式呼吸和胸腹联合式呼吸法。在日常生活中，人们采用的呼吸方式没有刻意区分，而主持人为了实现声音稳定清晰地传播，需要使用胸腹联合式呼吸：吸气时，随着气流从口鼻同时吸入，两肋向两侧扩张，同时感觉小腹控制增强；呼气时，保持腹肌的收缩感，随着气流缓缓呼出，小腹保持控制的同时逐渐放松。

在节目主持具体实践过程中，尤其播读长句时，倘若出现声音发虚、发抖，或声音过小的情况，就是源于呼吸技巧的缺乏。只有掌握了正确的呼吸方法，才能讲话“有底气”，游刃有余地进行有声语言表达。

（三）发声技巧

作为职业语言工作者，主持人需要根据节目特点和新闻稿件的具体内容调整用声的状态。新闻主持的发声特点是实声为主、虚实结合，声音清晰圆润，声音变化幅度不大，但层次丰富、表意准确，接近口语用声状态。只有正确的用声状态，包括对于声音的音高、音色和音量等声音基本要素的正确运用，才能符合目前电子传播技术的要求。

就音色而言，由于每个人发声器官的先天不同，造就了因人而异的音色，从而塑造了各具特色的声音形象。应当通过专业的声音训练，逐步提高自己的发声能力。

关于音高，个体发声器官的构造，特别受声带状况的影响而形成了不同范围的音域。一般人的音域范围约为一个半到两个八度之间，被称为自然音域。新闻节目主持使用自然音域中的“中声区”即可，切勿刻意拔高或压低自己的音高，使喉部处于紧张状态，从而损害发声器官的健康。

节目主持对音量大小的要求没有绝对的标准。但在话筒前的主持需要注意音量变化的幅度不能过大，否则会影响电子设备传导后的清晰度；而变化幅度过小，会给人平淡、缺乏表现力的感受。

（四）表达技巧

有声语言表达技巧分为内部技巧和外部技巧两种。内部技巧指情景再现、内在语、对象感。情景再现是传播内容在传播者内心形成具象的画面，引发传播者相应的态度和感情的过程。内在语是指在语言表达中不便表露、不能表露或没有完全表露出的语句关系和语句本质。内在语可以帮助主持人找到恰当的语气，将文字内容转变为个性表达。对象感是指传播者对受传者的存在和反应进行设想，意识到受传者的心理、要求、愿望、情绪等，由此调动自己的思想感情，使之处于运动状态。

外部技巧包括停连、重音、语气、节奏。停连是指语言表达中的停顿和连接。语句的停连，既是传播者生理和心理的需要，也是受传者理解传播内容的需要。重音是指为了突出语句目的和语句本质而着重强调的词或词组。恰当使用重音，能帮助语言传播准确、清晰，丰富有声语言表达的表现力并避免出现歧义。语气是指思想感情运动状态支配下语句的声音形式。语气的感情色彩以及感情色彩的分寸构成了具体的思想感情。节奏是有声语言抑扬顿挫、轻重缓急的回环往复。其中，抑扬是声音高低的变化，顿挫是声音间歇的长短，轻重是声音强弱的变化，缓急是语流节拍、长短、快慢的变化。

有声语言表达需要内外部技巧的结合，需要将传播内容的理解、感受内化于心，从而带动有声语言表达的外部变化，新闻节目主持同样如此。主持人作为将文字信息形之于声的工种，不是仅仅“照字出声”。尤其在人工智能主持人兴起的今天，文字与声音之间的转化工作已经在很大程度上能够为机器所承担，有声表达的情感和态度显得尤为可贵。

三、新媒介环境下主持形态的更新

随着信息化社会的到来，传播进入以差异化、多元化为特征的非群体化传播时代。传统的工业社会群体化生产受到冲击，个体的心理、需求和习惯凸显，受众从扁平的无差别整体转变为多元分化的小群体，从被动接收转变为主动选择，甚至主动发声。随着传播的下沉和去中心化的趋势，站在受众的角度，播音员主持人群体经历了从传媒机构的被动安排到由受众的主动塑造，再到受众自我表达的三个阶段。

（一）“网红”的诞生

播音员主持人作为连接媒介与受众、连接受众与演播室、连接演播室与现场的代理人，负责将一方信息传递给另外一方，成为双方“身体的延伸”。

对于受众而言，传统媒体的播音员主持人是被动安排的，广播电视机构对播音员主持人有着较为系统的遴选流程和较为统一的评价标准，且掌握在媒介“官方”部门或机构手中。在网络时代来临之后，资源分配不再受到官方的全面管控，而呈现国家主导之下社会力量逐渐上升的趋向。在这一时期，被赋权的受众已经可以参与对代理人的主动塑造。在互联网视频平台，受众可以自由选择观看或跳过主持人出镜片段，也可以通过弹幕等方式对主持人进行即时评价和反馈，改变了传统媒体时期受众对播音员主持人几乎无影响的状态。

在作为高维媒介的互联网，权力进行了重新分化，传统媒介组织与官方机构不再享有垄断地位，网红、网络大 V 作为社交网络平台中为他人提供信息、施加影响的活跃分子，承担着主持人的角色功能。网络意见领袖的形成，并非全然来自机构的官方授意，一些“草根”网红的诞生，完全出于用户的认同和塑造。当专业知识水平、观点和态度、生活经历、社会影响力、写作能力等因素中的一种或多种获得大量认同时，就成为网络意见领袖的个人特色和影响力的来源。

除了在社交网络平台上对意见领袖的选择和塑造，在网络直播中，受众还可以完成对主播形象、传播内容、传播方式等的一系列塑造。以互动的即时性为技术基础，网络主播直接与商品消费挂钩。主播与受众的人际交往互动受到商业利益的驱动：用户用现金购买直播平台上的虚拟礼物或道具，主播靠用户“打赏”获得虚拟礼物，经过平台抽成后变现。这样“简单粗暴”的盈利模式，使得网络主播与经济利益的联系格外紧密。因此，网络主播在直播过程中，会为获得打赏尽可能迎合受众喜好。但这种“关注经济”“粉丝经济”，也有可能激发主播急功近利的心态，使得低俗、无底线的直播丑闻时有爆发。

（二）日常生活的呈现

社交网络技术的发展使得媒介的近用状况得到改善，公众传播权力的可得性增强，公众意见表达的空间空前广阔。社交网站以评论、转发等作为用户参与的基本模式，充分促进公共空间内信息的高速流动。不同于传统媒介单向性、垄断性的传播模式，在网络构建的空间之中，普通民众均可在公共话语空间发声。小到对点赞、emoji 表情的使用，大到对社会事件、国家事务的讨论，态度表达蕴藏在社交网站使用的每一个步骤，公众自我呈现的空间空前广阔。由于网络视频直播平台和用户规模的飞速壮大，2016 年被称为“网络直播元年”。伴随着网络直播热，“网络主播”作为新兴群体建构了全民直播的热潮。2017 年，全民进入“抖”时代。在快手短视频占据小镇青年的闲暇时间后，抖音以“记录美好生活”的 slogan 快速崛起，仅推出一年时间用户量突破 1 亿，日播放量超过 10 亿。15 秒音乐短视频打造了年轻人的音乐短视频社区，“抖音挑战赛”结合 AR、人脸识别等新技术深刻激发了用户自我呈现的热情。2018 年，随着欧阳娜娜等明星博主的使用，vlog 作为一种日常生活的中长视频呈现方式，将长视频的技术性、故事感和短视频的生活性相结合，让用户得以动手制作自己的“生活 MV”。

公众在网络空间中的自我表达和自我呈现实际上承担了“编导＋主持人”的功能。根据戈夫曼（Erving Goffman）的理论，个体往往会有很多动机，试图通过自我呈现控制他人对当下情境的印象。为向他人表达自身有意表达的印象，个体将会展开积极活动作出展示自我的努力。网络开放的公共空间里，公众一人完成策划、拍摄、主持的一系列流程，从而达到自我呈现的目的。网络空间中公众的自我呈现让私密的个人生活场景和口头语言变为人人可见的“前台”，与此同时，职业生活进入休闲娱乐、人际交往的领域，成为日常生活的“后台”。个体扮演的“主持人”角色对职业播音员主持人构成挑战。首先，个体的自我呈现对内容的掌控度更高。在前后台转换的过程中，传播内容与个体职业生活相关联，从而达到专业性程度。其次，后台的前台化增加了内容的个性、贴近性。移动数字技术打破受传双方场景壁垒，个体的自我呈现与受众的观看场景相连接，更易激发在场感。在全民均可为传播主体的时代，主持人的内涵与群体特征正在发生颠覆性改变。

（三）人工智能的进驻

目前，人工智能已经开始在新闻内容生产、分发等环节发挥越来越重要的作用。在新闻生产环节，2015 年起，腾讯的新闻写作机器人 Dreamwriter、新华社自动写作机器人“快笔小新”、《钱江晚报》特约记者微软小冰先后上线，承担稿件写作、新闻热点盘点、撰写预测类新闻等任务。在人工智能与新闻生产结合之下，写作一篇新闻稿件只需不到一秒就可完成，极大地提高了新闻生产效率和发布时效性，并且能够将数据与新闻内容相结合，提供客观的全景信息和预测。在信息分发环节，媒体也已开始从编辑手动选择内容分发模式到智能算法推荐的转变。今日头条、一点资讯、天天快报等新闻资讯平台都开始利用人工智能技术实现精准分发。《光明日报》客户端及微信服务号使用机器人“光明小明”以对话为途径进行交互式分发。目前的人工智能机器人不仅能根据用户喜好画像，还能够实现对具备社交推广潜质的新闻的预测。基于海量数据，人工智能机器人比编辑记者更“懂”受众。人工智能在新闻生产及分发领域的应用，为人工智能与播音主持结合打下了文本基础。

在文本基础之上，人工智能技术业已进驻语音领域。亚马逊公司的 Alexa、苹果公司的 Siri、微软的小娜和小冰、百度公司的度秘等，都属于较为成熟的智能语音机器人，可以通过语音识别、语音合成、自然语言处理、理解与交互技术实现人机对话。目前，智能语音机器人按应用领域划分可以大致分为三类。第一类为完成任务类机器人，例如 Siri、度秘、小娜，还有一些语音客服，都属于按照应用领域定制，完成预先在程序中设定的任务，为用户提供有价值、有信息的服务的智能语音机器人。第二类为知识问答型机器人，主要用于学术研究，建立知识库。第三类为情感类机器人，主要目标是向用户提供情感交互和陪伴。

文本和语音相关技术为 AI 与播音主持的结合构建了技术基础。2015 年微软小冰作为首个人工智能主播登上东方卫视早间新闻节目《看东方》，担负起天气预报板块的播报任务，截至目前已登上省级卫视、电台，以及喜马拉雅、网易云音乐等多个平台，涉足主持人、歌手、文艺作品演播等多领域。2019 年“两会”期间，媒体利用 AI 主播报道已成风潮。新华社、人民网、光明网、长城网、封面新闻等均推出人工智能播音员。央广《中国之声》推出定制个人声音合成新闻主播功能，让公众能合成自己的声音播报“两会”新闻。AI 主播被应用于重大时政新闻报道当中，成为各大媒体实力比拼的撒手锏，表明人工智能主播已取得一定程度的媒介信任，且有能力在新闻报道的实际操作中承担人类播音员主持人的部分职能。

人工智能主持人的优势首先在于其具备“深度学习”能力，能够通过大量的数据学习迅速成为某一领域的“专家”；其次，其“兢兢业业”，成本低、失误少，是一名“不知疲倦的内容发布者”，符合市场需求。正如科大讯飞能够利用明星的语音大数据制作导航语音，目前只要提供一个发音人足够量的语音数据，人工智能就可以通过深度学习掌握发音人说话的规律性特征，从而将任何文本转化成语音形式。因此可以预测，未来以职业播音员为样本，经过大量数据学习，人工智能机器人可以达到新闻播报的标准。传统意义上播音员主持人的一些曾经具有较高门槛的专业价值都将被技术瓦解，如吐字发声字正腔圆、表达清晰流畅、形象美观大方等专业能力都有可能因技术助力而被普通人轻易获得。

第四节 出镜报道与新闻节目主持中非语言要素的运用

2020 年 1 月 31 日，北京卫视播出的一期《养生堂》节目中，记者对钟南山院士的采访引发了广泛的讨论。因为钟南山的行程匆忙，所以选择了在他赶往机场的路上进行车内采访。就内容而言，出镜记者的提问都属于常规化的问题，但在节目播出后却引发了不小的争议：网友讨论的焦点在于记者在密闭空间内没有佩戴口罩，以及与采访题材相比仿佛过于灿烂的笑容和不够庄重的举止（见图 8-8）。

图 8-8 北京卫视《养生堂》记者采访钟南山

视听传播过程中，视觉作为最有冲击力和感染力的传播手段，直接影响着受众的关注和观看态度。在镜头前表达的传播者，除了用语言传播信息之外，其非语言要素的使用同样包含丰富的信息，以更加潜移默化的方式影响着传播的效果。非语言符号包括外表（包括相貌、服饰等）、体态语言（包括表情、动作、姿势、眼神等）、语音、语调、采访双方的距离等。本节将出镜传播者非语言要素分为两类，一是传播者的出镜形象造型，二是传播者的体态语言表达。

一、出镜形象造型

（一）出镜化妆

化妆是播音员主持人形象造型的一部分。诚然，在视听新闻节目当中传播新闻内容是第一要务，但在电子传播空前清晰的今天，恰当的妆容不仅能弥补出镜者形象上的瑕疵，更能彰显出镜者的专业性和职业态度。刚接触出镜的新人从屏幕中初次看到自己的形象，都会感觉与现实中的自己有所出入——轮廓不够清晰、面部立体感减弱等，这是因为电子摄录和播放设备会降低空间的深度，而适当的化妆可以弥补这些不足。视听节目的化妆与戏剧表演化妆不同，其目的并不是改变本人的形象，从而变为特定的戏剧人物，而是通过恰当的修饰，针对摄录设备和光线条件，掩盖形象缺陷，突出形象优点。

出镜化妆从妆面修饰上可以分为“重彩修饰”和“淡彩修饰”两种表现形式，前者较为夸张、丰富，后者较为自然、淡雅。不同风格的化妆可以赋予传播者不同的气质和状态，因此传播者需要根据不同的传播方式、传播场景、节目定位、节目内容等选择不同的妆容类型。在一般的新闻性节目中，要求传播者展现知性的职场状态，因此应当选择“淡彩修饰”的妆容，以表现出传播者真实自然、亲切可信的形象。具体到出镜方式，现场报道记者可选择淡妆修饰，尤其根据新闻事件的性质和现场报道的背景、光线等进行适当调整；进行人物访谈的出镜者，需要根据访问对象的身份、形象调整自己的妆容，尤其注意不能喧宾夺主；而演播室内的新闻节目主持人，需要选择比现场出镜稍浓的妆容，以适应演播室内较为强烈的灯光。

除了脸部的妆容之外，发型的选择也需要与节目相符合，与出镜者的面部结构相符合。在新闻节目中，出镜者的发型应当简洁、稳重、不易变形，在实践领域有“主播头”一词，用以代指新闻节目播音员主持人具有职业特色的发型。新闻节目的类型决定主持人必须在一定程度上抛却个人的形象特点，将关注度让渡给节目内容。此外，个人的生理结构也对发型提出了要求。比如脸形较长的人，就需要增厚脸两侧的头发以增加宽度上的视觉感受。而有些人，喜欢把头发紧紧梳到脑后，头顶和鬓角的头发很薄，这时发型不但没有起到美化的效果，反而会暴露面部的缺陷。选择发型还需考虑出镜图像的特点，比如面向的角度、灯光的布局因素。

在专业的形象造型领域，对于面部特征的修饰都有针对性的技巧和方法。在一线工作中，传媒机构基本上都会给主持人配备专业化妆团队。但对于出镜记者等工种，以及对于不具备条件的、突发的出镜报道，化妆造型就需要出镜者本人来完成。因此，出镜者有必要根据自身的形象特点进行有针对性的实操练习。

（二）出镜服饰

1987 年 1 月 16 日，央视《新闻联播》的播音员在节目中没有穿平时的西装，而是穿了中山装，并且在这一天的新闻中播报了胡耀邦辞去中共中央总书记的消息。当时外媒判断中国播音员服饰的变化意味着中国的开放政策有可能改变。直到第二天的《新闻联播》播音员又重新穿上西装，这一猜测才被打消。而实际上，这位播音员只是因为自己的服装出现了问题，才碰巧在那一天临时借了别人的中山装来穿。一件衣服的改变造成了国际政治的影响，这是令当事人始料未及的事情。正所谓“穿者无心，观者有意”，由这件事反映出的是，服饰能够传达信息，它不仅能展现传播者的气质、勾勒传播者的形象，更向受众暗示了传播者的态度。

着装是出镜者形象的重要组成部分。它能够遮挡人体结构的缺陷，弥补脸形、身材、结构比例的不佳状态，还可以营造、传递和烘托美感，来增加传播者的感染力，提高画面的可视性和观赏性；同时，它又似一面镜子，从外而内地透射出人的修养、文化、品位、追求等内涵，乃至从侧面反映出一个国家现实的政治、经济状况，时代发展潮流，民众的精神面貌以及心态、观念、习俗等广泛的社会信息。因此，出镜者的着装在符合节目传播需要的同时，要能够体现出文化价值。①

（1）出镜者作为新闻节目播音员主持人。

男性的着装应当为正规西装、衬衫、领带、皮鞋，在传统节庆期间可着有中国传统文化元素的服饰。女性着装应当为西装套装或套裙，在我国传统节日可着中式服装。在此基础上，主持人需要根据半身出镜或全景出镜形式，选择全套或半身的服装搭配。

（2）出镜者作为评论员。

承担新闻评论员角色的出镜者应当穿着职业正装，尤其在色彩的选择上应当以单色、素色为主，不应过于明亮、鲜艳，以彰显评论员专业、冷静、严肃的特质。

（3）出镜者作为现场报道记者。

依据新闻事件内容和现场环境的不同，现场报道记者的着装样式更加丰富。例如在体育比赛的现场，记者可以穿着 Polo 衫或运动服；在抢险救灾一线，记者可以穿着冲锋衣、军大衣；在大型会议现场，记者可以穿着西装、衬衫。恰当的着装不仅能帮助记者融入现场，更有将观众代入现场的作用。此外，在一些特殊现场，记者必须选择特定的着装。例如本节开头的记者不戴口罩就是不合适的，而身处施工现场的记者就应当佩戴安全帽。这不仅是现场记者的自我保护，更是对社会规则的尊重和倡导。

---

① 赵小钦．电视播音员主持人形象设计与造型［M］．北京：中国传媒大学出版社，2014：103－104．

除了款式之外，服装的颜色同样具有很强的视觉冲击力。其一，色彩蕴含着意义，出镜者的服装色彩应当尽量与新闻内容相搭配。如果注意观看央视新闻频道的节目就会发现，播音员主持人很少穿红色服装。这是因为，国内外突发事件经常以急稿的形式临时穿插在直播节目当中，导致主持人在直播开始前无法预知即将播报的全部新闻。而一旦主持人穿着喜庆播报一则灾难性新闻或讣告，这对于观众来说将是难以理解和接受的。其二，出镜者的服装应当注意整体的色调搭配。首先，色调要和谐统一。整体色调包括出镜环境的颜色以及自身服装的色彩。同类色相搭配，会给人柔和、自然的感觉；而对比色相搭配，则会给人跳跃、振奋的感觉。其次，需要注意服装颜色不要与背景色完全相同，如果采用抠像技术的话，最好不要穿蓝色、绿色的服装。

此外，服装的质地也应当纳入考虑范畴。首先，应当按照不同的季节、气候的具体情况，选择相应的质地及配饰。其次，应当考虑身材特点，如身材较胖的人就不宜选择质地蓬松、有反光感面料的服装；而身高较矮的人，就不宜选择偏厚、软塌的面料。

二、体态语言表达

人类学家艾伯特·梅拉比安（Albert Mehrabian）在对人际传播中信息表达的情况的研究中得出结论：人们交谈时，传递一项信息的总效果＝7％言语＋38％声音＋55％面部表情。体态语言包括身体姿态、礼节动作（如握手、亲吻、拥抱、微笑、体触等），以及人体各部分动作（如头部动作、面部动作、目光交流、臀部动作、手部动作、腿部动作等）所提供的交际信息。

视听节目出镜者的体态语言是由面部表情、身体姿势、肢体动作和体态变化构成的图像符号系统，以形象思维为模式，是情感、态度的表达手段和表现形式，是一种信息的载体，一种包含生理、心理、社会、民族、历史、文化、性别等多方面因素的符号系统。它的形式系统以人体的生理变化、身体动作为构成要素，它的意义系统同心理上的情绪、情感和态度有关，它的功能系统则同社会环境、行为整体、有声语言等因素有密切关联。① 视听节目的出镜者，除了用言语表达传递信息之外，也需要注意自身的体态语言表达。在出镜过程中，体态语言具有以下功能：

（1）辅助语言表达。

在言语表达的过程中，难免有词不达意的情况出现，通过副语言辅助有声语言，能够使意图得到更为充分的表达。一方面，在即兴口语表达过程中出镜者可以通过眼神和手势，填补言语表达过程中思考的空档。另一方面，出镜者可以通过点头、皱眉等动作，让嘉宾、受众感受到鼓励、不满等情绪态度，省去了言语赘述。

（2）丰富观看感受。

荧屏作为一种平面传播介质，在空间感的表现上本身较弱，倘若长时间使用固定镜头，就会显得画面中的人物僵硬、呆板。这时候只有使用比日常交流更为夸张的体态语言，才能丰富视觉感受（见图 8－9）。

① 谢伦浩，杨多．播音主持副语言的学理定位［J］．现代传播（中国传媒大学学报），2016（5）：103－107．

图 8-9　中央电视台《数说命运共同体》节目

（3）彰显个性魅力。

视听节目传播是有声语言和体态语言的共同作用，如果说前者是受众的听觉需要，那后者就是视觉需要，展现了视觉传播的魅力。体态语言是出镜者形象塑造的一部分，出镜者根据不同的节目和对象的需要，创造出一种既有自身特点又符合栏目特色需要的体态语言，从而将一些习惯性的动作、表情化为个性化表达的一部分。

【本章小结】

本章主要探讨了视听节目的出镜表达。在视听节目形态多样化的今天，镜头前的主持者、调度者发挥着人际传播的优势，在节目中进行现场报道、采访、述评、主持等多形态的出镜活动。在当下的视听节目生产中，尤其在新媒体传播的新形态之下，出镜已然不是播音员主持人的专项。掌握出镜的基本理论和准则，培养镜头前的能力和素养，是新媒介环境及节目形态向每一位视听传播专业工作者提出的更高要求。

【本章思考题】

1. 视听节目的出镜报道有哪几种形式？
2. 新媒介环境下出镜报道的重要价值体现在哪些方面？
3. 案例分析：以一则新近播出的出镜报道为例，结合本章所学分析出镜者在语言表达和非语言表达方面存在哪些优点和不足。
4. 小作业：以任意一种出镜报道形式完成一次自己出镜的新闻报道。

【本章推荐】

影视剧中的新闻人、新闻事

本章推荐欣赏电影《对话尼克松》（*Frost/Nixon*）。该片由朗·霍华德（Ron Howard）执导，讲述了水门事件爆发五年后尼克松接受脱口秀主持人福斯特（Frost）访谈的经过，展现了美国新闻史上非常经典的一次访谈。

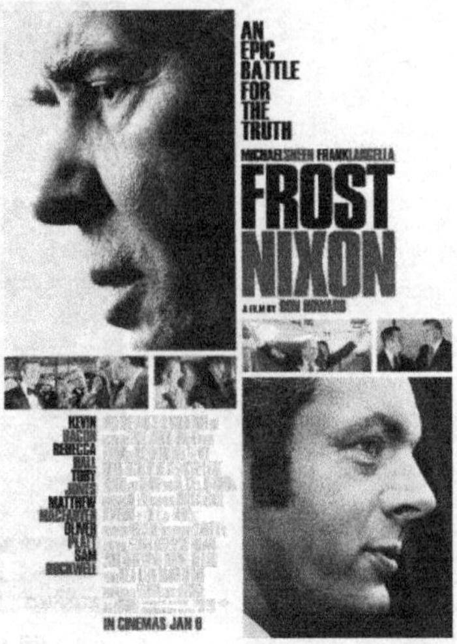

【附录】

部分视频案例网址

1. 中央电视台主持人刘欣与美国福克斯电视台主持人翠西的“跨洋辩论”（文本）（https：//tv. sohu. com/v/dXMvNjk2NTU4NjgvMTM1NDUxMDM5LnNodG1s. html； http：//www. cctv. com/program/xwdc/20031106/100147_1. shtml）。

2. 中央电视台——《一年又一年》（2017）（http：//news. cctv. com/special/2017ynyyn/）。

3. 中央电视台《朝闻天下》——蒋林在天津港“8·12”特别重大火灾爆炸事故中的现场报道（https：//v. qq. com/x/page/g0195ondwms. html）。

4. 中央电视台《新闻直播间》——《战疫情·火神山医院：病房区进入室内设施安装阶段》（http：//tv. cctv. com/2020/02/01/VIDEnZnqJyUjhxsIMxJhEM8I200201. shtml）。

5. 中央电视台《新闻调查》——《透视运城渗灌工程》（https：//v. qq. com/x/page/p0156yuoe6c. html）。

6. 中央电视台《新闻周刊》——白岩松对李子柒的述评（https：//v. qq. com/x/page/h30359ib9go. html）。

7. 中央电视台《新闻周刊》——疫情下的复工（http：//tv. cctv. com/2020/02/15/VIDEXysHLi54A8l4bYoCutDa200215. shtml）。

8. 北京卫视《养生堂》——专访钟南山院士（https：//haokan. baidu. com/v？pd=wisenatural&vid=6650821501774475792）。

第九章

视听新闻文本的结构与叙事策略

【本章学习要点】

视听新闻文本虽因不同的节目类型而形式不一，但在基本结构和叙事策略上存在一定的共性规律。

- 视听新闻文本叙事的核心目标是可读性，它的结构取决于其叙事逻辑。
- 好的视听新闻文本应该是一个好的故事。
- 互联网环境下的多级传播使视听新闻文本具有高度的开放性，传播的长尾效应大大增强。

罗兰·巴特（Roland Barthes）① 在《叙事作品结构分析导论》中说："叙事是与人类历史本身共同产生的；任何地方都不存在，也从来不曾存在过没有叙事的民族；所有阶级、所有人类集团，都有自己的叙事作品，而且这些叙事作品经常为具有不同的，乃至对立的文化素养的人所共同享受。"按照杰拉德·普林斯（Gerald Prince）的定义，所谓"叙事"就是"对于一个时间序列中的真实或虚构事件与状态的讲述"②。因而，叙事既离不开事件，也离不开叙述。作为一种讲述真实事件（状态）的叙事文本，视听新闻报道自有其独特的表达方式。但无论形式如何变化，它都要达到所有叙事文本共同的目的：为文本的接受者所理解。"我们经常基于可读性（readability）来描述（叙述）文本的特征：我们说它具有高度可读性，或者它缺乏可读性，或者简直没有可读性。我们通常的意思是多少不等地易于破译或理解，以及它有大小不等的趣味性与愉悦性。很显然，正如阅读一个文本是文本与读者的一种功能一样，该文本的可读性也是这二者的一种功能。"③ 2003 年，在中国电视新闻发轫于《东方时空》的一轮改革进入第十个年头的时候，这场改革的发起者之一孙玉胜以一本名为《十年——从改变电视的语态开始》的书回顾了这段艰辛而辉煌的历史，在该书的后记中他这样写道："多年来，虽然几经改革，但媒体的语言表达方式与群众的语言表达方式有时还是两个系统。媒体的语言表达群众不愿意听，没有吸引力；

---

① 罗兰·巴特，法国结构主义思想家。所著《叙事作品结构分析导论》是结构主义叙事的经典著作。

② 普林斯．叙事学：叙事的形式与功能［M］．徐强，译．北京：中国人民大学出版社，2013：1-2.

③ 同②131.

而群众的语言表达在媒体看来又不符合某种习惯。……《东方时空》的电视新闻改革，正是从改造我们的语态，或者说是从改变说话的方式开始的。更深一层理解，如果不是贴近而是远离实际、远离生活、远离群众，那么在信息资讯高度发达的今天，我们的文化竞争力和媒体吸引力从何而来？如果缺少这种竞争力和吸引力，又何谈舆论安全、文化安全、执政安全和国家安全中的媒体责任？”①

对视听新闻文本而言，可读性应当是其叙事的核心目标。

第一节 视听新闻文本的叙事逻辑与结构方式

“语法的逻辑成分说明了任意叙事的命题内容。……它还使我们能够概括任何叙事的内容（一个充分概括应当包括叙事性事件的内容，并包括那些作为叙事性事件之原因与结果的事件，以及那些导致了或源自这些原因和结果的事件之内容）。”② 一个视听新闻文本要达到向阅读者准确表达的目的，首先必须建立清晰的叙事逻辑，而这种逻辑决定着文本的结构方式。

一、视听新闻文本的叙事逻辑

视听新闻文本是用视听语言来进行叙事的，其叙事逻辑不仅包含一般意义上对事件或主题的讲述，而且要考虑镜头衔接、场景转换、段落构成等声画剪辑方面的形式元素。视听新闻文本的叙事逻辑主要包括两大方面：生活的逻辑和表现的逻辑。前者更侧重事件本体的内在逻辑，后者则更侧重报道者基于主题表现和对观众心理需求的把握而采取的表达策略。

（一）生活的逻辑

符合生活逻辑是视听新闻文本创作的基本要求。所谓生活逻辑是指事物本身发展变化的逻辑，这是生活本身的规律，也是视听新闻报道最基本的依据。当然，报道本身就包含着取舍，它不可能也没有必要把事件的全过程搬到屏幕上，但是任何画面的取舍，对事件情节、主体动作、事件发生的时间和空间的重新组合都必须符合客观世界的规律。视听新闻报道最基本的目的，就是要通过声画的组接，再现所拍摄的新闻事件的真实情形。从视听新闻文本叙事的角度而言，这里所指“生活的逻辑”重点应关注两方面的问题：情节发展的逻辑、人物事件关系的逻辑。

1. 情节发展的逻辑

新闻事件的发生和发展有其严密的逻辑链条，而视听新闻前期拍摄是分镜头进行的，这在某种程度上是对这种逻辑链条的破坏，后期剪辑的目的就是要把被破坏的逻辑链条修复过来，还原新闻事件的本来面目。在进行剪辑之前，剪辑者要对素材画面进行全面的审看，并结合前期采访中所掌握的其他资料，整理出事件的逻辑主线、确定要表现的重点、挑选合适的细节，在此基础上形成文字稿件，最后根据稿件进行声画的剪辑，声画的剪辑要紧紧围绕事件发展的逻辑主线进行。

中央电视台《新闻调查》2003 年 1 月 18 日播出的一期节目《死亡名单》就是典型的

① 孙玉胜．十年：从改变电视的语态开始 [M]．修订版．北京：人民文学出版社，2012：444.

② 普林斯．叙事学：叙事的形式与功能 [M]．徐强，译．北京：中国人民大学出版社，2013：93.

按照情节发展逻辑叙事的例子。2002 年 12 月，山西省临汾市尧都区阳泉沟煤矿发生一起伤亡多人的瓦斯爆炸事故，当地有关方面瞒报死亡人数。为了查明真相，记者曲长缨进行了行程三个省、历时半个月的调查追踪，最终确认了瞒报的事实。图 9－1 是记者历尽波折找到第一位被瞒报的遇难矿工的家属。整个节目在叙述上围绕的是记者报道行动进展的逻辑线索：开始调查——多方求证——最终成功。

图 9－1　《新闻调查》栏目之《死亡名单》

2. 人物事件关系的逻辑

在新闻事件中，人物与人物之间、人物与事物之间、事物与事物之间往往存在一定的逻辑关系，或是因果关系，或是对应关系，或是冲突关系，或是平行关系。剪辑中要准确并且恰当地表现这种关系。

（1）因果关系。

这是事物间常见的相关关系。看到原因而欲知结果，这是人们正常的思维逻辑。比如，当人们看到足球运动员起脚射门的画面，他们就会下意识地想知道射门的结果，下一个镜头就应当马上表现这种结果，而如果这时候插入观众反应的镜头，就会令观众感到焦急。当然，这是正常的新闻片剪辑的逻辑，如果有意要造成某种悬念则另当别论。另外，在新闻片的剪辑中，经常会出现因果倒置的处理方法。就是先展示事件的结果，再回述原因，特别是当事件的结果更具有吸引力时，这样的处理是必需的，它可以从一开始就抓住观众，使观众由于结果的吸引而产生急欲知道原因的冲动。

（2）对应关系。

一个事件或动作往往会引起某些相应的反应。这种事件或者动作与它所作用的对象的反应就形成呼应关系。比如，会场上做报告的人与听众，正在谈话的被采访者与采访的记者，比赛中的运动员与观众，正经过十里长街的邓小平的灵车与沿街群众中一位泪流满面的女士，凝视前方的视察者与前方的工程场面，倒塌中的世贸中心大楼与惊慌、悲伤、绝望的美国民众，等等，这些都构成了一种呼应关系。上述例子提到的“听众”“记者”“观众”“女士”“工程场面”“民众”的画面被称为反应镜头。反应镜头的使用有两种情况：其一，当引起反应的主体动作带有强烈的指向性时，反应镜头应当及时出现。比如，上一个镜头是招手呼喊，下一个镜头就应当马上出现被喊对象；又如，当主体明显在往某一方向观看时，被观看事物的画面也应当及时出现。其二，当引起反应的主体动作没有明确指向性，而且有较长时间的延续过程时，反应镜头应当选择在反应的高潮点——最全神贯注时、最感动时、最忘情时、最紧张时、最快乐时……这是表现对应关系的最佳时刻。比如，演播室新闻访谈节目中，主持人或者记者与被访问人构成一组对应关系，但并不是任何时候都需要主持人或者记者的反应镜头，这种反应镜头应当出现在被访问人讲到精彩处、主持人或者记者反应的表情最丰富的时候。如果主持人或者记者的反应镜头切换过多，会破坏被访问人表情动作的连贯感；反之，如果被访问者谈到精彩处没有主持人或者记者的反应镜头作为回应，观众又容易产生不满足感。图 9－2 是中央电视台《新闻调查》栏目 2002 年 3 月 23 日播出的一期报道《和神话较量的人》。主持人王志对话中央财经大学教师刘姝威，后者刚刚因揭露上市企业蓝田公司财务造假而成为热点人物。采访中，双方在谈及“蓝田神话”背后的因素时有一段精彩的对话：

主持人：你指的这个因素是权力吗？
刘姝威：你说呢？
主持人：我问你。
刘姝威：我问你。你听了我的讲述的话，你认为这个因素是什么？
主持人：你是当事人。
刘姝威：这个问题我想应该让公众来分析吧。

图 9－2 《新闻调查》栏目之《和神话较量的人》

在这段对话中，穷追不舍的主持人和欲言又止的当事人围绕一个问题反复交锋，镜头在两人之间不断切换，形成了极富内在张力的交流感。

另外，剪辑中的对应关系不仅表现在画面与画面的呼应上，还表现在语言与画面的呼应上，也就是由讲话内容或者配音解说所引出的插入镜头。比如，报道海昏侯墓被发现，文物专家在接受采访时谈到其中诸多考古成果，这时就可以配合他的同期声插入这些考古发现的镜头。又如，在一则报道整治市容市貌的新闻中，解说词提到“我们来看这样一组画面……”，此时适时插入表现城市卫生状况的画面。这些都构成逻辑上的对应关系。

（3）冲突关系。

冲突关系又称对比关系，反映生活中的矛盾冲突和斗争。如图 9－3 所示，2020 年 1 月 26 日，新冠疫情期间，湖北《长江日报》记者在封城后的武汉街头做现场直播。面对昔日繁华喧闹充满人间烟火气而现在空空荡荡的城市，记者在镜头背后哽咽着报道：“武汉这时候应该是车水马龙的”“而现在我的武汉没有跑车”“我的武汉一定会好起来！”文本所蕴含的矛盾冲突关系通过声画语言形象地展示出来。

图 9－3　湖北《长江日报》记者现场直播封城后的武汉早晨

当然，这种冲突关系也并不总是在文本中直接表现，而是在文本与观众心理、社会语境的相互作用中呈现出来。2020 年新冠疫情期间，武汉医生李文亮因向公众预警新冠疫情被警方训诫（后被警方撤销）而受到社会广泛关注。2020 年 2 月 1 日，他在微博上发出最后一条信息：“今天核酸检测结果阳性，尘埃落定，终于确诊了。”（见图 9－4）2 月 7 日，李文亮去世。李文亮的故事成为新冠疫情期间最大的社会舆论热点之一。不仅“李文亮医生最后一条微博”登上当天微博热搜，而且在李文亮去世后，这条微博的下方仍长期每天有成千上万的网友留言，“几乎是以每分钟增加一条留言的速度持续增长，从未停歇”①。尽管只是看起来轻描淡写的一句话，但是这条微博信息的截图却成为一个富于冲击力的故事文本，在各种话语空间中被不断使用。

（4）平行关系。

新闻报道中经常有这样的情况：某些事件由于其具有较高的社会关注度和关联度，可能在同一时间、不同的空间范围内产生了相关的反应。比如，新冠肺炎疫情全球蔓延，马航 MH370 航班失联，机上 239 人生死不明，一年一度的春运……这些新闻事件，有的对所有关注者都有实际利益的影响，有的在普遍意义上的人性层面对人造成心理和情感的冲击，通过剪辑把这些相关联的现象或者反应组合在一起，有助于表现新闻事件的广度和深度，同时也有助于对事件的全面、客观报道。

（二）表现的逻辑

1. 观众欣赏的心理逻辑

前面我们说过，蒙太奇源于人们日常生活的经验。因此，在画面剪辑时要充分考虑到这一点，适应观众欣赏的心理逻辑。换句话说，要符合他们的心理需求。观众的心理需求包括以下几点：

---

① 难以置信！李文亮的微博下方，诞生了互联网的奇迹［EB/OL］.（2020－03－12）［2020－04－18］. https：//tech. ifeng. com/c/7umSjWfO84t.

图 9-4　李文亮医生的最后一条微博

（1）了解画面信息。

这是观众最起码的需求。假如不能让观众了解画面内的信息，剪辑也就失去了意义。要让观众看清楚画面内容，需要考虑以下几方面的因素：

其一，不同景别。对应于人们不同的视觉体验，影视中产生了不同的景别。不同的景别有不同的表现功能，可以适应观众不同的心理需求。什么时候该用什么景别、用多长，都服从于观众欣赏的需要。观众需要了解人物与环境的关系，就应该用全景；观众需要了解细节，就要用近景、特写。比如，新闻中报道某工艺品是如何巧夺天工，观众一定想近距离地看看它到底是什么样，这时候就要多用近景、特写。如果一味夸赞而不出现工艺品本身的镜头，或者出现了也是一些大全景，肯定会让观众干着急。

其二，画面的长度。另外，景别不同，需要看清楚画面内容的时间也不同，远景、全景包括的元素多，需要看清的时间就比近景、特写长一些。

其三，细节的强调。有些细节很有意思，但是可能在画面中一闪而过，特别是运动画面中精彩的瞬间，观众不易看清楚，这就需要编辑时有意地加以强调，提醒观众。比如用慢动作、定格，或者通过美工制作手段对画面细节部分加以提示。

（2）了解事物的全貌。

编辑由于采访、拍摄时对事物的全貌已经有所了解，而且经过了反复研究，所以他很容易获得对事物认识的总体感。而观众则不然，他们只能通过镜头了解事物，有些在编辑看来理所当然的事情在他们那里却可能难以理解。如果编辑在对镜头进行省略和重新组合的过程中没有考虑到这一点，就很可能造成观众理解的困难。所以在剪辑画面时，对于时间、地点、环境、人物关系、事件进程等关键信息一定要交代清楚。

（3）情感的需要。

观众在看影视作品时，不仅希望看清楚画面、了解清楚事件，而且有情感方面的需求，对一些画面可能产生特殊的欣赏要求。

比如，有些画面很精彩，按常规处理，长度也足以让观众看清楚，但是他们可能还希望多看一会儿，这就需要有意延长画面。有些非常精彩、刺激的场面，观众可能需要长时间观看，这时候可以对那些经典画面反复播放（有时候还要做慢速处理），也可以就同一内容选择多角度、多侧面的画面加以充分展示。比如，2002 年韩日世界杯期间，韩国队凭借安贞焕的一粒金球淘汰意大利队进入八强，这一历史性的胜利在韩国民众中激起了狂热的反响。韩国电视台也迎合人们的心理，有一段时间，各电视台充斥着安贞焕这个进球的画面，各个角度反复播放，观众也百看不厌。

2. 报道者表达的逻辑

除了考虑生活的逻辑、观众的需求之外，视听新闻的报道者还有其自身进行意义表达的逻辑。除了叙述事实之外，视听语言的组接往往还有创作者某种主题、态度、情绪、情感表现的需要，比如象征、隐喻、联想等蒙太奇表意功能的体现，视觉节奏的运用，等等。中央电视台纪录片《舌尖上的中国》第一季第四集《时间的味道》中有这样一个片段：在香港大澳渔村老人的故事接近尾声时，一段低缓的画外解说响起（“大澳是香港观赏日落最理想的地方，在这里，指的也许不仅仅是风景”），与之相伴的一组镜头是静静坐着的老人、几乎闲置的腌鱼工具、空无一人的海岸，再配以缓慢的钢琴音乐，构成一个与现代社会快速发展形成强烈反差的寥落渔村场景（见图 9－5）。在这里，创作者借助解说、画面、配乐的综合运用传达了这样一层言外之意：在时间的流逝中，既有恒久不变的沉淀，也有白云苍狗般的物是人非。

图 9－5　《舌尖上的中国》第一季第四集《时间的味道》

二、视听新闻文本的结构方式

事件的发展是与时间和空间紧密联系在一起的，自从有了分镜头拍摄以来，时空问题就一直是影响视听文本创作的一个重要因素。影视的时空既是虚拟的，又是可信的，影视文本的时空结构就是镜头组接的时空结构。一部影视片的结构有时空问题，一个段落的构成有时空问题，一个场景的转换有时空问题，一个镜头与另一个镜头的组接也同样存在时空问题。一部影视片以什么方式来叙述故事，就有什么样的时空结构。创作者必须根据叙事逻辑的总体安排对时空结构进行合理、准确的处理。

（一）依照时间逻辑建立的结构

以时间逻辑作为叙事的主线，视听文本有两种主要的结构：顺叙式结构和倒叙式结构。很多情况下，这两种结构方式在一个文本中会混合使用，整体上以一种结构为主，局部则会采用另一种结构。

1. 顺叙式结构

顺叙式结构是指按事件发展的时间顺序来组织结构。这是视听文本传统的叙事手法，符合人们的正常思维逻辑，但有时候结构显得单一、缺少起伏变化，处理不好容易变成平铺直叙记流水账。在视听新闻特别是消息类新闻的制作中，顺叙式结构是最常见的叙事结构。采用这种时空结构，最重要的是要选择那些典型事件和典型情节，切忌平均用力。这在一些强调记录生活“原生态”的纪录片和新闻调查类节目中表现得尤为突出，前者以事件发展的自然进程作为叙事逻辑，后者以记者揭示事件真相的过程作为叙事逻辑。以图 9－1 的《死亡名单》为例，从记者接到举报开始调查作为时间起点，地点涉及矿难现场、矿工宿舍、有关部门、医院、太平间、遇难者家中等多处，空间上跨越三个省，非常复杂，但是节目始终以记者调查的时间顺序（开始调查、多处碰壁、在矿区宿舍捡到死者通讯录小本的意外收获、在安徽找到第一位被瞒报的遇难矿工的家属、确认多位遇难矿工被瞒报的事实）作为叙事的逻辑线，以调查的关键情节特别是关键进展作为叙事重点，对历时半个月的调查过程做了层层推进、扣人心弦的描述。

2. 倒叙式结构

倒叙式结构是先出现结局或者高潮，然后再往前追述。这种方法容易从一开始就吸引住观众，比如一则报道城市定向爆破的新闻，如果用顺叙式结构，从为什么要组织这样一次爆破到爆破的组织最后到成功实施爆破，这样的结构无疑显得平淡。而用倒叙的方法，新闻的一开始展现爆破的场面，然后追述组织爆破的背景，就能迅速抓住观众。在日常新闻报道特别是追求时效的消息类新闻报道中，倒叙是最常使用的一种叙事方式，它强调最新和最具冲突性的信息的前置，既有助于提高信息表达的效率，又容易产生先声夺人的效果。在互联网短视频、碎片化传播的环境下，倒叙式结构尤为普遍。

当然，这种倒叙并非完全的逆时间线叙事。多数情况下，倒叙式结构在其总体框架内会部分采用顺叙式结构。一方面，通过总体结构上的倒叙，强化冲突效果；另一方面，用顺叙式结构保证局部叙事的准确清晰。

（二）依照空间逻辑建立的结构

依照空间逻辑建立的叙事结构多表现为平行结构和交叉结构，其核心逻辑表现为各叙事片段在主题上的关联与呼应。事件总是存在于一定范围的空间之中，不同空间中的事件如果在一个视听文本中出现，原因可能主要来自两方面：一是创作者用某一主题对这些不同空间中的故事进行了“聚类”，使之合理地存在于同一文本中；二是事件本身的影响溢出了某一个具体的空间，在更广阔的空间范围内属于同一个大事件的不同子事件存在着关联。

1. 平行结构

在这种结构的文本中，各个局部叙事单元的人物、事件并无表面形式上的具体关系，而更多是基于创作者提炼的主题的相关性结合在一起。以纪录片《舌尖上的中国》为例，这个在观众中引发热烈反响的节目围绕中国人对美食和生活的美好追求，用具体人物故事串联讲述了中国各地的美食生态，其第一季的七集节目分别围绕自然的馈赠、主食的故事、转化的灵感、时间的味道、厨房的秘密、五味的调和、我们的田野这七个分主题展开，每一集又围绕分主题包含若干个小的人物故事。这些人物故事在现实空间中并无交集，也无具体的联系，但是经由创作者的提炼，这些故事中的共性元素被激活出来，在文本中产生了被观众感知和理解的关联。例如，第一季第四集《时间的味道》涉及的主要有腊肉、火腿、烧腊、咸鱼（腌鱼）、腌菜、泡菜、渍菜等美食以及盐渍、糖渍、油浸、晾晒、风干、冷冻等不同的食物保存方法，展现以此为基础和原材料的各种中国美食。节目中出现的人物故事有七八个，它们在实体空间中毫无关联，但经由节目以“时间”这一要素做提炼，这些人物、故事以及包含其中的美食都有了共性，正如节目结尾时所说：“这是盐的味道，山的味道，风的味道，云的味道，时间的味道，人情的味道。这些味道，已经在漫长的时光中和故土、乡亲、勤俭、坚忍等等情感和信念混合在一起，才下舌尖，又上心头。”（见图 9－6）

图 9-6　《舌尖上的中国》第一季第四集《时间的味道》

2. 交叉结构

交叉结构突破了单层次、单线条的传统叙事结构，从多层次、多人物、多事件、多侧面交叉组合，多条线索交叉出现最后达到高潮。文本中所涉及的人物、故事存在于多个不同的空间中，在文本中交替出现。与平行结构不同的是，交叉结构中的这些人物、故事彼此之间存在具体的联系，它们都与某个更宏大的事件相关，其叙事服从、服务于这一更高层级的事件。这样的结构方式最重要的一点就是要注意悬念，不要使谜底过早揭开；另外，要注意具体线索的交叉与逻辑主线的清晰，多条线索的交织必须围绕一条逻辑主线，不能混杂一气。

2020 年新冠疫情期间，新华社拍摄了一部反映武汉战“疫”两个月的全景纪录片《英雄之城》（见图 9-7）。该片基于新华社 60 多位记者深入武汉现场拍摄的大量珍贵影像，以群像的方式记录这段不应该被忘记的历史。片中既有最早为疫情防控工作拉响警报的医学专家，也有奋战在一线的医生、护士、病人、普通市民、志愿者、民警、工人……片中的人物各有其精彩故事，但都紧紧围绕抗击疫情这条主线，在疫情这一特殊情境下构成了一部抗“疫”群英谱。①

第二节　视听新闻的叙事理念：讲一个好的故事

日本作家村上春树是世界知名的小说家。在他小说的收入中，海外版权部分甚至超过了日本国内。关于为何在全球如此受到欢迎，村上在接受媒体采访时说：“我自己也不太清楚是什么原因。可能是作品的故事趣味性和文体具有普遍的感染力。”他进一步解释道：“故事是世界共通的语言。谁都愿意读有趣的故事。”② 日常的经验也显示：相比于听观点，人们更喜欢听故事；相比于看思想，人们更喜欢看事件。相对于群体化的描述，个人或小

① 武汉战“疫”全景纪录片《英雄之城》［EB/OL］.（2020-03-26）［2020-04-24］. https://xhpfmapi.zhongguowangshi.com/vh512/share/8987030?channel=weixin&from=timeline&isappinstalled=0.

② 村上春树：故事是世界的共同语言［EB/OL］.（2008-04-02）［2020-04-24］. http://www.chinawriter.com.cn/2008/2008-04-02/27377.html.

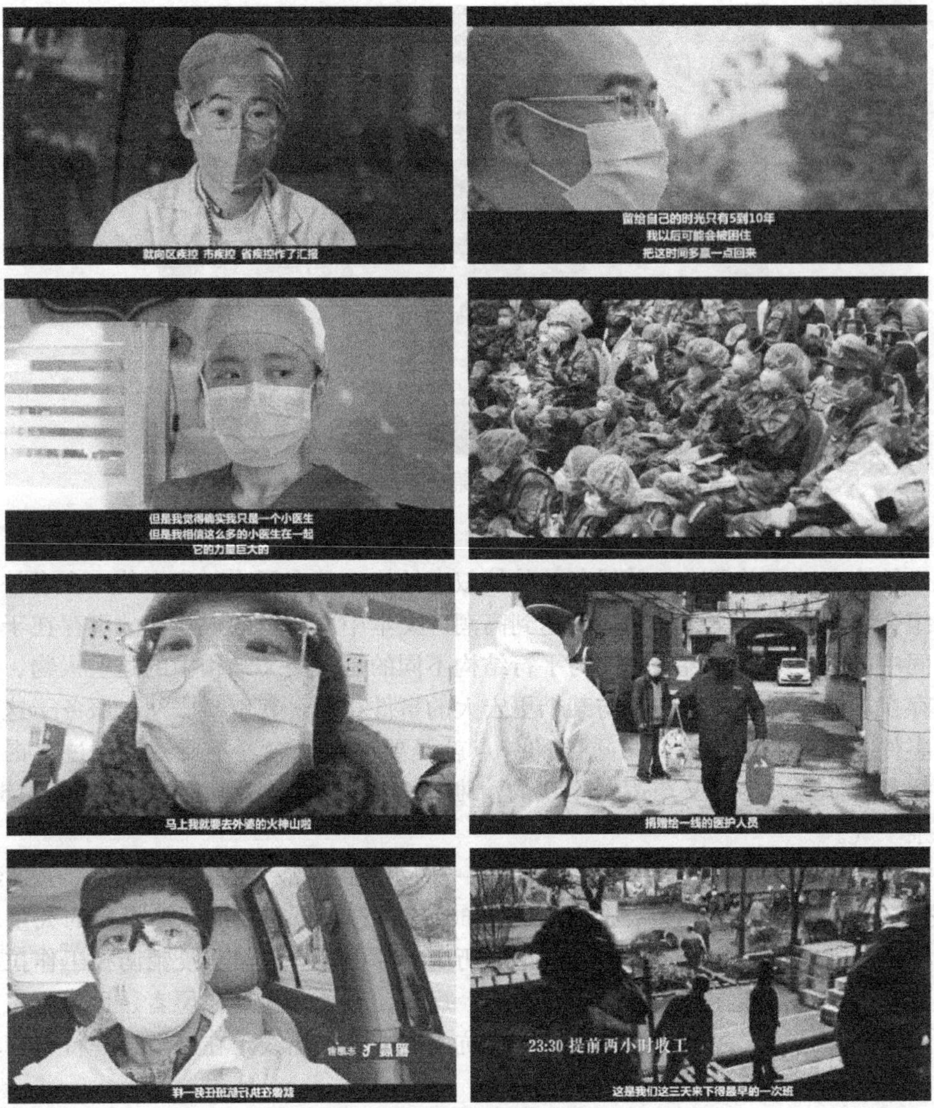

图 9-7　武汉抗击新冠疫情的纪录片《英雄之城》

群体的故事更易于从一个富于人情味的、具象的角度生动阐释新闻事件的影响、意义。在某种意义上，讲故事就是让观众体验新闻事件发生的那个时刻。研究显示，以说故事的方式向人们提供的信息更容易被理解和记忆。因为这种方式让人放松，让人觉得有趣。以这种方式整合过的新闻素材将更加有效地吸引读者。因为读者看到的不再是干巴巴的事实罗列，而是真实的生活。“故事也可以用来解释一件事情。当人们对某些事情感到困惑的时候，你用故事来帮助他们解开疑惑。就像这样，‘你不理解，是吗？那好，让我给你说个故事吧……’实际上，讲故事就是通过举例帮助人们进行理解。”①

在西方新闻报道用语中，“story”是一个常见的词，如“top story”（头条故事）、

① 施瓦茨．美联社新闻报道手册［M］．曹俊，王蕊，译．北京：中央编译出版社，2014：222-223.

"full story"（详细报道）等等。事实上，英语词典中关于"story"就有这样的解释："report of an item of news in a newspaper；event，situation or material suitable for this"（关于某一新闻事件的报道；适合报道的事件、情境或材料）。新闻故事或者说新闻的故事化表达是视听新闻抓住受众的重要手段。正如CBS《60分钟》创始人唐·休伊特所说："什么让我们成功？四个字——'讲个故事'。电视节目是否成功，关键在于主播能否让观众从琐事中抽身出来，让他不去接电话，不去管孩子是否在哭，甚至不管老婆催着开晚饭。"① "《60分钟》成功的秘密就是去发现那些比你更会讲故事的人，而你的工作就是帮助他们把故事讲出来。"曾有人问休伊特："是否愿意让布兰妮·斯皮尔斯上《60分钟》？"休伊特答道："当然，如果她有故事要说的话。"② 在某种意义上，新闻报道就是一门讲故事的艺术，只不过这种"新闻故事"（news story）不同于文学、影视艺术的虚构，它是一种真实的故事。

曾获普利策新闻奖的美国记者富兰克林说："用故事化手法写新闻，就是采用对话、描写、场景设置等，细致入微地展现事件中的情节和细节，凸显事件中隐含的能够让人产生兴奋感、富有戏剧性的故事。"③ 1964年普利策新闻奖获奖作品《历史在我们眼前爆炸了》就是一个典型例子。文中这样写道：

> 这是一个十分迷人的阳光和煦的中午，我们随着肯尼迪总统的车队穿过达拉斯布的繁华市区……突然，我们听到三声巨响，声音听起来十分凄厉。第一声像是爆竹声。但是，第二声和第三声毫无疑问就是枪声。大概距我们约150或200码前面的总统专车立即摇晃起来。我们看见装有透明防弹罩的总统专车后的特工人员乱成一团……

一个好的故事应该蕴含一系列情节、细节，当一个令人关切的人物碰到一个复杂的情景，他的遭遇和反应就是情节的展开。在新闻报道中，故事化手法的运用就是要强调对事件过程的展现，以及对事件内含的悬念、冲突的表现。其基本理念就是，主题事件化，事件故事化，故事人物化，人物细节化（见图9-8）。

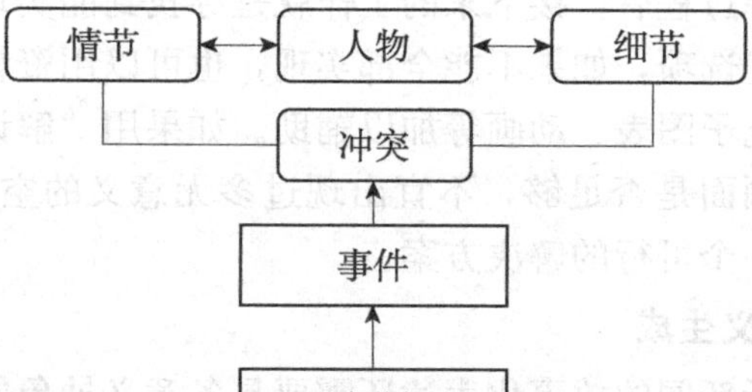

图9-8　视听新闻故事化表达的逻辑路径

① 60分钟创办人休伊特：讲故事让我们成功［EB/OL］.（2005-03-03）［2020-04-16］. http：//news. sina. com. cn/w/2005-03-03/20135980461. shtml.

② "60分钟"创始人很会讲故事［EB/OL］.（2004-05-27）［2020-04-24］. http：//gzdaily. dayoo. com/gb/content/2004-05/27/content_1558903. htm.

③ 刘寒娥，张丽萍. 故事化：新闻写作的一种思路［EB/OL］.（2018-07-26）［2020-04-24］. https：//www. sohu. com/a/243549896_737920.

一、以“事件”为载体的主题展示

视听新闻文本的特点和优势就在于表现具象信息。因此，好的视听新闻故事首先应该是一个事件。当然，新闻报道不是对生活的简单记录和呈现，不是所有事件都有价值而获得报道，视听新闻故事中的事件应当能够承载报道者希望传达的主题。因此，视听新闻报道的一项基础性工作就是主题的事件化。这需要两方面的能力：可视化的能力和意义抽象的能力。

（一）新闻主题如何视觉化呈现

可视化思维是视听创作的必备技能。如前所述，视听文本并不擅长表现抽象的、概括性的、不可见的题材，但是，对专业新闻机构而言，任何新闻报道都需要有一定的意义而不是有闻必录。换言之，必须有一个主题。视听新闻报道要表达主题，就必须为其找到可见的载体，考虑其视觉表现形式。主题的可视化思维需要以具体事件或具体人物为载体。以前述纪录片《舌尖上的中国》为例，其可视化的思维路径如下：以“中国文化”作为母题，选择“中国美食”作为其载体，进而选择“具备区域代表性的食物”，最后落到“松茸、盐、笋”等具体的视觉符号和与其相关的事件上（见图 9－9）。

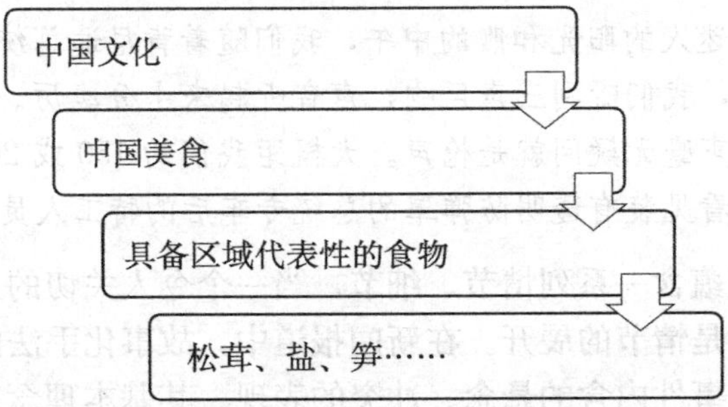

图 9－9　纪录片《舌尖上的中国》主题的可视化过程

在完成了以上的选择过程后，接下来的工作就是寻找到能实现影像化的载体：能够现场采访拍摄的当然是最优选项，如果不能全部实现，也可以用资料（包括影像资料、文字资料、实物资料等）和电子图表、动画等加以辅助。如果用“解说＋画面”的形式，则必须同时考虑负载解说的画面是否足够，不宜出现过多无意义的空镜画面。针对这一问题，运用数据可视化技术是一个可行的解决方案。

（二）新闻事件的意义生成

在可视化之外，视听新闻的故事化表达还需要具备意义抽象能力。抽象性是意义表达的最重要特征，抽象需要抓住意义表达的本质要点。抽象是有层级的，抽象层级越高，越淹没个性内容，越能寻求普遍意义，这需要对事物关键本质的抓取能力和普遍的联想力。同时，对意义的抽象必须与报道者想要表达的主题密切相关，与其所在的媒体、频道、栏目的定位和在具体事件上的立场密切相关。

以图 9－10 为例：一头叫作“阿花”的奶牛的故事，通过意义的抽象升级，可以展示不同的意义主题。

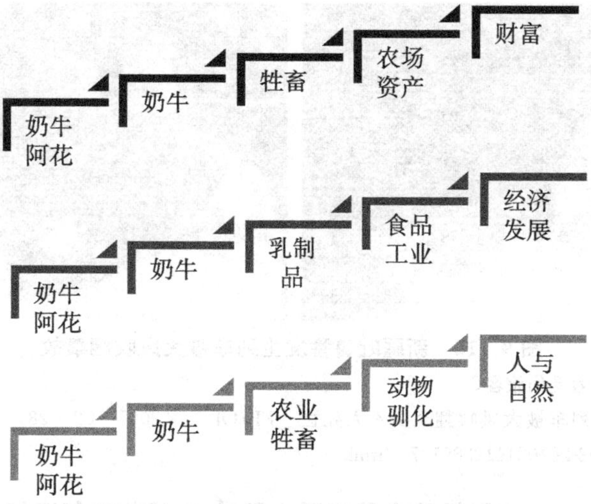

图 9－10　意义抽象的不同指向

二、以“人物”为主体的故事讲述

在一个新闻故事中，充满吸引力的中心人物是观众共情的基础。观众情绪投入的变化随着事件的发展和对于中心人物的持续关注呈现逐渐加深的趋势（见图 9－11）。

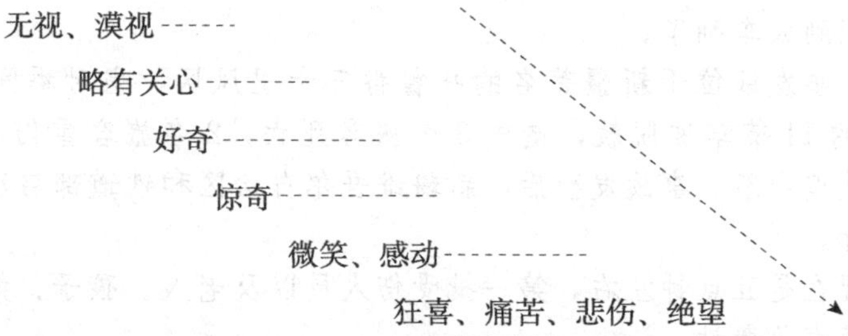

图 9－11　观众情绪逐渐加深的过程

同时，中心人物也是事件的主体，其行为动态、矛盾冲突推动着事件往前发展。人物与故事之间有能相交或相互结合的点，可以作为叙事的跳板。人物作为故事的参与者、见证人、研究者等，可以成为故事的讲述者。

对于观众来说，“人”总是新闻报道中最富感染力的因素之一。事件由“人”而引起，并围绕“人”展开，最终对“人”产生影响。事实上，任何视听新闻报道中都离不开人的因素。但在如何表现“人”上，不同的方式却可能产生不同的效果。图 9－12 所示为发生在新疆的一起由大风导致的火车翻车事故。2007 年 2 月 28 日，从乌鲁木齐驶往阿克苏的 5807 次列车遭遇特大沙尘暴，11 节车厢被狂风推翻。事故造成 4 人死亡，上百人受伤。

大风吹翻火车！

这一极具新闻价值的事件迅速被各大媒体广泛报道，电视当然也不会放过这一绝佳的新闻题材。以下是国内某电视台当天的报道：

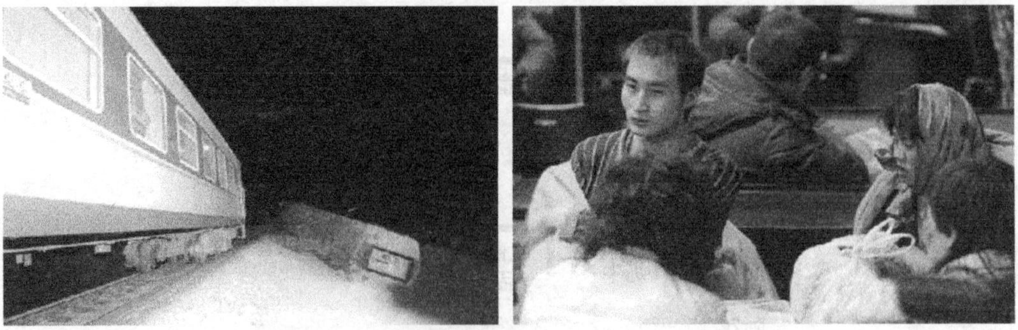

图 9-12　新疆吐鲁番发生列车被大风吹翻事故

左图为事故现场，右图为受伤旅客。

资料来源：新疆吐鲁番列车被大风吹翻至少 4 人死亡 [EB/OL]. (2007-02-28) [2020-04-24]. http://news.sina.com.cn/c/2007-02-28/081112389137.shtml.

南疆铁路今晨遭受大风袭击 目前恢复运行

今天凌晨，一辆满载乘客的列车，行驶在南疆铁路时遭遇大风，11 节车厢脱轨，目前乘客已经得到了妥善安置。

这辆列车是昨天 22 点 36 分从乌鲁木齐开往阿克苏的 5807 次列车，在运行三个多小时后遇到大风，部分车窗玻璃被击碎。正当乘客协力用棉被堵窗户时，凌晨 2 点 5 分时，列车车厢突然倾斜翻倒。当时新疆台两名记者正在列车的 7 号车厢。

记者：车厢猛烈地颤抖，我当时手抓着这个栏杆，身子突然就侧过来了，脚也悬空，后来意识到火车翻了。

据了解，事发地位于新疆著名的吐鲁番三十里风区，当时瞬间风力强达 13 级，19 节车厢中的 11 节车厢脱轨，造成 3 名旅客死亡，2 名旅客重伤，32 名旅客轻伤，南疆铁路线被迫中断。事故发生后，新疆维吾尔自治区和铁道部启动应急预案，救援工作随即展开。

记者：现在是五点钟左右，第一批受伤人员以及老人、孩子、妇女乘客已经安全转移到了小草湖收费站。

上午 11 点 30 分，最后一名伤员被成功救出。受伤的旅客被送到附近的医院进行救治。脱轨列车上的其余 200 多名旅客由 20 多辆大客车分别送往目的地。7 点 48 分，未脱轨的 8 节车厢，载着 870 多名旅客继续开行到库尔勒。经过 12 个小时的抢修，南疆铁路在上午 11 点半恢复通车。目前，事发地点仍然持续大风，善后事宜正在处理中。

这则报道中有没有“人”呢？显然是有的——“乘客”是这起新闻事件中最关键的元素。但是，看完报道之后，我们对这些“人”有什么具体的印象吗？似乎很难。事实上，从新闻标题就可以看出报道者的价值判断：“南疆铁路今晨遭受大风袭击 目前恢复运行”。在这起翻车事故中，什么是最重要的信息？或者说最应该让受众关注什么？作者在标题中给出了答案——“（铁路）目前恢复运行”。而作为新闻主体的“人”，则被贴上了“乘客”“旅客”“受伤人员”“老人、孩子、妇女乘客”这样的身份标签，甚至既是报道者又是事件亲历者的记者（对于一则突发新闻来说，这是多么难得的机会！），也只不过用“新疆台两名记者”笼统交代。一个个鲜活的个体以及他们的经历、情感、音容笑貌，这些本应该着力表现的最生动的元素，却在如此概念化的报道中烟消云散。

显然，这种群体化、概念化的"人"是不足以成为故事主体的。在美联社特写新闻部主任布鲁斯·德希尔瓦看来，"要选择那些能够引起读者兴趣的人作为主角。这样他们才会读你的文章。他们喜欢这个人也好，讨厌也好，他们都将对你的文章产生兴趣，这样才能让你阐述的观点在他们中间引起反响"。"人物性格的刻画也很重要。你不能只是单纯地列出人物的姓名、职业、年龄……因为这样你无法让读者去了解你想要刻画的人物。绝不能让人物性格显得一成不变，那样才能达到栩栩如生的刻画效果。"①

在大风吹翻火车这样一个高度故事化的视听新闻报道中，我们所见到的"人"应当是具体的、鲜活的。这是一些真实的个体，他们不仅有名有姓，而且有情感、有血肉。在屏幕上，他们用自己所见、所闻、所感、所经历的一切向观众演绎那些惊心动魄的场景，以及属于"人"的真情，有苦痛、有温暖、有感动。

因此，在一个好的新闻故事中，作为主体的"人"总离不开个体化的描述。"你不能光说，他很聪明，他很滑稽……你必须向读者描述他的言行，因为这样才能展示一个人的性格。""人物性格是通过他的日常行为和对话表现出来的。这里所说的'对话'不是指他在接受采访时说的那些话。因为人们在接受采访时总是将自己真确一面掩盖起来。真正的对话是指在日常生活中人与人之间的谈话。"②

在新闻报道中，表现好作为个体的"人"无疑是吸引受众的关键，而选对要表现的"人"则是更基础的工作。新闻事件所涉及的"人"可能是方方面面的，哪些"人"才能成为我们精心刻画的重点对象呢？哪些"人"的故事受众会感兴趣呢？这需要选择，而选择基于判断——对新闻价值点的判断。

谁是新闻的主角？

这个问题似乎稍具新闻常识的人都能回答。但在实际报道中，答案却往往模糊起来。来看这样一个例子：2005 年 11 月 23 日，因主要水源松花江遭上游化学品污染，黑龙江省省会哈尔滨停止供应自来水。某电视台播发了这样一条报道：

应对松花江重大污染 黑龙江确保市民饮水安全

连日来，黑龙江省、哈尔滨市紧急采取多项应急措施，确保人民群众和机关、企事业单位用水安全。黑龙江省成立了由省长任组长的应对松花江水污染领导小组，连夜组织周边市县向哈尔滨市运输饮用水。到今天，已经有数万吨来自各地的桶装水进入哈尔滨市，记者看到，哈尔滨各大超市商场的货架上都摆满了饮用水。

黑龙江省省长：85%到 90%的居民已经蓄了三四天的水，没有问题。我们又从哈尔滨市以外的绥化、佳木斯、牡丹江调集纯净水和矿泉水……

很显然，在处理这则新闻时，电视台的编辑、记者们把价值点放在"政府确保市民饮水安全"上，因此，作为这则报道中主角的"人"显然是政府的代表。我们充分理解电视台为安定社会情绪所采取的这样一种报道角度，但是，在表现政府有效工作的基础上，能不能把视角放一些在受到这起污染事故影响的千千万万市民身上：这种前所未有的困难会怎样影响他们的生活？他们是如何面对这一切的？政府的应急措施解决了他们的困难

① 施瓦茨．美联社新闻报道手册 [M]．曹俊，王蕊，译．北京：中央编译出版社，2014：221.
② 同①223.

吗？……事实上，在这场危机中，这些普通市民才是真正的主角。但至少在这则报道中，主角退到了幕后。

谁是新闻的主角？

他是新闻事件最核心的参与者：没有他的存在，新闻事件就不可能存在。

他是对新闻事件有着最关键影响的人：他推动新闻事件的进程，左右新闻事态的发展。

他是最能代表新闻事件本质的人：他的经历、情感、态度是新闻事件最生动的写照。

三、以“情节”为驱动的故事发展

如果说“人”是新闻故事的主角，“情节”就是新闻故事的骨干。“人”演绎并推动“情节”，而“情节”给“人”提供行动的载体。“情节”的形成源于两方面的因素及其互动：一方面，作为新闻事件主体的“人”；另一方面，“人”所活动的时间和空间“环境”。在新闻故事中，“人”与“人”以及“人”与“环境”的相互作用最终以“情节”的方式表现出来。好的情节一般由三方面的元素组成：新闻主角的代表性言语和行动；典型的时空环境；新闻主角的言行与典型环境之间的戏剧冲突。在视听文本中，戏剧冲突是由矛盾产生的。它的表现方式多种多样：第一，可能表现为某一人物和其他人物之间的冲突，或称外部冲突。第二，可能表现为人物自身的内心冲突，或称内部冲突。第三，可能表现为人同自然环境或社会环境之间的冲突，把它加以戏剧化。一个好的新闻故事也应当具备一定程度的戏剧冲突，只不过产生这种冲突的矛盾主体都是真实存在的。冲突是情节的基础和动力，情节由冲突而产生，冲突推动情节的发展。“主角总是面对一些难题，一些让读者都感到头痛的问题，而这些问题是无法回避的。这就意味着：这些问题必须是很难解决的。如果主角轻而易举地把它们解决了，那你的这篇文章也就没什么可写的了。”① 视听新闻报道在结构故事冲突时应注意把握事件中的关键情节及悬念的设置。

（一）把握事件中的关键情节

如图 9－13 所示，一个故事的基础结构由三部分组成：起因（概述性的说明）、发展（矛盾冲突和高潮）、结果（解决方案）。其中，矛盾冲突以及冲突爆发形成的高潮是故事最关键的情节。故事中的矛盾冲突包括两类：一是“结构性矛盾”，即整个新闻事件中最为关键的情节点；二是“戏剧性矛盾”，是围绕整个事件的关键冲突而衍生的各个情节点。

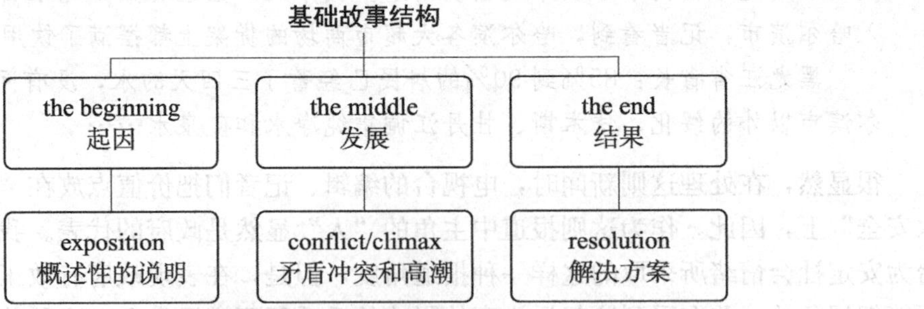

图 9－13　故事的基础结构

由于时长的限制，一个视听新闻文本不大可能对事件的全部情节展开描述。与其平均

---

① 施瓦茨．美联社新闻报道手册［M］．曹俊，王蕊，译．北京：中央编译出版社，2014：156.

分配时间、面面俱到地记流水账，在有限的时间内抓住那些最有可能吸引观众的情节片段展开重点报道似乎是更为明智的方法。哪些是最合适的情节片段呢？对于一个好的新闻故事而言，理想的情节片段主要来自以下两部分：

1. 关键点

这类情节往往处于新闻事件发展进程的关键“节点”上，是事件发展的高潮之所在。在这些“节点”位置，由于新闻事件的进程即将或正在发生关键性的变化，情节一般是紧凑、充满张力的，因而比较容易打动人。

叙事理论认为，所谓事件是由行为者所引起或经历的从一种情况到另一种情况的转变。在这里，“转变”强调了事件是一个过程，是一种变化。对擅长表达具象的视听新闻文本而言，这种变化最好是紧凑的、行动性的。“行动性的（active）事件与状态性的（stative）事件在叙事中的比例，是该事件的一个重要特征。这样，在其他各方面都相同的情况下，一个多数事件为状态性的故事，在生动性上就不如一个多数事件为行动性的故事。”①

在图 3－31 所提及的 1997 年香港回归直播报道的例子中，中央电视台记者白岩松在深圳皇岗口岸负责报道驻港部队先头部队进入香港，这当然是一个很好地具体诠释“香港主权回归”这一主题的标志性事件。但在直播开始前一天，报道小组得知在原定直播点附近有一条香港和深圳之间的管理线，当即决定改在这条线附近直播。于是，当驻港部队第一辆军车的车轮压过管理线的一刹那，“回归”这一宏大主题被以极其具体、动态的情节展现出来（见图 9－14）。相比而言，如果按原方案报道也会有部队进入香港的热闹情节，但远不如这个压线一瞬间的情节紧凑、富有张力。

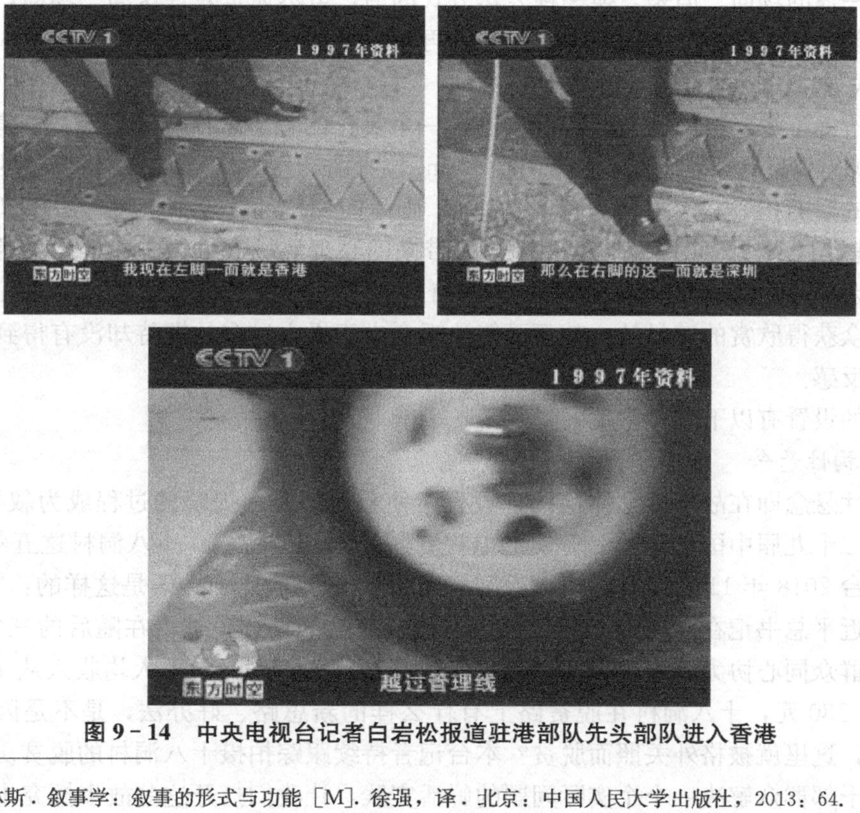

图 9－14　中央电视台记者白岩松报道驻港部队先头部队进入香港

① 普林斯．叙事学：叙事的形式与功能［M］．徐强，译．北京：中国人民大学出版社，2013：64.

2. 兴趣点

一个情节是否能感染观众，很大程度上在于他们是否对其感兴趣。"有趣"的情节一定是与观众密切关联的。观众与情节之间这种关联性的形成受到诸多因素的影响，比较常见的有情感的共鸣、地缘的接近、利益的相关、文化的认同等。关于"趣味性"与新闻价值的关系，在本书第三章中有详细阐述，此不赘述。回到前文所述南疆铁路翻车事故，观众最感兴趣的情节是什么呢？

- 大风怎么把火车吹翻的?!
- 翻车的前后，火车上的人们经历了什么？感受到了什么？
- 死者是谁？伤者的情况怎么样？
- 当地的天气状况现在如何？交通受到多大影响？

…………

按照观众与情节间的各种关联因素，我们可以列出新闻事件中诸多可能的"兴趣点"，并从那些与观众关联最密切的点中选出我们需要的情节片段。

(二) 通过悬念设置以凸显情节

创作者在处理情节和结构时常用各种手法引起观众的猎奇心理以加强作品的思想和艺术感染力，悬念设置就是其中之一。在选择好关键情节后，如何通过悬念的设置表现好情节就成为关键。希区柯克（Alfred Hitchcock）曾经给"悬念"下过一个著名的定义：如果你要表现一群人围着一张桌子玩牌，然后突然一声爆炸，那么你便只能拍到一个十分呆板的炸后一惊的场面。但是，换一种表达方式的话，虽然你是表现这同一场面，但是在打牌开始之前，先表现桌子下面的定时炸弹，再展示一群人玩牌的过程，对这群人安全的担忧牵动着观众，那么你就造成了悬念。

悬念不等于故弄玄虚。在新闻故事中，一个真正的悬念遵循"3S"原则：悬置（suspense）、惊奇（surprise）、满足（satisfaction）。所谓"悬置"，即一种期待感的产生，对即将发生的事的担心、焦虑、兴奋；"惊奇"则是向期待的终点推进过程中不断获得的新鲜感；"满足"来自悬念揭晓时的高潮给人带来的心理震撼或愉悦。如果为了悬念的形式而制造所谓的"悬疑感"，但是过程平平无奇，或者过程极尽机巧结果却平平无奇，都是无法让观众获得欣赏的满足的，甚至可能让观众由于投入过多的期待却没有得到相应的回报而产生反感。

悬念的设置有以下三种常见的形式：

1. 结构性悬念

结构性悬念即在故事的总体结构上设置，使悬念展开、揭晓的过程成为叙事的主线。以获得第二十九届中国新闻奖一等奖的电视专题片《新闻特稿：十八洞村这五年》（湖南广播电视台 2018 年 11 月 3 日播出）为例（见图 9-15），片子导语是这样的："五年前的今天，习近平总书记在湘西十八洞村提出了精准扶贫的重要论述。在随后的三年时间内，当地干部群众同心协力、艰苦奋斗，成功实现脱贫。五年来，村民人均收入从 1 600 多元上升到 10 180 元，十八洞村在脱贫路上有什么样的新思路、好办法，是不是因为总书记到过这里，这里就被格外关照而脱贫？本台记者持续跟踪拍摄十八洞村的脱贫历程，记录下了当地干部群众解决一个个实际问题的鲜活实践，让我们打开这些故事探究十八洞村脱贫的样本意义。”片子一开始就抛出一个问题：十八洞村的脱贫是不是因为总书记到过这里而得到特殊关照的结果？整个片子的叙事就以对这个问题的解答展开，村民由最初的“等靠要”到最终通过自力更生实现脱贫，对悬念的解答一步步展开。在这里，片首设置的悬念成了全片结构的基础。

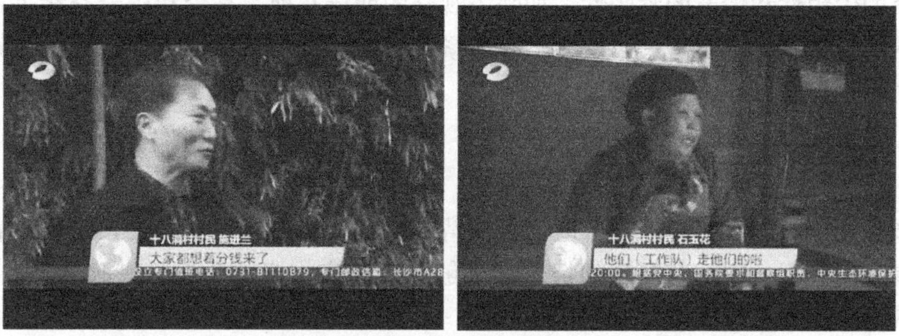

图 9－15 湖南广播电视台专题片《新闻特稿：十八洞村这五年》

2. 冲突性悬念

在视听新闻故事局部情节的展示中，通过元素之间冲突关系的构建设置悬念，以加强情节的感染力。BBC 的纪录片《自然界大事件》第五集《大洪水》中，非洲大草原因为季节的变化、旱季雨季的交替而出现截然不同的生态面貌，深刻地影响到当地生物的生存状态。图 9－16 是片子的一个情节：干旱的大草原上，一个水坑接近干枯，水中的鲶鱼挣扎求生。片子随后从这里跳开来叙述其他情节，直到故事的后半部分，雨季到来，大草原上洪水泛滥，鲶鱼终于等到了盼望已久的水而得以脱困。这条线索如草蛇灰线，伏脉千里，虽若隐若现但又绵绵不绝，在局部情节上形成了一个极富张力的悬念冲突，成为大主题的生动写照。

图 9－16 BBC 纪录片《自然界大事件》第五集《大洪水》

3. 抑制性悬念

悬念的形成、保持和加强，有时候也可以通过“抑制”（或“拖延”“延宕”）来实现。它指在尖锐的冲突和紧张的故事情节中，利用矛盾诸方各种条件和因素，以副线上的某一情节或穿插性场面，使冲突情势受到抑制或干扰，出现暂时的表面的缓和，实际上却更加剧了冲突的尖锐性和情节的紧张性，加强了观众的期待心理。悬念和延宕交替进行的方式也与观众的精神忍受限度有关，始终不懈的紧张只会使观众感到疲惫，暂时的缓解是调节情绪，为进一步紧张作精力上的准备。

四、以“细节”为窗口的视觉呈现

细节是视听新闻中富含新闻价值、人物情感和象征意义的细微之处，它展现着人物的行为和事态的进程，用细节展现的情节才能够再现事实本身的生动性、独特性、丰富性，从而给观众留下深刻的印象。

如果说情节搭建了故事的骨架，细节则为这些骨架附上血肉，使其生动、鲜活。一个精彩感人的新闻细节，胜过一大堆没有灵魂的事实和一长串空洞的形容词。那些乍看起来不引人注意的细微信息往往和新闻主旨有着密不可分的联系，它通过象征、隐喻、暗示，从一个微观的角度对新闻进行解读。没有了细节，故事就只能是漂亮文字的堆砌。

在一个视听新闻故事中，什么是合格的“细节”呢？

（一）细节首先是可视的形象

细节不是概念，必须是直观可感的。

回到本章开始所提到的南疆铁路翻车事故，对于观众而言，有一个问题可能是很多人关心的，那就是怎样的大风居然能吹翻一列行进中的火车？毕竟，这样的大风实在罕见，相信没多少人有切身的体验。怎么向观众讲清楚大风的“大”，这是报道者要解决的一个课题。在有关的电视报道中，我们发现了这样的细节：

【中央电视台《社会记录》栏目报道：《5807 次列车（续）》】

同期声：“一下车，我穿的是军大衣，没有系扣子，可能就是刚才我讲的那个瞬间风力，就那一下子我原地打了个滚，一下子被风刮出去，大概五六米远趴在那个地方，然后才能不至于被它刮走。”

这是作为现场营救总指挥的吐鲁番地委副书记郑强到达事故现场后的遭遇，此时，现场的风力已经有所下降，但仍在十级以上。十级大风能有如此大的威力，那么，十三级大风呢？郑强的经历从一个侧面形象地说明了风力的强劲。

（二）细节折射事件的本质

细节虽然是一些微观信息，但并不是可有可无的。好的细节能令人“见微知著”，从一个侧面窥见事物的本质。因此，在新闻故事中，细节的出现往往对主题起到暗示与折射的作用。

以 CNN 在 2004 年 9 月 25 日对印巴首脑会谈的报道为例。在这则题为《印巴的历史性一天》（Historic Day for India，Pakistan）的报道中，在叙述了两国首脑会谈的主要成果后，CNN 最后加入了一段饶有意味的细节信息：

两位首脑都出生在对方的国家。据巴基斯坦信息部长谢赫·拉希德透露，会谈前，穆沙拉夫向辛格赠送了一些礼物：一幅画，内容是这位印度总理曾经上过的学校；一张学校的报到卡；一个相册，里面有辛格老朋友的照片。穆沙拉夫身着黑色套装、系着黑色领结；辛格则戴着穆斯林头布，穿一身传统的印度服装。

除了让冷冰冰的政治新闻多一些温情、多一些人性色彩之外，这段细节实际上还有着强烈的暗示意味：

“两位首脑都出生在对方的国家”说明，这是两个有着极深渊源的国家。

穆沙拉夫赠送给辛格的礼物传达出明显的“和解”信号，特别是谈到相册时用的“老朋友”一词，更有着强烈的暗示。

最后，对两位领导人服饰的交代（特别是对辛格服装的描述：传统的印度服装）则隐晦地提醒：这是两个坚守各自国家价值观、利益的人，和平之路并不是一片坦途。

（三）细节往往是情节中的兴奋点

细节还表现为事件过程中的兴奋点，它们往往能够在观众心中留下深刻的印象。

在中央电视台《焦点访谈》2005 年 3 月 27 日的节目《民政厅大楼里的秘密》中，记者就山西省民政厅挪用救灾专款违规兴建办公楼的问题展开调查。在遭遇了重重阻力多次无功而返后，记者在现场观察获得的一些细节信息为调查撕开了突破口（见图 1 - 24）：

在当初立项的时候，根本就没有老年人活动中心这个内容，但是民政厅厅长办公会议研究，竟然就动用了本该专款专用的 260 万元福利金建了一个老年人活动中心。这样的活动中心到底是为了什么样的老年人准备的呢？

王新峰（山西省民政厅计财处副处长）：这块建好以后，对我们不仅仅是服务于机关的一部分老人，机关的老人不多，主要是小区，我们还要开放，让老年人到这个地方来活动。

解说：看来，山西省民政厅真是极具创意，竟然以社会福利事业为名，把老年人活动中心设在自己的办公楼里。我们就来看看这个活动中心又是什么样子？在办公楼的七层我们看到，动用 260 万元建的所谓老年人活动中心其实就是三间房子：一间房子摆了两个乒乓球案子；另外一间摆了一个台球桌，几张棋牌桌；还有一间是健身房，在这里除了准备了一些跑步机外，还有练习拳击的沙袋等器具。

记者：你看这些东西都是老干部用的？

王新峰：我们好多厅长们，过去退休的一些厅长，他们愿意玩这些。

记者：玩这些。

王新峰：可以抱这个推，咱们年轻人玩这个，恐怕是不多。

一个号称面向社会的活动中心，竟然盖在了省民政厅的办公楼内；

一个耗资 260 万兴建的活动中心，竟然不过是陈设如此简单的三间房子；

一个冠以“老年”二字的活动中心，竟然有练习拳击的沙袋等器具，更具讽刺意味的是，这些“沙袋”据说可以供老年人推着锻炼身体！

当这些细节呈现在观众面前的时候，真相到底如何恐怕谁心里都有一本账了。

第三节　开放性：多级传播下的效果延伸

斯图亚特·霍尔指出，20世纪的图像复制和流通手段的大发展把表现推向文化舞台的中心。由于真实已经隐退到我们文化中咄咄逼人的、不间断的图像背后，19世纪经验主义对再现真实的关注也随之消退。相比之下，图像比它们所代表的现实更清楚、更有影响力，但它们是支离破碎的、矛盾的，而且五花八门，对经验世界的统一性提出了质疑。图像的制作和对图像的解读，都和其他图像有关，而真实也被解读为一种图像。电视广告不是"关于"产品的图像，而是大大超越了产品的欲望和快乐的图像。电视新闻是精英人物图像、可怕的自然图像以及人类暴力图像的大拼盘。电视体育节目是肌肉图像、技能图像和痛苦图像的万花筒。图像才是最重要的，它们存在于自身那不断闪烁的领域，从来不在现实中永久地停留。后现代主义断言图像是最终没有所指的符号，从而否定了其意义；图像存在于一个无限的文际链中。①

与传统电视相比，互联网作为"共有媒体"的特征，即"基于数字技术、集制作者/销售者/消费者于一体、消解了传统的信息中介媒体系统"②，使观众从过去单向的信息接收者向信息使用者和制造者转变，不仅成为文本意义的诠释者，而且成为意义的创造者。网络平台基于人际传播的扩散模式使影像的传播路径前所未有地复杂和多样，不断为影像文本创造各种新的文际链，它和传统的电视传播相互作用，使视听新闻文本具备了更加广阔的意义开拓空间。

一、开放性：互联网视听文本的叙事模式

与传统电视媒体不同，互联网语境下，视听新闻故事的讲述不是仅由其初始的生产者、提供者完成（如同电视台编辑、记者做好的报道），而是由全体参与文本观看、传播、评论的人共同创作的结果。作为高度开放的文本，它对所有解读和意义开放。而在这个开放与集体创作的过程中，影像经由各种渠道、各个主体实现多级意义的加工和扩散传播，实现意义的不断延伸。专业传媒机构要摒弃过去由自己包打天下的思维，善于运用议题设置和组织引导能力，吸引多元主体到自己的平台上参与视听新闻的叙事，以实现传播效果的最大化。

（一）叙事进程的开放

与传统电视不同，网络视听文本所讲述的故事不是已经完成的，而是正在进行中。依靠简洁（碎片化）的文本和冲突化的叙事，这些影像在登陆网络的初始时刻即给观看者打开了一个巨大的想象空间，促使他们参与到揭示影像背后故事的进程中来。

---

① 菲斯克．电视文化［M］．祁阿红，张鲲，译．北京：商务印书馆，2005：167-168.

② 胡泳．众声喧哗：网络时代的个人表达与公共讨论［M］．桂林：广西师范大学出版社，2008：85.

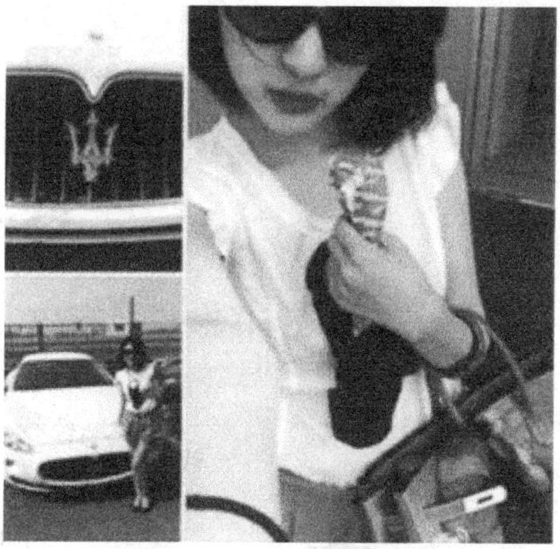

图 9-17　郭美美炫富照

以郭美美炫富事件①为例，当郭美美在微博上晒照片公开炫耀奢华生活后（见图 9-17），脸庞稚嫩、打扮时髦，再加上名包、名车、别墅，“郭美美 Baby”迅速成了网民关注的焦点。此时，公众的兴趣还在其“年轻”“貌美”“富有”上。但很快有网友注意到其新浪微博的实名认证身份：中国红十字会商业总经理。年轻、名车、豪宅与红十字会这样的慈善组织联系在一起，舆论风暴由此迅速蔓延，围绕郭美美与红十字会，一个个可能的关系人物、机构被不断公之于众（见图 9-18），随之而来的是对红十字会运作的规范性、相关的巨大利益链条的质疑。在“质疑—释疑（或反驳）”的不断循环中，一个个幕后故事也迅速通过网络、传统媒体在公众面前展开。尽管红十字会、警方和有关当事人不断出面澄清，但至少在公众看来，真相并没有水落石出，故事也因此并没有完结，给人们留下一个大大的问号。这个问号的直接表现就是公众对慈善组织的信任危机。民政部的统计数据显示，2011 年 7 月全国社会捐款数为 5 亿元人民币，和 6 月相比降幅超过 50%。慈善组织 6 月到 8 月接收的捐赠数额降幅更是达到 86.6%。② 而这一明显下降正是当年 6 月下旬“郭美美事件”等一系列事件发生后出现的。从“郭美美事件”到中华慈善总会的“尚德诈捐门”，再到中国青少年发展基金会的“中非希望工程事件”，慈善信任危机愈演愈烈，慈善组织一时成为众矢之的。

网络影像叙事的这一特征与传统电视的调查性报道有类似之处。正如中央电视台《新闻调查》栏目在阐述其宗旨时所说：“《新闻调查》报道的不是一个事件，而是我们对这个事件进行调查的过程，这是调查文体的一个核心。”③ 展示追求真相、揭开悬念的过程是构成电视调查节目生动性的重要因素，也是网络影像故事化表达的特点。但与前者不同的是，后者往往会留下一个开放式结尾，也就是说，故事只是告一段落，却并没有真正结束，这就为其传播效果的延续埋下了伏笔。另外，与电视调查节目以专业记者为核心的叙事不同，网络影像故事的形成过程有多方主体参与，构成一个向文本阅读者高度开放的叙事框架。

（二）叙事主体的开放

网络是一个高度开放的公共话语空间。哈贝马斯（Jürgen Habermas）认为，“有了公众‘世界’，公共领域也就明确了……这种‘世界’更多地指向作为类存在的人，从外观上看，其同一性呈现为一种表象：这就是当时在广泛的资产阶级当中形成的具有批判意识的阅读公众的世界。这是文学家的世界，也是沙龙的世界，在这些沙龙中，‘各色人等混

① 2011 年 6 月 20 日，微博昵称“郭美美 Baby”的郭美玲在网上公然炫耀其奢华生活，并称自己是中国红十字会商业总经理，此举在网络上引起轩然大波。

② 民政部：郭美美事件后社会捐款降五成 [EB/OL].（2011-09-14）[2020-04-25]. http://news.sina.com.cn/c/2011-09-14/040623150753.shtml.

③ 浅论调查性报道中的感性诉求 [EB/OL].（2006-04-14）[2020-04-25]. http://www.cctv.com/news/special/C15587/20060414/101796.shtml.

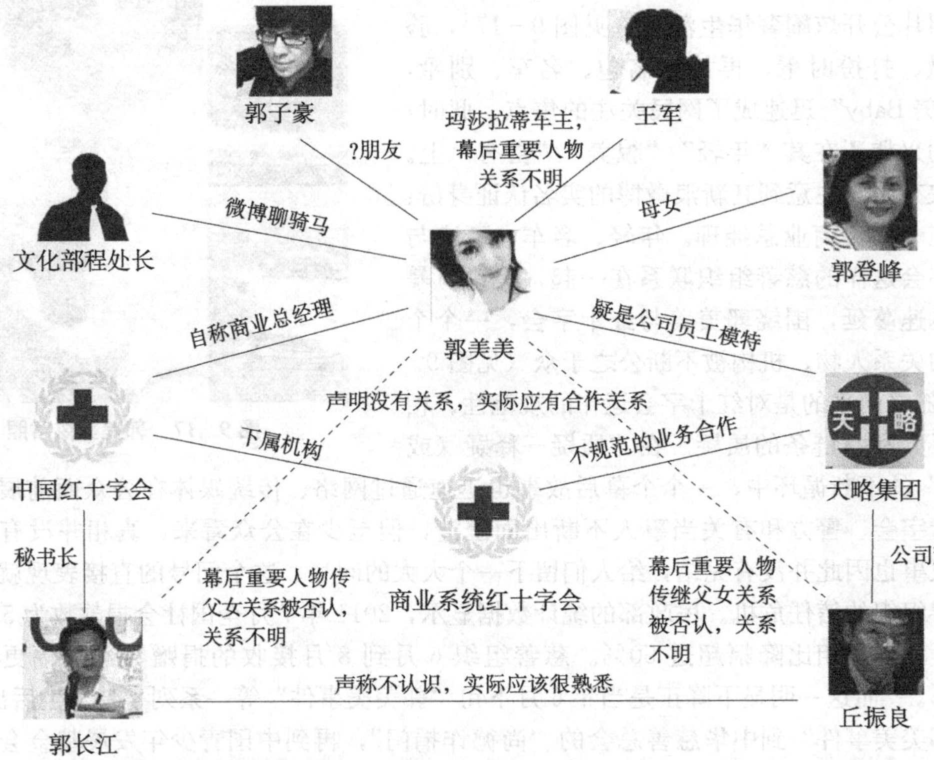

图 9-18 郭美美炫富事件所披露的相关人物关系

杂组成的群体'相互讨论和争论；在这里，在资产阶级的家里，公共领域被建立起来"[①]。但在传统传播语境下，大众传媒是当然和几乎唯一的传播主体，在其作用下，共享的、批评性的公共话语活动为被动的文化消费所取代，独自阅读和公共讨论的空间为起居室里的电视所挤占，"为大众传媒所塑造的世界只是外表上看上去像公共领域而已"[②]。而网络的开放性和匿名性使其更有可能具备作为"公共领域"的潜质。在网络语境下，大众传媒依然是信息主要的原创者，但随着信息进入具有强烈人际传播特征的网络，网络的每一个节点（媒体、网络中的群组、网络中的每一个个体）都可能成为再传播的主体，而随着这些再传播主体的加入，他们的个体影响也被加入到信息的再传播过程中，从而使这一过程愈加多元化（见图 9-19）。"通过互联网而表达的公众舆论在中国的公共空间中占有独特和显著的地位。……由于较少受到社会习俗和制度化的政治权威的限制，互联网使得中国原本隐身的民意变得高度可见。"[③]

正是在这种开放的叙事空间中，网络影像故事的讲述变成了由多主体共同参与、集体创作的行为。

以"表哥"事件为例，率先发起叙事的是传统主流媒体：2012 年 8 月 26 日凌晨，陕

---

① HABERMAS J. The Structural Transformation of the Public Sphere [M]. Cambridge, MA: MIT Press, 1989: 106.

② 同①171.

③ 胡泳．众声喧哗：网络时代的个人表达与公共讨论 [M]. 桂林：广西师范大学出版社，2008：311.

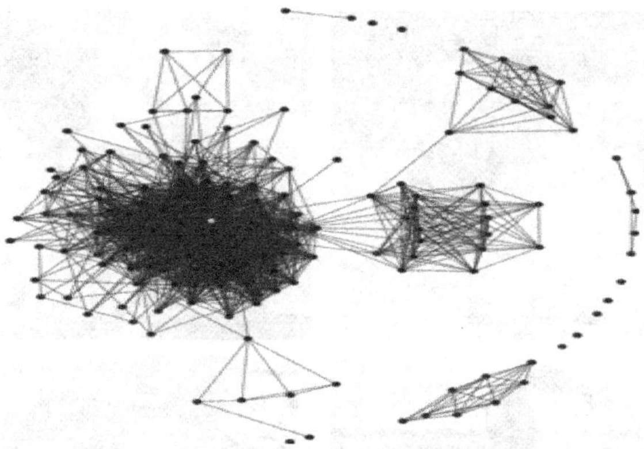

图 9-19　网络信息传播的点对点模式

西延安境内发生一起交通事故，造成 36 人死亡。当日上午，新华社、中央电视台等主流媒体均对此事进行报道，相关文字、图片和视频也得到了新浪、网易等门户网站的转载。

但很快，另一个叙事主体——网民——出场，并且迅速改变了叙事的方向：当天下午 4 点 35 分，网友“@JadeCong”发布了关于此次事故的配图微博“事故现场官员满面笑容，情绪稳定——延安市境内的包茂高速公路发生卧铺客车与罐车追尾事故，致 36 人死亡”。图片是该网友将新华社配发的事故图片放大并裁剪而得到的：一名身材肥胖的官员正满面笑容地站在事故车辆旁边（见图 9-20）。微笑的官员引起了网民的极大反感，这条微博被转发六千多次，该官员的身份也于当晚被“人肉”出来——陕西省安监局局长杨达才。26 日深夜，“@渤海论坛官博”在微博上发布了五张杨达才在不同场合佩戴五块不同名表的图片。27 日晚，第五大道奢侈品网首席运营官孙多菲发布微博对这五块手表进行估价，称五块手表的总价预计超过 30 万元人民币，这条微博被转发 14 531 次。此后，鉴表图片成为网民热议的话题，杨达才因此也被戏称为“表哥”（见图 9-21）。

图 9-20　新华社刊发的原图与网络上流传的局部截图

左图为新华社刊发的原图，右图为网友截取出局部发布于网络上的图片。

杨达才的微笑照片和戴表照片经由微博曝光后，叙事的接力棒再次易手：传统媒体开始跟进报道。一方面，传统媒体利用微博及其网站在网络上对该事件进行转发和再传播；

图 9-21　网友披露的杨达才在不同场合戴不同名表的照片

另一方面，局长的微笑和名表也开始出现在报纸、广播和电视新闻中，如《法制晚报》刊发《微笑局长被指戴多块名表》,《新民晚报》发表《车祸现场官员“傻笑”》等。

8月29日晚，杨达才注册新浪微博账号“陕西安监局杨达才”，并主动回答网友提问。杨达才在回复中表示，自己表情有点放松，是想让现场的同志放松些；而5块手表是用10年来的合法收入购买的；并表示被网友监督是合理的。主动回应网民的质疑为杨达才赢得肯定和赞誉，如8月30日，《羊城晚报》刊文《现场微笑不应该 五块名表自己买》，央视新闻频道播发新闻《杨达才就不当表情道歉受肯定》。然而在杨达才微博回应质疑的当晚，网民相继发微博称找到了“杨达才局长的第六块手表”和“其他五块手表”。这些爆料重新引发网民和媒体的质疑，传统媒体再次跟进。8月31日晚央视新闻频道《新闻1+1》播出节目《局长的“微笑” 局长的“表”》，再次对杨达才的表提出质疑，引起了较大的社会反响。随后，局长的手镯和天价眼镜框又受到网友的关注。直到9月21日，陕西省纪委在其官方网站发布了杨达才因存在严重违纪问题被撤职的消息，“表哥”事件才告一段落。

在“表哥”风波的整个过程中，网民、传统媒体、当事人相互交织、碰撞、博弈，使叙事的过程一波三折，跌宕起伏。其中，网民无疑是推动事件发展的主力。事实上，“微笑局长”的照片是从一张反映车祸全景的照片中截取的一个片段。网友“@JadeCong”将传统媒体发布于网上的车祸照片下载放大，逐渐看清照片中官员的笑脸。尽管其并非微博中粉丝量较高的意见领袖①，但其裁剪后的照片的特殊视觉冲击力依旧成功地将杨达才推进公众的视野。如果说一般网民是靠转发、议论形成量上的围观效应，网民中的意见领袖则是靠权威评价和专业判断形成质上的议题引导。比如，在此事件中，奢侈品网站运营主管及民间鉴表专家的出现就将整个故事推上了高潮，而一些粉丝众多的微博名人则具有了

① 截至2012年10月10日，“@JadeCong”仅有241名粉丝，数量并不算多。

在各种社会公共事务中推波助澜、影响舆论的能力。

另外一个不容忽视的现象是，在这种叙事框架下，新闻当事人具有了真正的发声能力，如杨达才对质疑的回应。而在传统语境下，当事人只有依靠大众媒体才具有发声的机会，这就难免受到大众媒体的过滤和控制。甚至在有些时候，新闻真正的主角会被大众媒体选择性遗忘、湮没。在 2013 年 2 月 1 日发生的连霍高速大桥垮塌事故中，河南媒体的一篇报道被网友大量转发。[①] 微博认证为资深媒体人的范炜总结称，该报道“1 300 字，提到 16 位省市领导的重视，1 134 字表扬河南省委省政府如何辛苦工作。其中褒扬用于 25 处，如‘迅速、立即、有序、全力以赴、难度很大、全力救援’……没有出现一次伤亡人员或家属名字，没有家属一滴眼泪、没有一句对政府的批评，没有一声领导的道歉……”[②]。显然，在这则报道中，一些大众传播媒体出于传统宣传思维的习惯选择了对新闻当事人的“遗忘”。事实上，即使不遭到“遗忘”，当事人也会被这些媒体按照自身需要选择性呈现。但在网络语境下，新闻当事人可以绕开大众媒体，借助微博微信等网络平台直接发声，从而更好地参与到叙事中来，使故事文本的建构更加完整、合理。

（三）叙事解读的开放

网络影像叙事进程和叙事主体的开放造成一种有别于传统媒体的结果，即对叙事的解读呈现出高度的多义性。

在探讨电视话语的解码过程时，斯图亚特·霍尔提出了三个假想的地位：第一个假想的地位是主导—霸权的地位（dominant-hegemonic position），“电视观众直接从电视新闻广播或者时事节目中获取内涵意义，并根据用以将信息编码的参照符码把信息解码”。第二个假想的地位是协调的符码（negotiated code）。“在协调的看法内解码包含着相容因素与对抗因素的混合：它认可旨在形成宏大意义（抽象）的霸权性界定的合法性，然而，在一个更有限的、情境的（定位的）层次上，它制定自己的基本规则——依据背离规则的例外运作。它使自己的独特地位与对各种事件的主导界定相一致，同时，保留权力以更加协调地使这种主导界定适合于‘局部条件’、适合于本身团体的地位。”第三个假想的地位是对抗的符码（oppositional code）。“电视观众有可能完全理解话语赋予的字面和内涵意义的曲折变化，但以一种全然相反的方式去解码信息。”[③]

电视话语的这三种解码方式在网络影像传播中同样存在，并且，由于多个叙事主体和多级传播路径的存在，对网络影像的意义解读更多地以协调或对抗的方式出现。这一方面是对长期以来官方话语的反抗，另一方面也是社会意识形态和利益格局多元化的体现。近年来在许多轰动一时的热点事件中，网络舆论场总是或多或少地存在对官方机构、官方媒体的质疑、反讽、戏谑，在挑战官方话语的议程设置的同时，也不断反抗其语态上的陈旧、封闭。

二、基于开放性的叙事策略

网络传播的开放性也使视听新闻的叙事方式出现了更多样的变化，其最典型的特征就

---

① 连霍高速义昌大桥发生垮塌事故 省市组织抢险救援［EB/OL］.（2013－02－01）［2020－04－25］. http://news.sina.com.cn/c/2013-02-01/214226180981.shtml.

② 李宁．河南媒体千字新闻报道塌桥事故提及 16 位领导［EB/OL］.（2013－02－04）［2020－04－25］. http://news.sina.com.cn/m/news/roll/2013-02-04/023926194619.shtml.

③ 霍尔．编码，解码［M］//罗钢，刘象愚．文化研究读本．北京：中国社会科学出版社，2000：363－364.

是文本的组合与互动。这些被组合的影像无论是否具有内在的逻辑联系，都可以经由组合者的再创造而产生联系，成为承载组合者意图的新叙事文本。而影像作为视觉信息的感性特征，又使观众容易忽视这种组合在逻辑上的连贯性，进入组合者预设的话语框架。正如勒庞（Gustave Le Bon）所说，“群体推理的特点，是把彼此不同，只在表面上相似的事物搅在一起，并且立刻把具体的事物普遍化。因此不妨说，他们并不推理或只会错误地推理，也绝不会受到推理过程的影响”①。在对网络影像进行组合时，组合者往往将隐喻、类比、对比、反讽等手法隐含在影像中，借助影像的生动感和“眼见为实”的心理惯性，使人们在视觉享受的愉悦中被快速说服。

（一）对比

对比是网络舆论热点事件中影像最常用的说服策略。它通过鲜明的反差来说明事实、揭示本质。对比是亚文化对抗主流文化最常见也最有效的一种手段，它借助影像的实证功能发起对主流话语的挑战，形成对主流话语及其主体权威性的质疑，从而争夺舆论热点事件中话语的控制权。

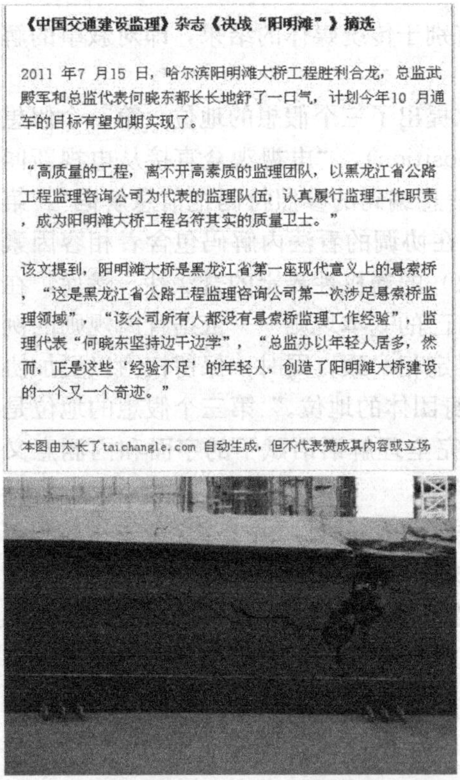
《中国交通建设监理》杂志《决战“阳明滩”》摘选

2011 年7 月15 日，哈尔滨阳明滩大桥工程胜利合龙，总监武殿军和总监代表何晓东都长长地舒了一口气，计划今年10 月通车的目标有望如期实现了。

“高质量的工程，离不开高素质的监理团队，以黑龙江省公路工程监理咨询公司为代表的监理队伍，认真履行监理工作职责，成为阳明滩大桥工程名符其实的质量卫士。”

该文提到，阳明滩大桥是黑龙江省第一座现代意义上的悬索桥，“这是黑龙江省公路工程监理咨询公司第一次涉足悬索桥监理领域”，“该公司所有人都没有悬索桥监理工作经验”，监理代表“何晓东坚持边干边学”，“总监办以年轻人居多，然而，正是这些‘经验不足’的年轻人，创造了阳明滩大桥建设的一个又一个奇迹。”

本图由太长了taichangle.com 自动生成，但不代表赞成其内容或立场

图 9－22　网友将阳明滩大桥监理工作的表扬文章与事故照片组合在一起

对比有时候在影像内部产生，通过影像内关键元素的冲突形成视觉刺激；有时也发生在影像与观众之间，反常的影像与人们依靠日常经验形成的常规印象形成强烈反差。比如，前述郭美美炫富照中年轻、富有的形象，不仅在影像内部形成视觉冲突，更与人们心目中年轻人的普遍形象有很大差距，从而引发对其富有生活原因的怀疑、追问。

对比还发生在对同一事件的解读之中。特别在民间对官方话语产生质疑时，民众往往会运用自己所掌握的证据进行反驳，而影像则是门槛最低、成本最小又最有效的一种方式。2012 年 8 月 24 日，哈尔滨阳明滩大桥通车不到一年即发生引桥垮塌事故，当地政府很快对外宣称事故是由车辆超载引起的，大桥没有质量问题②，这一表态引起网上的广泛质疑。一位网友找出 2011 年 9 月 16 日《中国交通建设监理》杂志刊登的一篇文章《决战“阳明滩”》③，将节选的内容与大桥坍塌的画面组合在一起（见图 9－22）。该文章发表于大桥合龙之后不久，对大桥的质量监理团队及其工作进行了热情洋溢的赞誉。在网友制作的这张图片中，大桥通车不到一年即发生坍塌事故的现

---

① 勒庞．乌合之众：大众心理研究［M］．戴光年，译．北京：新世界出版社，2010：62．

② 哈尔滨认定塌桥为交通事故 直接原因为货车超载［EB/OL］．（2012－09－20）［2020－04－25］．http://news.sohu.com/20120920/n353575171.shtml．

③ 王娜，刘西平．决战“阳明滩”［EB/OL］．（2011－09－16）［2020－04－25］．http://www.chinahighway.com/news/2011/593910.php．

实，与这篇文章所表扬的“高质量”监理形成了强烈的对比冲突，而其中关于所有监理人员都没有此类桥梁监理经验的信息也轻易地暴露出当地政府事故结论的疑点。

（二）类比

类比与对比都是对事物内在元素关联性的凸显。与对比强调反差不同的是，类比强调的是相似性，并借由相似形象在时间和空间上的跨越、累积形成冲击力，这是一种借由同类重复而获得嬗变、新生的力量。

2012年底，一场接一场严重的雾霾使人们对北京这个城市的生存状态产生了深深的忧虑和不满。微博上，不同时期人们戴口罩的形象被频频转发。网友“@亚特兰蒂斯 Narcissus”在转发这组图片时评论道：“小时候的冬天，在北京的大街小巷，看到很多人戴口罩，但都是为了御寒；现在是为了防流感和 $PM_{2.5}$，三十年的北京，真是翻天覆地的变化啊。”同一空间下，跨越时间的同类影像的集合、比较，使“戴口罩”不再是一种孤立的行为，而是关于北京、北京人生活的一种典型呈现，为这场关于雾霾的反思增添了更多历史的厚重感（见图9-23）。

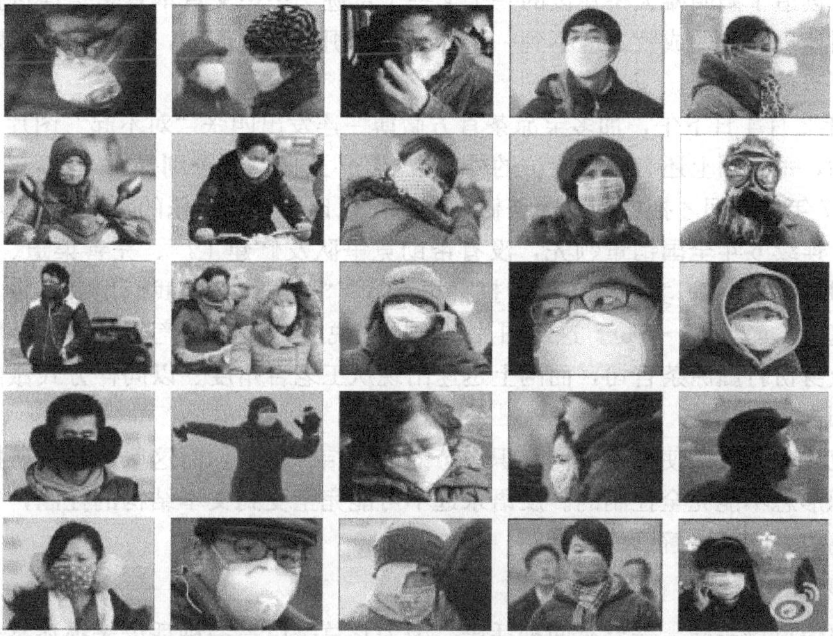

图9-23　北京人不同时期戴口罩的照片

与这组图片相似，歌手汪峰一首多年以前的歌曲《北京，北京》被网友翻唱并拍成MV在网上流传。不过歌词被改成了这样：“……我在雾里呼喊，我在雾里呼吸，我在雾里活着，不想雾里死去。我在雾里奔波，我在雾里哭泣，我在雾里挣扎，不想雾里窒息。北京，北京……”[①] MV画面则变成2012年底雾霾的场景。这首MV承袭了汪峰在原歌曲中注入的关于北京城市生活的无奈、辛酸、挣扎等意义，但使用了“雾霾”这一新的形象。原歌曲为改编歌曲确立了精神内涵与批判气质，并借汪峰和歌曲本身的知名度为改编

① 汪峰原歌词：“……我在这里欢笑，我在这里哭泣，我在这里活着，也在这里死去。我在这里祈祷，我在这里迷惘，我在这里寻找，在这里失去。北京，北京……”

歌曲提供了流行的基础，而改编歌曲则为原歌曲增添了新的形象和时代色彩，成为原歌曲内涵新的注脚。

（三）反讽

反讽是一种正话反说或者反话正说的手法，简单地说就是表面上指一件事，而事实上却在指相反的事情。如果说对比和类比更多地强调事实，那么反讽则更多地表现情绪，这种情绪往往是对抗性的，或者至少对原话语来说是消极的。“作为修辞手段的反语从来就是多义性的，而且总是可以进行明显‘不当的’解读，因为它必须使各种意义相互对立才能产生效果。”[①]

在前面提到的《决战“阳明滩”》一文中，为了凸显施工监理者的非凡成就，文章多处使用了这样的话语：“高质量的工程，离不开高素质的监理团队，以黑龙江省公路工程监理咨询公司为代表的监理队伍，认真履行监理工作职责，成为阳明滩大桥工程名符其实的质量卫士”“这是黑龙江省公路工程监理咨询公司第一次涉足悬索桥监理领域”“该公司所有人都没有悬索桥监理工作经验”“总监办以年轻人居多，然而，正是这些‘经验不足’的年轻人，创造了阳明滩大桥建设的一个又一个奇迹”……文章本意是想通过强调工作的难度来反衬监理人员的成就，但不到一年，在大桥坍塌事故面前，这样正面肯定的话语顷刻之间成了辛辣的反讽。

2013 年 2 月 4 日下午，加多宝凉茶官方微博一连发出四张“对不起”图片，上面分别写着四句话，每张图上还有一个哭泣的外国宝宝。[②] 这四句话分别是：“对不起！是我们太笨，用了 17 年的时间才把中国的凉茶做成唯一可以比肩可口可乐的品牌”“对不起！是我们太自私，连续 6 年全国销量领先，没有帮助竞争队友修建工厂、完善渠道、快速成长”“对不起！是我们无能，卖凉茶可以，打官司不行”“对不起！是我们出身草根，彻彻底底是民企的基因”（见图 9－24）。这组图片以反话正说的方式嘲讽竞争对手不会做市场而只会倚靠国企身份打赢凉茶官司，而网上迅速出现从王老吉角度、以同样方式做的四个“没关系”的回击。

菲斯克认为，反语使来自不同意识形态的话语结合起来，而这些话语的碰撞则是文本或主流意识形态不能完全控制的。反语永远不可能完全受到文本结构的控制，它总是使有些读者脱离语言空间去解读。[③]

（四）隐喻

隐喻也像反语一样，需要有两种话语，因为它总是以另一种话语来描述某个事物。隐喻是在彼类事物的暗示之下感知、体验、想象、理解、谈论此类事物的心理行为、语言行为和文化行为，它把一些似乎毫无关联的事物联系到一起。雷科夫（G. Lakoff）和约翰逊（M. Johnson）认为，隐喻是基于身体经验的思维方式，是人们的认知、思维、语言甚至行为的基础。[④] 隐喻在本质上是概念性的，即在一种概念的基础上理解另一种概念，它是一种以抽象的意象图式为基础的映射，从一个人们比较熟悉的、具体的、易于理解的源域

① 菲斯克. 电视文化［M］. 祁阿红，张鲲，译. 北京：商务印书馆，2005：122.

② 加多宝四个“对不起”系列广告 王老吉速回没关系体［EB/OL］.（2013－02－06）［2020－04－25］. http：//roll. sohu. com/20130206/n365690883. shtml.

③ 同①.

④ LAKOFF G，JOHNSON M. Metaphors We Live By［M］. Chicago：The University of Chicago Press，1980：4.

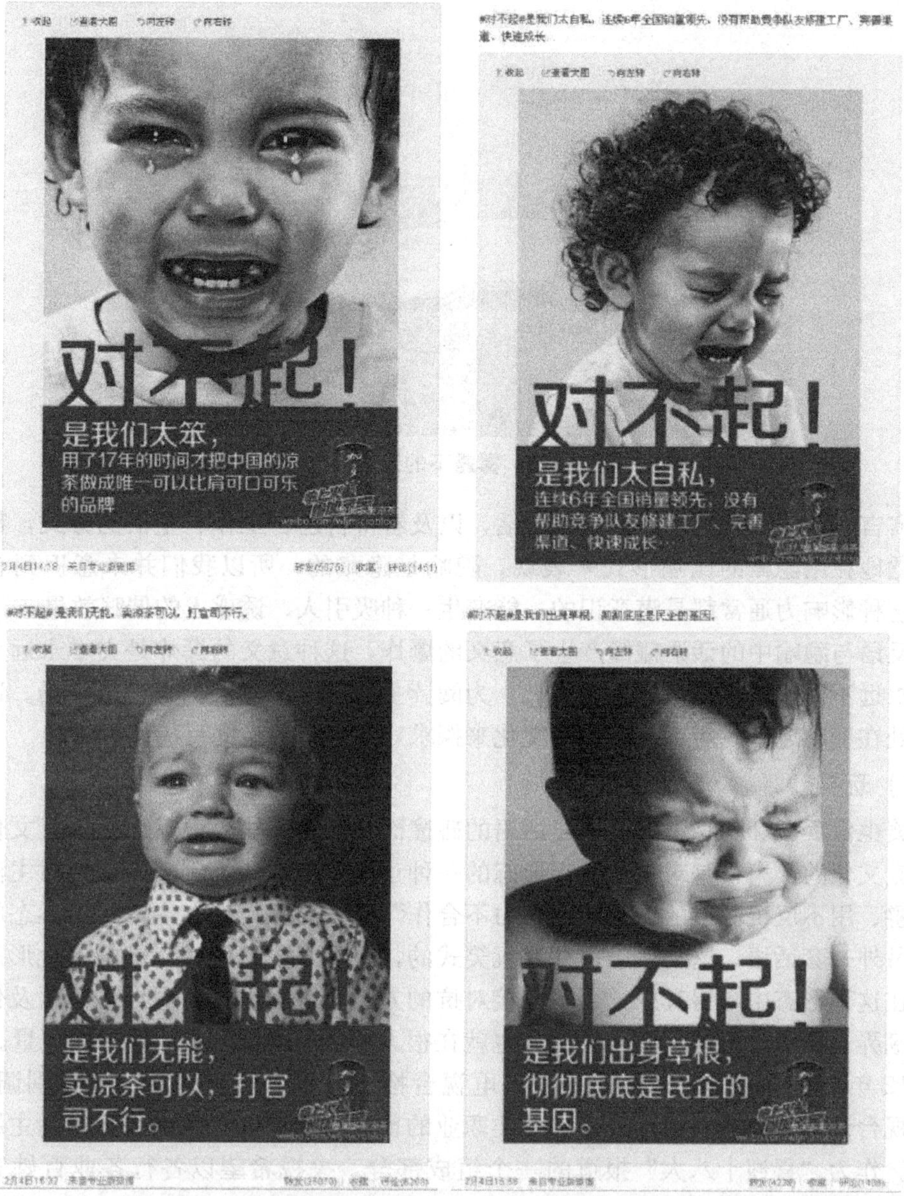

图 9-24　加多宝用四张"对不起"图片批评竞争对手

映射到一个人们不太熟悉的、抽象的、较难理解的目标域。通过映射，人们在源域和目标域两个概念域之间创立关联，以达到认知和交流的目的。也就是说，隐喻表达是基于相似性的跨域映射，例如，"Time is money."这个句子就是从较为具体的概念"money"映射到较为抽象的概念"time"，以此来更好地理解目标域"time"。

图 9-25 展现的是雾霾天气下的天安门广场，巨大的 LED 屏内播放的依然是鲜亮无比、蓝天白云的美丽画面，而屏外的现实世界却是严重的空气污染。一位网友用它来隐喻某些话语的言不由衷：屏内是给你描述的世界，屏外就是真实的世界。

隐喻经常出现在我们每个人的生活中。从我们小时候听到的狼来了的故事、《圣经》

图 9-25 雾霾下的天安门广场

里面的寓言、禅门的公案到每天说出的话，以及看待自己、工作、生活的方式，都有可能不知不觉地在用隐藏的比喻形式来表现。隐喻是隐藏的，所以我们并未意识到它的影响力，而这种影响力通常都是潜意识的，能产生一种吸引人、诱惑人的催眠效果。

在反语与隐喻中的话语碰撞产生了意义的爆炸，这种意义的爆炸是文本永远无法控制的，也永远不可能被迫进入统一的感觉，为阅读主体产生统一的、唯一的立场。这样的矛盾永远处在变动之中，足以使各种亚文化来探求对其意义的不同反应。①

（五）玩笑

玩笑也像反讽和隐喻一样，通过话语的碰撞而起作用。如果说反讽是用亚文化的严肃对抗主流文化的严肃，是对主流意识形态的一种正面反抗，那么玩笑则是用对主流意识形态的回避、用不反抗制造的一种“非暴力不合作”式的反抗。它在主流意识形态的话语之外制造另外一套话语，这种话语往往是玩笑式的，漫不经心地形成自己的文化形态，亚文化群体在这种形态中自得其乐，用不直接对抗的方式实现对主流意识形态话语及价值观的反讽和嘲弄。最终，玩笑消解了严肃，也就在很大程度上消解了主流话语的力量。

2012 年中秋、国庆双节期间，中央电视台推出《走基层百姓心声》特别调查节目，中央电视台记者奔赴全国各地采访了各类职业的普通百姓，以“你幸福吗”为主题进行街头访问。作为“喜迎十八大”报道的一个组成部分，央视希望以各行各业百姓齐声表达“幸福”来营造官方希望的喜庆气氛，这本无可厚非。但是由于不做沟通直接提问的采访方式过于简单强硬，引起了部分公众的反感，“你幸福吗”在民间一时甚至成为一个反讽的话语文本，特别是借助各种“神回复”而成为大家的调侃对象（见图 9-26）。

单个来看，这种玩笑本身可能没有太多意义，但是，各种类似的玩笑不断出现，就会将人们从主流话语的严肃氛围中解放出来，形成一种消解严肃、对抗主流意识形态的亚文化氛围。这种对抗式解读不仅提醒专业媒体在报道时要充分研究、尊重社会公众的心理和情绪，其本身也是一种“减压阀”，使由于现实空间中受主导意识形态压制所积压的负面情绪得到了一个释放的空间，对舆论生态起到一定的平衡作用。如图 9-26 右图中，中央

① 非斯克. 电视文化 [M]. 祁阿红，张鲲，译. 北京：商务印书馆，2005：123.

图 9－26　中央电视台推出特别调查节目《走基层百姓心声》

因为事前不做沟通直接提问“你幸福吗”的方式过于简单强硬而引发争议，并遭到部分公众包括一些采访对象的抵触。

电视台把调侃自己的“神回复”播放出来，这种行动本身也是一种玩笑的手法，是用“自黑”的方式释放善意、表达对公众意见的重视，从而实现与公共舆论的某种隔空对话。显然，这比本书第三章提到的东莞扫黄新闻报道风波中主流媒体与部分公众之间简单对抗的方式（见图 3－23）要好得多。

【本章小结】

本章主要探讨了视听新闻报道的叙事问题。新闻的文本结构由其叙事逻辑决定，而讲一个好的故事是基本的叙事策略。在互联网环境下，视听新闻文本的生产和传播更具开放性，在媒体、民众和其他多元主体的参与下共同完成，在多级传播中实现新闻价值的长尾效应。

【本章思考题】

1. 视听新闻文本的结构主要有哪几种？
2. 如何讲好一个新闻故事？
3. 案例分析：以最近一起舆论热点事件为例，分析主流媒体的叙事策略以及其他多元主体在事件传播过程中所发挥的作用。
4. 小作业：请以你最近了解的一则新闻为例，用三分钟的时间向身边的人讲述它，并根据对方的反应评估自己讲述的效果。

【本章推荐】

影视剧中的新闻人、新闻事

本章推荐欣赏电影《私人战争》（A Private War）。影

片根据《星期日泰晤士报》(*The Sunday Times*)战地女记者玛丽·卡尔文(Marie Colvin)的生平事迹改编。玛丽·卡尔文在业内以大无畏著称，擅长报道阿拉伯地区和伊朗的问题，也曾去过科索沃、塞拉利昂和斯里兰卡做报道。她曾两次因报道南斯拉夫、伊朗、斯里兰卡和津巴布韦战事而获得英国“最佳驻外记者”称号。时人评价：“在过去15年中，玛丽·卡尔文转战在世界上每一个冲突的最前线，英勇无畏地为人们带来前线的报道。”2001年4月16日，玛丽·卡尔文在斯里兰卡采访时不幸被手榴弹炸伤，失去了左眼，她的独眼形象成为新闻界一面招牌。2012年2月22日，玛丽·卡尔文和她的摄影师在报道叙利亚内战时在战地不幸被炸身亡。

【附录】

部分视频案例网址

1. 中央电视台《新闻调查》——《和神话较量的人》(https://v.youku.com/v_show/id_XMTAwMjI4MzY=.h)。

2.《长江日报》——记者在湖北直播中数度哽咽：我的武汉一定会好起来！(https://haokan.baidu.com/v?pd=wisenatural&vid=3642274044581099416)。

3. 中央电视台纪录片——《舌尖上的中国》第一季第四集《时间的味道》(http://tv.cctv.com/2018/02/15/VIDENUwNi7VcRQzJK4JbwxNZ180215.shtml)。

4. 新华社——武汉战“疫”全景纪录片《英雄之城》(https://vod-xhpfm.zhongguowangshi.com/HVideo/275d08898db8418eab8310c6a6365ce9.mp4)。

5. 湖南广播电视台——第二十九届中国新闻奖一等奖的电视专题片《新闻特稿：十八洞村这五年》(http://news.cctv.com/2018/11/03/VIDEd0iJ8Jr0oPWuZUGmkgDh181103.shtml)。

6. BBC纪录片——《自然界大事件》第五集《大洪水》(https://v.qq.com/x/cover/11svrz55313qgh2/w0020g8bxn2.html)。

7. 中央电视台《新闻1+1》——《局长的“微笑”局长的“表”》(http://tv.cctv.com/2012/08/31/VIDEuY1cR8cxNifSXVAQjg0E120831.shtml)。

8. 中央电视台——《走基层百姓心声》(http://tv.cctv.com/2012/12/16/VIDE1355666348148265.shtml)。

下 编

技术篇

第十章
视听新闻制作原理

【本章学习要点】

视听新闻的制作，主要把握视觉和听觉两大要素的原理及其运用。作为一种动态影像的构造，构成其基本语法的蒙太奇需做重点理解和把握。

- 视觉要素：景别、镜头运动、光线、色彩、构图等。
- 听觉要素：音响、解说、音乐、声画关系等。
- 影像的基本语法：蒙太奇的类型及其功能。

美国当代思想家丹尼尔·贝尔（Daniel Bell）指出，声音和图像组织了美学，统率了观众，在一个大众社会里这几乎是避无可避的现实。① 而伴随视听媒介以最普遍而广泛的形式深入人们的日常生活，机械复制技术及其带来的图像的增殖亦使其以前所未有的力量影响着社会文化的每一个层面，“从最为高深精微的哲学思考到大众媒介最为粗俗浅陋的生产制作无一幸免”②。潜藏在背后的，是作为观念和工具的视听技术所带来的天翻地覆的变化，人们或许没有那么直接而强烈的感受，但这些变化正在悄然地对人们的生活施予更深刻的影响。

曾几何时，“影像制作”还是一个略显高深的工种，仅仅是科班出身的少数人掌握的专门技术。随着媒介环境的巨变，互联网技术和移动终端的崛起使得这项技术不再神秘，我们这个时代的视听生产早已为大多数人所触手可及。“人人皆是影像创作者”，是否就意味着专业型的视听生产不再重要了呢？恰恰相反，当影像制作之于普罗大众的门槛大幅降低，专业化生产的意义才更显不可或缺。相比大多数人“随手拍”式的“创作”而言，在视听新闻这个体现专门性、公共性和社会性的职业领域中，成熟地掌握专业的技术观念和实践规范则成为一种至关重要的能力。

当然，当图像素养成为一种全民素养，掌握基本的影像生产能力不仅是学习视听新闻制作的必要技术储备，更是作为一个公民的基本传播素养。学习影像的基本语法及其技术的基本原理，对于视听新闻生产实践而言是基础性的工作。在技术层面，学习和把握诸种视听要素的原理及其应用是制作视听新闻不可或缺的重要前提。视听新闻制作的技术原理主要包含两个基本部分：视觉元素和听觉元素。本章第一节、第二节将分别对视觉要素、听觉要素的原理及其运用进行解析。属于视觉要素中的蒙太奇造型，因其关涉影像技术语

① 贝尔．资本主义文化矛盾［M］．赵一凡，蒲隆，任晓晋，译．上海：上海三联书店，1989．

② 米歇尔．图像转向//陶东风，金元浦．文化研究：第3辑［M］．天津：天津社会科学院出版社，2002：17．

言的基本语法和底层逻辑，故而单做一节进行介绍（见图10－1）。

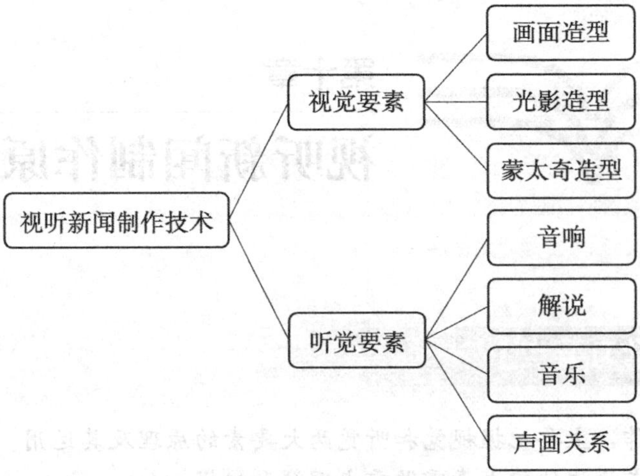

图10－1　视听新闻制作的技术原理

第一节　视觉要素及其运用

对于视听新闻而言，“看”是至关重要的一种感官效果。我们无法仅从语言（或同期声、画外音等）来进入文本，否则就与广播新闻没有区别。故而，画面语言，也即视觉要素的运用，是视听新闻制作技术的重要组成。通过画面来进行新闻传达，这套区别于语言文字的符号系统和表意体系，拥有自己独特的理念、逻辑和技术实践。本节集中对视听新闻制作技术中的诸种视觉要素及其运用进行解析，包括三种主要的造型元素：画面造型、光影造型、蒙太奇造型。其中，画面造型中涉及景深、景别、镜头运动、构图等关键概念，光影造型中涉及光线、色彩等关键概念。蒙太奇造型将在本章第三节中着重讨论。

一、画面造型的元素及其运用

视觉要素作用于画面的表意，要借助一系列画面造型语言加以实现。其中涉及若干核心概念，对于这些概念的把握和运用是学习视听新闻制作技术原理的一个重要基础。

（一）景深

景深，是一个关于摄影成像的基本概念。其主要指镜头（或其他成像器）聚焦被摄主体后能够在画面中取得清晰成像的前后纵深距离。镜头焦点前后往往是一段具有一定长度的清晰空间，镜头聚焦完成后，焦点前后所呈现出的清晰图像的距离，便被称为景深。用比较通俗的话来说，景深是成像画面里清晰范围的距离。画面前后纵深较长、清晰范围较大、背景虚化程度低，为大（深）景深画面，如图10－2（左）；反之则为小（浅）景深画面，如图10－2（右）。

1．影响景深的因素

光圈、焦距（镜头距离）、物距（焦平面到被摄主体的距离）是影响景深的重要因素，具体关系如表10－1所示。

图 10-2　纪录片《风味人间 2》中的不同景深画面

表 10-1　　影响景深的因素

	光圈（数值）	焦距	物距
大（深）景深	小	短	远
小（浅）景深	大	长	近

2. 景深的功能表意

大（深）景深画面与小（浅）景深画面通常有不同的审美和表意内涵。一般而言，大（深）景深画面，因成像的清晰范围较大，往往用来进行较为规模化、整体性的画面造型，对于交代画面信息量、介绍内容背景等起到了相应的作用，如图 10-3（上）。同时，更明确的画面纵深感，往往有助于表达画面信息要素之间的反应与被反应、层次和互动等诸种关系，如图 10-3（下）。

图 10-3　央视直播有关新冠肺炎疫情防控工作的新闻发布会（2020 年 2 月 3 日）

而小（浅）景深画面，因背景虚化程度较高，所以对于画面主体的凸显以及其他环境干扰因素的排除会形成比较大的帮助。对于常规的演播厅（室内环境）新闻采访报道而言，小（浅）景深画面运用较多，例如人物关系较为简单、主体较为突出的新闻访谈等（见图 10 - 4）。

图 10 - 4　央视记者董倩专访传染病学专家李兰娟谈新冠肺炎疫情如何防控（2020 年 1 月 25 日）

（二）景别

景别，是指被摄主体在画面空间中所表现出的视域范围，它意味着被摄主体与环境的比例大小。随着景别由远向近的变化，主体越来越突出、环境越来越退居次要地位直至消失。不同的景别有不同的画面造型效果和表意功能。影响景别的因素主要包括焦距和物距：当被摄主体不变的情况下，焦距越短、物距越远，则被摄主体在画面中的比例越小，景别越大；反之则画面占比越大，景别越小。

通常来说，常见的景别主要有五种类型：远景、全景、中景、近景、特写。

1. 远景

远景，是所有景别中表现空间范围最广的，一般有着较为开阔的场面、大范围背景、规模化的场景呈现。此时环境在画面中占据主要地位，被摄主体只见轮廓。

远景主要有以下表意功能：

（1）交代环境。

由于远景对广阔空间范围的容纳，它能够很好地展示人物或者事件所处的空间环境。比如中央电视台旗下“央视频”App对火神山、雷神山医院施工现场的24小时滚动直播，全景视角能帮助大众了解两座医院建设的基本状况（见图10－5）。

图10－5 远景（“央视频”24小时滚动直播火神山、雷神山医院的施工建设状况）

（2）烘托气氛。

远景在视觉空间上的广阔和对景物宏观形象的展示可以很好地表现气势、烘托气氛。在庆祝中华人民共和国成立70周年大会阅兵式的电视直播中，空中梯队的受阅以全景和仰拍的形式加以呈现，进而展现出恢宏壮观的气象（见图10－6）。

图10－6 远景（庆祝中华人民共和国成立70周年大会电视直播中空中梯队受阅）

(3) 特定情况下还有刻画人物心理、为影像定基调的作用。

在影片《马语者》中，开篇部分有一个马在蓝色背景下飞奔的远景镜头，飘逸的骏马、广阔而干净的场景、纯净的深蓝色调，优美中有一点淡淡的哀伤，似乎在暗示对马的喜爱，同时又有一种不祥的意味，与全片的情节暗合。在影片《我的父亲母亲》中，母亲与父亲第一次说上话之后在秋天的山路上奔跑的远景镜头，整个画面一片金黄，表现了人物此时的喜悦心情，同时也喻示着母亲与父亲情感的“收获”（见图 10-7）。

图 10-7　远景（电影《我的父亲母亲》）

倘若再进一步细分，远景还可以分为大远景和远景两类。大远景开阔、壮观，重在画面的气势，主体在画面中很不显眼，多呈点状；远景则在表现主体周围广阔的空间、气氛、环境的同时，也对主体的全貌有所表现，画面中主体轮廓隐约可见，但难分细部特征。远景镜头多出现在全片或段落的开篇、结尾，起到一个“定调”的作用。

2. 全景

全景，由拍摄主体及其周围环境或自然景色共同构成。拍摄全景时被摄主体成为画面的重心，其全貌得以清晰展现，同时保留了一定范围的环境作为主体的活动空间。全景主要有以下表意功能：

(1)“定位”，明确主体与环境的空间关系。

全景因此也多出现在全片或段落的开篇、结尾，或者段落中需要明确主体位置关系的时候。特别是存在多个主体、彼此关系复杂时，全景镜头的“定位”作用显得尤为突出。在大型电视直播中，有一类全景镜头被称为“安全镜头”或者叫“万能镜头”，它涵盖主体及其所处环境的全貌，空间关系明确，因此被用来作为直播中保证播出安全（比如现场调动机位出现混乱时）的常备镜头，因为在任何情况下，切出这种镜头都是合理的。在球赛一类的转播中，主体众多、彼此关系非常复杂，局部镜头运用不当的话很容易出现空间关系的混乱，因此必须常备全景镜头以便随时“定位”（见图 10-8）。

(2)“刻画”，完整地表现人物的形体动作。

在全景镜头中，主体动作是连续的，没有经过镜头的分割，因而显得连贯而且有真实感（见图 10-9）。

(3)“共容”，协调主体和环境之间的关系。

全景镜头可通过特定环境表现特定人物，比如，训练场上的运动员、课堂上的教师、实验室中的科研人员等。另外，通过人物与环境的对照、映衬，还可以表达一些新的含义，是镜头内部蒙太奇的一种表现，比如，在整洁的草坪上边走边扔瓜子壳的行人、车流

图 10－8　全景（《杨澜访谈录》对话姚明：我的另一种人生）

图 10－9　全景（2020 年冬青奥会：男子短道速滑 1 000 米 1/4 决赛）

中无助的盲者。

由于在实际生活中，人们在观看远距离的人、景、物时，需要的时间比看近距离的景物需要的时间要多，因此，大远景、远景、全景不仅可以描写环境、烘托气氛，表现大规模的人物活动，而且在节奏方面往往可以发挥特有的作用。

3. 中景

中景，表现人物膝部以上的活动情形或者局部的场景，是视听新闻中最主要的叙事镜头。与全景相比，中景中被摄主体的整体形象和环境降至次要地位，更重视具体动作和情节。

中景主要有以下表意功能：

（1）有利于交代主体间的关系，表现主体间的交流。

中景可以很好地表现人物的视线、动作线以及由此构成的人与人之间、人与物之间的关系（见图 10－10）。

图 10-10　中景（央视《环球视线》2020 年 5 月 8 日）

（2）有利于展开叙事，是叙事的主力景别。

它既能为人物提供形体动作和情绪交流的活动空间，又不与周围的环境、气氛脱节，可以很好地揭示人物的情绪、身份、相互关系及动作目的。

4. 近景

近景，主要表现人物胸部以上或者物体较大局部。近景画面中空间范围进一步缩小，环境的作用进一步降低，在画面中占主导地位的是被摄主体。

近景主要有以下表意功能：

相比中景而言更进一步，常以表情、质地为表现对象，常用来深入刻画人物情绪、心情或者物体的主要特征。近景是表现人物面部神态和情绪、刻画人物性格的主要景别，它拉近了被摄人物与观众的距离，容易产生交流感。特别是近景中人物的眼神特别突出，利用这种视觉交流可以有效地消除观众的心理距离。在电视新闻报道中，主持人或者现场报道记者的景别常用近景（见图 10-11）。

图 10-11　近景（主持人和现场报道记者的画面）

需要指出的是，视听新闻是一种动态影像，中景和近景之间相对小的差异常会因为被摄主体的变化而造成其区别没有那么显著，故而时常会用中近景景别来加以描述，中近景是视听新闻叙事中最常使用的景别（见图 10-12）。

5. 特写

特写，主要指把两肩以上的头部或突出地把要强调的"物"占满屏幕。在很大程度上，特写是获得视听效果的强有力的表现手段。

特写主要有以下表意功能：

图 10 - 12 中近景（央视《面对面》2020 年 5 月 3 日）

（1）刻画被摄主体的细节。

特写画面通过描绘事物最有价值的细部，排除多余的干扰因素，从而达到透视事物深层内涵、揭示事物本质的作用。

（2）构成影视节奏的重点。

如同音乐中的强音一样，特写往往具有强烈的视觉冲击力。尤其是作为极端镜头的大特写，表现人的脸部或拍摄对象的某个细部，比一般特写的震撼力更强，有时能产生出人意料的戏剧效果。

在中央电视台《新闻调查》的一期节目《死亡名单》中，当记者找到第一位被瞒报的死亡矿工吕世文家并与其父母交谈时，镜头推至吕世文遗留下来的通讯录上的一行字："好人一生平安。"这是一个极富张力的特写镜头，给人以强烈的视觉和心理冲击（见图 10 - 13）。

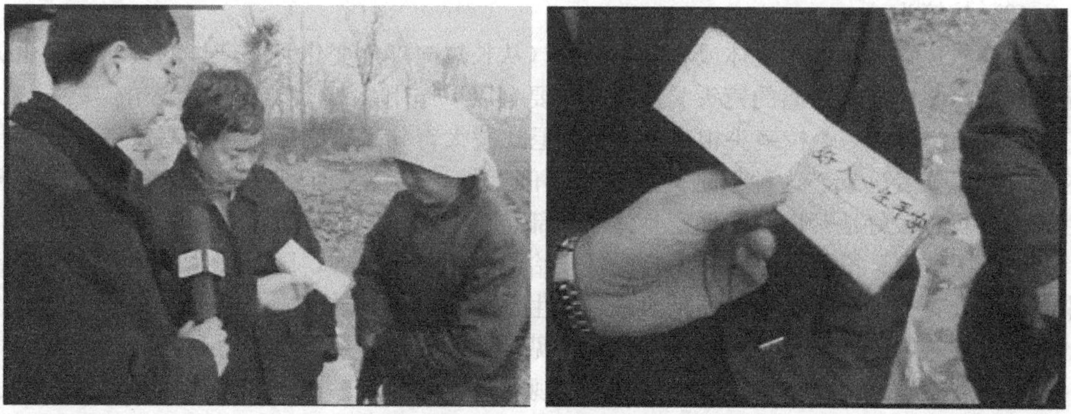

图 10 - 13 由中景推到特写

也正因为如此，特写不能滥用。如果没有深刻的情绪而滥用特写，则会使观众感到不知所云；特写用得过多，它在调节节奏上的作用也无从体现。

（三）镜头运动

除了固定镜头外，其他的镜头运动主要分为两类：一类是画面内部主体的运动，这是一种绝对运动；另一类则是通过摄像机的运动而产生的画面运动，在这里，被摄主体与画框之间产生了一种相对运动。通常情况下，摄像机的运动有两种方式，一是焦距变化，二是机位变化。在这一过程中，拍摄角度和速度也会对镜头运用产生影响。

1. 常见的镜头运动类型

（1）推镜头。

摄像机向被摄主体方向推进或者变动摄像机焦距使画面框架由远而近向被摄主体不断接近所产生的画面效果。推镜头主要有以下作用：

● 突出主体。推镜头通过画面外部的强制性运动能够引导甚至是“强迫”观众注意被摄主体，起到突出重点形象和重要情节因素、强调细节的作用。在中央电视台一则报道以色列军队包围阿拉法特官邸的新闻中，镜头从阿拉法特官邸的全景推向墙壁上的弹孔，一目了然地突出了当时冲突的危险程度。

● 烘托气氛。通过镜头向主体的逐步推进，可以形成一种镜头内在的节奏，使观众更深刻地感受人物的内心活动或者更注意细节和情节，从而加强情绪气氛的烘托。推镜头通过速度的快慢来影响和调节画面的节奏，有快推和慢推两种。慢推舒畅自然，逐渐吸引观众注意；快推则产生紧张、急促、慌乱的效果。在电视剪辑中，这种速度的快慢可以通过编辑机来调节。特别在消息类新闻的剪辑中，每条片子都有严格的时长限制，而一个推镜头往往动辄十几秒，如果使用往往会影响片子的整体节奏和表现。为了尽快凸显主体，这时候可以在编辑时加快镜头推进的速度。比如在新闻人物出现时，现场一片纷乱，这时候快速地推镜头就既可以交代现场环境气氛，又能够迅速将新闻人物加以突出。

● 进行叙事。一个推镜头相当于一个集中式的蒙太奇句子，其中包含了从全景到近景甚至特写的各景别，可以连续地表现主体在环境中的活动情况。在视听新闻节目中，推镜头比较常见地运用在节目开场，从环境到个体的聚焦，既交代了节目空间，也实现了从空间到人的注意力引导，起到恰切的开场效果。

（2）拉镜头。

摄像机逐渐远离被摄主体或者变动焦距（从长焦向广角变化）所产生的画面框架由近至远与被摄主体拉开距离的镜头。拉镜头主要有以下作用：

● 聚焦定位。一个拉镜头相当于一个后退式蒙太奇句子，它由主体特写或者近景逐步拉开至全景或者远景，这种景别的变化是不间断的，保持了时间的连续性和空间的完整性，因此可以较好地帮助观众确定整体与局部、环境与主体的位置关系。

● 舒缓节奏。拉镜头由近景或者特写开始，主体形象鲜明，随着镜头的拉开，画面越来越开阔，镜头内部节奏由紧而松，最后产生一种宽广舒展的感觉，唤起观众某种感情上的余韵。在视听新闻节目中，拉镜头比较常见地运用在段落或节目的尾声。

● 创造戏剧效果。拉镜头以局部开始，观众对主体的观察由不完整到完整，在这个过程中，观众的情感会产生戏剧性变化。比如，从人物背部的近景拉开成远景，原来他正在一处陡峭的雪山壁上攀登，观众的心理可能会从一开始的轻松变为后来为主人公安全担心的紧张。

● 实现转场。拉镜头以全景或者远景结束，被摄主体及其活动渐渐淹没在环境中，正好可以作为场景转换的契机。

（3）摇镜头。

摄像机置于固定机位，利用镜头在水平或垂直方向上的摇动所拍摄的画面。摇镜头主要有以下作用：

● 介绍环境。与固定镜头相比，摇镜头视野更为开阔，可以展示更广阔的空间。这种镜头重在通过摇的全过程给人展示一个整体的印象，不在于描述具体的某一主体，因此，在剪辑时要注意保留摇的过程的完整、速度的均匀。这类镜头往往出现在全片或者段落的开始。

● 建立关联。摇镜头可以突出人物行动的意义和目的，或者表现各个主体间的联系。这类镜头重在表现起幅、落幅中所表现的主体，摇的过程只是表现其关系的一种手段，因此，剪辑这类镜头时要给起幅、落幅以一定的展示时间，而对于摇的过程则视节目的需要可以通过编辑手段加快速度。另外，在选择这类镜头时要注意从三个方面考虑镜头是否合格。其一，动机，镜头在起幅和落幅之间的变化需基于主体间必要的联系。其二，动向，画面所见的被摄主体移动方向前面的空间应比被摄主体后面的空间大，以突出、显示移动的方向。其三，动力，摇摄的速度要均匀，不能忽快忽慢。

● 制造悬念。这种手法与拉镜头类似，也是利用观众在镜头起幅直至落幅的运动过程中所产生的心理落差来营造某种戏剧效果。

● 调节节奏。摇镜头运动速度的变化可以改变片子的节奏。快摇用于加强节奏，而慢摇则使节奏舒缓。

● 实现转场。快摇中还有一种特殊情况称为甩镜头，摇速极快，摇动过程中景物模糊不清，利用这一点可以实现场景的转换。

（4）移镜头。

在拍摄中改变机位，也就是一边移动摄像机一边进行拍摄而来的画面。移镜头中还有两类特殊的镜头，分别是跟镜头、升降镜头。

移镜头主要有以下作用：

● 开阔视野、表现被摄主体。例如，拍摄人民英雄纪念碑的浮雕，如果采用横移拍摄的话，就可以使画面中静止的人物犹如活起来一般。同时，移镜头还可以把行动着的人物和景物交织在一起，产生强烈的动感和节奏感。在影片《我的父亲母亲》中，描写母亲听到儿子讲课的声音，恍惚中以为是丈夫仍在讲课，急忙从家赶往小学校，母亲一路急走的镜头用的就是横移，特别是作为后景的栅栏的竖线条在横向移动的画框中急速划过，很好地渲染了人物此时的急迫心情。

● 善于表现大场面、大纵深、多景物、多层次的复杂场景，这是固定镜头难以实现的。在一些纪实类节目的采访或者大型直播节目中，安排摄像师身背斯坦尼康设备深入新闻现场进行移动拍摄，就是利用了移镜头在这方面的功能。

● 特殊的移镜头有特殊的表意功能。跟镜头，意指摄像机始终跟随被摄主体一起运动所拍摄的画面。在这一过程中，主体动作、镜头动作都在运动中，有强烈的动感，而主体与镜头的位置则相对固定，又使得运动中的主体在画面上非常清晰。在一些竞技体育赛事直播中，我们时常会看到追随运动员运动的镜头。升降镜头，是摄像机从平摄慢慢升起或降落形成高俯或者低角度拍摄的画面。升降镜头常用来展示空间的广阔、表现纵深空间中的层次关系，从而起到交代环境、渲染气氛的作用。

(5) 几种常用的特殊镜头：主观镜头、空镜头、过肩镜头。

● 主观镜头。从跟观众之间的关系来说，镜头可分为客观镜头和主观镜头两类。客观镜头较为常规，主要是最常见的第三方视角（镜头作为旁观）镜头；而从被摄主体的视角出发来进行叙事的镜头，也即主观视点镜头，则被称为主观镜头。主观镜头强调将镜头与被摄主体的目光相一致，这种镜头的使用有效地调动了观众的主观体验，使他们真正产生身临其境的感受。在许多情况下，主观镜头也会与跟镜头相结合，营造一种“共同”的变化感受。例如，在纪念抗战胜利 70 周年“9・3”阅兵电视直播中，大量主观镜头的视点存在于不同的主体对象当中，观众除了能感受整体性的阅兵仪式外，还能深入不同细节（见图 10－14）。

图 10－14　纪念抗战胜利70周年“9・3”阅兵电视直播

其中有部分特殊视角以主观镜头代入，目的为更直接地营造身临其境的效果，深入不同受阅队伍的“现场”。

● 空镜头。空镜头也称“景物镜头”，常用以交代环境、时空等，具有调整叙事、调和节奏、象征隐喻等功能，也经常被用作转场镜头。空镜头在视听新闻制作过程中具有不容忽视的重要作用：一方面，空镜头剥离主体，可以进行叙事切换；另一方面，空镜头对于调整新闻叙事的结构、节奏等具有不可或缺的作用。制作视听新闻时，我们常常会备采部分跟场景、细节有关的空镜头，一则可以使得段落的叙事有更丰富的画面变化，二则如出现被摄主体画面有特殊状况时，空镜头也可以用来做有效的填补，使影像段落完整（见图 10－15）。

● 过肩镜头。当画面中的人物构成某种互动关系时，镜头隔着一个人的肩膀朝另一个人拍取的镜头，以中近景景别为主。这在新闻采访或访谈类节目拍摄中是较为常规的镜头，既可以交代被摄主体的关系，也能使得画面有纵深感（见图 10－16）。

2. 拍摄角度

拍摄角度影响着镜头运动的变化。通常情况下，拍摄角度有水平和垂直角度之分，水平方向上有正面、侧面、背面的拍摄角度之分；垂直方向上有平视、仰角、俯角之分（见图 10－17）。

图 10－15　北京市海淀区人民检察院周边的空镜头（央视《新闻直播间》2019 年 6 月 17 日）

《"热心出手"后的风波 当事人被警方刑拘同日取保候审》这则新闻中，交代了案件移送检察院后检察院做出的决定，这一部分的画面使用了北京市海淀区人民检察院周边的空镜头，以体现相应的新闻叙事内容。

图 10－16　《注册制改革再加速》中记者与专家对谈部分的过肩镜头拍摄（央视《焦点访谈》2020 年 5 月 13 日）

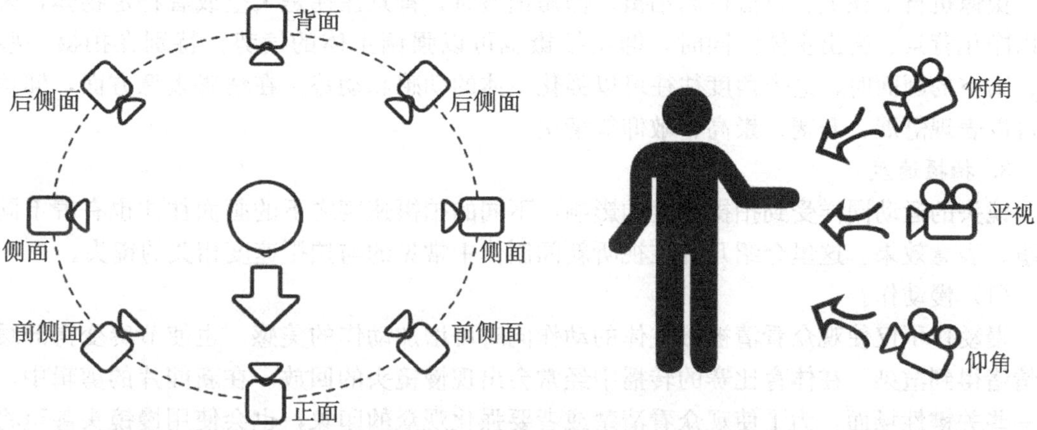

图 10－17　水平方向（左）、垂直方向（右）的拍摄角度

（1）正面角度。

摄像机在被摄主体正前方拍摄。这种角度拍摄有利于表现主体的正面特征，可产生直接、亲切的感觉。比如新闻播音员、主持人播报时或记者现场报道时的镜头往往采取正面拍摄，以产生交流感。但是正面拍摄的画面往往比较呆板、凝重，不利于表现主体的层次感和空间纵深感。

（2）侧面角度。

摄像机从被摄主体的侧面方向进行拍摄，最能表现主体的层次感，画面线条变化丰富，构图灵活。而基于侧面的角度，除了正侧面拍摄外，也有前侧面、后侧面拍摄角度，在实际拍摄时可以根据情况灵活应用，以使画面的变化和表现更为丰富。

（3）背面角度。

摄像机从被摄主体的背面正后方拍摄。此时画面所表现的视线方向与被摄主体的视线方向一致，给观众提供了一个主观视点。在进行现场调查式采访时，经常采用这种方法，从记者背后进行拍摄，产生一种由记者把观众带入新闻现场的效果。

(4) 平视。

这是垂直方向上最常规的拍摄角度，强调镜头与一般视线的平齐，不带有任何情感化的表意。

(5) 俯角。

摄像机自上往下、由高往低拍摄。从这个角度拍摄有利于交代环境位置、空间层次，在表现大场面时经常用到。比如，在很多新闻直播中，为了有效地表现新闻现场的环境气氛、空间方位，都要安排若干高点俯拍的机位。一个较为特殊的俯角为悬空角度，指摄像机从空中垂直往下拍摄。一般需相关的航拍设备，用于表现场面的壮阔，或者避开地面拍摄在视角上的障碍，电视纪录片中经常采用。中央电视台在 1997 年进行三峡截流直播时，运用直升机航拍三峡坝区并进行直播，开创了中国电视史上航拍直播的先河。西方一些新闻机构经常会利用这种手段进行热点新闻的直播。比如，美国电视机构在报道辛普森案件时，就利用直升机拍摄直播了辛普森驾车在高速公路上逃跑的场面（见图 12－1）。除此之外，俯角也有特殊的情感表意效果，有时可以表现阴郁、压抑、贬低等情绪。

(6) 仰角。

摄像机自下往上、自低往高拍摄。仰角拍摄时，背景往往是天空或者特定物体，因此可以净化背景、突出主体。同时，仰角拍摄也可以强调主体的气势，特别在拍摄一些跳跃、腾空的画面时，这个角度往往可以强化主体的动感和动势。在情感表意方面，仰角拍摄可以表现舒展、开阔、崇高、敬仰等情绪。

3. 拍摄速度

镜头的运动同样受到拍摄速度的影响，不同的拍摄速度之下的画面往往也有着不同的叙事、表意效果。这里介绍几种在视听新闻制作中常见的与拍摄速度相关的镜头。

(1) 慢动作。

慢动作不仅使观众看清被摄主体的动作同时可增加动作的美感，也使节奏变得舒缓或者情绪得到渲染。在体育比赛的转播中经常会出现慢镜头的回放。在新闻片的剪辑中，对于一些关键性场面，为了使观众看清楚或者要强化观众的印象，也会使用慢镜头甚至将关键画面定格。比如，在庆祝中华人民共和国成立 70 周年阅兵式的新闻报道中，为展现空中受阅队伍的英姿，将快速的飞机翱翔画面进行升格处理，以放慢镜头播放速度，展现这一壮观景象。再如，一则关于行人违规过马路造成车祸的电视新闻中，新闻素材使用了交通监控中的画面，但因为行人违规遭遇车祸的过程较快，为了更清楚地对事件进行回顾，画面也进行一定程度的慢动作处理。

(2) 快动作。

快动作能够造成强烈的动感，并且制造一种快节奏，渲染紧张激烈的情绪和气氛。例如，纪录片《风味人间》中对于某种食物原材料生长过程的画面呈现，因其现实的生长过程漫长，画面就要做相应的降格处理，以达到在短时间内让观众见证植物生长过程的效果。此外，在情绪表达方面，快动作通过对主体动作的加速放大，有时候也能形成某种夸张、滑稽的表意效果。

(3) 变速。

在一个镜头内部出现主体运动速度和画面运动速度的改变，或减速，或加速，形成节奏上的变化。在视听新闻剪辑中，这种变速的情况常出现在一些节目包装片或者宣传片中。

（四）构图

构图，原本是使用在绘画领域的一个概念，强调布局和章法的构思。用于视听制作领域，这一概念也体现出了其至关重要的意义。这种意义一方面体现在审美的层面，关涉镜头的美学创作，另一方面构图也影响着画面立意的彰显。好的构图，不仅为画面赋予了独特的视觉风格样式，而且能更高效地向观众传达相关意图。

1. 构图的要素构成及其相关概念

一般而言，视听作品构图的要素主要包含主体、陪体、环境（前景、背景、留白等）。构图要素的不同组合、布局，包括其在画面中的位置、占比等，会形成不同的表意效果（见图 10－18）。

图 10－18　构图的要素

（1）主体。

主体是构图中最为主要的对象，既是画面的关键内容，也是视觉上的中心所在。如果画面主体不明确，则会导致画面信息传达的偏差。故而，对构图中主体的设计需进行充分考虑。

（2）陪体。

陪体也称客体，意指与主体有相应联系的次要画面表现对象。其存在是相对主体的一种设计，时常体现为一种陪衬作用，常见的陪体如道具等。

（3）环境。

环境意指主体和陪体以外的画面元素，包括前景、背景、留白等。环境较之于主体、陪体而言，或许在视觉位置上没有居于那么主要的地位，但其存在往往对于交代环境信息、塑造审美空间等有重要作用。

除了上述构图的核心要素外，也有若干个与构图相关的概念需要掌握。

（1）视觉位置。

对画面的不同位置进行构图，所形成的效果也有很大差异。视觉位置有中心、边缘、侧部之分。视觉位置在中心，常给人稳定、权威之感，也体现主体的重要地位；视觉位置在边缘，则会有被忽略、轻视之感。

（2）视觉重量。

视觉重量既指拍摄对象在画面占比的大小，也指因为构图设计而形成不同的视觉注意力引导，是一种主观感受。通常情况下，拍摄对象在画面的左部、上部，在视线及其延伸方向，在交点处等，都会形成更大的视觉重量。

（3）视觉情感。

视觉情感是通过构图引导出的不同情感偏向，往往会与光影、色彩等要素相结合，通过不同的构图关系来营造不同的视觉情感。

当然，视觉位置、视觉重量、视觉情感等不同的构图效果，要借助多种方式来达成，例如对于影调、色彩的处理，对于线条（包括透视、动感、情绪等）的处理，对于空间关系（包括前后景、运动空间、视线空间、头顶空间等）的处理，等等。在各种视听要素的综合调度下，才能达成更好的构图效果。

2. 几种常见的构图规则

（1）平衡。

构图要调和物理重量和视觉重量之间的关系，平衡的观念就是其中的一种美学。构图强调平衡，意在形成一种稳定的心理秩序、美感结构，让观众在观看画面的同时有更好的心理感受。

（2）对称。

对称主要强调画面中的主体在各种形态、比例、光影变化上呈现出一致或相对应的关系。常见的对称效果有镜面对称、辐散式对称等。

（3）对比。

对比主要指画面中的不同对象，在不同维度上形成的显著区别。对比意在制造“反差”，往往会带来更强的视觉冲击力。常见的对比效果如色彩对比、明暗对比、虚实对比、动静对比等。

（4）黄金分割。

黄金分割比，是数学上的一个概念。当把一条线段分为两个部分，使其中较大部分与较小部分之比等于整体与较大部分之比，就是黄金分割比。这个比例被认为最能带来审美感受，而在实际构图过程中若将拍摄对象置于黄金分割点上也往往会形成更好的美学效果（见图 10－19）。当然，在实际操作中，我们无法从取景框中进行黄金分割比测量，一般会使用“九宫格”法来寻找黄金分割点。也即，将画面以“井”字分割，四个焦点大致为黄金分割点。

二、光影造型的元素及其运用

影像，是光影的艺术。从广泛的视听创作来说，对光影效果的把握将直接决定作品的表现与成色。因而，光影造型的重要性不言而喻。光影造型里的两个核心要素光线、色彩，其不同的运用方式会对人物刻画、叙事参与、情感表达、氛围营造、主旨揭示等起到不同的作用。

（一）光线与基本照明布局

光线，是摄影的一个核心构成要素，同样是最基本的一种视觉造型手段。在实际的视

图 10-19　纪录片《老广的味道》中的黄金分割构图

听作品制作过程中，有光线的构思和作用才能使画面被赋予线条感、层次感、轮廓感等，对光线和照明的布局和使用，是成就光影造型的一条重要线索。

1. 光线的类型及其表意

按照光的强度，光线可分为硬光、软光、混光三类。

（1）硬光。

硬光也称为直射光，是光源经过直射后在拍摄对象之上形成明显的受光面及阴影，常见的如烈日太阳光、聚光灯等发出的光线。硬光有照度强、方向性明确的特点，因为光影变化显著，所以有更明确的造型效果（见图 10-20）。当然，硬光因其调子过硬、反差剧烈，在画面造型上也需注意补光、修饰光的使用，避免形成过于呆板的效果。

图 10-20　节目《歌手·当打之年》中的硬光造型

（2）软光。

软光也称散射光，指光源照射到拍摄对象后不形成明显阴影的光线类型，常见的如阴天的太阳光、散光灯等发出的光线。软光有照度弱、无方向性（全方向性）的特点，不会形成较为显著的明暗层次，更柔和、更真实，但也存在造型能力弱的状况。

(3) 混光。

混光也称混合光，指不同的光源共同作用在拍摄对象上形成的混合效果，通常兼具硬光、软光的特点。因其更贴近日常生活的真实光影效果，故而成为视听新闻制作中最常用的光线效果。一般情况下，会主要借助自然光，部分借助人工补光来完成（见图 10－21)。

图 10－21　视听新闻拍摄中最常使用的是混光

按照光的方向，水平方向的光线可分为顺光、侧光、逆光三大类，垂直方向的光线可分为顶光、脚光等。

(1) 顺光。

顺光也称正面光，指与镜头方向一致的光线。在视听新闻拍摄中，顺光是最主要的塑形光线，能更好地展示拍摄对象的全貌，但单一的顺光也会让画面的层次感、立体感降低，略显单调。

(2) 侧光。

侧光也称侧面光，指从拍摄对象的侧面打来的光线，因角度差异也有侧顺光、侧逆光之分。侧光能形成显著的明暗对比，故而在形成透视感、层次感、立体感方面效果较为显著（见图 10－22)。然而，仅有侧光，会使得造型对象有失真之感，故而要准确把握受光面、背光面的关系问题。

(3) 逆光。

逆光也称背光，指光源从拍摄对象身后打来的光线。逆光与镜头的拍摄方向相反，所以会强化轮廓造型，主体部分往往呈现出“剪影”的效果。这种特殊的光线效果能够营造出孤独、静谧等特殊的情绪表意，是一种效果化的光线（见图 10－23)。

(4) 顶光。

顶光指光源高于水平视线 60 度以上、从拍摄对象顶部打来的光线，会形成鲜明的明暗反差。顶光照明一方面会暗示光源的位置所在，另一方面也有特殊的情感表意效果，因其不均匀、不规则的光影变化会丑化拍摄对象，在使用中需谨慎。

(5) 脚光。

脚光指光源低于水平视线 60 度以上、从拍摄对象底部打来的光线。其造型效果与顶光类似，但光源位置不同，且一般情况下脚光的情感效果会更强，时常用于渲染恐怖、紧张的气氛。

2. 基本照明布局

光线的作用，不仅仅在于完成造型，更有不同的叙事、表意效果。作为一种独特的视觉语言，光线在视听新闻制作中的运用也体现为一套专门的技术观念，并非全然依托于自然光或自然环境可以取得。因而，学习基本的照明原理，对于合理、准确、高效用光至关重要。

图 10-22 电影《一代宗师》中的侧逆光造型

图 10-23 电影《一个人的皮影戏》中皮影戏的逆光剪影

照明本身是一个独立的专业门类。对于视听新闻制作而言，我们需要掌握的照明及其原理是最基本的。这个最基本的原理是三点布光法，掌握这个人工布光的原理有助于我们协调、把握相关的创作活动。

三点布光法，又称伦勃朗布光法，是人工布光的一种基本理念和手法，适用于视听新闻、纪录片等取景范围有限、场景造型不复杂的照明。三点布光法由三部分构成，一般来说包括四分之三前向主光、辅助光（补光）以及轮廓光三个要素，现在泛指主光、辅助光和轮廓光的各种组合方式（见图 10-24）。

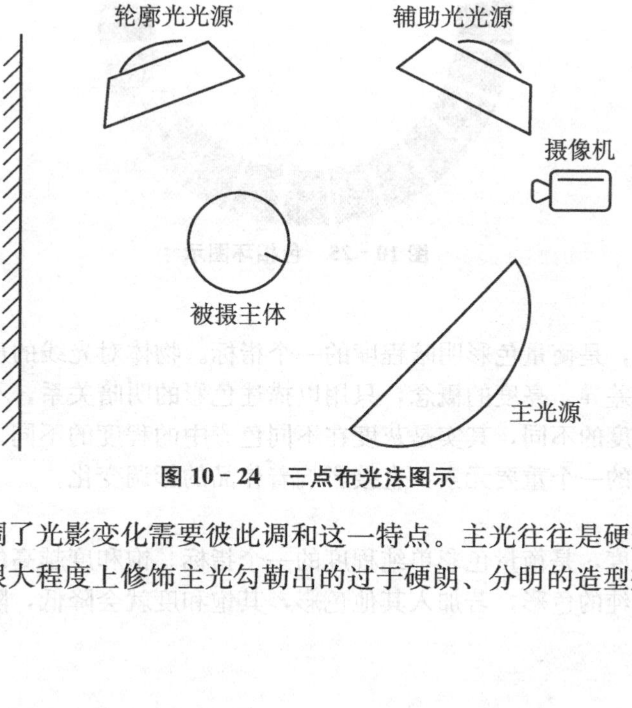

图 10-24 三点布光法图示

三点布光法强调了光影变化需要彼此调和这一特点。主光往往是硬光光源，故而辅助光的存在其实是在很大程度上修饰主光勾勒出的过于硬朗、分明的造型效果；主光和辅助光的组合，势必造成被摄主体正面的光线照度太强，背面打来的逆光则能在一定程度上修饰强化轮廓造型。但也需要注意，并不是光线越多造型效果就越好，照明方案的设计应当兼顾画面中的诸种视觉元素，从整体到细节都要予以充分考量，最终形成一个合理、高效的照明布局。

（二）色彩及其表意

色彩，是与光线不可分割的一个概念。无论是经过光线折射而形成的还是人脑加工处理后对光做出的视觉反应，色彩及其表意都对视觉造型效果的生成有重要帮助。理解色彩及其基本特征、表意功能，是光影造型中比较重要的一个部分。

1. 色彩及其基本要素

色彩是一个物理学概念，具有自身的复杂特征。我们日常生活中“看不见摸不着”的光线，其实是由 R（红色）、G（绿色）、B（蓝色）三种波长的光线构成的。而我们能够看到不同的色彩，实际上是光线照射在不同物体上物体反射和吸收不同波长的这三种光线，经过人体相关机能的再处理进而形成的。

我们对于色彩的感知，源自色彩的三个基本要素概念：色相、亮度、饱和度。

（1）色相。

色相是色彩的本质属性，也就是我们平时描述的不同颜色。基于红、绿、蓝三基色的混合，就有了不同的色相。通常情况下，取色会基于色相环（见图 10－25，由于本书为单色印刷故未能显示色相，可扫描图边二维码查看），色相环描述了色彩混合的逻辑，也能够清晰地看到不同色相之间的关系。

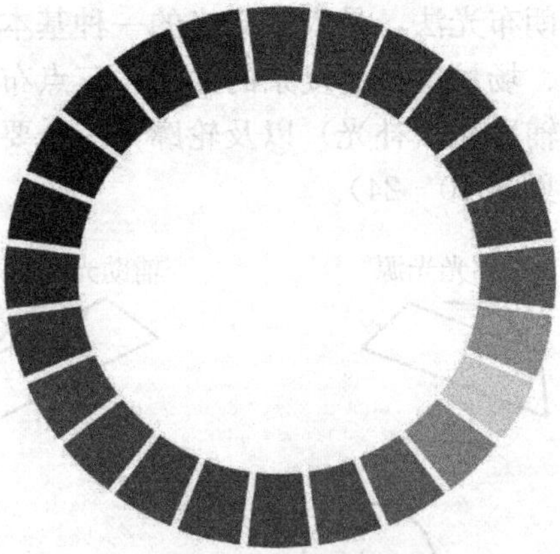

色相环示意图

图 10－25　色相环图示

（2）亮度。

亮度也称明度，是衡量色彩明暗程度的一个指标。物体对光线的反射力度差异，会形成色彩的明暗程度差异。亮度的概念，只用以描述色彩的明暗关系，不带有任何色相的属性。也就是说，亮度的不同，其实是灰度在不同色彩中的程度的不同。在视听制作中，亮度是影响色彩造型的一个重要元素，直接影响着作品的影调变化。

（3）饱和度。

饱和度也称纯度，是衡量色彩单纯程度的一个指标。饱和度越高的色相，其纯净度就越高。任何一种单纯的色彩，若加入其他色彩，其饱和度就会降低，随之带来色彩性质的改变。高饱和度色彩会鲜明、突出，低饱和度色彩则会有低沉、沉静之感。

2. 色彩关系

色彩关系决定着视听作品的色调、影调，也即整体的色彩风格倾向。所以，对不同色彩的组织和搭配会影响视听作品的整体样式。作为最基础的学习和把握，以下两种常见的色彩关系需要重点掌握：

(1) 冷暖调。

冷暖调是指色彩的一种情感属性，冷调和暖调是相对的一组色彩对比关系。冷调，是以蓝绿紫等冷色系色相为主调的色彩倾向，通常能够塑造出低沉、冷静、压抑、严肃等情感表意（见图 10－26）；暖调，是以红黄橙等暖色系色相为主调的色彩倾向，通常能够塑造出温暖、热烈、活泼、积极等情感表意（见图 10－27）。冷暖调的使用服务于视听作品的主旨和风格样式。

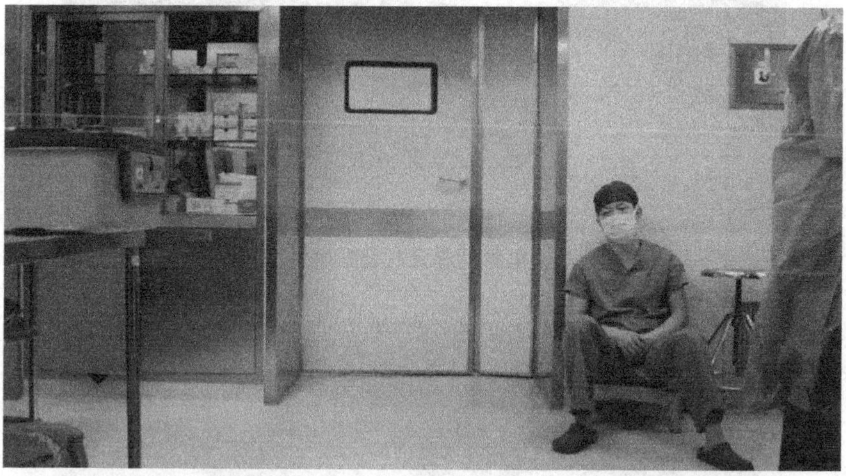

图 10－26　医疗题材纪录片《人间世》（第二季）中的冷调画面

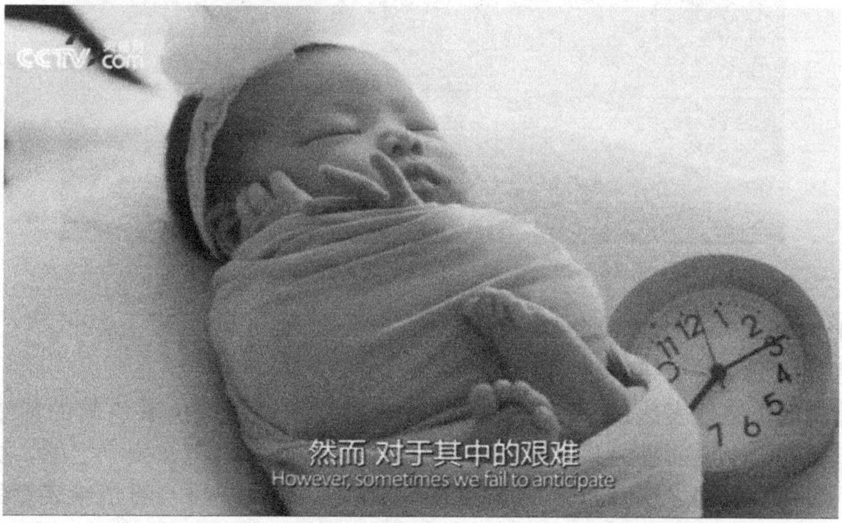

图 10－27　人文题材纪录片《人生第一次》中的暖调画面

（2）高低调。

高低调是指色彩的一种明度对比关系，高调和低调是相对的一组色彩对比关系。高调，也称亮调，有较高的色彩明度、对比度，整体的色彩感觉往往更明快、活泼、热烈（见图 10－28）；低调，也称暗调，色彩明度、对比度较低，给人以安宁、柔和、冷静之感（见图 10－29）。

图 10－28　电影《忠犬八公》中的高调画面

图 10－29　电影《星际穿越》中的低调画面

3. 色彩的表意

（1）色彩有不同的情绪表达。

色彩造型的情绪性表达是一种重要的特征。通常来说，暖色系色彩的情绪体验更积极、浓烈，具有向上、前进之感；冷色系色彩的情绪体验有静谧、安宁之感，更浓重的也会有压抑、肃穆、恐怖之感。当然，同一种色相在不同语境里也会有情绪表意的反差。常见的色彩情绪表意见表 10－2。

表 10-2 常见的色彩情绪表意

色相	情绪表意
红	温暖、热烈、兴奋、昂扬、生机
黄	辉煌、收获、鼓舞；悲伤、忧郁
蓝	理性、睿智、广博、忧郁、迷茫
绿	活力、生命、朝气；阴森、恐惧
紫	浪漫、艳丽、浓郁；压抑、恐怖
黑	低沉、肃穆、权威、静谧、悲伤
白	纯洁、神圣、美好；寒冷、哀愁

（2）色彩能够推进叙事进展和人物塑造。

色彩造型有推进视听作品叙事进程的作用，例如用黑白画面和彩色画面来区分过去和现实时空，或者用不同的色调来区分梦境、闪回等跳脱于主体叙事空间之外的空间关系等。同时，色彩造型也丰富着人物形象的塑造，例如暖调更适合描摹温柔的人物形象，冷调则常常用以塑造反派等。

（3）色彩能够制造隐喻、建立联想。

不同的色彩关系往往可以暗示叙事中的“言外之意”，这种象征和隐喻的作用可以强化视听作品的感受空间。例如，对比色的运用可以强化人物或叙事的反差等。

第二节 听觉要素及其运用

伴随录音技术的臻于成熟，声音要素作用于视听作品创作的影响越发深刻。从单声道到立体声，从磁带录音到数码录音……技术的专业化发展使得听觉在视听作品中得到了更为丰富、多元的呈现。本节将探讨视听新闻制作中较为重要的三类声音技术原理：音响、解说、音乐。其中，音响包括同期声、环境背景声等关键概念；解说包括解说语言及其功能；音乐包括其表意功能、结构功能的解析等。关于这些听觉元素的基本概念及表意功能已在第一章中介绍，这里不再赘述，本节主要从技术角度探讨声音的特性及剪辑的基本规则。

视听信息传播的符号系统包括视觉和听觉两个基本部分，声音和图像不可分割、相辅相成。声音作为人们接收外界信息的主要途径之一，在视听传播中具有不可替代的表现作用。

有学者曾以盲人为例形象地说明声音的表现力：

> 丧失视力的盲人能够在世上生活，不正是借助于声音吗？
>
> ……盲人告诉我们，盲人杖的主要作用是在地面上敲击出声音来，然后凭借它反射回来的声音的时间来判断四周有哪些障碍物以及它们的距离。……
>
> 不同质地、形状和大小的物体发出的声音是不相同的，当一枚镍币落在桌子上，盲人可以凭镍币发出的声响来判断出是壹分的、贰分的还是伍分的。

盲人对人的外在的美是以人声为标准，他们不说某某长得美，而是说他的声音美……

盲人根据某一人声的渐远渐近来判断人的运动。

有一个盲人每次去上班的时候，都能够准确地在正对着他的工作单位的门口停下来。据他说，那是因为他的工作单位的大门始终是敞开的，门里是一个长方形的大厅，正对着门口的大厅的一端有一条长通道，他是根据这两个不同形状的空间里传出来的声音共振找到了那个准确的交叉点的。

盲人说，对于一个他所熟悉的人，单凭他的动作发出的声音，就能判断出他当时的情绪。

他还能根据人们在交谈时的语气、用词判断他们之间的特定关系。

盲人可以根据一个人动作发出的声音节奏来判断他的年龄、脾性或健康状况。①

通过这个例子我们不难看出，声音传达具有非常强大的传递信息的能力。在生活中，人的听觉是认识客观世界的手段之一，人可以从周围环境的声音获得非常丰富的信息。

一、声音的特性

声音是靠机械波的形式传播的。声源振动时压缩邻近的空气，使这部分空气变密或者变疏，这种疏密相间的状态由声源向外传播，形成声波。

关于声波的物理概念主要有频率、振幅、波长、波速等。如图 10－30 所示，两个相邻密部中央或疏部中央的距离为一个振动周期，也就是波长；每秒钟振动的周数就是频率；从密部或疏部最高点到图中横轴的垂直距离为振幅。声波传播的速度在摄氏零度时为每秒 331 米。

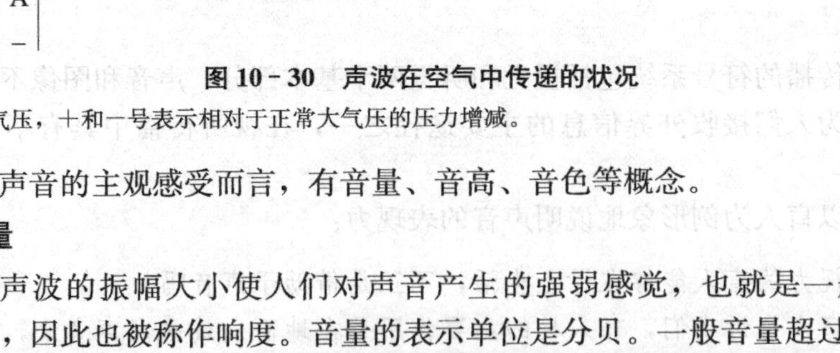

图 10－30 声波在空气中传递的状况

A＝正常大气压，＋和－号表示相对于正常大气压的压力增减。

就人们对声音的主观感受而言，有音量、音高、音色等概念。

（一）音量

音量是指声波的振幅大小使人们对声音产生的强弱感觉，也就是一般我们所说的“响”和“轻”，因此也被称作响度。音量的表示单位是分贝。一般音量超过 140 分贝，人们的听觉器官便无法承受。人们对于音量的感受受到主客观因素的共同作用。

① 周传基．电影·电视·广播中的声音［M］．北京：中国电影出版社，1991：90．

1. 客观音量

生活中的声音是有音量变化的：

不同物体发出的声音不同。一辆卡车马达发出的声音可达 90 分贝，喷气式飞机引擎发出的声音音量更高，可达 130 分贝，那已经是噪声了。

人说话的声音一般为 60 分贝左右，但是随着情绪的变化或者情况的需要，人声的音量也有变化，还有人天生就是大嗓门，即使在正常状况下音量也比一般人大。

特殊的环境在音量上也有特征，如医院里的病房是安静的，市场则是嘈杂的。

2. 主观音量

事实上，人们主观感觉上的音量往往和实际的音量并不一样。这主要受到以下两方面的影响：

（1）心理状态。

由于受众接收声音时心理状态不同，同样的音量在他们的主观感受上可能有很大差别。这些心理状态主要包括：

● 好恶。当你喜欢某一种声音时，音量很大也不会觉得吵；反之，平常的音量也会觉得很大。

● 精神状态。当人处在敏感的精神状态时（如恐惧、脆弱），小的声音会显得很大；当人反应迟钝时或者精神恍惚时，大的声音也会显得很小。

● 关注程度。对事物的关注程度也会影响对音量的感受。当人们专注于某一事物时，对于这个事物的声音就会特别敏感；反之，如果关注的是别的事物，那么即使近在身边的声音也可能充耳不闻。

（2）声音所处的背景环境。

由于所处环境不同，同样的音量可能引起人们不同的主观感受。一样的脚步声，在大街上可能根本就听不到，而在安静的走廊上却清晰可辨。主观音量虽然可能和客观实际有很大的出入，但是却反映了人们内心真实的感受。

3. 音量的表现功能

在视听作品中，音量首先是真实还原客观事物的重要手段，但同时它又是有艺术表现力的。

（1）声音的响度往往与感情的起伏有着密切的联系。

声音的强烈往往寓示着感情的强烈，相反，声音的平静往往与感情的平静是一致的。在安东尼奥尼（Michelangelo Antonioni）的影片《蚀》里，有一个证券交易所的段落，其中声音的响度大到令人难以忍受。创作者使观众从心理上感到了女主人公难以忍受的心理状态。后来女主人公来到一个偏僻的小飞机场，恬静的环境使她心情舒畅。在这里，音量的不同表现了不同的感情状态。

（2）声音的响度还与节奏有关。

越来越响的声音使节奏逐步加快，反之则可以使节奏渐渐平稳下来。比如，在一部表现中国足球冲击世界杯成功的短片中，片子从黑场起（黑底加时间字幕），先是开赛前球迷的等待，然后比赛开始直至以胜利结束。声音由平静到热烈直至沸腾的顶点，然后人群渐渐散去，体育场内渐渐归于平静。如果单以音量来描述这个过程就是：

静——→渐强——→极强——→渐弱——→静

（开篇） （发展） （高潮） （尾声） （结束）

前半部分，声音渐强，推动节奏越来越快直至高潮，然后渐弱直至消失，节奏慢慢缓和，留下曲终人散的余味。

（3）音量的对比形成戏剧效果。

常规状态下，音量与感情激动的程度、节奏的快慢成正比。但是有时候，适当的对比能够造成情感和节奏的起伏，从而更好地反衬和突出重点。

在斯皮尔伯格的影片《拯救大兵瑞恩》中，奥马哈海滩战役一段就非常好地利用了音量的对比：汤姆·汉克斯饰演的中尉在震耳欲聋的枪炮声中看着身边的战友一个个倒下，此时他的耳边却突然一片寂静，而从他的视点看去的场景依然是战火纷飞，主观的声音与客观的画面造成一种奇异的对比，更强烈地表现了主人公内心的痛苦、迷茫；然后声音突然加强，主人公又回到现实，前面的"静"与此时的"闹"又形成强烈的对比，渲染了战况的激烈。在这个段落中类似的对比还有一处：部队试图强行登陆，枪炮声和人声一片喧闹，一名战士坠海向水下沉去，水面下寂静无声，不时有子弹划过，带起一串清晰的水泡声，然后战士浮上水面，声音骤然变强。影片巧妙地利用水下这一场景，造成声音的对比——水面下的寂静与水面上的喧闹、水下的无声与子弹划过水中的声音，音量的冲突形成了强烈的艺术效果。

（4）借助主观音量表现情绪、营造气氛。

在前文中，我们探讨了人的心理状态对感知音量的影响，利用人们的这种主观感受，可以用生活的表象来创造观众心中的主观音响，从而表现情绪、营造气氛。在法国故事片《舞会与小提琴》中有这样一个段落：母子二人在偷越国境时需越过一段林中空地。为了减小目标，母亲和向导先过去，然后小儿子单独一人穿过空地。这时远处响起了两下枪声，然后是一片寂静。画面远处，孩子在空地上奔跑，显得那样慢，那样令人焦急。孩子突然害怕了，他丢掉了手里提着的两个盒子，远远地传来一声"妈妈"。这声"妈妈"是那样远，但是在观众心中却是那样"响"，这种"响"是紧迫情境引起的观众主观感觉。

（二）音高

音高也叫作"音调"。物体在振动时发出声音的频率就是音高。音调的高低由频率决定，频率越低音调越低，反之就越高。人耳能感觉到的声音的频率大约在 16 赫兹到 20 000 赫兹之间。

每一种物体都有不同的音高。音乐是依靠不同的固定频率的音高来形成乐音的。每个人由于发声机体的差异而有着不同的发声音域，音乐正是利用这一特点形成多声部（即不同音域）合唱。我们在生活中从声音上去辨别人，音高也是其中的一个因素。

对于人声的音高的艺术处理，英国大文豪萧伯纳曾有过非常精辟的论述：

> 如果你真想获得富有效果的表演，那你就必须注意使音调有变化。当我为一出戏分配角色时，我不仅要考虑到这个角色要这样的人，那个角色要那样的性格，我还要挑选一个女高音，一个女中音，一个男高音，一个男低音。如果他们的对白用的全是一个调子，一种速度，那是极其不能令人满意的，而最终是令人厌倦的。

萧伯纳谈的是戏剧，事实上在视听新闻节目的制作中，音调的变化也是吸引观众的一种常见手段。比如以下几种情况：

双主持人的使用。一些时间较长的节目，往往用双主持人主持，而且多采取一男一女的模式，这是利用了男女音调的不同能够形成变化。比如，日本电视新闻节目中一种常见的主持人搭配形式就是“年轻女主持人＋中老年男主持人”。男主持人负责重点新闻，音调沉稳；女主持人负责其他新闻（如简明消息、软消息、体育消息）并配合男主持人，声调活泼、节奏明快。这样的搭配，不仅在视觉上而且在声音上形成鲜明的变化。

主持人和录像片的配音员用两个不同的人，并且是音调上有明显变化的两个人。这样口播（包括导语）与录像片之间就会有声音的变化，比用一个人贯穿下来显得更有起伏。

成组集纳的片子采用两人轮播的方式。多个录像片组合在一起，如一组简讯，由于形式相似往往容易造成混淆，用两个音调不同的播音员轮流配音，片子与片子之间能形成明显的间隔。

利用多种音调形成变化。在一条片子特别是比较长的片子中，如果只有播音员或主持人一个人的解说声很容易单调、沉闷，这时要尽可能引入其他声音元素，比如现场记者报道声、采访对象同期声、现场实况音响等。

当然，变化也不是绝对的，比如有些节目为了追求外在包装的统一，就有意使用一个主持人贯穿到底的形式。因此，何时利用音调来形成变化要视具体情况而定，这里只是把它作为一种手法加以介绍。

（三）音色

音色又叫“音品”，主要由声音中谐音的多少以及它们的频率和振幅决定。

各种声源，即使是响度和音高都相同，也能被人们的听觉分辨开，这主要是由于它们的音色不相同。不仅乐器具有特定的音色，人由于发声机制的差异也具有特定的音色。我们不仅可以靠音色来识别不同的人，而且能够表达一定的情调或性格。

声音的不同组合会对人的生理和心理产生不同影响，因此人们也将声音分为乐音和噪音。所谓乐音，是指适合于人的听觉感受器官、使人感到和谐悦耳的声音，由发声体有规律地振动而产生；噪音则是指无规律混合的声音，由于它会引起人们嘈杂的听觉感受，所以被称作噪音。噪音不是无意义的，也是视听媒介中一个重要的组成部分，包含着特定的信息。像汽车的喇叭声、警报声、飞机的引擎声，都是环境的组成部分。另外，乐音和噪音主要针对人们的主观感受而言，因此具有很大的相对性。比如，一首时髦的流行音乐，对于年轻人来说可能是悦耳的，而他的父母可能就觉得是噪音，这就是代沟造成的心理感受差异。脚步声在大多数时候是噪音，可是当你在等人的时候，它对你来说就是悦耳的。

二、声音与空间表现

（一）声音的空间特征

声音和光一样，是塑造影视空间的手段。

人们通过两只耳朵来感受声音。由于双耳的位置不同（分别位于头的一侧），来自不同声源的音响传入双耳的时间也就不同、强弱有别，因此我们可以准确地判断声源相对于我们双耳的方位，最终在头脑中形成声音的空间、时间变化的立体感。

1. 方位感

由于双耳的存在，在空间移动的声波能使人们清楚地判断出声源物的具体方位：在上在下、在前在后还是在左在右。

2. 距离感

当声波自声源向四周辐射时，由于面积不断扩大，声音的能量分散；同时，在声波的传播过程中，声音的能量不断转化为其他形式的能量。因此，随着传播距离的增加，声音的能量不断衰减，声强也随之减弱，据此人们可以比较准确地判断声源物体的远近距离。

3. 运动感

声音的运动感是由不断变化的方位感造成的。根据声波在时间上的连续性和空间上的方向性，人们可以分辨出声源物体的运动，特别是物体方位移动的过程。

4. 速度感

从声源物体振动的强弱、节奏，可以辨别物体是缓慢移动还是急速前进。

5. 规模感

音响的组合可以使人们听出声源物体规模的大小。一人说话与众人说话，潺潺流水和滔滔大河的声波，反映到人耳中的规模感是截然不同的。

6. 层次感

声音是全方向性的，人的听觉可以同时接受从四面八方传来的各种声音信号。由于声源物体的振动不同，彼此远近距离不同，这些信号强弱、远近、疏密、音色都可能不一样，自然会在人的听觉器官中形成远、中、近和高、中、低不同层次的音响感觉。

另外，由于我们的听觉感知系统过滤功能的存在，人们还可以选择分别接受这些信号，甚至只接受任意一种需要的信号而排除其他信号。这就为声音成为多层次、多色彩的表现因素提供了可能性。

（二）声音的空间表现

声音对影视空间的表现主要体现在以下几个方面：

1. 空间的再现

真实再现客观世界是声音最基本的功能。利用声音的空间特征诉诸人的心理感知，可以在影视作品中真实地还原客观空间。

在空间表现上，画面受到两方面的局限：（1）视觉的线性特征。单向性——在特定时刻，眼睛只能从一个视角去看东西；单一性——在特定时刻，眼睛只能看到空间中的特定事物或者事物的某一特定方面。举个例子，在嘈杂的街道上，当你盯着一辆汽车看时，你就看不到街道的全貌；而当你看街道全貌时，你又无法看到街道上特定的事物。（2）影视画框的二维特征所造成的平面性（当然，摄影的造型手段可以在一定程度上营造空间立体感）。

而声音的传播是辐射型的，具有全方位性，我们的双耳接收外界声音也是全方向性的，而且是无限连续的。我们再看上面举的人在街道上的例子，当你看特定事物时，周围嘈杂的背景声仍然可以进入你的耳朵；而当你看街道全景时，特定的事物比如汽车的喇叭声仍然可以吸引你的注意。

另外，声音的远近、大小、层次的变化，可以很好地塑造空间立体感。德国早期电影理论家鲁道夫·爱因汉姆（Rudolf Arnheim）曾指出：“声音产生一个实际空间的幻觉，而画面实际上没有这个深度……"① 声音是加强画面立体感的有效手段。

声音还能加强画面空间的真实感。在视听新闻作品中，真实音响（同期声、背景声）的运用无疑会使画面显得更加真实、生动。特别是在表现一些当时没有条件拍下来的事件时，往往用具有某种代表性的空画面或者用表演的方式再现，这时候，纪实音响的运用能有效地增加画面的真实感。在日本纪录片《裸族的最后一个大酋长》中，画面大量采用表演的方式，但真实的音响贯穿始终：大酋长的自述、战场上厮杀的呐喊、仪式上部落成员的吟唱等等，客观地再现了印尼爪哇岛上原始部族的生活风貌。在纪录片《邓小平》中有一处表现邓小平在十一届三中全会上讲话的场景，当时并没有拍下来，片中画面只能用当时开会的一般性镜头，而声音则用的是邓小平的讲话录音，真实地再现了当时的情景。

2. 空间的拓展

声音不仅能够再现画面的空间立体感，而且可以引起人们对于画外空间的联想，从而大大拓展影视艺术的空间。这是声音所独有的表现力。苏联现代心理学家津琴柯指出："联觉出现在各种不同的感觉中，其中最常见的是视听联觉，亦即在声音刺激物的作用下，主体所产生的视觉形象。"②

音响蕴含着一种冲破画框的张力。画外传来的音响可以暗示出画外另一个空间的存在，从而大大扩展人们的视野。法国故事片《一个男人和一个女人》中男女主人公的出场都巧妙地利用了声音对画外空间的拓展。一开始，女主人公在半身景中低着头向下讲一个童话故事。过了好一阵，摄影机慢慢拉开，原来她是在向小女儿讲故事。男主人公的出场则是：他从店里走出来到汽车跟前，向右画外车内的人讨火柴，然后坐进车内，要右画外的人开车。直到车开得不稳，他探身向右去扶正方向盘时，摄影机拉开，原来是他的小儿子在开车。

由于音响而引起的对画外空间的联想受到人们主观心理的影响。同样的音响可能在不同人的脑海中引发不同的视像。在反映二战的美国影片《风语者》中，同样是枪炮声，对新兵们仅仅意味着当时的战场环境，而主人公却联想到前一次战斗的惨烈情景。

3. 空间的连贯

声音的连续性可以起到润滑剂的作用，把时空不连贯的镜头很自然地串联在一起，给观众造成互相关联的完整印象。对于声音的这种作用，有人用了一个形象的比喻——"声音桥梁"。一件事情的几个方面、一段经历的不同过程、一个环境的各个细节，这些空间上不连贯的片段都可以靠"声音桥梁"联系起来。连贯音响会提供一段连贯的时间链条，并且提示画面间的关联信息，从而整合视觉，弥补画面语言不流畅的缺憾。在一部有关美国"9·11"恐怖袭击的纪录片中，有一处表现袭击发生时的情景，画面场景多次改变：一会儿是大楼内部消防人员组织抢救的场面，一会儿是从外面拍摄的世贸大楼起火的远景，一会儿是街道上惊恐的人群。这些跳跃的空间通过画外始终不断的电视台记者的报道声连贯起来，成为一个统一的整体。

4. 空间的转换

声音不仅能使空间连贯，而且可以实现空间的自然转换。这实际上也是利用了人们对画外空间的联想和声音的润滑作用。在上文提到的那部表现"9·11"恐怖袭击的纪录片

---

① 洪民生．电视声画论集［M］．北京：人民出版社，1993：118.

② 同①.

中，几次时空的转换都是通过摄影师的同期声实现的。比如有一处，摄影师回忆到大楼倒塌时自己在现场的情景，最后一句话是“听到‘嘭’的一声巨响”。随着他的同期声，画面和声音自然地转换到一年前大楼倒塌的场面。

三、声画关系

对于视听新闻来说，听觉要素不能独立于视觉要素存在。这也意味着，对于声音的诸种使用，需要一并纳入考虑和画面的组合关系。相辅相成的声画关系，不仅能助益于作品整体的表现，而且可使声音的运用更高效、更有益，反之则会大幅削弱这种表现力。这里，将介绍几种主要的声画关系：

（一）声画同步

强调声音和画面同进同出，声音由画面中的事物所发出，声音和画面所表现的都是同时同步发生的事件或者动作。这是声画关系中最基本、常规的形式。人物同期声的剪辑就经常采用这种方法。音响与动作的同步是人们在现实生活中习惯的感知经验，所以声画同步的方式最容易为人们所接受。但是这种手法很难为画面提供新的寓意或思想内容。因此，出现了另一种声画组合的方式——声画对位。

（二）声画对位

“对位”这个概念借自音乐中的对位法，它最直接的意思是“点对点”“音符对音符”。它反映复调音乐中两个以上的、有独立表现功能的旋律的同时进行。它可以把音调不同、节奏不同的若干声部结合起来构成一首乐曲，并形成复杂多变的对位关系，但这些因素均服从于一个统一的风格，从而形成一首多声部的乐曲。声画对位正是借用了复调音乐这种对位法的原则，在这种方式中，声音和画面已经各具一定的独立性，多种视听信息的同时进行可产生强烈的冲击力。而在声画对位的运用逻辑中，又有两种基本的技术形式：

1. *声画对立*

声画对立指声音和画面的情节或情绪完全相反，是对比式蒙太奇在声画关系上的体现。声画的对立必须是有内在逻辑关系的，相反而能相成。比如，一场比赛结束，胜利一方的欢呼声和失败方的画面组接在一起就是一种声画的对立，能产生强烈的戏剧冲突。

2. *声画并列*

声画并列指声音与画面各自独立、并行发展但又相互联系、和谐统一。例如纪录片《邓小平》中一处声画并列的处理：从空中俯拍的香港的画面，声音则是小平生前说过的一句话——“我想到香港，到我们自己的土地上走一走。”声音和画面两条线索处于不同时空，彼此并列，但又因某种内在联系统合到一起。

（三）静默

静默是一种特殊的声画关系，主要指抽离包括环境声在内的所有声音元素，只留画面的一种声画处理方式。因为所有声音元素的抽离，人们对作品段落的感知是反常规的，故而能够形成某种特殊的戏剧效果或者情感张力。例如，在电影《阳光灿烂的日子》结尾处的回忆段落中，主人公挣扎、激烈的动作却没有任何声音出现，凸显出了其此刻迷茫、失落的情绪感受。

需要指出的是，静默是一种艺术化的处理手法，在强调真实性和客观性的视听新闻创作中，这种手法要谨慎使用。

第三节 蒙太奇与影像的基本语法

影像获得自身独立性的地位，在于打破了戏剧的“墙”，形成调度时间、空间的能力，这便是蒙太奇的魅力所在。在很大程度上，蒙太奇的观念与逻辑确立了影像的基本语法，是视听创作技术的底层逻辑。作为当前新闻生产中主导性的视觉逻辑，蒙太奇不仅有塑造叙事、进行表意的作用，而且能在不同的镜头组合关系中形成“言外之意”或“话外之音”（见图 10-31）。

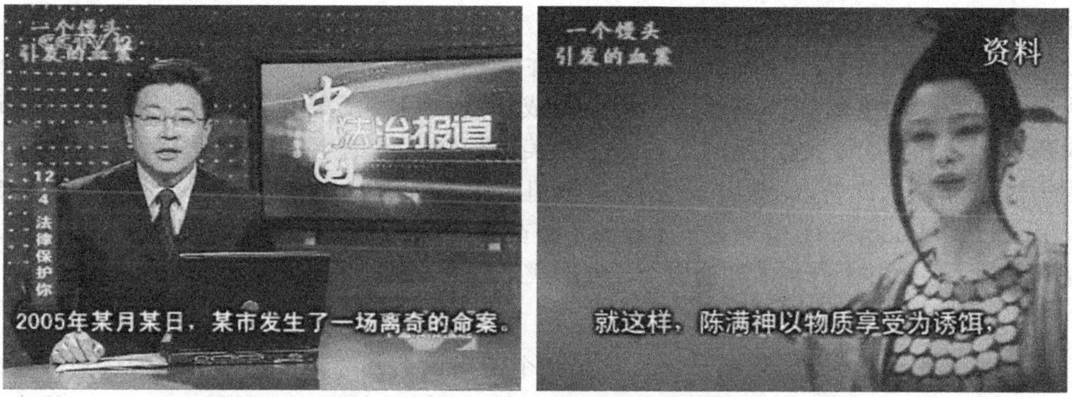

图 10-31 初代互联网视听文化代表作《一个馒头引发的血案》

《一个馒头引发的血案》就是通过蒙太奇的手法，将电视新闻节目《中国法治报道》与电影《无极》进行混剪、拼贴，形成一个次生传播文本，并引发网络狂欢。

蒙太奇（montage），原本源于法语建筑学上的一个术语，原意是“安装、组合、构成”。把这个概念借用到影像创作之中，就是将前期拍摄下来的许多镜头按照一定的目的和程序排列、剪接在一起，使之“能够超越被再现内容的本意”①。这种镜头组接的技巧，就是通常意义上的蒙太奇，是作为技巧的蒙太奇。另外，蒙太奇作为一种影视美学的观念，贯穿于影视创作从构思、选材直至制作的全过程，是一种影视艺术的构成方式和方法。本节将集中探讨作为影像基本语法的蒙太奇，其理论的形成与发展，以及常见的蒙太奇表现形式。

一、蒙太奇理论的形成与发展

早期的电影，严格意义上来说只有长镜头而没有蒙太奇，是一个镜头在固定视点上连续不断拍下来的，也因为胶片的采集，很难有复杂的裁减。1895 年，法国的卢米埃尔（Lumière）兄弟（见图 10-32）拍摄的影片《火车进站》《水浇园丁》等都是单镜头构成的影片。

1897 年，路易·卢米埃尔首次将原来独立放映的 4 部短片连接成一整部影片，即《火

① 米特里．电影美学与心理学［M］. 崔君衍，译．南京：江苏文艺出版社，2012：101.

图 10－32 卢米埃尔兄弟

车出动》《摆开水龙》《向火进攻》《火中救人》。经过剪辑的影片获得了极大的成功，使观众的欣赏获得很大满足。按照法国电影史家乔治·萨杜尔（George Sadoul）的看法，路易可以算作最早的电影剪辑创始人。路易的成功直接启发了美国著名导演鲍特（Edwin S. Porter）。1903 年，他拍摄的名片《一个美国消防队员的生活》诞生了。以后经过大卫·格里菲斯（D. W. Griffith）和爱森斯坦、库里肖夫（Lev Kuleshov）和普多夫金（Vsevolod I. Pudovkin）等电影艺术家的不懈奋斗，终于积累了一整套电影的特殊叙事方法和表现手段，并上升到了理论层面，便形成了蒙太奇理论。

（一）代表人物：大卫·格里菲斯

美国导演大卫·格里菲斯被认为是第一个使用蒙太奇的人。电影研究者认为，他在 1915 年拍摄的《一个国家的诞生》和 1916 年拍摄的《党同伐异》（见图 10－33），使蒙太奇迈出了决定性的一步。

图 10－33 大卫·格里菲斯执导的电影

左图为《一个国家的诞生》，右图为《党同伐异》。

格里菲斯对蒙太奇的贡献主要是实践上的，他创造的许多蒙太奇手法直到今天依然是影视创作的基础。

将影片的结构单位由场景变成镜头。格里菲斯发现，从最适当的位置去拍摄，摄影机可以起到更积极的作用。他使摄影机摆脱了以往固定视点的局限，真正活动起来，这就产生了各种不同的景别。他运用不同的景别展示环境、空间及人物的细部描写，产生了远景、全景、中景、近景、特写等拍摄手法。

创造了闪回、平行、交叉、并列等剪辑手法，使影片在叙述故事、表现情节、揭示人物内心活动等方面有了一个新的飞跃，把蒙太奇推上了一个新的高度。在《一个国家的诞生》中林肯遇刺一段，他成功地运用了插入镜头和平行组接来制造悬念；在《陶丽历险记》中，他用闪回镜头把现在和过去的情节连接在一起；在《党同伐异》中，他对不同历史年代的四个不同事件（“巴比伦的陷落”“基督的受难”“圣巴戴莱姆教堂的屠杀”“母与法”）穿插表现，试图阐释一个主题：人类自古以来就是在“排斥异己”。他从而创造了电影叙事独特的时空方式，证明了通过镜头的组接把时间和空间打乱、扩大和深化电影表现的可能性。在《一个国家的诞生》中，他利用平行、交叉组接来造成紧张加剧的效果，把剧情推向高潮，创造了著名的“最后一分钟营救”。他还运用从长逐渐到短的镜头组接手法来创造电影的节奏。

在某种程度上，从大卫·格里菲斯之后，蒙太奇思维之下的剪辑才开始逐步运用于影视创作之中。如果说格里菲斯是从实践上丰富了蒙太奇创作手法，那么爱森斯坦、库里肖夫、普多夫金等则逐步完善并建立起一套完整的蒙太奇理论。

（二）代表人物：库里肖夫和普多夫金

为了研究蒙太奇的功能，普多夫金与他的老师库里肖夫曾做过一个著名的实验，史称“库里肖夫实验”（见图 10－34）。

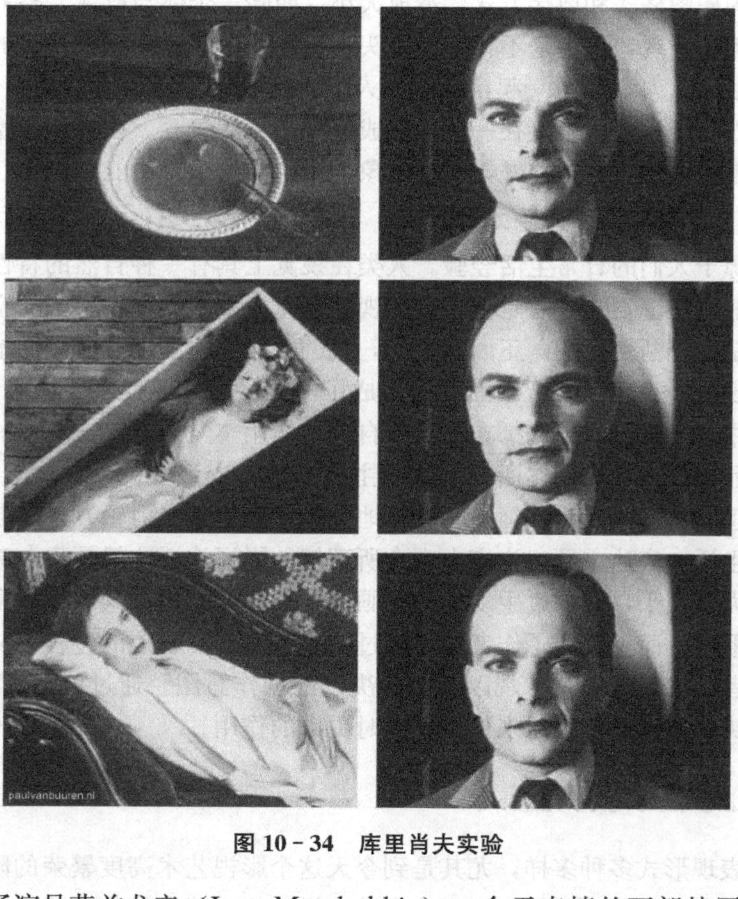

图 10－34　库里肖夫实验

他们选择了演员莫兹尤辛（Ivan Mozzhukhin）一个无表情的面部特写镜头与其他三

个镜头分别组接，然后放映给不明真相的观众看。结果观众反馈，这个本来无意义的面部特写却在不同段落里生成了不同的意义：

A. 汤羹＋面部特写：观众们感受到演员的垂涎欲滴；

B. 婴童尸体＋面部特写：观众们感受到演员的悲伤；

C. 性感女子＋面部特写：观众们感受到演员的蠢蠢欲动。

普多夫金还做过另一个实验，是对库里肖夫实验的再验证。他选择了三个镜头，一个人笑、手枪直指、惊惧的脸，将这三个镜头按不同的顺序剪接为两组：

A. 一个人笑＋手枪直指＋惊惧的脸：观众感觉到他的恐惧；

B. 惊惧的脸＋手枪直指＋一个人笑：观众感觉到他的勇敢。

在大量实践研究的基础上，普多夫金认为，每一个镜头都是死的素材，只有组接起来才能获得生命，他主张蒙太奇只是镜头的组合。他着眼于强调蒙太奇的叙事力量，强调镜头的组接。

（三）代表人物：爱森斯坦

到了爱森斯坦这里，蒙太奇得到了新的扩展。爱森斯坦认为蒙太奇是冲突，他强调两个元素的冲突迸发出新的概念，而不是一个镜头与一个镜头简单相加。在他的作品《战舰波将金号》中有一个著名的场景——敖德萨阶梯，影片描写了一段发生在那里的冲突。他采用互相冲突的构图格式和剪接方式，造成大小、明暗、个体与群体、整齐与散乱的强烈对比。爱森斯坦还发现，两个毫不相干的镜头组接在一起能产生某种隐喻的效果。如他把屠宰场杀牛和镇压工人联系在一起，象征非人性；把三个不同姿态的石狮子组接在一起，象征觉醒；把人和孔雀开屏组接在一起，造成一种炫耀的概念。在爱森斯坦那里，蒙太奇的重要功能是表达思想、阐述主题，出现了象征和隐喻的重要功能。

（四）作为影像基本语法的蒙太奇

蒙太奇来源于人们的日常生活经验。人类在视觉上具有一种自然的特性，当我们用目光去打量四周的一切事物时，总是把自己的视觉注意力依次集中在不同的空间范围上，换句话说，视点是在不断变化的。正因为如此，我们才能够非常细致而全面地观察和认识可见世界的各种现象。表现在视听画面上就形成了不同的景别，而不是固定视点。可以说，在我们的视觉中，几乎每时每刻都在自觉不自觉地运用“蒙太奇”。

在视听作品创作中，按创作所要表达的主题分别拍成许多镜头（画面），然后再按照原定的创作构思，把这些镜头（画面）有机地、艺术地组接（剪辑）在一起，从而组成一部完整地反映生活、表达主题，为广大观众所理解的影视片。这就是蒙太奇一般的作用。

蒙太奇的力量在于，它通过生动的影视画面和独特的结构方式，使观众不仅看到视听作品中的各个形象，而且经历了作者所经历过的形象出现和聚焦的过程，从而可能充分体会和领受到作者的世界观和艺术观以及由此决定的创作意图。通过剪辑者有意识地创作，组接起来的镜头将发挥比它们原来单个存在时更大的作用。

二、常见的蒙太奇表现形式

蒙太奇的表现形式多种多样，尤其是到今天这个影视艺术高度繁荣的阶段，蒙太奇也被创造出了更丰富的样式。尽管表现形式多种多样，但是蒙太奇作为基本影像语法的构成方法，归纳而来不外乎以下两个方面：

一是叙事的蒙太奇。通过镜头的组接表现一个故事或情节，如平行蒙太奇、交叉蒙太奇等。

二是表现的蒙太奇。通过人物形象和景物造型的对列构成一种概念或某种寓意，第二个镜头往往被用来暗示第一个镜头的含义，如象征（隐喻）蒙太奇、联想蒙太奇等。

这里，从上述两类蒙太奇中介绍几种常用的蒙太奇表现形式。

（一）平行蒙太奇

平行蒙太奇即两件或两件以上的事情（或者故事元素）同时异地进行，互相呼应，互有联系，彼此促进刺激。类似传统评书中的“花开两朵，各表一枝”。电影《疯狂的石头》片头就是典型的平行蒙太奇结构（见图 10－35）。片中的三组人物关系因为“撞车”一事被统合到了一起，也由此展开了接下来错综复杂的叙事。

图 10－35　电影《疯狂的石头》里平行蒙太奇的运用

（二）交叉蒙太奇

交叉蒙太奇即同一时间不同空间内容的镜头交叉地组接起来，使两个动作构成紧张的气氛和强烈的节奏感，造成惊险的戏剧效果。它与平行式有相似之处，区别在于交叉式中不同戏剧因素的关联性更强，两条或两条以上的线索互相交织，最终汇合在一起，从而达到高潮。而平行蒙太奇中线索之间并不发生实质的接触，只有内在的关联。比如格里菲斯的“最后一分钟营救”，被救的人即将赴死、营救的人即将到来，两个情节交替出现，最后关头成功解救，在这个过程中给观众造成强烈的心理冲击。

（三）对比蒙太奇

对比蒙太奇即两个矛盾的因素组接在一起，产生强烈的对立冲突。“朱门酒肉臭，路有冻死骨”是文学作品中关于这种手法的写照。图 10－36 显示的是电影《夜宴》中新任皇帝派人刺杀前朝太子的场景。一身全黑、人数众多的重装武士与白衣飘飘、势单力孤的太子侍从形成了鲜明的对比。

图 10-36　电影《夜宴》中对比蒙太奇的运用

（四）复现蒙太奇

复现蒙太奇即从内容到形式完全一致的镜头反复出现。此类表现形式总是在剧情发展的关键时刻出现，以加强影视片主题思想或表现不同历史时期的转折，从而唤起人们对影视片主题和主人公的深刻印象和认识。在日本电影《幸福的黄手绢》中，黄手绢的镜头成为推动情节发展的关键意象。当初，做矿工的勇作和光枝组建了幸福的家庭，妻子告诉他可能怀孕了，急于知道消息的勇作与妻子约好：如果真的怀孕就在屋前的一根旗杆上挂上黄手绢。后来，仅仅因为妻子流产而没有将此事告诉他，寻衅发泄的勇作失手杀了人，被判入狱，夫妻从此音信不通。几年后，服刑期满的勇作在临出发时给妻子光枝寄了一封信，约定如果她还是一个人并且还在等着他，就在门前再挂上一面黄手绢。最终他终于回到自己的家，远远地，他看到在高高的旗杆上，挂满了迎风招展的黄手绢（见图 10-37）。

图 10-37　电影《幸福的黄手绢》里复现蒙太奇的运用

（五）积累蒙太奇

积累蒙太奇即利用表现主体不同但从内容到性质上相同的一些画面，按照动作和造型特征组接起来，构成一种壮阔、恢宏的场面。如美国影片《海狼 U-571》在表现潜艇内的紧张气氛时，连续用了多个艇员的面部特写；再如，在庆祝中华人民共和国成立 70 周年阅兵直播中，连续用了多个角度的镜头表现受阅部队的雄壮（见图 10-38）。

（六）象征（隐喻）蒙太奇

象征（隐喻）蒙太奇即按照剧情的发展和情节的需要，利用景物镜头直接说明影视片

图 10－38 国庆 70 周年阅兵直播中积累蒙太奇的运用

主题和人物思想活动。如表现人物在深夜中行走，只用一盏摇摇晃晃前进的油灯的特写；再如，电影《战舰波将金号》中用三个石狮的镜头（睡狮、张开大嘴的狮子、前足站立的狮子）表现群众的觉醒和奋起（见图 10－39）。

图 10－39 电影《战舰波将金号》中象征（隐喻）蒙太奇的运用

（七）联想蒙太奇

联想蒙太奇即用内容截然不同的一些镜头连续地组接起来，发散出一种可被想象的意义，使人们去推测这个意义的本质。如卓别林著名的喜剧电影《摩登时代》里，工人们蜂拥进入工厂的镜头与羊群的镜头组接在一起，使人联想到工人们的悲惨命运。

（八）前进与后退蒙太奇

从远景逐渐缩小到特写，使观众从整体看到细部，这是前进蒙太奇；反之则是后退蒙太奇。这是一组常见的蒙太奇句子，前进蒙太奇的句子与后退蒙太奇的句子结合在一起就构成一个循环句子。例如，视听新闻中常见的会议报道，先从会场全景逐步过渡到主要人物特写，然后由特写逐步回到全场全景结束。前进与后退蒙太奇的使用往往是相互照应的，这样才能构成一个完整的蒙太奇表意。

【本章小结】

本章主要探讨了视听新闻制作的基本技术原理。掌握基本的视听语言理念及其运用规则，对于我们今后的创作实践将起到基础性的作用。当然，学习视听语言并不仅仅是了解、记忆相关概念，更应从底层逻辑上把握视听新闻制作技术的要领和规范。对于作为基本影像语法的蒙太奇的学习，是本章中需要同学们进一步去领悟和思考的。

【本章思考题】

1. 对于一则视听新闻而言，如何为其综合性地设计视听方案？
2. 为什么说蒙太奇是影像的基本语法？
3. 拉片分析：以一部你感兴趣的视听作品为例，结合本章所学的视听语言知识，完成一份拉片报告。
4. 案例分析：请从你感兴趣的视听作品中寻找具有典型性和代表性的蒙太奇表现形式，并与同学讨论分享。

【本章推荐】

影视剧中的新闻人、新闻事

本章推荐欣赏电影《晚安，好运》(Good Night, and Good Luck)。该片由乔治·克鲁尼(George Clooney)执导，记载了20世纪中叶美国新闻界发生的一场抗争。该片不仅在视听技法运用上有出色的表现，而且对于理解新闻业的社会影响有较大启发。

【附录】

部分视频案例网址

1. 中央电视台——［战疫情特别报道］国家卫健委新闻发布会 介绍疫情防控中社会心理服务有关情况(http://tv.cctv.com/2020/02/03/VIDEDmKW4lEvfwMProEhAyMP200203.shtml)。

2. 中央电视台——［24小时］总台央视记者董倩独家专访传染病学专家李兰娟“新型冠状病毒”疫情如何防控(http://tv.cctv.com/2020/01/26/VIDEnlSluPgP5UpuqYyIPLQY200126.shtml)。

3. 中央电视台《新闻直播间》——《“热心出手”后的风波 当事人被警方刑拘同日取保候审》(http://tv.cctv.com/2019/06/17/VIDEwW4ctkX9pxlAY2ive6hi190617.shtml)。

4. 胡戈——《一个馒头引发的血案》(https://haokan.baidu.com/v?vid=9933365745042458917&pd=bjh&fr=bjhauthor&type=video)。

第十一章

视听新闻制作技术

【本章学习要点】

对于视听新闻制作技术的把握，主要包括画面制作技术、声音制作技术以及根据相应视听新闻节目文本特点所需要的包装和特效，其中，对于软件的学习和掌握需要结合一定的实操训练。

- 画面制作技术：剪辑的原则、画面组接的匹配原则、画面剪辑的结构性因素等。
- 声音制作技术：录音设备和技巧、几种主要的声音制作技巧。
- 包装与特效：掌握简单的视频包装与特效原理。
- 软件运用：剪辑、后期等相关软件的操作。

影像并不只是“记录”的产物，也是“再创造”的结果。蒙太奇语言的出现，让影像有了丰富表意、构造时空的能力，而这种塑造则需要依托于相应技术手段来实现。视听制作是实践的工作，仅有“方法论”支撑并不足以转化出最终的成果作品，如何熟练地运用相关影像技术是学习视听新闻制作的重要组成部分。

总体上而言，视听新闻制作技术建立在我们对视听语言等影像基本语法的认识之上，同时要结合新闻文本的特点、要求和目标，进而来选择相应的技术手段加以表现。好的视听新闻作品，是“道”与“术”的统合，制作技术在其中发挥的作用往往是至关重要的。换言之，如果有好的想法和理念，却没有成熟的技术实践对此加以“落地”，想要做出优秀的视听新闻作品也是天方夜谭。

技术作为一种工具、手段，理应在专业的基础学习过程中予以充分的重视。本章将主要围绕视听新闻制作的相关核心技术进行解析，需辅以学习者在课后的实操训练加以强化。第一节主要围绕剪辑的原则和技巧对画面制作技术进行分析，第二节主要围绕录音设备和技巧、声音制作等方面解析声音制作技术，第三节将着重介绍部分简单的视听新闻节目包装和特效，对于剪辑、后期等的相关软件介绍也会贯穿在本章的教学之中。其中，需要学生重点掌握的为第一、第二节，第三节可作了解学习，在掌握一定的技术能力后可作为一个提升方向来进一步深入学习。

第一节 画面剪辑的原则与技巧

早期的影像通常基于胶片提供的素材而形成，“再处理”的空间不大，更遑论有成熟的制作技术赋予其更丰富的表达。蒙太奇语言的出现和发展，不仅确立了视听语言中最基本的语法规则，而且使得在影像创作过程中相对于“前制”的“后制”工作被摆到了一个至关重要的位置上，其中，剪辑是最核心也是最基本的技术要点。

一、剪辑的形成和定位

剪辑是随着电影艺术的发展而产生的。电影发明的早期，绝大多数影片都是用一个镜头拍成的短片，因此不存在剪辑的问题，至多是将一大段胶片与另一大段胶片相粘接，这是剪辑的前身——剪接。

剪辑，简单地说，就是通过蒙太奇技巧完成镜头的组接。通过剪辑，可以把若干活动的影视画面组接起来，构成完整的场面。一个优秀的剪辑师可以把一部视听作品剪得优美流畅，而一个拙劣的剪辑师也可以使一部好题材、好内容的片子拖拖沓沓、毫无生气。有些时候，剪辑甚至可以改变作品的主题。

剪辑工作具体包括以下四个方面：

（一）素材的选择与使用

剪辑工作，首先要对大量的画面素材进行“取舍”：用哪些、不用哪些，是画面剪辑首先面临的问题。在实际操作中，我们要在服从结构和情节表现的基础上选择和使用素材，在选用画面时充分考虑以下三大因素：

动作因素：包括拍摄对象的动作（形体、语言、心理、情绪等）、摄影机运动的动作（推、拉、摇、移、跟、升、降等）。

造型因素：包括人物造型（化妆、服装、道具等）、环境造型（布景装饰、环境气氛等）、画面造型（构图、景别、方向、角度、光影、色彩等）。

时空因素：包括画面创作的时空（单个画面拍摄下来后所显示的时空概念，如早晚、昼夜、季节等）、画面组接所产生的时空（画面组接后所产生的时空概念）、屏幕时空（屏幕的空间、整部作品的时间长度等）。

剪辑中要依据这三大因素相结合的原则，选择动作性强、造型优美的画面素材，既不要把次镜头、废镜头作为好镜头，也不要漏掉好镜头，使视听语言在技术的表达下准确流畅。

（二）画面的匹配

在选择好单个画面之后，还要考虑它们彼此间组接在一起是否匹配。如景别变化的适宜、方向的一致等。在实际操作中，画面的匹配是剪辑工作的一大重点，这部分内容将在下文中进行重点解析。

（三）剪接点的选择

在选好合适的画面之后，剪接点的选择也非常重要。在寻找剪接点的时候，要注意几方面的因素：动作的连续、情绪的贯穿、语言的节奏、镜头的运动、画面的造型、时空的关系等。需要注意的是，剪辑点的选择需要结合具体情况加以具体分析，一方面要基于对内容的理解和把握，另一方面也要考虑观看时可能的心理感受，最终的目标在于创造一段“合情合理”且观感舒适的影像。

（四）掌握节奏

在剪辑过程中，镜头之间、场景之间、段落之间的衔接、转换，往往都存在一个节奏的问题。这就需要在镜头组接时加以调整，使视听新闻作品结构严谨、节奏鲜明。简言之，对于视听新闻节目的制作，需要综合运用技术和艺术手段，将一堆原本“千头万绪”的原始素材进行组接再创作，其最终目的是要使形成的视听新闻节目达到结构严谨、语言通顺、节奏明快、主题鲜明、再现真实。尤其是对新闻文本而言，由于它没有戏剧性的情节线索，而是靠把不同的生活片段加以巧妙的组接来表达思想、反映生活，因此剪辑工作对节奏的把握就显得尤为重要。

二、画面组接的匹配

好的视听新闻作品，要能使观众在观看时准确把握信息要点并拥有自然、流畅的观感，这同样是画面剪辑工作的基本要求。上下镜头衔接是否顺畅，要点在于两个镜头是否匹配，当它们组接在一起时，观众的注意力是否能够从上一个镜头自然地转换到下一个镜头，不至于产生很大的心理落差，甚至产生不舒服的感觉。当然，这是对视听新闻作品制作的常规要求，但有时候出于艺术表现的需要，要故意通过视觉上的跳跃造成震惊或者突变的效果，可能会打破这一原则，此处不做过多探讨。

画面组接的匹配包括以下方面：

（一）景别的匹配

景别匹配，是视听观看连贯的重要保障，最重要的表现就在于景别变化的渐进性。景别，包含着主体与环境两个因素，景别的变化实际上是这二者在空间比例上的变化，或者说发生了空间的位移。当人们在现实空间观看事物时，随着注意力的改变，它的视角也会发生变化，但是，这种变化是发生在一连续的空间里，就如同一个长镜头，景别虽然在改变，但是这种改变是连贯的，因而不会产生视觉上的中断甚至跳跃。而不同景别画面的连接则是一种形象上的中断，会造成视觉的不连贯。画面剪辑时，要尽量减少这种不连贯的感觉，景别的渐变就是出于这方面的考虑。

景别的渐变有以下几方面的含义：

其一，渐变强调景别变化的逐渐性。即按照景别从大到小或从小到大的顺序组接，不能忽大忽小，给人“跳”来“跳”去的感觉。特别是远景和特写这样的“两极”镜头的组接，会给人带来视觉上的巨大反差。如果将某个大景别画面和小景别画面直接关联，则会形成“两极镜头”的特殊视听表意，往往有某种突兀感或者能营造出某种戏剧性，这在以真实性、客观性为依托的新闻表达中需要谨慎使用。

其二，渐变指的是一种逐渐变化的趋势，而不一定要严格地按照远景、全景、中景、近景到特写依次变化，有时候，中间的某些景别是可以跳过的。比如，“远景＋特写”可能过于跳跃，但是从远景到特写中间不一定要经过全景、中景、近景，“远景＋中景＋特写”可能就够了。

其三，渐变既强调变化的逐渐性，也强调“变”。景别的变化要明显，构图和内容相同或相似的镜头不要组接在一起，否则也容易产生“跳”的感觉。相似景别镜头组接的一个重要前提是，主体不同或者视角不同。当表现同一主体时，相邻镜头的景别一定要有变化，而且这种变化要明显。景别变化太小，会使人感觉是画面抖动，而不是有意识切换。比如，在电视新闻演播室访谈节目中，除了主持人和嘉宾的近景镜头外，还有过渡镜头，这种过渡镜头在景别的变化上是明显的，一般选择全景或者两人中景。还有，对采访对象同期声进行剪辑时，由于视角和景别基本相同——都是同一方面拍摄的同一主体的近景（或者特写），直接组接的话肯定会“跳”，需要在断点处插入过渡镜头，如包括记者和采访对象在内的全景镜头、从记者身后拍摄采访对象的过肩镜头（一般中景或中近景）等。

如果由于前期拍摄的局限，挑选不出景别变化明显的镜头，则要尽量选择那些在拍摄角度上有较大变化的镜头（当然不能越轴），或者插入别的相关内容的镜头作为过渡。仍以前述同期声剪辑为例，如果没有拍摄采访对象其他景别的镜头，还可以在断点处插入采访话筒的特写或者采访记者的反应镜头作为过渡。

（二）方向的匹配

画面组接时应保持主体方向的一致，保证符合人们的视觉习惯和思维逻辑。

现实生活中人们总是带着一定的愿望、目的在运动，自然界的景物也总是处在运动中，运动必然产生方向。主体的行动、行为是错综复杂的，对于视听作品而言，摄像机的运动也是千变万化的，同一方向运动直线的物体，由于拍摄角度的不同，呈现在画面上的运动方向也会各不相同甚至相反，这就给画面剪辑增添了更多的复杂因素。

为了真实地反映主体的空间位置，使观众获得明确的空间方位感，剪辑时就必须把那些方向性较强的镜头予以正确的处理，引到适宜的轨道上，使画面与画面之间、画面里一切事物进出的活动合理化。例如，一则表现巴以冲突的新闻，巴勒斯坦示威群众与以色列警察出现对峙场面，上一个画面是示威群众迎面走来，面向观众，下一个画面接以色列警察严阵以待，这个画面中警察就应当是背向观众的，这样才能与上一个画面构成合理的空间对应关系。如果警察也是面向观众，那么就会给观众的理解造成困难：这些警察和示威者到底是什么关系？同样是游行者与警察对峙的场面，在一则反映环保人士抗议服装制造商使用动物皮毛的新闻中，上一个镜头仍是游行者正对观众，下一个镜头中的警察则是侧面而立，画面方向的改变说明了主体关系的变化：第一则新闻中双方是严重的对峙，第二则新闻中双方不存在尖锐的冲突，警察只是为了维持现场的秩序。

剪辑的任务就是要将画面按照表现的需要和事物发展的逻辑实现方向的“统一”。当然，这个“统一”并不是光指向着一个方向，而是按照规定使方向清楚而不乱。具体而言，画面的方向包括两方面：一是主体的方向；二是画面本身运动的方向，如推、拉、摇、移、跟、升、降等镜头的拍摄。

1. 方向的统一

主体的方向，包括主体运动的方向和视线的方向。沿着这些方向会产生一条假定的直线，即关系轴线。凡在这条轴线同一侧拍摄的镜头在总方向上都是一致的。在一个段落中，第一个画面所显示的关系轴线就是这个段落的总关系轴线，它所代表的方向就是这个段落的总方向。

值得注意的是，在这些镜头中有一类方向感较弱的中性镜头，它们由摄像机跨方向轴拍摄而成，表现在画面上就是在正面方向上迎面而来或者面向画面深处（见图 11-1），这类镜头既不会与原有方向产生冲突，当方向改变时也不发生矛盾，因此它具有两方面的作用：一方面，当总方向不变时，它可以作为一种调剂，避免全部一个方向的镜头接在一起可能造成的枯燥感；另一方面，当总方向发生变化时，它可以作为过渡画面，使方向的改变自然流畅。

图 11－1　抗击疫情题材纪录片《在武汉》中用以转场的弱方向感中性镜头

（1）主体运动的方向。

主体运动的方向即画面中人物、事物运动的方向，这是剪辑中最常遇到的方向。处理好这种方向对于正确还原主体运动至关重要。在剪辑这类画面时，关键是要定好运动的主线，即运动轴线，为整个段落标定一个统一的方向，所有画面的剪辑均以这条轴线为坐标，围绕这个方向进行。图 11－2 显示的是电影《龙卷风》中一个片段的处理。

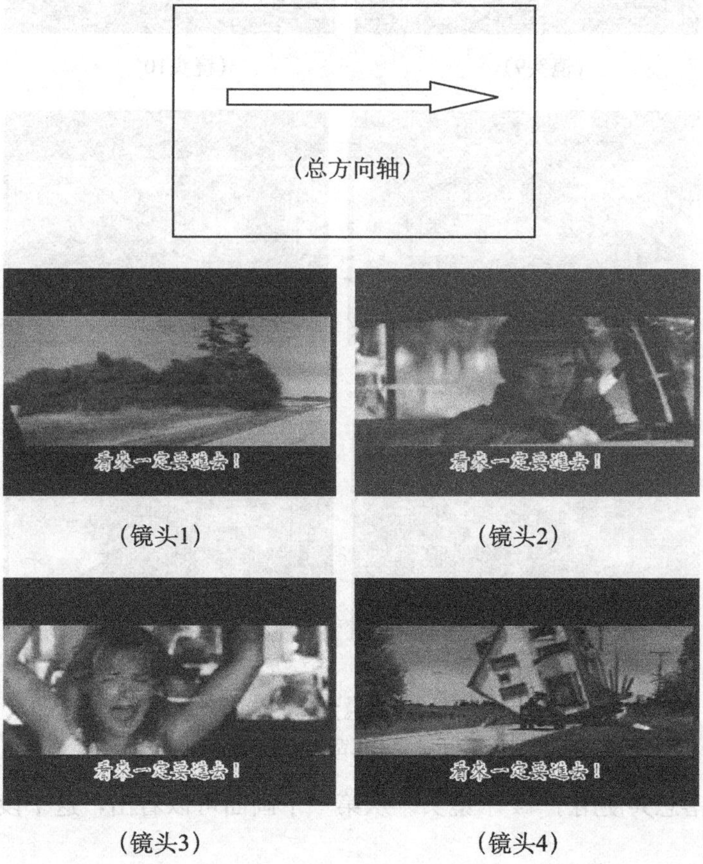

（镜头5）

（镜头6）

（镜头7）

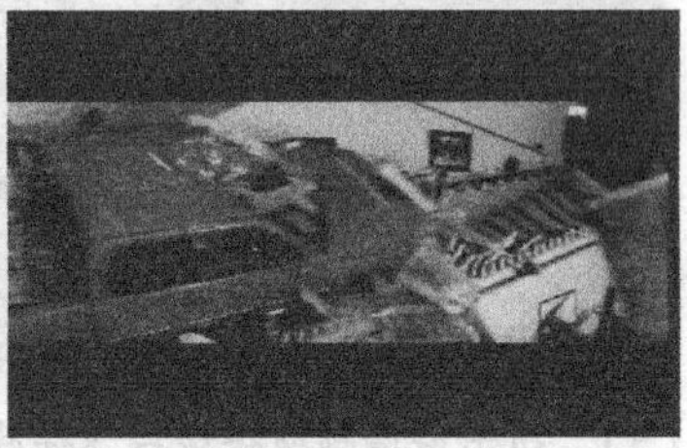

（镜头8）

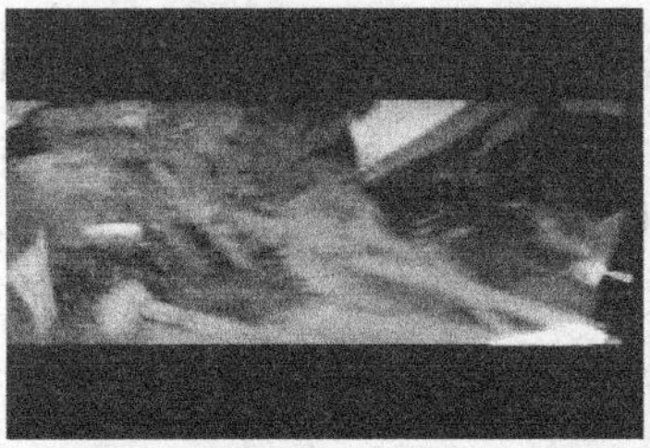

（镜头9）

（镜头10）

（镜头11）

（镜头12）

（镜头13）

（镜头14）

图 11－2　电影《龙卷风》的片段

在电影《龙卷风》中，主人公的车撞上了一所被龙卷风刮到路上的屋子。

上述影像段落总共使用了 14 个镜头。从第一个画面可以看出，这个段落中主体运动的方向是由画面的左向右。确定了这个总方向后，该段落中其他画面的方向就随之明确了。

（2）视线的方向。

人和动物用眼睛看东西时，眼睛与物体之间会形成一条假想的“直线”，这条“直线”就构成了视线，也称为视向轴线。视听表达强调“观众积极参与影像”，观众的心理视线会自觉不自觉地与片中主体的视线保持一致。所以，画面剪辑时要认真处理主体视线的方向，调动观众参与到视听新闻节目的场景/情境中来。

关于视线的方向，可从如下方面加以考察：

● 主体与视线方向上的对象构成对应关系。如果前面的镜头表现主体观看的行为，后面就应该相应出现观看对象的镜头（见图 11－3）。否则，观众就会不知所云，主体观看的行为也就失去了意义。当然，也可以先出现观看对象的镜头，再出现主体观看的镜头。

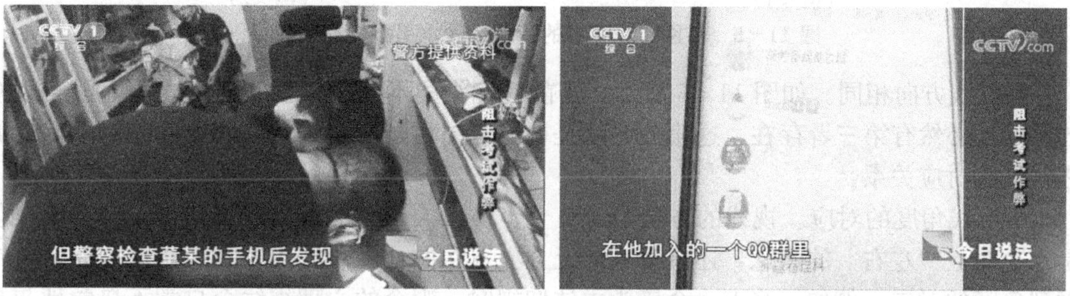

（镜头1）　　（镜头2）

图 11－3　中央电视台《今日说法》2020 年 7 月 6 日节目《阻击考试作弊》

前一个画面在呈现拍摄对象查看 QQ 群信息，后一个画面则要展现拍摄对象所查看的内容。

● 视线方向相对。主体和他所看的对象间形成一种对应的关系，这时候前后画面的视线方向相反。在人物交流时这种情况最为常见。此时如果前后画面视线方向一致，则会造成主体与对象关系的混乱，如图 11－4。

（镜头1）　　（镜头2）

图 11－4　电影《塘鹅暗杀令》片段

从画面上可以看出，这是一组典型的人物交流镜头。镜头 1 中老年人视线方向从左往右，镜头 2 中年轻人视线方向从右向左，彼此形成交流关系。但如果反过来做一个试验，将镜头 2 的画面做水平翻转，使年轻人也从左往右看，如图 11－5。此时，两个镜头中人物视线方向一致，彼此的交流关系荡然无存。给人的错觉是他们同在看某一样东西。

（镜头1）　　（镜头2）

图 11－5　将图 11－4 中的镜头 2 做水平翻转后的效果

● 视线方向相同。如图 11－5 所示，当前后镜头中不同主体视线方向相同时，给观众的感觉是必然有第三者存在，这第三者就是视线方向相同的主体们共同关注的对象，他们之间构成对应关系。

● 视线角度的对应。视线的方向中，一个容易被人忽视的因素就是角度。方向不仅仅是水平面上“左右”的概念，还有垂直面上“上下”的含义。在表现视线的对应时，要考虑到角度的对应。例如，当上一个镜头主体仰视时，观众的心理视线会自觉不自觉地与片中主体的视线保持一致，产生仰视的心理，那么下一个镜头出现的观看对象的画面就最好是仰角度拍摄的，以适应观众的视觉习惯。

（3）多重关系时方向的统一。

在一些复杂的场景中，主体之间的关系也会变得非常复杂。在一个场景中有多重关系出现时，要保证方向的统一需从以下几个方面入手：

● 总体关系的确定。通过全景镜头的定位作用，将所有相关的主体包括在一个镜头中，明确彼此的空间关系。这个镜头一般在段落的开始出现。

● 视觉中心的确定。每一个场景都会有中心主题或者中心人物，这会构成视觉的中心，视线的方向可以围绕这个中心确定。

● 局部对应关系的准确表现。尽管场景中可能存在多重关系，但是就局部的单一关系而言，彼此对应的方向是明确的，剪辑时要准确表现。

● 方向改变时的过渡。当局部与局部之间发生了视线方向的变化时，可以借助方向感弱的中性镜头或者能够表现整体方位的全景镜头作为过渡。

2. 方向的改变

方向的改变主要有两个方面的因素：一是主体动作的方向本身发生了改变；二是主体动作方向未变，但是拍摄时发生了越轴的状况，导致显示在画面上的主体方向被改变。第一种情况的解决相对简单，由于主体运动的改变而造成的方向的改变在逻辑上是合理的，故而只要有一个镜头来显示这种改变即可；后者，则需要从技术上做调整。

越轴，是在剪辑工作中需要充分重视的一种状况。前文中已有提及，主体由于运动、视线及交流会产生一条假想的关系线，这条线就是我们这里要讨论的“轴线”。这条无形的轴线实际上影响着机位的调度。这里解析一则案例，如图 11－6。

图 11 - 6　电影《龙卷风》片段

两位主人公开车从画面的左向右行驶。那么，水平方向上由左至右的这条假定的主体运动方向线就是镜头拍摄时的关系“轴线”。我们来模拟一下这个画面的拍摄情况。假定主体由左至右横向运动，不同的机位设置会产生不同的画面效果（共六个机位，除水平方向的箭头外，其他箭头代表拍摄方向，如图 11 - 7）。

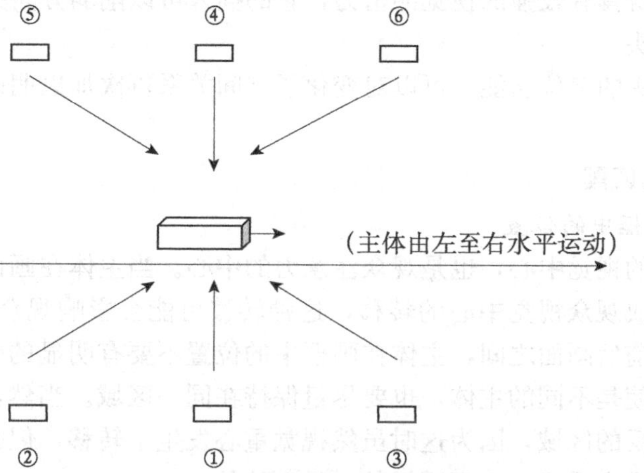

图 11 - 7　镜头拍摄模拟图

同样的运动，从六个不同方向的机位拍摄下来的主体运动方向依次如图 11 - 8 所示：

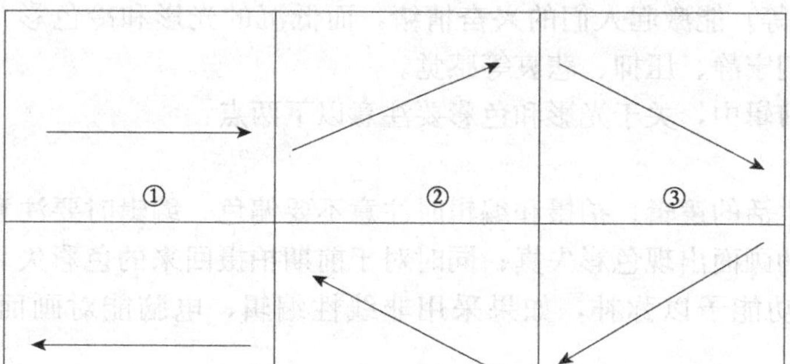

图 11 - 8　不同机位拍摄出来的主体运动方向

从图 11-8 可见，在主体运动方向轴线下侧拍摄的①②③号镜头虽然方向上有一些变化，但总体方向仍然是由左向右的，与主体实际运动方向一致；在轴线另一侧拍摄的④⑤⑥号镜头总方向都是自右向左的，与主体实际运动方向相反。这种由于拍摄方位变化造成的画面中主体运动方向与主体实际运动方向相反的情况就被称作"越轴"或者"跳轴"，这类镜头就叫作"越轴镜头"或者"跳轴镜头"。越轴镜头会造成主体空间关系的混乱，在拍摄时应当尽量避免。但是实际拍摄中特别是新闻拍摄中，由于客观条件的限制，容不得从容挑选和布置机位，很可能出现越轴的情况，这就需要后期剪辑时加以弥补，也就是在方向改变的前后镜头中间插入适当的镜头作为过渡，以冲淡由于方向改变对观众心理的冲击。适于为越轴做过渡的镜头有以下几种：

(1) 带有动势改变的主体运动镜头。

从这个镜头中可以看到主体动作改变的趋向，如主体有转弯或转身、转头的动作。

(2) 中性镜头。

中性镜头没有明显的方向感，可减弱方向改变造成的不适应感。

(3) 特写镜头。

特写镜头本身具有较强的视觉冲击力，它的插入可以削弱方向突变造成的视觉冲击。

(4) 全景镜头。

利用全景镜头的定位功能，可以对变化了空间关系再次加以明确，使方向的改变变得合乎逻辑。

(三) 造型的匹配

1. 主体在画框中的位置

主体是画面的视觉中心，也是观众注意力的中心。当主体在画面框中的位置发生明显变化时，就会造成观众视觉中心的转移，这种转移可能会影响观众欣赏的连贯性。因此，表现同一主体的前后画面之间，主体在画框中的位置不要有明显的变化，要尽量保持在画面的同一侧；即使是不同的主体，也要尽量保持在同一区域。当然，有对应关系的不同主体一定要放在相反的区域，因为这时虽然视觉重心发生了转移，但是由于主体对应关系的存在，这种转移是合乎观众心理逻辑的，是自然的。

2. 光影与色彩

光影和色彩是人们抒发情感最直接最有效的一种表现形式。强烈的光影和暖色彩（红、黄、橙、紫等）能激起人们的兴奋情绪，而低沉的光影和冷色彩（蓝、绿、白、黑等）则能带给人们宁静、压抑、悲哀等感觉。

在新闻画面剪辑中，关于光影和色彩要注意以下两点：

(1) 真实。

真实即符合生活的逻辑。拍摄和编辑时注意不要偏色。编辑时要注意机器状态是否正常，不要使正常的画面出现色彩失真；同时对于前期拍摄回来的色彩失真的画面，也要尽量运用编辑机的功能予以弥补，如果采用非线性编辑，电脑能对画面色彩进行较好的修复。

(2) 协调。

一般来说，同一组镜头之间，光影和色彩要尽量保持统一，剪辑时注意不要把两个基本色调迥然不同的镜头组接起来。因为这两个镜头的明暗色值在纯物理上的差别会使观众注意到这种转变，使组接的效果显得很刺眼。

当然，有时因表现的需要，也可以把明暗和色彩对比强烈的两个镜头连在一起，有意造成强烈的视觉冲击。

3. 构图

镜头的衔接可以利用构图相似这一因素。所谓构图相似，就是两个镜头在主体动作造型及画面布局上有相似之处。它在影视片中的运用往往以象征手法来表现，借以表达某种寓意或抒发某种情感。比如，以飘扬的红旗的特写镜头接火舌翻飞的特写镜头，两个画面内主体动作相似（红旗的飘动与火舌的跳动）、色彩相似，组接在一起象征着革命的激情。

三、运动的组接

任何一部视听作品，都会有人物、有景物。而一部作品在主体动作的衔接上达不到外部结构的流畅，就会直接影响其表达质量。在衔接外部动作时，剪接点要力求准确。否则，外部结构上的失败就会直接影响内部结构的严谨。

主体动作包括人物动作、景物动作、镜头动作。要达到运动的连贯，首先要正确掌握主体动作衔接的基本规律。此外，还要注意镜头运动、景物活动和造型因素之间的有机关系。这样，才能使镜头的外部结构和内部动作均达到流畅、和谐。

（一）人物动作的剪接

1. 相同主体的动作衔接

相同人物主体的动作衔接最关键的是要把握动作的连贯因素。人物动作的剪接一般有三种手法，即分解法、增减法和错觉法。

(1) 分解法。

分解法是动作剪接中最常见的手法。生活中的起坐、起卧、拥抱、握手、脱帽、开关门窗、走路、跑步等，都是人们在日常生活中所表现出来的完整的动作。在拍摄过程中，摄影（像）机将这一个个完整的动作通过不同景别、不同角度分别拍摄而成，剪辑要把这些不同景别、不同角度的动作组接起来。就如同先把一个完整的动作分解，然后再把分解的部分组合为一个完整的动作。所谓分解法就是将上一个镜头人物动作去掉下一半，下一个镜头人物动作去掉上一半，把上一个镜头的上半部动作与下一个镜头的下半部动作连接起来，还原这个完整的动作。

运用分解法时，动作剪接点应选择在动作变换瞬间的暂停处，将这个暂停处作为镜头转换的契机。在人们的视觉感觉上，日常生活中的这些动作是连贯不停顿的，但是在镜头上这些完整的动作中间都有人们视觉感觉不到的瞬间停顿，在电视磁带上有 1 帧到 2 帧或者稍多一些。抓住这个特点，剪辑时在这个停顿处选点就会使动作连贯、流畅。需要注意的是，上一个镜头要把停顿的瞬间全部保留，下一个镜头从停顿后动起的第一帧用起。比如对以下动作的选点：

起坐：剪接点在将起或将坐的瞬间停顿处。

拥抱：剪接点在手一搭在肩的瞬间停顿处。

握手：剪接点在握手动作将起未起处。

脱帽：剪接点在手拿帽子将摘未摘处。

开关门窗：剪接点在手一接触门窗后，打开或关上的那一帧之前。

喝水：剪接点在手举杯喝，喝完后往下放的第一帧之前。

穿衣：剪接点在衣服披在肩上、手往袖子里伸的那一帧之前。

田径运动员起跳：剪接点在将起未起的瞬间。

足球运动员射门：剪接点在摆腿动作的最高点。

走路或跑步：左右脚的起幅落幅一定要合理。上一个镜头左脚踩定后，在右脚抬起的第一帧之前剪，下一个镜头从右脚抬起的第一帧用起，反之亦然。在镜头转换时，如果看不到人物主体的脚步动作，那就看人物主体动作的左右肩；如果左右肩也看不见，就看人物主体的头部动作。无论看哪方面的动作，都要在主体动作中的瞬间停顿处剪。

(2) 增减法。

增减法即上下镜头不是按照一半一半的比例来剪辑，而是有增有减。如用上一个镜头的三分之一接下一个镜头的三分之二。增减法不是按照分解法的正常规律寻找动作瞬间停顿处剪接，而是根据情节的进展，人物动作的速度、快慢、情绪及镜头景别、角度的变化，在动作过程中切。一般来说，近景、特写用的时间短，约占动作的三分之一；远景、全景用的时间长，约占动作的三分之二。这是因为，近景、特写占据的屏幕空间大，稍一动，观众从视觉上的感受就很强烈；而远景、全景在屏幕上的视觉效果相对要小多了，观众感知的时间要长一些。如人物转身，按照分解法，90 度转身在 45 度处剪，180 度在 90 度处剪，360 度在 180 度处剪。但实际剪辑中由于景别、角度不同，要把近景、中近景多剪掉一些。也就是说，360 度转身要多剪掉 30 度左右，180 度转身要多剪掉 15 度左右，90 度转身则视情况而定。另外，运用增减法也要尽量寻找合适的动作契机。如回头这个动作，实践中发现，人在进行回头、低头、抬头等一系列动作时，都要闭一下眼睛。这个小动作是人物在做一个大动作之前的预备动作，起提示作用，说明回头动作即将开始，此处可作为一个剪辑点。

(3) 错觉法。

错觉法即利用人们视觉上对物体的残留及残存的影像，恰当运用视听艺术的特殊手段，利用上下镜头内主体动作快慢的相似、镜头景别的相似、角度变化与空间大小的相似及主体动作形态的相似等给观众造成的错觉，用动作的若干片段组合成视觉上的连贯动作。错觉法由于省略了动作的一些过程，可以使剪辑的节奏加快，适于表现动感强烈的场面，以加强节奏感、制造紧张气氛。特别在新闻画面的剪辑中，由于节奏的需要，错觉法被经常运用。

2. 不同主体的动作组接

不同主体动作组接的关键在于抓住造型的相似之处，使衔接流畅。进行组接时可以考虑的造型因素有以下几个：

(1) 主体运动的动势。

运动的动势包括方向、速度及运动轨迹。两个镜头组合时，不同主体的运动要能够在这些方面保持自然的衔接，做到方向的统一、速度的统一、运动轨迹的统一。值得一提的是，在速度这个问题上不仅要考虑主体运动的绝对速度，还要考虑景别对速度的影响。同一速度运动的物体，在不同景别中人们对速度的感觉是不一样的。景别越大，给人动感越小；景别越小，给人动感越强烈。剪接时要以画面实际动感的和谐为准。

（2）主体动作的形态。

利用不同主体动作形态的相似组接镜头，也可以保证视觉的流畅。

（3）主体在画面上的位置。

主体虽然不同，但是在画面上的位置相同或相似，这样观众的视觉重心就不会改变，利用这一点可以减弱由于主体变化而造成的观众注意力的改变。

（二）景物动作的衔接

景物动作包括飞机起飞、降落、飞行，火车运行，汽车奔驰，树枝摇动，江河流水，电闪雷鸣，狂风暴雨及各种动物的运动等。

对这类镜头一般都是在动中剪。在选择剪辑点时，要在主体动作行进的地方下功夫，同时要结合画面造型因素的匹配、主体动作的速度快慢和镜头动作的速度快慢确定剪接点。

景物动作的衔接有以下两种形式：

（1）直接切换。

动中剪，动中接。镜头运动和镜头内主体运动要做到动感匹配、协调，节奏明快、流畅。

（2）利用画面附加技巧进行镜头组接，如化、划。

这种处理方法对一些动作性不强、节奏缓慢的景物镜头较为合适，因为“化”本身就具有一定的柔和性与抒情性。

（三）运动镜头的剪辑

这里所说的运动镜头，主要指由于摄像机的运动拍摄出来的镜头。运动镜头的剪辑有两大类，即运动镜头与运动镜头组接、运动镜头与固定镜头组接。

1. 运动镜头与运动镜头组接

此类组接最关键的一个问题在于，如何决定镜头间落幅和起幅的取舍？这要根据具体情况而定。

（1）不保留镜头间落幅和起幅。

去掉上一个镜头的落幅和下一个镜头的起幅，直接从运动中剪、运动中接，只保留第一个镜头的起幅和最后一个镜头的落幅。这样的剪法，可以最大限度地发挥镜头运动的特点，造成强烈而流畅的动感。例如，在展现风景时，连续的摇镜头好似一幅长长的画卷，并且使静止的景物流动起来。运用这种剪法时要注意，各个运动镜头在方向上要统一、速度上要均匀。还有运动形式要和谐，两种截然相反的运动形式不能这么组接在一起，比如左摇接右摇、推接拉，这样会造成观众视觉上的不适应。

另外，利用叠化处理可以弱化运动形式的变化可能给观众视觉造成的不适应感，使镜头运动的衔接更加流畅自然。

（2）保留镜头间落幅和起幅。

在镜头的相接处，适当保留上一个镜头的起幅和下一个镜头的落幅，使镜头间有短暂的停留。这种剪法主要出现在下面两种情况：

● 运动方向相反的镜头组接。两种相反的运动形式组接在一起会给观众造成视觉上的不适应。为了使观众有一个适应的过程，有必要在镜头相接处保留一定的落幅和起幅。当然，起幅和落幅的长短要根据段落的节奏而定，在快节奏的段落中可以保留得短一些，在慢节奏的段落中可以保留得长一些。

● 运动速度极快的镜头的连续组接。正常速度下，在运动镜头推拉摇移的过程中观众可以看清画面中的主要内容，而当镜头运动速度极快时，比如急推或者急拉，观众往往只感觉到动势而看不清内容，这时落幅和起幅的保留就显得很有必要。当然，保留的长度要合适，太长了会影响这一组镜头快速运动的节奏，太短了观众又看不清内容。要注意的是，在这类镜头的组接中镜头间的起幅和落幅并不一定要全部保留，有时候，起幅或者落幅的内容前面镜头已经交代清楚，就没有必要重复交代了。

除了镜头间起幅和落幅的问题外，运动镜头的组接还要注意一个问题：镜头中主体要有变化。镜头的运动只是外在形式的变化，主体的变化才是内在的、核心的。如果镜头中主体内容没有变化，只是一味玩弄镜头的技巧，则很容易使观众厌烦。特别那些运动形式相反而主体又没有变化的镜头是最忌组接在一起的，如左摇接右摇被戏称作刷墙壁、推拉接在一起被称作拉风箱。

2. 运动镜头与固定镜头组接

运动镜头与固定镜头的组接包括静接动（上一个镜头为固定镜头，下一个镜头为运动镜头）和动接静（上一个镜头为运动镜头，下一个镜头为固定镜头）两种情况。这类镜头组接的关键点也是运动镜头的起幅和落幅如何取舍的问题。关于这个问题可以分以下情况考虑：

（1）运动镜头与固定镜头平行。

当运动镜头与固定镜头处于平行关系，都有明确的表现内容的功能时，为了使观众看清楚所要交代的内容，运动镜头的起幅和落幅要保持适当的停留，停留时间长短视段落节奏而定。

（2）运动镜头接固定镜头。

在动接静时，运动镜头有时候不是为了表现内容，而是利用其动势引出下面的固定镜头，这种情况下运动镜头的落幅不要保留，以保持动作的连贯。

（3）固定镜头接运动镜头。

在静接动时，如果固定镜头与运动镜头处于一种对应关系，运动镜头的起幅是否保留则视情况而定。当固定镜头内主体有非常明显的动势而且这种动势与下一个镜头的运动比较和谐时，下一个运动镜头的起幅可以去掉。

（四）主体运动的出画入画

出画入画，主要指画面中主体动出画框或动入画框。它直接影响屏幕的时空关系，是视听作品时空转换的重要手段。对出画入画的不同处理方式，可以传达不同的时空概念。

1. 相同时空

一般表现主体在同一时空内的活动时，采取主体动作不出画、不入画的方法，即上一个镜头在主体动作不出画时剪，下一个镜头主体动作进入画面后再接。这样剪出来节奏明快，符合同一时空内动作的特点。

当然，在新闻作品特别是消息类新闻的剪辑中，由于节目时间短、节奏快，在空间变化的情况下也经常采用主体不出画、不入画的方法，以节省时间。但是要注意，镜头中要有明显的背景环境的变化表示空间的转换。

2. 不同时空

当主体动作的时空发生改变时，观众的心理也需要有一个适应的过程，主体动作的出画和入画正好给这种适应过程保留了时间和空间。至于具体的组接方案，是既出画又入画，还是只出画不入画或者不出画只入画，可以根据需要灵活处理。总之注意一点，出画或者入画是对时空的延伸，出画入画的程度直接影响时空转换的幅度。

四、画面剪辑的结构性因素

（一）画面剪辑的节奏

剪辑节奏，是运用剪辑手段对影片结构和镜头长度的处理所形成的节律。从心理学的角度分析，视觉艺术首先利用视觉图像对眼睛发生作用，当这种作用达到一定强度时，就会引起并且增强心理感受。这样一个视觉感受到心理感受的过程就是观众对视听作品的审美过程。在最初的阶段，由于视觉图像的新鲜度，它对受众心理的刺激是明显的，但是随着时间延续，这种新鲜感会逐渐消失，使受众心理进入一种惰性甚至疲惫的状态，这时候就需要有新的刺激。节奏正是产生于这样一种背景，它不断破坏人们固有的心理状态，促进心理活动的活跃。换言之，节奏的安排应当以吸引人们的兴趣和引起他们的感情振动为目的。

1. 影视片的节奏

（1）内部节奏。

内部节奏主要指由于事物发生的进程、情节发展的必然逻辑及由此引起的人物情绪对于影视作品节律的内在要求。这是视听作品节奏的基调。它受两方面因素的影响：一是内容的要求。不同的内容自然会有不同的节奏，即使是同一片中不同内容的段落，也会在节奏的总谱中产生明显的变奏。要准确把握视听作品的节奏，首先就要准确把握作品所反映的事物的发展规律以及由此形成的内部节奏。二是情绪的要求。同一事物在不同的情绪状态下，人们所感受到的节奏是不一样的。唯其如此，创作者可以通过对情绪节奏的控制，将自己的创作意图传达给观众。比如，同样的战争，在有些作品里是雄壮的，而有些作品里却是凄凉的；同样的场面，创作者主观意图的不同也可以给观众带来不同的心理感受。

（2）外部节奏。

外部节奏主要由镜头的剪辑而形成，它服从和服务于内部节奏的需要，通过剪辑手法连接镜头、结构作品，并表现为一种外部视听的韵律。总体上，外部节奏由内部节奏决定，但是，外部节奏对内部节奏的反映是能动的，成功的剪辑能够深入地发掘作品内在的韵律并以视听形象生动地表现出来，而且能够以外在形式的美提升内在节奏的美感。

外部节奏与内部节奏的统一，是剪辑的基本要求。但是统一并不是单一，单一的节奏只会使人感觉平淡乏味。事实上，没有变化的节奏也就不成其为节奏。在总体节奏统一的情况下，剪辑时应尽量安排轻重缓急的变化，一味地快或者一味地慢，最后都会造成人们心理的疲劳，达不到应有的效果，而总体慢中局部的快或者总体快中局部的慢反而能更好地衬托出总体的慢或者快。节奏的变化因素要在考虑总体节奏基调的基础上合理配置，从而有效地刺激观众的神经，消除因单一节奏延续时间过长造成的心理惰性。

2. 使节奏富于变化的手段

(1) 通过情节的设置调整节奏。

也就是说，围绕情节主线，不断加入新的情节元素，以形成富于层次变化的视觉和心理刺激。如图 11-9，在情节发展的主线中不断地制造兴趣点，使情节不是波澜不惊地平稳发展，而是跌宕起伏。

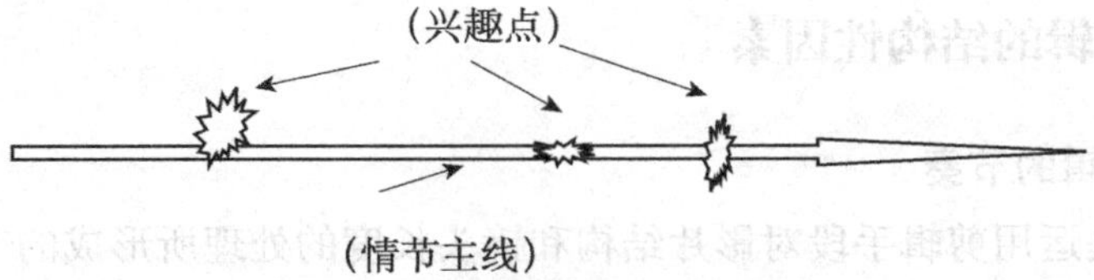

图 11-9 通过情节的设置调整节奏

(2) 通过多线索的加入调整节奏。

也就是说，围绕情节主线安排多条线索，互相呼应，把情节推向最后的高潮。这表现为蒙太奇形式的运用。多线索的加入能够有效地改变单一线索的单调沉闷，形成节奏的变化。格里菲斯的“最后一分钟营救”就是多线索交叉制造紧张气氛的经典范例。

(3) 通过画面剪辑形成节奏。

这主要需要考虑以下几方面的因素：

其一，长度。

镜头的长度直接影响节奏的快慢。镜头用得越短，在屏幕上滞留的时间就短，给观众的感觉就快，反之则慢。剪辑中镜头切换的频率又称作剪接率，剪接率越高单位时间里用的镜头越多（单个镜头越短），节奏相应地就越快。通过对剪接率或者说镜头长度的控制可以有效地控制节奏。短镜头的快速切换可以营造紧张、激烈的节奏，而镜头切换速度的逐步加快则可以使这种节奏感更强。

确定镜头长度要考虑以下三方面的因素：

● 保证观众看清楚画面的内容。这是最基本的要求。一般来说，景别越大，包含的视觉元素就越多，需要看清楚的时间也就越长。就新闻画面而言，一般全景 3 秒左右、近景或特写 1 秒左右都能保证观众看清楚内容。但是，在新闻剪辑特别是消息类新闻的剪辑中，由于一档栏目内新闻条数较多，新闻内容的转换频率本身就很高，因此在单条新闻内部一般不鼓励过快的镜头切换，以免造成观众的视觉疲劳。比如西方很多电视媒体的新闻画面，十分讲求每个镜头内部信息的饱满，每个镜头相应地留得比较长，从而没有给人“碎”的感觉。

● 保证观众的欣赏要求能够得到满足。有些画面，由于其内容本身的吸引力，观众要求有充足的时间欣赏，这类镜头就要在保证观众“看清楚”的基础上留得更长一些，使观众能“看满足”。

● 保证节目所要求的情绪、气氛能够得到有效展示。情绪、气氛镜头的运用是创作者表现主题、感染观众的手段，而这种情绪、气氛的营造，或者说观众情绪的被感染是需要一定时间累积的，因此这类镜头也要留得长一些。比如，一个人哭的近景，只用 1 秒钟的话观众能看清楚，但只得到一个简单的概念——“那个人哭了”，如果用 5 秒，观众便会去体味那个人的情感，并逐渐为这种情感所感染。如果镜头本身不够长，也可以通过多个相关短镜头的组接形成累积的效果。

其二，速度。

速度包括两方面的含义：主体运动的速度和镜头运动的速度。

● 主体运动的速度。主体运动速度越快，节奏感越强，反之越弱。因此，在剪辑时，要尽量选择那些主体动感强的镜头。而慢动作技巧的使用，则可以使节奏变得舒缓，展现动作的细节和美感。

● 镜头运动的速度。快速运动的镜头可以造成紧张、激烈的节奏，反之可以使节奏舒缓、优美。

其三，景别。

景别对节奏的影响表现在以下两个方面：

● 对主体运动速度的影响。不同的景别对主体运动速度的表现是不同的。同样速度运动的主体，景别越大，运动的节奏感越弱，反之越强。因此，在表现主体运动的高潮部分，应尽量多用中景、近景、特写而少用远景、全景，以加快节奏。

● 对剪接频率的影响。景别越大，保证观众能够看清楚的基本时间就越长，而镜头的长短直接影响剪接的频率从而影响节奏。

（二）过渡与转场

过渡与转场，主要指视听作品中场景和段落的转换。场景和段落能否顺利转换，是整部作品结构是否流畅的重要影响因素。总体来说，过渡与转场的方式分两大类：无技巧转场、有技巧转场。

1. 无技巧转场

无技巧转场，主要指不用特技手段，凭借镜头之间的有机联系直接切换。它比利用特技镜头转场更能体现创作者的技巧，在结构上也显得更加自然流畅。因此，在影视片创作中应当把无技巧转场作为首选，努力构思无技巧转场的方法，能不用特技手法就不用。

常见的无技巧转场方法有以下几个：

（1）空镜头转场。

空镜头转场主要指用没有明确主体的镜头来进行转场。正因为没有明确的主体，空镜头也就没有明确的指向性，无论用在即将结束的上一段落还是用在即将开始的下一段落都不会引起争议，从而顺利地实现承上启下的作用。同时，空镜头还能使上一段落的情绪、节奏渐渐淡化、平复，为观众提供一个短暂的歇息机会，也为下一个段落的开始创造条件。

（2）特写镜头转场。

特写镜头的画面特性就是仅表现主体的局部，既看不出整体与局部的关系，也看不出主体与环境的关系。由于整体特征和环境特征不明显，特写镜头可以适用于不同的场景，这就为场景的转换创造了条件。另外，特写镜头的视觉冲击力也在一定程度上分散了观众对于场景转换的情绪波动。

（3）利用构图的相似性转场。

这主要指用具有相似性的画面景别、主体动作、画面布局等造型因素进行转场。它可以作为镜头切换的依据，利用这种镜头间的自然转换也可以实现段落的自然过渡。

(4) 利用视觉错觉转场。

这主要指利用两个镜头间的某种呼应关系造成一种错觉，使人以为两个镜头属于同一场景，但实际上场景已经不留痕迹地发生了转换。比如，一组足球运动员训练的镜头，最后一个镜头是教练观看的近景，下一个镜头是球在空中的特写，似乎教练还是在看训练，但是等这个镜头拉开时已经是正式比赛的场面了。利用这种错觉实现更连贯的转场。

(5) 利用相同内容转场。

这主要指利用上下段落相邻镜头表现的某个共同的内容实现转场，从某种意义上而言也是利用了视觉错觉的原理。比如，一则表现外国领导人来访的新闻，上一个段落是少先队员献花，最后一个镜头是花的特写，然后特写拉开成全景，已经转换到了会谈的场景，此花已非彼花，而是会议桌上的鲜花。通过两个场景中共有的一个内容，就把二者有机地联系到了一起。

(6) 利用情节和内容的呼应关系转场。

这主要指利用上下段落之间在情节上的呼应关系和内容上的连贯因素实现段落的自然过渡。比如，上一个段落表现渔民们在海上捕鱼，风暴将起，大家纷纷返航，最后一个镜头是惊涛骇浪的场面，下一个段落已经转到屋内，渔民们正听着外面的风浪声在屋里休息、闲聊。上一个段落是因，下一个段落是果，利用这种呼应关系实现了转场。

(7) 利用遮挡转场。

这主要指上一个段落最后一个镜头画面被遮挡住，如人的背部、快速划过画面的汽车等，由于画面被遮挡，其对于环境、情节的指向性几乎可以忽略，正好可以作为上下段落转换的契机。其特点有些类似于黑场，但是遮挡属于段落中的自然情节，而黑场则加入了外部人为的影响。

(8) 出画入画转场。

出画入画是时空转换的有效手段，自然会经常出现在段落转场的时候。具体手法前文中已讲解，此不赘述。

(9) 甩镜头转场。

利用甩镜头快速的动势可以将观众的注意力迅速转移到下一个场景。

(10) 利用虚焦镜头转场。

镜头焦点虚化后，画面变得模糊，可由此借力作为转场依据。

(11) 利用声音转场。

利用声音的延续性实现上下段落的自然衔接。比如，上一个镜头车站送别，人物近景镜头中出现汽笛长鸣的声音——火车已经开动，声音延续到下一个镜头，火车已在千里之外的原野上奔驰。

2. 有技巧转场

有技巧转场，主要指利用特技将两个段落连接在一起。这种人为的外部手段有其两重性，既能使两个段落平滑过渡，又在视觉上形成明显的段落感。使用有技巧转场需谨慎，应当具体情况具体分析。特技的运用要尽量简单，达到段落转换的目的就行，不能花里胡哨、喧宾夺主。常见的有技巧转场方式有以下几种：

(1) 叠化。

上下镜头画面交叠，前一个镜头画面逐渐淡化至消失，下一个镜头画面逐渐清晰，形成一个画面转化为另一个画面的效果。两个构图上相似的镜头叠化能使过渡更加自然。

（2）淡出淡入。

一个画面逐渐暗下去，另一个画面逐渐亮起来。淡入淡出能表现较长的时间过渡和较大的意义变化。

（3）划像、翻页。

通过划、翻等形式，前一个画面退出，后一个画面进入。目前的电脑特技可以做出各种划像和翻页的形式。

（4）黑场。

黑场是非常强烈的段落转换的信号。为了转换的柔和，一般采取上一个镜头隐黑、下一个镜头黑起的方式，有的还在黑场上打上字幕，提示下一个段落的关键信息。

（5）定格。

将上一个段落的结束镜头做定格处理，使人产生瞬间的视觉停顿，表示“告一段落”，然后出现下一个段落的画面。定格有时候还和淡出淡入结合使用。

第二节 声音的制作

声音是人们接收外界信息的主要途径之一，掌握必要的声音制作技术，对于学习视听新闻制作而言有至关重要的作用。

一、录音设备及其运用技巧

录音，我们也常称之为收音、拾音，主要指将外部声音收录进摄像设备的过程。一般情况下，摄影（像）设备往往也自带录音功能，但考虑到作品的成片质量和声音要求，往往会外接录音设备，以完成更具体的收音工作。麦克风（microphone），是视听新闻制作中最主要的一种录音设备。使用麦克风的技巧，直接影响着视听新闻节目声音的前期采集质量，也关乎后期声音制作是否有好的基础。故而，充分掌握录音设备、了解录音技巧，对于学习者而言格外重要。

（一）常见的话筒类型和设备特点

最常见的话筒包括：动圈话筒（见图 11－10）、电容话筒（见图 11－11）、无线话筒（见图 11－12）、有线话筒（见图 11－13）。

图 11－10 动圈话筒

图 11－11 电容话筒

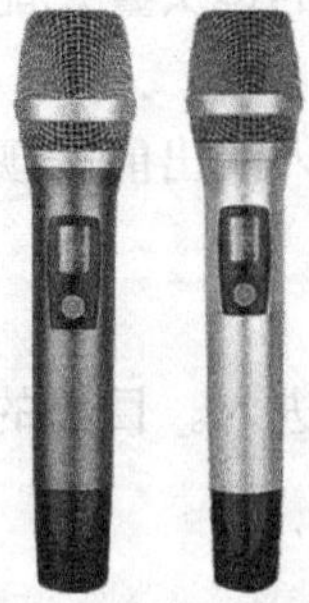

图 11-12　无线话筒

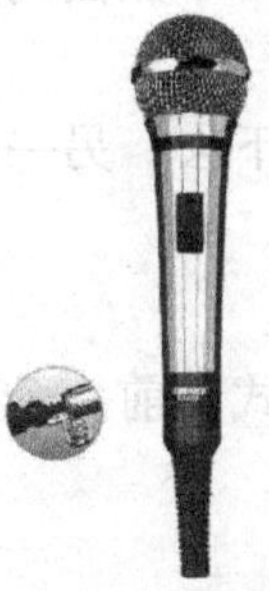

图 11-13　有线话筒

不同的话筒在使用上有不同的特点，可结合不同的摄影摄像条件和现实状况进行选择。

1. 动圈话筒

动圈话筒也称动圈式麦克风（moving-coil microphone），主要指把声音转变为电信号的录音装置。其利用电磁感应原理，当声波使膜片振动时，连接在膜片上的线圈随之振动，音圈在磁场里振动，其中就产生感应电流（电信号），信号电流经扩音器放大后传给扬声器。在传统的电视新闻采访中，动圈话筒的使用较为广泛。

2. 电容话筒

电容话筒（condenser microphone）的核心构成为极头，是两片金属薄膜。声波引起其振动，金属薄膜的不同间距就构成了不同的电容。这类话筒有灵敏度高、指向性强的特征，一般使用在演播厅录音中。

3. 无线话筒

没有“线”的限制，录音时更灵活，如今的无线话筒设备也呈现出越来越轻便、小巧的特点。

4. 有线话筒

有线话筒是一种较为传统、常见的话筒设备，性能较为稳定，一般适用于场景变化不大的录音环境之中。

（二）常见的拾音技巧及注意事项

声音采集的过程，看起来没有画面采集复杂，但其效果却也直接影响着成片的质量。这里，向大家介绍一些常见的拾音技巧以及注意事项。

第一，要结合相应的场景和录制要求来选择适宜的话筒。

第二，避免对话筒哈气或者用力拍打话筒。很多制作者习惯在试音阶段对话筒哈气或者拍打话筒，这是一个不好的习惯。一方面可能造成录音设备破损，另一方面也可能影响正式录制时的拾音效果。

第三，注意把握拾音距离，过远或者过近都会影响声音采集的效果。同时，在录制过程中，需要做好监听工作，避免没有成功采集声音或采集声音有瑕疵等状况。

第四，遇到极端天气，如大风天需要做好相关支持工作，例如使用防风罩。一方面是保护话筒设备，另一方面也是消除风声进入话筒后造成的呼啸声。此外，也需要注意，话筒使用时不能朝向扬声器，否则会造成啸叫声。

二、两种主要的声音采集和制作技巧

对于视听新闻节目而言，同期声、背景声这两种强调现场和真实性的声音制作发挥着重要的作用。这一部分，将主要结合这两种声音采集和制作的技巧进行介绍。

（一）同期声的采集和制作

1. 同期声的采集

同期声的采集要注意以下要求：

（1）清晰。

这首先是技术上的要求，要保证观众听得清楚。在选择同期声时，要注意挑选那些前期采录效果好的。如果效果不行而又实在很重要的，要在后期剪辑时加以修补，当然这种修补不改变内容而只是技术上的调整，比如音量的调节。另外，后期编辑时一定要注意编辑机状态是否正常，防止声音失真。第二个方面的要求在于要保证观众听得懂。有的人口音很重或者口齿不清，使用这些人的同期声时要打字幕。如果是直播无法及时加字幕，则要尽量选择那些表达清楚的人采访，或者由记者在采访中随时把不清楚的地方重复一遍，既是向讲话人确认也是为了让观众听明白。

（2）典型。

一方面必须是典型人物，即新闻事件中的关键人物；另一方面，人物的讲话必须是典型的，能表达新闻事件的关键信息。典型的同期声不仅给受众认识新闻人物的内心世界奠定了一种可靠的物质基础，而且给受众认识新闻事件开辟了一条生动形象的感知通道。

在专题片《剧毒假酒人命案祸因追踪》中，医院内，一个花甲之年的渔民眼怔怔瞪着天花板声泪俱下："作孽哟，前天我还健壮如牛，今天躺在这儿手脚不能动，什么也看不到！我这孤老头好惨啊！"在一部反映超生的专题片中，某农户七个女儿在院内劳动，两个读书的女儿一边洗白菜一边告诉记者："起屋的借款还没还清，几个妹妹没钱读不了书，餐餐青菜，一个月才吃上猪肉！"这两个同期声都是典型人物（当事人）的典型音响，对节目起到了"点睛"的作用。

（3）精练。

与解说词相比，同期声更加"原汁原味"，但也有可能不够精练，因为新闻人物的语言不可能像解说词一样经过精心组织并且由专业的报道人员（记者、主持人、播音员）播报。在时长有限的新闻节目中，这经常是一个让人两难的问题。所以，同期声也要经过精心剪辑，使之在表达意思上更加集中，也使节目的节奏更加明快。从实践中的效果来看，对一般的消息类新闻来说，每一段同期声在30秒以内感觉会比较舒服。当然，同期声的"精练"必须服从于一个基本原则：不能歪曲甚至改变谈话人的原意。

2. 同期声的剪辑

同期声的剪辑首先需要考虑内容的需要——用哪些、不用哪些，其次还要考虑语气是否连贯，最后还有画面的技术处理，等等。一般而言，同期声的剪辑主要有以下几种形式：

（1）直接式。

声画同步，直接切换。这种方法最简便，在消息类新闻的编辑中最常用，但有时会使人感觉转换突然。

(2) 前叠式。

声音先出现，叠在前一个画面上，一两句话后再出现讲话人的画面。这时声音先引起人的注意，其联觉效应使观众对讲话人的出现有了一个心理准备，这样镜头变化就不会显得突然了。

(3) 后叠式。

在同期声结束前，下一个画面提前进入，同期声的结尾部分叠在下一个画面上延续一段时间，这样也能使镜头转换比较自然。

(4) 渐起式。

在同期声开始的部分先把音量压低，然后逐步调高到正常音量，使声音的出现不至于突兀。这种方法往往用在两种情况：一是群体场面，由于讲话人不止一个，渐显的方式能给观众一个心理适应过程；二是解说与同期声有重叠，先以解说为主，在解说快结束时同期声以较小的音量混入，待解说结束时再放大至正常音量。

(5) 渐隐式。

在同期声的主要内容表达清楚之后并不马上结束，而是将音量逐步调小直至消失，在同期声渐弱的同时解说声进入成为主音。这比使同期声戛然而止要流畅得多。特别在同期声就是片子的结尾部分时，更要让谈话的声音（渐隐）和画面保留一段，既使结尾自然，又给播出时音频和视频的切换留下了时间。

除此之外，同期声剪辑还要注意以下几点：

第一，语气的连贯和语意的通顺。如果是几段同期声接在一起，要特别注意语气（语音、语调等）的连贯，不能忽高忽低，或者情绪不协调。特别是将一段完整的同期声剪去一些内容拼接起来的时候，要注意语意的通顺。

第二，同期声的开始和结束要留有空间，以使观众不至于觉得太突然。除了上面所说的前后叠和渐起渐隐外，还可以在同期声的开始和结尾部分分别保留一小段讲话人的空画面（没有声音），这种静默能给观众一个提示，表示谈话将开始或结束。当然，静默时间要合适，太长会让人明显地看到画面上人张嘴但没声音，感觉是编辑上的失误；太短又起不到效果。从编辑实践上来看，这个时间在半秒左右比较适宜。

(3) 在同期声的接头处，特别是一段完整的同期声被剪断拼接的情况下，画面可能会出现视觉上的跳跃，这时候要尽量插入一些相关镜头作为过渡，如反应镜头、全景镜头、特写镜头等。比如，在对一次演播室谈话节目进行编辑时，编辑突然发现一个问题：将原本连贯的嘉宾同期声剪掉一段接在一起时，接点前后的两个画面景别、内容完全一样，而且居然找不到合适的主持人反应镜头或者全景镜头。编辑在反复研究后发现，嘉宾在说这段话时手拿着一个道具，仔细查找素材后终于在别的段落发现了这个道具的特写镜头，于是决定用它作为过渡，问题才得以解决。所以，在前期采访拍摄特别是这类演播室访谈节目的录制时，编导一定要考虑到后期剪辑的画面需要，提醒拍摄人员从不同的角度、不同的景别多录几个过渡镜头。

(二) 背景声的采集和制作

忽视背景声长期以来一直是我国电视新闻的一个通病。近年来，这种情况有了很大的改变，但是问题依然存在。如果说以往背景声的缺失主要是技术原因使然，在 ENG 设备日益完善的今天，技术原因恐怕已经很难作为借口，主要的问题还是出现在观念上——一些电视新闻工作者并没有真正从观念上认识到背景声的重要意义。

要保证背景声不缺失，需要从前期拍摄到后期编辑各环节的重视。

1. 前期拍摄时要注意背景声的采集

拍摄时要使用专门的长线话筒而不是摄像机上的机头话筒，要有人随时监听声音。而且，音响的采录并不是打开话筒录下来就可以的，它要能准确地反映环境空间的特征，并且与拍摄的景别和距离保持统一。纪录片《望长城》的音响处理就非常细致：主持人坐直升机在“天上”的说话声，进入“地下”古墓中的说话声，近处和远处对话的声音处理都不一样，保持了声画景别的一致和声音空间感的一致。在一部反映襄渝铁路的片子中，同是火车行驶的声音，但是走在平原、山谷、隧道、大桥等不同地方的音响都不一样，给人以真实的感觉。要达到这样的效果，就必须对声音的采录有相当的了解，一些重要的采访要有专门的录音师和专门的拾音设备。要把声音的采录提到与画面拍摄一样重要的地位上来。

2. 后期编辑时要认真对待前期采录回来的声音

后期编辑时背景声的缺失最有可能出现在以下三个环节：

（1）在素材的传递过程中。

前期拍摄的素材在到达后期编辑手中时可能会经过多次转手，比如微波或者卫星的远程传送、多次的转录等。在这个过程中，如果有一个环节不注意的话就可能造成背景声的丢失。因为背景声一般录在二声道上，而正常状态下通过编辑机监听到的声音都是一声道的，如果不留心的话，二声道是否有声音、声音是否合乎要求往往被忽视。因此，编辑在接收画面素材时要养成检查二声道背景声的习惯。

（2）在画面编辑、合成的过程中。

目前我们的电视新闻节目一般采用一声道播出，这就要求所有需要播出去的节目声音在上播出线之前都要混录到一声道上。在节目合成的过程中，背景声的混入一般有两个途径：一是在配解说时通过调音台混，调音台可以比较精确地控制和监听声音混录的效果，因此可能的话应该采用这种方法。这就要求记者或编辑养成先编画面后配音的习惯，在编辑画面的同时就把二声道的背景声录到粗编带的二声道上，这样才能在配音时通过调音台把二声道的背景声和解说声一起混录到一声道上。但是，这种方法要求进行编辑时比较准确地估计配音员的语速，确定画面的长度，这样在配音时才能做到解说与画面的对位。二是先配音，然后根据配音编画面。这种方法容易使画面和解说精确对位，但是需要多一道混音的程序才能把背景声混入一声道。具体做法如下：先根据配音编好画面，然后在粗编带二声道的相应位置上插入需要的背景声，通过编辑软件的混音功能把解说声和背景声合成到一声道上。使用这种方法虽然保证了声画的精确对位，但是编辑软件混音的效果可能不如调音台。而且，有些人可能因为怕麻烦而省略了最后一道合成的工序，这是造成节目中背景声缺失的一个很重要的原因。

（3）没有养成将背景声保留在二声道的习惯。

二声道最重要的作用就是保留原始素材的声音，以便节目交流，所以又被称为国际声道。由于播出的原因，声音的编辑与合成都是在一声道上进行的，这个声道上的声音很容易在编辑时丢失。把素材声音保留在二道声上，就随时有了一个安全的备份。特别是已经制作好的节目，解说声和背景声都混录在一声道上，当对节目再配音时（这在国际间节目交流中是经常的现象），一声道上的背景声显然会被抹掉，而且即使想办法将其保留下来，由于它和原来的解说声混在一起，也难以再利用。这样，二声道上保留原始素材的声音就显得非常重要。作为节目制作者，在编辑时不仅要考虑到本次节目的需要，而且要考虑到今后节目的交流和再利用。

第三节　包装与特效

随着越来越多的新媒介技术应用于视听产业，视听包装和特效迅速进入革命性的数字时代。一个具有创意的特效包装可以释放出丰富的视听元素，快速抓住用户的眼球。不管是广告片中的创意设置，还是好莱坞大片中的复杂场景，都是通过数字技术创造出新、酷、绚等不同风格的视觉作品。有研究者指出，电影和电视改变了人们的视听经验以及生活方式，而数字特效改变了影视的存在方式甚至社会文化功能。

一、视听包装与特效概述

总的来说，视听包装和特效作为一种技术手段，不是简单的技术加工、渲染与呈现，而是一种全新的创造，是艺术和技术相结合的产物，甚至成为视听艺术的一部分。

从广义上讲，视听包装和特效制作体现极强的工业属性，在前期创意策划、中期拍摄和后期制作等阶段都会出现其身影。大制作的特效项目流程复杂、工种繁多、周期较长，一般包括概念设计、视觉预演、建模、绑定、运动跟踪匹配、抠像、动画制作、三维特效、贴图、灯光渲染、数字绘景、合成等环节。

从狭义上讲，视听包装和特效主要指的是运用计算机后期软件对采集到的音视频资料素材进行艺术加工、组合的过程，常用的后期特效制作软件除了 Adobe 系列的 After Effects、Adobe Illustrator、Adobe Photoshop 等，还包括 C4D、MAYA 等三维动画建模软件。1982 年迪士尼公司完成了第一部以电子计算机图形作为特技的影片《特朗》，在此之后，大量的二维、三维图形软件进入影视制作领域。从《侏罗纪公园》无处不在的“恐龙”到《复仇者联盟》中让人热血沸腾的超能大战，从《新闻联播》中地球旋转的经典片头到《爸爸去哪儿》里动画字幕营造的童真场景，视听特效不仅用于处理影像，更可以创造新的影像及其表意。计算机生成影像系统几乎能创造出世界上所有可见和不可见的人物、物体和环境，并将它们与其他形象和动作有机结合起来。

落实到视听制作的后期技术中，视听包装和特效主要承担了以下作用：

（一）新建视觉元素

为了符合视听作品的故事主题，推动情节发展，往往需要重新虚构自然界中不存在或者没有拍摄到的物体，特效通过直接参与或者辅助产生画面的方式，制作出逼真或者具有视觉冲击力的视听元素。人们借用特效看到了以往人眼无法看到的奇观，而不断革新的技术也在成就影像传播史的一个个神话。

（二）营造全新氛围

特定的包装和特效能为观看者提供更佳的声光色影质量，还通过对整体色调等的处理改变作品的氛围和情绪特征，从而强调视觉效果和表达特定的情节意义。特效不仅变革了内容，在某种程度上也通过越来越强的互动性改变了观众以往的观影习惯，带来壮观时空的全新感受。

（三）连接画面镜头

作为后期剪辑的一部分，包装和特效能够创造性地进行镜头组接，使镜头与镜头之间的过渡也成为表现的元素之一。

二、关键概念的解析

（一）素材

素材是特效制作项目的基本单位。例如 After Effects 支持导入多种素材，包括动态图像文件、静态图像文件、静态图像序列、音频文件、Adobe Photoshop 与 Adobe Illustrator 产生的图层文件、其他 After Effects 项目、Adobe Premiere Pro 项目，并且支持随时导入素材。

（二）关键帧

帧是传统影视和数字视频中的基本信息单元。我们在视听作品中看到的活动画面其实是由一系列的单个图片构成的，相邻图片之间的差别很小。如果这些图片以高速播放，由于人眼的视觉暂留现象，我们感觉播放的这些连续图片是动态的，而且是连贯流畅的，这些连续播放的图片中的每一幅就称为一帧。关键帧是编辑动画和处理特效的核心技术，它记录动画或特效的特征及参数，中间画面的参数则由计算机自动运算并添加。

（三）图层

图层是用来创建合成的组件，添加到合成的任何素材（比如静态图像、动态图像、音频文件、灯光图层、摄像机图层、其他合成）都以图层形式存在。若没有图层，则合成只包含一个空帧。图层把一种素材与另一种素材分开，这样当处理这个素材时就不会影响到另一个素材了。例如，我们可以移动、旋转一个图层，或者在这个图层上绘制蒙版，这些操作不会对合成中的其他图层产生影响。当然，你还可以把同一个素材放到多个图层上，每个图层用于不同用途。一般而言，Timeline（时间轴）面板中的图层顺序与 Composition（合成）面板中的堆叠顺序相对应。

（四）合成图像

在一个新项目中编辑和制作视频特效，首先要新建一个合成图像，在合成图像窗口中，可以对各种素材进行编辑和特效处理。合成图像与时间轴相对应，以图层为操作的基本单元，合成图像中可以含有任意多个图层。After Effects 允许一个工作项目中同时运行多个合成图像，每一个合成图像既是独立工作，又可以进行嵌套使用。

（五）时间码与持续时间

一个与时间相关的重要概念是持续时间，或称时长。项目中的每个素材、图层、合成都有相应的持续时间，它在 Composition（合成）、Layer（图层）和 Timeline（时间轴）面板中的时间标尺上表现为开始时间与结束时间。在 After Effects 中查看和指定时间的方式取决于所采用的显示样式，或度量单位，即用来描述时间的单位。默认情况下，After

Effects 采用 SMPTE（society of motion picture and television engineers，电影和电视工程师协会）时间码显示时间，其标准格式是小时、分钟、秒、帧。

三、案例：典型的包装与特效使用

（一）电影中的特效运用

电影《复仇者联盟 4：终局之战》在上映期间，其全球票房数据接近 28 亿美元。据官方统计，这部电影总共有 2 680 个特效镜头，全片只有 4 个镜头是没有用到特效的。参与其中的特效公司有 12 家，特效师超过 1 000 名。电脑特效再次发挥作用，如此庞大的场景都是通过电脑特效进行处理的（见图 11－14）。

图 11－14　电影《复仇者联盟》的特效制作场景

在《复仇者联盟 3：无限战争》《复仇者联盟 4：终局之战》的特效制作中，数字王国（Digital Domain）运用了机器学习等从而实现了面部动画的技术革新，将演员的现场表演完美融入角色，将“灭霸”这一角色做了进一步的细化和迭代，包括皮肤变化和那双写满故事的眼睛。使大家从灭霸眼中不仅看到了愤怒、悲伤、不舍、挣扎，还看到了改造宇宙后的迷茫。它采用机器学习的方式采集先前得到的跟踪数据，同时将动作捕捉获取的 150 个面部数据点转化为约 40 000 个 3D 形态且高分辨率的演员面部动作数据（见图 11－15）。

特效技术突飞猛进，为观众创造了一个个视觉奇观。比如李安执导、威尔·史密斯（Will Smith）主演的科幻动作片《双子杀手》。片中的史密斯分饰两个年龄的自己，其中一个需要借助电脑特技“重返 20 岁”，与中年版的自己展开一场追杀游戏。而时间跨度几十年的黑帮片《爱尔兰人》中，罗伯特·德尼罗（Robert De Niro）和阿尔·帕西诺（Al Pacino）两位演员根据故事的需要，扮演不同年龄段的自己。特效师要借助两人年轻时的

图 11－15 “灭霸”一角的特效效果

影像资料，对其容貌进行相应“修复”。

（二）综艺中的特效运用

如今，大量综艺节目的片头都是用 After Effects 等软件先制作出一套模板，片头中的视觉元素、人物嘉宾等都提前用 Photoshop 制作完成，再到 After Effects 中合成添加字体动画特效，组成模板（见图 11－16）。

图 11－16 真人秀节目《向往的生活》的片头包装

与此同时，大部分综艺节目中会出现一些可爱、卡通的字体（业界称其为“花字”）（见图 11－17），它们不仅发挥着丰富视觉元素的作用，而且通过与节目中人物的互动设计而成为叙事的一部分。比如 After Effects 中的粒子插件、光晕插件、跟踪运动等工具，让真人秀节目中的人也能够具有“超能力”。这些特效的出现把人物的情绪、不易察觉的故事情节重新提炼，从而让创作者更好地把握和调整节目节奏。

还有一些特效需要其他软件配合，比如综艺节目中常出现的动态贴图大多通过 Adobe Illustrator 软件手绘出场景元素，或者通过 C4D、MAYA 等软件建模合成动画，然后再交由包装师用 After Effects 通过跟踪和关键帧的方式完成制作。由于真人秀节目本身具有“纪实”性，通过跟拍摄制的画面可能缺少设计感和雕琢感。这时特效字幕可以点缀画面，在一定程度上弥补画面的单调感。将特效动画、卡通图案插在画面的空缺处是美化的常见手法，可以重新营造特定的效果氛围。

图 11-17 综艺节目中大量使用的“花字”效果

四、操作技巧与流程

无论是使用 After Effects 制作简单的电视节目中的片头动画，还是在短视频中创建复杂的特效，所遵循的工作流程基本都是一样的。类似 After Effect 之类的特效制作软件为用户创作作品提供了极大的便利。

After Effects 拥有灵活且可自定义的工作区。After Effects 的主窗口称为“应用程序窗口”（Application Window），其中排列着各种面板，形成所谓的工作区（Workspace）。在默认工作区中既有堆叠面板也有独立面板。

我们可以根据自己的工作习惯通过拖曳面板来定制工作区。把面板拖放到新位置，更改面板的堆叠顺序，把面板拖入或拖离一个组，将面板并排或堆叠在一起；还可以把面板拖出让其作为新窗口漂浮在应用程序窗口之上。当重排某些面板时，其他面板会自动调整大小，以适应窗口尺寸。我们也可以通过面板标题条将面板拖曳到指定的位置，此时，停放面板的区域（称为“拖放区”）会高亮显示。拖放区决定面板在工作区中的插入位置与方式。把一个面板拖曳到一个拖放区将实现面板的停靠、分组、堆叠操作（见图 11-18）。

在 After Effects 中，一个基本的工作流程包含 6 个步骤：导入与组织素材，创建合成

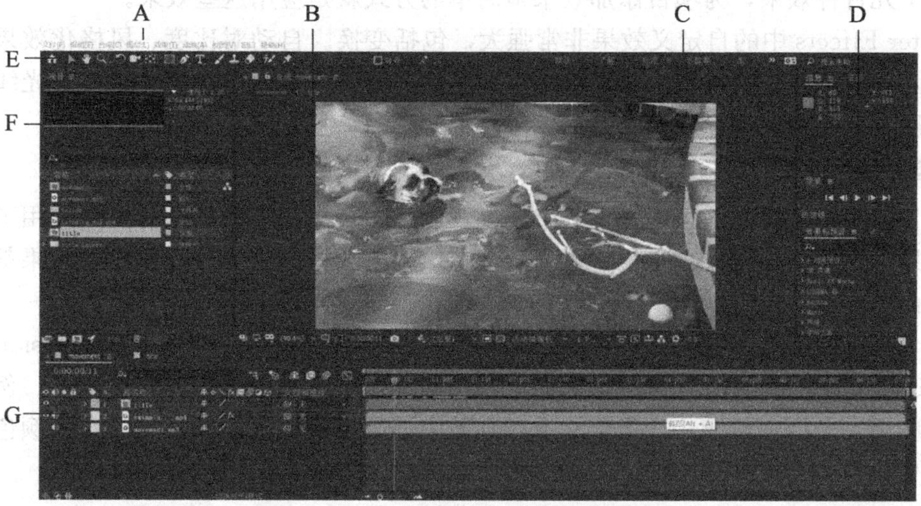

图 11－18　After Effects 的操作面板

A. 应用程序窗口；B. 合成面板；C. 工作区菜单条；D. 堆叠面板；E. 工具面板；F. 项目面板；G. 时间轴面板。

与排图层，添加效果，制作元素动画，预览作品，渲染及导出视频作品以供他人观看。

（一）导入与组织素材

在正式操作之前，最好先把 After Effects 恢复成默认设置。在启动后，首先打开 Home（主页）窗口。通过这个窗口可以更轻松地访问最近的 After Effects 项目、教程以及更多信息。在 Home（主页）窗口，单击 New Project（新建项目）。此时 After Effects 会打开一个未命名的空项目。

在菜单栏中，依次选择 File（文件）、Import（导入）、File 菜单，打开“导入文件”对话框。在 Project（项目）面板中，单击选择不同素材，在面板的顶部区域会看到相应的预览缩略图，并且在缩略图右侧还显示着各个素材文件的类型、大小等属性（注意：导入素材并不是直接把视频、音频本身复制到项目中，而是导入对应的引用链接。如果移走了源文件，After Effects 会报文件缺失警告）。

（二）创建合成与排图层

在导入素材后需要创建合成。在合成中，你可以创建动画、图层、效果。After Effects 中的合成同时具有空间大小和时间大小（时长）。

合成包含一个或多个图层，它们排列在 Composition（合成）面板和 Timeline（时间轴）面板中。添加到合成中的任何一个素材（例如静态图像、动态图像、音频文件、灯光图层、摄像机图层，甚至另一个合成）都是一个新图层。简单项目可能只包含一个图层，而复杂项目可能包含若干个图层，用来组织大量素材或复杂效果序列。在创建合成时，只需把素材拖曳到 Timeline（时间轴）面板中，After Effects 会自动为它们创建图层。

（三）添加效果

在创建好了合成后就该添加效果、做变换并且添加动画了，这会是个有趣的“旅程”。我们可以添加、组合任意效果，更改图层的任意属性，比如尺寸、位置、透明度等。我们还可以使用效果改变图层的外观或声音，甚至从零开始创建视觉元素。After Effects 为我们提供了几百种效果，为项目添加效果最简单的方式就是应用这些效果。

After Effects 中的自定义效果非常强大，包括变换、自动对比度、风格化效果等。借助它们，我们可以轻松地把一束光线添加到影片剪辑中，再通过控制参数调整光线的角度和明亮度，以此增加视频本身的艺术效果。

（四）制作元素动画

到目前为止，我们已经建好了一个项目，创建了合成，导入了素材，还应用了一些基本的效果，画面开始让人兴奋了，再来点动态效果怎么样？因为前面添加的效果都只是静态效果而已。

在 After Effects 中，我们可以使用传统的 Keyframe（关键帧）、Expression（表达式）、Keyframe Asistants（关键帧辅助）让图层的多个属性随时间变化而变化。例如，我们可以应用一个动画预设，让指定文本在画面中逐渐显示出来，并且让文本的颜色随着时间发生变化。

（五）预览作品

在视频作品的制作过程中，我们有时可能想预览一下整体效果。此时，可以通过 Preview（预览）面板进行预览。在默认工作区下，Preview（预览）面板堆叠于应用程序窗口右侧。在 Preview（预览）面板中，单击 Play/Stop（播放/停止）按钮，即可预览自己的作品。此外，还可直接按键盘上的空格键进行预览。值得注意的是，通常只有当 After Effects 缓存了所有帧，才会实时播放预览视频。对预览细节和精度要求得越高，所需要的内存就越多。通过修改作品的分辨率、放大倍率、预览质量可以控制显示的细节数量。通过关闭某些图层左侧的视频开关和调整视频工作区域的大小，还可以限制预览图层数量和预览帧数。

（六）渲染及导出视频作品

渲染合成就是把组成合成的各个图层、设置、效果以及其他相关信息等渲染成一段可持续播放的影片。当我们的视频作品制作完成后，可以用指定的标准和格式加以导出。

【本章小结】

本章主要探讨了视听新闻制作中较为重要的技术。在掌握基本技术原理的基础上，我们需要结合软件实训提升画面制作和声音制作的能力。本章学习的重点在于对不同部分的制作技术有充分、全面的把握，难点在于如何借助相关的软件实现技术的“落地”。相比其他章节的学习而言，大家对于本章的学习主要在“课后”，通过相关的案例训练提升自身的制作水平。

【本章思考题】

1. 结合相关教程学习使用 Premiere、After Effects 等影视剪辑、制作软件。
2. 自拟主题，选择适宜的录音设备进行声音采集和制作。
3. 案例制作（一）：请构思设计一档视听新闻节目，并自拟主题进行一期节目内容的拍摄和制作。

4. 案例制作（二）：为你的视听新闻节目制作简单的片头包装（供学有余力的同学训练）。

【本章推荐】

影视剧中的新闻人、新闻事

本章推荐欣赏纪录片《工业光魔：创造不可能》（*Industrial Light & Magic: Creating the Impossible*）。该片呈现了世界顶级的影视特效公司工业光魔35年来为电影特效事业做出的卓越贡献。

第十二章

视听新闻报道技术的发展变迁与演进逻辑

【本章学习要点】

视听新闻报道技术经历了由广播电视向以互联网为底层技术结构的视听技术的发展变化。

- 广播电视技术在现实的时空之外制造了一个媒介的时空，使现实世界可以被记录、大规模复制和广泛传播，广播电视也由此成为 20 世纪最具代表性的大众传播媒体。
- 在广播电视技术的发展进程中，声画采制和信号传输是两个关键环节，更高质量的声画水平、更灵活便捷的采制方式和更高效可靠的传输能力是技术发展的内在逻辑。
- 互联网时代的到来使视听传播开始出现多元竞争的局面，传统广播电视以时间资源为主要追求目标的线性传播方式逐步被互联网以空间为主要资源的非线性传播方式取代，视听传播的主导权向用户倾斜，4K、5G、虚拟现实（VR）、人工智能等新兴技术使视听传播呈现更为丰富多彩的面貌。

1994 年 6 月 12 日，美国前橄榄球明星辛普森（O. J. Simpson）涉嫌杀害前妻妮科尔后逃跑，洛杉矶警方出动了几十辆警车和巡逻车进行追捕。在追捕的几个小时内，美国几大电视网展开了激烈的竞争，数架飞机从空中进行现场直播，一时间天上地下形成了只有战争时才能看到的热闹场面。美国公众也纷纷放下手头的事情，从电视屏幕上观看了整个追捕过程（见图 12－1）。而在洛杉矶法院对辛普森涉嫌谋杀案进行听证和审判的 266 天时间里，美国主要电视台几乎每天都进行相关的现场直播。

图 12－1　1994 年轰动美国的辛普森案

电视台正利用直升机现场直播辛普森逃跑，图中心的白色车辆为辛普森所驾驶。

事实上，以现场声画实时呈现为特征的直播正是以电视为代表的视听媒介的魅力所在，也是漫长的传播历史中人类孜孜以求的目标。正如奥地利小说家茨威格（Stefan Zweig）在他的《人类的群星闪耀时》一书中所说：

自从被称为人的奇怪生物在地球上行走以来，几千年间，也许几十万年间，衡量在地面上前进的最高尺度无非是马的奔跑、滚动的车轮、划桨的船或帆船。在那被意识照亮的、我们称为世界史的狭窄范围内，大量技术进步的成果并没有明显加速运动的节奏。……在拿破仑时代，各国在空间和时间上的距离如同在罗马帝国时代一样遥远；人的意志依旧不能战胜物质的反抗。直至十九世纪，地球上交通的速度和节奏才发生根本变化。在这个世纪的第一个和第二个十年，各国、各民族相互靠拢的速度比此前几百年还要快；有了火车、轮船，一天就可以完成以前几天的行程，几分钟、几刻钟就可以到达原先好几个钟头才能走到的地方。然而同时代人无论如何兴高采烈地感觉自有火车、轮船以来速度新的提高，这种感觉毕竟还没有超出可以琢磨的范围。因为这种工具只不过提高迄今所知速度的五倍、十倍、二十倍，目光和心灵都还能够理解它们，能够对这一表面上的奇迹作出解释。然而，就其影响而言，电的最初若干成就却是完全出乎意料的。还在摇篮时代，电就已经是一个巨人，迄今的一切法则都被推翻，所有有效的标准都被破坏。作为后来人，我们绝难想象那一代人对电报发报机最初的成就何等惊讶。就是那个小小的几乎难以感觉得到的电火花，昨天还只能沙沙作响地从莱顿瓶伸出一英寸长够到手指头关节，一下子就获得了跨越好几个国家、山岳和整个大洲的神奇力量，既令人感到极大兴奋，又使人瞠目结舌。还没想完的思想、墨迹未干的字句，在同一秒钟就能被数千里外所接收、所阅读、所理解，那在细小伏特电棒的两极之间振荡看不见的电流能越过整个地球，从地球这一端传到地球另一端。……只是由于这个发现，时间和空间的关系才发生了自创世纪以来最具有决定性的变化。他以文学家特有的诗意语言描述了跨大西洋海底电缆的伟大意义：

从这一瞬间起，地球仿佛有唯一的心脏搏动；现在，地球上的人类从一端到另一端已能同时听见彼此的声音、彼此看得见、互相能理解，由于人类的创造力，极大地缩短了时空的距离。感谢他们对于时间和空间的这一胜利……①

继电报、电话之后，广播和电视是人类缩短时间和空间距离的一次更大的胜利。广播电视技术堪称20世纪人类在信息传播领域最伟大的发明之一。作为一种高度依赖技术的媒介，技术不仅是其得以发明和存在的前提，而且影响着它不同时期的传播形态和社会作用。进入21世纪，互联网更以其革命性的技术力量将视听传播推向新的繁荣局面，因而更为深刻地影响社会生活和社会文化。

第一节　视听传播时代的到来：广播电视的诞生

1876年，贝尔（Alexander Graham Bell）经历了无数次失败后终于完成了电传声音的实验，他不仅创造了世界上第一个电话系统，而且预示着声音作为大众传播媒介的到来。

1895年，马可尼（Guglielmo Marconi）成功实现无线电传声，进一步打破声音远距离传输的障碍。

1926年，贝尔德（J. L. Baird）在英国皇家学会演示了用电视播送活动的人体画面，

① 茨威格．人类的群星闪耀时［M］．高中甫，潘子立，译．郑州：河南文艺出版社，2015：335－382.

引起轰动。

1928 年，贝尔德利用无线电波将图像从伦敦传到纽约，证明电视画面可以通过无线电波长途传递。

随着早期广播电视技术的成熟，广播电台和电视台开始出现，大众传播不再是文字的专利，声画一体的传播时代到来了。

20 世纪 70 年代以来，借助全球高新科技的创新和推进，一度衰落的广播开始复兴，而电视更是在越发激烈的媒介竞争中逐渐成为领导潮流的角色。

进入 80 年代，电视技术领域发生了惊天动地的变化，如高清电视技术的推出、通信卫星与有线电视相结合的传播模式的发展、直播卫星频道的出现。这一系列变革使得电视新闻的"时效性"和"现场感"等核心要素更加突出，时空界限的打破使得广播电视新闻报道的理念和方式在世界范围内出现了一场革命。

21 世纪以来，数字化、移动化成为视听传播技术的主流。互联网时代的到来使视听传播开始出现多元竞争的局面，4K、5G、虚拟现实（VR）、云直播等新兴技术使视听传播呈现更为丰富多彩的面貌，也为视听文化的繁荣奠定了坚实的技术基础。

图 12 - 2 按时间对近百年间视听传播技术的演进做了一个概要的梳理[①]，如果概括一下广播电视技术乃至今天互联网视听技术的本质，那就是对人类信息传播中时空障碍的不断突破。而这种突破一直以来围绕信息传播的两个关键环节：视听信息的生产和传输。视听传播技术的整个发展史，就是视听信息生产质量和传输能力不断提升的历史。

人类自诞生以来，信息传播长期依靠面对面的人际交流。距今五千年左右，古埃及、古巴比伦等地开始有了文字，人们对外部世界的观察和感受可以被记录和多次传播，"不在场"的交流因而成为可能。但是，文字包括后来出现的绘画对外部世界的记录依然是间接和抽象的。1839 年，法国人达盖尔（Louis Daguerre）发明的银版照相术公布于世，外部世界的图景终于可以用完全纪实的方式被"拷贝"和存留下来，时间的概念被彻底改变了。但是，照片是一种静态影像的记录，其对外部世界的"拷贝"只是部分的、瞬间的。

1877 年，纽约的一位艺术家画了一幅画，被他自己称为"电话的恐怖"，描述一位演说家在麦克风前演讲，全世界各个角落的人都可以通过一种接收设备听到他的演说。几乎与此同时，有一首描写未来生活情景的歌非常流行，歌名叫"神奇的电话"，其中有两句是："你待在家里收听市政厅的演说，欣赏来自舞厅的优美旋律！"此时的人们开始想象，可以通过一种仪器听到来自远方的声音，看到来自远方的形象，并且给想象中的这种仪器取了各种名字，如"电话望远镜"，即可以传送声音和图像的电话。当时的一位法国艺术家阿尔博特画了一组画，对未来的生活做了更具体的刻画。例如，未来的家庭，主妇可以在家购物，丈夫可以在家里看姑娘的表演，人们可以通过墙上的屏幕接受老师的远程教学，可以在自家的起居室观看远方的一场战争。我们也许很难想象，天才的前人们早在一百多年前就描绘出了今天的生活图景。从天才的设想到活生生的现实、从实验室的阳春白雪到百姓家的寻常物件，在视听传播技术发展历史进程中，留下的是前辈们一串串坚实的足迹。在这一持续逾百年的历程中，突破首先从声音的远距离传输开始，而这直接催生了广播。

---

① 理论上，19 世纪诞生的电影拍摄技术亦属于视听传播技术的范畴，但因为电影在其发展进程中走出了一条与广播电视不一样的道路，主要属于艺术表达的范畴，与本书视听新闻报道的主旨不符，故不列入本时间轴。

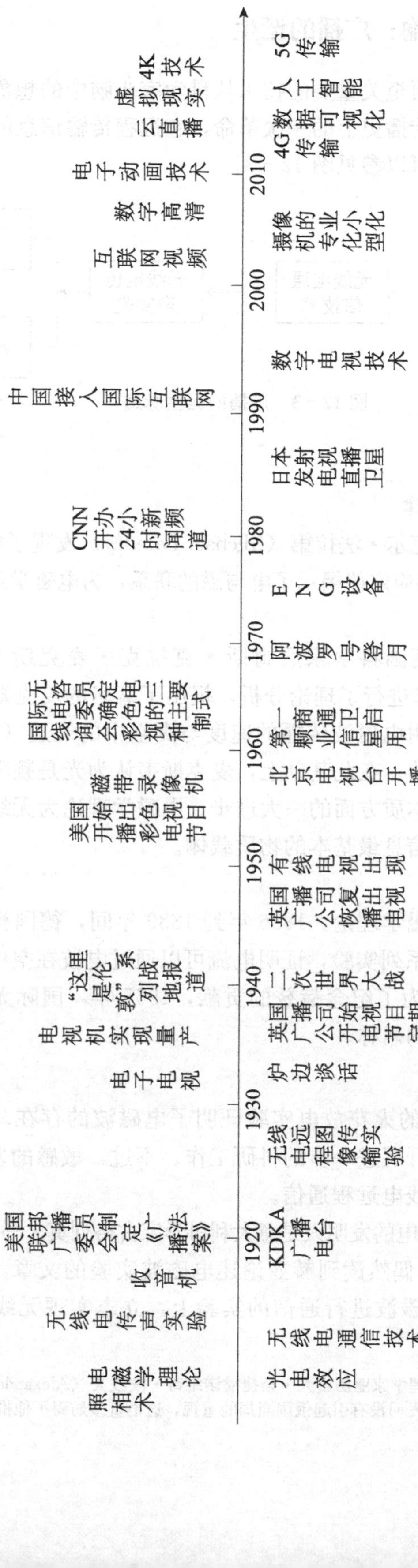

图12-2　视听传播技术演进的时间线

一、声音的远距离传输：广播的诞生

在广播诞生的前夜，一项至关重要的技术从科学家头脑中的想象变为现实，这就是无线电。无线电的发明是人类传播史上的一次革命，它远程传输信息的能力成为广播电视的技术基础。广播的诞生脉络可以参见图 12－3。

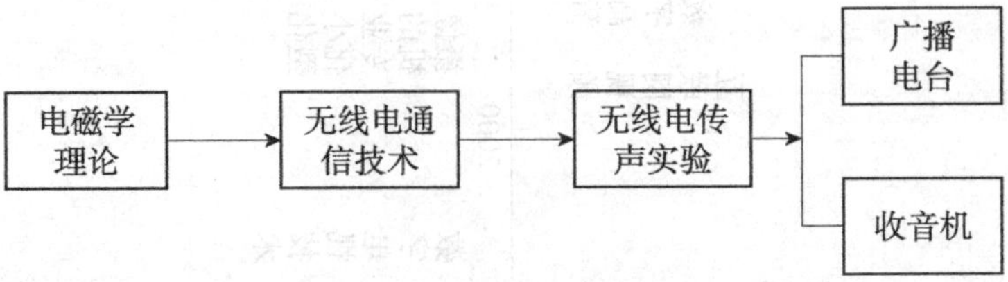

图 12－3 广播的诞生脉络

（一）电磁学理论

1. *法拉第与电磁感应定律*

1831 年，英国科学家迈克尔·法拉第（Michael Faraday）发现了电磁感应现象，并最终提出了电磁感应定律。电磁感应定律揭示了电与磁的联系，为电磁学理论奠定了基础。

2. *麦克斯韦与电磁学*

1855 年到 1864 年间，英国科学家詹姆斯·克拉克·麦克斯韦（James Clerk Maxwell）对法拉第电磁感应定律进行了理论分析，提出了著名的麦克斯韦方程组。这组方程预见了电磁波的存在，并证明电磁波传播的速度与真空中的光速（每秒约 30 万千米，相当于绕地球七圈半）是相同的。在此基础上，麦克斯韦认为光是频率处于某一范围内的电磁波。这是人类在认识光的本质方面的一大进步。电磁学理论为无线电技术奠定了理论基础。今天，电磁波已经成了信息最基本的物质载体。

3. *赫兹的实验*

为了证明麦克斯韦的电磁学理论，1886 年到 1889 年间，德国科学家海因里希·赫兹（Heinrich Hertz）进行了一系列实验，证明电流可以通过电波在空中传递。赫兹的实验证明了电磁学理论的正确性。为了纪念赫兹的贡献，1965 年，国际无线电协会决定以“赫兹”作为无线电波频率单位的名称。

（二）无线电通信技术

1887 年，赫兹利用静电的火花放电实验证明了电磁波的存在。可惜他英年早逝，未能在电磁波的应用技术方面开展进一步的科研工作。不过，敏感的发明家们已经意识到电磁波可以以某种方式用于无线电远程通信。

西方世界普遍认为，无线电的发明人是意大利科学家古格列莫·马可尼（见图 12－4）。①

1894 年，20 岁的马可尼偶然读到赫兹论述电磁波实验的文章，被深深地触动了，从而把兴趣全部转移到利用电磁波进行通信的实验上，立志实现无线电通信。1895 年，他

---

① 几乎与马可尼同时，俄国物理学家亚历山大·斯捷潘诺维奇·波波夫（Alexander Stepanovich Popov）也独立发明了无线电通信。不过，波波夫的发明没有引起俄国当局的重视，这也直接妨碍了他推广这项技术。

图 12－4　古格列莫·马可尼

在父母家别墅三楼的实验室与 1.7 千米远的山丘之间成功地实现了无线电通信（见图 12－5）。当地一位农民和一位木匠帮助他做了这次实验。他们扛着枪，拖着马可尼发明的“天线”上了山。当他们在天边的山脊上消失的时候，马可尼开始从自己的房间发射信号，远方的枪声证明实验成功了。

1897 年，马可尼成立了无线电报及信号公司（后来的马可尼无线电公司），开始把自己的发明付诸商业化。

1899 年，跨越英吉利海峡 51 千米的无线电通信试验成功。同年，受美国《纽约先驱报》（*The Herald*）的邀请，马可尼带着他的无线电设备来到纽约，为一场快艇比赛传送报道。

1901 年，马可尼试验成功了在加拿大和纽芬兰与英国的康沃尔之间横跨大西洋 3 000 千米的越洋无线电通信。在 1901 年的一次演讲中，马可尼说：

> 那些致力于把无线电报技术付诸实践的人们会因此感到巨大的满足：因为有了这项发明，有些本来会失去的生命得以获救。不久的将来，人们将认识到通过无线而不是有线发电报的好处，除了种种可能的商业价值之外，它是降低航海危险最有力的保障。①

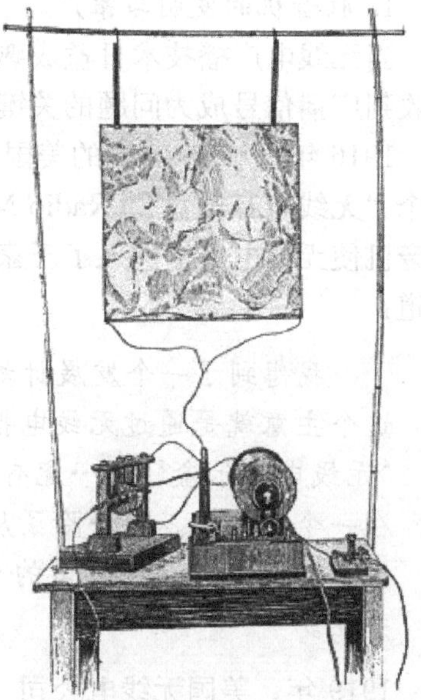

图 12－5　马可尼早期的无线电通信设备

由于马可尼在无线电通信方面所做出的贡献，他获得了 1909 年度的诺贝尔物理学奖。

① 周勇．广播电视概论［M］．长沙：中南大学出版社，2005：4－5.

（三）无线电传声实验

1844年，摩尔斯（Sameuel F. B. Morse）通过电报向40千米外的地方传送了一条信息（What hath God wrought），这是世界上已知的第一条电报，而有线电报和用摩尔斯码（Morse Code）对信息进行编解码的方式构成了世界上第一个远程瞬时通信系统。当无线电出现后，摩尔斯码又成为一种国际通用的无线电通信模式的构成部分。1901年，马可尼在跨大西洋无线电通信实验中所传递的信息就是用摩尔斯码发出的字母“S”。但是，摩尔斯码传递信息毕竟需要人工的编解码过程，不能实现即时通信。当无线电技术进一步发展的时候，人们开始考虑利用它来直接传递和接收声音。

1906年圣诞夜，大西洋上一些船上的无线电报务员被告知：他们将从船上由“国家电信号公司”提供的设备里收听到一些特别的东西。晚九点，他们惊奇地听到这些设备里传出了声音：一首女声唱的圣诞颂歌，一段德国作曲家韩德尔（George Handel）创作的《舒缓曲》的唱片声，一段小提琴独奏《啊，神圣之夜》，最后是圣经朗诵，祝他们圣诞快乐。这些声音是从美国匹兹堡大学物理学教授费森登（Raqinald Fessenden）在美国马萨诸塞州布兰特罗克的无线电广播实验室传出来的，其中那段小提琴独奏还是费森登本人演奏的。这是世界上第一次无线电声音广播，大西洋上的这些声音吹响了广播时代来临的号角。

（四）广播事业的早期发展

1. 收音机的发明与推广

当无线电广播技术日益成熟的时候，它的普及被提上了议事日程。如何让用户方便地接收到广播信号成为问题的关键。

1916年，年仅25岁的美国马可尼公司职员戴维·萨尔诺夫（David Sarnoff）提出了一个“无线电音乐盒”（Radio Music Box）的计划，这就是后来人们所说的收音机。正是收音机使无线电广播进入了千家万户。萨尔诺夫在给公司总经理爱德华·纳利的备忘录中写道：

> 我想到了一个发展计划，它将使无线电成为像钢琴和留声机那样的家庭用品。这个主意就是通过无线电把声音送到家庭……接收器形式上可以设计成一种简单的‘无线电音乐盒’……配有一个放大管和一个扬声器，所有这些配件可以密集地放在一个盒子中。……除了从这种产品中所能获得的利润外，为公司做广告的可能性也十分巨大，因为公司的名字能最终进入家庭，而无线电将受到全国和全世界的关注。

1919年，美国无线电公司（The Radio Corporation of America，RCA）成立。不久，美国马可尼公司的资产被转让给RCA，萨尔诺夫也随着公司易主而成为RCA的雇员。1920年初，他的音乐盒计划得到新公司的支持。1921年7月，30岁的萨尔诺夫成为RCA新的总经理。上任不久，一项体育赛事吸引了他的注意：杰克·丹普西和乔治·卡朋特的重量级拳王争霸赛。萨尔诺夫敏锐地预见到了公众对此事的兴趣。他安排RCA对比赛进行了实况广播。最终，丹普西在第四轮击败卡朋特获胜。约有30万人收听了赛事转播，人们第一次真正认识到了广播的力量。订单如潮水般涌来，萨尔诺夫的“无线电音乐盒”计划成功了！1922年，RCA开始出售整套的收音设备。据统计，1922年，美国共生产了

10 万套收音设备；1923 年生产了 50 万套；到 1924 年，美国在使用中的收音设备已达 300 万套。收音机在美国社会迅速普及（见图 12－6）。

图 12－6　20 世纪 20 年代听广播成为很多家庭新的休闲方式

右图显示了广播伴随式收听的特点，这也是直至今天广播在媒介竞争上的一大优势。

2. 广播电台的出现

1920 年 11 月 2 日，由美国匹兹堡西屋电气公司开办的商业广播电台开始播音，呼号为 KDKA，它是第一家向有关当局申请商业执照的商业性广播电台，也被公认为世界上第一座真正的广播电台。

西屋电气公司的工程师康拉德（Frank Conrad）是一位无线电爱好者，他在自家的汽车房里安装了一套小型的广播设备。1920 年 4 月，他用自己的实验电台播放录音唱片。没想到，他开始收到其他无线电爱好者的来信，评论播音的质量，并对播出唱片的内容和播出时间提出要求。为了满足这些听众的要求，康拉德开始定期播出节目。康拉德的广播被百货商店注意到，于是在当地报纸上刊登广告，宣传康拉德的广播，并且出售用以接收康拉德节目的大众化收音机。后来，康德拉所在的西屋公司决定让广播电台永久播出，同时生产一种售价 25 美元的小矿石收音机。1920 年 10 月 27 日，负责颁发电台执照的美国商业部颁发给西屋公司一个商业性海岸电台的呼号——KDKA（见图 12－7）。

图 12－7　KDKA 电台早期的播音室

1920 年 11 月 2 日，在美国宾夕法尼亚州的匹兹堡市，KDKA 电台利用美国总统竞选的大好时机，围绕选情这一公众关注的焦点，开始了定期广播。由于宣传广泛、影响重大，KDKA 成为历史记载的美国第一家正规广播电台。随后，KDKA 电台又进行了一系列广播史上的突破，如第一个报道体育比赛（一场拳击赛），第一个播出舞台戏剧演出实况等。

KDKA 的诞生意味着广播开始走出少数业余爱好者的小圈子，而被当作一项面向大众、拥有广阔市场前景和巨大商业潜能的事业来运营。KDKA 的创办成为世界广播事业的发端。随后，广播电台在美国开始雨后春笋般出现。在 1922 年初的美国，有 28 家电台活跃在广播领域；半年后，增长到 378 家；到了年底，已经增长到 570 家。收音机的销售也急速增长，1923 年美国全国收音机数量已达 250 万台，成为美国千家万户生活的中心，人们根据广播节目安排时间，围坐收音机前，欣赏各自喜爱的广播节目。

二、动态影像的记录与远距离传输：电视的诞生

在人类漫长的历史中，对外部世界的实时呈现和动态记录一直是信息传播技术的难题。在迄今为止人类最基本的三种信息传播形态中，语言在距今十三万年前被发展出来；距今五千年左右，文字开始出现；而在视觉领域，对视觉信息的接收与理解是人与生俱来的一种能力，人类文明早期就已经出现了原始的绘画（如古代非洲的岩画，非洲所知最古老的岩画上的动物形象至少可以追溯到 19 000 年以前），早期文字的主要构成方式也是图像符号（象形字），其后，绘画艺术在东西方均得到长足发展，成为很长一段时间人类记录影像的主要手段（见图 12－8）。

图 12－8　古代人类主要的视觉表达方式（非洲的岩画、象形文字、绘画）

尽管绘画（特别是西方的油画）艺术已经可以惟妙惟肖地描摹外部世界，但在照相术

出现以前，这种描摹也只能是无限接近而无法完全复制外部世界的图景，人类因此也就无法忠实地记录和再现自身的历史。照相术在19世纪30年代的出现可以说部分解决了这个问题，但其静态影像的特征无法完整地展现外部世界的生动鲜活。19世纪末，卢米埃尔兄弟发明了电影摄像技术，实现了影像的动态记录。但是，电影从一开始就走上了艺术表现的道路。电影尽管在后来对纪录片领域的介入而有了一定的纪实功能，但总体上仍是一种表演性质的媒介，其较长生产周期的制作模式和影院放映的观看模式也使其难以满足大众传播媒体日常化、海量化、广谱式信息传播的需要。电视由此应运而生。

尽管电视技术的雏形已经出现了很长一段时间，但直到20世纪20年代中期，试验性的电视广播才得以实现。1936年，英国开始了正式的电视信号传输，美国则开始于1939年。20世纪50年代，电视在欧洲和北美逐渐超过电影，成为当时最流行的娱乐媒介。这种现象伴随着工业化进程的加快和生活水平的提高，又迅速蔓延到全世界。早期电视的诞生经历了几个重要的阶段，如图12－9所示：

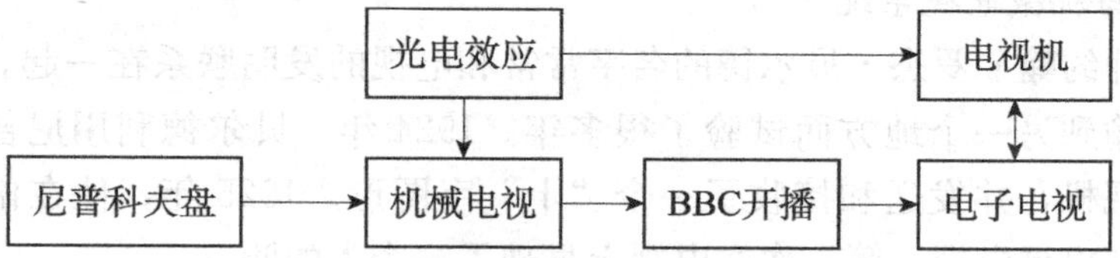

图12－9　早期电视技术发展的重要阶段

（一）光电效应：电视传播技术的理论基础

1865年，英国铺设海底电缆。工程师约瑟夫·梅（Joseph May）在测定电缆性能时发现，测量的结果经常发生变化。经过大量的分析和探索，他终于发现是其中的硒（selenium，简称Se）元素在"作怪"：当光线照到含有硒的物体上，就会产生电子放射现象。照射的光线越强，放射的电子越多；照射的光线越弱，放射的电子就越少。这说明硒具有光电效应。

1873年，约瑟夫·梅正式发表有关硒元素光电效应的学术报告。光电效应的发现使得把光变成电信号传送出去成为可能，从而在理论上揭示出任何表现物体的影像都可以通过电子信号进行传播。

（二）机械电视

尽管光电效应从理论上奠定了电传图像的基础，但是早期的电视先驱还是走了一些弯路。

1. 尼普科夫盘：世界上第一个机械电视扫描装置

1884年，德国人保罗·尼普科夫（Paul Nipkow）发明了世界上第一个机械电视扫描装置。

尼普科夫是第一个发现电视扫描原理的人。他发明了一种可以旋转的圆盘，盘上有很多螺旋排列的小孔。当圆盘旋转时，一束束光线就穿过这些小孔投射到另一个盘上，形成一个个光点。这项发明被称为"尼普科夫盘"（Nipkow disk）（见图12－10）。尼普科夫盘马上被公认为可以通过电线传送图像的仪器。此后很长一段时间，它一直是各种图像传送实验的基础。直到1934年，机械电视扫描装置为电子扫描装置所取代。

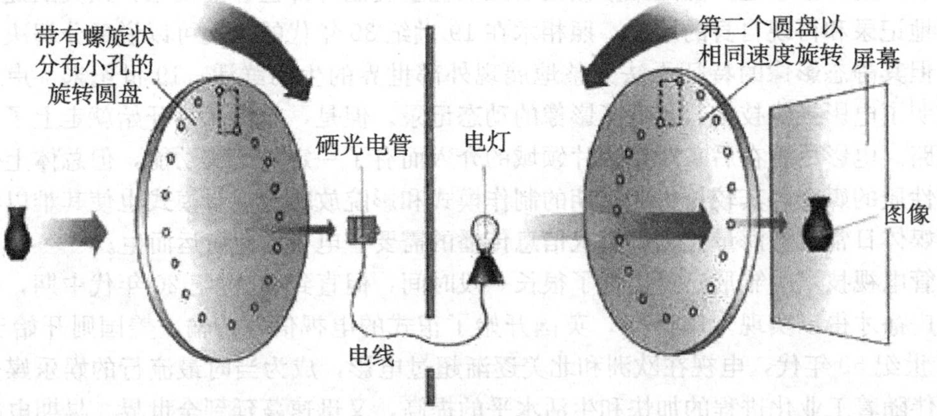

图 12－10　尼普科夫盘的工作原理

2. 贝尔德与机械电视系统

英国工程师约翰·罗杰·贝尔德的名字常常和电视的发明联系在一起。他为图像能够从一个地方传输到另一个地方而试验了很多年。1924 年，贝尔德利用尼普科夫盘的扫描原理制造了电视机，并发送和接收了一个“十”字图形。1925 年，他在伦敦的一家百货店里公开展示其机械电视，第一次在电视上显现了一个人的脸。

1926 年，他在英国皇家学会演示了用电视播送活动的人体画面，引起轰动。

1928 年，贝尔德利用无线电波把图像从伦敦传到纽约，证明电视画面可以通过无线电波作长途传递。这一事件被《纽约时报》称为“具有划时代的意义”。

1936 年 11 月，BBC 在伦敦北部亚历山大宫的演播室开始了电视节目的定期播出，英国成为第一个播出黑白电视节目的国家。当时的电视广播局限在 25 千米的半径之内。最初 BBC 使用的是一直彼此竞争的两个系统：马可尼的 EMI 电子扫描系统和贝尔德的机械系统。最后，事实证明，电子扫描系统的可靠性和图像质量都远胜于机械系统。最终，机械电视系统为电子扫描系统所取代。

（三）电子电视

在电子电视研究方面，美国工程师斐洛·法恩斯沃斯（Philo Farnsworth）做出了伟大的贡献（见图 12－11）。与贝尔德的机械电视的思路不同，法恩斯沃斯一开始就致力于光电子和阴极射线管的研究。1927 年，法恩斯沃斯成功地传送了一张一美元钞票的图像。之后，他不断推出新发明，如把光信号转换为电信号的放大管、阴极射线管、电子扫描管等。此后，他为了捍卫自己的专利权长期陷入官司之中，晚年甚至一度激烈地批评电视。1969 年 7 月，法恩斯沃斯与妻子埃尔玛在缅因州家中看电视，屏幕上正播放着人类第一次踏上月球表面的实况。他平静地对妻子说道：“你知道，为了今天，这一切都是值得的。”

（四）杜蒙：让电视机进入家庭

萨尔诺夫的“无线电音乐盒”计划让收音机走进美国的千家万户，而让电视机进入普通家庭的则是工程师艾伦·杜蒙（Allen DuMont）。1931 年，杜蒙建立了一家公司，后来被称为杜蒙实验室。他改善了阴极射线管，研制成现代示波器，被广泛用于测试和研究波形。1937 年，杜蒙开始批量制造电视接收机，并成功推向市场。一时间，杜蒙牌电视机

图 12－11　斐洛·法恩斯沃斯和他发明的电子电视

带给许多人奇妙的感受。批量生产降低了电视机的生产成本，从而为电视的普及铺平了道路（见图 12－12）。

图 12－12　电视机的普及

左图为 1938 年的杜蒙牌电视机，是美国第一套商业电子电视设备；右图为 20 世纪 50 年代美国家庭围坐收看电视的场景。

第二节　更好、更快、更远：广播电视技术的发展

从传播的过程来看，广播电视系统从节目源采录直到观众接收观看可划分为四个环节，分别为节目信号制作、节目信号传送、节目信号分配以及用户接收。这些环节的技术发展水平都会直接或间接地影响广播电视新闻事业的发展。在这四个环节中，节目信号的制作是广播电视传播活动的核心环节，广播电视节目内容的优劣决定着观众对节目的评价以及最终的传播效果。在广播电视传播活动中，那些画面清晰、色彩鲜艳、信号稳定的节目更能得到观众的肯定和喜爱，因为这样的节目往往能在最短的时间里给观众带来极强的现场感，使其感觉身临其境；尤其对于电视新闻来讲，画面的直观性是让观众获得“眼见为真”收视效果的核心要素。从广播电视诞生的那天起，技术的发展进步为广播电视新闻报道不断深入现场、打破传播的时空距离做出了巨大贡献。近百年间广播电视技术发展的基本逻辑体现为：在解决了声画采制和信号远程传输两大基本问题后，如何实现更高的声画质量、更便捷的采制手段和更多样可靠的传输方式，以做到更好、更快、更远（见图 12－13）。

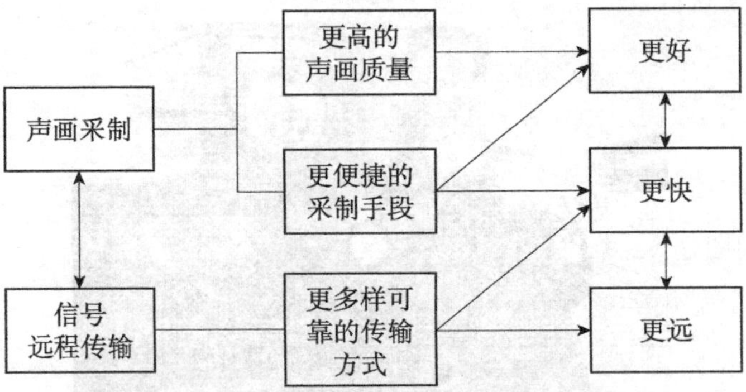

图 12-13　广播电视技术发展的基本逻辑

一、更好：越来越高质量的声画

声画是广播电视的最大魅力，也是其媒介特质的核心所在。广播电视技术发展的首要逻辑，就是声画采制和呈现质量的不断提高，使受众产生身临其境的感受，甚至比身临其境更为丰富生动。

（一）广播的黄金时代：声音的魅力

1929 年至 1932 年，全球性经济危机爆发。美国经济在短短几个月内几乎崩溃，至 1932 年冬天，全国至少有 1 300 万人失业，3 400 万人没有任何收入。1933 年初，在经济大萧条中无所作为的美国总统胡佛卸任，新任总统罗斯福临危受命，宣誓就职。爆发于美国的全球性经济危机对许多行业都造成了致命的打击，却给广播产业带来了前所未有的繁荣契机。相较于报纸等印刷媒介的文字表达，广播以其声音的生动性给受众带来了全新的体验，由此进入一个短暂的“黄金时代”。

1. 罗斯福“炉边谈话”

在经济大萧条时期，人们需要用娱乐来宣泄愤怒与不满，打发多余的空闲时间。这一时期，除了广播喜剧《阿莫斯与安迪》（Amos N' Andy）受到民众的热烈追捧，美国总统罗斯福利用广播进行的“炉边谈话”更成为世界广播史以及美国历史上的重要事件。

此时，无线电已是这个国家最主要的消遣工具，它代表着一种新兴的咄咄逼人的经商手段，威胁着杂志的广告业，却并没有被政治家发现其价值。胡佛仅有的几次广播讲话生硬拙劣、照本宣科、一副官腔，非但没有增加总统的人情味，反而加剧了人民对他的反感。

1933 年 3 月 12 日，罗斯福就任后的第 9 天，他通过 ABC、CBS 和共同广播公司发表讲话，对全国人民就银行暂停营业的问题进行了耐心的解释、劝告和教育。他亲切诚挚的声调、质朴实用的语句深深打动了美国的听众。由于罗斯福是在总统府楼下外宾接待室的壁炉前发表演讲的，因此这次演讲被亲切地称为“炉边谈话”。

此前，大多数美国人没有见过总统的模样；而现在，人们足不出户就能听见总统真实的声音，不能不让人振奋。而这一切都需归功于广播的发明和普及，善于利用媒体的罗斯福也将无线电广播变成了他重要的宣传工具，在 12 年总统任期内，他共做了 30 次炉边谈话。每当美国面临重大事件之时，罗斯福都用这种方式与美国人民展开有效的沟通（见图 12-14）。

2. “这里是伦敦”：二战期间的广播战地报道

在某种意义上讲，广播是一种“危机媒介”——每当危机降临时，广播播报重要新闻的功能就会异常突出。[①] 第二次世界大战中，广播事业获得了前所未有的迅猛发展，呈现出空前绝后的繁荣局面。当时，除了名噪一时的国际广播外，以现场直播为代表的广播新闻也在飞速崛起。这些都要归功于移动设备的发展和磁带录音机的使用，这些设备的小型化和便携化使得广播记者在新闻现场拥有更大的灵活性，也能采集到最逼真、最直观的现场声效。这使得广播新闻不再只是报纸新闻的"朗诵版"，广播新闻中"现场"的核心优势凸显出来。

二战中，不少美国驻欧洲的记者从战场、轰炸机和其他作战中心直接发回报道，当时最著名的广播记者当属 CBS 的爱德华·默罗（Edward R. Murrow）（见图 12－15）。

图 12－14　罗斯福"炉边谈话"

图 12－15　广播时代的明星、电视新闻的先驱爱德华·默罗

1937 年，希特勒加紧扩军备战，欧洲局势日益紧张。CBS 主管新闻部的副总经理觉得有必要选派一名记者去主持 CBS 欧洲记者站。在这种情况下，29 岁的默罗来到伦敦成为 CBS 欧洲记者站的负责人。1938 年 3 月 12 日，德军进攻占领了维也纳，同时，默罗向美国听众广播了他的第一篇战争报道，这次报道也被视为广播史上的第一次"现场直播"。

1940 年不列颠空战时期，一组"这里是伦敦"的广播报道取得巨大成功，默罗总是尽可能地贴近战争一线，让听众听到隆隆的飞机声、爆炸声等一切与轰炸现场有关的元素，为美国听众提供了一种身临其境的战火体验。

（二）见证历史：声画的力量

"除了影像，还没有任何一种遗物或古文献可直接确证各个朝代人民生活在其中的世界。在这方面，影像比文献精确、丰富。"[②] 二战后，广播电台的发展步入低谷，兼容了声音和画面传播的电视迎来了黄金发展期。20 世纪 60 年代，电视占据了媒介中心地位。大批功成名就的明星、记者以及节目都随着广告预算转到了电视网，如 CBS 的著名记者爱德华·默罗不再主持《现在请听》（Hear It Now），而成为《现在请看》（See It Now）的电视节目主持人；曾经著名的广播喜剧《阿莫斯与安迪》也退出声波，出现在了电视屏幕上。随着技术的发展，电视逐渐在重大新闻事件报道中扮演重要角色，显示出自身的传播

① 即使到了传播技术如此发达的今天，广播的便捷性和伴随式收听的特点仍然在某些危机事件中发挥重要作用，比如汶川地震中的应急广播。

② 伯格．观看之道［M］．戴行钺，译．桂林：广西师范大学出版社，2015：7－8.

优势和社会影响力。

1.1953年，BBC直播英国女王伊丽莎白二世加冕礼

1953年6月，英国女王伊丽莎白二世的加冕典礼在伦敦举行，世界主要电视机构云集伦敦，展开了一场抢发新闻的竞争。BBC占尽天时地利人和，对女王加冕礼进行了现场直播。这是电视介入重大新闻事件报道的较早尝试，也是现场声画力量在媒介上的一次集中展现（见图12-16）。

图12-16　BBC直播英女王伊丽莎白二世加冕礼

2.1969年，阿波罗号登月

1969年7月，电视观众目睹了宇航员阿姆斯特朗（Neil A. Armstrong）成功登上月球，听见他站在月球上说："对一个人来说，这是一小步；但对人类来说，这是一个大飞跃。"47个国家和地区的十多亿观众收看了人类第一次登月的电视转播（见图12-17）。

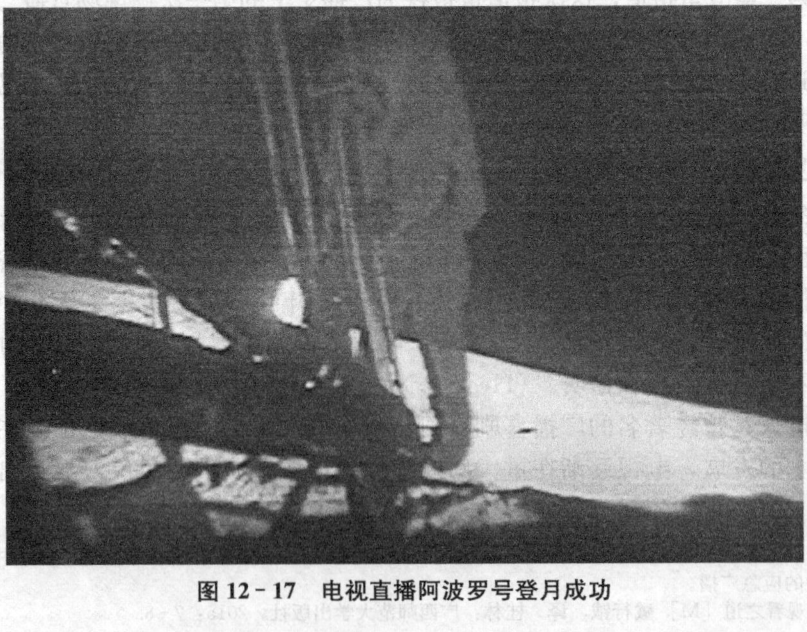

图12-17　电视直播阿波罗号登月成功

3.1986年，美国挑战者号航天飞机失事

1986年1月18日上午11点38分（美国东部时间），美国挑战者号航天飞机发射不久突然在空中爆炸，全球震惊。电视成为公众寻找答案和安慰的地方。美国三大电视网都报道了发射实况，但空中爆炸却是任何人都没有想到的。三大网的三位权威主持人努力将事件、反应和分析串联起来进行报道，电视把有关这场悲剧的消息传向世界各个角落（见图12-18）。

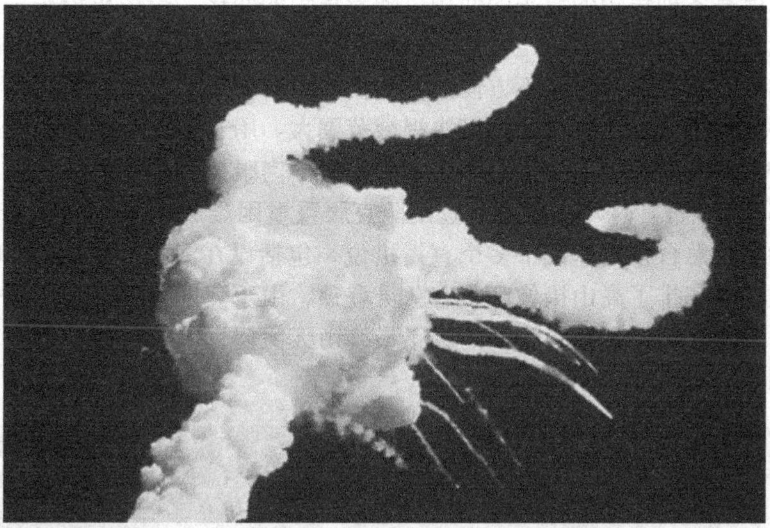

图12-18　挑战者号航天飞机升空不久发生爆炸

水门事件、里根遇刺、奥运会、海湾战争……随着一次次介入重大新闻事件的报道，电视独特的声画魅力不断为人们所认知。

1980年6月，CNN开办全球首个24小时全天候播出的新闻频道。继CNN之后，创办24小时新闻频道成为世界电视发展的潮流。传媒巨头默多克甚至这样断言："一个没有新闻频道的电视媒体毫无价值。"

（三）更丰富的视觉体验

在电视对活动影像进行采制的技术出现二十多年后，录像机的发明使信号存储问题得以解决，补上了电视采制技术的关键一环。1956年4月，在芝加哥召开的全美广播业者会议上，美国安倍克斯公司展示了使用4个旋转磁鼓的2英寸磁带录像机，这种录像带无须冲印，省时省工，图像还可以即时倒放，并可以反复使用。磁带录像技术使电视节目的录制时间和播出时间相分离，极大地拓展了电视创作的自由度，电视对时空的革命就此开始。由此，电视技术在为人们提供更好的视觉体验的道路上持续努力，不断突破人类对现实世界的感观经验。真实的生活存在于立体的时空中，好的电视作品的评价标准之一就是能为观众带来逼真的空间感和现场感。作为人类综合感官的延伸，电视要向观众提供同一时空中的全面信息，才能给人置身其中的真实感受。从黑白影像到彩色影像，从单机拍摄的简单画面到双机甚至多机位拍摄的画面，无不是电视工作者为观众"还原"现场和"呈现"现场的努力。而电视采制技术并不满足于简单地"还原"现场，还利用一些人眼无法正常捕捉到的画面，为观众重新"建构"了现场。

1. 多视点

人眼对外部世界的观察是受到其生理特性限制的。一般来说，人类肉眼的视域范围大约在120度左右；就视力而言，正常人的视力能分辨的最小长度大约是0.1毫米，明视距离为25厘米，4千米以外的景物不易看到。为了突破这些局限，人类很早就开始借助工具的力量，比如，利用天文望远镜探索星空、利用高倍显微镜观察微观世界。电视领域也是如此，不断改进光学特性的电视镜头使人们能看到单凭肉眼无法企及的各种画面。其中关键的一项技术就是各种焦距的镜头的使用。随着焦距的变化，摄像机镜头一般被分为广角镜头、标准镜头、长焦镜头、微距镜头，从而实现不同的视觉效果。其中，标准镜头广泛用于常规的拍摄。在人眼无法或不方便达到的视线距离和视域范围时，广角镜头、长焦镜头和微距镜头发挥了重要作用：广角镜头视域范围大，用于解决大场景的拍摄问题；长焦镜头可以在较远距离实现清晰拍摄；微距镜头则用于肉眼无法辨识的微观世界的拍摄。例如，2020年5月27日，珠峰高程测量登山队克服重重困难成功从北坡登上珠穆朗玛峰峰顶，中央广播电视总台在沿途设下多个直播机位，包括设在海拔5 200米珠峰大本营的天文望远镜机位，并安排了高山摄像师跟着队员登顶。由于突发状况，高山摄像师没有及时跟上突击队员登顶，队员们登顶瞬间的场景最终由天文望远镜机位在超远距离拍摄到并直播出去（见图12－19）。

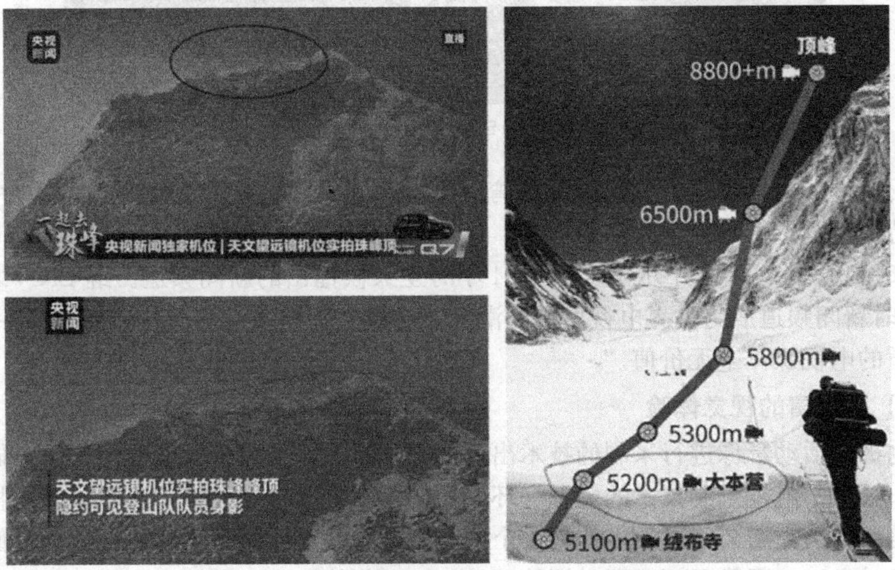

图12－19　拍摄珠峰高程测量登山队登顶珠峰

左图为天文望远镜拍摄珠峰高程测量登山队登顶瞬间，右图为央视直播机位设置。

非常规焦距镜头的使用不仅可以克服实际拍摄工作的一些困难，而且常常为人们带来日常视觉经验以外的新奇体验。图12－20显示的是2015年9月3日中国人民抗日战争暨世界反法西斯战争胜利70周年纪念大会的场景。由于广角镜头的作用，空中的护旗方队和地面天安门广场等广阔空间内的诸多元素被完整地包容在一个画框中。图12－21则是纪录片《风味人间》中用微距镜头展示的青霉菌成长过程。在导演陈晓卿看来，《风味人间》的整体艺术风格是“真实中有跳动”，既无限贴近真实，又有非常灵动的东西在其中。① 这种“灵动”的实现就有微距镜头的功劳，片中用大量显微摄影呈现食物的隐性一面，把常规状态无法窥见的食物变化过程直观地展示出来。

图 12-20　中国人民抗日战争暨世界反法西斯战争胜利 70 周年纪念大会举行

图为广角镜头拍摄的空中护旗方队的 7 架教练机拉出七道彩带通过天安门广场。

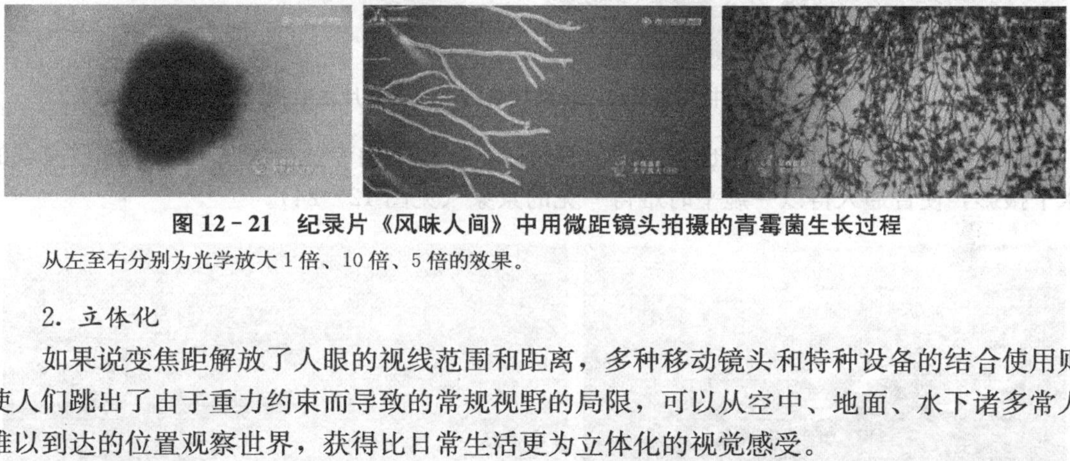

图 12-21　纪录片《风味人间》中用微距镜头拍摄的青霉菌生长过程

从左至右分别为光学放大 1 倍、10 倍、5 倍的效果。

2. 立体化

如果说变焦距解放了人眼的视线范围和距离，多种移动镜头和特种设备的结合使用则使人们跳出了由于重力约束而导致的常规视野的局限，可以从空中、地面、水下诸多常人难以到达的位置观察世界，获得比日常生活更为立体化的视觉感受。

电视拍摄技术对人类视觉的延伸首先是向空中的发展。摇臂就是早期的一种尝试，使人们得以在一定程度上跳脱地面的局限，获得更为立体的视野。尽管受制于向空中拓展的有限性以及灵活性，摇臂以其稳定可靠仍然在电视拍摄中占有不可或缺的地位，特别是在室内和一些对安全性要求较高的活动拍摄中（见图 12-22）。

随着电视报道对社会生活更为广泛的介入，摇臂已经无法满足人们向天空延伸视角的

① 为什么这个版本的“风味人间”更美味 听听陈晓卿怎么说［EB/OL］.（2019-03-20）［2020-06-07］. https：//ent. qq. com/a/20190320/002441. htm.

图 12－22　中央电视台国庆七十周年阅兵式直播报道中所使用的摇臂

需求，真正走向空中的航拍出现了，人类的眼睛和身体一样从此摆脱了重力的束缚，一个全新的视野由此打开（见图 12－23）。早期的航拍主要借助小型飞机、直升机、热气球等有人驾驶的航空器材，使用成本高，操作的专业性强，流程审批比较复杂①，因此不适合大规模常态化使用。今天，随着无人机航拍技术的发展，空中拍摄已变得越来越高效便捷，在新闻报道中被广泛应用，甚至一些非电视机构和民间个体也可以很方便地使用。

图 12－23　中央电视台纪录片《航拍中国》全片由航拍完成

在走向空中的同时，电视也将人们的视野带入水下。由专业摄像机和专业人员完成的水下摄影，使普通人得以一窥平时难得一见的景象（见图 12－24）。

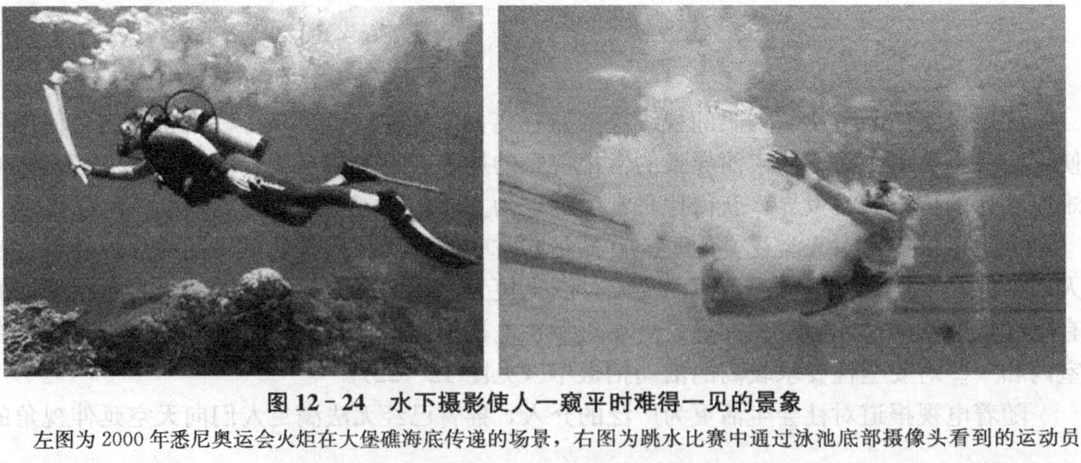

图 12－24　水下摄影使人一窥平时难得一见的景象

左图为 2000 年悉尼奥运会火炬在大堡礁海底传递的场景，右图为跳水比赛中通过泳池底部摄像头看到的运动员入水画面。

① 本书第七章提到中央电视台 1998 年抗洪报道中申请使用直升机航拍，审批过程就耗时一个月。

此外，一些跟随主体移动的主观视点镜头也给人们带来不一样的特殊视角，产生与新闻事件当事人一样身临其境的感受。这些镜头可以直接安装在运动主体上（见图 12－25），也可以通过移动装置跟随主体运动（见图 12－26）。

图 12－25　F1 比赛中从安装在后车上的摄像头传出的画面

图 12－26　右图为跑步比赛中由安装在赛道一侧的滑轨上跟随运动员同步移动的摄像机（左图左下角）拍摄的画面

3. 特殊环境下的视觉体验

随着技术的发展，摄像机的类型越来越多样化，品质不断提升。能够适应复杂环境要求的工业摄像机，能够与现场环境融为一体的间谍摄像机，能够长时间稳定工作的野外无人值守摄像机，能够在黑暗环境下拍摄画面的红外摄像机和星光摄像机（见图 12－27）……众多针对特殊工作任务和工作环境特点开发的特种摄像设备在使电视拍摄不断克服挑战的同时，也将人们的眼睛带入世界的每一个角落，使人获得各种前所未有的视觉体验。

（四）更清晰的声画品质

在整个广播电视技术的发展进程中，从模拟到数字的转换是一个关键性的节点。它在给广播电视带来更清晰的声画品质的同时，也为其后续发展奠定了更具成长空间的技术基础，特别是为自身与互联网技术的融合提供了可能。

1. 从调频广播到数字广播

20 世纪 60 年代中期，调频广播的出现给在低谷中徘徊的广播带来了“第二个春天”，这种收听效果优良的调频广播成为 70 年代美国广播电视业中发展最快的部分之一。在调

图 12-27 BBC纪录片《非洲》中摄制组利用星光摄像机拍摄黑夜中的犀牛活动画面

频广播出现以前，调幅广播是广播电台传输信号的主要方式。在无线电广播中，广播信号是依靠空间的高频电磁波来传播节目的，但高频电磁波并不含有任何信息，只起了“运载工具”的作用，因此这种高频电磁波被称为载波。调幅广播是指其载波的振幅随声音信号的变化而变化，是最早的广播方式，主要用于长波、中波和短波的声音广播。而调频广播是指，载波的振幅不变，其频率随声音的强弱而变化。相比于调幅广播，调频广播具有较高的抗干扰能力，音质悦耳，还比较节省电力。于是数目众多的小电台应运而生，音乐、文化等内容专业化的电台成为当时的主流；另外，由于调频广播的服务区仅限于距离发射机较近的地区，因此常用作本地区的广播。

调频广播的播出内容和传播范围发生了很大变化，致使电台对观众定位进行了相应的调整，以本地化和专业化为特征的“窄播化”成为广播业发展的主流。广播的种类趋向多样化，除了综合性电台以外，还出现了各种专业电台，如新闻台、交通台、经济台、教育台、音乐台等。广播节目的内容更加丰富多彩，其影响深入社会生活的各个领域。

进入20世纪90年代，人们的物质文化生活水平不断提高，对广播的质量也提出了更高的要求。在过去的几十年中，调频广播曾以最好的广播质量受到听众的欢迎，但是这种模拟的窄带传输方式对多径传播缺乏抵抗能力，在一些特殊的环境中，如在运动的汽车中、密集的建筑群中和山区接收时，收听质量会受到严重损害；此外，由于调频广播频段电台越来越多，频带过密地被占用，即使在家中固定接收，广播质量有时也会受到影响。互联网时代的到来改变了传统的媒介格局，在新兴网络媒体的冲击下，广播的收听人数和传播效果都受到了一定的影响；但与此同时，广播电台也开始在网络上开辟新的战场，积极实践网上广播。1996年，广东珠江经济广播电台率先开通网上实时广播。此后，中央人民广播电台、中国国际广播电台、上海东方广播电台等也相继推出了网络广播。网络广播扩大了广播的收听群体，在一定程度上弥补了因为网络而分流的部分听众；另外，借助网络这个多媒体平台，摆脱了使用收音机收听而造成的线性传播局限，文字、图片甚至视频的辅助使得网络广播的传播方式更加立体和多元化。

在这一时期，数字技术的产生和发展为广播注入了新的活力。借助信息技术的发展，数字广播较之传统广播，无论是在传播范围、受众规模还是影响效果上都发生了革命性的飞跃。数字广播是指将数字化的音频、视频信号以及各种数据信号在数字状态下进行各种编码、调制、传递和接收等处理，是一项有别于传统广播的技术。目前国际上几种发展较为成熟的数字广播，主要包括数字声音广播（digital audio broadcasting，DAB）、数字多媒体广播（digital multimedia broadcasting，DMB）等模式。DAB，是以数字技术为基础，采用先进的音频数字编码、数据压缩、纠错编码以及数字调制技术，对广播信号进行系列数字化的广播。开发DAB的初衷主要在于提高声音播出质量并提供高速移动接收性能。数字技术的运用除了保证广播节目的制作、发射到接收全程达到CD音质以外，还可自行纠正在处理、传送、发射、接收过程中由多种干扰产生的误码，以确保经过接收机还原后的音频质量等同于演播室质量，所以DAB的收听质量比目前传统收音机要好得多。另外，DAB在行车速度达到200千米每小时时仍可以稳定接收信号，充分满足了人们在户外及快速移动交通工具上的特殊接收要求。

从最早期的调幅广播到后来的调频广播，再到现在的数字声音广播，广播走的是一条不断提高声音质量的道路。DMB则将单一声音广播推向了多媒体领域。由于DMB采用的是全数字化处理传输技术，因此任何可数字化的信息都能通过DMB传送，可广泛应用在公交车、出租车、轻轨、地铁、火车、轮渡、机场及各种流动人群等的移动载体上。

2. 从模拟电视到数字电视

与广播一样，电视技术的发展同样经历了从模拟到数字的关键性转换。

（1）从黑白到彩色。

在转向数字化之前，模拟时代的电视先完成了从黑白到彩色的升级。黑白电视诞生不久，彩色电视的研制就迅速提上议事日程。

1940年，RCA首先试制成功彩色电视。1946年，RCA宣布了“点描法彩色电视技术标准”。1953年，美国联邦通信委员会（FCC）确定“点描法”为美国彩色电视的制式标准，通常称为NTSC制。1954年，美国全国广播公司（NBC）正式采用NTSC制式播送彩色电视节目。美国也由此成为第一个播出彩色电视的国家。

1956年，法国在美国“点描法”的基础上做了技术改进，发明了SECAM制。

1963年，联邦德国吸收美国制式和法国制式的优点研制成PAL制。

1966年，国际无线咨询委员会在奥斯陆开会，通过投票决定：NTSC制、SECAM制、PAL制均可采用。会后，各有一些国家采用这三种制式中的一种发展本国的彩色电视。采用NTSC制的国家主要有美国、加拿大、日本等；采用SECAM制的国家主要有法国、俄罗斯等；采用PAL制的国家主要有英国、澳大利亚、德国等。我国采用的是PAL制。

（2）数字技术的发展。

尽管模拟时代的电视在提高声画质量方面一直在努力（日本NHK甚至从1964年就开启了高清晰度电视的开发计划），但是，正如电视发展早期机械电视对电子电视的失败一样，基于模拟技术基础对高清晰度电视的研发最终遇到了瓶颈。20世纪90年代中期，美国大力推行数字高清电视，对日本的模拟制高清电视造成巨大打击，数字化最终成为全球电视系统的一致方向。1995年在拉斯维加斯举行的美国广播业者协会（National Association of Broadcasters，NAB）大会及展览会就指出，应尽快将模拟广播电视系统转向数字电视系统。近年来，数字技术在广播电视领域得到迅猛发展和广泛应用，仅就声画质量而言，进入数字时代以后，电视就经历了从数字标清（DTV）到数字高清（HDTV）直至4K的几次跃升，目前，8K技术也已呼之欲出（见表12-1）。

表 12 - 1　　四项数字电视技术的技术指标

	技术指标（分辨率）	备注
数字标清（DTV）	480×320，640×480	标准清晰度
数字高清（HDTV）	1 024×720p	
	1 920×1 080i	隔行扫描
	1 920×1 080p	全高清
4K	3 840×2 160	超（高）清
8K	7 680×4 320	超（高）清

在我国，广播电视数字化实施的是“三步走”的发展战略：2003 年全面推进有线数字电视；2005 年开展数字卫星直播业务，同时开始地面数字电视实验；2008 年全面推广地面数字电视和高清晰度电视，并于 2015 年停止模拟电视的播出。2008 年，北京奥运会第一次全面采用高清标准制作。2019 年，国庆 70 周年阅兵式直播首次采用 4K 超高清标准制作①，并登陆全国电影院线②。电视在这些重大事件中的表现，有力地推动了视频新技术的发展和推广普及。

二、更快：越来越便捷的采制设备

在广播电视发展的历程中，时效性一直是最能体现其特性和优势的元素，现场直播的零时差更是其他报道手段所无法比拟的。CNN 的创始人特德·特纳曾这样说过：“CNN 播放着的就是世界上正在发生着的事情，直到地球停止转动。想知道地球是怎么毁灭的吗？还是要看 CNN。”长期以来，广播电视特别是电视技术的一个发展逻辑就是，用越来越便捷的采制设备来追求越来越高的时效。

在电视发展初期，用于电视信号采集的摄像机体积庞大、笨重，移动起来非常不便，绝大多数时候只能在演播室使用。为了解决外出报道的困境，早期电视只能求助于电影，采用 16 毫米电影摄影机进行拍摄。这种摄影机尽管轻便、携带方便，但是工作时间短，对拍摄所需的技巧和条件要求很高，而且拍摄的素材必须经过冲洗、剪接后才能使用，工作效率很低。因此，当时的电视新闻时效性很差，许多新闻从严格意义上讲只能算是“旧闻”。

（一）电子新闻采集设备

轻型摄像机和移动式录像机的结合便是电子新闻采集（ENG）设备，它是磁带录像设备发展到一定阶段的产物。20 世纪 70 年代中期，ENG 的出现和普及解除了电视新闻报道在技术上的一大羁绊，使电视的视角可以更快、更方便地触及广阔的外部世界，从而大大提高了电视新闻报道的机动性。

ENG 设备的广泛使用，在电视新闻界出现了“采摄分离”的新闻采访方式。由于以往的摄像机和录像机是分离的，因此在外出采访拍摄中，往往是一名记者负责用摄像机拍摄，另一名记者负责录像。这样的采访拍摄不仅使两人的活动范围和活动区域受到很大限

① 70 周年国庆阅兵全景回顾：首次使用 4K 全景直播［EB/OL］.（2019 - 10 - 11）［2020 - 06 - 07］. https://www.kuleiman.com/news/5276.html.

② 国庆大阅兵推出 4K 超高清直播电影［EB/OL］.（2019 - 10 - 28）［2020 - 06 - 07］. http://ent.people.com.cn/n1/2019/1028/c1012-31422806.html.

制，也造成了采访过程中操作摄像机的记者需要一边采访、一边摄像，很大程度上影响了采访拍摄的质量。ENG设备使得摄录一体化，“采”和“摄”两种工作内容相分离，这使得采访记者能够更加专心于采访和新闻线索的探索与发掘，摄像记者则能够专心地捕捉画面，从而有效地提高了电视新闻的质量。

另外，ENG设备和与之配套使用的录像带一旦拍摄完毕，就可以立刻开始编辑工作，新闻采集和制作环节的时间大大缩短，时效性显著提高。过去，电视台播出的新闻最新也只能是昨天发生的事，而使用ENG设备以后，至少从技术上可以实现“今天的新闻今天报”。可以说，正是ENG设备的使用，电视屏幕上才有了真正意义上的新闻，电视才变得可信、权威并成为真正的新闻媒体。

ENG技术还改变了电视新闻的图像质量。录像带有丰富的色彩和景深，拍摄的画面色彩亮丽、有生气。电子技术的进步使与ENG设备配套的电视编辑设备具有更多控制和解析画面的能力，保证电视新闻的画面质量不断提高。

1980年，美国各家电视台均完成了ENG设备的更新换代，新技术的运用使得电视逐渐赶超报纸和广播成为受众获得新闻信息的重要媒介。20世纪80年代，ENG技术和通信卫星技术相结合，产生了卫星新闻采集（satellite news gathering，SNG）设备。在此之后，SNG设备和数字卫星新闻采集（digital satellite news gathering，DSNG）设备被广泛应用于对重大新闻事件的同步现场报道，电视新闻因而实现了全球的即时传播。

（二）摄像机的小型化、便携化

一方面，电视采制设备的高清化、专业化不断满足着观众日益提高的收视需求；另一方面，电视采制设备也正朝向小型化和操作简易的方向发展，这使得电视记者在遭遇突发事件时能够更迅速地做出反应，在第一时间赶赴事件现场，特别是在某些不适合大型设备进入的地域进行更加灵活和高效的采访报道，大大提高了电视新闻的时效性并促进了现场直播的常态化。在某些情况下，单独一名记者就能完成现场的拍摄和采访（见图12－28）。

图12－28　2008年北京奥运会时一名外媒记者独自在奥林匹克公园进行报道

随着技术的发展，视听新闻报道的装备越来越朝着个性化、数字化的方向发展（见图12－29）。今天，可穿戴的采访设备以及智能手机与4G、5G通信技术的结合使视频直播报道更加灵活便捷，报道者的移动作战和单兵作战能力不断提升。

图 12-29 新闻报道的装备日益个性化、数字化

左图为记者头戴 GoPro 运动摄像机、手持手机正在进行拍摄，右图为 2017 年全国“两会”报道中光明网推出外号“钢铁侠”的多信道直播云台。

三、更远：越来越强大的传输能力

在声画信号质量不断提升的同时，广播电视技术要解决的另一个问题就是信号的传输。如前所述汶川地震灾难中，中央电视台尽管在地震发生之后不久就派出了报道小组，当天即到达前方并拍摄了很多画面，但是由于地震损毁了当地的通信设施和道路，前方记者拍摄的大量宝贵素材无法及时传回总部，导致中央电视台有关地震的报道很长时间无法播出震区现场的实况画面。这个事例充分表明，信号传输对于广播电视报道具有非常重要的意义。

1958 年，我国最早的电视台——北京电视台（中央电视台的前身）开始播出节目。由于信号传输技术的限制，只有北京本地观众可以收看到这些节目。经过半个多世纪的发展，电视信号不仅覆盖全国各地，而且走出国门，观众可以在家中欣赏到世界各地的精彩电视节目。这一切都要归功于电视传输和覆盖技术的巨大进步。目前，我国已形成了有线、无线、卫星、互联网等多种技术手段并用的视听节目传播网络。

（一）无线传输

1. 中、短波传输

最早的无线传播属于地面广播系统，是通过电视发射天线向周边地域空间发射电磁波信号。1958 年北京电视台刚开播时就是采用这种超短波传输方式。在这种传输方式中，电视信号容易受地面障碍物的阻挡和反射，形成多径干扰，图像经常出现重影；另外电视信号强度按距离的平方成反比，离电视台稍远一些的地区接收到的电视信号非常差，而且容易受到天气的影响，图像画面经常出现雪花状干扰条。因此，在我国早期电视发展中，只有电视台所在地的观众能够收看到其播出的节目。

2. 微波传输

进入 20 世纪 60 年代，我国的微波干线由邮电部门开始建设，由于各地方电视台、广播电台都需要北京的信号源，也需要向北京回传地方节目，因此广电系统成为微波干线的最大用户。1964 年 5 月，用微波从北京向天津传送电视信号的试验获得成功。这次微波传送的成功，克服了超短波的距离障碍，使电视从“岛屿性”变成全国性媒介。1968 年，中央电视台在月坛公园内建成了电视发射塔，高度为196米，发射机功率增加到10千瓦，覆盖半径达到40千米。1969年又利用北京至太原之间的微波线路传送首都国庆20周年庆祝活动的电视节目。1971年，全国微波干线建成，广播电视也正式租用邮电部微波干线。从此，利用双向微波的方式，全国除新疆、西藏以外的各省、自治区、直辖市的电视台都实现了电视节目的互传。

70年代起，各省纷纷建起了省级广播电视微波干线网，将中央及省级广播电视中心制作的节目送往各市、县。除了省级微波干线网，广播电视系统还需要每隔50千米修建一个中继站，将微波信号“接力”到用户家中。通常，各省微波干线的建设特点是将微波中继站与高山发射台共建，发射台是指把直接带有广播电视信号的电磁波传送给广大听众和观众的信号发送设施。这种微波与发射台相结合的方式，节省大量开支，并且覆盖范围非常宽广，使电视机的使用不受场所限制。

图12－30显示的是湖南省怀化市雪峰山上的一座发射台，它耸立在海拔1 487米高的帽子岭上，是我国最早建设的调频发射台之一，编号6902。它筹建于1969年，是湖南省建台最早、海拔最高的10千瓦功率的高山骨干转播台。目前，雪峰山发射台仍然肩负着中央电视台第一和第七套电视节目、湖南卫视、怀化电视台等中央、省、市广播电视台节目的播出任务和多套节目的数字微波信号传输任务。它发送的广播电视节目覆盖怀化、邵阳、湘西土家族苗族自治州、贵州铜仁等周边地区，覆盖人口达1 000万。

图12－30　湖南省怀化市雪峰山上的一座广播电视发射台

微波传播技术的运用虽然使传播范围大大增加，在一定程度上提升了电视作为全国性媒体的影响力；但由于微波是直线传播且无线信号直接暴露在空中，易受建筑、天气及其他电磁波等外部环境的影响，电视节目最终的画面呈现效果依旧不理想。

3. 电信网络传播

2019年1月20日，在央视春晚深圳分会场，中国电信率先通过5G网络实现实时4K高清直播和视频内容回传。事实上，早在3G技术出现的时候，电信网络就已经在广播电视新闻报道中发挥作用，其轻便灵活的特点为视听信号的传输提供了新的选择。在传统电视的大型转播设备无法到达的环境中，电信网络使记者得以轻松发回视听信号。图12－31

显示的是北京电视台记者对 2012 年 7 月 21 日北京罕见特大暴雨的现场报道，在城市交通陷于瘫痪的情况下，记者依靠 3G 技术轻装作战，顺利到达现场并发回了报道。

图 12－31　北京电视台记者利用 3G 技术进行现场直播报道

近年来，4G 特别是 5G 技术的发展使这一传输方式在稳定性和对视听画面的实时传送质量上有了更大的飞跃。2020 年 5 月 27 日，珠峰高程测量登山队登顶珠峰，依靠在珠峰海拔 6 500 米的前进营、海拔 5 800 米的过渡营和 5 200 米大本营的 5 个 5G 基站，视频信号可以实现珠峰登顶沿途的连续覆盖。中央广播电视总台安排了 4 名高山摄像师跟着队员登顶，高山摄像师通过 5G 手机直播了登山队员在峰顶安装测量设备的场面(见图 12－32)。

图 12-32　中央广播电视总台利用 5G 设备直播珠峰高程测量登山队在珠峰峰顶的活动

（二）卫星传输

1. 卫星传输技术的发明和运用

电视转播技术的划时代飞跃是在通信卫星出现以后。

卫星通信系统由空间部分（通信卫星）和地面部分（卫星地面站）构成。通信卫星实质上就是天空中的微波接力站，它的作用就像一面“镜子”，反射来自地面的微波束。最早提出卫星传播思想的是英国科普作家克拉克（Arthur C. Clarke），他在一份专业杂志上发表了题为《星际转播》的文章。

克拉克的卫星设想是由微波传输发展而来的，他设想如果把微波发射站的位置尽量提高，其所覆盖的面积就相应增大；而如果把微波站建在太空，它的覆盖能力就将超过任何地球表面的转播站。因此，他提出将人造卫星射入太空 22 300 英里处，由于此处地球的吸引力与卫星绕轨道运行时的离心力相等，卫星与地球之间的相对距离固定下来，这样卫星与地球处于相对静止的动态位置，从而成为一座空中转播站。用三颗这样的卫星就能够覆盖整个地表，形成全球性的通信网络（见图 12-33）。

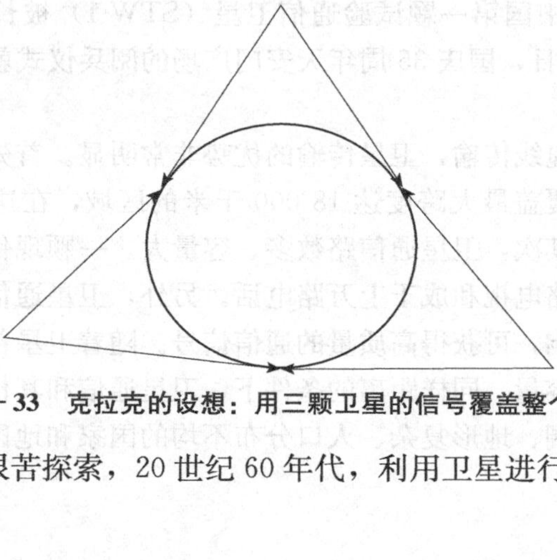

图 12-33　克拉克的设想：用三颗卫星的信号覆盖整个地球

通过各国科学家的艰苦探索，20 世纪 60 年代，利用卫星进行广播电视节目远程传播的实验终于成功。1962年6月19日，美国国家航空航天局（NASA）和美国电话电报公司（AT&T）合作发射了“电星一号”卫星，这颗位于600英里低空椭圆形轨道上的卫星首次成功转播了电视信号。反映美国、加拿大、墨西哥等国城市居民生活的电视节目被送往巴黎和伦敦，再经过欧洲电视网传送给各国；此后，巴黎和伦敦也向美国传回了节目。但是由于这颗卫星与地球运行不同步，美洲和欧洲每天最多只能通信102分钟。1964年8月由美国发射的“同步三号”是第一颗固定的、可以从事洲际电视转播的通信卫星。当年10月，日本东京举办了第18届奥运会，“同步三号”将比赛实况转播到美洲和欧洲各地，成为奥运历史上第一次用卫星进行的实况转播。1969年7月20日，美国宇航员阿姆斯特朗在全球众多电视观众的注视下登上了月球（见图12-34），一架安装在登月器着陆支架上的电视摄像机直播了现场实况，同步通信卫星将信号实时转播到世界各地。

图12-34　美国阿波罗号登月直播

1984年4月8日，中国第一颗试验通信卫星（STW-1）被长征3号火箭送上了“静止”轨道。当年10月1日，国庆35周年天安门广场的阅兵仪式就是通过这颗卫星向全国转播的（见图12-35）。

相比于微波传输和缆线传输，卫星传输的优势非常明显。首先，卫星通信的传播距离远。同步通信卫星可以覆盖最大跨度达18 000千米的区域，在这个覆盖区的任意两点都可通过卫星进行通信。其次，卫星通信路数多、容量大。一颗现代通信卫星，可携带几十个转发器，可提供几十路电视和成千上万路电话。另外，卫星通信的传输环节少，不受地理条件和气象条件的影响，可获得高质量的通信信号。随着卫星传输技术的不断改进，其成本日益低廉，在同样容量、同样距离的条件下，卫星通信和其他通信设备相比，耗费的资金少，在一些地域广阔、地形复杂、人口分布不均的国家和地区，卫星已经成为一种普遍的电视覆盖方式。

图 12-35　中央电视台现场直播国庆 35 周年庆典活动，并通过卫星向国外直播

2. 直播卫星技术的发明和运用

20 世纪 90 年代起，欧美等先进国家和地区开始致力于广播电视直播卫星（direct broadcast satellite，DBS）的研制。直播卫星是指通过卫星将视像、图文和声音等节目进行点对面的广播，直接供广大用户接收。

在卫星和线缆相互结合的有线电视传输中，使用卫星进行的是点对点的节目传输，即把节目传送给地面广播电视台或有线广播电视台，再由地面广播电视台或有线广播电视台利用线缆系统将节目传输给用户。直播卫星技术省略了这一中间传播环节，缩短了传播时间，大大降低了信号传输的成本，在地理位置偏远、地形复杂、人口密度小的地区利用直播卫星接收电视信号更为简便、经济。

1998 年起，我国启动了“广播电视村村通”工程，致力于解决偏远地区收听收看广播电视困难的问题（见图 12-36）。2008 年，直播卫星技术的运用大大加速了这一工程的进度，并有望从根本上解决偏远地区群众收听收看广播电视难的问题。另外，由于卫星电视直播采用抗干扰能力强的数字编码技术，图像、声音质量均高于模拟电视的信号质量，因此直播卫星技术的推广也加快了我国电视数字化的进程。

图 12-36　“广播电视村村通”工程使偏远地区的民众也可以方便地收听收看到广播电视节目

3. 卫星通信技术对广播电视新闻的影响

卫星传输技术的运用大大拓宽了广播电视新闻的传播领域，使得广播电视真正成为让观众拥有“千里眼”“顺风耳”的全球性媒体。ENG 技术与通信卫星技术结合而产生的 SNG 设备大大改变了电视新闻报道的理念和方式。SNG 设备的使用极大地弥补了电视在信息传递方面的不足，使电视对突发事件的报道有了质的飞跃。SNG 设备的使用促进了直播这种报道形态在电视新闻中的运用，使其便捷化、常态化，更加凸显了电视作为视听媒体的传播优势。

1991 年 1 月爆发的海湾战争成就了 CNN 的强势崛起，也让全球观众看到了卫星传输为新闻传播带来的巨大变化。战争中，CNN 的电视记者利用 SNG 设备从伊拉克发回了大量的直播战地新闻，成为全世界民众以及各国政要了解战事最重要的渠道。在那次战争中，中国中央电视台的记者也首次利用卫星传输设备在战地向国内实时报道了战争的进程，成为中国新闻直播史上的一个重要事件。在 SNG 技术基础上融入数字化技术发展起来的 DSNG 设备进一步拓展了电视新闻报道的范围和领域。这种设备的主要特点在于其快速、轻巧和灵活，可在诸如山地、高原、海岛、偏远无人地区等无正常传输手段的环境下开展工作。DSNG 设备的使用几乎使地球每个角落发生的新闻事件都能最快地进入观众的视线。在一系列重大国际性事件中，卫星技术的运用日臻成熟，由此而得以加强的电视现场报道和直播报道成为观众获得新闻资讯的重要手段。

在广播领域，调频广播虽然解决了广播的音质问题，但由于传播范围有限，一些地理位置偏远、人口稀少的地区很难收听到广播节目，如果使用接力式的无线发送方式则成本过高，在这种情况下，卫星无疑是广播节目传输和覆盖最有效的工具。20 世纪 60 年代，通信卫星技术的发展及其在广播领域的运用可将广播的音频信号传送到各地转播台、发射台和有线电视网络作为音频信号源，进而解决大面积、长距离信号的传输问题。随后，直播卫星的发明和应用使得听众可以接收到更丰富的广播信号。除了解决了听众的收听难题，与电视相类似，卫星技术还改变了广播新闻报道的形态。更多的现场直播和现场报道出现在广播新闻中；不同于电视，广播新闻的采制工具体积更小、更便于随身携带，因而在一些特殊环境中，广播新闻报道往往具有更明显的优势。前文提到，广播经常被称为“危机媒介”，在诸如洪水、火灾、雪灾、地震等突发事件中，广播总能发挥其他媒介无法发挥的功能，而这些功能往往是以卫星技术为支撑实现的。

2008 年 5 月 12 日，四川汶川大地震发生后，中央人民广播电台《中国之声》在第一时间把部分正在前方对奥运火炬传递进行直播报道的记者、主持人直接派往灾区。因此，《中国之声》的记者成为第一批进入重灾区的记者，这些记者随身配备着海事卫星电话，在灾区通信还未及时恢复时第一时间发回最新报道。而对于灾区群众来说，电力、通信、道路等全部中断，老百姓既看不到电视，也看不到报纸，更上不了网络，但四川各地均可收听到两个以上抗震救灾广播频率，于是电波便成为当地群众获取救灾信息、天气地质状况的唯一途径（见图 12 - 37）。灾情发生后，成都的大街小巷到处可见手持收音机听广播的市民，几乎所有行进中的汽车都在听广播。不少地方在援助灾区时，都选择把收音机作为送给灾区群众的一项慰问品。

由于抗震救灾中的信息最早几乎都是凭借广播的快捷方便直达灾区的，因此在地震中，广播被人们亲切地称为“生命信息的电波”“永不间断的生命线”。

（三）线缆传输

卫星技术有效地解决了电视信号的传送问题，然而由于直播卫星尚未普及，电视信号还不能直接被广大用户接收。在这种情况下，在一些人口密集的城市和乡村，建立在线缆传输技术上的有线电视系统有效地解决了电视信号的覆盖问题。在很长一段时间内，“卫星＋有线”是电视传播的一个重要模式。

图 12-37 汶川地震使当地的交通、通信基础设施陷于瘫痪，广播成为人们最可靠的大众媒体

1. 有线电视的产生和发展

线缆传输是以同轴电缆或光导纤维传送节目并进行放大分配的电视传输系统。20 世纪早期，人们认为线缆（当时主要是电话线）只是一种向私人住户提供服务的技术方式；但在 20 世纪 30 年代，美国电话电报公司贝尔实验室完成了对同轴电缆的技术改进，可以在同一条线缆上传送好几套不同的信号，特别是可以传送双向信号，有线电视广播的雏形形成了。

1949 年，有线电视最初出现在美国宾夕法尼亚州与俄勒冈州之间的山区。电视服务经营者在高山顶上建设天线，接收节目，然后将节目信号用电线传送到当地的各家各户。1948 年 9 月，美国政府曾下令暂时“冻结”电视频道的分配，不允许新台设立，一些偏远的小城镇还没有自己的电视台，因此这种将远方的信号引进本地的社区公用天线系统（community antenna television，CATV）发展起来，这是有线电视系统的雏形。

此后，有线电视的功能大大拓展。与单纯转播节目的早期公用天线系统不同，有线电视台（cable television，CATV）是提供节目服务的，内容包括自制节目和其他相关服务。从工作内容和技术系统来看，除了电视信号的接收、传输和分配，还有生产节目的摄、录、编、播以及演播室等设施。

与早期的地面微波传输方式相比，有线电视的优势十分突出。首先，它不受空中电波及天气、建筑物等的干扰，传输质量较高、画面清晰；其次，它的频带宽，能够传输的频道多，给观众提供的选择范围较大；再次，它可以设计双向交流，根据用户的需求进行针对性的服务。随着电视制播设备、接收设备操作方法的便捷化以及价格的降低，从 20 世纪 70 年代开始，欧美的有线电视进入了高速发展时期。

2. 我国有线电视的发展及其影响

20 世纪 60 年代后期，公用天线系统被介绍到我国。1973 年，北京饭店兴建东楼，周恩来总理指示建楼要采用先进技术，建立公用天线系统是其中之一。1974 年国庆前，一套能接收两个频道电视节目、有 140 个终端的公用天线系统在北京饭店新楼建成，这是我国自行开发生产的第一套公用天线系统。

20 世纪 80 年代初，北京燕山石化总公司建设了我国最早的企业有线电视台，接收用户为 6 000 户企业职工，后来还增加了自办节目。此后，首先是石油系统，进而在国内煤矿、铁路等行业各大企业纷纷筹建有线电视台，这些企业大都地处城市远郊，职工宿舍相对集中，适宜建立有线电视系统。企业有线电视系统不仅为职工提供了丰富的电视节目，而且由于用户具有较为相似的生活和工作环境，同质化程度较高，也便于企业进行政令传达、宣传动员等活动。

在企业有线电视迅速发展的推动下，80 年代中后期，以市、县为单位的行政区域有线电视台得到了很快的发展。其中，湖北沙市有线电视系统的成功经验在国内外产生了广泛影响，成为中国有线电视全面进入城市有线电视发展阶段的标志性工程。截至 2015 年，我国电视综合人口覆盖率为 98.77%，有线电视用户 2.39 亿户①，其数量和规模同时居于世界首位。

有线电视台的用户往往生活在较为一致的地域环境中，生活工作的规律以及对电视节目和新闻资讯的需求具有很大的相似性，这一特点对有线电视节目的内容产生了巨大的影响，在一定程度上促使电视从大众化朝分众化媒体转变。在电视发展早期，电视台存在着和报纸类似的“跑马圈地”现象，即盲目增加节目的多样性、扩大节目的收视群体。在有线电视时代，受众的地域性、同质性增强，共同的生活环境使其可能对某类节目或新闻资讯产生特殊的偏好。特别对于地方电视台来说，为提高收视率及最终产生的经济效益，电视台必须对本地的观众进行细致深入的市场调研，根据本地观众的需求进行节目的生产和播出。

另外，有线电视运营商也从自身的经济实力、网络状况、管理水平、用户特点出发，分阶段开展新业务的试点，付费电视、视频点播、数据广播、互联网接入、网络游戏、远程教育等网络服务成为有线电视业务新的经济增长点。

（四）视听信息传输的数字化、网络化

在数字技术和互联网络出现以前，传统媒体特别是电视媒体的地位不可撼动。在很长一段时间里，电视媒体由于其承担任务的特殊性及制作的专业性，在整个传播环境中处于绝对优势的地位，而网络时代的到来给传统的广电行业带来了极大的挑战——网络内容按需服务的特性受到青睐，大量针对特定用户的视听内容成为传播的主力，传统的广播式广电视听节目却出现了被边缘化的趋势。

在这种情况下，传统电视媒体借助新媒体渠道传播成为不可或缺的重要手段。我国电视媒体与互联网的融合大致走过了两个阶段。第一个阶段是电视网络化，各电视台纷纷开辟网络播出渠道。1996 年 12 月，中央电视台以 www.cctv.com 为域名登录网络，1999 年央视国际全新改版，《春节联欢晚会》《新闻联播》等节目开始在网络上同步直播。第二个阶段是网络电视化，一些视频网站大力集纳传统广电视听内容。2005 年 4 月，土豆网上线，随后 56 网、激动网、优酷网、酷 6 网等视频网站先后建立。不少来自传统电视媒体的内容经过重新整合出现在视频网站上，给用户提供了更加灵活和自由的收看方式。近年来，抖音、快手等短视频平台的崛起使用户自生产和传播成为潮流。今天，在以互联网为底层技术架构的视听信息传播领域已经出现了传统广播电视媒体、其他专业媒体、商业平台、普通民众多元主体竞争的局面。数字技术和网络技术制造出一个全方位、立体化的视听信息传播网络，尽管传播的具体方式不同，但其核心都离不开“互动性”和“个性化”。

① 国家广播电视总局. 2015 年统计公报（广播影视部分）[EB/OL].（2016-03-31）[2020-06-08]. http://www.nrta.gov.cn/art/2016/3/31/art_2178_38966.html.

纵观视听信息传输手段的发展历史，其主要经历了以下阶段：

首先，针对非特定受众进行单向传播的“广播”阶段；

其次，通过有线电视和卫星电视进行传播、受众日益分化的“窄播”阶段；

最后，依照用户个人喜好、通过互联网及多种接收终端进行传播的“个性化传播”阶段。

在这三个阶段的发展中，传播手段、接收方式、受众特点和节目内容都发生了相应的改变。而其中最关键的变化，无疑是传播的主动权和主导者逐渐由广播电视机构向视听信息的用户过渡。

第三节　视听新技术与多元视听传播格局

互联网时代的到来使视听传播开始出现多元竞争的局面，传统广播电视以时间资源为主要追求目标的线性传播方式逐步被互联网以空间为主要资源的非线性传播方式取代，视听传播的主导权向用户倾斜，4K、5G、虚拟现实（VR）、人工智能等新兴技术使视听传播呈现更为丰富多彩的面貌。在社会文化朝视觉转向的大背景下，当前视听技术的发展越来越趋向两极：一方面，追求更专业化、高质量的视听体验；另一方面，技术的准入门槛不断下沉，越来越简易的操作使普通人可以方便地参与视听生产和传播。在此基础上，人工智能技术开始进入，为传统上由人工实施的视听生产和传播提供新的动力。

一、更好的视听体验

从广播电视诞生以来，不断提高声画质量，为受众提供更好的视听体验就一直是技术发展的重要目标，这一点在互联网视听传播时代依然延续。除了4K、8K等技术沿袭长期以来追求更高清晰度的努力，以沉浸式传播为特点的虚拟现实（VR）等技术和由计算机辅助实现的数据可视化技术是这方面的新兴代表。

（一）虚拟现实（VR）和增强现实技术（AR）

包括VR、AR在内的现实体验技术，“因其强大的复现功能、新颖的操作方式和独特的传播体验”[①] 成为新闻业的“新宠”。二者都利用三维建模与感官模拟等相关计算机技术完成场景搭建，并令用户与场景产生相应的交互，在表达形式和表现效果上有所区别。前者是“浸入式”的，通过高保真的场景再造使用户瞬间抵达某种“真实”并沉浸其中。光场视觉、环绕声场及其他感官刺激，借助传感器在实时深度的交互中得到充分反馈。当然，这种真实是具有假想性的，令人深信不疑的并不是“现实”，而是一种“超现实”——依靠人为的想象和建构为用户营造出身临其境的“真实”的错觉。后者则是“溢出式”的，通过特定介质（如摄像头、镜片透视）观察现实世界，其仍是基于现场做出的额外“补充”，借助图符、声音、影像及其他信息的叠加来实现增强体验的效果。在操作设备上，VR和AR也呈现出两种不同的取向：前者的使用要求“沉浸式”的终端支持，如头戴式显示器或其他专用交互设备对用户头部进行“包裹”；后者则强调“伴随式”，如

① 史安斌，张耀钟．虚拟/增强现实技术的兴起与传统新闻业的转向［J］．新闻记者，2016（1）：34－41．

智能眼镜、手机等的辅助性操作。此外，介乎“浸入”的 VR 技术和“溢出”的 AR 技术之间的混合现实技术（mixed reality，MR）也在发展之中。

有学者认为，诸如 VR、AR 以及 MR 这类的现实体验技术为人们营造的体验是“直抵人心”的。“你清楚自己分明在‘这儿’，却还有在‘那儿’的错觉”情感化的互动是这类媒介技术运用的内在逻辑支撑，这令其较之其他传统电子媒介具备更为生动的叙事形式。视听新闻文本在内容组织上借助现实体验技术可实现个性视角和全景叙事的转换，以更好地令受众对新闻文本进行感知。现实体验技术的运用进一步激活了受众的“视觉欲望”，打破了有限的现实叙事空间和无限的赛博空间（cyberspace）之间的界限，使人们对内容的感知体验得到延伸。① 目前，VR、AR 技术已开始在新闻报道领域初步运用（见图 12-38），但仍有一些问题在探索中，比如，如何找到适合虚拟现实表达特点的文本组织方式？如何在记者创造叙事的需求和观众探索虚拟现实空间中寻求平衡？

图 12-38　国内媒体已经开始将 VR、AR 技术用于一些重大新闻报道

左图为 VR 设备，右图为 AR 眼镜②。

（二）数据新闻与数据可视化

近年来，数据新闻（data journalism）逐渐成为国内外新闻业界所关注和实践的热点，诸如 BBC、《卫报》、《纽约时报》等全球性媒体都投入相关资源进行数据新闻的生产，财新、新浪、网易、搜狐、新华网等国内媒体网站也都开辟了专门的数据新闻栏目。数据新闻以数据驱动为内在的核心特质、以可视化呈现为显著的外在特征，“将复杂、抽象、难懂的数据转化为简单、具体、生动的新闻报道”③，其生产流程一般是获取数据—分析数据—数据可视化。在这个过程中，数据经过分析和可视化后形成精彩的新闻故事，凸显出隐藏在背后的新闻价值。

与传统视听文本基于对新闻现场的实景拍摄不同，数据可视化主要依靠电脑制作技术人为构建视觉形象和文本，其重点不在于场景的展现，而在于意义的挖掘，即挖掘和展示数据背后的关联与模式，并利用丰富的、具有交互性的可视化文本使其易于被受众理解和接受。以 2020 年新冠肺炎疫情期间中国人民大学新闻学院运营的微信公众号“RUC 新闻

---

① 周勇，何天平．从“看”到“体验”：现实体验技术对新闻表达的重构［J］．新闻与写作，2016（11）：46-69.

② 佩戴上 5G+AR 眼镜后，通过 Type-C 接口将它和手机连接，便可以实时锁定和识别会场采访对象。识别到人后，提前录入系统的人物姓名、职务甚至兴趣爱好等信息会实时展示在眼镜右上角的微型屏幕上，连记者提前录入的采访提纲都会立刻在关联的手机 App 上展示，起到采访提示的作用。眼镜直接通过手机供电，如果眼前出现多个人物，它也可以同时识别。除了识别，5G+AR 眼镜的又一大功能便是视频采集。眼镜上集成的微型摄像机可以实时录制短视频并通过手机上传。而电脑端则可以通过提取视频中的音频文本，将之快速转为文字，帮助记者实现稿件速成。

③ 方洁，颜冬．全球视野下的“数据新闻”：理念与实践［J］．国际新闻界，2013（6）：73-83.

坊”一篇获得10万+的报道《1 183位救助者的数据画像：不是弱者，而是你我》为例，该报道试图用数据解码数字背后的个体，看清那些宏大叙事之下具体的人，尤其是那些在社交网络上以个体身份发出求助的人，利用大数据为他们画像。在清博大数据提供的2020年2月3日到10日间的400万条微博数据中，研究者提取出新冠肺炎患者求助信息4 233条，经过去重和核实后得到1 183条，并进一步提取每一条微博中求助者的年龄、居住小区和求助详情等信息。同时，通过从链家抓取5 686个小区信息，将患者的地址对应到小区，从而进一步获得街道、区县、房价和房屋年份等信息。通过交叉比对，分析这一群体的处境、经历以及武汉市医疗资源的匹配程度。在图12-39中，研究者将求助微博中的地址信息与百度地图数据进行对应后发现，洪山、江岸、武昌、汉阳、硚口等区的求助者数量显著大于其他各区，三分之一的求助者和医院的距离在3千米以上。

图12-39　研究者通过数据挖掘和分析后呈现的武汉因患新冠肺炎而微博求助的患者的分布状况

资料来源：RUC新闻坊。

二、更低的技术准入门槛

随着技术的发展，以手机为代表，视频采制设备日趋小型化，操作也更加方便简易，这使得来自民众的新闻影像资源越来越丰富。在一些突发事件中，民众用随身携带的手机拍下的视频素材为视听新闻报道提供了更多来自现场的生动画面。很多重大新闻事件中，那些震撼人心的视频画面都是来自现场民众的随手拍摄。

图 12-40 的两幅画面就是一名中国游客用 DV 机所拍摄的 2004 年印度洋海啸[①]发生的情形。在第一幅画面中我们可以看到，海滩上一片平静，游客们正在闲适地享受着阳光、沙滩和海景。第二幅画面是不到一分钟后的场景，突然袭来的海啸将猝不及防的游客卷入一片波涛之中。

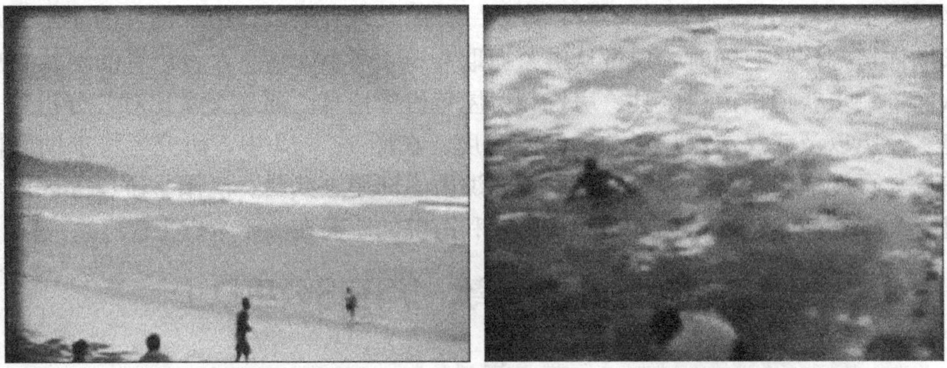

图 12-40　游客用 DV 机拍摄的 2004 年印度洋海啸

左图为事发前，右图为海啸突然袭来。

2005 年 7 月 7 日，英国伦敦遭受恐怖袭击，连续发生 6 起地铁公交车爆炸，造成 52 人死亡，700 多人受伤。爆炸发生后，一组用手机拍摄的爆炸现场人们逃跑的照片频繁见诸报端和电视屏幕上。照片光线昏暗，画面质量也不是太好，但却充满了紧张和真实感（见图 12-41）。目击者按下手机上的按钮拍下的照片，加速了新闻报道对重大事件的反应时间。

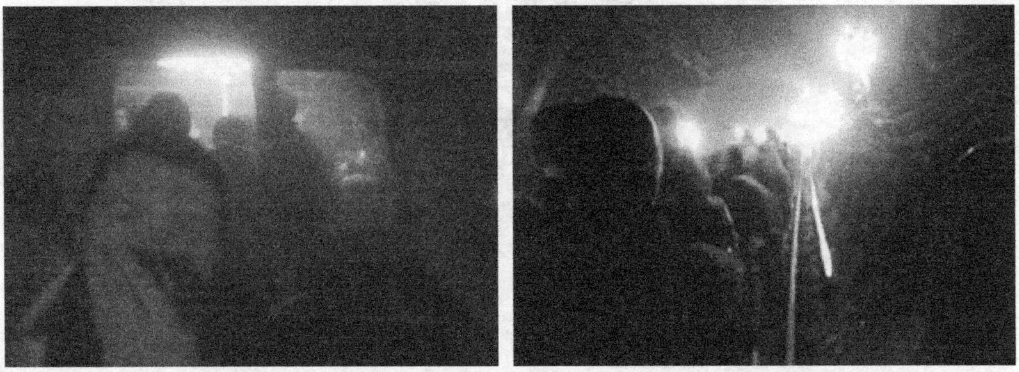

图 12-41　伦敦地铁公交爆炸案中市民用手机拍摄的现场画面

2008 年，汶川地震发生后初期，由于进入核心震区的道路被阻断，专业新闻媒体的渠道失灵，无法深入前线获取第一手资料，但灾难的亲历者、幸存者以得天独厚的条件担当了信源角色。汶川通信中断 70 小时之后，首次披露的汶川县城震后 10 分钟现场录像便是由县城居民拍摄的。

技术发展正在使记录手段更加廉价和便捷，随着小型 DV 摄像机、具有摄像功能的手机和数码相机在普通民众中的普及，更多普通人正在加入视听报道的行列，视听新闻的时

① 2004 年 12 月 26 日，印尼苏门答腊岛北部以西近海 9 级特大地震引发印度洋大海啸席卷南亚、东南亚，数个国家受波及，30 余万人失踪或死亡。

效性、现场感不断得到加强。

视频制作技术门槛的下沉也为视听传播的繁荣创造了群众基础，网民参与生产和传播成为互联网视听传播的主要模式。据统计，截至 2020 年 3 月，我国网络视频（含短视频）用户规模达 8.50 亿，较 2018 年底增长 1.26 亿，占网民整体数量的 94.1%；其中，短视频用户规模为 7.73 亿，占网民整体数量的 85.6%。[①]

三、更智能化的新闻生产

近年来，人工智能（AI）技术开始越来越深地介入视听新闻生产，在改变视听新闻文本形态的同时，也对视听新闻生产的理念、方式和流程产生影响。

（一）文本生产：机器人编辑

目前，人工智能技术对视听新闻领域最常见的介入就是文本生产。继机器人写作之后，机器人编辑视频节目也成为现实。在一些可以模块化生产的领域，机器人对视频节目的编辑无论在速度上还是在数量上都具有一定的优势。2020 年全国“两会”期间，新华社“媒体大脑”MAGIC 推出“两会机器人”，提供 50 多款智能模板、剪贝 App、新华智会小程序等产品。在 5 月 20 日的全国政协新闻发布会上，“两会机器人”对在线直播视频进行文字预处理，挖掘精彩同期声片段，从直播中拆解出数十条短视频提供给媒体报道，并将精彩片段集成至微专题 H5。此外，“数据新闻机器人”还可以根据会议议程生成数据模板，一键插入素材便可完成可视化内容制作，记者上传照片即可生成智能色卡和自定义视频背景，形成与内容主题更搭配的视觉效果。

（二）智能化管理：新闻生产流程的改造

人工智能技术也正在改造新闻生产的流程。利用“5G＋AI”搭建起的智能内容生产平台，媒体可以对新闻采、编、发的全流程进行智能化管理。2020 年全国“两会”报道中，《人民日报》联合中国联通打造了 iNews、iMonitor、iMedia 等智慧平台。iNews 智慧新闻大数据引擎能够迅速提取“两会”相关内容，并智能聚类、生成“两会”专题；iMonitor 传播力分析平台通过计算传播力指数，从多个维度展示传播效果；iMedia 智能媒资系统能够对前方记者共享的视频素材进行人像、文字和语音识别，“智能剪辑师”还能实现动态追踪视频人物、去除拍摄抖动、修复视频画质等复杂的后期操作（见图 12－42）。

（三）从人工智能语音到人工智能主播

作为人际传播要素的重要载体，播音员、主持人历来在广播电视新闻报道中占有特殊地位，这一专业领域目前也已受到人工智能技术的挑战，首先体现在语音领域。亚马逊公司的 Alexa、苹果公司的 Siri、微软的小娜和小冰、百度公司的度秘等，都属于较为成熟的智能语音机器人，可以通过语音识别、语音合成、自然语言处理、理解与交互技术实现人机对话。文本和语音相关技术为人工智能与播音主持结合构建了技术基础。2015 年，微软小冰作为首个人工智能主播登上东方卫视早间新闻节目《看东方》，担负起天气预报

---

① 中国互联网络信息中心（CNNIC）．第 45 次中国互联网络发展状况统计报告［EB/OL］．(2020－04－28)［2020－06－08］．http：//www.cnnic.net.cn/hlwfzyj/hlwxzbg/hlwtjbg/202004/P020200428596599037028.pdf.

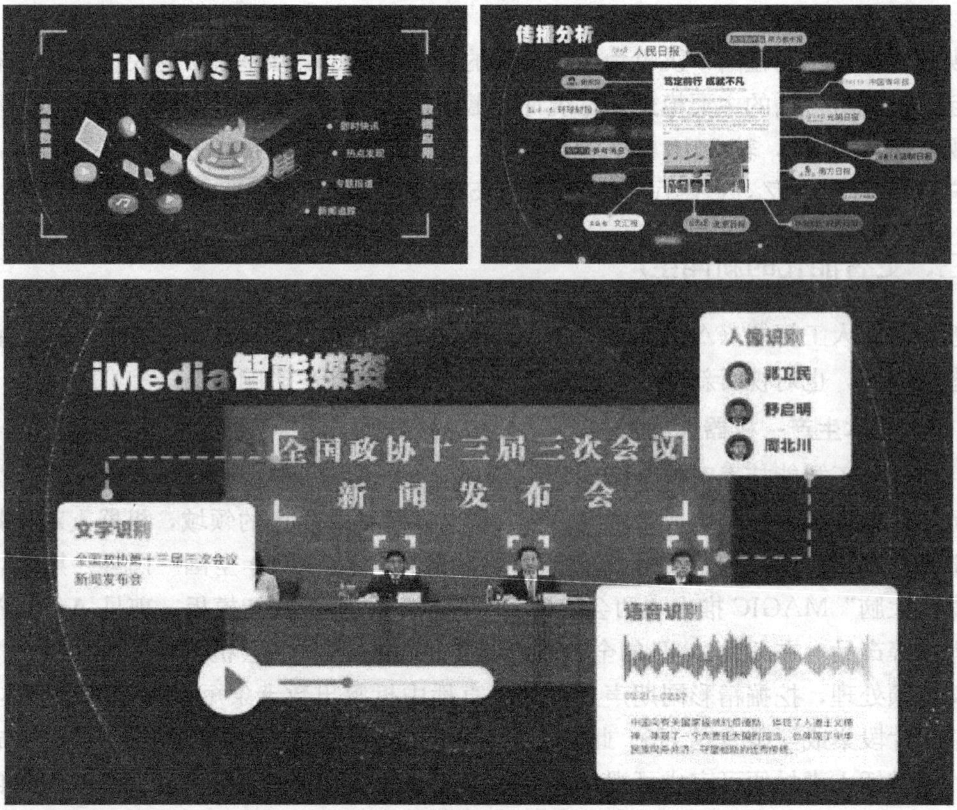

图 12-42　基于人工智能技术的内容生产平台

板块的播报任务，截至目前已登陆省级卫视、电台，以及喜马拉雅、网易云音乐等多个平台，涉足主持人、歌手、文艺作品演播等多领域。2019 年“两会”期间，媒体利用 AI 主播报道已成风潮。新华社、人民网、光明网、长城网、封面新闻等均推出人工智能播音员。央广《中国之声》推出定制个人声音合成新闻主播功能，让公众能合成自己的声音播报“两会”新闻。人工智能主播被应用于重大时政新闻报道当中，成为各大媒体实力比拼的撒手锏，表明人工智能主播已取得一定程度的媒介信任，且有能力在新闻报道的实际操作中承担人类播音员主持人的部分职能（见图 12-43）。

图 12-43　新华社的人工智能主播“新小微”，其原型是新华社记者赵琬微

【本章小结】

本章主要梳理了视听新闻报道技术的发展变迁历史，分析了其背后的演进逻辑。透过百年来广播电视技术的发展，我们可以看到人类跨越时空障碍进行交流的愿望和努力，互联网视听新技术的发展延续了这一进程。

【本章思考题】

1. 广播电视的核心技术原理是什么？其诞生源于人类解决哪些交流障碍的愿望？
2. 近年来，视听领域出现了哪些代表性的技术手段，使人们获得更好的视听体验？
3. 广播为什么被称为“危机媒介”，其在媒介技术上有哪些优势？
4. 视听信号的传输方式主要有哪些？
5. 案例分析：观看一则 VR 新闻报道，谈谈其与常规视听新闻报道在感知上的差异。

【本章推荐】

影视剧中的新闻人、新闻事

本章推荐欣赏电影《头号玩家》(*Ready Player One*)。该片根据恩斯特·克莱恩（Ernest Cline）同名小说改编，讲述了一个现实生活中无所寄托、沉迷游戏的大男孩，凭着对虚拟游戏设计者的深入剖析，历经磨难，找到隐藏在关卡里的三把钥匙，成功通关游戏的故事。故事的场景设定在 2045 年，虚拟现实技术已经渗透到了人类生活的每一个角落。电影虽然讲述了一个完全虚构的故事，但也可借此感受视听传播新技术对人类个体和社会的影响。

后　记

《视听新闻报道》一书终于完稿了，于本人而言是一桩心愿的了结，也是对人生一段重要岁月的交代。

在过去的21年时间里，作为中国人民大学新闻学院广播电视学专业的一名教师，我的授课生涯始终与“广播电视”相伴。细数下来，先后讲授过的本科专业课程计有“电视画面剪辑”“电视新闻编辑”“音频视频内容制作”“影像技术”“电视新闻报道”“广播电视新闻报道”等不下六七门。这些课程名称的变化，实际上也是近年来新技术影响下媒体融合发展在广播电视领域具体而微的呈现。过去20余年间，学院广播电视新闻的核心课程从最初的广播与电视、采访（拍摄）与编辑（剪辑）分列到合并为目前的一门“广播电视新闻报道”（当然，同时也增列了诸如“出镜报道与新闻主持”“融媒体视听表达”等新课程）。2019年，我所在的广播电视系在整合了广播电视与新闻摄影两个团队后更名为视听传播系，更是学院在广播电视学专业发展上持续改革的一个关键节点，借此释放出面向互联网视听传播新趋势的强烈信号。

在此背景下，本书写作要回应的第一问题就是，整体架构与内容设置。此前，本人出过《电视新闻编辑教程》一书，长期作为本专业的教材使用，也出过《广播电视新闻学导论》这样具有一定理论色彩的教材。由于前述媒介环境变化的原因，出版一本融通理论与实践、打破广播与电视媒介壁垒、贯通视听新闻生产全流程的综合性专业教材的愿望从2007年《电视新闻编辑教程》第二版付梓后就开始萌发。10余年间，书稿的写作几度提上日程又几度搁置，既有本人拖延症的主观原因，亦有视听传播发展日新月异的客观原因。直至2018年，学校制定十三五教材规划，将《广播电视新闻报道》一书列入，受命之际，无可推脱，终于在新冠肺炎疫情期间完成了60多万字的书稿。全书一共12章，分成理念、技能与技术三个部分，基本实现了自己多年来的设想。鉴于当前视听新闻生产（包括传统广播电视在内）朝以互联网为底层技术架构的大视听传播的整体转向，书名没有采取最初的“广播电视新闻报道”，而是定为“视听新闻报道”，以期更具包容性和前瞻性。

这里要特别感谢我的几位博士研究生：何天平、倪乐融、郝君怡、付晓雅。他们先后担任我的“广播电视新闻报道”课程的助教，从年轻人的视角提出很多好的建议。本书的写作也得到了他们的诸多帮助，全书的整体框架就是和他们多次讨论的结果。另外，何天平对本书第十章和第十一章、倪乐融对本书第五章、郝君怡对本书第八章、付晓雅对全书的文献整理和文字校订做出了贡献。“桐花万里丹山路，雏凤清于老凤声”，他们在此过程中显示的智慧与能力是走向未来的最好通行证。

此外，还要感谢中国人民大学出版社的编辑们，特别是本书的策划编辑翟江虹女士，她永远用平和的语调无比耐心地面对我的拖延，并在关键时刻给出专业的意见。

感谢我的学院，从1992年进入这里的广播电视学专业学习，28年倏然而过，当年的青葱少年如今已添华发，学院依然年轻、明亮、充满锐气，我愿继续做它的一块砖石。

2020年8月11日

于中国人民大学明德新闻楼

图书在版编目（CIP）数据

视听新闻报道/周勇著. --北京：中国人民大学出版社，2021.3
新编21世纪新闻传播学系列教材
ISBN 978-7-300-29101-7

Ⅰ.①视… Ⅱ.①周… Ⅲ.①视听传播—新闻报道—高等学校—教材 Ⅳ.①G212

中国版本图书馆CIP数据核字（2021）第039795号

新编21世纪新闻传播学系列教材
中国人民大学“十三五”规划教材
视听新闻报道
周 勇 著
Shiting Xinwen Baodao

出版发行	中国人民大学出版社		
社　址	北京中关村大街31号	**邮政编码**	100080
电　话	010－62511242（总编室）		010－62511770（质管部）
	010－82501766（邮购部）		010－62514148（门市部）
	010－62515195（发行公司）		010－62515275（盗版举报）
网　址	http://www.crup.com.cn		
经　销	新华书店		
印　刷	天津鑫丰华印务有限公司		
开　本	787 mm×1092 mm　1/16	**版　次**	2021年3月第1版
印　张	27	**印　次**	2024年8月第2次印刷
字　数	634 000	**定　价**	65.00元

关联课程教材推荐

书号	书名	作者	定价	出书时间
978-7-300-31894-3	广播电视概论（第 2 版）	周小普	69.80 元	2023-07
978-7-300-25925-3	电视采访学（第三版）	雷蔚真　朱羽君	39.80 元	2018-07
978-7-300-08532-6	电视新闻编辑教程（第二版）	周勇	38.00 元	2007-10
978-7-300-24387-0	电视摄像教程	杨晓宏　等	35.00 元	2017-07
978-7-300-26878-1	广播电视新闻业务	常昕	49.80 元	2019-05
978-7-300-17836-3	广播新闻	成文胜	42.00 元	2013-08
978-7-300-18903-1	电视新闻	于忠广　张丽	29.80 元	2015-01
978-7-300-31973-5	出镜报道（第 3 版）	张超	59.80 元	2023-08
978-7-300-33168-3	出镜报道与新闻主持（第 2 版）	刘培	49.80 元	2024-08

配套教学资源支持

尊敬的老师：

衷心感谢您选择人大版教材！相关的配套教学资源，请到中国人民大学出版社官网（www.crup.com.cn）下载。部分教学资源需要验证您的教师身份后，才可以下载。请您登录出版社官网后，点右上角“注册”，填写“会员中心”的“我的教师认证”项目，等待后台审核。我们将尽快为您开通下载权限。

如您急需教学资源或教材样书，也可以直接与我们的编辑联系。

联系人：龚洪训　　电话：010-62515637　　电子邮箱：6130616@qq.com

欢迎加入全国新闻教师 QQ 2 群（群号：723715191），开展学术讨论，交流教学心得。

群名称:全国新闻教师2群
群　号:723715191

俯仰天地　心系人文

www.crup.com.cn

中国人民大学出版社

欢迎登录浏览，了解图书信息，下载教学资源